Adrian von Dörnberg, Walter Freyer, Werner Sülberg
Reiseveranstalter- und Reisevertriebs-Management

Lehr- und Handbücher zu Tourismus, Verkehr und Freizeit

Herausgegeben von
Univ.-Prof. Dr. Walter Freyer

Bisher erschienene Titel:

Agricola: Freizeit
colortblAlthof: Incoming-Tourismus
Arlt, Freyer: Deutschland als Reiseziel
chinesischer Touristen
Bastion, Born, Oreyer: Kundenorientierung
im Touristikmanagement
Bieger, Beritelli: Management von Destinationen
Bochert: Tourismus in der Marktwirtschaft
Conrady, Fichert, Sterzenbach: Luftverkehr
Dreyer, Dreyer, Obieglo: Krisenmanagement
im Tourismus
Dreyer, Dehner: Kundenzufriedenheit
im Tourismus
Dreyer, Krüger: Sporttourismus
Finger-Benoit, Gayler: Animation im Urlaub
Freericks, Hartmann, Stecker:
Freizeitwissenschaft
Freyer, Pompl: Reisebüro-Management
Freyer: Tourismus
Freyer: Tourismus-Marketing

Groß, Stengel: Mietfahrzeuge im Tourismus
Günter: Handbuch für Studienreiseleiter
Henselek: Hotelmanagement
Illing: Gesundheitstourismus
Kaspar: Management für
Verkehrsunternehmungen
Krüger, Dreyer: Sportmanagement
Landgrebe: Internationaler Tourismus
Landgrebe, Schnell: Stästetourismus
Müller: Tourismus und Ökologie
Pompl, Lieb: Qualitätsmanagement
im Tourismus
Schreiber: Kongresse, Tagungen und Events
Schulz, Baumann, Wiedenmann: Flughafen
Management
Schulz, Auer: Kreuzfahrten und Schiffsverkehr
im Tourismus
Schulz: Verkehrsträger im Tourismus
Steinbach: Tourismus
Thimm, Freyer: Indien-Tourismus

Adrian von Dörnberg, Walter Freyer,
Werner Sülberg

Reiseveranstalter- und Reisevertriebs-Management

Funktionen – Strukturen – Prozesse

2., überarbeitete und erweiterte Auflage

DE GRUYTER
OLDENBOURG

ISBN 978-3-11-048146-4
e-ISBN (PDF) 978-3-11-048145-7
e-ISBN (EPUB) 978-3-11-048169-3
ISSN 2190-2909

Library of Congress Cataloging-in-Publication Data
A CIP catalog record for this book has been applied for at the Library of Congress.

Bibliografische Information der Deutschen Nationalbibliothek
Die Deutsche Nationalbibliothek verzeichnet diese Publikation in der Deutschen
Nationalbibliografie; detaillierte bibliografische Daten sind im Internet über
http://dnb.dnb.de abrufbar.

© 2018 Walter de Gruyter GmbH, Berlin/Boston
Satz: PTP-Berlin, Protago-TEX-Production GmbH, Berlin
Druck und Bindung: CPI books GmbH, Leck
♾ Gedruckt auf säurefreiem Papier
Printed in Germany

www.degruyter.com

Vorwort (2. Auflage)

Es ist sehr erfreulich, wie positiv dieses Werk seitens der Tourismuslehre und -praxis angenommen wurde, sodass in kurzer Zeit eine 2. Auflage notwendig geworden ist. Damit setzt sich die gemeinsame „Publikationsreise" der Autoren fort, die vor einigen Jahren mit der 1. Auflage begonnen hatte.

In dieser Neuauflage wurden neben umfangreichen Aktualisierungen der Daten einige Kapitel und Abschnitte neu aufgenommen. Dies betrifft vor allem Teil II, der vollkommen neu konzipiert und hinzugefügt wurde. Er behandelt die touristischen Produktionsfaktoren für Reiseveranstalter, von Beherbergung und Transport über Zielgebiete bis zu Human Ressources. Neu in der vorliegenden 2. Auflage sind ferner Ergänzungen zu den Bereichen Digitalisierung und Online-Vertrieb, die in den letzten Jahren einen rasanten Wandel in der Tourismuswirtschaft gebracht haben.

Als wichtigste Ergänzung und Erweiterung erfolgte eine teilweise Integration des Buches „Reisebüro-Management" von Freyer, Walter und Pompl, Wilhelm (Hrsg., 2. Aufl. 2008). Übernommen wurden vor allem die Teile „Entwicklungsgeschichte der Reisebüros" (Sülberg 2008), „Grundlagen des Reisebüro-Managements" (Freyer/Pompl) sowie einzelne Teile der Beiträge zu Informationstechnologien, Marketing, Personal und Finanzen sowie „Multi-Channel-Marketing" (Freyer/Molina 2008). Darauf wird zum Teil im Text an den entsprechenden Stellen dieses Werkes gesondert hingewiesen. Wir bedanken uns bei den Autoren und Herausgebern des Sammelbandes „Reisebüro-Management", für das **keine** neue Auflage geplant ist. Das Werk wird aber in seiner bisherigen Form weiterhin im Verlag De Gruyter Oldenbourg lieferbar bleiben.

Diese Integration zeigt auch der neue Titel „Reiseveranstalter- und Reisevertriebs-Management". Der klassische Begriff „Reisebüro" wurde nicht übernommen, da es sich aus Sicht des Reiseveranstalter- und Reisevertriebsmanagements im Wesentlichen um Vertriebsaspekte handelt, die nicht nur von klassischen Reisebüros wahrgenommen werden, sondern inzwischen auch von einer Vielzahl und Vielfalt an Reisemittlern und Vertriebskanälen.

Das vorliegende Buch richtet sich einerseits an **Lehrende** und **Studierende** der Tourismuswirtschaft, für die ein umfassender Einblick sowohl in die wissenschaftlichen Grundlagen des Reiseveranstaltermanagements als auch in die praktischen Arbeitsweisen und Marktbedingungen solcher Betriebe gegeben wird. Andererseits werden die **Praktiker** in der Tourismus- und vor allem Reiseveranstalterbranche angesprochen, die etwas mehr über die Hintergründe ihres täglichen Geschäfts und die Grundstrukturen der Branche wissen wollen. Aber auch **branchenfremde Leser,** wie Unternehmensberater, IT-Spezialisten, Investoren, Finanzanalysten etc., finden im Buch eine Fülle von Hintergrundinformationen zur Beurteilung touristischer Branchenentwicklungen, strategischer Prozesse und Entscheidungen. Es enthält grund-

https://doi.org/10.1515/9783110481457-001

legende Definitionen und Begrifflichkeiten sowie Rahmendaten für die Reisemärkte und ihre Segmente.

Ferner sei darauf hingewiesen, dass zur Analyse langer Zeitreihen der in den Teilen IV und V dieser 2. Auflage dargestellten Marktdaten vor allem für den Zeitraum vor 2010 und 2005 noch ein Blick in die Teile III und IV der 1. Auflage des Buches „Reiseveranstalter-Management" lohnt, weil im aktuellen Buch schwerpunktmäßig auf die Entwicklungen in den vergangenen 10 Jahren Bezug genommen wurde. Redaktionsschluss der 2. Auflage ist der 31.12.2016.

Die Fertigstellung eines so umfangreichen Lehr- und Handbuches wäre ohne die Unterstützung zahlreicher Helfer aus der Tourismuspraxis und -wissenschaft nicht möglich.

Unser Dank gilt neben den Autoren und Herausgebern des mitaufgenommenen Werkes „Reisebüro-Management", u. a. den Mitarbeitern am Lehrstuhl für Tourismuswirtschaft der TU Dresden sowie Frau Vivian Bigalke (M. Sc.) für die tatkräftige Unterstützung. Besonderer Dank gebührt auch dem Marktforschungsteam der DER Touristik für die Zurverfügungstellung der umfangreichen Statistiken, Marktdaten und Grafiken sowie die formale redaktionelle Koordination.

Wir hoffen, dass dieses Buch für den Bereich Reiseveranstalter- und Reisevertriebsmanagement eine Hilfe ist, um für die Kunden die schönsten Reisen für die kostbarsten Tage des Jahres professionell und kompetent zur Verfügung zu stellen.

Für Anregungen und Kritik sind die Autoren sehr dankbar und freuen sich auf ein entsprechendes Feedback.

Prof. Dr. Adrian Freiherr von Dörnberg
Univ.-Prof. Dr. Walter Freyer
Werner Sülberg

Vorwort (1. Auflage)

Reiseveranstalter nehmen eine zentrale Stellung in der Tourismuswirtschaft ein und sind entlang der gesamten touristischen Wertschöpfungskette aktiv. Sie kombinieren Transport-, Beherbergungs- und weitere Zielgebietsleistungen zu Pauschal- oder Bausteinreisen und bieten sie ihren Kunden direkt, über Reisevermittler oder andere Vertriebskanäle an. Aufgrund der zunehmenden Komplexität der technischen Voraussetzungen und der internen Prozessabläufe arbeiten sie mit unterschiedlichen Geschäftsmodellen, auf die im Folgenden detailliert und praxisorientiert eingegangen wird.

Das Buch enthält eine umfangreiche Dokumentation aller Typen von Reiseveranstaltern – von internationalen Konzernen über kleine und mittlere Spezialveranstalter bis hin zu den Besonderheiten von Kreuzfahrt-, Studienreisen- und Busreisen-Veranstaltern. Es beschreibt detailliert die Prozessabläufe, Funktionen und Management-Aufgaben und zeigt ferner analytisch die Marktentwicklungen und Marktstrukturen in langen Zeitreihen auf. Hinzu kommen viele Spezialthemen und Exkurse, wie u. a. über die differierenden Strukturen und Rahmenbedingungen internationaler Veranstaltermärkte, die Herausforderungen der zukünftigen demografischen Nachfrageverschiebungen, die Komplexität des Devisenmanagements von Reiseveranstaltern, die Kommentierung unterschiedlicher Lehrmeinungen oder eine ausführliche historisch-strategische und wettbewerbspolitische Betrachtung des Reiseveranstaltermarktes.

Das Buch richtet sich einerseits an **Lehrende** und **Studierende** der Tourismuswirtschaft, für die ein umfassender Einblick sowohl in die wissenschaftlichen Grundlagen des Reiseveranstalter-Managements als auch in die praktischen Arbeitsweisen und Marktbedingungen solcher Betriebe gegeben wird. Andererseits werden die **Praktiker** in der Tourismus- und vor allem Reiseveranstalterbranche angesprochen, die etwas mehr über die Hintergründe ihres täglichen Geschäfts und die Grundstrukturen der Branche wissen wollen.

Unser ganz besonderer Dank gilt Frau Diplom-Kauffrau Nicole Gehre und Frau Diplom-Verkehrswirtschaftlerin Jana Koschemann am Lehrstuhl für Tourismuswirtschaft der TU Dresden für die umfangreiche formale und inhaltliche Koordination, sowie dem Oldenbourg Verlag für die editorische Betreuung.

Es war eine lange Reise, die die Autoren gemeinsam unternommen haben, um dieses umfassende Werk zum Reiseveranstalter-Management zu verfassen. Wir hoffen, dass es den Lesern bei ihren täglichen Aufgaben eine stetige Hilfe sein wird. Das Autorenteam freut sich über Anregungen der Leser bezüglich inhaltlicher Ergänzungen und Vertiefungen, weiterführender Themen und Korrekturen, damit die Grundla-

https://doi.org/10.1515/9783110481457-002

gen für die Ausbildung zukünftiger touristischer Fachkräfte kontinierlich verbessert werden können.

Prof. Dr. Adrian Freiherr von Dörnberg
Univ. Prof. Dr. Walter Freyer
Werner Sülberg

Inhaltsübersicht

Teil I: Grundlagen des Reiseveranstaltergeschäfts

Teil II: **Produktionsfaktoren von Reiseveranstaltern**

Teil III: **Funktionen und Prozessorganisation von Reiseveranstaltern**

Teil IV: Marketing und Vertrieb von Reiseveranstaltern

Teil V: **Marktstrukturen, Wettbewerber und Zielgruppen des Reiseveranstaltermarktes**

Inhaltsverzeichnis

Teil I: Grundlagen des Reiseveranstaltergeschäfts

Teil III: **Funktionen und Prozessorganisation von Reiseveranstaltern**

Teil IV: Marketing und Vertrieb von Reiseveranstaltern

Teil V: Marktstrukturen, Wettbewerber und Zielgruppen des Reiseveranstaltermarktes

Abbildungsverzeichnis

Teil I: **Grundlagen des Reiseveranstaltergeschäfts**

Übersicht Teil I

In Teil I werden die allgemeinen Grundlagen zu Reiseveranstaltern und der Reiseveranstalterbranche dargestellt. Nach einem kurzen Überblick über das Phänomen Reiseveranstalter inkl. einer Begriffsklärung folgt eine Vorstellung der Ziele solcher Betriebe und eine Einordnung in die touristische Wertschöpfungskette. Es werden außerdem die grundsätzlichen Aufgaben eines Reiseveranstalters auf Basis des dienstleistungsorientierten Phasenmodells erläutert (Kap. I.1).

Anschließend wird die Struktur der Reiseveranstalterbranche in Deutschland überblicksartig mit den vorherrschenden Organisationstypen und deren Merkmalen aufgezeigt (Kap. I.2).

Im dritten Abschnitt dieses Teils werden die Geschäftsmodelle von Reiseveranstaltern aufgeführt mit besonderer Schwerpunktsetzung auf die beiden dominanten Modelle klassischer Reiseveranstalter und Bausteinreiseveranstalter. Dabei wird insbesondere auf die Formen, Elemente und Charakteristika der unterschiedlichen Geschäftsmodelle eingegangen, sowie abschließend eine Marktabgrenzung für die Veranstaltertypen gegeben (Kap. I.3).

Kapitel I.4 betrachtet das Volumen und die Ausgabenstruktur des deutschen Reisemarktes.

Im Anschluss wird die historische Entwicklung der Reiseveranstalterbranche praxisnah anhand wichtiger Ereignisse aufgezeigt und die Herausbildung von horizontaler und vertikaler Integration aufgrund der Besonderheiten des Marktes abgeleitet. Abschließend werden die Schritte der Globalisierung des Reiseveranstaltermarktes und wie diese in den einzelnen Unternehmen vollzogen wurden anschaulich dargestellt (Kap. I.5 und I.6).

Ziele des Teils I

Im Teil I sollen vermittelt werden:
- der Begriff Reiseveranstalter und seine Merkmale (Kap. I.1),
- die Arten von Reiseveranstaltern und die Einordnung solcher Betriebe in die Tourismuswirtschaft (Kap. I.2),
- die Geschäftsmodelle von Reiseveranstaltern (Kap. I.3),
- das Volumen und die Ausgabenstruktur des deutschen Reisemarktes (Kap. I.4),
- die Entwicklung der Reiseveranstalterbranche und die Veränderung der Branchenstrukturen mit besonderem Schwerpunkt auf der horizontalen und vertikalen Integration (Kap. I.5 und I.6).
- die Entwicklung der Reiseveranstalterbranche und die Veränderung der Branchenstrukturen mit besonderem Schwerpunkt auf der horizontalen und vertikalen Integration (Kap. I.5 und I.6).

---

1 Merkmale von Reiseveranstaltern

1.1 Das Phänomen „Reiseveranstalter"

Reiseveranstalter haben aufgrund ihrer Funktionen in der Tourismuswirtschaft eine zentrale Bedeutung: sie kombinieren verschiedene Teilleistungen einzelner Leistungsträger zu einem neuen Produkt (i. d. R. die Pauschal- oder Bausteinreise) und bieten diese unter eigenem Namen und auf eigenes Risiko an. Reiseveranstalter schaffen somit aus ökonomischer Sicht marktfähige Produkte, die für die Nachfragen einen Nutzen erfüllen bzw. „Problemlösungen" bieten.

Reiseveranstalter sind Tourismusbetriebe oder Betriebsteile, die überwiegend Leistungen Dritter zur Befriedigung des zeitweiligen Ortsveränderungsbedürfnisses und damit zusammenhängende anderweitige Bedürfnisse zu einer neuen, eigenständigen Leistung verbinden und diese im eigenen Namen anbieten und in Rechnung stellen.

Diese Definition beinhaltet wesentliche Elemente, die herausstellen, wie sich Reiseveranstalter von anderen Tourismusbetrieben, insbesondere gegenüber den Reisemittlern und Leistungsträgern wie Beherbergungs- und Transportbetrieben, abgrenzen. Diese Differenzierung ist vor allem aus haftungsrechtlichen Gründen des Reisevertragsgesetzes von Bedeutung. Reiseveranstalter sind demnach durch folgende wesentliche Elemente gekennzeichnet:
– eigenständige Leistung,
– Verbinden von Leistungen Dritter,
– Auftreten im eigenen Namen (und in eigener Verantwortung),
– eigenständiges Unternehmen bzw. Unternehmensteil.

Die bekanntesten Produkte von Reiseveranstaltern sind Pauschal- und Bausteinreisen. Diese beiden Angebotsformen unterscheiden sich vor allem hinsichtlich der Risikoübernahme der Reiseveranstalter für verschiedene Leistungen (s. Kap. I.3.1). Veranstalter von Pauschalreisen, auf die ca. 70 % aller Veranstalterreisen entfallen, werden häufig als klassische Reiseveranstalter bezeichnet, weil sie die historische Basis der Branche bilden.

Die wichtigsten praktischen Formen einer klassischen Veranstalterreise sind Flugpauschalreisen, Bahnpauschalreisen, Busurlaubsreisen, Kreuzfahrten sowie Studien- und Gruppenreisen aller Art. Im Geschäftsmodell der Bausteinreiseveranstalter gibt es zudem Formen, bei denen der Übergang vom Veranstalten zum reinen Vermitteln von Reisen fließend ist. Die Abgrenzung von Reiseveranstaltern und Reisemittlern wird in Kap. III.2.3 ausführlich erläutert.

Hauptzielgruppe von Reiseveranstaltern sind die Freizeit- oder Urlaubsreisenden. Geschäftsreisende hingegen zählen nur in wenigen Fällen zum Kundenkreis, z. B. bei

https://doi.org/10.1515/9783110481457-003

Spezialreiseveranstaltern für Geschäfts- und Tagungsreisen oder Incentive-Reisen. Dieses Segment gewinnt allerdings im Rahmen der Integrierten Konzerne zunehmend an Bedeutung. Zu den typischen Aufgaben der Reisemittler im Geschäftsreisebereich zählt die Vermittlung von Teilleistungen, wie z. B. Flug, Hotel und Mietwagen, wobei der Übergang zwischen Reiseveranstaltern, -mittlern und -konzernen auch hier fließend ist.

Neben den Leistungen für die Endkunden erfüllen Reiseveranstalter sehr unterschiedliche Aufgaben bzw. Funktionen für die Leistungsträger und letztendlich für sich selbst:

- **Organisationsfunktion/-aufgaben:** Für die Reisenden übernehmen die Reiseveranstalter in ihrer Hauptfunktion die organisatorischen Aufgaben der Auswahl und Sicherstellung der Transport- und Beherbergungsleistungen sowie verschiedene weitere Teilleistungen. Des Weiteren erfüllen die Veranstalter dem Reisenden gegenüber eine Informationsfunktion. Durch dieses Angebot einer **„gebündelten Problemlösung"** für den Kunden tragen die Veranstalter zudem das Haftungsrisiko bezüglich einer ordnungsgemäßen Reisedurchführung.
- **Vertriebsfunktion/-aufgaben:** Für die Leistungsträger nehmen Reiseveranstalter hauptsächlich Vertriebsaufgaben oder Handelsfunktionen wahr, indem sie zur Kundengewinnung und Kapazitätsauslastung beitragen. Insbesondere für die Destinationen erfüllen Reiseveranstalter aber auch eine Zielgebietserschließungsfunktion. Die Investitionen, die in den Urlaubsgebieten für eine Infrastruktur bezüglich Verkehr und Energie, sowie für eine touristische Suprastruktur nötig sind, werden vorrangig durch den veranstalterorganisierten Tourismus und damit durch hohe prognostizierte Gästezahlen induziert.
- **Wertschöpfungsfunktion:** Für die Reiseveranstalter selbst steht die gewinnwirtschaftliche Produktion durch die Schaffung von Mehrwert im Mittelpunkt des Interesses („Wertschöpfungsfunktion" der Reiseveranstalter).
- **Gesellschaftlich-soziale Funktionen:** Für die Gesellschaft insgesamt haben die Reiseveranstalter eine soziale bzw. emanzipatorische Funktion, indem sie zum einen durch das Angebot von organisierten Reisen, das Risiko für den Kunden mindern. Dadurch wird auch Personengruppen, die sich vor einer individuellen Reiseorganisation scheuen, das Reisen ermöglicht. Zum anderen können die touristischen Leistungsträger aufgrund hoher Kapazitäten und großer Auslastung, die durch Pauschalreisen generiert werden, Preise anbieten, die das Reisen auch für Bevölkerungsschichten mit geringerer Kaufkraft möglich machen.

1.2 Bandbreite des Tätigkeitsspektrums von Reiseveranstaltern

Ursprünglich waren es Reisebüros, die sich in den 60er-Jahren und danach zu den „typischen" Reiseveranstaltern entwickelt haben. Hierbei waren es eigenständige Betriebe, deren Hauptfunktion die Organisation und der Verkauf von Pauschalreisen war.

Dazu stellten sie Leistungen Dritter zu einer Pauschalreise zusammen und boten diese unter eigenem Namen und auf eigenes Risiko über eigene oder fremde Vertriebswege an. Aus dieser „Reinform" der typischen Reiseveranstalter haben sich verschiedene Mischformen entwickelt, welche die Kriterien der klassischen Reiseveranstalter nur teilweise erfüllen.

Die wichtigste Entwicklung verlief in Richtung der Integrierten Konzerne, die neben der „reinen" Reiseveranstaltertätigkeit auch andere Funktionen der gesamten Wertschöpfungskette wahrnehmen. Insbesondere werden dabei der Vertrieb sowie die Leistungsträger Transport (v. a. Flug) und Beherbergung in das Unternehmensprofil aufgenommen. Außerdem setzte sich das Geschäftsmodell der Bausteinreiseveranstalter durch, die durch ihre Arbeitsweise das Risiko minimieren, indem sie verstärkt eine Händlerfunktion einnehmen. Mit der Fortentwicklung elektronischer Reservierungssysteme haben sich zudem virtuelle Reiseveranstalter als weitere eigene Form entwickelt (vgl. zu den Formen von Reiseveranstaltern: Kap. I.2).

Um 2010 sind in Deutschland einige wenige größere konzernunabhängige, etwa 1.400 mittlere und viele kleine Reiseveranstalter auf dem Markt vertreten.

Neben diesen Unternehmen gibt es eine Reihe weiterer Betriebe, die in einer Teilfunktion ihrer Geschäftstätigkeit als Reiseveranstalter auftreten.

- Einerseits können **Leistungsträger** wie Tourismusorte oder Transport- und Beherbergungsbetriebe zu den Reiseveranstaltern gezählt werden, sofern sie Pauschalprogramme erstellen. Andererseits übernehmen die Reiseveranstalter wiederum bei der Vermarktung der Pauschalreisen Aufgaben der Leistungsträger und Tourismusdestinationen z. B. im Bereich der Werbung.
- Ebenso können **Reisebüros,** die in ihrer Hauptaufgabe Reisen lediglich vermitteln, als Veranstalter auftreten.
- Des Weiteren existieren Reiseveranstalter im **nichtkommerziellen** Bereich, die in ihrer Leistungserstellung nicht gewerblich oder gewinnorientiert handeln. Dazu zählen beispielsweise Vereinsreisen sowie Reisen, die durch Schulen, Volkshochschulen oder Kirchen organisiert werden, sofern nicht unmissverständlich die bloße Vermittlerrolle zum Ausdruck gebracht wird. Bei diesen Veranstaltern besteht allerdings ein schmaler Übergang zur sog. Schwarztouristik.

Einen aktuellen Überblick über die in den verschiedenen Formen tätigen Reiseveranstalter auf dem deutschen Markt sowie einen Einblick in deren Geschäftstätigkeit liefert Kap. I.2.

1.3 Ziele von Reiseveranstaltern

Die Ziele eines Unternehmens wirken als „übergeordnete Philosophie" oder als zukünftige Wunschorte, bestimmen somit die Unternehmensstrategien und geben die Instrumente zur Zielerreichung vor. Die jeweiligen Unternehmensziele sind dabei zahlreich und vielfältig und können nach unterschiedlichen Kriterien strukturiert werden. Eine Möglichkeit einer solchen Strukturierung ist die in Abb. I.1 dargestellte Zielpyramide, wobei sechs Ebenen bzw. Teilschritte betrachtet werden.

Die **übergeordneten Orientierungsziele** legen die allgemeinen betrieblichen Grundlagen fest, wobei zumeist allgemeine Wertvorstellungen, der Unternehmenszweck und die Corporate Identity durch qualitative Vorgaben definiert werden. In der jüngeren Vergangenheit werden dabei umfassende abgestimmte Unternehmensleitbilder entwickelt, die zusätzlich Handlungsmaximen, Compliance-Regeln, **CSR –** (**Corporate Social Responsibility**) und Nachhaltigkeitsrahmenbedingungen festlegen. Darauf basierend konkretisieren die operativen Handlungsziele bzw. Zielsysteme die Ziele hinsichtlich Umfang und Ausmaß und sind zumeist quantitativer Art.

Abb. I.1: Zielpyramide (Quelle: FREYER 2011 [Tourismus-Marketing]: 354)

Im Bereich **Handlungsziele** verfolgen Reiseveranstalter auf der Ebene der Oberziele vorwiegend profitwirtschaftliche Ziele, d. h. es stehen im operativen Bereich Zielgrößen wie Gewinn, Umsatz, Ertrag, Rendite (kurz: „Profit") oder Marktanteil im Vordergrund. Nur als Sonderbereich sind auch gemeinnützige Organisationen (sog. Non-Profit-Organisationen) als Reiseveranstalter tätig.

Übergeordnet sind aber auch gesellschaftliche Ziele primär oder sekundär für Reiseveranstalter von Bedeutung. Dieser Bereich wird aktuell als **CSR** – Corporate Social Responsibility – bezeichnet und diskutiert, ist jedoch schon lange als soziale Verantwortung von Unternehmen bekannt. Gerade die internationale Tätigkeit von Reiseveranstaltern erfordert eine ausgeprägte Berücksichtigung der soziokulturellen Aspekte des Reisens. „Nachhaltigkeit" (sustainability) ist eine weitere Forderung im Bereich der Orientierungsziele und befasst sich mit der Übernahme von Verantwortung für künftige Generationen. Sie umfasst vor allem die drei Teilbereiche der ökologischen, soziokulturellen sowie der ökonomischen Nachhaltigkeit – auch als „Dreiklang der Nachhaltigkeit" bezeichnet (vgl. FREYER 2015 [Tourismus]: 485 f.). Reiseveranstalter können solche Ziele z. b. mithilfe des Einsatzes von Umweltbeauftragten im Unternehmen und in den Zielgebieten umsetzen. Maßnahmen für eine nachhaltige Leistungserstellung könnten z. B. Ausgleichszahlungen für Flugemissionen, CRS-Zertifizierungen, ein Engagement für ECPAT (End Child Prostitution, Child Pornography & Trafficking of Children for Sexual Purposes) oder auch die Beteiligung an sozialen Projekten in den Zielgebieten sein. Zum letztgenannten Beispiel hat sich aktuell die Sonderform „Volunteer Tourism" entwickelt, bei der sich Reisende während ihres Reiseaufenthaltes freiwillig sozial engagieren (vgl. ausführlich zu CSR und Nachhaltigkeit bei Reiseveranstaltern: Kap. III.1–III.15). Neben den quantitativen spielen auch qualitative Ziele eine zunehmend größere Rolle. Diese zielen häufig auf definierte Service- und Ausbildungsstandards der Mitarbeiter, Reklamationsquoten, Wiederholer- und Stammkundenquoten etc., die mit Marktforschungstools regelmäßig kontrolliert werden.

Wichtig ist es, dass die Unternehmensziele aufeinander abgestimmt und somit konfliktfrei sind, denn auch die Zieladressaten können sehr unterschiedlich sein: unternehmensbezogen, organisationsbezogen (profitcenterbezogen) oder personenbezogen. Die Konfliktfreiheit ist dabei nicht selbstverständlich, weil Profitcenter auch gegeneinander arbeiten können, wenn sie auf unterschiedlichen Wertschöpfungsebenen arbeiten oder z. B. aus Auslastungsgründen Drittgeschäfte mit verschiedenen Wettbewerbern betreiben müssen. Die operative Zielerfüllung ist mit unterschiedlicher Gewichtung der Hierarchieebenen häufig Grundlage für personenbezogene Entlohnungen, Prämien, Boni, Tantiemen bis hin zu Fringe Benefits und Aktienoptionen und können auch im Hinblick auf den internen Betriebsfrieden manchmal konfliktär sein.

Um Zielkonflikte zu verringern entwickelten Kaplan und Norton Mitte der 90er-Jahre die sog. **Balanced Scorecard** (vgl. KAPLAN/NORTON 1997). Die Balanced Scorecard ist ein strategieorientiertes Managementsystem aus quantitativen und qualitativen hierachisch aufgebauten Zielbündeln oder Zielsystemen. Für alle Ziele werden dabei Steuerungs- und Messvariablen zugrunde gelegt. Diese ganzheitliche Zielstrategie war die Alternative zum reinen Shareholder-Value-Ansatz großer, zumeist börsennotierter Konzerne, die zunehmend ihre Kunden aus den Augen verloren und ihre Profits auf Druck ihrer Aktionäre eher in riskante Anlagen und Marktanteile als in das Kerngeschäft investierten. Interessant an diesem strategischen Zielsystemansatz war die gleichzeitige und gleichgewichtige Fokussierung auf die vier wichtigsten Zieladressaten: die Kunden, die Mitarbeiter, die Wettbewerber und die Gesellschafter. Wer bei allen Vieren seine Ziele weitgehend erfüllt, kann unternehmerisch eigentlich nichts falsch gemacht haben. Aktuell wird die Balanced Scorecard allerdings in der originären Ausprägung aufgrund ihrer Komplexität auch von großen Unternehmen nur noch selten angewendet.

1.4 Die Stellung des Reiseveranstalters in der touristischen Wertschöpfungskette

Strukturell agiert die Reisebranche in einem mehrstufigen Wertschöpfungsprozess (vgl. Abb. I.2). **Reiseveranstalter kaufen Leistungen** von Hotels, Zielgebietsagenturen und anderen Leistungsträgern in den Urlaubsgebieten ein, kombinieren sie mit Transportleistungen von Verkehrsträgern (Airlines, Bahnen, Busunternehmen etc.) zu einem Reisepaket, der sog. Pauschalreise, oder bereiten sie zu flexiblen und individuell kombinierbaren Reisebausteinen auf, die sie über Reisevermittlungsstellen oder direkt an die Reisekunden vertreiben. Dabei übernehmen sie weitreichende Garantien gegenüber den Leistungsträgern für die Kapazitätsauslastung (Hotels, Airlines etc.) und das Inkasso der Kundengelder sowie Verpflichtungen aufgrund rechtlicher Standards gegenüber den Kunden (Insolvenzschutzversicherung, Rücktransportverpflichtung in Krisenfällen, Veranstalterhaftung etc.) und den Reisebüros (Handelsvertreterschutz, Preisbindung etc.). Daneben veräußern Leistungsträger ihre originären Leistungen aber auch ohne Bündelung und Aufbereitung eines Reiseveranstalters oder Consolidators über Reisemittler oder direkt an die Kunden.

Beispiel: Wertschöpfungskette einer Flugpauschalreise

Bei der Betrachtung der touristischen Wertschöpfung am Beispiel einer Flugreise zeigt sich, dass die bereits erwähnte Wertschöpfungsfunktion der Reiseveranstalter nur einen relativ geringen Anteil von 8 % an der gesamten Pauschalreise ausmacht (vgl. Abb. I.3). Die größten Anteile liegen bei den touristischen Leistungsträgern der Kernleistungen Unterkunft mit 39 % und Flug mit 37 %. Selbst die Reisebüros können immerhin einen Anteil von 11 % erwirtschaften. Hinzu kommen verschiedene Umsatzrenditen (0,5 % bei den Reisemittlern und bis zu 8 % im Hotelbereich). Durch diese recht geringen Anteile der Reiseveranstalter an der touristischen Wertschöpfung und die damit verbundenen begrenzten Umsatzmöglichkeiten entstand bei den Reiseveranstaltern der Kerngedanke, zunehmend die verschiedenen Leistungsträger (rückwärts) und Absatzmittler (vorwärts) in das eigene Unternehmen zu integrieren. Dadurch ist es möglich, von der gesamten Wertschöpfungskette, die der Reiseveranstalter als Leistungskette zusammenstellt, zu profitieren. Diese Überlegung war Grundlage der Entstehung des Geschäftsmodells der Integrierten Konzerne: „Der integrierte Konzern kann demnach an den lukrativen Margen verschiedener Wertschöpfungsstufen partizipieren." (PICHLER 2004: 77 f.).

Eine grundlegende Auseinandersetzung mit dem Modell der Integrierten Konzerne findet in Kap. I.3.1.3, S. 41 ff. statt.

Leistungs-träger	Service-Agenturen	Reise-veranstalter	Reisevermittler	Kunden
Hotels FeWo Unterkunft	Zielgebiets-agenturen	Veranstalter	stationäre Reisebüros sonst. stat. Reisemittler	Urlaubs-reisende
Busunter-nehmen Transfers Sonstige			Business Travel Center Online-Reisebüros	Geschäfts-reisende
Flug Bahn Mietwagen		Consolidator	Online-Portale	Privat-reisende

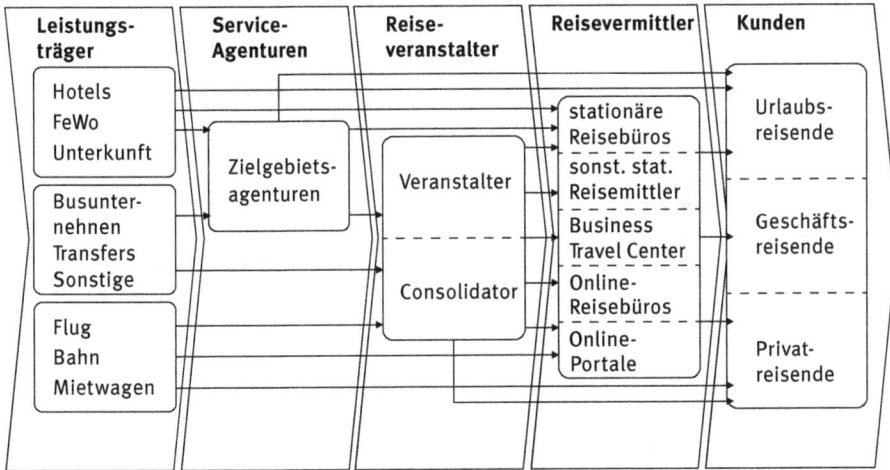

Abb. I.2: Wertschöpfungsstufen des Reisemarktes

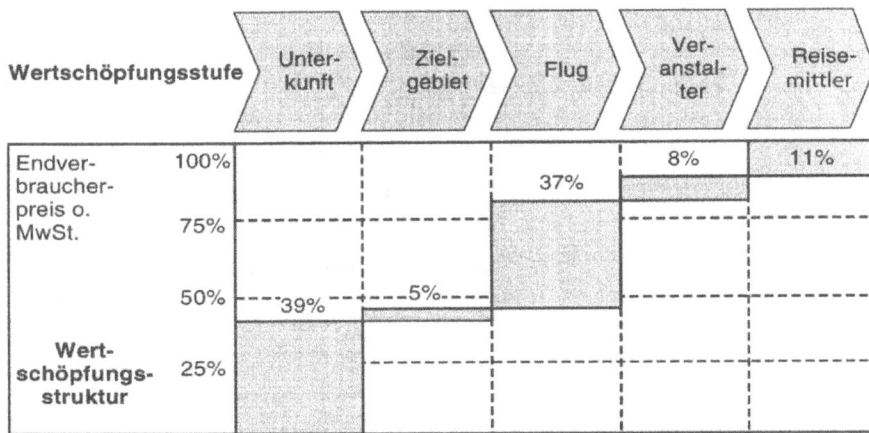

Abb. I.3: Wertschöpfungsstufen einer Flugpauschalreise (Quelle: FREYER 2011 [Tourismus-Marketing]: 297, nach DRV 1995)

1.5 Phasenorientierte Reiseveranstaltertätigkeit

Die Tätigkeiten von Reiseveranstaltern im Zusammenhang mit der Produktion von Pauschalreisen können auch entlang des **dienstleistungsorientierten Phasenmodells** aus Abb. I.4 dargestellt werden (vgl. genauer zur Dienstleistungsorientierung im Tourismus: FREYER 2011 [Tourismus-Marketing]: 66 ff.):

- Die **Potenzialaufgaben** des Reiseveranstalters umfassen die Bereitstellung (den „Einkauf") von Transport- und Beherbergungskapazitäten, die den Kunden in

Potenzialphase	Prozessphase	Ergebnisphase
– Einkauf von Hotel- und Transportkapazitäten – Bereitstellung, Verfügbarkeit sicherstellen – Prospektgestaltung – Distribution von Reise-„anrechten" (Buchung, Reservierung) – Agenturpolitik	– Reisedurchführung (sicherstellen): Transport, Beherbergung, Reiseleitung, Nebenleistungen	– Nachbetreuung der Kunden (Reisereklamationen) – Abrechnungen mit den Leistungsträgern und Reisemittlern

Abb. I.4: Aufgaben von Reiseveranstaltern im phasenorientierten Betriebsmodell (Quelle: FREYER 2015 [Tourismus]: 264)

Prospekten angeboten werden. Ferner erfolgt in der Potenzialphase die Buchung/Reservierung (direkt oder über Reisemittler).

– Die **Prozessphase** umfasst die eigentliche Reisedurchführung, die durch verschiedene Leistungsträger realisiert wird. Der Reiseveranstalter hat hierfür lediglich die Garantiefunktion zu übernehmen, dass alle Teilleistungen wie gebucht auch realisiert werden.

– In der **Ergebnisphase** hat der Reiseveranstalter im Wesentlichen die Nachbetreuung der Gäste und der Leistungsträger zu übernehmen. Es erfolgt die Abrechnung mit den Leistungsträgern und Reisemittlern. Gegenüber den Kunden sind mögliche Reisereklamationen abzuwickeln.

Die einzelnen Tätigkeiten werden in Kap. III.1 bis III.12 anhand einer ähnlichen Prozesskette, basierend auf dem Wertkettengedanken von PORTER 1992, detailliert erläutert.

1.6 Customer Journey bei Reiseveranstaltern

1.6.1 Was meint Customer Journey?

Eine weitere, sehr verbreitete und beliebte Darstellung der Aufgaben eines Reiseveranstalters (und anderer [touristischer] Anbieter) ist die der Customer Journey (dt.: Reise des Kunden). Sie fokussiert sich auf den Entscheidungsprozess der Reisenden (sowie anderer Nachfrager) und gibt damit gleichzeitig Hinweise auf die betreffenden Marketingmöglichkeiten der Anbieter.

Diese Betrachtung ist im Marketing schon lange existent, erfreut sich aber infolge der zunehmenden Dienstleistungsorientierung sowie neuer Medien aktuell wieder zunehmender Beliebtheit, so auch im Tourismus.

Die Customer Journey betrachtet die verschiedenen Stufen bzw. Phasen, die ein (Reiseveranstalter-)Kunde bei seiner Entscheidung für eine bestimmte Buchung (oder sonstige Käufe) durchläuft. Auf diesem Weg kommt er vielfach mit dem oder den touristischen Anbietern (hier: Reiseveranstalter und den von ihm beauftragten Leistungsträgern) in Kontakt. Diese Kontakt- oder Berührungspunkte (engl.: touch points) sind besonders interessant, weil sie zugleich Einflussmöglichkeiten der Anbieter aufzeigen. Diese Touchpoints im Verlauf einer Leistungserstellung werden zum Teil ausführlich untersucht und dargestellt, sog. **„Mapping"** (vgl. u. a. SCHÜLLER 2013).

Customer Journey (dt.: Reise des Kunden) bezeichnet i. e. S. des Marketings den Weg („die Reise") eines Kunden von den ersten Kontakten (engl.: touch points) mit einem Produkt/Angebot bis zur Kaufentscheidung („Buchung"). Die erweiterte Sicht bei touristischen Dienstleistungen betrachtet auch die weiteren Kontakte in den der Kaufentscheidung nachgelagerten Phasen der Leistungserstellung (Reisephase, „unterwegs") sowie des Leistungsergebnisses („nach der Reise").

Touch point(s) (dt.: Berührungspunkt[e]) bezeichnet jede Art von Kontaktpunkten bzw. Kontaktkanälen (institutionell und/oder medial) zwischen Nachfragern und Anbietern/Angeboten, wie z. B. persönliche Beratung, klassische Werbung (Anzeigen, TV- oder Radio-Spots etc.), Online-Medien oder auch Meinungen von Freunden und Bekannten.

Typische Merkmale einer Customer Journey:

- Sie ist prozessorientiert und zeitraumbezogen, d. h. diese „Reise" erstreckt sich über einen gewissen (längeren) Zeitraum, bei dem verschiedene Stufen/Phasen unterschieden werden.
- Die Kontakte erfolgen über verschiedene Kanäle (Multi-Channeling, vgl. Kap. IV.2.1.4, S. 348 ff.), wobei zunehmend zwischen Offline- und Online-Kanälen gewechselt wird: „Eine Customer Touchpoint Journey zwischen online und offline bis zum Kauf und darüber hinaus" (SCHÜLLER 2013: 161).
- Der digitale Wandel hat dem Konsumenten mehr Macht, mehr Informationen und mehr Auswahl gegeben. Folglich ist die Analyse der „elektronischen Customer Journey" eine wichtige Aufgabe. Hierbei wird die Nutzung von digitalen Medien während der Reise – analog zur Customer Journey – untersucht (vgl. AMADEUS 2011, FUR 2014 sowie EGGER 2007: 439, HORSTER 2013, FREYER 2011: 627).

1.6.2 Varianten der Customer Journey

Im heutigen Verständnis gibt es verschiedene Varianten der Customer Journey, die nicht immer klar unterschieden werden. Gelegentlich werden sie parallel betrachtet, zum Teil gehen sie ineinander über. Diese „Reisen" sind zumeist unterschiedlich lang bzw. ausführlich. Der folgende Überblick erwähnt vor allem die für den Tourismus interessanten bzw. die im Tourismusmarketing verbreiteten Varianten.

(1) **Die klassische Marketingsicht,** basierend auf dem AIDA-Modell: Sie beginnt mit den ersten Kunden-/Anbieterkontakten und endet mit der Kaufentscheidung (im Tourismus wäre dies die Reiseentscheidung bzw. -buchung). Sie ist i. d. R. die kürzeste Kundenreise. Im Kern basieren viele der Customer-Journey-Betrachtungen auf dem klassischen **AIDA-Modell,** wo bereits die Entscheidung des Kunden aus einem mehrstufigen Prozess besteht und daraus die entsprechenden Aufgaben der Anbieter abgeleitet werden:

- **A – Attention:** *Anbietersicht:* Aufmerksamkeit erzeugen (*Kundensicht:* sie werden auf ein Produkt aufmerksam)
- **I – Interest:** *Anbietersicht:* Interesse aufbauen (*Kundensicht:* sie interessieren sich)
- **D – Desire** (auch: Decision): *Anbietersicht:* Begierde/Wünsche wecken (*Kundensicht:* sie wünschen sich das angebotene Produkt/die Leistung)
- **A – Action:** *Anbietersicht:* Handlung auslösen (*Kundensicht:* sie handeln [sie kaufen das Produkt, buchen eine Reise – oder auch nicht])

Diese entscheidungsorientierte Variante ist bei den meisten anderen Betrachtungen als Teilprozess enthalten.

(2) **Die dienstleistungsorientierte Sicht:** Sie betrachtet i. d. R. eine Dienstleistung phasenorientiert, von der Potenzial- über die Prozess- bis zur Ergebnisphase. Während dieser drei Phasen werden die verschiedenen Kontakte von Kunden und Dienstleistungserstellern betrachtet. Dabei interessiert u. a. die Bestimmung der sog. kritischen Momente (engl.: **critical incidents**), vor allem dort wo Kunde und Produzent zusammentreffen und „Momente der Wahrheit" (engl.: **moments of truth**) entstehen, bei denen sich „guter" oder weniger guter („schlechter") Service sowie die **„Null-Fehler-Problematik"** zeigen. Dies wiederum dient der Analyse und der Einflussmöglichkeiten im Rahmen des **Qualitätsmanagements** (vgl. z. B. STAUSS 1995, FREYER 2011: 669 f.).

(3) **Die vertriebsorientierte Customer Journey:** Sie fokussiert auf die Bedeutung der Vertriebs- und Kommunikationskanäle während einer Reise. Diese Sicht ist eng mit dem **Multi-Channel-** oder Omni-Channel-Marketing verbunden (vgl. dazu genauer Kap. IV.2.1.4 sowie Abb. IV.12).

(4) **Die „digitale" Customer Journey** fokussiert vor allem auf die digitalen Kontakte („digitale Touchpoints") sowie die Internet-Nutzung während einer Reise, die aber nicht ausschließlich entscheidungsbezogen sein müssen. Eine Variante für den Tourismus findet sich bei EGGER 2006 und Hoster 2013 sowie in FREYER 2011: 627. Letztere Sicht wurde auch in Kap. IV.5 – grafisch – übernommen (vgl. Abb. IV.34).

Weitere Varianten bzw. Teilbetrachtungen der digitalen Customer Journey sind die Bedeutung und **Nutzung von mobilen Endgeräten** während der Reise („The always connected traveller", vgl. AMADEUS 2011) sowie die Variante „Sharing" (dt.: Teilen). Letztere betrachtet die digitalen Kontakte während einer Reise mit zuhause: „Wer postet wie über den Urlaub?" (FUR 2014). Dies geschieht vor allem über/mit mobile/-n Endgeräten und über Messenger-Dienste (wie Skype und WhatsApp in Europa oder WeChat in China), vor allem Smartphone, und/oder die „Postings" auf sozialen Netzwerken im Internet (wie z. B. Facebook, Google+, Twitter).

(5) Customer Journey im Tourismus: Die touristische Customer Journey beginnt lange vor dem eigentlichen Aufbruch. In der **Vorreisephase** fallen die wichtigsten Entscheidungen bezüglich der Reiseentscheidung und -buchung. Danach folgen die Phasen der **Reisedurchführung** („physische Reise") und der Reiserückkehr **(Nachreisephase)**. Sie beinhaltet in der ausführlichsten Betrachtung (fast) alle der vorher genannten Varianten. Diese erweiterte Betrachtung findet sich in Abb. I.5 und wird im Folgenden näher erläutert.

1.6.3 Die Customer Journey im Tourismus

In diesem Abschnitt wird die Customer Journey im Tourismus mit ihren drei verschiedenen **Hauptphasen** (I – Vorreisephase, II – Reisephase, III – Nachreisephase) sowie den jeweilen Teilphasen oder -schritten und „Touchpoints" genauer vorgestellt (vgl. Abb. I.5).

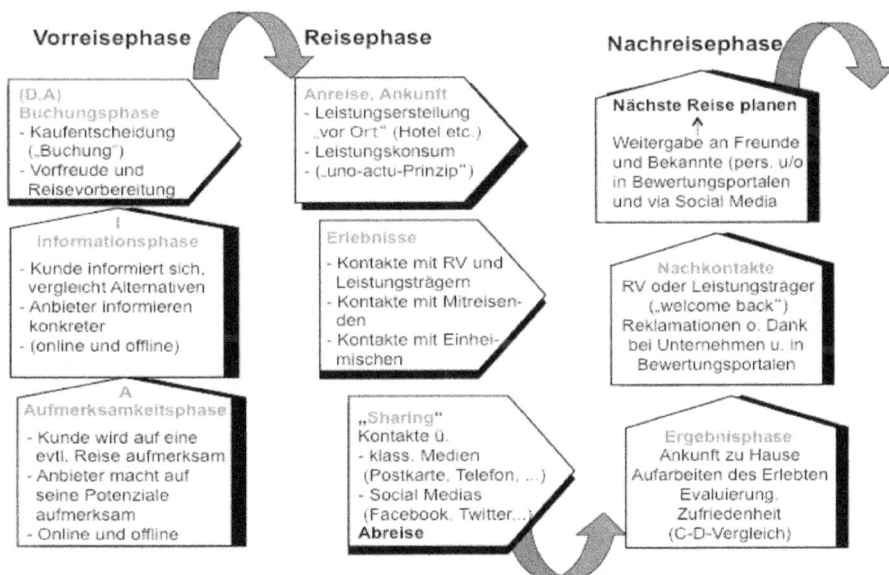

Abb. I.5: Customer Journey im Tourismus (Quelle: Eigene Darstellung)

Phase I: Vor der Reise (Vorreisephase oder Potenzialphase)

Die Vorreisephase umfasst u. a. Inspiration und Information, Orientierung und Selektion, Entscheidung und Buchung sowie Vorbereitung und Vorfreude. Gelegentlich werden auch einige der vorgenannten Bezeichnungen alternativ zur weiteren Differenzierung und Charakterisierung der Phase I verwendet.

Im Tourismus sind die ersten Kontakte infolge des Dienstleistungscharakters zumeist **Leistungsversprechen;** es wird das „Potenzial der Möglichkeiten" aufgezeigt. Die Reiseveranstalter/Produzenten signalisieren ihre „Leistungsbereitschaft" und stellen die Buchungs-„Möglichkeiten" sicher (z. B. über Einkauf/Sicherung von Kontingenten). Die potenziellen Reisenden signalisieren ihr Interesse an einer möglichen Reisebuchung.

Dies kann mit folgenden Aussagen charakterisiert werden:

- *Anbieter:* „Ich könnte ... leisten."
- *Nachfrager:* „Ich könnte kaufen/konsumieren."

Diese Möglichkeiten (das Potenzial) werden erst in Phase II (der Reisephase) realisiert, d. h. durch den Kunden in Anspruch genommen („konsumiert") und durch den Leistungsträger „produziert". Beides erfolgt dann parallel und gleichzeitig (sog. Uno-actu-Prinzip). Doch bis dahin ist es noch ein differenzierter Weg mit verschiedenen Schritten oder (Teil-)Phasen bzw. „Stationen": von der Aufmerksamkeit (A) über die Information (I) bis zum Desire (D) und zur Aktion (A).

- **A – Aufmerksamkeitsphase oder Inspiration:** In der Aufmerksamkeits- oder Anregungsphase wird der Kunde zu einer Reise inspiriert/angeregt. Diese Anregungen können vielfältig sein; sie erfolgen sowohl offline als auch online: Offline sind es beispielsweise TV- oder Zeitungsberichte sowie Erzählungen oder Empfehlungen aus dem persönlichen Umfeld (Mund-zu-Mund, engl.: WoM – Word of Mouth). Ferner sind es die vielfältigen – in dieser Phase „unspezifischen" – Anregungen über das Internet (online), wie Websites der verschiedenen touristischen Anbieter (Reiseveranstalter, Online-Reisemittler, Destinationen, Verkehrsträger etc.) oder durch soziale Medien (wie Facebook, Twitter, [Reise-]Blogs etc.).
- **I – Informationsphase:** Hier werden von den Kunden konkretere Informationen eingeholt, z. B. über Kontaktaufnahme mit den verschiedenen touristischen Anbietern oder auch Beratung im stationären Reisebüro. Hinzu kommen die vielfältigen Online-Möglichkeiten (im Internet), wie Suchmaschinen, Bewertungsportale, Preisvergleiche, Recommander-Systeme, Websites etc. sowie Social Media. *Anbietersicht*: Hier kann der Anbieter dem Kunden seine Leistungsbereitschaft sowie seine Qualifikation signalisieren.
- **D – Desire/Decision (inkl. A – Action) Buchungsphase:** In der Wunsch- oder Selektionsphase werden die verschiedenen Angebote und Optionen verglichen, z. B. mithilfe von Bewertungsportalen. Dies führt letztendlich zur **Entscheidung,** z. B. zur Buchung einer (Pauschal-)Reise. Sie kann offline oder online angebahnt, gebucht und abgewickelt werden.

Bei der AIDA-Betrachtung wird die eigentliche Entscheidung (A – Action) zumeist als eigener Teil betrachtet, die Übergänge von Wunsch/Bewertung (D) zur Entscheidung (E) sind allerdings fließend, sodass sie hier zusammengefasst dargestellt werden.

Hinzu kommt, dass bei der touristischen Customer Journey die „Reise" mit der Kaufentscheidung (der Buchung) noch nicht zu Ende ist, im Gegenteil: Die wahre Reise beginnt erst. Zuvor oder dazwischen können noch **Vorfreude** und **Vorbereitung** unterschieden werden („haircut, dressing, packing, …"), bevor die touristische Reise angetreten wird (Phase II).

Phase II: Während der Reise, „unterwegs" (Reisephase oder Prozess- bzw. Erstellungsphase)

In Phase II beginnt die eigentliche „physische Reise", d. h. der Reisende verlässt sein Zuhause und ist „unterwegs". Dies umfasst u. a. das „Erlebnis" *(Kundensicht)* sowie die Leistungserstellung/„Produktion" i. e. S. *(Anbietersicht)*. Beides erfolgt gleichzeitig – „uno-actu".

In der Reisephase werden die verschiedenen Teilleistungen im direkten Kundenkontakt erstellt – es kommt zur „Endkombination": die An- und Abreise, die Beherbergungsleistung, Verpflegungsleistung sowie Nebenleistungen etc. Typisch für die Dienstleistungserstellung ist das Hinzutreten des „externen Faktors" (im Tourismus: des Reisenden) und die Gleichzeitigkeit von Leistungserstellung („Produktion" i. e. S.) und Leistungskonsum (sog. Uno-actu-Prinzip).
Dies kann mit folgenden Aussagen charakterisiert werden:
- *Anbieter:* „Ich leiste …/erstelle die Leistung."
- *Nachfrager:* „Ich konsumiere/nehme die Leistung in Anspruch."

Im Einzelnen sind es folgende Kontakte:
- **Anreise und Ankunft:** Begrüßung, erste Kontakte mit den Leistungsträgern, Transport (oftmals der Taxifahrer), zum Teil Reiseleitung oder -betreuer. (Sehr) Kritische Momente gibt es von der Begrüßung bis zum Check-in.
- **Erlebnisse:** Vielfältige Kontakte „vor Ort" (im Zielgebiet) des Reisekunden mit den Leistungsträgern (Unterkunft, Verpflegung, Reiseleitung/Destinationsagentur) sowie weiteren Dienstleistern (erweiterte Tourismuswirtschaft, Sport- und Kultureinrichtungen etc.), ferner Kontakt mit anderen Gästen und den Gastgebern (ortansässige Bevölkerung und deren „Gastfreundschaft"). Die Kontakte mit dem Reiseveranstalter sind in dieser Phase nur zum Teil „direkt".
- **Teilen („Sharing"):** Kontakte mit den „Daheimgebliebenen", vor allem über Internet und soziale Medien (wie Facebook, Twitter, Flickr, YouTube etc.), aber auch mit oder über klassische Medien, wie Postkarte, Telefon etc.

Am Ende des Aufenthaltes steht die **Abreise,** die zum Teil schon in die Nachreise- und Bewertungsphase übergeht.

Phase III: Nach der Reise (Nachreise- oder Ergebnisphase)

Nach der Rückkehr von der Reise sind die Kontakte noch nicht zu Ende – die Customer Journey bzw. das Customer-Erleben geht noch weiter. Im Dienstleistungsmanagement wird diese Phase als „Ergebnisphase" bezeichnet.

Der Reisende/Kunde betrachtet das Gesamtergebnis der Reise („Reflexion"). Es kommt zum „emotionalen Ausklang" und zur Aufarbeitung des Erlebten sowie zu einer Gesamtbewertung („Zufriedenheit" sowie ggf. „Reklamationen" und/oder Empfehlungen an Dritte bzw. Wiederkauf bei der nächsten Reise). Aber auch der Anbieter bewertet sein „Ergebnis", i. d. R. seine Wertschöpfung und/oder den Gewinn.

Dies kann mit folgenden Aussagen charakterisiert werden:

- *Anbieter:* „Ich habe geleistet – welches Ergebnis hat mir dies gebracht?" (z. B. „Gewinn" etc.).
- *Nachfrager:* „Ich habe konsumiert/die Leistung in Anspruch genommen – welches Ergebnis hat sich bei mir eingestellt?" (z. B. Zufriedenheit etc.).

Im Einzelnen sind es folgende Kontakte:

- **Ergebnis, Evaluierung:** Die Betrachtung des Reiseergebnisses (sowie der „Evaluierung") erfolgt zumeist – bewusst oder unbewusst – im Sinne des Confirmation-Disconfirmation-Paradigmas oder des GAP-Modells, d. h. es wird verglichen, ob die ursprünglichen Erwartungen mit dem Erlebten bestätigt werden können oder nicht. Dabei weicht häufig das Gesamtergebnis von der Bewertung einzelner Reiseelemente ab – es fällt zumeist positiver aus (vgl. FREYER 2011: 279 ff., ZEITHAML/PARASURAMAN/
BERRY 1992).
- **Nachkontakte:** Die Anbieter können den Kunden kontaktieren („Nachbetreuung, Nachkaufmarketing"): „Welcome back ... Wie waren sie zufrieden? Buchen sie wieder bei uns ...".
Seitens der Nachfrager kommt es ggf. zu Reklamationen (bei Unzufriedenheit und Reisemängeln), die wiederum dem Anbieter eine Chance zur positiven Regulierung bietet („Beschwerdemanagement").
Im positiven Fall (und Erlebnis) gibt der Reisende seine Erfahrungen an Freunde und Bekannte weiter: persönlich oder über soziale Medien sowie über Bewertungsportale.
- **Wiederkauf:** Und am Ende dieser Nachbereitungsphase steht evtl. die Entscheidung für eine neue Reise – sei es bei denselben Veranstaltern und Leistungsträgern oder bei anderen Anbietern und Destinationen.

2 Struktur der Reiseveranstalterbranche in Deutschland (Überblick)

Auf dem deutschen Reiseveranstaltermarkt sind derzeit etwa 1.700 Haupterwerbsreiseveranstalter tätig. Die marktführenden Positionen nehmen die drei großen Integrierten Konzerne TUI, Thomas Cook und DER Touristik ein. Trotz dieser Konzentrationsprozesse ist der Reiseveranstaltermarkt in Deutschland insgesamt stark mittelständisch geprägt. Eine genaue Erfassung der Zahlen der am Markt agierenden Reiseveranstalter ist nur rudimentär vorhanden (vgl. dazu Kap. V.2.1.1.1), weil es in Deutschland keine gewerberechtliche Lizenzierung gibt, die meisten Unternehmen weder auskunftspflichtig noch auskunftsbereit sind und zudem die Abgrenzung zwischen Reiseveranstaltern und Reisemittlern recht schwierig ist (vgl. dazu Kap. IV.2.3, S. 357).

Die Beschreibung von Reiseveranstaltern (s. Kap. I.1.1, S. 5) umfasst eine Vielzahl von Unternehmen, die sich vor allem hinsichtlich Größe und Struktur stark unterscheiden.

Die Struktur und Differenzierung der Reiseveranstalterbranche wird vor allem hinsichtlich der Kriterien Unternehmensgröße, Angebotsregion, Angebotspalette und/oder Programmspezialisierung sowie ihres wirtschaftlichen Status und des Geschäftsmodells vorgenommen (vgl. Abb. I.6).

1. **Größe:** Reiseveranstalter werden hinsichtlich ihrer Größe in Großveranstalter, mittlere Veranstalter sowie Klein- und Gelegenheitsveranstalter unterschieden. Die Einteilung erfolgt dabei auf Basis der Höhe des Umsatzes und der Anzahl der Teilnehmer sowie der bei ihnen beschäftigten Mitarbeiter. Zu den „Großen" zählen in Deutschland neben den bereits erwähnten drei marktführenden Integrierten Konzernen derzeit außerdem Alltours, FTI und Schauinsland. Insgesamt vereinen diese sechs Unternehmen bereits etwa 60 % des Marktanteils auf dem Reisemarkt

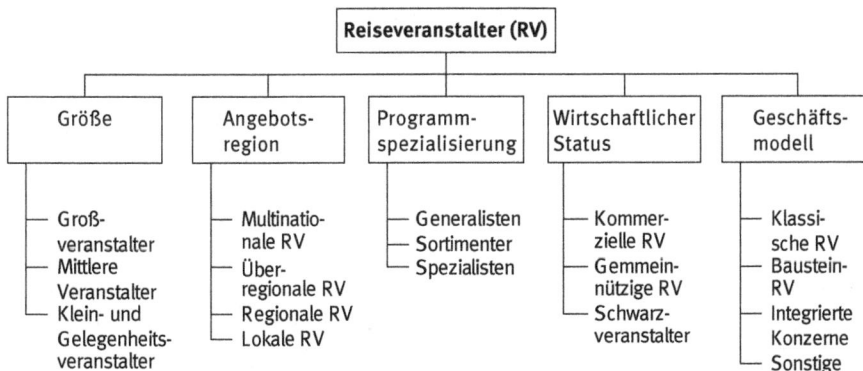

Abb. I.6: Arten von Reiseveranstaltern (Quelle: nach POMPL 1997: 37)

https://doi.org/10.1515/9783110481457-004

auf sich. Zusammen mit den etwa 50 „mittelgroßen" Reiseveranstaltern werden bereits 80 % des deutschen Reisemarktes abgedeckt. So verbleibt noch ein Marktanteil von etwa 20 % für die vielen Klein- und Gelegenheitsveranstalter, die sich entweder regional, angebots- oder zielgruppenspezifisch spezialisiert haben.

2. **Angebotsregion:** Der Markt lokaler Reiseveranstalter ist stark begrenzt, meist auf eine Stadt (z. B. Dresden, München, Berlin). Der Großteil der deutschen Veranstalter bietet seine Reisen in einem regionalen Umfeld in Bezug auf die Kundenansprache an. Typische regionale Veranstalter sind z. B. Busreisenveranstalter. Flugreisenveranstalter hingegen sind meist überregional zur Zielgruppenansprache präsent. Insgesamt sind nur etwa 100 (von 1.700) der deutschen Reiseveranstalter überregional tätig. Weniger als 10 der deutschen Veranstalter offerieren ihre Angebote auch multinational, d. h. auch außerhalb Deutschlands, was vor allem an den geringen Synergien bei der Leistungserstellung liegt, weil sich die verschiedenen Quellmärkte hinsichtlich ihrer Bedürfnisse und Anforderungen an das Reisedienstleistungspaket sehr unterscheiden.

3. **Programmumfang und -spezialisierungsgrad:** Je nachdem in welcher Breite und Tiefe ein Reiseveranstalter verschiedene Reisearten (Erholungs-, Bildungs-, Sportreisen), Zielgebiete (Mittelmeer, Fernreisen), Transportformen (Flug-, Bahn-, Pkw-, Busreisen) und Beherbergungsmöglichkeiten (Hotel, Club, Pension) anbietet, wird er als Generalist, Sortimenter oder Spezialist bezeichnet. Während **Generalisten** Reisen unterschiedlicher Arten der einzelnen Kategorien (breites und tiefes Angebot) offerieren, beschränken **Spezialisten** ihr Angebot beispielsweise auf ein Transportmittel wie den Reisebus, auf eine Destination wie Afrika oder auf eine Reiseart wie Sportreisen. Dadurch können sie ein Programm mit geringer Breite aber großer Tiefe für eine klar definierte Zielgruppe anbieten. **Sortimenter** erstellen hingegen Angebote für mehrere große Zielgruppen, bieten allerdings eine geringere Programmbreite als die Generalisten.

4. **Wirtschaftlicher Status:** Nicht alle Reiseveranstalter verfolgen als Unternehmenszweck, wie die kommerziellen Veranstalter, eine Gewinnerzielungsabsicht. Neben diesen profitorientierten Unternehmen sind im Tourismus einige gemeinnützige Organisationen als Reiseveranstalter tätig, die eher soziale oder bildungspolitische Ziele verfolgen. Hierzu zählen u. a. Vereine, Schulen, Parteien oder auch karitative und medizinische Einrichtungen. Gelegentlich werden einige dieser Institutionen und andere Gelegenheitsveranstalter zum Teil unwissentlich als „Schwarzveranstalter" tätig, wenn sie ihre Aktivitäten ohne gewerbliche und/oder steuerliche Anmeldung betreiben.

5. **Geschäftsmodell:** Die Geschäftstätigkeit eines Reiseveranstalters unterscheidet sich je nachdem welches Geschäftsmodell dieser zugrunde legt. Eine ausführliche Darstellung der verschiedenen Geschäftsmodelle von Reiseveranstaltern findet sich in Kap. I.3. Nachfolgend sind die wichtigsten Organisationstypen von deutschen Reiseveranstaltern und ihre wichtigsten Merkmale aufgeführt.

2.1 Konzernveranstalter

Es gibt in Deutschland vier Konzernveranstalter. Davon sind drei direkt oder über ihre jeweiligen Muttergesellschaften börsennotiert und international tätig. Dazu zählt die **TUI**, die sowohl als Reiseveranstalterkonzern in London als plc wie auch deren Mehrheitsaktionär TUI AG in Deutschland nach den Regeln des Börsenrechts agieren. Die TUI Group plc wurde 2007 durch Fusion mit den britischen Touristikunternehmen Thomson und First Choice gegründet und agierte 2015 in ca. 20 verschiedenen Ländern mit eigenen Veranstaltern, Reisebüros, Hotels, Fluggesellschaften und Zielgebietsagenturen. Sie wurde 2016 in die TUI AG integriert.

Auch die **Thomas Cook** Group plc ist eine in London registrierte Publikumsgesellschaft und nach der TUI der zweitgrößte Reisekonzern Europas. Thomas Cook (früher auch Airtours GB) wurde ebenfalls seit 2007 nach der Fusion mit dem britischen MyTravel- Konzern als plc an der Londoner Börse registriert. Der damalige Mehrheitsaktionär Arcandor (Karstadt-Quelle-Konzern) schied 2009 aus dem Aktionärskreis aus. Seitdem sind die Aktien breit gestreut zwischen institutionellen und privaten Anlegern. Auch Thomas Cook agiert mit der kompletten Palette an touristischen Dienstleistungen in rund 20 verschiedenen Ländern.

Der dritte Konzern ist der in Panama börsennotierte **Carnival**-Konzern mit seinen in Deutschland tätigen Tochtergesellschaften **AIDA** Cruises und und dessen italienischem Pendant **Costa Crociere**. Carnival ist dabei ausschließlich als Reeder und Veranstalter von Hochseekreuzfahrten tätig. Zur Carnival Corporation gehören neben AIDA die Reedereimarken Carnival Cruise Liness, Cunard Lines, P&OCruises, Princess Cruises, Holland-America-Line, Ibero Cruises, Costa Cruises, Star Cruises und Yachts of Seabourn.

Der vierte Konzern, die **REWE** Zentralfinanz eG, ist primär im Lebensmittel- und im Facheinzelhandel sowie in der Touristik international tätig und dabei als Genossenschaft organisiert. Nur rund 8 % des Gesamtumsatzes von ca. 53 Mrd. Euro (2015) kommen aus der Touristik. REWE besaß seit 1988 rund 30 Reisebüros und stieg ab 1996 mit Übernahme der touristischen Aktivitäten des Wettbewerbers Metro (ITS-Reisen- und Atlasreisen-Reisebüros) in die Touristik ein. 2000 erfolgte die Übernahme des DER-Konzerns von der Deutschen Bahn AG (DERTOUR, ADAC Reisen, DER- und DERPART-Reisebüros), 2001 der LTU-Gruppe (Meiers Weltreisen, Jahn Reisen, Tjaereborg und 40 % der Airline LTU, die 2006 an die Air Berlin weiterverkauft wurde), 2012 der Exim-Veranstalter in Osteuropa und 2015 aller Veranstalterbeteiligungen der Kuoni Group. Die Touristik der REWE (ab 2013 **DER Touristik**) deckt, wie TUI und Thomas Cook, die gesamte Palette touristischer Dienstleistungen ab mit Ausnahme einer eigenen Fluggesellschaft.

2.2 Eigentümergeführte Großveranstalter

Zu den eigentümergeführten Großveranstaltern zählen vor allem die Umsatzmilliardäre FTI, Alltours und Schauinsland. Alle drei sind Generalisten, die alle gängigen Massenzielgebiete im Sortiment haben. Während Alltours überwiegend Sun&Beach-Ziele anbietet, ist FTI mit mehreren Marken auch in einigen Spezialgebieten tätig wie Bausteinreisen, Sprachreisen, Kreuzfahrten, Auftragsproduktionen (u. a. BigXtra, Lidl-Reisen) und Vertrieb über Fernsehsender (Sonnenklar TV).

Ein wesentliches Merkmal eigentümergeführter Veranstalter ist, dass sie unabhängig von ihrer Größe und Ausrichtung keine externen Gesellschafter für ihre Kapitalbeteiligung entlohnen müssen. Eine Bedienung umfangreicher Kredite und Darlehen für Investments aus erwirtschafteten Überschüssen fällt i. d. R. ebenfalls kaum an, weil diese Unternehmen fast ausschließlich organisch aus eigener Kraft wachsen und derartige Kreditvolumina kaum besichern können. Die Geschäftsführung erhält neben einem marktüblichen Gehalt auch die komplette Gewinnausschüttung und kommt daher unter vergleichbaren Verhältnissen gegenüber den Konzernen mit einer deutlich geringeren Umsatz- und Kapitalrendite aus.

2.3 Mittelständische Veranstalter

Große mittelständische Veranstalter: Diese Veranstalter haben zwischen 100.000 und 1 Mio. Teilnehmer. Hierzu zählen ca. 50 Unternehmen wie z. B. Ameropa, Nazar, Olimar Interhome, Hapag-Lloyd Kreuzfahrten, Transocean, Schauinsland, Phoenix etc.

Kleine mittelständische Veranstalter: Diese Veranstalter haben bis zu 100.000 Teilnehmer. Dies sind meist regionale und oft spezialisierte Veranstalter wie z. B. Studiosus und viele Busreisenveranstalter. Ebenfalls gehören hierzu auch junge, stark expandierende Unternehmen. Dabei unterscheidet man zwischen Generalisten und einer Vielzahl von Spezialisten für Reisearten, Reisethemen und Zielgebiete.

2.3.1 Generalisten

Generalisten bieten ein breites (Anzahl der angebotenen Reisearten und Reiseziele) und zugleich tiefes (Anzahl der für jede Reiseart und jede Destination angebotenen Produkte) Programm an. Die Generalisten unter den Reiseveranstaltern versuchen den Markt so umfassend wie möglich abzudecken und sind daher eher unter den Großveranstaltern zu finden (z. B. TUI, Thomas Cook, DER Touristik, Alltours, FTI). Aber auch unter den mittelständischen Veranstaltern haben sich seit etwa 2005 durch die Möglichkeiten der dynamischen Paketierung, die einen weitgehend risikofreien Einkauf von Flug- und Hotelkapazitäten über die GDS und Online-Vertriebssysteme wie Traveltainment ermöglicht, neue Anbieter in den Vordergrund gespielt.

Dazu zählt u. a. Schauinsland Reisen in Duisburg, ein Unternehmen, das bis 2001 noch fast ausschließlich Busreisen anbot und zwischen 2005 und 2015 den Umsatz in einem stagnierenden Flugpauschalreisenmarkt im Wettbewerb mit allen „Platzhirschen" überwiegend im klassischen Reisebürovertrieb ausbaute. Andere mittelständische Generalisten wie V-Tours, JT-Touristik und LMX profitierten hingegen von den neu geschaffenen Geschäftsmodellen der dynamischen Paketierung.

2.3.2 Spezialisten

Spezialisten oder „Sortimenter" bieten nicht die gesamte Breite und Tiefe des Programms an, sondern sie konzentrieren („spezialisieren") sich entweder auf bestimmte Reisearten (vgl. Kap. I.2.3.2.1), auf Zielgebiete (vgl. Kap. I.2.3.2.2) oder auf Reisethemen (vgl. Kap. I.2.3.2.3). Einige Möglichkeiten der Spezialisierung hinsichtlich der Tiefe und Breite des Produktprogramms von Reiseveranstaltern werden in Abb. I.7 dargestellt.

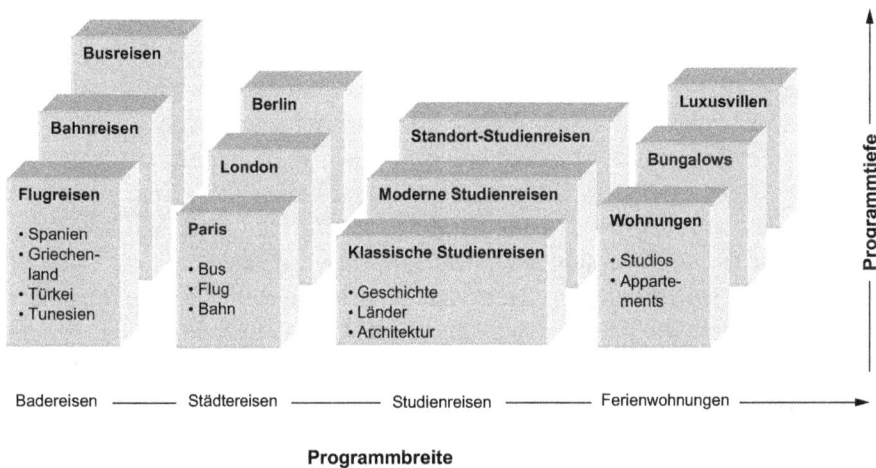

Abb. I.7: Programmstruktur von Reiseveranstaltern (Quelle: Freyer 2011 [Tourismus-Marketing]: 468, nach Pompl 1996: 135)

Gut ein Drittel des Umsatzes im Reiseveranstaltermarkt wird von kleinen Spezialveranstaltern getätigt, darunter viele Busreisenveranstalter. Von den ca. 1.600 kleinen Veranstaltern in Deutschland erzielen knapp 60 % nur einen Jahresumsatz von weniger als 5 Mio. Euro; ein knappes Drittel erwirtschaftet mehr als 10 Mio. Euro jährlich. Circa 70 % beschäftigen nur bis zu 10 Mitarbeiter, die Hälfte davon sogar nur zwei. Die meisten kleinen Spezialisten sind nicht in den Reisebürosortimenten gelistet, zumal der Reisebürovertriebsweg für viele zu teuer ist. Weit über 80 % des Umsatzes werden dabei direkt vertrieben, sowohl über eigene Websites wie auch per Telefon. Zwei Drittel produzieren für den Direktvertrieb eigene Veranstalterkataloge.

Die wirtschaftliche Situation der meisten Spezialisten ist mit Umsatzrenditen von 2–3 % stabil. Auch die Kapitalausstattung ist i. d. R. ausreichend, weil sich die meisten kleinen Betriebe über die Kundenanzahlungen statt über teure Bankkredite zwischenfinanzieren. Die Zahl der jährlichen Marktein- und -austritte ist relativ gering. Der große Vorteil dieser Spezialreiseveranstalter ist, dass sie oft über eine hohe Stammklientel verfügen oder regional begrenzte Märkte systematisch und mit viel persönlichem Know-how bearbeiten können (Quelle: Jade Hochschule Wilhelmshaven, nach: FVW 2016, Nr. 2).

2.3.2.1 Spezialisten für Reisearten
(1) Kreuzfahrtenveranstalter
Das Kreuzfahrtensegment umfasste 2015 einen Gesamtumsatz von 4,15 Mrd. Euro. Dabei ist generell zu unterscheiden in Hochseekreuzfahrtenanbieter (rund 3,7 Mrd. Euro) und Flusskreuzfahrtenveranstalter (rund 0,5 Mrd. Euro. Im Segment der deutschen Kreuzfahrtenspezialisten befindet sich mit AIDA ein Anbieter, der mit über 1 Mrd. Euro Umsatz bereits den großen Konzernen zugerechnet werden muss und zudem über die Muttergesellschaft Carnival Cruises börsennotiert ist. Gleiches gilt für TUI Cruises und Hapag Lloyd Kreuzfahrten, die mit einem Umsatzvolumen von rund 800 Mio. Euro noch mittelständische Größenordnungen haben, aber im Besitz der börsennotierten TUI AG sind. Weitere deutsche Hochseekreuzfahrtenspezialisten sind Phoenix Reisen (300 Mio. Euro) und Plantours (rund 100 Mio. Euro). Daneben sind einige internationale Hochseekreuzfahrtenanbieter im deutschen Markt tätig wie u. a. MSC Kreuzfahrten, Costa Crociere, Royal Carribean Cruises, Celebrity Cruises, Norwegian Cruise Line, Cunard, Holland-Amerika-Linie, Louis Cruise Line und Hurtigruten, die im Eigentum ausländischer Konzerne stehen und in Deutschland Umsätze von bis zu 200 Mio. Euro erzielen.

Im Flusskreuzfahrtensegment sind fast ausschließlich mittelständische Spezialisten aus Deutschland tätig. Dazu zählen u. a. Arosa, Nicko Tours, Viking sowie, die auch im Hochseekreuzfahrtensegment tätigen Unternehmen, Phoenix Reisen, Transocean und die Konzernmarken TUI, ADAC Reisen und DERTOUR. Keiner dieser Anbieter erzielt einen Jahresumsatz von mehr als 100 Mio. Euro in diesem Segment.

(2) Studienreisenveranstalter
Studienreise bzw. Studienfahrt respektive Bildungsreise steht
– im schulisch-universitären Bereich für eine längere Exkursion oder Schulfahrt (auch: Klassenfahrt),

- im älteren Sprachgebrauch als Synonym für eine Forschungsreise,
- für eine Kulturreise als Urlaub.

Als **Forschungsreise** (früher auch: Studienreise) bezeichnet man eine Reise, die ein Wissenschaftler oder bildender Künstler zur Vertiefung von Erkenntnissen und Fähigkeiten auf seinem Fachgebiet unternimmt. Teilweise werden sie durchgeführt, um in fremden Städten befindliche Bibliotheken, Kunstsammlungen und Archive zu konsultieren. Häufig dienen sie aber auch dem Studium des Wissenschafts- oder Kunstobjekts selbst, etwa von Gemälden, Ausgrabungen, Baudenkmälern, Gesteinsformationen oder fremden Tier- und Pflanzenarten. Eine Sonderform der Forschungsreise ist die meist in entlegene und unzugängliche Gebiete führende Expedition.

Eine **Exkursion** ist ein Ausflug, eine Wanderung oder eine Reise (Lehr- und Studienfahrt) unter bildender oder wissenschaftlicher Leitung und Zielsetzung. Studienreisen im heutigen Branchenverständnis sind Urlaubsreisen, die sich durchaus auch im wissenschaftlichen Sinn vertieft mit Kulturen, Natur, Landschaften, Historie, Archäologie, Politik und anderen Themen von Ländern auseinandersetzen und dabei Sightseeing und Entspannung miteinander kombinieren.

Der Gesamtumsatz des Studienreisensegments umfasst 2015 nur ca. 0,65 Mrd. Euro. Davon entfallen fast 60 % auf die beiden Marktführer Studiosus (inkl. Marco Polo Reisen rund 240 Mio. Euro) und Gebeco (inkl. Dr. Tigges rund 100 Mio. Euro), wobei letzterer zum TUI-Konzern gehört. Weitere Studienreisenspezialisten sind u. a. Ikarus, Lernidee, Wikinger, Karawane, Windrose, Hauser und Rotel Tours, von denen keiner auf mehr als 50 Mio. Euro Umsatz pro Jahr kommt.

(3) Luxusreiseveranstalter
Luxusreisen sind gekennzeichnet durch einzigartige Erfahrungen in Verbindung mit höchstem Komfort und individuellen Serviceleistungen. Die klassischen Eigenschaften einer Luxusreise wie z. B. Status und Prestige werden heute zunehmend durch neue Attribute ergänzt bzw. ersetzt; Nachhaltigkeit und Authentizität gewinnen an Bedeutung.

Die Ergebnisse der REISEANALYSE 2015 zeigen auf, dass sie Reiseausgaben im Hochpreissegment bei über 3.000 Euro pro Person und Reise liegen. Das Luxussegment weist darüber hinaus ein deutlich höheres Wachstum auf als der Gesamtreisemarkt (FUR 2015: 6). Auf Luxusreisen spezialisierte Veranstalter setzen die Grenzen für ihre Angebote noch höher: auf mindestens 5.000 Euro pro Person und Reise bzw. 500 Euro Buchungsumsatz pro Tag.

Die Zielgruppe dieser Konsumenten wächst stetig. Rundreisen, Fernreisen, Kreuzfahrten und Wellnessurlaube sowie vermehrt auch kulinarische und kulturelle Reisen gehören zum Segment der Luxusreisen. Auf dem Luxusreisemarkt sind verschiedene Veranstalter präsent. Es gibt Veranstalter, die auf Luxusreisen spezialisiert sind und andere, die als Generalisten auftreten.

Zum **gehobenen bzw. obersten Luxusreisesegment** zählen die Veranstalter „C&M Travel Design" (Frankfurt), „Design-Reisen" (München), „Windrose" (Berlin) und im weiteren Sinne „Lobster" (Offenbach). In diesem Zusammenhang sind auch Leistungsträger zu erwähnen, die ihre Produkte direkt oder auch indirekt vertreiben; dazu gehören z. B. Luxusreedereien wie Silversea Cruises, die Schiffe „MS Europa 1" und „MS Europa 2" von Hapag Lloyd Cruises, Silverdream Yachts, Sea Cloud und andere sowie exklusive Hotelmarken wie Aman Resorts, Ritz Carlton, Four Seasons oder Capella Hotels & Resorts. Auch die Angebote von Fluggesellschaften, die über eine First Class verfügen, und Privatjetanbieter (z. B. Netjets oder Lufthansa Private Jets) zählen dazu.

Die drei größten Reiseveranstalter in Deutschland sind im **mittleren Luxusreisesegment** mit eigenen Produkten bzw. Marken vertreten: TUI mit „Airtours", DER Touristik mit DERTOUR Deluxe und Thomas Cook mit Thomas Cook Selection.

Im **unteren Luxusreisesegment** versuchen sich einige Generalisten zu positionieren: „Gold by FTI" wurde 2009 etabliert, inzwischen aber wieder eingestellt, die Produkte in den gesamten Auftritt von FTI integriert. Der Veranstalter Schauinsland versucht ebenfalls sich in diesem wachsenden Segment z. B. mit dem Katalog „High Class" zu positionieren. Das Deluxe-Programm von IKARUS TOURS (GmbH) nennt sich „Private Selection".

Da Luxusreisen oftmals individuell zusammengestellt werden, haben sie meist den Charakter einer Bausteinreise und nicht den einer standardisierten Pauschalreise, bei der das Angebot durch den Veranstalter vorgefertigt ist. Im Rahmen der bei Luxusreisen zum Einsatz kommenden Präferenzstrategie ist es Aufgabe der Kommunikation, eine möglichst unverwechselbare Positionierung des Produktes auf dem Markt sicherzustellen und seine Wertprägnanz in den Vordergrund zu rücken, z. B. durch die Verwendung einer hochwertigen Hochglanzbroschüre als Werbemittel. Luxusreisen schließen oftmals auch Reisen zu ökologisch besonders sensiblen Destinationen ein, wodurch eine verstärkte Relevanz von Nachhaltigkeit (Corporate Social Responsibility) für das Luxussegment erforderlich wird – dies wurde bereits von den Luxusreiseveranstaltern erkannt. Die Preisbereitschaft der Luxuskunden für das Thema Nachhaltigkeit wird allerdings als gering eingestuft.

(4) Anbieter von Ferienwohnungen und Ferienhäusern

Ferienwohnungen werden vorrangig von Pkw-Touristen gebucht, seltener als Bestandteil einer Flugpauschalreise. Daher werden die meisten Ferienwohnungen und -häuser von Individualtouristen direkt bei den Anbietern gebucht. Die meisten Veranstalter, die erdgebundene Reisen anbieten haben ebenfalls Ferienwohnungen im Angebot, sind jedoch nicht auf dieses Marktsegment spezialisiert, darunter auch die drei Konzerne TUI, DER Touristik, Thomas Cook mit ihren verschiedenen Marken sowie Ameropa, eine Tochtergesellschaft der Deutsche Bahn AG. Zusammen erzielen sie mehr Umsatzvolumen im Marktsegment Ferienwohnungen und -häuser als alle Spezialisten zusammen.

Zu den Spezialisten in diesem Segment zählen u. a. Interchalet, Interhome (2011 Beteiligung des Schweizer Hotelplan-Konzerns) sowie die Cendant-Gruppe mit den Marken Novasol, Dansommer und Landal, die insgesamt auf einen Gesamtumsatz von ca. 350 Mio. Euro Umsatz kommen.

(5) Anbieter von Busreisen

Der RDA („**R**eise-Ring **D**eutscher **A**utobusunternehmungen") Internationaler Bustouristik Verband e. V. (gegründet 1951) vertritt die gesamte Vielfalt der bustouristischen Wertschöpfungskette. Mit rund 3.000 Mitgliedsbetrieben sowie mehreren angeschlossenen Verbänden in mehr als 40 Ländern und über 70 Branchen ist der RDA der in Europa führende Verband für die Bus- und Gruppentouristik. Vom Busunternehmen und Reiseveranstalter über Tourismusverbände, Kultur- und Event-Anbieter bis hin zu Busausstattern, Hotellerie oder gastronomischen Einrichtungen im RDA sind alle Branchen, die Dienstleistungen rund um die touristische Gruppenreise anbieten, zusammengeschlossen.

Der Busreisenmarkt unterscheidet im Wesentlichen drei Segmente:

1. **Buslinienfernverkehr**

   Linienfernverkehr wird in Konkurrenz zu Bahn und Flugzeug vor allem in internationalen Städterelationen betrieben und sehr häufig von ethnischen Kundengruppen genutzt. Innerhalb Deutschlands war der Linienfernverkehr bis 2011 reglementiert durch ein gesetzliches Vetorecht der Deutschen Bahn, das zukünftig von der EU untersagt wird. Aus der deutsch-deutschen Geschichte heraus waren bis zu diesem Zeitpunkt lediglich Linienbusverkehre zwischen Berlin und ausgewählten Großstädten erlaubt. Die bekanntesten Anbieter waren Bayern Express/Severin&Kühn, Deutsche Touring, Eurolines und Berlin Linien Bus. Dieser Markt hat sich durch die EU-Deregulierung in kürzester Zeit deutlich verändert. Nach anfänglich zahlreichen Anbietern dominiert ab 2016 **Flix Bus** mit einem Marktanteil von ca. 95 %.

2. **Touristische Busunternehmen**

   Daneben bestehen einige wenige große Busunternehmen und viele kleine lokale Anbieter, die einen bunten Strauß von Reiseanlässen per Bus abdecken wie Tagesausflüge, Stadtrundfahrten, Transfers, Busrundreisen etc. Busreisen werden i. d. R. aus lokalen und regionalen Quellmärkten heraus organisiert und sind daher i. d. R. nicht im Sortiment bundesweit operierender Reiseveranstalter zu finden, ausgenommen im Rahmen von Rund- und Studienreisen in Flugzielen. Die lokale Organisationsstruktur von Busreisen ist allerdings sehr gut geeignet für eine eigene Reiseveranstaltertätigkeit stationärer Reisebüros. Zu den größten touristischen Busreiseveranstaltern in diesem polypolistisch zersplitterten Marktsegment (ca. 2,1 Mrd. Euro Umsatz) zählen Eberhardt Reisen in Stuttgart und Dresden, Hafermann Reisen in Witten, Graf Reisen in Herne, TRD Reisen in Dortmund, Gauf Reisen in Köln und Mundstock Reisen in Braunschweig. Der stark gewachsene zweitgrößte Busreisenveranstalter Schumann Reisen in Leipzig musste 2010 Insolvenz anmelden. Keiner der genannten Anbieter übertrifft nennenswert ein jährliches Umsatzvolumen von 50 Mio. Euro.

3. **Buspaketer**

Die sog. Buspaketer verfügen i. d. R. nicht über eigene Busflotten, sondern arbeiten auftragsgebunden oder auf eigene Initiative komplette Busrundreisen (inkl. Hotels, Besichtigungen, Eintrittskarten, Verpflegungsleistungen, Ausflügen, Gepäcktransport etc.) in verschiedene Destinationen aus, die von den Busunternehmen als komplettes Paket eingekauft werden. Viele kleinere Buspaketer haben sich auf bestimmte Zielregionen spezialisiert und bieten inzwischen auch Gruppenreisen mit Bahn, Flug und Schiff an. Die größten Unternehmen sind dabei u. a. GTW-Grimm Touristik, Service Reisen, Behringer Reisen, Frankenland Touristik, Alpetour und Wolff-Ost-Touristik, von denen nur der Marktführer 100 Mio. Euro Umsatz überschreitet.

2.3.2.2 Zielgebietsspezialisten

Zielgebietsspezialisten konzentrieren ihr Angebot auf bestimmte Destinationen. Dabei ist das Sortiment breiter und flexibler als das der klassischen Massenveranstalter und enthält auch Spezialitäten, die für größere Nachfragevolumina kaum organisierbar sind. Häufig spielen dabei auch ethnische Faktoren eine Rolle, weil das entsprechende Unternehmen oder dessen Management seinen Ursprung im Zielgebiet hat wie bei Öger Tours (seit 2010 von Thomas Cook übernommen) und GTI in der Türkei (Insolvenz 2015), die beide als Marktführer jeweils rund 300 Mio. Euro Umsatz für dieses Zielgebiet erwirtschaften.

Weitere Zielgebietsspezialisten, von denen keiner mehr als 100 Mio. Euro Umsatz erzielt sind u. a. Olimar für Portugal, Attika Reisen und Medina Reisen für Griechenland, OFT (gehört mehrheitlich dem TUI-Konzern) und Niltours für Ägypten, Canusa für Nordamerika, Reisefieber und Lotus Travel für Asien/Fernost, Superstar Holiday für Israel, Scandtrack und Troll Tours für Skandinavien etc.

Bei entsprechender Spezialisierung ist es auch leichter, ein Markenimage aufzubauen und Stammkunden für die Destination zu betreuen. Auch die Markteinstiegsbarrieren sind deutlich geringer als beim Volumengeschäft, bei dem zumeist Auslastungsrisiken finanziert werden müssen.

2.3.2.3 Spezialisten für Reisethemen

Reisethemen unterliegen oft den Modetrends und wandeln sich im Zeitablauf. Auch sind die Zielgruppen häufig überschaubar. Daher sind Themenspezialisten oftmals sehr klein, wie z. B. Anbieter von Jagd-, Tauch- oder Angelreisen.

Es gibt aber auch Großveranstalter, die in ihrem Beteiligungsportfolio Themenspezialisten besitzen, wie z. B. DER Touristik mit dem **Gesundheitsreisen**anbieter Dr. Holiday, sowie zahlreicher Kuoni-Spezialisten in der Schweiz, Großbritannien und Benelux oder FTI mit LAL Sprachreisen. Mit RUF Reisen, Rainbow Tours und DB-Klassenfahrten und Jugendreisen gibt es ein stattliches Sortiment an Spezialangeboten für **Reisen junger Menschen.** Auch für **Familien** mit sehr kleinen Kindern und Babysitterbetreuung gibt es Spezialisten wie Vamos Eltern und Kind Reisen. Für Fans von Bahnreisen weltweit bieten sich neben größeren Veranstaltern wie Ameropa oder Lernidee auch kleine Spezialisten wie LGB Tours an. Dass **Produktmarken** auch zum Vertrieb themenbezogener Reisen geeignet sind, zeigen der Porsche Travel Club oder die inzwischen eingestellten Marlboro-Reisen.

Besonders umfangreich ist das Angebot von **Sport- und Aktivitätsanbietern** für Golf, Wandern, Radfahren, Tauchen, Segeln etc. Eine vollständige Aufzählung ist im Rahmen dieser Darstellung nicht möglich. Aber es gibt auch außergewöhnliche Themenspezialisten wie Hadsch Travel, ein Anbieter von Reisen für in Deutschland ansässige Muslime zur Hadsch nach Mekka, oder das Bayerische Pilgerbüro mit Destinationen wie Rom, Lourdes, Tschenstochau (Polen) etc..

2.3.3 Reisebüros mit Veranstaltertätigkeit[1]

Im Gegensatz zu den herkömmlichen Reiseveranstaltern, deren Kerntätigkeit ausschließlich die Erstellung von Reisen beinhaltet, werden Reisebüros meistens nur gelegentlich als Reiseveranstalter tätig. Es lässt sich zwischen verschiedenen Anlässen differenzieren:

- **Reisegruppen:** Dabei produzieren und organisieren Reisebüros für bereits bestehende Gruppen (wie private Freizeitgruppen, Kegelclubs etc.) Transport-, Beherbergungs- und sonstige Dienstleistungen. Auf Wunsch kann die Reise individuell den Wünschen der homogenen Gruppe angepasst werden. Diese Art der Gruppenreise tritt häufig im Geschäftsreisesegment als Incentive- oder Kongressreise auf.
- **Individualgruppenreisen:** Dabei organisieren Reisebüros selbst eine Reise für eine Gruppe, deren individuelle Teilnehmer über Werbe- und Marketingmaßnahmen akquiriert werden müssen; individuelle Leistungsanpassungen für einzelne Reiseteilnehmer sind dabei i. d. R. nicht möglich.

In beiden Fällen kann es sich um Reisen handeln, die direkt bei Leistungsträgern und/oder Reiseveranstaltern eingebucht werden, die den Reisebüros das Veranstalterrisiko (einschl. der Insolvenzhaftung) abnehmen. Das Reisebüro kann aber auch

---

1 Zur Problematik der Abgrenzung von Reisebüros und Reiseveranstaltern vgl. genauer Kap. IV.2.3.

mit eigenem Auslastungsrisiko und bei Übernahme der Insolvenzhaftung beide Arten von Gruppenreisen selbst produzieren, wobei die Preise und Kontingente jeweils einzeln mit den Leistungsträgern und sonstigen Dienstleistern verhandelt und garantiert werden müssen.

Bei Individualreisen tritt ein Reisebüro heute nicht mehr als Reiseveranstalter auf, weil sowohl die Transportleistungen/Flüge wie auch die Unterkunfts- und sonstigen Dienstleistungen nur noch im Namen und für Rechnung der jeweiligen Leistungsträger zumeist im Direktinkassoverfahren eingebucht werden. Als Veranstalter fungieren dabei Consolidator und Bausteinreiseveranstalter, bei Kooperationen und Franchiseorganisationen ggf. auch die jeweiligen Zentralen.

Die charakteristischen Merkmale der Tätigkeitsfelder von einerseits Reisebüros und andererseits Reiseveranstaltern lassen vermuten, dass eine klare Abgrenzung der Reisevermittlung auf der einen Seite von der eigenverantwortlichen Reiseorganisation auf der anderen Seite grundsätzlich ohne Weiteres möglich ist. In der Praxis stellt sich allerdings häufig das Problem der Zuordnung von Tätigkeiten zum einen oder anderen Bereich, weshalb es manchen Reisemittlern oftmals nicht bewusst ist, dass sie durch bestimmte Buchungsvorgänge in den Status eines Reiseveranstalters mit den entsprechenden haftungsrechtlichen Konsequenzen versetzt werden. Dabei wird es wesentlich auf die Umsetzung der neuen Pauschalreise-Richtlinie ab 2018 ankommen (Vgl. Kap. II.5.1.3).

2.3.4 Leistungsträger als Reiseveranstalter

Leistungsträger bieten häufig ergänzende Reiseleistungen zu ihren eigenen Leistungen an, z. B. wie die Bahn oder Fluggesellschaften Mietwagen oder Hotelübernachtungen. Wenn dabei nicht ausdrücklich daraufhin gewiesen wird, dass die ergänzenden Leistungen lediglich vermittelt und nur in fremdem Namen verkauft werden, kann damit ein Leistungsträger unfreiwillig zum Reiseveranstalter mutieren und müsste dann die vorgeschriebenen rechtlichen Auflagen erfüllen wie z. B. den Abschluss einer Insolvenzschutzversicherung sowie die Übernahme der Delkredere- und Veranstalterhaftung.

In besonderen Fällen kann dies vom jeweiligen Leistungsträger auch so gewollt sein, z. B. wenn eine Airline Stopover-Übernachtungen/Programme in ihrem Drehkreuz oder Heimatmarkt anbietet. Besondere Vorsicht ist geboten bei Internet-Portalen, die mit verschiedenen IBEs (Internet-Booking-Engines) zusammenarbeiten und alles über einen gemeinsamen Warenkorb verkaufen. Derzeit wird die EU-Pauschalreiserichtlinie diesbezüglich im Hinblick auf den Verbraucherschutz im Internet verschärft.

2.3.5 Angebotsregionen und globale Organisationen als Reiseveranstalter bei Events

Angebotsregionen oder Städte, aber auch globale Organisationen können ein eigenständiges Interesse daran haben, ihre Region bzw. Events in ihrer Region selbst zu vermarkten, vor allem, wenn sie ein eigenständiges Profitinteresse und/oder eine Exklusivität für das Event haben. Das beste Beispiel sind die FIFA und die UEFA als exklusive Veranstalter von Fußballwelt- und -europameisterschaften oder das IOC hinsichtlich der Olympischen Spiele. Auch wenn diese Organisationen das meiste Geld mit der Vermarktung der Rechte an diesen Exklusivveranstaltungen verdienen, werden insbesondere von den jeweiligen nationalen Gastgeberverbänden (DFB bzw. NOK/DSOB) in weiten Bereichen touristische Kapazitätsgarantien übernommen, um die begehrten Tickets so teuer wie möglich zu veräußern. Bis Mitte der 90er-Jahre hatte man dieses Geschäft nationalen Reiseveranstaltern überlassen, die aber oftmals die Karten auch ohne Reisearrangements über alle erdenklichen Vertriebskanäle zu „Schwarzmarktpreisen" vertrieben. Heute kontrolliert der jeweilige Eventveranstalter-Verband den Verkauf und das Pricing selbst und nutzt nationale Generalagenten, die sich den Exklusivitätsstatus oft teuer von IOC, FIFA oder UEFA erkaufen müssen. Andere Sportarten und Events, wie z. B. die EXPO in Hannover, haben in der Vergangenheit versucht, dieses Modell zu kopieren. Mangels Attraktivität des Events und infolge des Ausbleibens des erwarteten Nachfragebooms endeten diese Experimente oft mit hohen Verlusten für die Veranstalterorganisationen.

Ein anderes Beispiel für die Veranstaltertätigkeit einer Angebotsregion sind die alle zehn Jahre stattfindenden Passionsfestspiele in Oberammergau. Dazu hat die Gemeinde Oberammergau eine Vermarktungsgesellschaft gegründet, die exklusiv sowohl die Tickets als auch die Reise- und Übernachtungsarrangements vermarktet und so selbst zum Reiseveranstalter wird. 50 % der Geschäftsanteile an dieser Gesellschaft hält seit 1950 die Deutsches Reisebüro GmbH & Co OHG, die das Management, das notwendige Vermarktungs-Know-how, die Vertriebskanäle sowie die technischen und wirtschaftlichen Abwicklungssysteme betreibt. Bislang waren alle Passionsfestspiele ein wirtschaftlicher Erfolg für beide Seiten.

Städte werden oft über ihre privatwirtschaftlich organisierten Tourismus GmbHs zu Reiseveranstaltern, wenn sie eigene touristische Liegenschaften wie Hotels, Kongresszentren, Stadt- und/oder Messehallen etc. besitzen und deren Leistungen im Rahmen von Reisearrangements quasi als Incoming-Veranstalter vermarkten. Auch dabei sind im B2C-Geschäft mit den Endkunden die rechtlichen Veranstalterbedingungen einzuhalten – bei Vermarktung an B2B- bzw. Geschäftskunden, z. B. bei Kongressen oder Messen, ist dies allerdings nicht erforderlich.

2.4 Nichtkommerzielle Veranstalter

2.4.1 Gelegenheitsveranstalter

Unter dem Begriff Gelegenheitsveranstalter werden Religionsgemeinschaften, Kirchen, Bildungseinrichtungen, Schulen aller Art, Vereine, Verbände und Unternehmen verstanden, für die Reiseveranstaltung nur eine sporadische Nebentätigkeit darstellt. Teilweise dient die Reiseveranstaltung dabei als Mittel der Öffentlichkeitsarbeit wie z. B. bei Leser- oder Fortbildungsreisen. Wenn diese Organisationen Reisen veranstalten und sich dabei an die nachfolgend beschriebenen Kriterien und Regeln halten, unterliegen sie nicht dem Reisevertragsrecht (§§ 651 ff. BGB), dem Personenbeförderungsgesetz sowie der EU-Pauschalreiserichtlinie (siehe auch Kap. II.5.1) und benötigen weder eine Kundengeldabsicherung gegen Zahlungsunfähigkeit noch einen Sicherungsschein (siehe Kap. II.5.2). Das Umsatzvolumen dieser nichtkommerziellen Reiseanbieter beläuft sich 2016 laut GfK-Mobilitätsmonitor in Deutschland auf insgesamt rund 1,8 Mrd. Euro (siehe Kap. I.4.5).

Wenn Bildungseinrichtungen, Religionsgemeinschaften, Vereine, Verbände und vergleichbare Organisationen Reisen organisieren, sind sie von diesen gesetzlichen Pflichten gemäß § 651 k Abs. 5 BGB als sog. ,Gelegenheitsveranstaltet' befreit, sofern die folgenden Voraussetzungen erfüllt sind:
- Die jeweilige Organisation führt die Reisen nicht gewerblich durch.
- Es besteht bei der Reise keine Gewinnerzielungsabsicht; ein kleiner nicht geplanter Überschuss führt aber auch nicht gleich in die Illegalität.
- Die Kosten der Reise werden im Umlageverfahren von allen Teilnehmern erhoben.
- Jeder Teilnehmer trägt sein persönliches Reiserisiko bzw. muss sich selbst ggf. dagegen versichern; evtl. Stornokosten werden nicht umgelegt, sondern trägt jeder selbst.
- Es werden von der jeweiligen Organisation (Klasse, Gemeinde, Verein etc.) nicht mehr als maximal drei derartige Reisen pro Jahr durchgeführt.
- Es handelt sich um Tagesreisen bzw. Ausflüge mit einer maximalen Dauer von 24 Stunden ohne Übernachtung, die nicht mehr als 75 Euro pro Person kosten; Tagesreisen können unbegrenzt durchgeführt werden.

Diese Regelungen gelten auch vollumfänglich für das mit der Durchführung der Reise beauftragte Lehrpersonal, Priester, Pfarrer, sonstige Mitarbeiter, Vereinsvorstände oder -organe der jeweiligen Einrichtungen, die bei Einhaltung der Vorschriften auch keine persönlichen Haftungsrisiken eingehen. Dabei gelten folgende Besonderheiten für bestimmte Organisationen:

(1) Schulen und andere Bildungeinrichtungen

Alle von Schulen, Hochschulen, Volkshochschulen und sonstigen öffentlichen Bildungseinrichtungen, Handels- und Handwerkskammern bzw. deren Lehrpersonal durchgeführten Reisen sind juristisch von den Kultus- und Finanzministerien durch entsprechende Erlasse legalisiert und abgesichert. Haftungsrisiken für die die Reise organisierenden Lehrer bzw. Mitarbeiter übernehmen die Träger der Bildungseinrichtungen oder letztendlich die Kultusministerien. Dies gilt sowohl für die mitreisenden minderjährigen Kinder und deren Erziehungsberechtigte sowie volljährige Reiseteilnehmer. Oftmals werden diese Reisen auch von den Trägern der Bildungseinrichtungen bezuschusst. Die häufigste Form dieser Reisen betrifft Klassenfahrten, wobei die Lehrer sehr genau auf die Einhaltung der Regeln achten, um nicht gegenüber den Kindern und Eltern in irgendwelche persönliche und wirtschaftliche Haftungsrisiken zu geraten; die bleiben mit Ausnahme der allgemeinen Aufsichtspflicht in der Regel bei den Eltern, auch wenn diese gar nicht mitreisen. Die Einhaltung der Regeln wird von den Landesrechnungshöfen als Aufsichtsbehörde kontrolliert.

(2) Kirchen und andere religiöse Einrichtungen

Gleiches wie für die Schulen gilt für alle in Deutschland staatlich anerkannten Religionsgemeinschaften (neben evangelischer und katholischer Kirche u. a. auch orthodoxe, freikirchliche, neuapostolische, jüdische, moslemische Gemeinden, Mormonen, Zeugen Jehovas etc.). Auch hier tragen bei Einhaltung obiger Kriterien die Kirchenämter, Diözesen und andere zentrale Religionsorganisationen eventuelle Haftungsrisiken. Die Angebote von Kirchen und anderen religiösen Einrichtungen betreffen häufig Pilgerreisen, Wallfahrten und religiöse Bildungsreisen, aber oft auch Reisen in kirchliche Heime, Herbergen, Kolpinghäuser und ähnliche Unterkünfte, die sich sonst keinen Urlaub leisten könnten. Auch diese werden teilweise aus öffentlichen oder karitativen Mitteln bzw. durch Spenden bezuschusst. Die Kontrolle liegt hier bei den Landesrechnungshöfen, Innenministerien und Finanzämtern.

(3) Vereine und Verbände[2]

Auch Reisen von gemeinnützigen Vereinen und Verbänden (u. a. auch Handels- und Handwerkskammern, Innungen etc.) fallen bei Einhaltung der zuvor genannten Bedingungen unter die legale Gelegenheitstouristik und unterliegen nicht dem Reisevertragsrecht und der EU-Pauschalreiserichtlinie. Haftungsrisiken gehen dabei zu Lasten des Vereins-/Verbandsvermögen. In diesen Fällen wird die Einhaltung der Regeln von den Finanzämtern geprüft, die nur bei Einhaltung der Vorschriften das Testat der Gemeinnützigkeit erteilen. Übrigens: auch nicht gemeinnützige Vereine (wie der AD-

---

2 Die folgenden Ausführungen gelten weitgehend analog auch für alle Arten von gemeinnützigen Vereinen und Verbänden u. a. aus dem Sport-, Kultur-, Gesellschafts-, Sozial-, Umweltbereich.

AC, DRK, Sportclubs wie Bayern München) oder Gebietskörperschaften (wie Kranken-kassen) fallen in der Regel nicht unter die „Schwarz-Touristik", da sie teilweise selbst Haftungs- und Insolvenzschutzversicherungen abgeschlossen haben (wie ADAC, DFB, IOC, Deutsches Rotes Kreuz etc.) oder die Reisen von Reiseveranstaltern produzieren lassen und selbst nur vermitteln (DERTOUR, Dr. Holiday, Reisebüro des DFB/Hogg Robinson etc.). Neben den Finanzbehörden werden derartige Aktivitäten auch von Gewerbeaufsichtsämtern geprüft.

Sogar Unternehmen können in Einzelfällen bei Einhaltung der eingangs dokumentierten Bedingungen mit Sonderregelungen unter die Gelegenheitstouristik fallen, z. B. bei Betriebsausflügen und ähnlichen Mitarbeiterveranstaltungen. Unbestritten ist, dass die Gelegenheitstouristik nicht zum kommerziellen Reisemarkt zählt und damit nicht im Wettbewerb mit kommerziellen Reiseveranstaltern und Reisebüros steht, aber sie ist auf keinen Fall illegal. Dieses Marktsegment zur „Schwarz-Touristik" zu erklären, ist ein gravierender Fehler mancher branchenpolitischer Lobbies und schlichtweg falsch.

2.4.2 „Schwarz-Touristik"

Unter „Schwarz-Touristik" versteht man somit alles, was nicht den gesetzlichen Regelungen des Reisevertragsrechts, des Personenbeförderungsrechts und der EU-Pauschalreiserichtlinie unterliegt und auch nicht den Bedingungen der Gelegenheits-touristik unterliegt.

Zur „Schwarz-Touristik" zählen nur wenige Fälle und Personen, die die großzügigen Schutzregelungen des Gesetzgebers zur Gelegenheitstouristik zumeist unwissend oder mit aber krimineller Energie unterlaufen – und dieser Kreis ist nicht sehr groß. Das sind oft private, nicht als e. V. eingetragene Skat- oder Kegelclubs, Freundeskreise oder Großfamilien, die zusammen als Gruppe verreisen; dabei trägt dann der Organisierende bzw. das Familienoberhaupt das Haftungsrisiko für alle Mitreisenden. Aber wird bei Eintreten von Haftungsfüllen dann tatsächlich eine Person aus dem engsten Freundes- oder Familienkreis privatrechtlich dafür haftbar gemacht? Das dürften doch eher Ausnahmefälle sein. Daneben gibt es sicherlich einige Fälle, in denen bewusst mit krimineller Energie kommerzielle Reisen illegal produziert und angeboten werden. Echte „Schwarz-Touristik" ist ein von den Verbänden und der Öffentlichkeit stark überschätztes Phänomen, denn die meisten Reisen sind nichtkommerzielle Gelegenheitstouristik und damit völlig legal.

3 Geschäftsmodelle von Reiseveranstaltern

Neben der im vorherigen Kapitel vorgestellten Einteilung von Reiseveranstaltern in Deutschland hinsichtlich Größe, Struktur, Programmspezialisierung und dem wirtschaftlichen Status unterscheiden sich diese auch bezüglich ihrer Geschäftsmodelle. Einige Aspekte der verschiedenen Geschäftsmodelle wurden zuvor schon erwähnt, wobei die Betrachtung allerdings nicht unter dem expliziten Blickwinkel der Geschäftsmodelle stattfand. Auch im nachfolgenden Kapitel werden einige der in diesem Abschnitt erläuterten Facetten der derzeitigen Geschäftsmodelle von Reiseveranstaltern noch einmal aufgegriffen.

Der Begriff **Geschäftsmodell** (engl.: business model) ist in der Literatur nicht eindeutig und klar definiert. Insbesondere mangelt es an einem theoretischen Fundament für die wissenschaftliche Klärung des Terminus. Eine Vielzahl von Autoren hat die Elemente und den Zweck eines Geschäftmodells in eigenen Definitionen wiedergegeben, die zum Teil weit voneinander abweichen (vgl. u. a. SCHEER/DEELMANN/LOOS 2003, STÄHLER 2001, WIRTZ 2010).

Dieses große Interesse an dem Begriff Geschäftsmodell zeigt dessen Relevanz und die Notwendigkeit einer wissenschaftlich fundierten Definition des Terminus.

In der Mannigfaltigkeit der Definitionsversuche lassen sich einige Elemente von Geschäftsmodellen erkennen, die in vielen Formulierungen auftauchen. Diese werden in der Definition nach STÄHLER 2001 in prägnanter Form herausgearbeitet. Er stellt seinen Ausführungen voran, dass „ein Geschäftmodell immer nur eine Annäherung an die wirkliche Organisation eines Unternehmens oder der gesamten Wertschöpfungskette eines Produktes sein [kann]" (STÄHLER 2001: 42). Der Aspekt der Abstraktion spiegelt den Modellcharakter eines Geschäftsmodells wider und wird in nahezu allen Definitionen erwähnt. Des Weiteren betont STÄHLER, dass sich der Begriff Geschäftsmodell im eigentlichen Sinne zwar auf nur ein Geschäft eines Unternehmens bezieht, er aber in einigen Fällen auch auf ganze Branchen oder strategische Gruppen einer Branche angewendet werden kann (vgl. STÄHLER 2001: 42).

Nach STÄHLERS Definition enthält ein Geschäftsmodell die **drei Elemente** Value Proposition, Architektur der Leistungserstellung und Ertragsmodell. Durch die **Value Proposition** (dt.: Nutzenversprechen) wird der Nutzen des Geschäftsmodells für Kunden und Wertschöpfungspartner des Unternehmens beschrieben. Die **Architektur** der Leistungserstellung behandelt die verschiedenen Wertschöpfungsstufen sowie die darin handelnden Akteure und deren Rollen in der Leistungserstellung. Durch das **Ertragsmodell** wird beschrieben, woraus und woher das Unternehmen Einnahmen generiert (vgl. STÄHLER 2001: 41 ff.).

Eine Übersicht über die Elemente eines Geschäftsmodells und deren Komponenten gibt Abb. I.8.

https://doi.org/10.1515/9783110481457-005

I) Value Proposition
    a) Für Kunden
    b) Für Wertschöpfungspartner
II) Architektur der Leistungserstellung
    1) Produkt/ Marktentwurf
    2) Interne Architektur
        a) Ressourcen als Bausteine
            (i) Kernkompetenzen
            (ii) Strategische Vermögenswerte
        b) Stufen der Wertschöpfung
        c) Kommunikationskanäle und Koordinationsmechanismen
        d) Abgrenzung zur externen Architektur
    3) Externe Architektur
        a) Kundenschnittstelle
            (i) Distributionskanäle
            (ii) Kundeninformationen
            (iii) Kommunikationskanäle
        b) Wertschöpfungspartner
            (i) Aktive Wertschöpfungspartner
            (ii) Passive Wertschöpfungspartner
        c) Kommunikationskanäle und Koordinationsmechanismen
    4) Grad der Stabilität der Architektur
III) Ertragsmodell

Abb. I.8: Bestandteile eines Geschäftsmodells (Quelle: STÄHLER 2001: 47)

Allerdings erklärt auch STÄHLERS Definition das Konstrukt des Geschäftsmodells nicht abschließend, weil u. a. keine Markt- oder Wettbewerbsbeobachtung vorgenommen wird und auch eine explizite Kostenbetrachtung ausbleibt (vgl. SCHEER/DEELMANN/LOOS 2003: 19). Dennoch soll sie an dieser Stelle zur Veranschaulichung der Geschäftmodele von Reiseveranstaltern herangezogen werden.

Durch die Darstellung der Geschäftätigkeit einer zu betrachtenden Organisationseinheit mittels eines Geschäftsmodells ist es möglich, Aussagen über Prozesse, Finanzströme und kritische Erfolgsfaktoren zu treffen. Der Nutzen solcher Modelle für bereits existierende Unternehmen liegt vor allem in der Möglichkeit Ansatzpunkte für Verbesserungen zu identifizieren. Für eine geplante Geschäftätigkeit kann ein Geschäftsmodell zur Übertragung einer vorhandenen Geschäftsidee in einen konkreten Geschäftsplan dienen (vgl. SCHEER/DEELMANN/LOOS 2003: 7).

3.1 Einteilung nach der Architektur der Wertschöpfung

3.1.1 Klassische Reiseveranstalter

Das Geschäftsmodell der klassischen Reiseveranstalter basiert auf der Erstellung von Pauschalreisen (vgl. Kap. I.3.2.2.3), wobei nicht dies die alleinige Aufgabe solcher Unternehmen – in Abgrenzung zu Integrierten Konzernen, vgl. Kap. I.3.1.3 – ist. Typisch für klassische Reiseveranstalter sind u. a. folgende Kriterien:

- **Vorgefertigtes Angebot:** Traditionelle Reiseveranstalter produzieren ihre Angebote vorab und bieten diese dann i. d. R. für den Zeitraum einer Saison typischerweise in einem Prospekt oder Medium an. Die konfektionierten Angebote werden auf diese Weise in den Markt gedrückt („Push-Strategie").
- **Angebot eines Leistungsbündels:** Es werden Leistungen Dritter ausgewählt und zu einem Gesamtpaket gebündelt. Durch die zielgruppenspezifische Ausgestaltung der Angebote entsteht zudem ein Mehrwert, weshalb Reiseveranstalter in diesem Zusammenhang auch als Produzenten zu betrachten sind. Weiterhin nimmt der klassische Reiseveranstalter dem Kunden so die organisatorische Arbeit ab, wie beispielsweise die Informationssuche über das Reiseziel inkl. Ein- und Ausreisebestimmungen, die Koordination der gewünschten Leistungen und die Reservierung bei verschiedenen Leistungsträgern.
- **Angebot zu einem Pauschalpreis:** Die Leistungen der klassischen Reiseveranstalter werden zu einem festen Gesamtpreis angeboten. Die Preise der enthaltenen Einzelleistungen sind für den Kunden nicht mehr nachvollziehbar. In der Regel ergeben sich Kostenvorteile gegenüber der individuellen Organisation einer Reise.
- **Angebot unter eigenem Namen:** Obwohl die Leistungen von verschiedenen Unternehmen erbracht werden, tritt der Reiseveranstalter gegenüber dem Kunden unter eigenem Namen auf.
- **Risikoübernahme:** Der klassische Reiseveranstalter übernimmt für den Kunden das Risiko der mangelfreien Erbringung der in der Pauschalreise enthaltenen Leistungen. Er ist somit auch für die Qualitätssicherung bei den beteiligten Leistungsträgern verantwortlich. Des Weiteren trägt er das Auslastungsrisiko verschiedener Teilleistungen gegenüber den Leistungsträgern, soweit die Kapazitäten im Voraus fest eingekauft werden. Dadurch entsteht für den Veranstalter zum Teil ein erhebliches finanzielles Risiko.

Zusammenfassend lässt sich das **Geschäftsmodell der klassischen Reiseveranstalter** wie folgt charakterisieren:

„[Es] ist geprägt durch vertragliche Beziehungen mit wirtschaftlich und rechtlich eigenständigen Partnern sowohl [...] bei der Beschaffung von Produktkomponenten als auch beim Vertrieb der Pauschalreisen." (BASTIAN 2004: 33).

Aus diesen Kriterien ergeben sich spezifische Bedingungen für das Management eines Reiseveranstalters, die sich in den touristischen Kernprozessen des Geschäftsmodells der klassischen Reiseveranstalter widerspiegeln (vgl. Abb. I.9).

Eine übergreifende Funktion nimmt hierbei das Marketing ein. Dadurch können „... alle betrieblichen Aktivitäten konsequent auf die gegenwärtigen und zukünftigen

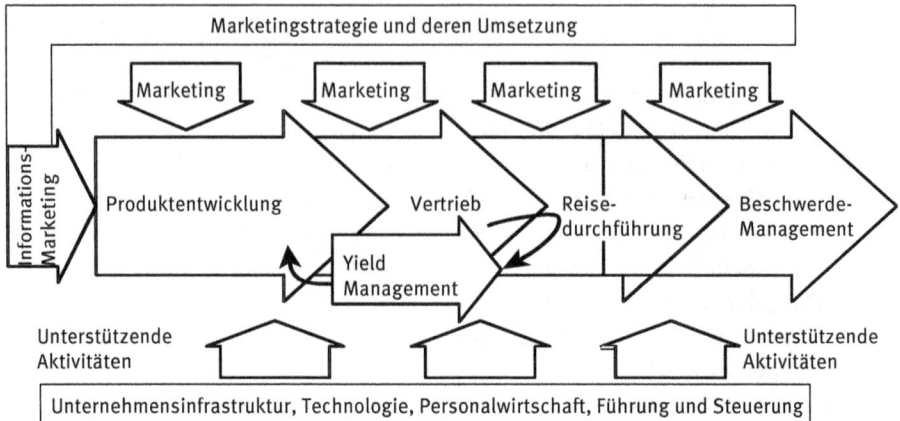

Abb. I.9: Die touristischen Kernprozesse eines Reiseveranstalters (Quelle: BASTIAN 2004: 36)

Erfordernisse der Märkte ..." (FREYER 2011 [Tourismus-Marketing]: 41) ausgerichtet werden. Die einzelnen Prozesse sind in einer zeitlichen Abfolge voneinander abhängig, wodurch sich Verzögerungen durch die gesamte Prozesskette ziehen können. Eine ausführliche Darstellung der einzelnen Funktionen im Rahmen der internen Prozessorganisation eines Reiseveranstalters ist in Teil III dieses Buches zu finden.

Teile der klassischen Funktionen traditioneller Reiseveranstalter haben sich im Laufe der Zeit gewandelt und zu weiteren Formen von Reiseveranstaltern geführt. Eine bedeutende Abwandlung der traditionellen Reiseveranstalter ist in der Entwicklung des Geschäftsmodells der **Bausteinreiseveranstalter** zu sehen, das im nächsten Abschnitt näher betrachtet wird.

3.1.2 Bausteinreiseveranstalter

Klassische Bausteinreiseveranstalter

Neben den noch dominierenden klassischen (Pauschal-)Reiseveranstaltern sind schon seit vielen Jahren sog. **Bausteinreiseveranstalter** am Markt vertreten. Diese bieten im Gegensatz zu den klassischen Veranstaltern keine vorgefertigten Leistungsbündel im Sinne von Pauschalreisen an, sondern stellen dem Kunden individuell kombinierbare Reisebausteine zur Verfügung. Der Kunde stellt sich die Teilleistungen – in der traditionellen Variante aus einem Katalog oder anderem Medium – selbst zusammen. Konträr zur Preispolitik der klassischen Reiseveranstalter sind die Preise einer Bausteinreise für den Kunden hierbei transparent und werden einzeln für jeden gebuchten Reisebaustein aufgelistet. Dadurch ist es für den Kunden auch möglich, einzelne Leistungen wie z. B. nur den Flug oder nur das Hotel zu buchen. Die Leistungen selbst werden in der Ausgangsform dieses Geschäftsmodells, ähnlich wie bei den klassischen Reiseveranstaltern, von externen Leistungsträgern eingekauft. Im

Gefolge der elektronischen Möglichkeiten haben sich aus dieser ursprünglichen Form weitere Möglichkeiten der „Produktion" von Bausteinreisen entwickelt, die sich vor allem durch die Nutzung von digitalen Buchungsmaschinen (engl.: Internet-Booking-Engines) auszeichnen. In diesem Zusammenhang werden im Folgenden die Verfahren Dynamic Packaging und Dynamic Bundling sowie das Geschäftsmodell der virtuellen Reiseveranstalter kurz vorgestellt.

(1) Dynamic Packaging

Hierbei handelt es sich um eine dynamische bzw. flexible Bausteinreise, bei der in Echtzeit Reisekomponenten auf Kundenwunsch zusammengestellt werden. Die Einzelleistungen werden aus unterschiedlichen Quellen bezogen und die Preise dieser Leistungen können sich stetig ändern. Das Angebot erfolgt letztendlich zu einem Gesamtpreis und unter dem Namen des Reiseveranstalters. Im Gegensatz zu den klassischen Reiseveranstaltern, die die Einzelleistungen wie Flüge und Unterkünfte im Voraus in festen Kontingenten einkaufen, werden beim Dynamic Packaging die Einkäufe erst im Moment der Buchung getätigt. In diesem Zusammenhang wird auch vom „Pull-Konzept" gesprochen, weil sich der Kunde die Angebote, die er möchte, aus dem Markt herauszieht. Die rechtlichen Konsequenzen einer solchen Buchung gleichen denen einer Pauschalreise, d. h. der Veranstalter haftet dem Reisenden bei Mängeln etc. (vgl. Kap. II.5.1). Allerdings hat der Veranstalter kaum eine Kontrolle über die Qualität der maschinell zusammengestellten und paketierten Teilleistungen, die er in den meisten Fällen nicht bewusst eingekauft hat.

(2) Dynamic Bundling

Während der Anbieter im Zuge des Dynamic Packaging zumeist als Reiseveranstalter auftritt und dadurch auch die entsprechenden Haftungsrisiken trägt, wird er beim Verfahren des Dynamic Bundling lediglich als Reisemittler tätig. Das Unternehmen fungiert hier in den meisten Fällen als Makler, d. h. es kauft keine eigenen Kapazitäten bei den Leistungsträgern. Der Mittler zieht die Angebote lediglich aus verschiedenen Datenbanken, beispielsweise aus dem Flug- und Hotelbereich, und schlägt sie dem Kunden vor. Der Kunde schließt im Falle einer Buchung ausschließlich Verträge mit verschiedenen Leistungsanbietern ab. Dadurch entzieht sich der Vermittler jeglichen Haftungs- und Mängelansprüchen. Der Vermittler übernimmt lediglich eine Koordinations- und Beratungsfunktion. Die einzelnen Reiseleistungen werden in einem „Warenkorb" gebündelt. Mit der 2016 beschlossenen Pauschalreise-Richtlinie (Vgl. Kap. II.5.1.3) soll dies Geschäftsmodell in die Veranstalterhaftung einbezogen werden.

(3) Virtuelle Reiseveranstalter

Im Falle einer rein Internet-basierten Buchung einer Bausteinreise wird auch vom virtuellen Reiseveranstalter gesprochen. „Virtuelle Reiseveranstalter integrieren und automatisieren Internet-basiert den Prozess der Kunden-individuellen Beschaffung von Reiseleistungen, der Reiseproduktion sowie der Reservierung und ihrer Abwicklung zum Zeitpunkt der Kundenbuchung, online und in Echtzeit." (FUCHS/MUNDT/ZOLLONDZ 2008: 588). Diese Veranstalter bieten Reisen durch das Verfahren Dynamic Packaging an.

Die Bezeichnung „virtuell" ist hierbei nicht unumstritten, weil das Geschäftsmodell der virtuellen Unternehmen im betriebswirtschaftlichen Umfeld das Konzept der Netzwerkorganisation beinhaltet. Dies würde bedeuten, dass die gesamte Organisation virtuell erfolgt. Als zutreffender wird deshalb die Bezeichnung Internet-basierter Veranstalter genannt (vgl. FÜHRICH 2006: 53).

Individualreise als Bausteinreise

Im eigentlichen Sinne sind auch die meisten individuell zusammengestellten Reisen eine Form von Bausteinreisen. Bei Individualreisen werden separate Leistungen verschiedener Anbieter gebucht, i. d. R. direkt bei den Leistungsträgern, und ergeben ebenfalls eine „individuell gebündelte" Gesamtreise. Diese sind allerdings strikt von den Veranstalterreisen zu trennen, da der Kunde die Reiseleistungen direkt bei dem jeweiligen Leistungsträger kauft.

Beispiele:
- Individuelle Flugbuchung bei Lufthansa (oder bei Expedia, Opodo),
- Hotelbuchung direkt im Hotel (oder über Hotelreservierungssysteme wie HRS, hotel.de usw., evtl. auch bei Expedia, Opodo),
- Leistungen vor Ort: direkt bei Ticketagenturen, z. B. Ticket für Michael-Jackson-Musical London oder Sportevent Formel 1 oder Museumseintritt Grünes Gewölbe Dresden usw.

Zusammenfassend zu den ersten beiden vorgestellten Reiseveranstalterformen liefert Abb. I.10 einen Überblick über die wichtigsten Abgrenzungskriterien zwischen Pauschal- und Bausteinreiseveranstaltern.

Reiseveranstalter als Produzenten oder Händler?

Die Frage nach der Funktion eines Reiseveranstalters als Produzent oder als Händler ist eng mit der Abgrenzung von Pauschal- und Bausteinreisen verbunden (vgl. Kap. I.3.2.1, S. 45).

Klassischer Reiseveranstalter	Sonderformen Reiseveranstalter (Baustein-, dynamischer Veranstalter)
vorgefertigt, konfektioniert, statisch	just-in-time, flexibel
standardisiert	personifiziert, individuell
hohe Eigenleistung ("Produzent")	geringe Eigenleistung ("Händler")
bündelt selbst ("Push")	Kunde bündelt ("Pull")
Risikoübernahme	kein/ geringes Risiko
Haupttätigkeit	Teil- oder Nebentätigkeit

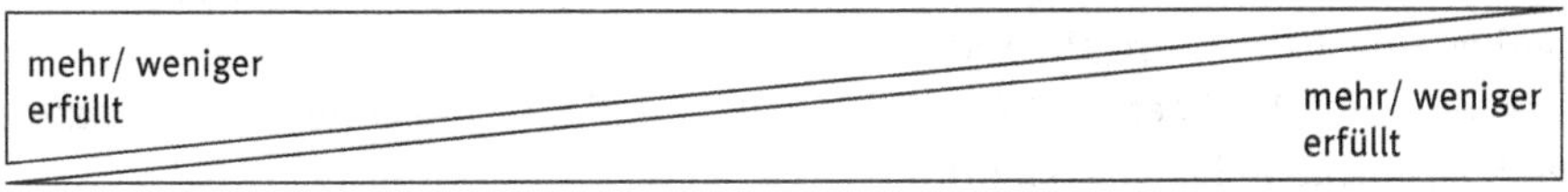

mehr/ weniger
erfüllt

mehr/ weniger
erfüllt

Abb. I.10: Abgrenzung Pauschal- vs. Bausteinreiseveranstalter

3.1.3 Vertikale Integration und horizontale Konzentration

Wie bereits in Kap. I.1.4 an einem Beispiel veranschaulicht, ist der tatsächliche Anteil der Reiseveranstalter an der Wertschöpfung der touristischen Leistungskette mit etwa 8 % relativ gering. Im Geschäftsmodell der Integrierten Konzerne sind verschiedene Wertschöpfungsstufen der touristischen Leistungskette mehr oder weniger in ein Unternehmen integriert. Dadurch können die Erträge mehrerer Stufen der Wertschöpfungskette durch einen Konzern abgeschöpft werden. Dieser strategische Ansatz wird als „Multi Value" bezeichnet und ist dadurch gekennzeichnet, dass von jedem Kunden ein multipler Ertrag erzielt wird (vgl. BORN 2004: 91). Definiert werden können Integrierte Konzerne wie folgt:

Ein **Integrierter Konzern** ist ein aus gleichartigen, rechtlich selbstständigen Unternehmen zu einem einheitlichen, übernationalen Marktgebiet zusammengeschlossenes Großunternehmen, das in mehreren Wertschöpfungsstufen unter gemeinsamer Leitung und Verwaltung steht.

Im Tourismussegment sind Integrierte Konzerne i. d. R. sowohl horizontal als auch vertikal integriert und umfassen laut BASTIAN/BORN 2004 mindestens vier Säulen: Reiseveranstalter-, Reisemittler-, Verkehrsträger- und Hotelmanagement. Darüber hinaus werden ggf. auch das Destinations-, Kongress- und Business-Travel-Management in die Unternehmenstätigkeit aufgenommen. Das Ziel einer solchen Integration sollte sein:
„Der Kunde
- bucht im eigenen Reisebüro die Reise des eigenen Veranstalters,
- fliegt mit der eigenen Fluggesellschaft,
- wohnt im eigenen Hotel,
- wird von und zum Flughafen mit der eigenen Incoming-Gesellschaft transferiert,

- bucht im Zielgebiet nur Ausflüge mit der eigenen Ausflugsagentur." (BORN 2004: 91).

Im Falle einer ausschließlich **horizontalen** Konzentration bleibt das Unternehmen ein reiner Reiseveranstalter, weil dieses hierbei lediglich durch Fusion oder Übernahme innerhalb der gleichen Wertschöpfungsstufe einer Branche expandiert.

Bei der **vertikalen** Integration werden Prozesse vor- und/oder nachgelagerter Wertschöpfungsstufen übernommen, wodurch neben der reinen Reiseveranstaltertätigkeit auch die Produktionsfunktionen von Leistungsträgern wie Transport- und Beherbergungsbetriebe ins Unternehmensportfolio integriert werden.

Einen Überblick über die Möglichkeiten der vertikalen Integration und horizontalen Konzentration liefert Abb. I.11.

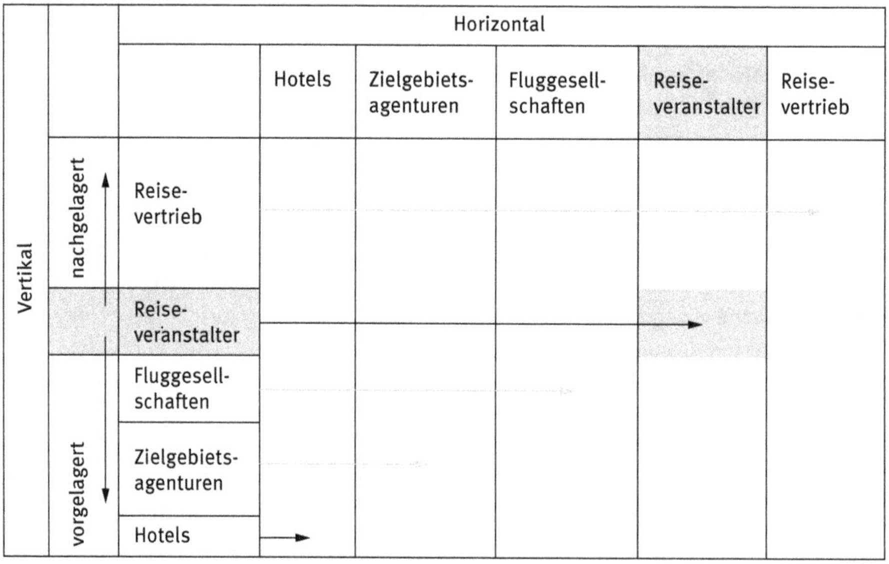

		Horizontal				
		Hotels	Zielgebiets-agenturen	Fluggesell-schaften	Reise-veranstalter	Reise-vertrieb
Vertikal — nachgelagert	Reise-vertrieb					
	Reise-veranstalter					
vorgelagert	Fluggesell-schaften					
	Zielgebiets-agenturen					
	Hotels					

Abb. I.11: Horizontale und vertikale Expansionsmöglichkeiten von Reiseveranstaltern (Quelle: in Anlehnung an MUNDT 2011: 19)

Strategische Gründe für eine vertikale Integration können sein:
- Sicherung von Hotelbetten in Destinationen in bevorzugten Lagen, vor allem qualitativ hochwertige Angebote, saisonale Verfügbarkeit,
- Verfügung über Flugkapazitäten auch in saisonstarken Zeiten, Unabhängigkeit von Low-Cost-Carriers,
- Präsenz im Vertrieb und Chancen der Verkaufssteuerung über eigene Reisebüros,
- durchgängiges Qualitätsmanagement auf allen Stufen, Markenbildung,

– Zukunftssicherung des Unternehmens, vor allem vor dem Hintergrund alternativer Vertriebssysteme.

Das Geschäftsmodell des vertikal integrierten Reisekonzerns ist allerdings kritisch zu betrachten, weil es neben den offensichtlichen Vorteilen auch verschiedene Nachteile in sich birgt. Dadurch ist es Gegenstand zahlreicher Pro-und-Kontra-Diskussionen (vgl. ausführlich zum vertikal integrierten Touristikkonzern BASTIAN/BORN 2004):

– **Pro:** Die vertikale Integration ermöglicht die Realisierung eines höheren Wertschöpfungsanteils für den Konzern. Des Weiteren können dadurch sowohl die gesamte Wertschöpfungskette simultan nach Qualitäts-, Rendite- und Auslastungszielen gesteuert als auch vorhandene Ressourcen (Finanz-, Personal-, Vertriebsplattform) effizienter verteilt werden. Außerdem ist eine bessere Qualitätssteuerung möglich, weil nun ein Konzern für alle „moments of truth" verantwortlich ist. Die integrierten Leistungsträger selbst profitieren vor allem durch höhere Auslastungen, weil der vertikal integrierte Reiseveranstalter vorrangig die Kapazitäten der konzerneigenen Wertschöpfungsstufen, also der Flug-, Hotel- und Pauschalangebote innerhalb des eignen Konzerns, auslastet.

– **Kontra:** Das damit einhergehende Risiko besteht allerdings darin, dass in buchungsschwachen Zeiten die gesamte Wertschöpfungskette verstärkt betroffen ist. Werden beispielsweise beim Reiseveranstalter A (z. B. TUI) weniger Buchungen getätigt, so führt dies automatisch zu geringeren Auslastungen bei der A-Fluggesellschaft und den A-Hotels. Es ist durch die Konzernbindung kaum möglich, diese Buchungsrückgänge beim eigenen Konzern durch möglicherweise höhere Buchungen bei anderen Konzernen auszugleichen und dadurch das Risiko zu streuen. Zum Beispiel würden Zusatzflüge oder -übernachtungen vom B-Konzern aus Wettbewerbsgründen nicht mit A-Airlines oder in A-Hotels gebucht werden, sondern werden an konzernunabhängige Airlines und Hotels vergeben. Aufgrund des erforderlichen Airline- und Hotelbesitzes erfordert die vertikale Integration eine sehr hohe Kapitalbindung, die praktisch nur für börsennotierte Unternehmen finanzierbar ist. Eine ausführliche Diskussion der Nachteile von horizontaler und vertikaler Konzentration findet sich in Kap. I.6.2, S. 102 ff.

Die **Nachteile** des vertikal Integrierten Konzerns liegen damit vorrangig in der notwendigen Steuerung von Flug- und Hotelauslastungen, was sich insbesondere in buchungsschwachen Zeiten negativ auf die Flexibilität auswirkt. Aus diesem Grund wird diskutiert, ob das Geschäftsmodell des Integrierten Konzerns nur ein „Schönwettermodell" sei. In Zeiten großer Nachfrage können durch diese Strategie hohe Gewinne auf allen Wertschöpfungsstufen erzielt werden. Allerdings wird argumentiert, dass solche Konzerne in Krisenzeiten anstatt eines „Multi Value" einen „Multi Loss" erwirtschaften würden, weil alle Wertschöpfungsstufen von dem Nachfragerückgang betroffen wären. Um eine solche Entwicklung zu vermeiden, sind ein richtiger Strategieansatz und eine richtige Strategieumsetzung von großer Bedeutung. Das optima-

Customers (Mio.)

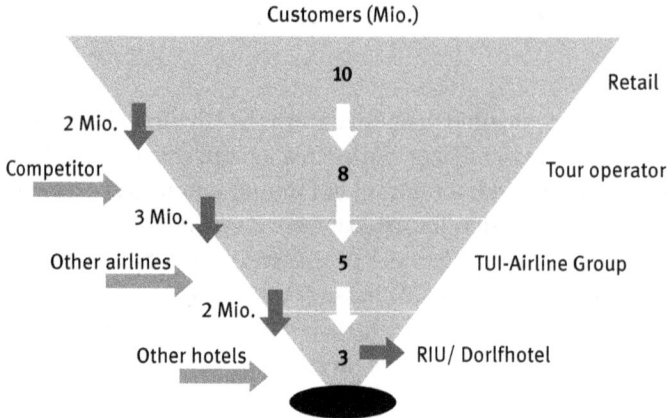

Abb. I.12: Trichtermodell: Optimale Verteilung über die verschiedenen Wertschöpfungsstufen (Quelle: nach BORN 2004: 91)

le Geschäftssystem sollte in Bezug auf das Engagement in den einzelnen Wertschöpfungsstufen **trichterförmig** aufgebaut sein (s. Abb. I.12, vgl. BORN 2004: 92 f.).

Den größten Marktanteil sollte der Vertrieb über die verschiedenen Kanäle haben, um möglichst viele Kunden anzusprechen. Das geringste Engagement liegt demnach im Bereich der Leistungsträger Transport und Beherbergung. Durch eine solche Ausgestaltung des Unternehmensportfolios ist es möglich, auf Nachfrageschwankungen schnell zu reagieren und die Kapazitäten der integrierten Leistungsträger bestmöglich auszulasten (vgl. BORN 2004: 91).

Ja nachdem wie hoch der Integrationsgrad der Unternehmen ist, umso stärker oder schwächer kommen die Vor- und Nachteile dieses Geschäftsmodells zum Tragen. Generell werden drei Modelle der Integration unterschieden:

- **Modell 1:** Bei **Vollintegration** über alle Stufen der Wertschöpfungskette erfolgt die Steuerung und Gewichtung der Wertschöpfungsebenen zentral durch den Reiseveranstalter. Dieses Modell konnte sich nachhaltig nur in Großbritannien, Irland und Skandinavien etablieren und wird begünstigt durch die Insellagen der Quellmärkte, die eine vollständige Kontrolle über die Flugkapazitäten erfordern und kaum Wettbewerb mit anderen erdgebundenen Anreiseformen zulassen. In fast allen anderen Ländern ist das voll integrierte Modell gescheitert.
- **Modell 2:** Bei **Teilintegration** der Wertschöpfungsstufen werden nur ausgewählte vor- oder nachgelagerte Wertschöpfungsstufen mit der Veranstalterorganisation fest verknüpft. Beispielsweise wenn Reisebüros exklusiv nur das Sortiment ihres Konzernveranstalters vermitteln und bestenfalls das einiger ergänzender weitgehend konkurrenzfreier Wettbewerber oder wenn die Konzernveranstalter ausschließlich mit einer eigenen exklusiven Zielgebietsorganisation zusammenarbeiten. Dies trifft auch partiell zu, wenn ein Veranstalter exklusiv eigene Hotels betreibt wie z. B. TUI mit den Robinson-Club-Hotels. Bei einer Teilintegration

werden somit i. d. R. auch Leistungen konzernfremder Unternehmen eingekauft bzw. die Angebote der Leistungsträger des teilintegrierten Konzerns werden auch an fremde Veranstalter vermittelt. Dieses Modell erlaubt es, eine (teil-)marktorientierte eigene Profitcenterverantwortung auf allen Wertschöpfungsstufen und in allen Geschäftsfeldern flexibel zu etablieren und eine Integration nur dort aufzubauen, wo es sich rechnet und für das Kerngeschäft der Konzernveranstalter erforderlich ist. Das teilintegrierte Modell haben die großen Konzernveranstalter wie TUI, Thomas Cook, DER, FTI, Kuoni oder Hotelplan mit unterschiedlicher Intensität in den mitteleuropäischen Märkten gewählt. Einen Sonderfall der Teilintegration stellen Kreuzfahrtenveranstalter und Busreisenveranstalter dar, die ausschließlich ihre eigenen Schiffe und Busse vermarkten, aber sowohl in den Zielgebieten als auch im Vertrieb zumeist nicht integriert agieren.

– **Modell 3: Keine Integration** der Wertschöpfungsstufen liegt vor, wenn ein Veranstalter die Geschäftsbeziehungen zu den vor- und/oder nachgelagerten Wertschöpfungsstufen nicht über Beteiligungsverhältnisse, sondern über vertragliche Vereinbarungen gestaltet. Dieses Modell ist der Standard für alle kleinen und mittelgroßen Veranstalter in Deutschland einschl. Alltours und Schauinsland. Große internationale Veranstalter wie TUI, Thomas Cook und DER Touristik operieren inzwischen flexibel mit allen drei Modellen, je nachdem wie die Anforderungen der jeweilig nationalen Märkte sind.

3.2 Einteilung nach Produktionsfunktionen und Herstellungsformen von Veranstalterreisen

3.2.1 Händlerfunktion oder Produzentenfunktion der Reiseveranstalter

Reiseveranstalter haben zu einem bedeutenden Teil die heutige standardisierte Form des Reisens geprägt. Sie haben u. a. zur „Demokratisierung des Reisens" beigetragen, indem sie durch günstig organisierte Pauschalangebote allen Bevölkerungsschichten die Teilnahme am weltweiten Reisen ermöglicht bzw. erleichtert haben. Die Reiseveranstalter haben neben dieser sozialen Rolle ferner wirtschaftliche und juristische Funktionen. Nach den weitgehend theoretischen Ausführungen in der Fachliteratur werden in diesem Kapitel die angewandten operativen Geschäftsmodelle mit ihren Ausprägungen teilweise auch als Benchmark dargestellt.

Die **wirtschaftliche Hauptaufgabe** der Reiseveranstalter ist die Kombination verschiedener (Teil-)Leistungen von Hotels, Transportunternehmen und Reisezusatzleistungen **zur (Pauschal-)Reise.**

Strittig ist in der Literatur, ob die Tätigkeit des Reiseveranstalters eine **Produktionsleistung** darstellt, bei der ein **neues Produkt** entsteht, weil durch die Reiseveranstalterleistung die Input-Faktoren der Leistungsträger zu einem neuen modifizierten

Produkt, der Pauschalreise, zusammengefügt werden und damit eine Wertschöpfungsfunktion wahrgenommen wird. Eine andere Sichtweise betont, dass sich die Input-Faktoren, z. B. Transport- und Beherbergungsleistung oder auch das natürliche Angebot der Fremdenverkehrsorte, nicht verändern. Nach dieser Auffassung haben Reiseveranstalter lediglich eine **Händlerfunktion** oder agieren als Vermittler oder Consolidator.

Je mehr sich Reiseveranstalter von der Übernahme von Garantieleistungen und dem Chartern von Kontingenten zurückziehen, umso dominanter tritt die Händlerfunktion gegenüber der Produzentenfunktion in den Vordergrund.

Innerhalb der touristischen Wertschöpfungskette (s. a. Kap. I.1.4) können Reiseveranstalter je nach Funktion gegenüber Leistungsträgern und Kunden verschiedene Geschäftsmodelle wahrnehmen (vgl. Abb. I.13). Grundlegend unterscheidet man zwischen dem **Charter- oder Garantiemodell**, dem **Merchant- oder Händlermodell** (s. a. Kap. III.3.13.1) und dem **Vermittler- oder Maklermodell** (s. a. Kap. III.3.13.2). Reiseveranstalter sind aus Sicht der Leistungsträger einer ihrer Vertriebskanäle, den sie für unterschiedliche Zwecke nutzen und die somit für Leistungsträger unterschiedliche Funktionen wahrnehmen.

Veranstalter sind selbst **Leistungsträger**, wenn sie Eigentümer von eigenen Unterkunfts-, Flug- oder Schiffskapazitäten sind (häufig bei Kreuzfahrtenveranstaltern wie AIDA, Costa, MSC, RCCL etc.). Wenn sie selbst nicht der Eigentümer sind, derartige Kapazitäten temporär chartern oder unter Vertrag nehmen, sind sie für den Vertragszeitraum oder die jeweilige Saison wirtschaftlich Leistungsträgern gleichzustellen, weil sie eine vergleichbare Verantwortung tragen. Der Mehrwert, den Veranstalter dabei für die Leistungsträger schaffen, besteht in der Übernahme des gesamten Vermarktungs- und Auslastungsrisikos. In der Regel werden die Risikokapazitäten zu einem Nettopreis für die Gesamtperiode eingekauft und mit einer eigenen Yield-Kalkulation über die verschiedenen Saisonzeiten verkauft.

Veranstalter sind **Händler**, wenn sie für die Leistungsträger keine Garantiekapazitäten übernehmen und deren Angebote lediglich im Quellmarkt vermarkten. Für eine Marge von 20–25 % auf den Einkaufspreis übernehmen Veranstalter verschiedene Vermarktungs- und Dienstleistungsfunktionen wie u. a. Darstellung in Offline- und Online-Medien, Marketing, Vertriebsschulung und -betreuung, Währungsabsicherung, Kunden- und/oder Vertriebskanalinkasso, Kundenberatung und -betreuung bis hin zum Sicherheits- und Krisenmanagement-Merchant-Modell. Ein eigenes saisonales Yield-Management ist zumeist nicht möglich, weil die Leistungsträger Saison- oder Endverkaufspreise vorgeben.

Vor allem durch die verstärkten Vermarktungsaktivitäten im Internet präferieren die Leistungsträger zunehmend das **Vermittler- oder Maklermodell**, bei dem auf die beim Händlermodell genannten Dienstleistungsfunktionen, bis auf die Produkt- und Preisdarstellung, weitgehend verzichtet wird. Dieses Modell ist typisch für den Vertrieb von touristischen Einzelleistungen in Produktportalen im Internet oder Consolidator-Funktionen der klassischen Veranstalter, aber auch für Business-Travel-

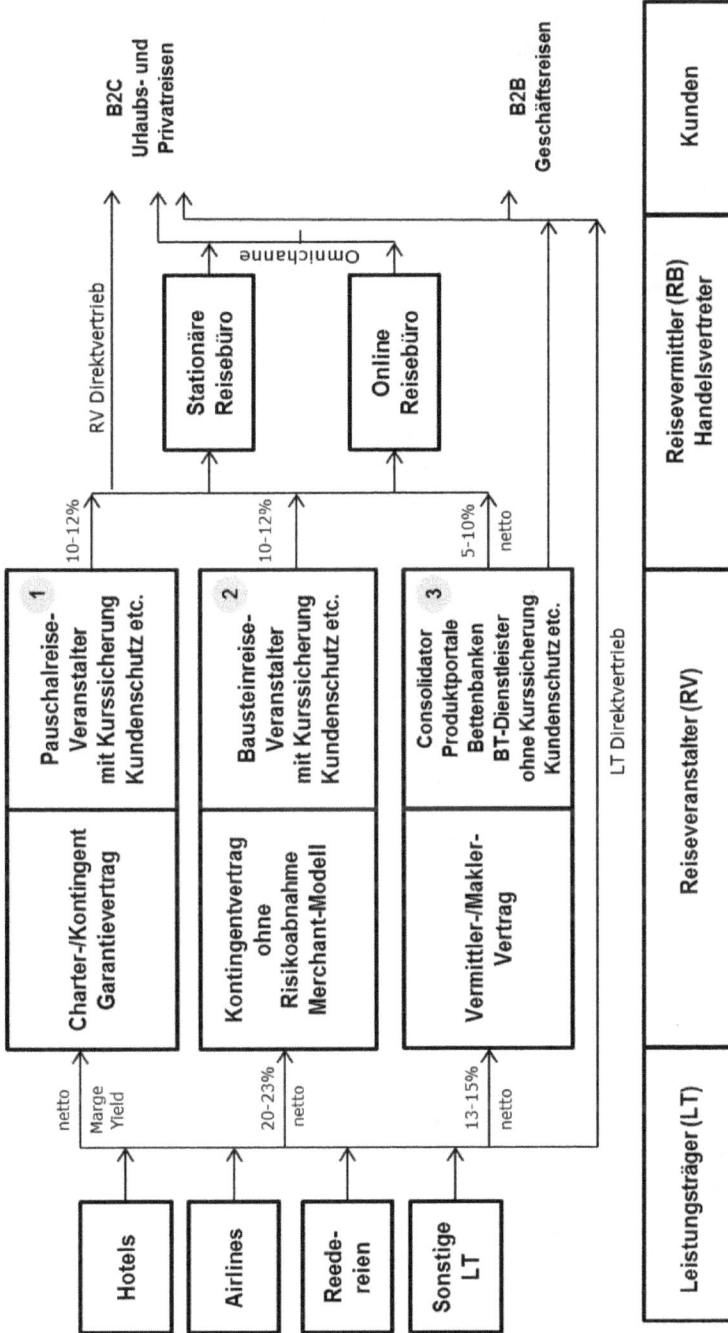

Abb. I.13: Geschäftsmodelle eines Reiseveranstalters (Quelle: Eigene Darstellung)

Organisationen. Beim **Vermittlermodell** erhalten die Vermarktungspartner (Veranstalter oder Hotelportale) eine Provision von ca. 10–15 % auf den vertraglich vorgegebenen Endverkaufspreis und agieren im Rahmen des Handelsvertreterrechts (s. a. Kap. II.5.1.3). Beim **Maklermodell** erhalten die Vermarktungspartner Nettopreise für die touristischen Leistungen (Consolidator, Flug- und Mietwagenportale) und müssen eigene Service-Fees oder -Margen aufschlagen, sodass unterschiedliche Endverkaufspreise entstehen.

Die touristischen Leistungsträger wägen die wirtschaftlichen Vorteile (Kosten, Produktivität, Effizienz) der drei Geschäftsmodelle gegeneinander ab, wobei sie versuchen, das klassische, für die Veranstalter vorteilhafte und weitgehend risikofreie, Merchant-Modell zunehmend zum Charter-/Garantiemodell oder zum Vermittler- bzw. Maklermodell zu verlagern (vgl. Details in Kap. III.3.13). Gleichzeitig stehen markenstarken Leistungsträgern (zumeist Airlines) dank der Vermarktungswege des Internets auch Direktvertriebskanäle offen, in denen keine Vermarktungspartner oder **Intermediäre** mehr benötigt werden. Dort haben sie dann völlige Handlungsfreiheit bei Preisen, Kapazitäten und Verfügbarkeiten.

3.2.2 Die differenzierte Herstellung von Veranstalterreisen: Pauschal- und Bausteinreisen

3.2.2.1 Formen und Elemente von Pauschal- und Bausteinreisen

Veranstalterreisen als Oberbegriff werden nicht nur funktional unterschieden, sondern auch nach den Herstellungsformen. Bündelt ein Veranstalter verschiedenartige Leistungen einer Reise – wie Transport und Unterkunft als Hauptleistungen sowie Verpflegung, Transferleistungen, Reiseleitung, Animation, Betreuung, Versicherungen, Ausflüge, Aktivitäten, Eintrittskarten, Kulturleistungen als optionale Zusatzleistungen –, so tritt er als **Produzent** oder **Händler** auf. Bündelt ein Veranstalter gleichartige Produkte in großen Mengen, so nimmt er eine **Consolidator**-Funktion war. Geschieht dies in eigenem Namen auf eigene Rechnung, ist er (Groß-)Händler, geschieht dies auf Rechnung der Leistungsträger, ist er reiner Vermittler.

Werden vorkonfektionierte Veranstalterreisen mit Auslastungsrisiken zu einem Gesamtpreis produziert, so spricht man i. d. R. von **Pauschalreisen**. Werden sie weitgehend ohne Kapazitätsgarantien hergestellt und sind auch einzeln mit separaten Preisen erhältlich, so spricht man von **Bausteinreisen** (vgl. Abb. I.14).

Klassische Veranstalterpauschalreisen nach der vorgenannten Definition können in verschiedenen Erscheinungsformen auftreten:
- **Flugpauschalreisen** mit den Kernleistungen Flug, Unterkunft sowie optional weitere Zusatzleistungen
- **Bahnpauschalreisen** mit den Kernleistungen Bahnfahrt, Unterkunft sowie optional weitere Zusatzleistungen

Produktion Reiseveranstalter	
Veranstalter	**Consolidator**
Bündelung verschiedenartiger Produkte	Bündelung gleichartiger Produkte
Händlerfunktion: EKP + Marge = VKP	überwiegend Vermittlerfunktion : Provision auf VKP
	teilweise auch Händler : EKP + Marge = VKP
Mit Auslastungsrisiko	**Ohne Auslastungsrisiko**
Pauschalveranstalter	Bausteinveranstalter
Vorkonfektionierte Reisepakete mit Auslastungsgarantien	Individuell zusammengestellte Reisebausteine ohne Auslastungsgarantien
Flugpauschalreisen	Flugportale/Flugconsolidator
Busreisen	Hotelportale
Kreuzfahrten	Mietwagenportale
Gruppen-/Rund-/Studienreisen	Flugeinzelplatzbuchung
Ferienwohnungen/-häuser	Buchung von Einzelbausteinen (Flug, Hotel, Mietwagen, Tickets, Camper, Boote etc.)
Hotelarrangementbuchungen (mit Zusatzleistungen)	Fulfillment Dienstleister
Dynamic Packaging **Dynamic Bundling**	

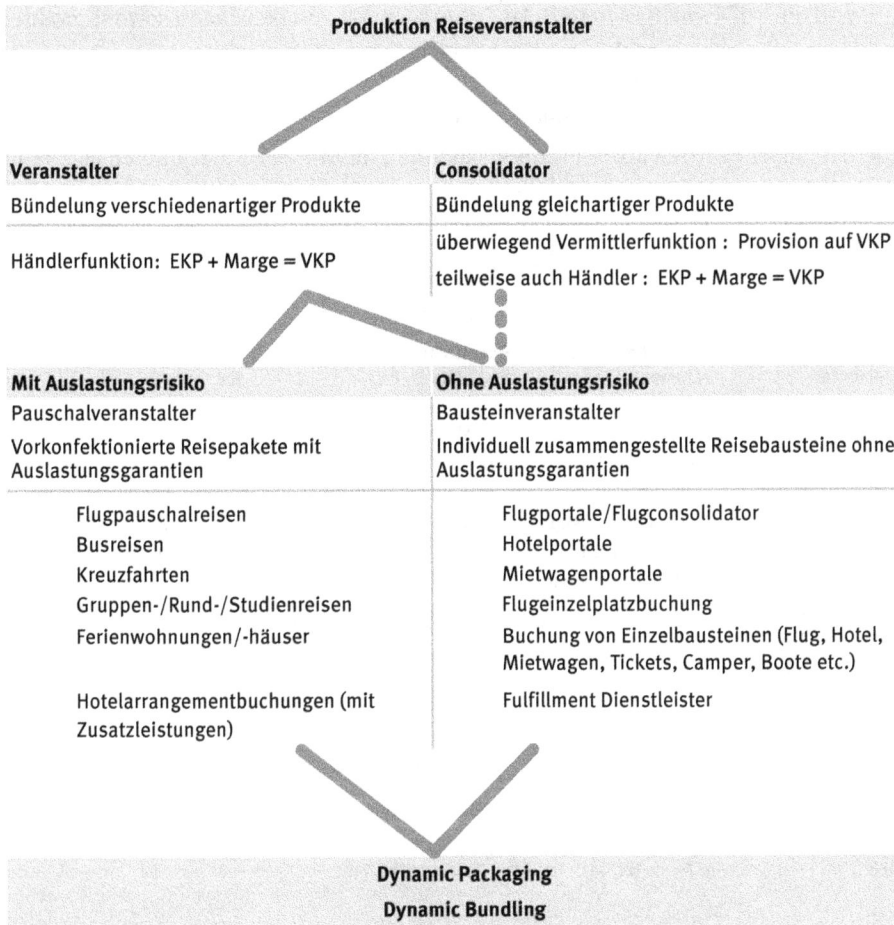

Abb. I.14: Produktionsformen eines Reiseveranstalters (Quelle: Eigene Darstellung)

– **Buspauschalreisen** mit den Kernleistungen Busfahrt, Unterkunft sowie optional weitere Zusatzleistungen
– **Kreuzfahrt** mit den untrennbaren Kernleistungen Schiffstransport und Unterkunft sowie optional weitere Zusatzleistungen
– **Gruppenreisen** unabhängig von der Wahl des Verkehrsmittels und der Unterkunft als Kernleistung, weil diese nur auf Kontingentsbasis produziert werden können und mindestens einen Gruppenreiseleiter benötigen; Sonderformen dieser Reiseart sind u. a. Studienreisen; als Synonyme werden auch die Begriffe Gruppenpauschalreise, Gesellschaftsreise oder GIT (engl.: Group Inclusive Tour) verwendet.
– **Beherbergungspauschalreisen:** Im Falle des Besitzes eigener exklusiver Hotel-, Ferienhaus- oder Ferienwohnungsanlagen, für die Auslastungsrisiken bestehen

und die i. d. R. auch weitere Zusatzleistungen mit anbieten, kann sowohl produktionstechnisch als auch juristisch eine Pauschalreise entstehen.

Alle diese Formen von Pauschalreisen beinhalten die in Abb. I.15 genannten Elemente. Hierin sind kategorisch alle relevanten Faktoren, die vor allem aus Kundensicht eine Pauschalreise ausmachen, aufgelistet.

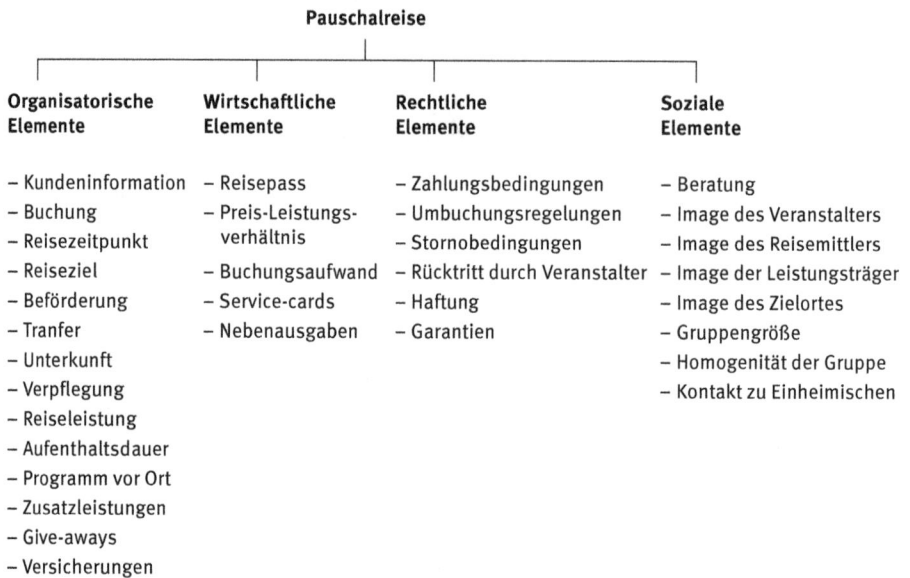

Pauschalreise

Organisatorische Elemente	**Wirtschaftliche Elemente**	**Rechtliche Elemente**	**Soziale Elemente**
– Kundeninformation	– Reisepass	– Zahlungsbedingungen	– Beratung
– Buchung	– Preis-Leistungs-	– Umbuchungsregelungen	– Image des Veranstalters
– Reisezeitpunkt	verhältnis	– Stornobedingungen	– Image des Reisemittlers
– Reiseziel	– Buchungsaufwand	– Rücktritt durch Veranstalter	– Image der Leistungsträger
– Beförderung	– Service-cards	– Haftung	– Image des Zielortes
– Tranfer	– Nebenausgaben	– Garantien	– Gruppengröße
– Unterkunft			– Homogenität der Gruppe
– Verpflegung			– Kontakt zu Einheimischen
– Reiseleistung			
– Aufenthaltsdauer			
– Programm vor Ort			
– Zusatzleistungen			
– Give-aways			
– Versicherungen			

Abb. I.15: Elemente der Pauschalreise (Quelle: POMPL 2011: 70)

Alle anderen Arten von Veranstalterreisen ohne Auslastungsrisiko und auch solche, bei denen lediglich gleichartige Leistungen als Consolidator oder Vermittler gebündelt werden zählt man produktionstechnisch zu den **Bausteinreisen**, bei denen mehrere Bausteine zusammen, i. d. R. aber auch jede einzelne Leistung zu separaten Einzelpreisen buchbar ist. Dabei können die verschiedenen Einzelbausteine auch bei mehreren Veranstaltern zu unterschiedlichen Zeitpunkten und/oder über verschiedene Vertriebskanäle gebucht werden. Die Koordination der einzelnen Teilleistungen liegt entweder in der Verantwortung des Kunden oder des/der von ihm beauftragten Reisevermittler/-s.

Vor allem die **Produktportale** im Internet, die sich wie hrs.de, hotel.de, booking.com (Hotels) oder fluege.de, bravofly.com, opodo.com (Flüge) oder auch bahn.de auf wesentliche Produktbausteine spezialisiert haben, sind in den letzten Jahren mit neuen Geschäftsmodellen als **reine Vermittler** ohne Kapazitätsrisiken, ohne Qualitätskontrolle und ohne Inkassofunktionen in den Bausteinreisemarkt eingestiegen.

Dies betrifft auch den Flugeinzelplatzverkauf der Bedarfsfluggesellschaften (Condor, Air Berlin, TUIFly etc.), die ebenso wie Mietwagenportale dem Bausteinveranstalter- geschäft zuzurechnen sind. In der Regel fungieren diese **Mono-Produktportale** als Vermarktungs- und Preisvergleichsportale für Leistungsträger. Auch **virtuelle Veran- stalter** mit Dynamic Packaging und Dynamic Bundling zählen produktionstechnisch zum Segment der Bausteinreiseveranstalter, weil die Reiseleistungen erst in Echtzeit und damit in ihrer Zusammensetzung unkontrollierbar zusammengeführt werden. Aber bei Anlegen juristischer Maßstäbe ist die durch Dynamic Packaging entstehen- de Reise in jedem Fall eine Pauschalreise, die durch Dynamic Bundling entstehende Reise hingegen zumeist nicht.

Begründer des klassischen Baukastens für individuelle und flexibel kombinierba- re Reisebausteine war Anfang der 70er-Jahre die **DER Touristik,** die bis heute unter der Marke DERTOUR Marktführer mit dem breitesten und tiefsten Sortiment in allen Preis- kategorien in diesem expansiven Marktsegment ist. Die Produktionsform Bausteinrei- sen entstand aufgrund einer Wettbewerbsklausel, die es dem DER als Gründungsge- sellschafter der TUI verbot, die TUI mit Pauschalreisen in Badeziele zu konkurren- zieren (vgl. Kap. I.5.3). Es dauerte bis Ende der 80er-Jahre, bis der Veranstalter FTI die enormen Chancen des Bausteinreiseveranstaltergeschäfts erkannte und als erster wichtiger Wettbewerber auftrat. Auch TUI ist in diesem Segment stark gewachsen.

Für einen Kunden ist zumeist kaum ersichtlich, ob er eine Pauschal- oder Bau- steinreise gebucht hat. Die Produktionsform ist eigentlich für ihn nebensächlich. Wie vielfältig eine Bausteinreise sein kann, wird ihm zumeist erst bewusst, wenn er einzel- ne Bausteine teilweise über einen Veranstalter, teilweise auch selbst im Internet oder über Callcenter direkt bei einem Leistungsträger bucht und dabei die Verantwortung für die Koordination der Leistungen selbst übernimmt. Nur durch eine komplexe vier- stufige Fragestellung nach den gebuchten Leistungen, dem jeweiligen Vertriebskanal, dem Buchungsmedium und dem Leistungsträger, Veranstalter und/oder Vermittler im Rahmen von Sonderfragen in der FUR-Reiseanalyse lässt sich ermitteln, wie sich der Markt nach Herstellungsformen aufgliedert (vgl. Abb. I.16).

Von den 65 Mio. Haupturlaubsreisen im Jahr 2015 wurden 14 % ohne jegliche Vor- ausbuchung angetreten, davon dürfte der größte Teil der Reisenden den Urlaub bei Freunden oder Verwandten bzw. in einer eigenen Immobilie verbracht haben. Der größte Anteil entfiel mit 41 % auf klassische Pauschalreisen aller Art. 31 % aller Haupt- urlaubsreisen wurden direkt bei Leistungsträgern ohne Reiseveranstalter und/oder Reisebüro getätigt und 14 % waren Bausteinreisen, die teilweise oder ganz mit Unter- stützung von Reiseveranstaltern und/oder Reisebüros gebucht wurden. Bei mehr als der Hälfte der Bausteinreisen wurde lediglich eine einzelne Leistung gebucht (9 %), bei einem Viertel der Bausteinreisen wurden alle Leistungselemente zu Einzelpreisen bei nur einem Anbieter gebucht. Bei jeder achte Bausteinreise wurden mindestens zwei verschiedene Leistungen bei verschiedenen Anbietern gebucht.

Die Herstellung von Pauschal- und Bausteinreisen ist in den meisten Fällen nicht al- lein eine wirtschaftliche oder unternehmerische Entscheidung, sondern sie wird maß-

Organisierte Reisen 54% (34,8 Mio. Reisen)				Selbst arrangierte Reisen 46% (30,0 Mio. Reisen)		
Pauschalreise 40% (25,5 Mio.)		Bausteinreise 14% (9,3 Mio.)		Direkt gebucht 34% (22,1 Mio.)		Nichts gebucht 12% (7,9 Mio.)
Pauschalreise	Bausteinreise nach RA-Def. bei einem Anbieter zu einem Gesamt-Preis gebucht	2 oder mehr Leistungen nicht zu einem Gesamtpreis in def. Buchungsstelle* gebucht	Nur eine Leistung in def. Buchungsstelle*	2 oder mehr Leistungen	Nur eine Leistungen	Nichts gebucht
25,5 Mio. Reisen 40%	2,7 Mio. Reisen 4%	2,2 Mio. Reisen 3%	4,4 Mio. Reisen 7%	4,4 Mio. Reisen 7%	17,8 Mio. Reisen 28%	7,9 Mio. Reisen 12%
26,8 Mio. Reisen 41%	2,3 Mio. Reisen 4%	1,1 Mio. Reisen 2%	5,6 Mio. Reisen 9%	2,8 Mio. Reisen 4%	17,3 Mio. Reisen 27%	9,1 Mio. Reisen 14%

*Buchungsstelle: Reisebüro, direkt bei Reiseveranstalter, Onlineportal mit ausschl. Reiseangeboten, Onlineportal auch mit Reiseangeboten, Busunternehmen, Kreuzfahrtreederei; direkt gebucht nicht bei einer der vorher genannten

2010	2015

Abb. I.16: Organisationsformen von Reisen (Quelle: REISEANALYSE 2015)

geblich von den Voraussetzungen in den Ziel- und Quellmärkten und von exogenen Rahmenbedingungen bestimmt. Die Parameter, die sich in den unterschiedlichen Produktionsprozessen darstellen, werden im Teil IV dieses Buches detailliert dargestellt. Nachfolgend soll vorab auf die wesentlichen Unterschiede und Charakteristika von Pauschal- und Bausteinreisen eingegangen werden.

3.2.2.2 Herstellung von Pauschalreisen: Charakteristika eines Pauschalreiseveranstalters

Ein Pauschalreiseveranstalter ist ein Veranstalter, der mindestens einen Teil des Reisepakets exklusiv produziert und für diesen Teil ein Kapazitätsrisiko eingeht. Dies ist der Fall bei einem **Kreuzfahrtenveranstalter**, dem ein Schiff gehört oder der es komplett gechartert hat. Gleiches gilt für einen Busreisenveranstalter im Hinblick auf eigene oder gecharterte Busse, einen Bahnreisenveranstalter hinsichtlich gecharterter Sonderzüge oder einen Flugreisenveranstalter in Bezug auf eigene oder gecharterte Flugzeuge. Diese Voraussetzung trifft auch auf einen Studien- oder Gruppenreisenveranstalter zu, der für die geplante Gruppengröße Risikokontingente bei Verkehrsunternehmen und Unterkunftsanbietern garantiert.

Bei Bussen und Schiffen steht meistens die Vermarktungsexklusivität und Produktqualität an erster Stelle. Dies ist bei den **Flugreisenveranstaltern,** die den größten Teil der Pauschalreisen produzieren und häufig austauschbare oder gar identische Reisen herstellen, i. d. R. nicht der Fall. Die Notwendigkeit zum Chartern von Flugkapazität ergibt sich, wenn die frei verfügbaren Flüge von Linien-Fluggesellschaften vom Quell- zum Zielmarkt begrenzt und/oder saisonal nicht ausreichend sind, im Zielland kein leistungsfähiger Home-Carrier existiert oder überhaupt keine Direktflugverbindung in ein Urlaubsziel besteht. In all diesen Fällen muss ein Reiseveranstalter die notwendige **Flugkapazität** selbst im Quellmarkt chartern. Dieses Charterrisiko nimmt in stattlichen Sprüngen zu, weil immer eine ganze Charterkette pro Zielflughafen für eine Saison garantiert werden muss (25–26 Abflüge an jeweils einem Tag pro Woche). Ein bundesweit anbietender Veranstalter kommt aber nicht mit einem Quellflughafen pro Ziel aus, sondern benötigt je nach Größe des Ziels mindestens 4–6 für die meistfrequentierten Ziele wie Palma de Mallorca und Antalya auch 12–16 Quellflughäfen. Allein für das Ziel Antalya wären bei einem wöchentlichen Vollcharter zwischen 56.000 und 75.000 garantierte Flugzeugsitze zu besetzen. Für jedes weitere Ziel und jeden zusätzlichen Flugtag steigt das wirtschaftliche Auslastungsrisiko entsprechend.

Für die vielen mit Charterflügen an ein Ziel gebrachten Urlauber werden dann entsprechend zahlreiche **Übernachtungskapazitäten** benötigt. Wenn beispielsweise in einer Saison 56.000 Charterfluggäste aus 12 deutschen Quellflughäfen an ein Ziel befördert werden, dann sind bei durchschnittlich 2-wöchigen Aufenthalten mindestens rund 4.300 Hotelzimmer in verschiedenen Lagen und Qualitäten erforderlich, die jeweils 13-mal pro Saison belegt werden müssen. Derart große Hotelkapazitäten sind i. d. R. ohne Kapazitätsgarantien und/oder Vorauszahlungen nicht erhältlich, zumal auch eine entsprechende Vielfalt an Hotelunterkünften angeboten werden muss.

Bei einer so großen Anzahl von Urlaubern pro Ziel benötigt ein Pauschalreiseveranstalter auch eine entsprechende Infrastruktur im Zielmarkt in Form einer eigenen **Zielgebietsagentur,** die die **Transfers** zwischen Hotel und Flughafen, Ausflüge organisieren sowie eine Reiseleitung zur Kundenbetreuung und Qualitätskontrolle der Hotels.

Charakteristisch für einen Flugpauschalreiseveranstalter ist die **Konzentration des Sortiments** auf maximal 50 große Zielgebiete und auf wenige Hotelobjekte mit hohen Zimmerkapazitäten pro Zielgebiet. Durch die Kapazitätsgarantien ist eine kontinuierliche Verfügbarkeit im Zielgebiet sichergestellt ohne das Risiko von Stopsales durch die Leistungsträger sowie ohne Kapazitätsengpässe durch Zubucher oder aus anderen Quellmärkten. Im Gegensatz zu Bausteinreiseveranstaltern haben Pauschalreiseveranstalter daher ein überschaubares Sortiment mit einem relativ stabilen Hotelangebot, das ohne komplexe IT-Schnittstellen zu Leistungsträgern auskommt und nur wenige Veränderungen in den Produktstammdaten pro Saison erfordert. Angesichts der umfangreichen Auslastungsrisiken benötigen Pauschalreiseveranstalter eine saison- und nachfrageabhängige Preis- und Angebotssteuerung **(Yield-Management).** Dabei werden nach den zu erwartenden Nachfragespitzen durch

Schulferien, Feiertage und Klimabedingungen gestaffelte Preisaufschläge kalkuliert. Erfüllen sich die Kalkulations- und/oder Auslastungserwartungen nicht und können in Nachverhandlungen mit den Leistungsträgern neue Konditionen erzielt werden, erfolgt eine komplett neue Kalkulation des Yield. Zur Auslastungsoptimierung werden häufig schon von Anfang an geplante und kalkulierte Frühbucher- und/oder Last-Minute-Angebote eingesetzt, letztere oft auch kurz vor dem jeweiligen Reisetermin zur Verlustminimierung.

3.2.2.3 Herstellung von Bausteinreisen: Charakteristika eines Bausteinreiseveranstalters

Reine Bausteinreiseveranstalter gehen i. d. R. **keine Auslastungsrisiken** ein. Ohne Auslastungsrisiko kann ein Bausteinreiseveranstalter aber Ziele, die nicht mit individuellen Verkehrsmitteln (vor allem Pkw und Bahn) erreicht werden können sowie Ziele ohne ausreichende Flugkapazität gar nicht oder nur saisonal in geringem Umfang im Rahmen verfügbarer Linienflugverbindungen und dies oft auch nur mit Umsteigen über Hubs innerhalb einer Airline-Allianz anbieten.

Dieser vordergründige Nachteil bietet aber auch **Vorteile** gegenüber Pauschalreiseveranstaltern. Ein Bausteinreiseveranstalter steht nicht unter dem Druck, Risikokapazitäten mit großen Unterkunftskapazitäten in wenigen Zielen auslasten zu müssen, sondern kann sich auf kleine spezialisierte Marktsegmente sowie bei den Unterkünften auf eine große Vielfalt im Zielgebiet stützen in allen Qualitäten und Lagen. Selten stehen dann mehr als 5–10 Zimmer pro Hotel zur Verfügung, aber dies in einer enormen Angebotsbreite. Hinzu kommt ein weiterer Vorteil durch die Konzentration auf Linienflugverbindungen und individuelle Anreiseformen, weil flexibel eine tägliche An- und Abreise möglich ist, oftmals sogar mehrmals zu unterschiedlichen Tageszeiten. Diese Flexibilität erlaubt es auch, verschiedene Unterkunfts- und andere Reiseleistungen, wie in einem Baukasten, beliebig für ein oder sogar mehrere Zielgebiete im Rahmen einer Reise zu kombinieren. Daher auch der Begriff **Bausteinreise** (engl.: modular travel oder component travel) im Gegensatz zur Pauschalreise (engl.: package travel) und zur Individualreise (engl.: individual travel), die ohne jegliche Organisation bzw. Online- oder Offline-Unterstützung durch einen Reiseveranstalter und/oder Reisevermittler vom Kunden selbst gebucht wird.

Jede Bausteinreise wird damit zu einem **individuellen Reiseprodukt,** das in dieser Kombination und im gleichen Zeitraum nur sehr selten noch ein zweites Mal vorkommt und somit für jeden einzelnen Kunden maßgeschneidert ist. Die Arten und Typen von Reisebausteinen umfassen ein breites Sortiment: Flüge, Bahntickets, Fährtickets, Hotelzimmer, Appartements, Ferienhäuser, Mietwagen, Campmobile, Haus-, Segel- und Motorboote, Rundreisen und Kreuzfahrten im Zielgebiet, Eintrittskarten zu Sport- und Kulturevents etc. Die Reise ist nicht vorkonfektioniert, sondern eine Summe von Einzelleistungen, die noch nicht einmal zum gleichen Zeitpunkt oder beim gleichen Veranstalter gebucht werden müssen. Zumeist lassen sich auch die

Kunden eines Bausteinreiseveranstalters weder im Quellmarkt(flughafen) noch im Zielgebiet(flughafen, -hotel) bündeln. Folglich gibt es i. d. R. auch keine Zielgebietsreiseleitung, zumal die Kunden selten lange im selben Hotel bleiben, sondern das Zielgebiet individuell mit lokalen Verkehrsmitteln oder Mietwagen und verschiedenen Unterkünften bereisen. Oftmals sind diese Reisen auch keine reinen Urlaubsreisen, weil sie mit Verwandten- oder Bekanntenbesuchen oder Geschäftsreisen im gleichen Zielgebiet verknüpft sind, was bei Pauschalreisen logistisch kaum möglich ist. Bei Reklamationen fungiert der jeweilige Leistungsträger selbst als Reiseleiter für seine Teilleistung. Für Notfälle hat der Kunde lediglich die Telefonnummer einer Hotline. Da der Bausteinreiseveranstalter somit im Zielgebiet und während der Reise praktisch nicht in Erscheinung tritt, erinnert sich der Kunde eher an die Marken der gebuchten Airline, der Hotels oder des Anbieters des Mietwagens oder anderer Leistungen.

Anders als bei fest eingekauften Risikokapazitäten von Pauschalreiseveranstaltern mit saisonaler Yield-Kalkulation kann ein Bausteinreiseveranstalter die Reiseleistungen weitaus flexibler auch innerhalb einer Saison sowohl zu langfristigen Kontraktpreisen als auch zu tagesaktuellen Preisen ein- oder nachkaufen, ohne dadurch seine Ertragskalkulation zu gefährden. Bausteinreiseveranstalter **kalkulieren** üblicherweise nach dem sog. **Merchant-Modell** mit prozentualen Margenaufschlägen und abgesicherten Wechselkursen auf die jeweiligen, ggf. tagesaktuellen, Einkaufspreise. Da das Geschäftsmodell keine Vorauszahlungen an Leistungsträger erfordert, ein Kunden- und/oder Reisebüroinkasso vor Reisebeginn und eine zeitlich nachgelagerte Voucher-Abrechnung vorsieht, verfügen Bausteinreiseveranstalter über einen hohen Cash-Flow, der bei Pauschalreiseveranstaltern durch Vorauszahlungen für Garantieplätze gemindert oder verbraucht ist. Neben dem Merchant-Modell gibt es auch das **Vermittlergeschäftsmodell**. Hierbei erfolgt kein Einkauf und keine Kontingentverwaltung, sondern lediglich die Vermittlung einer Reiseleistung für einen Leistungsträger zu tagesaktuellen Preisen und Kapazitäten, die mit sehr kurzfristigen Buchungsfristen bereitgestellt werden. Der Kunde zahlt direkt an den Leistungsträger in der jeweiligen Landeswährung, beim Hotel auch vor Ort. Ein derartiger Bausteinreisevermittler wie z. B. die Hotelportale Booking oder HRS trägt somit kein Währungs- und Inkassorisiko und hat auch keine qualitative Verantwortung für das in fremdem Namen vermittelte Angebot. Das Zahlungs-, Storno- und No-Show-Risiko trägt der Leistungsträger selbst. Der Vermittler hat keinen Einfluss auf den Endpreis und die Zielgruppensteuerung. Für die Vermittlung bekommt er ein geringes Vermittlungsentgelt, das i. d. R. nicht ausreicht, weitere Vertriebskanäle wie u. a. Reisebüros zu honorieren.

Durch die Flexibilität und das fehlende Auslastungsrisiko kann ein Bausteinreiseveranstalter bei hoher Nachfrage pro Zielgebiet ein sehr **breites und tiefes Sortiment** an Reiseleistungen anbieten und gewinnt bei entsprechender Kompetenz sogar den Status eines Zielgebietsspezialisten. Darüber hinaus kann er ein quellmarktunabhängiges flächendeckendes Angebot auch für ausländische Märkte mit guter Hub-Anbindung an deutsche Flughäfen anbieten, ohne im ausländischen Quellmarkt selbst als Reiseveranstalter mit allen rechtlichen Verpflichtungen operativ tätig zu sein; dafür reicht ein Generalagent als Vermittler.

Angesichts der vielen dargestellten **Vorteile** stellt sich natürlich die Frage, warum dieses Geschäftsmodell nur von wenigen Anbietern erfolgreich betrieben wird. Ein Bausteinreiseveranstalter muss sich darüber im Klaren sein, dass er niemals zu einem Volumenveranstalter in einem Zielland werden kann, weil er ohne Garantieverträge nicht über entsprechend große Anreise- und Unterkunftskapazitäten verfügen kann. Hinzu kommt, dass die ohnehin kleinen Kontingente pro Objekt jederzeit durch Stop-sales der Leistungsträger geschlossen werden können, sodass im Verlauf einer Saison für besonders gefragte Angebote oder Termine keine Verfügbarkeiten mehr gegeben sind, vor allem wenn Wettbewerber oder auch andere Quellmärkte die angebotenen Objekte schnell auslasten. Dadurch steigt im Verlauf einer Saison die Optionierungs- und Request-Buchungsquote und erschwert auch den Reisebüros den Buchungser-folg. Dies kann nur durch ein umfassendes Angebot an Alternativobjekten in allen Qualitäts- und Preisklassen kompensiert werden.

Um die Menge der vielen kleinen Kontingente tagesaktuell steuern und über-wachen zu können, sind viele direkte IT-Schnittstellen zu den Reservierungssyste-men der Leistungsträger erforderlich, sodass ein Bausteinreiseveranstalter über ein sehr komplexes, intelligentes, mandaten- und mehrwährungsfähiges Reservierungs- und Abwicklungssystem verfügen muss, das es als Marktstandard nicht gibt und in weiten Bereichen eine Selbstentwicklung erfordert. Aufgrund der Vielzahl der Objekte besteht ein extrem hoher Aufwand für Einkauf, Stammdatenerfassung und -verwaltung. Dies bedingt auch sehr umfangreiche Kataloge bzw. andere Darstel-lungsformen mit einem vergleichsweise geringen Umsatz pro Objekt. So benötigt die DER-Bausteintouristik gegenüber der DER-Pauschaltouristik für den gleichen Umsatz die rund zehnfache Menge an angebotenen Objekten (ca. 50.000) bei der dreifachen Anzahl an Katalogseiten und einer sehr hohen Objektfluktuation von Saison zu Sai-son.

3.2.2.4 Marktabgrenzung und Unterschiede von Pauschal- und Bausteintouristik

Aus den Darstellungen zur Pauschal- und Bausteintouristik wird schnell deutlich, dass beide Veranstaltertypen nach **unterschiedlichen,** zum Teil sogar gegensätz-lichen Produktionsmethoden und -prozessen arbeiten. Beide Herstellungsprozesse erfordern Spezialisierung und Experten-Know-how. Was in der Pauschaltouristik an Spezialwissen für Flug- und Hotelinfrastruktur in den großen Massenzielen, Ein-kaufsstrategien für Risikokapazitäten, Yield-Managment, Auslastungssteuerung und Abverkaufskanäle erforderlich ist, betrifft in der Bausteintouristik primär den tech-nisch unterstützten Einkauf über viele direkte IT-Schnittstellen, eine weltweite Ver-netzung mit vielen zum Teil kleinen und hochspezialisierten Leistungsträgern, die ex-trem schnelle Verfügbarmachung tagesaktueller Preise und Kapazitäten in allen Ver-triebskanälen, die freie Kombinierbarkeit aller einzelnen Sortimentsangebote und die

Schulung des Vertriebs zur effizienten Nutzung einer komplexen IT-Systemtechnik. Die Bausteintouristik ist durch eigene selbst entwickelte Systeme wesentlich stärker Technik-getrieben als die Pauschaltouristik, die branchenweit oftmals mit einem Standardsystem wie Blank arbeitet (u. a. 1,2 Fly [TUI], Öger Tours [Thomas Cook], Alltours, DER Pauschaltouristik, Bucher, Ameropa, Wolters, Phoenix Reisen, Olimar). Das wird von vielen klassischen Reiseveranstaltern unterschätzt.

Es gibt in der Praxis, mit Ausnahme bei den DER Touristik-Veranstaltern, keine klare und eindeutige Abgrenzung für die beiden so unterschiedlichen Produktionsmethoden, weder nach Marken noch nach Unternehmenseinheiten. Sowohl TUI als auch Thoma Cook sind in beiden Segmenten tätig, legen aber mit rund 80 % ihres Sortiments den Schwerpunkt auf Pauschalreisen. Lediglich bei FTI, deren Sortiment sich jeweils hälftig auf beide Segmente verteilt, gibt es zumindest intern eine Spezialisierung auf die beiden Herstellungsprozesse. Hingegen sind die DER-Veranstalter mit der Pauschaltouristik unter den Marken ITS, Jahn und Tjaereborg und der Bausteintouristik mit den Marken DERTOUR, Meier's Weltreisen und ADAC Reisen sowohl nach Unternehmenseinheiten, Marken, Standorten, Einkaufsstrukturen, Abwicklungsprozessen, Marketing und IT-Systemen komplett eigenständig und spezialisiert. Lediglich im Eigen-, Fremd- und teilweise im Online-Vertrieb gibt es Gemeinsamkeiten. Im Ergebnis zeigt sich dabei, dass durch diese produktionstechnische Spezialisierung die Pauschal- und Bausteinreiseveranstalter der DER Touristik stark unterschiedliche Angebotsportfolios nach Zielländern haben (vgl. Abb. I.17).

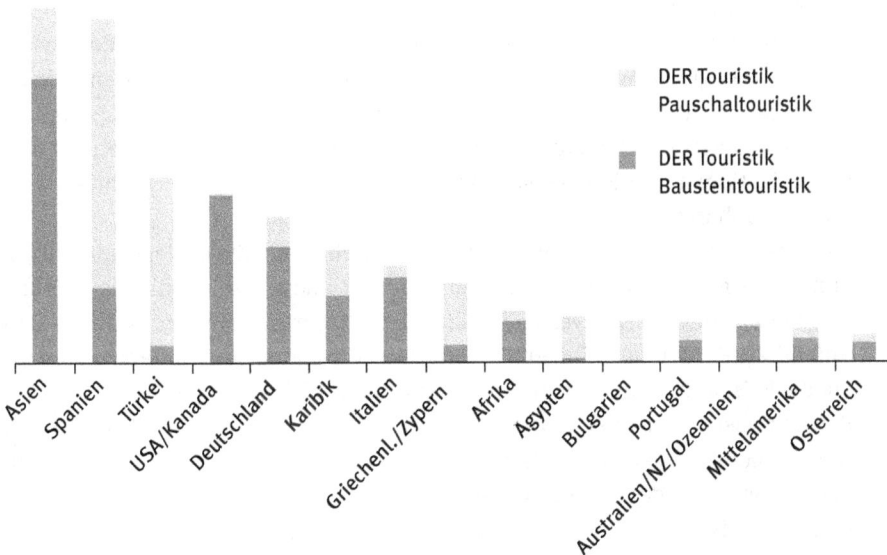

Abb. I.17: DER Pauschal-und Bausteinreiseveranstalter Umsatzanteile TOP 15 Destinationen

Dem **Kunden** sind die zuvor dargestellten Produktionsmethoden und Charakteristika des Veranstalterangebots ziemlich gleichgültig. Er versteht unter Bausteintouristik die flexibel und individuell kombinierbaren Reisebausteine mit täglicher An- und Abreise, die es ihm ermöglichen, mit der rechtlichen Sicherheit einer Veranstalterreise eine für ihn maßgeschneiderte Reise in allen Preiskategorien zusammenzustellen. In der Pauschaltouristik hat er gelernt, dass er dort standardisierte und vorkonfektionierte Reisepakete aus mehreren definierten Reiseleistungen erhält, die aufgrund des identischen Verkaufs an viele Mitreisende besonders preiswert sind und ebenfalls unter dem rechtlichen Schutz der Veranstalterreise stehen. Alles andere interessiert den Kunden nicht. Dies bedeutet aber auch, dass Pauschal- und Bausteintouristik völlig unabhängig von den Produktionsbedingungen für Marketing und Angebotsdarstellung gegenüber den Kunden **besondere Rahmenbedingungen** beachten müssen:

- Eine Pauschalreise muss für die Kunden erkennbar preiswerter, schneller buchbar, sicherer und vollständiger als die individuelle Organisation einer vergleichbaren Reise sein.
- Reisebausteine dürfen aufgrund von Volumeneinkauf und Kontingent-Handling nicht teurer sein als eine direkte Reservierung durch den Kunden beim Leistungsträger.
- Die Bausteintouristik ist weitgehend unabhängig von Zielgruppen, wenn alle Reiseleistungen nach individuellen Anforderungen preislich und inhaltlich flexibel zusammengestellt werden können und das Sortiment an Reisebausteinen breit und tief genug ist.
- Die Pauschaltouristik ist stärker auf ein saisonales Quellmarktaufkommen ausgerichtet (so liegt der Anteil von Familien mit Kindern bei Pauschalreisen je nach Marke bei ca. 10–15 %, hingegen bei Bausteinreisen bei nur ca. 1–2 %); die verschiedenen Reisepakete müssen von Anfang an zielgruppengerecht geplant und vorkonfektioniert werden und sind daher stärker von der Entwicklung dieser Zielgruppen abhängig.
- Pauschalreiseveranstalter konzentrieren sich eher auf Zielgebiete mit hohem punktuellem und saisonalem Aufkommen (vor allem Inseln), für die es ohne eigene Garantien oder Investments zumeist keine ausreichenden Anreise- und Aufenthaltskapazitäten gibt; eine alternative Verwendung dieser Kapazitäten für andere Reiseanlässe als Urlaubsreisen ist zumeist nicht gegeben.
- Bausteinreiseveranstalter konzentrieren sich eher auf Zielgebiete mit geringerem Aufkommen und geringen saisonalen Spitzen, für die das vorhandene Linienflugaufkommen oder die Eigenanreise per Pkw ausreichend ist (Städtereisen, Fernreisen, Spezialangebote etc.) und in denen es genügend Unterkunftskapazitäten gibt, die außerhalb der Urlaubssaison auch für andere Reiseanlässe wie Geschäftsreisen, ethnische Reisen, Messen/Kongresse und andere Quellmärkte genutzt werden können.

- Aufgrund des Risikoeinkaufs von großen Kontingenten sowie bei hohem Integrationsgrad mit eigenen Hotels, Zielgebietsagenturen und Reiseleitungen hat die Pauschaltouristik eine hohe Abhängigkeit von der wirtschaftlichen und politischen Entwicklung sowie Naturkatastrophen in den jeweiligen Zielgebieten; viele Pauschalreiseveranstalter sind mit über einem Drittel ihres Angebotsvolumens von einem einzigen Zielland abhängig.
- Bausteinreiseveranstalter haben eine wesentlich geringere Zielgebietsabhängigkeit und somit breitere Risikostreuung, wobei das größte Zielgebiet zumeist nur auf maximal 10 % des Angebotsvolumens kommt.

Trotz des aktuell stärkeren Trends zur Bausteintouristik als zur Pauschaltouristik wird es auch zukünftig einen breiten Markt für beide Angebots- und Produktionsformen geben. Für die künftig wachsenden älteren Bevölkerungsschichten könnten neue Formen der Pauschalreise entwickelt werden mit speziell für sie ausgearbeiteten Inclusive- und Zusatzangeboten (inkl. Gepäcktransport, An- und Abreisetransfers, Erlebnis-, Unterhaltungsangeboten etc.). Diese Merkmale sind ja ohnehin bereits heute Bestandteil der Pauschalreiseformen Kreuzfahrten und Busreisen, die beide stark von den zunehmenden älteren Bevölkerungsschichten nachgefragt werden.

4 Volumen und Ausgabenstruktur des deutschen Reisequellmarktes

Dieses Kap. I.4 betrachtet das Volumen sowie die Ausgabenstruktur des deutschen Reisemarktes. Dazu wird eingangs auf grundlegende Studien zum Wirtschaftsfaktor Tourismus hingewiesen (Kap. I.4.1), auf die anschließend detaillierter im Zusammenhang mit dem Volumen und der Struktur der deutschen Reiseausgaben eingegangen wird (Kap. I.4.2). Abschnitt I.4.3 behandelt die methodische Erfassung der Ausgaben für Urlaubs- und Privatreisen, deren Volumen in Kapitel I.4.4 dargestellt und erläutert wird. Das deutsche Umsatzvolumen wird danach detaillierter in der Wertschöpfungsperspektive (Kap. I.4.5) sowie in der Online-/Offline-Vertriebsperspektive (Kap. I.4.6) betrachtet. Die folgenden Abschnitte behandeln die Marktanteile und -segmente des Urlaubs- und Privatreisemarktes aus Kundensicht (Kap. I.4.7), Produktmarktsegmente aus Wertschöpfungs- und Vertriebsperspektive (Kap. I.4.8) sowie die Online-/Offline-Migration der letzten 20 Jahre (Kap. I.4.9). Im abschließenden Abschnitt I.4.10 wird die Passfähigkeit der bisherigen Marktdaten und Zeitreihen mit der zukünftigen Marktdefinition beleuchtet.

Insgesamt ist dieses Kapitel eine ebenso umfassende wie detaillierte Zusammenstellung der aktuellen Daten zum deutschen Reisequellmarkt.

4.1 Wirtschaftsfaktor Tourismus

Seit der Jahrtausendwende lässt der Bundesverband der Tourismuswirtschaft (BTW) in Zusammenarbeit mit dem Bundeswirtschaftsministerium (BMWi) ungefähr alle 5 Jahre durch ein Wirtschaftsforschungsunternehmen die wirtschaftliche Bedeutung der deutschen Tourismuswirtschaft untersuchen, insbesondere deren Anteil am deutschen Bruttoinlandsprodukt, den Wertschöpfungsbeitrag, die Zahl der Arbeitsplätze und die Reiseausgaben der Bundesbürger. Dies geschieht mit unterschiedlichen Perspektiven für den Inlands-, den Inbound- und den Outbound-Tourismus, differenziert nach den direkten Ausgaben sowie den indirekten und induzierten Ausgaben. Des Weiteren wird zwischen Urlaubs- und Privatreisen (B2C-Reisen) und Geschäftsreisen (B2B-Reisen) unterschieden. Zuletzt wurden diese Daten für das Basisjahr 2015 durch das Deutsche Institut für Wirtschaftsforschung in Berlin (DIW Econ) ermittelt und in Zusammenarbeit mit dem BTW veröffentlicht.

4.2 Volumen und Struktur der deutschen Reiseausgaben

Dieses Lehrbuch beschäftigt sich primär mit dem deutschen Outgoing-Markt sowie dessen Anbietern und Vertriebskanälen, sodass das Hauptaugenmerk auf den Aus-

https://doi.org/10.1515/9783110481457-006

gaben von deutschen Reisenden liegt. Für 2010 wurden die direkten Reiseausgaben der Deutschen mit 221 Mrd. Euro ermittelt. Schreibt man diese Zahl mit dem durchschnittlichen Wachstum der Vorjahre fort, so ergibt sich ein Reiseausgabenvolumen von 235 Mrd. Euro für 2015. Für die Reisebranche i. e. S. bilden dabei fast ausschließlich die Übernachtungsreisen mit mindestens einer Übernachtung die Geschäftsgrundlage und weniger die Tagesausflüge. Ohne die rund 102,7 Mrd. Euro Ausgaben für Tagesreisen, wurden 2015 132,5 Mrd. Euro für Übernachtungsreisen ausgegeben (Abb. I.18). Davon entfallen 49,2 Mrd. Euro auf Geschäftsreisen und 83,3 Mrd. Euro auf Urlaubs- und Privatreisen. Um die Ausgaben und Anzahl der Übernachtungsreisen detaillierter zu untersuchen muss auf zwei andere Quellen zurückgegriffen werden: auf die Geschäftsreiseanalyse des Verbandes deutscher Reisestellen (VDR) und auf das Mobilitätspanel der Gesellschaft für Konsumforschung (GfK), deren Methoden in Kap. IV.1.4 erläutert werden.

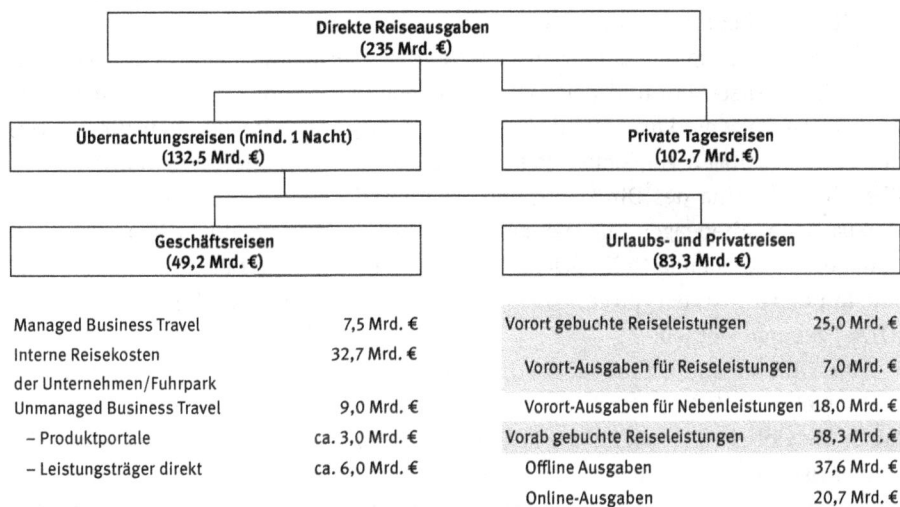

Abb. I.18: Gesamtreiseausgaben Deutscher Urlaubs-, Privat- und Geschäftsreisender (inkl. Tagestourismus) (Quelle: GfK Mobilitätsmonitor, VDR Geschäftsreiseanalyse, Wirtschaftsfaktor Tourismus 2017: Bundesministerium für Wirtschaft und Technologie [BMWi/DIW])

Von den 49,2 Mrd. Euro Geschäftsreiseausgaben entfallen 7,5 Mrd. Euro auf die professionelle Reiseorganisation über Geschäftsreisedienstleister und Reisebüros (VDR Geschäftsreiseanalyse 2015) sowie weitere rund 9 Mrd. Euro, die Reisende oder Sekretariate direkt bei Leistungsträgern tätigen (ca. 6 Mrd. Euro) oder diese Reisekomponenten über die jeweils darauf spezialisierten Produktportale buchen (ca. 3 Mrd. Euro) wie u. a. Flüge, Bahntickets, Hotelübernachtungen, Mietwagen etc. Die restlichen 32,7 Mrd. Euro entfallen auf eine Vielzahl von Leistungen und Reisespesen, die überwiegen über die internen Reisekostenabrechnungen der Unternehmen laufen (u. a. Messe-, Kongress-, Bewirtungsaufwendungen, Mehrverpflegungspauschalen, Taxi, ÖPNV, Parkgebühren, Dienstwagen, Treibstoff, Kilometerpauschale, Kommunikationskosten, Eintritte, Seminargebühren etc.).

4.3 Methodische Erfassung der Ausgaben für Urlaubs- und Privatreisen mit mindestens einer Übernachtung im deutschen Quellmarkt

Weitaus detailliertere Informationen über die Reiseausgaben der Bundesbürger für Urlaubs- und Privatreisen ermöglicht das **GfK-Mobilitätspanel**, das diese Zahlen seit 2012 erfasst. Diese Daten sind wesentliche Grundlage für den deutschen Reiseveranstalter- und Reisevertriebsmarkt. Um diese Datenquelle gegenüber anderen bisher verwendeten langen Zeitreihen für den Reiseveranstalter- und den Reisebüromarkt zu validieren, bedarf es einiger Vorbemerkungen.

Bis zum Anfang dieses Jahrtausends repräsentierten die Umsatzentwicklungen von Reiseveranstaltern und Reisebüros weitgehend die Größe und Struktur des organisierten Reisemarktes. Allerdings fehlten dabei die Reiseausgaben für die von den Kunden selbst organisierten Reisen. Ebenso gab es bislang keine Informationen über die Volumina des Direktvertriebs der touristischen Leistungsträger (Airlines, Hotels, Bahn, Mietwagenunternehmen etc.). Weitere Informationslücken bestanden durch die zunehmende Online-Organisation von Urlaubs- und Privatreisen, die teils vom Kunden direkt, teils professionell über Reiseveranstalter oder Online-Reisebüros (OTAs) gebucht werden.

Die Online- und Offline-Marktstrukturen und deren Marktsegmente dokumentiert seit etwa 2010 die jährlich erscheinende **PhocusWright-Studie.** Diese stellt zwar durch die globale angebotsseitige Erfassungsmethodik der Online-Reiseumsätze die summarischen Kontinentalmärkte (Nordamerika, Asien, Europa etc.) weitgehend plausibel dar, sie ist allerdings nicht repräsentativ für einzelne nationale Reisemärkte und insbesondere nicht für Deutschland, weil
– die Umsätze für die Online-Märkte nur von der Angebotsseite erfasst werden und somit Mehrfachzählungen durch Verlinkungen und mehrstufige Wertschöpfungen enthalten;
– die Online-Umsätze der erfassten Unternehmen nicht nach nationalen Quellmärkten aufgeteilt werden, sondern jeweils gesamthaft dem rechtlichen Sitz des jeweiligen Unternehmens zugeordnet werden;
– die Offline-Umsätze zu gering und hinsichtlich weiterer Marktsegmente (Reiseveranstalter, Reisebüros, Leistungsträger etc.) nicht weiter differenziert werden.

Die vorgenannten Informationslücken können allesamt durch eine repräsentative umfassende Kundenbefragung über das Reiseverhalten der Deutschen geschlossen werden. Eine solche Untersuchung ist das **GfK-Mobilitätspanel,** das sämtliche Mobilitätsbewegungen ab 50 km Entfernung von rund 20.000 Haushalten mit knapp 45.000 Haushaltsmitgliedern detailliert monatlich repräsentativ erfasst. Durch die umfassende Befragung des Reise- und Buchungsverhaltens der Kunden für jeden einzelnen Reisebaustein – egal ob selbst oder mit professioneller Hilfe organisiert – werden jegliche Doppelzählungen ausgeschlossen und zugleich weitere Segmentierungen wie z. B. nach Buchungskanälen, Buchungsmedien, Zielgruppen, Wertschöpfungsebenen, Produktsegmenten, regionalen Quellmärkten und soziodemografischen Merkmalen ermöglicht. Aus diesen GfK-Mobilitätsdaten können die Ausgaben für Urlaubs- und Privatreisen mit mindestens einer Übernachtung herausgefiltert werden, die im Folgenden dargestellt werden. Durch die Single-Source-Darstellung aus Kundensicht ergibt sich ein völlig neues Branchenbild, das künftig als neuer Standard auch von den Branchenverbänden genutzt werden wird.

4.4 Deutsches Reisequellmarktvolumen

Die Bundesbürger gaben 2015 insgesamt 83,3 Mrd. Euro für ihre Urlaubs- und Privatreisen mit mindestens einer Übernachtung aus. Davon entfielen 58,3 Mrd. Euro bzw. 70 % auf Reiseleistungen, die vorab in Deutschland gebucht wurden (Abb. I.19). Weitere 7,0 Mrd. Euro wurden für Reiseleistungen vor Ort im Zielgebiet ausgegeben und stellen Potenzial für weiteres Buchungsvolumen dar, das auch vor der Reise gebucht werden könnte. Die restlichen 18,0 Mrd. Euro entfielen auf Ausgaben während der Reise und am Reiseziel für Waren, Dienstleistungen und Nebenkosten wie u. a. Restau-

	TJ 11/12	Anteil	TJ 12/13	Anteil	TJ 13/14	Anteil	TJ 14/15	Anteil
Reiseausgaben gesamt B2C	**70.613**	100%	**74.922**	100%	**79.679**	100%	**83.314**	100%
Ausgaben im Zielgebiet	20.874	30%	23.044	31%	24.374	31%	24.989	30%
davon für Reiseleistungen	5.965	9%	6.221	8%	6.869	8%	7.042	8%
davon für sonstige Waren und Dienstleistungen	14.909	22%	16.823	23%	17.505	22%	17.947	22%
Ausgaben vor Reiseantritt im Quellmarkt	49.739	70%	51.878	69%	55.305	69%	58.325	70%
Summe Ausgaben für Reiseleistungen vor Reiseantritt und im Zielgebiet	**55.704**	100%	**58.099**	100%	**62.174**	100%	**65.367**	100%

* engerer touristischer Markt: vor Ort Ausgaben für Ausflüge, Fähre/Autozug, Mietwagen, Segelboot, Sportzusatzleistungen, Transfer, Unterkunft, Veranstaltungen, Wohnwagen/Wohnmobil

Abb. I.19: Vor-Ort-Ausgaben und Vorab-Ausgaben für Urlaubs- und Privatreisen mit mind. 1 Übernachtung (Quelle: GFK MOBILITÄTSMONITOR)

rantbesuche, Reiseproviant, Eintritte, Souvenirs, Einkäufe und die Betriebskosten des eigenen Pkws.

Für Reiseveranstalter und Reisevertrieb ist das Marktvolumen der vorab im deutschen Quellmarkt gebuchten Reisen die entscheidende Geschäftsgrundlage. Die Daten können auf der gleichen methodischen Grundlage bis zum Touristikjahr 2012 zurückverfolgt werden. In diesem Zeitraum stiegen diese Ausgaben von 49,7 Mrd. Euro auf 58,3 Mrd. Euro um insgesamt 17,3 % bzw. 4,1 % p. a. und können nunmehr unter verschiedenen Aspekten weiter differenziert werden nach Wertschöpfungsstufen, Vertriebskanälen und Vertriebsmedien.

4.5 Deutsches Umsatzvolumen in der Wertschöpfungsperspektive

Mehr als ein Drittel (35 %) dieses Buchungsvolumens von 58,3 Mrd. Euro, insgesamt 20,7 Mrd. Euro, wurden von den Kunden bei den touristischen Leistungsträgern direkt gebucht, davon zwei Drittel bei Unterkunftsanbietern (Hotels, Pensionen, Ferienwohnungen etc.) und ein Drittel bei Transportunternehmen (überwiegend Airlines und Bahn). 8,8 Mrd. Euro dieser Buchungen bei den Leistungsträgern werden online über Buchungssysteme getätigt, die Majorität von 11,9 Mrd. Euro immer noch offline über Telefon, Callcenter, andere Telekommunikationssysteme oder durch Stammkundenvorausbuchungen (Abb. I.20). Weitere 10 % der vorab gebuchten Reiseausgaben, insgesamt 5,4 Mrd. Euro, erzielten die touristischen Leistungsträger über stationäre Reisebüros offline (3 % bzw. 1,6 Mrd. Euro) und Monoproduktportale online (7 % bzw. 3,8 Mrd. Euro). Insgesamt 45 % der Reiseausgaben erwirtschaften die touristischen Leistungsträger somit direkt oder als Vermittlungsleistungen über Intermediäre. Monoproduktportale sind Websites, die sich auf die Vermittlung ausschließlich homogener touristischer Reiseleistungen spezialisieren und nicht mit Warenkorb-Funktionen kombinieren (u. a. booking.com, hrs.de für Unterkunftsleistungen oder fluege.de, opodo.de für Flüge).

53 % der vorab in Deutschland gebuchten Reiseleistungen, insgesamt 30,7 Mrd. Euro, werden über Reiseveranstalter als Händler oder Intermediäre gebucht. Nur 26 % davon werden online direkt oder über Online-Reisebüros gebucht, fast drei Viertel hingegen über stationäre Reisebüros und Offline-Direktvertriebskanäle abgewickelt. Das Marktvolumen des Reiseveranstaltersegments erscheint verglichen mit den bisher bekannten Quellen und Hochrechnungen (u. a. FVW)[1] relativ hoch. Aus Sicht der Kunden werden zusätzlich auch Buchungen bei Direktvermarktern, Verlagen, TV-Kanälen und im Handel (u. a. Tchibo, Aldi, Lidl, REWE, Leserreisen, Sonnenklar etc.) als Veranstalterreise klassifiziert. Dies gilt auch für die Umsätze bei den vielen mittelständi-

---

Vor Reiseantritt getätigte Ausgaben bei Reiseleistungen mit mind. 1 Übernachtung 2015
58,3 Mrd. € (2012: 49,7 Mrd. €)

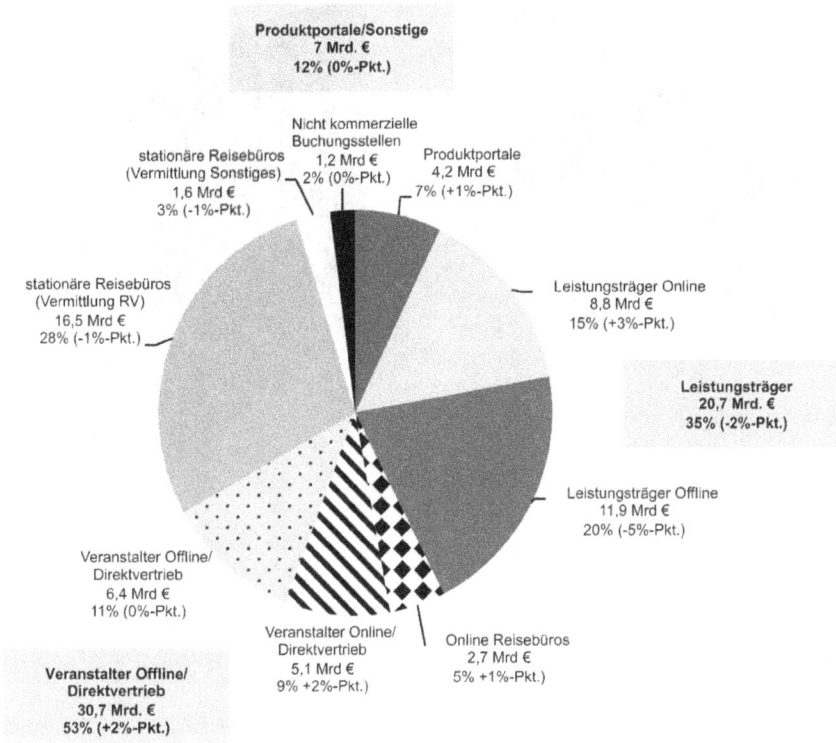

Produktportale/Sonstige
7 Mrd. €
12% (0%-Pkt.)

Nicht kommerzielle
Buchungsstellen
1,2 Mrd €
2% (0%-Pkt.)

stationäre Reisebüros
(Vermittlung Sonstiges)
1,6 Mrd €
3% (-1%-Pkt.)

Produktportale
4,2 Mrd €
7% (+1%-Pkt.)

stationäre Reisebüros
(Vermittlung RV)
16,5 Mrd €
28% (-1%-Pkt.)

Leistungsträger Online
8,8 Mrd €
15% (+3%-Pkt.)

Leistungsträger
20,7 Mrd. €
35% (-2%-Pkt.)

Leistungsträger Offline
11,9 Mrd €
20% (-5%-Pkt.)

Veranstalter Offline/
Direktvertrieb
6,4 Mrd €
11% (0%-Pkt.)

Veranstalter Online/
Direktvertrieb
5,1 Mrd €
9% +2%-Pkt.)

Online Reisebüros
2,7 Mrd €
5% +1%-Pkt.)

Veranstalter Offline/
Direktvertrieb
30,7 Mrd. €
53% (+2%-Pkt.)

Abb. I.20: Umsatzentwicklung für Urlaubs- und Privatreisen mit mind. 1 Übernachtung nach Segmenten (Quelle: GfK Mobilitätsmonitor 2015 und 2012)

schen Reisebusunternehmen und Spezialanbietern. Der mit Abstand wichtigste Vertriebskanal der Reiseveranstalter ist mit 53 % (16,5 Mrd. Euro) das stationäre Reisebüro; 11 % der Reiseausgaben (3,4 Mrd. Euro) entfallen auf dynamisch paketierende Online-Reisebüros, 16 % werden online direkt, weitere 20 % offline direkt bei Veranstaltern gebucht (vor allem bei Bus-, Spezial- und Gruppenreisen).

Einzelne Marktausschnitte lassen sich mithilfe der GfK-Daten noch weiter segmentieren (Abb. I.21). Von den 30,7 Mrd. Euro Veranstalterumsatz entfallen 22 % auf erdgebundene Reisen, davon 8 % auf Inlandsreisen, 46 % auf Mittelstrecken-Flugreisen, davon 17 Prozentpunkte auf die außereuropäischen Mittelmeerziele. Weitere 21 % der Umsätze betreffen Fernreisen und 11 % Kreuzfahrten. Immerhin 2 % aller vorab gebuchten Reiseleistungen erfolgen über nichtkommerzielle Buchungsstellen wie Kirchen, Vereine, Verbände oder Schulen (1,2 Mrd. Euro). Rund 60 % der direkt bei touristischen Leistungsträgern gebuchten Umsätze von 20,6 Mrd. Euro entfallen ausschließlich auf Übernachtungen, weitere 20 % auf den Kauf von Flugtickets; die

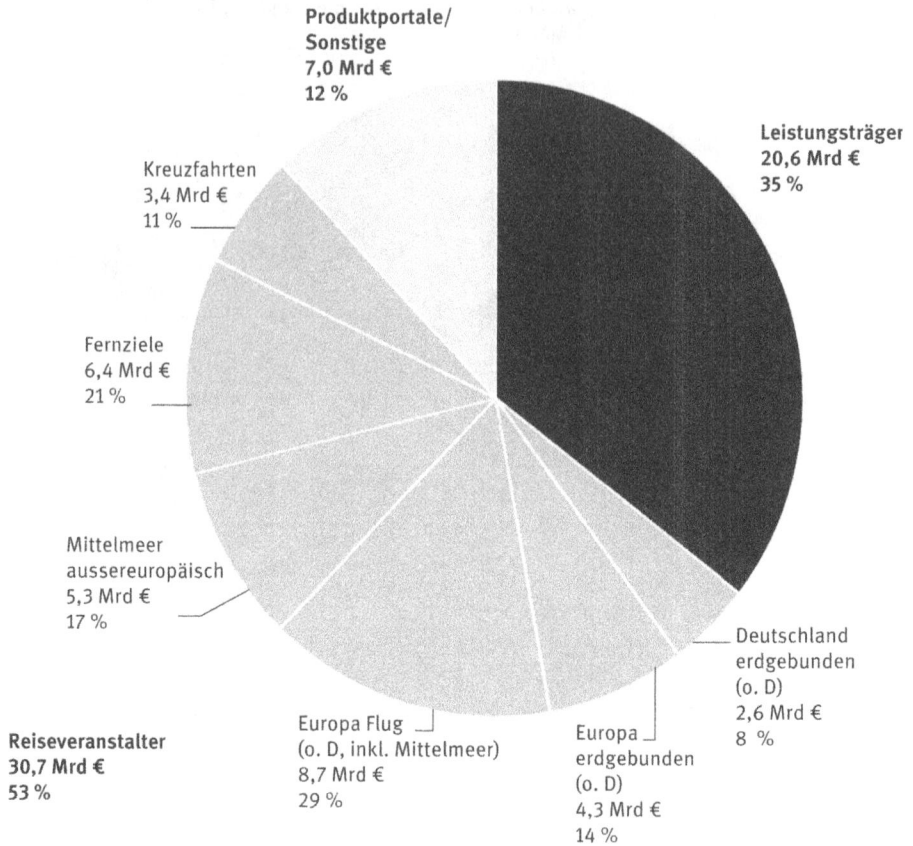

Abb. I.21: Ausgaben/Umsätze für Urlaubs- und Privatreisen mit mind. 1 Übernachtung nach Segmenten (58,3 Mrd. Euro) (Quelle: DER-Marktforschung/GfK Mobilitätsmonitor 2015)

restlichen ca. 20 % verteilen sich auf viele andere Reiseleistungen (wie Mietwagen, Bahn-, Bus-, Fährtickets, Eintrittskarten etc.).

Aus der Wertschöpfungsperspektive heraus zählen die Angebote touristischer Leistungsträger nicht zum relevanten Markt der Reiseveranstalter und Reisebüros, zumal diese ja zugleich deren Lieferanten und Sortimentspartner sind. Der Kunde macht allerdings diese Unterscheidung nicht, weil er nur seine Reise und sein Reiseziel als Einheit sieht und er i. d. R. nicht weiß, welche Rolle welcher Reiseanbieter dabei spielt. Würde man nur den relevanten Markt der Reiseveranstalter und des Reisevertriebs betrachten (Abb. I.22), so entfallen 32 % auf Online-Buchungskanäle und 68 % auf Offline-Vertriebskanäle; darunter sind die stationären Reisebüros mit 48 % der umsatzstärkste Vertriebsweg vor dem Direktvertrieb der Veranstalter mit 30 % (17 % offline und 13 % online).

4.6 Deutsches Umsatzvolumen in der Online-/Offline-Vertriebsperspektive

Differenziert man die vor Reiseantritt in Deutschland gebuchten Reiseausgaben in Höhe von 58,3 Mrd. Euro nach **Online- und Offline-Vertriebsmedien**, dann werden 35,5 % bzw. 20,7 Mrd. Euro online direkt über Buchungssysteme und 64,5 % bzw. 37,6 Mrd. Euro offline stationär, persönlich als Stammkunden oder über klassische Telekommunikationssysteme gebucht (Abb. I.22). Zum Online-Markt werden dabei nur die Umsätze gezählt, die die Kunden unmittelbar über Reservierungssysteme oder Buchungsmaschinen finalisieren, d. h. buchen und unmittelbar bestätigt bekommen. Im Jahr 2012 betrug das Umsatzverhältnis noch 28,6 % zu 71,4 %, sodass sich der Online-/Offline-Shift um 6,9 Prozentpunkte zugunsten des Online-Geschäfts verändert hat. Bei dieser Betrachtung werden Buchungen, die über andere Buchungsmedien finalisiert werden, d. h. per Telefon, Telefax oder E-Mail nicht einbezogen. In

Vorab gebuchte Reiseleistungen
58,3 Mrd. €

Offline gesamt 37,6 65%

Online gesamt 20,7 35%

sonst. Nicht kommerzielle Buchungsstellen 1,2 2%

Leistungsträger Offline3) 11,9 20%

stationäre Reisebüros (Vermittlung Sonsitges) 1,6 3%

stationäre Reisebüros (Vermittlung RV) 16,5 28%

Leistungsträger Online 8,8 15%

Produktportale 4,2 7%

Online Reisebüros (=RV-) Fremdvertrieb 2,7 5%

Veranstalterportale (=RV-) Eigenvertrieb 5,1 9%

Veranstalter Offline-Direktvertrieb 6,4 11%

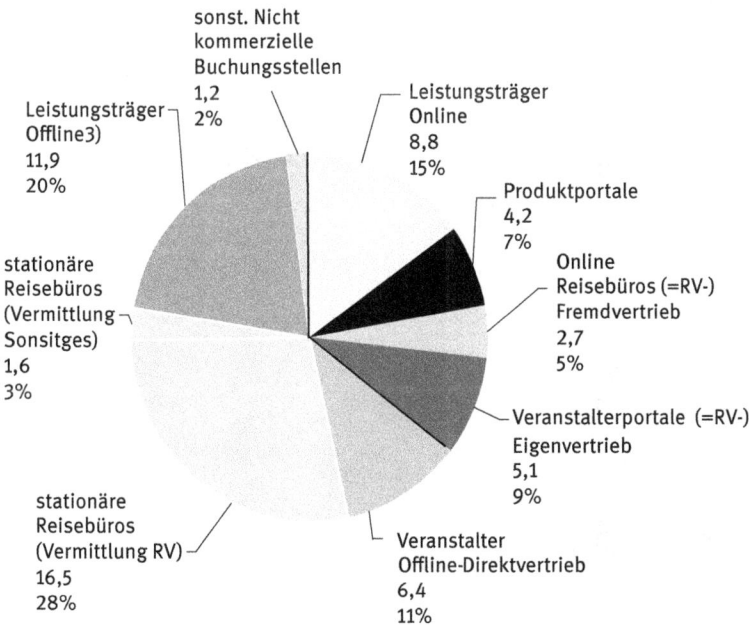

Abb. I.22: Online-/Offline-Umsatzentwicklung für Urlaubs- und Privatreisen mit mind. 1 Übernachtung (Quelle: GFK MOBILITÄTSMONITOR 2015)

weiteren Korrelationen kann natürlich auch weiter nach dem jeweiligen Buchungsmedium unterschieden werden. Buchungskanäle und Buchungsmedien müssen jedoch separat betrachtet werden und dürfen nicht miteinander vermischt werden,
weil jeder Buchungskanal über verschiedene Medien erreicht werden kann; auch
stationäre Buchungskanäle wie Reisebüros tätigen fast die Hälfte ihrer Umsätze per
Telefon, E-Mail oder Telefax und den Rest im persönlichen Kundenkontakt und auch
Online-Buchungskanäle werden über die genannten verschiedenen Buchungsmedien
erreicht.

Bei detaillierter Analyse zeigt sich, dass inzwischen der Direktvertrieb über die
Websites der touristischen Leistungsträger mit 42 % bzw. 8,8 Mrd. Euro das größte Segment des Online-Reisemarktes darstellt vor den Direktvertrieb-Websites der Veranstalter mit 25 %, den Monoproduktportalen mit 20 % und den dynamisch paketierenden
Online-Reisebüros mit 13 %. Im Offline-Reisemarktsegment sind die stationären Reisebüros mit 49 % bzw. 18,1 Mrd. Euro nach wie vor der mit Abstand wichtigste Vertriebskanal vor dem Direktvertrieb der Leistungsträger mit 32 % und dem Website-
Direktvertrieb der Veranstalter mit 17 %.

Betrachtet man den Online- und Offline-Marktsegmentemix dynamisch seit 2012
(Abb. I.23), dann zeigt sich, dass die Veranstalter-Websites mit +2,5 Prozentpunkten und die Leistungsträger-Websites mit +2,4 Prozentpunkten die größten Wachs-
tumstreiber sind. Die stärksten Rückgänge mit – 4,7 Prozentpunkten hat der Offline-
Direktvertrieb der Leistungsträger.

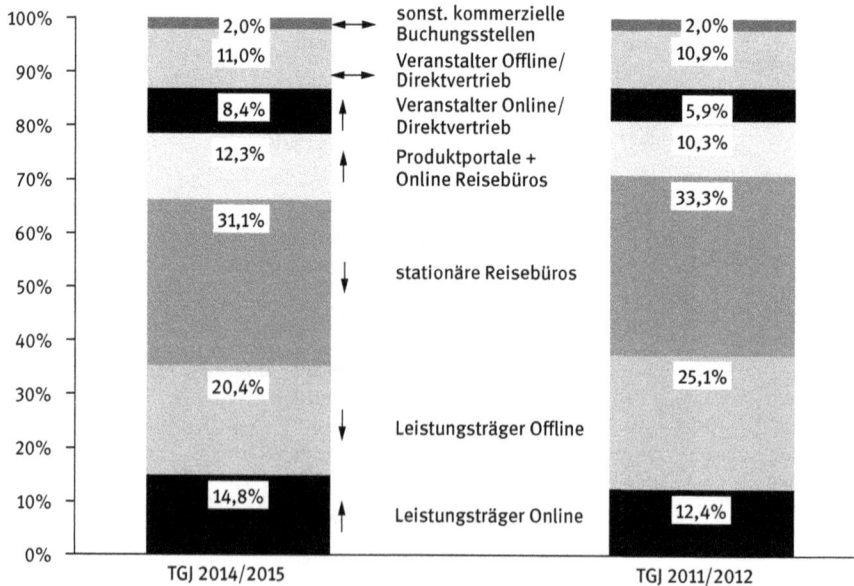

Abb. I.23: Entwicklung Online-/Offline-Ausgaben für Urlaubs- und Privatreisen mit mind. 1 Übernachtung nach Segmenten (58,3 Mrd. Euro) 2012 bis 2015 (Quelle: GFK MOBILITÄTSMONITOR)

4.7 Marktanteile und Marktsegmente des Urlaubs- und Privatreisemarktes aus Kundensicht

Welche Fülle an Angeboten und Anbietern den deutschen Reisekunden zur Verfügung steht wird deutlich, wenn man versucht, die deutschen Umsätze großer Leistungsträger und Reiseveranstalter in Form von Marktanteilen auf dem Gesamtmarktvolumen von 58,3 Mrd. Euro abzubilden. Nur rund 53 % aller vorab gebuchten Reiseausgaben tätigen die Deutschen bei Reiseveranstaltern, von denen es einschl. der kleinen Spezialisten und Busreiseunternehmen mehr als 1.000 gibt; der größte von ihnen, die TUI, erreicht einschl. Kreuzfahrtenreedereien und Airline knapp 10 % Marktanteil. Das größte Veranstaltermarktsegment der Flugpauschalreisen in Mittelmeerdestinationen und auf die Kanaren erwirtschaftet insgesamt nur rund 20 % davon. Auch große Leistungsträger wie die in Deutschland operierenden Linienfluggesellschaften/Hub-Carriers oder die Bahn liegen deutlich unter 10 % des Gesamtmarktvolumens für Urlaubs- und Privatreisen. Das größte Marktsegment der Direktbuchungen bei Hotels und anderen Unterkunftsanbietern ist mit 23 % zersplittert auf viele tausend Anbieter/Marken in über 200 Ländern weltweit. Für den Kunden ist dabei nahezu alles mit allem kombinierbar und von Reise zu Reise austauschbar. Auch das rasante Wachstum der Hotelportale hat nur eine überschaubare Marktrelevanz; wenn die Expertenschätzungen der Fachzeitung FVW für booking.com und hrs.de/hotel.de mit rund 4 Mrd. Euro in Deutschland stimmen, dann entspricht dies nur einem Marktanteil von rund 7 % (vgl. FVW 2015).

Mag in einzelnen Marktsegmenten aus Anbietersicht eine oligopolistische oder marktbeherrschende Wettbewerbskonstellation bestehen, so empfinden die deutschen Kunden diese aufgrund der nahezu unbegrenzten Angebotsvielfalt des 58,3 Mrd. Euro umfassenden Urlaubs- und Privatreisemarktes kaum. Die Vielfalt an Marken, mit denen er bei seinen Reisen in Kontakt kommt, macht dabei jegliche inhaltliche und funktionale Orientierung sehr schwierig (s. a. Bedeutung von touristischen Marken – Kap. IV.1.6).

Viele touristische Anbieter neigen dazu, ihre relevanten Markt so eng wie möglich zu definieren, um darin einen möglichst hohen Marktanteil zu repräsentieren. Dies verschleiert oft die tatsächlichen Marktrelationen und ignoriert die Kundenperspektive.

4.8 Produktmarktsegmente aus Wertschöpfungs- und Vertriebsperspektiven

Die Umsatzstruktur nach den Produktsegmenten erdgebundene Reisen/Eigenanreise im In- und Ausland, Flugreisen in Mittelstreckenziele und Fernreisen differiert sehr stark zwischen den Buchungen bei Leistungsträgern, Produktportalen, Reisebüros und Reiseveranstaltern. Bei Leistungsträgern entfallen 71 % der Umsätze auf erdgebundene Reiseleistungen, davon 46 % auf Inlandsreisen. Nur 17 % betreffen Flugreisen auf der Mittelstrecke und 12 % auf der Fernstrecke. Hingegen entfallen nur 15 % der Umsätze von stationären und Online-Reisen auf erdgebundene Reiseleistungen, aber 57 % auf Flugmittelstreckenziele und 29 % auf Fernziele. Angesichts der zahlreichen Busreise- und Ferienwohnungsveranstalter entfallen 44 % der Direktumsätze bei den Reiseveranstaltern auf erdgebundene Reisen, 38 % auf Flugmittelstreckenziele und 18 % auf Fernziele. Flug-, Hotel- und sonstige Produktportale weisen eine ähnliche Umsatzstruktur wie die Reiseveranstalter auf. Grundsätzlich lässt sich feststellen, je komplexer eine Reise und je exotischer das Zielgebiet sind, umso eher buchen die Kunden bei Reisebüros und Reiseveranstaltern (Abb. I.24).

Differenziert man die Produktmerkmale nach kurzen (1–3 Nächte) und langen (ab 4 Nächte) Reisen, so ist festzustellen, dass Kurzreisen mit einem Anteil von 20 % überproportional häufig direkt über Leistungsträger sowie Produkt-, Hotel- und Flugportale gebucht werden. Hingegen ist der Anteil an Kurzreisen bei stationären und Online-Reisebüros sehr gering (3–7 %). Bei den Direktbuchungen über Reiseveranstalter liegt der Umsatzanteil bei 10 % (Abb I.25).

Auch die Unterscheidung nach Reisearten zeigt ein sehr differenziertes Bild. Badeurlaub ist die Domäne von stationären und Online-Reisebüros (Anteil 47–48 %) sowie von Online-Reiseveranstaltern (Anteil 32 %). Kreuzfahrten und Studienreisen werden überwiegend bei stationären Reisebüros und direkt bei Kreuzfahrtenveranstaltern gebucht und zwar primär nicht über Online-Vertriebskanäle. Städtereisen werden überproportional häufig über Produktportale oder online bei Leistungsträgern gebucht (Anteil 18–20 %). Reisen, die eher aus privaten als aus Urlaubsgründen gemacht werden, werden am häufigsten direkt bei Leistungsträgern (Anteil 22 %) und Produktportalen (Anteil 13 %) gebucht. Die Umsätze für Themenurlaube werden hingegen primär direkt bei Leistungsträgern (Anteil 31 %) und direkt bei Reiseveranstaltern (Anteil 19 %) getätigt (Abb. I.26).

4.9 Online-/Offline-Migration 1995 bis 2015

Die neue umfassende Marktdefinition aus dem GfK-Mobilitätsmonitor lässt zwar sehr feingliedrige Marktsegmentbetrachtungen zu, kann aber noch keine *langfristigen Trends* darstellen. Um die Frage zu beantworten, wo denn die rund 30 % online gebuchten Reisen seit Beginn der kommerziellen Nutzung des Internets (ca. 1995) herkommen, kann auf die FUR-Reiseanalyse zurückgegriffen werden, die es seit 1970 gibt. Dabei können allerdings nicht wie beim GfK-Mobilitätspanel die getätigten Reiseausgaben bzw. Umsätze betrachtet werden, sondern die Zahl der getätigten langen Urlaubsreisen der deutschen Bevölkerung. Für die grundsätzlichen Erkenntnisse über die Migration der genutzten Buchungswege ist diese Einschränkung aber ohne Bedeutung (Abb. I.27).

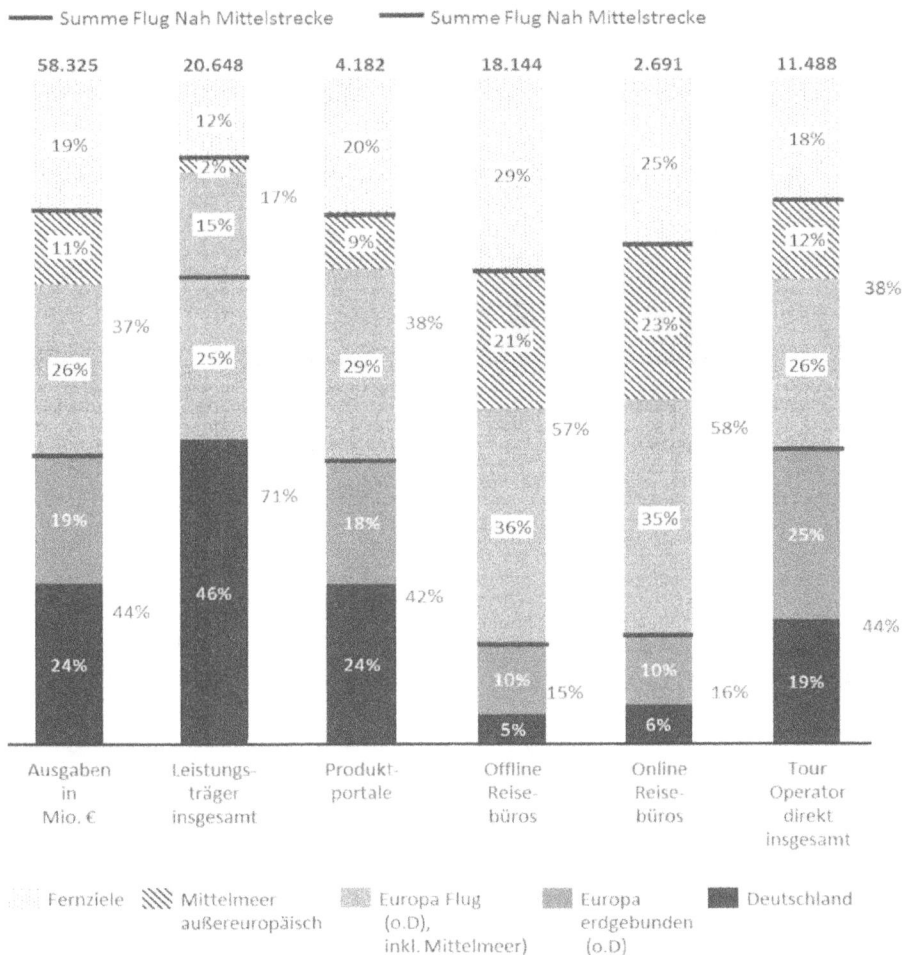

——— Summe Flug Nah Mittelstrecke   ——— Summe Flug Nah Mittelstrecke

Abb. I.24: Ausgaben/Umsätze für Urlaubs- und Privatreisen mit mind. 1 Übernachtung nach Segmenten und Reisezielen (58,3 Mrd. Euro) (Quelle: GfK MOBILITÄTSMONITOR 2015)

Bis 1995 wurden 41 % aller langen Urlaubsreisen professionell über Reiseveranstalter und/oder stationäre Reisebüros gebucht; mit 59 % wurde die Mehrzahl der Urlaubsreisen bis dahin individuell organisiert, davon 27 % sogar ohne jegliche Buchung vor Reiseantritt, die restlichen 32 % direkt beim Unterkunftsanbieter, Leistungsträger oder beim Fremdenverkehrsamt häufig über kleingedruckte Unterkunftslisten oder über Mini-Anzeigen in den Wochenendausgaben von Tageszeitungen.

■ 2 bis 4 Tage ▨ 5 Tage und mehr

88%	80%	79%	97%	93%	90%
12%	20%	21%	3%	7%	10%
Ausgaben in Mio. €	Leistungs- träger insgesamt	Produkt- portale	Offline Reise- büros	Online Reise- büros	Tour Operator insgesamt

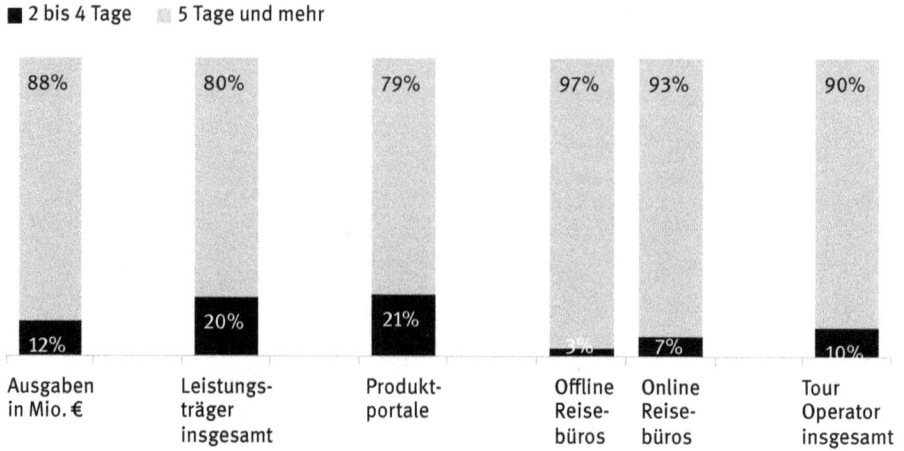

Abb. I.25: Ausgaben/Umsätze für Urlaubs- und Privatreisen mit mind. 1 Übernachtung nach Segmenten und Reisedauer (58,3 Mrd. Euro) (Quelle: GfK Mobilitätsmonitor 2015)

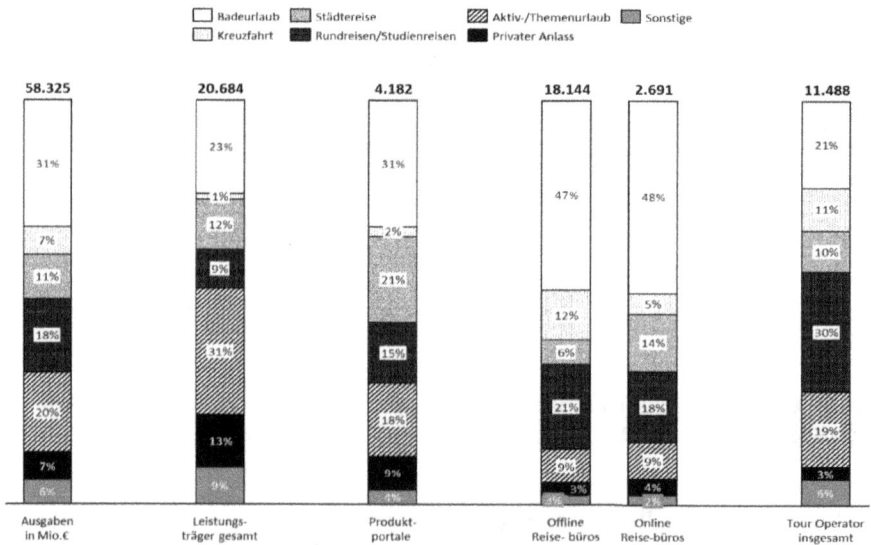

☐ Badeurlaub ▨ Städtereise ▨ Aktiv-/Themenurlaub ■ Sonstige
☐ Kreuzfahrt ■ Rundreisen/Studienreisen ■ Privater Anlass

58.325	20.684	4.182	18.144	2.691	11.488
31%	23%	31%	47%	48%	21%
7%	1%	2%	12%	5%	11%
11%	12%	21%	6%	14%	10%
18%	9%	15%	21%	18%	30%
20%	31%	18%	9%	9%	19%
7%	13%	9%	3%	4%	3%
6%	9%	4%	2%		6%
Ausgaben in Mio.€	Leistungs- träger gesamt	Produkt- portale	Offline Reise- büros	Online Reise-büros	Tour Operator insgesamt

Abb. I.26: Ausgaben/Umsätze für Urlaubs- und Privatreisen mit mind. 1 Übernachtung nach Segmenten und Reisearten (58,3 Mrd. Euro) (Quelle: GfK Mobilitätsmonitor 2015)

2014 wurden 29 % aller Urlaubsreisen online gebucht. Der größte Teil davon kam mit 24 Prozentpunkten aus dem Segment der individuell organisierten Reisen, mit nur 5 Prozentpunkten aus dem Segment der klassisch stationär gebuchten Reisen. Der Anteil der individuell organisierten Reisen nahm infolge des Buchungskomforts der Online-Medien seit 1995 von 59 % auf 35 % ab, darunter der Anteil der ohne Vorausbuchung getätigten Urlaubsreisen sogar von 27 % auf 12 %. Der Anteil der professionell über Veranstalter und/oder stationäre Reisebüros organisierten Reisen reduzierte sich seit 1995 hingegen nur von 41 % auf 36 %.

Die 29 % online gebuchten Reisen entfallen mit 6 % auf Veranstalter-Websites, mit 5 % auf Online-Reisebüros, mit 13 % auf Direktbuchungen bei Leistungsträgern und mit 5 % auf Monoproduktportale. Veranstalter-Websites und Online-Reisebüros bieten beide Veranstalterreiseleistungen an und sind somit dem Segment der professionell organisierten Reisen zuzuordnen, das somit 2015 auf insgesamt 47 % aller Urlaubsreisen kommt. Hingegen sind die Direktbuchungen bei Leistungsträgern sowie Buchungen auf Monoproduktportalen dem Segment der individuell organisierten Reisen zuzuordnen, das somit auf 53 % aller Urlaubsreisen kommt. Dies bedeutet, dass der wachsende Online-Markt in den vergangenen 20 Jahren zum weit überwiegenden Teil aus den individuell organisierten Reisesegmenten gespeist wurde. Betrachtet man den Urlaubsreisemarkt nach Buchungswegen, so wird häufig übersehen, dass von den 71 % immer noch offline organisierten Reisen jeweils die Hälfte auf professionell über Veranstalter und/oder Reisebüros organisierte Reisen sowie auf individuell oder gar nicht organisierte Reisen entfällt; letztere werden bei Gesamtmarktbetrachtungen trotz ihres großen Volumens häufig übersehen.

4.10 Passung der zukünftigen Marktdefinition mit bisherigen Marktdaten und Zeitreihen

Die GfK-Daten passen in ihrer Größenordnung weitgehend sowohl zu den bisher aus anderen Quellen ermittelten Volumendaten für den Veranstaltermarkt sowie für den stationären Reisebüromarkt (u. a. FVW, DRV), die in den Teilen IV und V dieses Buches als historische Zeitreihen dargestellt werden, wie auch zu den gesamtwirtschaftlichen Volumina (u. a. Wirtschaftsfaktor Tourismus). Die durch Hochrechnungen aus den jährlichen Dokumentationen der deutschen Fachzeitschrift FVW entstandenen Umsatz-Zeitreihen für den Reiseveranstaltermarkt (s. Abb. V.7) und den Reisevermittlungsmarkt (s. Abb. V.28) in diesem Buch werden voraussichtlich 2017 auf die neuen GfK-Marktvolumina angepasst und dann auf der Website des Deutschen Reiseverbandes (DRV-www.drv.de) veröffentlicht.

Einziger Nachteil des GfK-Mobilitätsmonitors wie auch der FUR-Reiseanalyse ist, dass Geschäftsreisen auf dieser Datengrundlage nicht repräsentativ dargestellt werden können. Dazu müssen weitere Datenquellen erschlossen und genutzt werden (u. a. VDR, DIW). Zu beachten ist auch, dass vor allem der Umsatz der Monoprodukt-portale im Urlaubsreisemarkt in Höhe von 3,8 Mrd. Euro noch um weitere 3,0 Mrd. Euro aus dem nicht professionell organisierten Geschäftsreisemarkt – auch als Unmanaged Business Travel bezeichnet – auf insgesamt ca. 6,8 Mrd. Euro gesteigert wird. Auch der Direktbuchungsumsatz bei Leistungsträgern wird durch nicht profes-

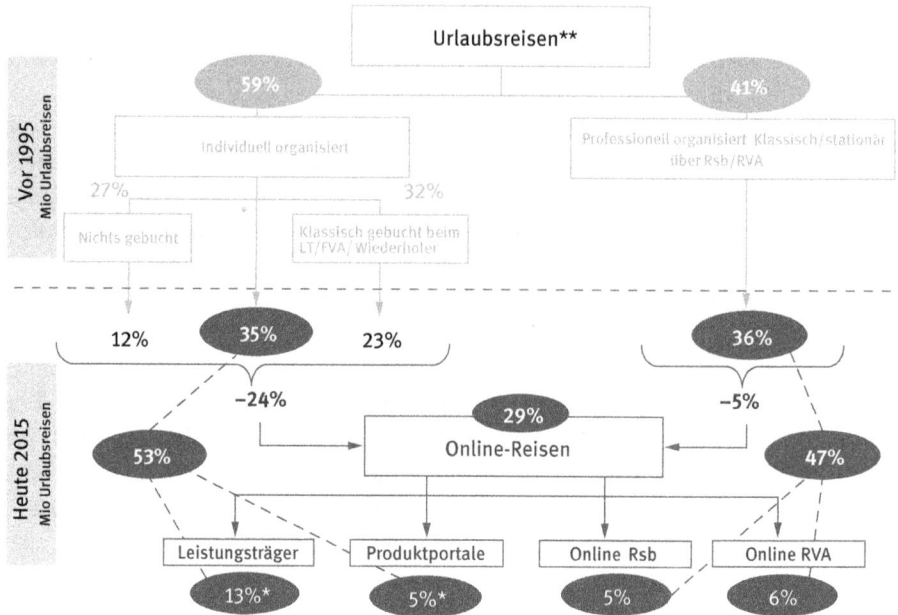

*) nur Urlaubsreisen = ca. 50% des Marktvolumens, 50% Geschäfts- und Privatreisen
**) 24% der deutschen Bevölkerung machen keine Urlaubsreisen
LT=Leistungsträger; FVA=Fremdenverkehrsamt

Abb. I.27: Quelle: Migration der Buchungswege Online/Offline für lange Urlaubszeiten (FUR Reise-analyse 1995–2017)

sionell organisierte Geschäftsreisen nochmals um rund 6 Mrd. Euro auf ca. 26,5 Mrd. Euro erhöht. Aus Angebotsperspektive der Leistungsträger und Monoproduktportale müssen diese Umsätze in deren Gesamtvolumina einbezogen werden.

5 Historische Entwicklung des Reiseveranstaltermarktes – von den Pionieren der Reiseorganisation zu horizontal und vertikal integrierten Reisekonzernen

5.1 Überblick über die historischen Epochen des deutschen Reisemarktes

Die Entwicklung der Reiseveranstalter in Deutschland ist in Abb. I.28 überblicksartig dargestellt. Die einzelnen Elemente der Übersicht werden in den nachfolgenden Abschnitten detailliert erläutert.

Im Unterschied zu den meisten anderen Ländern haben sich die kommerziellen Reisemarktstrukturen in Deutschland unter maßgeblichem Einfluss des Reisevermittlergewerbes entwickelt. Insbesondere das Entstehen der großen Reiseveranstalter ist auf vertriebsstrategische Interessen der deutschen Reisevermittler zurückzuführen. Die Reisemärkte anderer Länder wurden zumeist von starken Direkt- und Eigenvertriebssystemen der Leistungsträger dominiert und überließen dem Reisevertrieb eine relativ einflusslose Position. Die bisherige Sonderstellung des Reisevermittlergewerbes in Deutschland hing bis etwa zum Jahr 2000 vor allem mit seiner historischen Entwicklung zusammen (s. a. Kap. IV.3). Nach dem Zweiten Weltkrieg kooperierten verschiedene große Reisebüros und Filialketten miteinander, um Reisen zu veranstalten und Auslastungsrisiken zu vermindern. Sie gründeten nachfolgend gemeinsam Reiseveranstalter und fusionierten diese im Zuge der Entwicklung des Massentourismus in den 60er- und 70er-Jahren des letzten Jahrhunderts und blieben aber weiterhin Gesellschafter dieser Unternehmen.

Erst in den 90er-Jahren verschoben sich die Machtverhältnisse als die starke Gründergeneration der Nachkriegszeit auch ihre Reisebüros und Reisebüroketten fusionierten und anschließend an die von ihnen zum Teil selbst gegründeten Veranstalterkonglomerate veräußerten. Diese spalteten um die Jahrtausendwende ihre erworbenen Reisebüroorganisationen in jeweils spezialisierte Geschäftsbereiche für das stationäre Privatkundengeschäft und Geschäftsreisedienstleistungen auf. Während die Veranstalterkonzerne die stationären Reisebüros als integrierte und steuerbare Vertriebseinheiten benötigten und diese seit der Jahrtausendwende um Franchise- und Kooperationssysteme ergänzten, wurden die Business-Travel-Geschäftsbereiche teilweise an weltweit agierende Geschäftsreisekonzerne verkauft oder im Wege einer regionalen Partnerschaft in entsprechende Organisationen eingebunden.

Die in diesem Zeitraum parallel dazu verlaufende internationale Konsolidierung der touristischen Veranstalterkonzerne hatte dann allerdings nichts mehr mit den instrumentalisierten Reisebüros zu tun. Diese mussten sich seit der Jahrtausendwende

https://doi.org/10.1515/9783110481457-007

1950er-Jahre: Anfänge des Pauschaltourismus	1960er u. 70er: „Kaufhaustourismus"	1980er u. 90er: Die „Top Five", später „glorreiche 7"	Ende 1990er/ Anf. 2000er Lagerbildungen/ Konzerne
1951 Touropa DER, Hapag Loyd, abr, Dr. Degener	1962 Quelle Reisen (Quelle-Schickedanz)	1. TUI Touropa, Scharnow, Transeuropa, Hummel, Dr. Tigges, twentours, hit	1998 TUI Group („Rotes Lager") (Preussag) Hapag Lloyd, TQ3, 400 Beteiligungsges.
1953 Scharnow 1953 Hummel	1968 TUI-Touristik Union Internation Touropa, Scharnow, Hummel, Dr. Tigges		
1955 Deutsche Flug-dienst GmbH (später Condor)	1965 Neckermann Reisen (Karstadt ab 1976)	2. NUR-Touristic (1982) Neckermann Reisen, GUT Reisen, Club 28, Club Aldiana, Terramar	2003 Thomas Cook AG 1998 C&N Touristik AG („Gelbes Lager") (Karstadt-Quelle AG, Lufthansa) Condor, NUR Touristik
1955 LTU-Lufttransport GmbH & Co KG		3. LTU-Touristik (1986) THR Tours, Jahn Reisen Meier's Weltreisen, Tjaereborg, smile & fly, Marlboro Reisen	1999 REWE Gruppe ab 2013 DER Touristik • LTU Touristik (2001) • ITS • DERTOUR
1951 Ameropa (Dt. Bahn AG)	1970 ITS-International Tourist Services (Kaufhof bis 1994)	4. ITS (1995 REWE), Club Calimera, Direct Rei-sen, Eurojet	
1947 DER – Deutsches Reisebüro (gegr. 1917 als MER)		5. DERTOUR (1985)	
		(1983 Frosch Touristik)	FTI Frosch Touristik FTI International (Air-tours, GB, 2000)
	(1974 alltours)	(1988 alltours, deutschlandweit)	alltours
1954 Schauinsland-Reisen (gegr. 1918 als Transportunternehmen Erich Kassner)			Schauinsland Reisen
			AIDA

Abb. I.28: Die Entwicklung der Reiseveranstalter in Deutschland

einem neuen Wettbewerb stellen: dem Vertrieb von Reiseleistungen ohne Beratung über Internet, Ticketautomaten und alternative Vertriebskanäle – und dies in Kon-kurrenz zu ihren eigenen Lieferanten, d. h. Leistungsträgern und Veranstaltern, die oftmals zugleich auch ihre Eigentümer bzw. Franchisegeber sind.

Diese Dokumentation der Historie des Reiseveranstaltermarktes in Deutschland wäre nicht vollständig, wenn nicht zwei sehr wesentliche exogene Ereignisse erwähnt werden, die starken Einfluss auf dessen Entwicklung hatten: Die **Wiedervereinigung** der beiden deutschen Staaten am 9. November 1989, die den deutschen Reiseveranstaltern und Reisebüros schlagartig ein zusätzliches Kundenpotenzial von rund 25 % zuführte, von denen der deutsche Reisemarkt mit zum Teil extremem Wachstum bis etwa 1996 profitierte. Und der **11. September 2001** mit dem Anschlag auf das World Trade Center in New York, der in den Folgejahren in vielen europäischen Reisemärkten zu tiefgreifenden Umsatzeinbrüchen von 20–30 % führte, die erst 2008 wieder aufgeholt wurden. Ob der 11. September der alleinige Auslöser einer weitgehenden Stagnation bzw. Sättigung der Reisemärkte war oder nur der Gipfel ökonomischer Probleme (Platzen der E-Commerce-Blase, Einführung des Euros, geringes Wirtschaftswachstum bzw. Stagnation vor allem in Deutschland) und vieler militärischer und terroristischer Konflikte in den 90er-Jahren (Golfkriege, Bürgerkriege in Jugoslawien, Bosnien- und Kosovokrieg, Anschläge am Hatschepsut-Tempel/Ägypten, auf Djerba, in der Türkei etc.) mag umstritten sein. Das Jahr 2001 bescherte jedenfalls den bis dahin erfolgsverwöhnten Reiseunternehmen die bislang deutlichsten Nachfrageeinbußen und dokumentierte die nachhaltige Volatilität der Reisebranche. Diese Entwicklung verstärkte sich ab 2013 erneut infolge der politischen Revolutionen in Nordafrika und des Ausbruchs des syrisch-irakischen Bürgerkriegs sowie der dadurch ausgelösten Flüchtlingswelle.

Die Geschichte des Reiseveranstaltermarktes lässt sich in **fünf Epochen** untergliedern:

1. Antike, Mittelalter und Neuzeit **bis zum Zweiten Weltkrieg,** in der sich Reisen von Personen überwiegend an geschäftlichen und politischen/militärischen Erfordernissen orientierten oder aber ethnisch motiviert waren.

2. Die Entwicklung des **Massentourismus** in hoch entwickelten Wirtschaftsnationen mithilfe von Reiseveranstaltern und Reisebüros in der zweiten Hälfte des 20. Jahrhunderts bis zur Wiedervereinigung Deutschlands.

3. Die **Lagerbildung** des deutschen Veranstaltermarktes durch Ver- und Entflechtung der verschiedenen Wertschöpfungsstufen und Beteiligungsstrukturen des Reisemarktes nach der Aufhebung der Vertriebsbindung.

4. Die **Neugestaltung von Geschäftsmodellen** durch horizontale und vertikale Voll-, Teil- oder Nichtintegration von Wertschöpfungsstufen.

5. Die **Globalisierung** bzw. Internationalisierung der Reiseveranstaltermärkte zu Beginn des 21. Jahrhunderts.

5.2 Der Reisemarkt zwischen Antike und Neuzeit

Der Ursprung allen Reisens liegt im **Handel** und damit im Transport von Gütern. Als erste Reisegesellschaften kann man die Karawanen des Altertums bezeichnen, die neben Waren auch vereinzelt Personen beförderten. Im Zuge der regelmäßigen Ausgestaltung derartiger Handelsströme wurden Reiseorganisationen geschaffen, die sich zu Lande als **Speditionen** und zu Wasser als **Reedereien** betätigten. Historisch überliefert ist die Existenz einer offiziellen, reisebüroähnlichen Organisation bereits bei den Römern, die Reiseinformationen erteilte, Platzreservierungen für Schiffe und Kutschen vornahm, Fahrausweise ausstellte und Unterkunftsleistungen vermittelte. Als Arbeitsunterlagen dienten dazu Reisebeschreibungen und Itinerarien, die Vorläufer der Kursbücher. Mit zunehmender Arbeitsteilung wuchs neben dem bis dahin vorherrschenden Güterverkehr die Nachfrage nach Personenverkehrsleistungen überwiegend zu geschäftlichen Zwecken. Diese Zusatzfunktionen wurden zunächst von Reedereien und Speditionen übernommen, zumal es noch keine reinen Personenverkehrsmittel gab.

Ein nennenswerter Personenreiseverkehr entwickelte sich erst im Zuge von **Pilgerreisen** und **Auswanderungsbewegungen** im 18. und 19. Jahrhundert. In zunehmendem Maße etablierten namhafte Reedereien auch im Binnenland Vermittlungsbüros für den Fracht- und Personenverkehr. Durch die Ausbreitung des Schienenverkehrs vollzog sich eine parallele Entwicklung bei den Speditionen. Mit der Veranstaltung von Gesellschaftsreisen per Eisenbahn ermöglichte der Engländer Thomas Cook Mitte des 19. Jahrhunderts erstmalig touristische Reisen für größere Personenkreise. Durch Ausdehnung seiner Reisen auf ganz Europa übertrug er seine Ideen auch auf andere Länder. 1865 eröffnete Thomas Cook in London ein Reisebüro und baute in den Folgejahren in ganz Europa und in Übersee ein Netz eigener Reiseagenturen aus, bei denen Bahnpauschalreisen, Schiffsreisen, aber auch einzelne, internationale Bahnfahrausweise erhältlich waren. Diese Reisebüros übernahmen auch angesichts der weit verbreiteten Visapflicht und fehlenden Währungskonvertibilität viele hoheitliche Aufgaben und wurden stark von staatlichen Behörden und Institutionen kontrolliert. Sie vermittelten Reiseleistungen und veranstalteten Reisen gleichermaßen (vgl. Kap. IV.3).

5.3 Entwicklung von Reiseveranstaltern durch Initiativen und Reaktionen der Reisebüros und des Handels in Deutschland

Die heutige Struktur des Reisegewerbes hat sich aus einer kumulativen Ausweitung der Vertriebswege des Reisebürofachhandels sowie der Waren- und Versandhäuser ergeben. Dabei blieb der größte Reiseveranstalter, die TUI, bis 1995 weitgehend im Besitz der Gründer der fusionierten Veranstalterunternehmen und somit der Eigentümer eines großen Teils ihres eigenen Vertriebsnetzes. Aber auch die Entstehung der zum Jahrtausendwechsel zweit-, viert- und fünftgrößten deutschen Veranstalter, NUR, DER und ITS, erklärt sich im Wesentlichen aus vertriebsstrategischen Überlegungen und Aktivitäten im Handels- und Reisevermittlungsgewerbe. Eine Ausnahme bildeten dabei lediglich der 1981 mit den Marken Meier's Weltreisen, Transair und THR Jet und Bett gegründete drittgrößte Veranstalter LTU Touristik GmbH & Co KG (LTT), der später durch die Zukäufe von Jahn Reisen (1979 von „Wienerwald"-Inhaber Jahn gegründet, 1981 an LTU verkauft) und Tjaereborg (1974 als Beteiligung des dänischen Veranstalters in Deutschland gegründet, 1981 von der Handelskette Allkauf gekauft, 1986 an LTU weiterveräußert) expandierte. Er entstand aufgrund produktionsstrategischer Anforderungen zur Kapazitätsauslastung der Charterfluggesellschaft LTU.

Im Zuge des Neuaufbaus nach dem Zweiten Weltkrieg entschlossen sich die drei Reisebüroketten DER, abr und Hapag Lloyd neben ihrer breitgefächerten Vermittlungstätigkeit auch als Reiseveranstalter tätig zu werden. Sie gründeten 1948 gemeinsam mit dem österreichischen Reisebüro Dr. Karl Degener die Arbeitsgemeinschaft DER-Gesellschaftsreisen, aus der 1951 die **Touropa** hervorging. Durch regelmäßige Fahrten zu festen Reiseterminen mit großen Teilnehmerzahlen, die einen kompletten Sonderzug auslasteten, konnten Erholungsreisen wesentlich preiswerter angeboten werden, als es bis dahin für ein einzelnes Reisebüro im Rahmen kleiner Gruppen möglich war. 1953 entstanden durch den Zusammenschluss mehrerer Reisebürogruppen zwei weitere Fahrgemeinschaften, die als selbstständige Reiseveranstalter ausgegliedert wurden: Die Reisebüros Scharnow, Kahn, Bangemann, Dr. Friedrich und das Essener Reisebüro gründeten das Unternehmen **Scharnow Reisen**; die Reisebüros Lührs, Strickrodt sowie die Verlagsreisebüros der Zeitungen „Die Welt" und „Hamburger Abendblatt" (Springer-Verlag) gründeten die Firma **Hummel Reisen**. Ab Mitte der 50er-Jahre kooperierten diese drei Reiseveranstalter in verschiedenen Marktsegmenten, vor allem, um nach Aufnahme des Flugpauschalreiseverkehrs ihre Auslastungsrisiken zu vermindern. 1968 gründeten sie gemeinsam mit dem seit 1928 bestehenden Studienreisenveranstalter Dr. Tigges den Veranstalter-Verbund **Touristik Union International (TUI)**. Dieser Veranstalter-Verbund wurde 1970 ergänzt um das von Hummel 1969 gegründete, auf Jugendreisen spezialisierte Unternehmen Twen Tours. Im selben Jahr brachten DER, abr, Hapag Lloyd und Airtour-Flugreisen, wiederum ein Verbund selbstständiger Reisebüros, den IT-Flugreisenveranstalter airtours international in die TUI ein. Nach einer langen Übergangsphase und einem gezielten Co-Branding ersetzte die TUI 1988 ihre bisherigen Einzelmarken (ausgenommen airtours) durch die Dachmarke TUI.

Während die genannten sechs Veranstaltermarken aus den traditionellen Reisebüros und Reisebüroketten hervorgingen, die bis 1996 ein wesentliches Standbein ihres Vertriebsnetzes waren, drangen mit Beginn der 60er-Jahre zunächst Versand- und später auch **Warenhäuser** in den lukrativen, im Aufschwung befindlichen Reisemarkt ein. Quelle und Neckermann boten in ihren Versandkatalogen sowie in ihren eigenen Warenhäusern und Verkaufsstellen vor allem Flugpauschalreisen zu den Sonnenzielen des Mittelmeeres an. Mit Beginn des Massentourismus, etwa Mitte der 60er-Jahre, erwies sich jedoch dieser Vertriebsweg als zu schmal. Da ihnen das Verkaufsnetz der traditionellen Reisebüros aufgrund von deren enger Bindung an die Veranstaltermarken der TUI verschlossen blieb, gründete die **Neckermann** Versand AG 1965 den Reiseveranstalter Neckermann + Reisen (ab 1980 NUR Touristic, ab 1998 C&N Touristic, seit 2001 Thomas Cook). Dieser Veranstalter betrieb bis zum von den Kartellbehörden betriebenen Wegfall der Vertriebsbindung im deutschen Veranstaltermarkt 1994 neben der konzerneigenen Versandhandelsorganisation ein eigenes Netz von selbstständigen Touristikagenturen als bewusste Alternative zu den traditionellen Voll-Sortiment-Reisebüros.

Das **Versandhaus Quelle** war zurückhaltender bei seinen Aktivitäten im touristischen Sektor. 1968 übernahm das Unternehmen den Flugreisenveranstalter Transeuropa und veräußerte die nunmehr selbst produzierten Touristikprogramme über die eigenen Warenhäuser. 1971 übernahm die Karstadt AG 50 % der Anteile von Transeuropa, die 1972 als siebte Veranstaltermarke vollständig in die TUI eingebracht wurde, wodurch Quelle und Karstadt TUI-Gesellschafter wurden. Nachdem Karstadt die Aktienmehrheit an der Neckermann-Versand AG erworben und damit Einfluss auf das Reise-Tochterunternehmen NUR gewonnen hatte, erfolgte 1976 durch Auflage des Bundeskartellamtes der Austausch der Karstadt-Kapitalanteile an der TUI gegen Anteile der Kaufhaus Horten AG. Beide Kaufhauskonzerne betrieben darüber hinaus innerhalb ihrer Warenhäuser als Ergänzung ihrer Handelspalette je nach Standort Touristikvermittlungsstellen oder Mehrlizenzreisebüros.

Neben NUR umging auch der 1970 von der Kaufhof AG gegründete Reiseveranstalter **ITS (International Tourist Services GmbH)** die traditionellen Reisebüros. Das Unternehmen bot bis 1994 seine Produkte in den Warenhäusern Kaufhof und Hertie, in Verbrauchermärkten (u. a. Ratio, Coop, Massa, Metro), über die Versandhäuser Otto und Schwab sowie in zahlreichen Lotto- und Toto-Annahmestellen an. Auf diese Weise wurde einer großen Zahl von branchenfremden Nebenerwerbsbetrieben der Zugang zum Reiseveranstaltermarkt erschlossen.

5.4 Lagerbildung durch Ver- und Entflechtung von Wertschöpfungsstufen und Beteiligungsverhältnissen

In den 90er-Jahren haben sich nach der Wiedervereinigung Deutschlands bei nahezu allen großen Reiseveranstaltern durch vertikale und horizontale Expansion sowie durch Veränderung der Eigentumsverhältnisse neue Interessenkonstellationen entwickelt. Den Auftakt hierzu bildete das Engagement der **Westdeutschen Landesbank (West LB)** im deutschen Tourismusgewerbe. Diese übernahm zunächst 34,6 % der bis dahin im Familienbesitz Conle befindlichen LTU-Gruppe. 1992 bündelte und erwarb sie die Anteile der kleinen Reisebürogesellschafter an der TUI wie u. a. von Scharnow, Bangemann, Strickrodt, Kahn, Essener Reisebüro, Lührs und der Familie Tigges Erben. Nach langwierigen Verhandlungen über die Vorkaufsrechte mit den anderen bisherigen Mitgesellschaftern DER, abr Reisebüro, Hapag Lloyd sowie Horten und Quelle einigte man sich auf eine neue Gesellschafterstruktur. Gemäß dieser sollten die Westdeutsche Landesbank und Hapag Lloyd jeweils 30 % der Anteile an der TUI halten, Quelle 20 % sowie DER und abr je 10 %. Horten zog sich 1994 nach dem Verkauf an die Metro-Tochtergesellschaft Kaufhof zugunsten von Quelle aus der Beteiligung an TUI zurück. 1995 wurden schließlich im Zuge der Verschmelzung des abr auf das DER die abr-Anteile auf die Deutsche Bahn AG übertragen, die als Mehrheitsgesellschafter des DER auch über dessen Anteile an der TUI mit verfügte. Im gleichen Jahr erwarb die Westdeutsche Landesbank von der British Midland Bank alle Anteile an der bis dahin weltweit drittgrößten Reisebürokette Thomas Cook plc, deren internationale Geschäftsreisetätigkeit bereits ein Jahr später ausgegliedert und an American Express (Amex) verkauft wurde, das damit zum mit großem Abstand größten Geschäftsreisendienstleister der Welt aufstieg.

Völlig konträr hierzu verlief das touristische Engagement der **Metro-Gruppe** mit ihrer Tochtergesellschaft **Kaufhof.** Die Kaufhof AG hatte im Laufe der zweiten Hälfte der 80er-Jahre neben den deutschen Unternehmen ITS, Jet-Reisen, ATT-Reisen und EVS (später: Berge & Meer) ein internationales Portfolio an Reiseveranstaltern zusammengekauft. Aufgrund eines außerhalb der beiden Kaufhausketten Kaufhof und Hertie schwachen Vertriebs im deutschen Reisemarkt, der nicht zuletzt auch ein Ergebnis der bis 1994 bestehenden, auf dem Handelsvertreterrecht basierenden und juristisch umstrittenen Vertriebsbindung war, blieben die deutschen Veranstalter der ITS-Gruppe wachstums- und ergebnisschwach. Mit der Übernahme der drei Reisebüroketten Europäisches Reisebüro/Reisewelt (zuvor Reisebüro der DDR), Jugendtourist und Palm-Touristik sollten diese Vertriebsdefizite vor allem im neu hinzugekommenen ostdeutschen Reisemarkt behoben werden. Man übernahm jedoch zugleich mit diesen Ketten erhebliche finanzielle Altlasten. Aufgrund der vom Kartellamt genehmigten Fusionen der vier großen Warenhausketten Kaufhof/Horten und Karstadt/Hertie, erfolgte 1993 und 1994 eine vollständige **Umstrukturierung.** Die Hertie-Büros wurden sukzessive an Karstadt übergeben und Kaufhof übernahm die Horten-Reisebüros, wobei Horten aus kartellrechtlichen Gründen seine Beteiligung an der TUI an den Quelle Versand (Schickedanz-Gruppe) veräußerte. Da der Deckungsbeitrag des gesamten touristischen Engagements für Metro und Kaufhof nach wie vor unbefriedigend war, entschloss sich Metro zum vollständigen **Rückzug** aus der Touristik. Der Türkei-Spezialist ATT-Reisen wurde an den 1983 gegründeten Türkei-Spezialveranstalter Öger Tours veräußert. Die Geschäftätigkeit von Jet-Reisen wurde 1994 auf ITS verschmolzen und ITS-Reisen einschl. der Reisebüroketten Reisewelt, Palm-Touristik, Jugendtourist, Kaufhof- und Horten-Reisebüro an die Lebensmittel-Handelsgruppe **REWE** verkauft. REWE hatte 1989 eine kleine Reisebürokette namens Atlasreisen mit 20 Betriebsstellen übernommen und diese durch eine flächendeckende Eröffnung von Reisebüros bis zu diesem Zeitpunkt bereits auf über 500 Vertriebsstellen ausgeweitet.

Auch die im Gegensatz zu den Inlandsaktivitäten fast ausnahmslos profitablen und attraktiven Auslandsbeteiligungen der **Kaufhof AG** wurden bis Ende 1996 schrittweise veräußert. Die Beteiligung an Kuoni (Schweiz) wurde an die Hugentobler-Stiftung zurückverkauft und von dieser an der Schweizer Börse platziert. Die Beteiligung an Holland International (Niederlande) erwarb die TUI und verschmolz sie mit der eigenen Tochtergesellschaft Arke Reizen, sodass durch die Fusion dieser beiden Marktführer der mit Abstand größte vertikal integrierte holländische Reisekonzern

(Veranstalter, Geschäftsreisen und stationäre Reisebüros) entstand. Travelplan (Spanien) wurde von der spanischen Hidalgo-Gruppe übernommen. Sun international (Belgien) und Voyages Conseil (Frankreich) wurden an den zweitgrößten britischen Reiseveranstalter Airtours plc (ab 2003 My Travel plc, seit 2007 Thomas Cook plc) veräußert. Schließlich verkaufte Metro Ende 1995 ihre eigenen teilweise unter dem Namen FINASS firmierenden Verbrauchermarkt-Reisebüros an die deutsche Thomas Cook Reisebüro GmbH, eine 100-%-Beteiligung der West LB.

Auch die **Deutsche Lufthansa** hatte sich seit Beginn der 80er-Jahre sukzessive im Reisemittler- und Veranstaltergewerbe, zunächst durchweg als Minderheitsgesellschafter, engagiert. Sie erwarb 1978 10 % am DER und stockte ihre Anteile bis 1995 im Zuge des Ausscheidens der DER-Mitgesellschafter abr und Hapag Lloyd auf 33,2 % auf. Zwischenzeitlich wurden weitere Beteiligungen an Hapag Lloyd AG (18 %, 1983) und der TUI-Tochtergesellschaft airtours (50 %, 1994), an der Reisebürokette First (20,1 %, 1980) und Eurolloyd (Erwerb von 100 % 1979, Verkauf von 51 % an Karstadt 1995) übernommen sowie 1991 die Reisebürofranchiseorganisation Lufthansa City Center gegründet. Die 100%ige Lufthansa-Charterflug-Tochtergesellschaft Condor erwarb in mehreren Tranchen seit 1993 alle Anteile an den Reiseveranstaltern Fischer Reisen, Kreutzer Reisen und Air Marin einschl. deren Reisebürokette Alpha Reisen sowie 10 % an dem Türkei-Spezialisten Öger Tours, die 2007 an Öger zurückgegeben wurde. Ziel der Käufe war es, die Flugkapazitäten dieser bisherigen Condor-Kunden abzusichern.

Als die West LB 1997 plante, unter Führung ihrer Beteiligung **Preussag AG** (Beteiligung von 29,1 % direkt und 3,5 % indirekt über die Niedersachsen Holding) den Hapag-Lloyd-Konzern (Linienschifffahrt, Charterfluggesellschaft, Kreuzfahrtenreederei, Seereisenveranstalter, Reisebüros und Geschäftsreiseservice) vollständig zu übernehmen und mit TUI (Anteile 30 % direkt und 30 % über Hapag Lloyd), LTU (34,6 %) und der stationären deutschen Thomas-Cook-Reisebürokette (100 %) einschl. von deren Beteiligungen zu einem vertikal integrierten globalen Reisekonzern (Preussag/TUI, sog. **rotes Lager**) zusammenzuführen, änderten die Lufthansa und Condor ihre Strategie. Sie erzielten mit dem Karstadt-Konzern Einigung, die NUR-Touristic und Condor einschl. aller Reiseveranstalter- und Reisebürobeteiligungen zur C&N Touristic zu integrieren (Karstadt/Lufthansa, sog. **gelbes Lager**), um einen Gegenpol zum roten Lager zu bilden und die Condor gegen die Übermacht der beiden Charterflugkonkurrenten LTU und Hapag Lloyd abzusichern. Beide Lager mussten ihre Vorhaben bei den Kartellbehörden anmelden, die angesichts des entstehenden engen Oligopols vor allem bei Flugpauschalreisen und Charterflügen im deutschen Reisemarkt erhebliche Auflagen für alle Beteiligten erteilten, um insbesondere die bis dahin bestehenden gesellschaftsrechtlichen Querverbindungen zwischen den beiden Lagern aufzuheben. Lufthansa veräußerte daraufhin 1997 und 1998 binnen weniger Monate ihre Beteiligungen an den First-Reisebüros (an die West LB), an airtours (zurück an die TUI), am DER (an die Deutsche Bahn AG), an Hapag Lloyd (an die Preussag AG) und an Eurolloyd (gemeinsam mit Mitgesellschafter Karstadt an Kuoni/Schweiz). C&N Touristic erhielt die Genehmigung des Bundeskartellam-

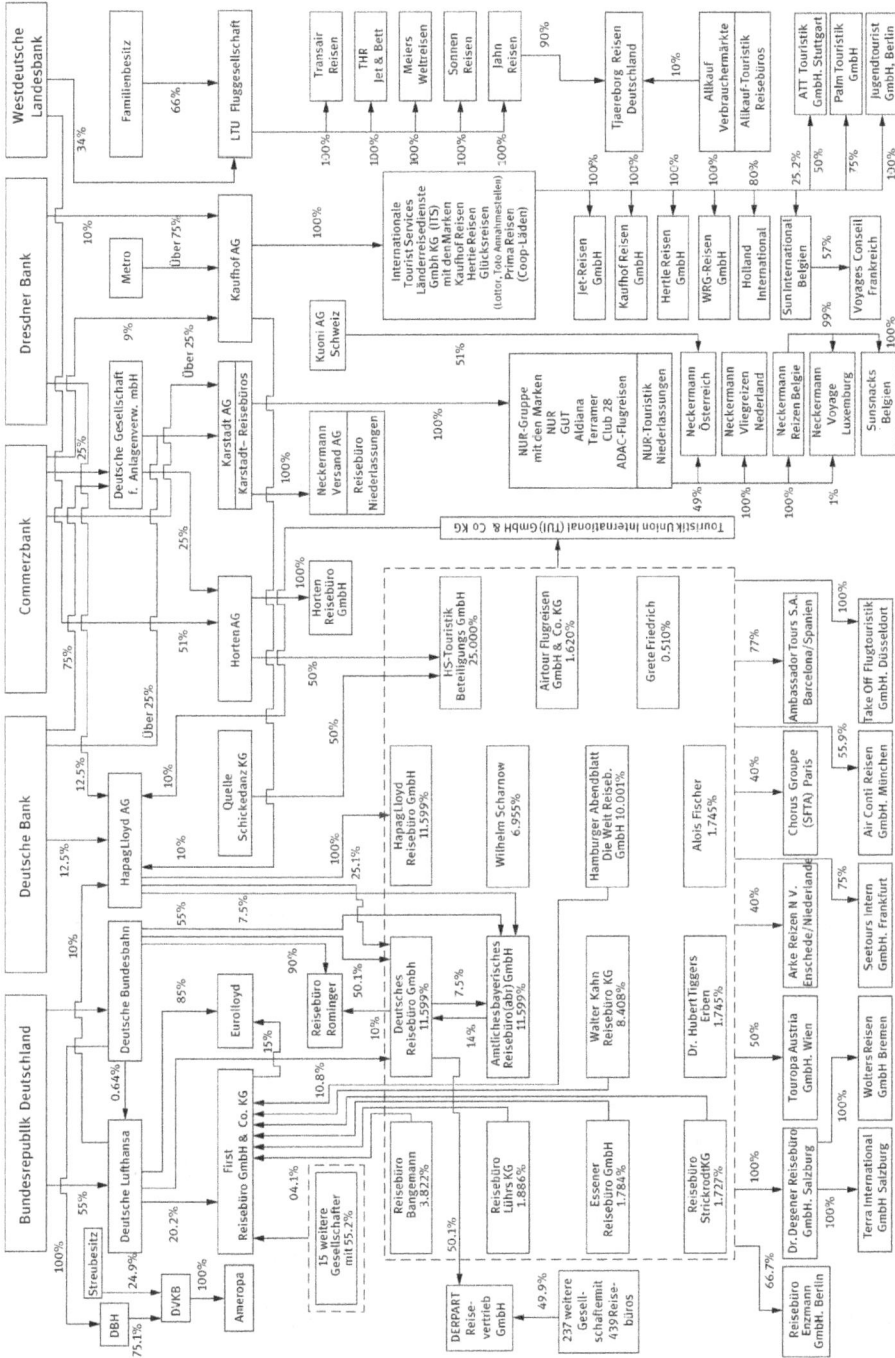

Abb. I.29: Verflechtung der Reisebranche Stand 31.10.1991 (Quelle: Erhebungen der Deutsches Reisebüro GmbH)

Parent/Bank-Spalten (links):
- Westdeutsche Landesbank
- Dresdner Bank
- Commerzbank
- Deutsche Bank
- Bundesrepublik Deutschland

Beteiligungen und Gesellschaften (Auswahl der Beschriftungen):

- Familienbesitz — 66% / 34% — LTU Fluggesellschaft
- Transair Reisen 100%
- THR Jet & Bett 100%
- Meiers Weltreisen 100%
- Sonnen Reisen 100%
- Jahn Reisen 100%
- Tjaereborg Reisen Deutschland — 90% / 10%
- Allkauf Verbrauchermärkte / Allkauf-Touristik Reisebüros
- ATT Touristik GmbH. Stuttgart — 50%
- Palm Touristik GmbH — 75%
- Jugendtourist GmbH, Berlin — 100%

- Metro — 10% / Über 75%
- Kaufhof AG — 100%
- Internationale Tourist Services Länderreisedienste GmbH KG (ITS) mit den Marken Kaufhof Reisen, Hertie Reisen, Glücksreisen, Prima Reisen (Lotto-, Toto Annahmestellen) (Coop-Läden)
- Jet-Reisen GmbH 100%
- Kaufhof Reisen GmbH 100%
- Hertie Reisen GmbH 100%
- WRG-Reisen GmbH 100%
- Holland International 80%
- Sun International Belgien 25.2%
- Voyages Conseil Frankreich 57%
- 99% / 100%

- Kuoni AG Schweiz — 51%
- NUR-Gruppe mit den Marken NUR, GUT, Aldiana, Terramar, Club 28, ADAC-Flugreisen
- NUR-Touristik Niederlassungen
- Neckermann Österreich 49%
- Neckermann Belgie
- Neckermann Vliegreizen Nederland 100%
- Neckermann Reizen Belgie 100%
- Neckermann Voyage Luxemburg 1%
- Sunsnacks Belgien 100%
- Neckermann Versand AG / Reisebüro Niederlassungen — 100%

- Deutsche Gesellschaft f. Anlagenwerte. mbH — 25% / Über 25% / 9%
- Karstadt AG / Karstadt- Reisebüros — 25% / 100%

- Horten AG — 75% / 51% / Über 25%
- Horten Reisebüro GmbH 100%

Touristik Union International (TUI) GmbH & Co KG

- HS-Touristik Beteiligungs GmbH 25.000%
- Airtour Flugreisen GmbH & Co. KG 1.620%
- Grete Friedrich 0.510%
- Ambassador Tours S.A. Barcelona/Spanien 77%
- Take Off Flugtouristik GmbH. Düsseldorf 100%

- Quelle Schickedanz KG — 10% / 50% / 50%
- Hapag Lloyd Reisebüro GmbH 11.599%
- Wilhelm Scharnow 6.955%
- Hamburger Abendblatt Die Welt Reiseb. GmbH 10.001%
- Alois Fischer 1.745%
- Chorus Groupe (SFTA) Paris 55.9% / 40%
- Air Conti Reisen GmbH. München
- Arke Reizen N.V. Enschede/Niederlande 40% / 75%
- Seetours Intern GmbH. Frankfurt

- HapagLloyd AG — 12.5% / 12.5% / 10%
- Deutsche Bundesbahn — 55% / 7.5% / 10%
- Eurolloyd — 85% / 15% / 90%
- Reisebüro Rominger 50.1%
- Deutsches Reisebüro GmbH 11.599%
- Amtliches bayerisches Reisebüro (abr) GmbH 11.599%
- Walter Kahn Reisebüro KG 8.408%
- Dr. Hubert Tiggers Erben 1.745%
- Touropa Austria GmbH. Wien 50%
- Wolters Reisen GmbH Bremen 100%

- Streubesitz 55%
- Deutsche Lufthansa — 55% / 24.9% / 20.2%
- DBH 75.1%
- DVKB 100%
- Ameropa 100%
- First Reisebüro GmbH & Co. KG — 0.64% / 10.8% / 04.1%
- 15 weitere Gesellschafter mit 55.2%
- Reisebüro Bangemann 3.822%
- Reisebüro Lührs KG 1.886%
- Essener Reisebüro GmbH 1.784%
- Reisebüro Strickrodt KG 1.727%
- Dr. Degener Reisebüro GmbH. Salzburg 100%
- Terra International GmbH Salzburg 100%
- Reisebüro Enzmann GmbH. Berlin 66.7%
- DERPART Reisevertrieb GmbH 50.3% / 49.9%
- 237 weitere Gesellschaften mit 439 Reisebüros

Deutsche Lufthansa AG (64% in dt. Streubesitz)

G. & G. Schickedanz Holding KG (Privatbesitz) [Quelle Reisebüros]

Bundesland Nordrhein-Westfalen

50% C & N Touristik GmbH 50%

49,7% Karstadt AG Reisebüros

Köln-Düsseldorfer Dt. Rheinschiffahrt 89,2%

100% Westdeutsche Landesbank AG 100%

10% 90% Condor Flugdienst GmbH

90% 10% NUR Touristik GmbH - NUR Touristik Reisebüros -

100% Neckermann Versand AG Reisebüros

Familienbesitz Conle 60% und Weitere 5,4%

100% TCT Touristik Beteiligungs GmbH & C o K G Reisebüros

37,5% 12,5% 25,8% TUI GmbH & C o K G 11,7%

100% Kreutzer GmbH

100% Holidayland GmbH

65,4% LTU Lufttransport-unternehmen GmbH & C o K G (LTU) 34,6%

12,5%

100% Fischer Reisen GmbH

100% Bucher Reisen GmbH

100% Transeuropa Reisen GmbH (1.2 Fly)

100% Alpha Holding GmbH

100% Paradiana GmbH

65,4% LTU Touristikgesellschaft mbH & C o B etriebs KG (LTT) 34,6%

100% Airconti Reisen GmbH

100% Alpha Reisebüro GmbH

100% Neckermann Belgien

100% Airtours International GmbH

100% Air Marin Flugreisen GmbH

100% Sunsnacks

100% Jahn Reisen GmbH

100% Wolters Reisen GmbH

10% Öger Tours GmbH

100% Neckermann Niederlande

100% THR Tours GmbH

100% Robinson Club GmbH

50% Lufthansa City Center GmbH

100% Vrij Uit Niederlande

100% Transair GmbH

50% OFT Reisen GmbH

29,2% Amadeus GmbH & Co KG

Neckermann Luxemburg

100% Meiers Weltreisen

66,7% TUI Urlaubs-Center GmbH

100% Lufthansa Systems GmbH

100% NUR Service AG Schweiz

100% Marlboro Reisen GmbH

100% Reisebüro Dr. Degner GmbH (A)

59,9%

49% NUR Neckermann Reisen AG Austria

100% DERTOUR Flugreisen GmbH

51% Tiroler Landesreisebüro GmbH (A)

DERDATA GmbH

51% Kuoni Reisen AG Schweiz

52,4% Allkauf Reisen GmbH (Tjaereborg)

100% TUI Beteiligungsgesell-schaft mbH

40,1%

100% START Holding GmbH

100% Kuoni Reisebüro GmbH Deutschland

47,6%

99% Ultramar Express S.A. (E)

Otto Versand AG

100% Euro Lloyd Reisebüro GmbH

Allkauf SB-Warenhaus GmbH & C o K G · Allkauf-Reisebüros ·

100% TUI Austria GmbH

100% Otto Freizeit & Touristik GmbH

91% Travel Unie Nederland B.V.

100% Otto Reisen GmbH

100% Metro AG

100% Arke Reizen B.V. (NL)

74,5% Reiseland GmbH

100% Holland International B.V. (NL)

51% Travel Overland GmbH

49%

Reise Quelle GmbH

100% TUI Belgium N.V.

51% Maris Reisen GmbH

51% 49%

100% TUI Italia S.r.L.

60% Imholz-TUI-Vögele AG

F.I.R.S.T. Management GmbH & Co KG 20,1%

85% TUI Service AG Schweiz

39,7% BS&K KG

16,1% Reisebüro Hartmann GmbH

55% Walter Kahn GmbH & C o KG

100% Thomas Cook Group plc. (GB)

Sunworld plc. (GB) 100%

5,0% Reisebüro HH-Abendblatt GmbH

6,7% Reisebüro Jonen GmbH

33,7% Reisebüro Strickrodt GmbH

100% Thomas Cook Reisebüro GmbH

15% First Choice plc. (GB)

8,3% Reisebüro Menzell GmbH

11,3% Reisebüro Bangemann KG

100% Finass GmbH (Metro Reisebüros)

3,4% 4 weitere Gesellschafter

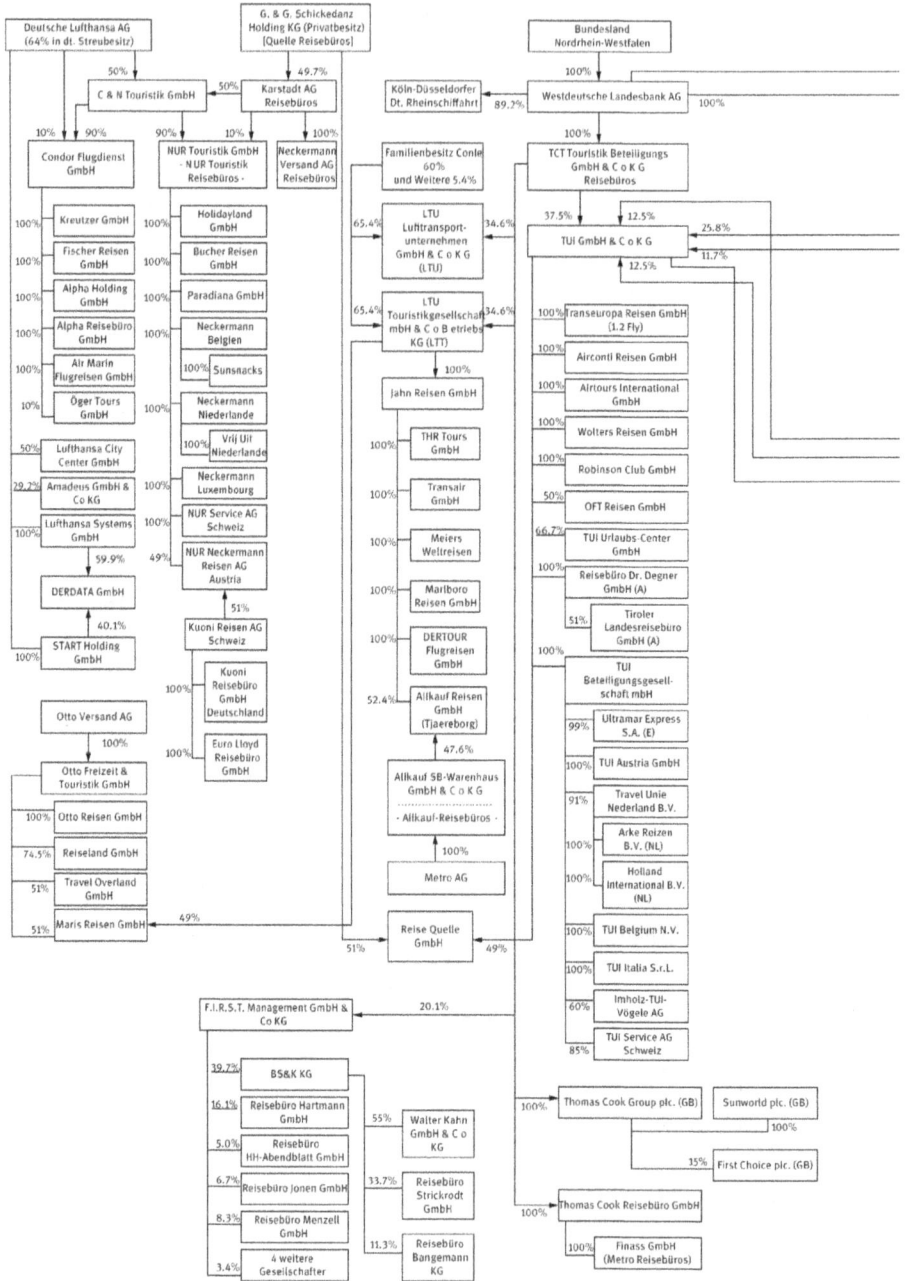

Abb. I.30: Verflechtung der Reisebranche Stand 31.10.1998 (Quelle: Erhebung der Deutsches Reise-büro GmbH)

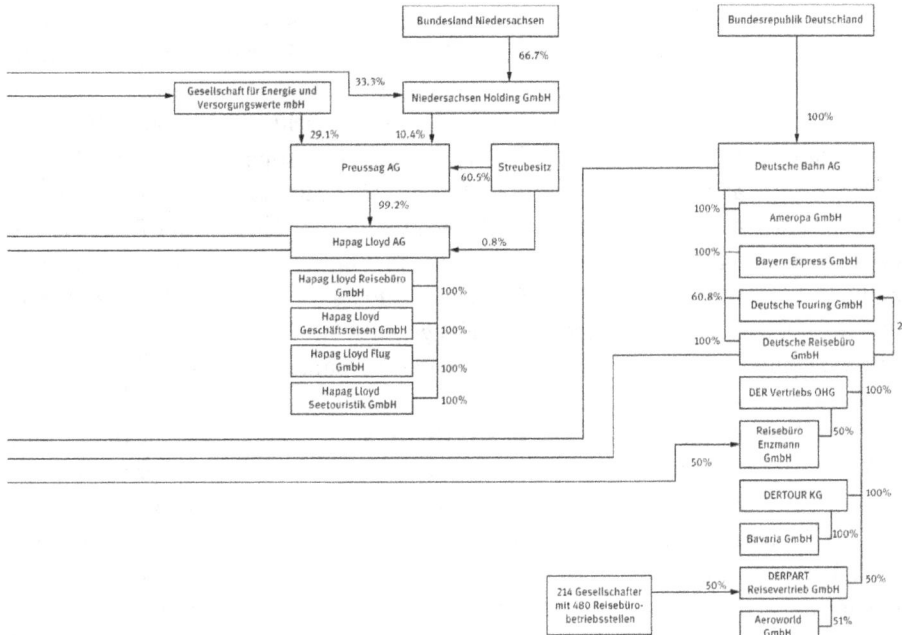

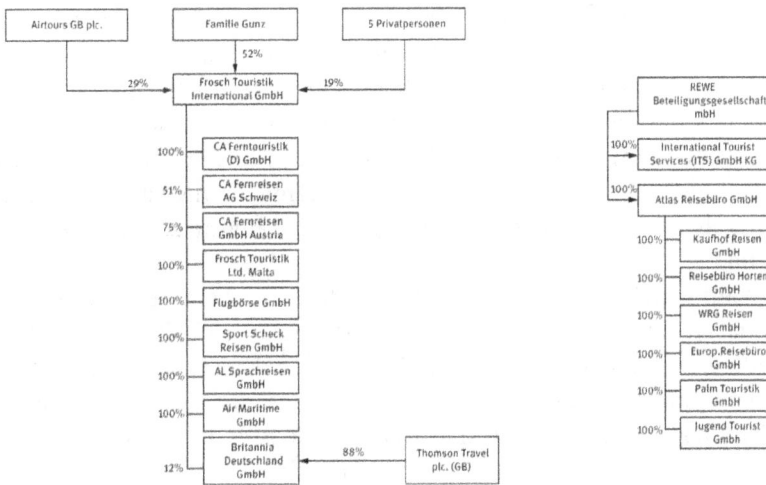

tes im November 1997. Dem roten Lager wurde die Integration der Fluggesellschaft LTU und der LTU-Veranstalter verweigert. Die West LB erhielt die Auflage, ihre LTU-Beteiligungen auf einen Treuhänder zu übertragen und binnen 2 Jahren zu veräußern. Die Genehmigung des roten Lagers (ohne LTU) erfolgte schließlich im März 1998.

Anfang 1999 verkaufte die West LB 49,9 % der LTU-Gruppe an die Swissair. Zeitgleich stiegen auch die Einzelgesellschafter der LTU wie u. a. die Familie Conle als Gesellschafter aus. Die Mehrheit von 50,1 % musste zur Wahrung der Flugrechte in deutschem Besitz bleiben. Mangels operativer Investoren wurden diese Anteile treuhänderisch von der Stadtsparkasse Düsseldorf und dem Bankhaus Sal. Oppenheimer übernommen. Der operative Betrieb der Fluggesellschaft wurde zur Nutzung der Synergien in eine Tochtergesellschaft unter alleinigem Management der Swissair ausgegliedert.

Im März 1998 erwarb die **Schickedanz Holding** (Versandhausgruppe **Quelle**) alle 49,7 % an der Karstadt AG, die sich nicht im Streubesitz befanden, und erhielt kartellrechtlich die Auflage, sich im Gegenzug von ihrer 20-%-Beteiligung an der TUI zu trennen, weil Karstadt gemeinsam mit Lufthansa hälftiger Eigentümer am größten Wettbewerber C&N Touristic (gelbes Lager) wurde. Die verbliebenen TUI-Gesellschafter nutzten dabei ihr quotales Vorkaufsrecht, sodass die TUI einstweilen zu jeweils 37,5 % Hapag Lloyd/Preussag und West LB sowie zu jeweils 12,5 % der Deutsche Bahn AG (DB) und deren 100%iger Tochtergesellschaft DER gehörte. Bis Ende 1998 erwarb die Preussag AG über Hapag Lloyd AG eine konsolidierungsfähige Mehrheit (75 %) an der TUI durch den Zukauf der Anteile der West LB. Dies veranlasste schließlich die DB ihr Beteiligungspaket an der TUI (je 12,5 % direkt sowie indirekt über das DER) ebenfalls an die Preussag zu verkaufen, die damit ab 1999 alleiniger Eigentümer der TUI wurde und sich vorübergehend in Hapag Touristik Union (HTU) umbenannte. Nach dem Umbau des Beteiligungsportfolios der Preussag AG durch Veräußerung der meisten traditionellen Industriebeteiligungen wurde im Jahr **2002** die **Preussag AG in TUI AG umbenannt** und die meisten Konzernmarken im Co-Branding mit dem neuen TUI-Logo – dem sog. Smiley – versehen. Damit waren die vielfältigen Verflechtungen des deutschen Reisemarktes endgültig aufgelöst und eine neue Ära der Globalisierung begann.

Mit kartellrechtlicher Genehmigung dieser Entflechtung und Schaffung zweier umfassender deutscher Reisekonzerne endete zugleich die Epoche des starken gestalterischen Einflusses der Reisebüros auf den deutschen Reisemarkt, und die Zeit der mächtigen Veranstalterkonzerne, die national und international auf nahezu allen Wertschöpfungsstufen tätig sind, begann. Die Abb. I.29 und Abb. I.30 zeigen, wie sich der Reisemarkt am Anfang und am Ende der 90er-Jahre, vor und nach der gesellschaftsrechtlichen Entflechtung darstellten – zwei wahrlich historische Dokumente deutscher Wirtschaftsgeschichte.

5.5 Strategische Ausgestaltung des Reiseveranstaltermarktes im Spannungsfeld voll-, teil- und nichtintegrierter Konzerne

Im Zuge der Neuordnung nach der von den Kartellbehörden initiierten Entflechtung des deutschen Reisemarktes – seit der Wiedervereinigung der größte in Europa – stellten sich zur Jahrtausendwende schnell neue Herausforderungen. Während sich die West LB in den Folgejahren bemühte, unter dem Dach der alten Industrie-Mischkonzern-Holding Preussag AG (u. a. Salzgitter-Werke – Stahl/Lokomotivbau, VTG – Logistik, Babcock – Maschinen-/Anlagenbau, Hapag Lloyd – Containerschifffahrt etc.), die verschiedenen erworbenen Touristikbeteiligungen zusammenzuführen und zu ordnen sowie sich zugleich von den alten, traditionellen Industriebeteiligungen zu trennen, versuchten Karstadt und Lufthansa ihre Beteiligungen, den als Preisbrecher bekannten Veranstalter Neckermann mit der Qualitäts-Charter-Airline Condor und deren Beteiligungen an den Veranstaltern Fischer, Kreutzer und Air Marin, zu integrieren. Beide Konzerne übertrugen diese Herkulesaufgaben neuen Managern: Michael Frenzel (Preussag/TUI), der von der West LB kam, und Stefan Pichler (C&N Touristic), den die Lufthansa entsandte. Beide gerieten recht schnell unter öffentlichen Druck von Banken sowie institutionellen Anlegern und Gesellschaftern hinsichtlich ihrer Strategien zur Portfoliobereinigung der Beteiligungen, der geweckten Renditeansprüche sowie der Expansionserwartungen. Schließlich waren die drei Gesellschafter der neuen Reisekonzerne **börsennotierte Unternehmen**: Preussag AG (rotes Lager) sowie Karstadt AG und Lufthansa AG (gelbes Lager).

Nachdem die vertikalen und horizontalen Konzentrationsbewegungen zwischen Leistungsträgern, Reiseveranstaltern und Reisevermittlern in den nationalen Märkten zunehmend an Grenzen stießen, strebten viele Unternehmen angesichts der Öffnung des EU-Marktes seit 1993 und der zunehmenden Globalisierung ihrer internationalen Großkunden nunmehr auch **internationale Verflechtungen** an. Die größten Initiativen gingen dabei von den Fluggesellschaften und Reiseveranstaltern aus, die sich über Beteiligungen neue ausländische Märkte und Vertriebsnetze zur Füllung ihrer Flug- und/oder Beherbergungskapazitäten erschließen wollten. Während deutsche Touristikunternehmen und -leistungsträger zahlreiche internationale Beteiligungen vor allem in Benelux, Österreich und der Schweiz unterhalten, ist es allerdings außer den weltweit bedeutenden Hotel- und Mietwagenunternehmen sowie den Veranstaltern Club Méditerranée (Frankreich), Center Parcs (Niederlande) und Hotelplan/Esco/Interhome (Schweiz) bislang keinem Produzenten von Reiseleistungen gelungen, sich dauerhaft und in nennenswerter Größenordnung im nachfragestarken deutschen Reisemarkt zu etablieren. Kuoni zog sich mit seiner Veranstalterbeteiligung nach fünf erfolglosen Jahren 1997 wieder aus Deutschland zurück.

(1) Von Airtours zu My Travel

Im Mai 1998 erwarb der britische Veranstalter **Airtours plc** zunächst eine Minderheitsbeteiligung an der 1983 gegründeten **FTI-Gruppe (Frosch Touristik)** mit Vor- und Rückkaufsoptionen. Bis 2001 wurden die Mehrheit und das Management übernommen. Gleichzeitig versuchte Airtours vergeblich, den ebenfalls börsennotierten viertgrößten britischen Veranstalter First Choice im Wege einer feindlichen Übernahme zu erwerben; zuvor hatte bereits die Kuoni AG eine Fusion mit First Choice ergebnislos geprüft. Als Airtours 2003 kurz vor dem Konkurs stand, trennte sich die Gesellschaft von allen Auslandsbeteiligungen auf dem Kontinent, wobei auch die inzwischen völlig defizitäre deutsche FTI-Gruppe an ihren Gründer Dietmar Gunz schuldenfrei rückübertragen wurde. Damit endete ein weiteres Abenteuer ausländischer Veranstalter in Deutschland beinahe tragisch. Mithilfe von Banken konnte Airtours gerettet werden, firmierte danach als My Travel und konzentrierte sich nur noch auf die Märkte Großbritannien, Irland und Skandinavien. Airtours hatte 1999 außerdem noch eine wichtige Rolle bei der Gründung des dritten deutschen Reisekonzerns gespielt. 2007 wurde My Travel schließlich von der Thomas Cook plc zu 100 % erworben.

(2) Vom DER Deutsches Reisebüro zur DER Touristik (REWE Group)

Nachdem die Deutsche Bahn AG und ihre Tochtergesellschaft Deutsches Reisebüro GmbH mit ihren umfangreichen Reisebürobeteiligungen (DER, abr, Rominger, DER-PART) und dem Baustein- und Fernreisenveranstalter **DERTOUR** als Gesellschafter 1999 bei der TUI ausgeschieden war und sich die restlichen DER-Gesellschafter Lufthansa und Hapag Lloyd zurückgezogen hatten, stellte sich die Frage nach der zukünftigen strategischen Ausrichtung. Viele Veranstalter und Leistungsträger hatten ein starkes Interesse, das hochwertige und dichte und starke Reisebürovertriebsnetz des DER mit Filial- und Franchisebüros für sich zu nutzen und sich damit zu verbünden.

Der 1973 gegründete Bausteinreiseveranstalter **DER Touristik** (ab 1985 unter der Marke DERTOUR fortgeführt) war 1999 der viertgrößte deutsche Veranstalter hinter TUI, C&N und LTU-Touristik, hatte aber als Spezialreiseveranstalter ein zwar hoch attraktives, aber eingeschränktes Sortimentsportfolio, weil DERTOUR bis zu diesem Zeitpunkt aufgrund des Gesellschaftervertrages mit der TUI keine Zielgebiete auf Charterflugstrecken in Mittelmeerdestinationen (einschl. Nordafrika und Kanarische Inseln) anbieten durfte. Damit konnte DERTOUR nicht die klassischen Massenmärkte bedienen und konzentrierte sich bereits in den 70er-Jahren auf damalige Randmärkte wie Nordamerika (auch Charter), Fernreisen weltweit in Linienflugziele, Städtereisen, Individualdestinationen wie Irland, Osteuropa (u. a. UdSSR und DDR vor der Wende), Aktivitätstourismus für Golf, Reiten, Rad, Boote, Wellness- und Gesundheitsreisen, Sport- und Kulturevents sowie erdgebundene Reisen aller Art auf dem europäischen Kontinent – alles tageweise buchbar mit flexibler An- und Abreise. DERTOUR entwickelte sich in 40 Jahren zum Marktführer in den meisten Segmenten und blieb in einigen über viele Jahre sogar fast konkurrenzlos. Aber die Kompetenz für die Massen-produkte in die klassischen Sonnenziele fehlte und war bei allem Bemühen nicht auf-holbar. Der Wunsch, einen klassischen Pauschalreiseveranstalter aus dem Verkaufs-erlös der TUI-Anteile hinzuzukaufen und damit auch das konzerninterne Reisebüro-sortiment anzureichern, wurde von der DB und ihrem Eigentümer Bundesrepublik Deutschland zurückgewiesen. Der Verkaufserlös der TUI-Anteile war bereits in den Verlusten der DB AG untergegangen und eine Genehmigung für Investitionen in Tou-ristikunternehmen angesichts der Finanzlage der DB vom verantwortlichen Verkehrs-ministerium nicht zu erhalten.

Die DB entschloss sich, 1999 das DER mit allen Beteiligungen zu veräußern. An dem Bieterverfahren beteiligten sich viele renommierte Reiseunternehmen wie Kuoni, eine spanische Investorengruppe und die C&N Touristic, die damit die Marktführer-schaft der TUI brechen wollte. Das Höchstgebot kam zunächst vom britischen Veran-stalter Airtours, der im Jahr zuvor die Beteiligung an FTI erworben hatte und deren Ver-triebsschwäche über den DER-Reisebürovertrieb kompensieren wollte. Den Zuschlag zum Erwerb per 1. Januar 2000 erhielt aber der erst kurz vor Ende der Bieterfrist in den Wettbewerb eingestiegene Lebensmittelkonzern **REWE**, dem bereits seit 1995 der Pauschalreiseveranstalter ITS sowie fast 600 Atlas-Reisebüros gehörten. Noch zum selben Stichtag beteiligte sich das DER über den Veranstalter DERTOUR mehrheitlich an **ADAC Reisen**. Über den größten europäischen Automobilclub mit mehr als 17 Mio. Mitgliedern erschloss DERTOUR ein neues, bislang eher Pkw-affines, Kundensegment.

(3) Das tragische Schicksal der LTU-Gruppe

Während der Grundstein zum dritten großen Konzernveranstalter gelegt wurde, er-eilte die bis dahin als Vorzeigebeteiligung der West LB geführte und als nordrhein-westfälische Landes-Airline auch politisch besonders protegierte **LTU** ein fast schon tragisches Schicksal. Dieses war bei der vom Kartellamt der West LB auferlegten Ab-gabe ihrer LTU-Beteiligung an die **Swissair** so nicht absehbar. Zwar galt die Schweizer Fluggesellschaft zu diesem Zeitpunkt noch als eine der weltweit renommiertesten Air-lineAdressen, jedoch steckte sie bereits bei Übernahme der LTU-Beteiligung in erheb-lichen wirtschaftlichen Schwierigkeiten. Die Insellage innerhalb der Europäischen Union und eine zu große und aufwändige Flotte für den kleinen Quellmarkt Schweiz sowie die dort traditionell hohen Personalkosten behinderten trotz hoher Produkt- und Dienstleistungsqualität die Wettbewerbsfähigkeit im europäischen Vergleich. Der Zukauf der LTU sollte die Flottenauslastung durch einen Zugang zum bevölke-rungsstärksten deutschen Quellmarkt Nordrhein-Westfalen erheblich verbessern und über Kostendegressionen zugleich zu besseren Ergebnissen führen. Die starke touris-tische Ausrichtung der LTU hinsichtlich der Flugziele durch ihre Veranstalterkunden erwies sich jedoch dabei als ebenso hinderlich wie die Veranstalterbeteiligungen, die letztendlich nur als Platzfüller für die Flugzeuge instrumentalisiert wurden und ihre Profitabilität einbüßten. Nach mehreren Liquiditätsdarlehen durch die Schweizer Regierung ging die Swissair im Jahr 2000 schließlich in Konkurs, wobei der LTU ein Anschlusskonkurs drohte. Die Anteile an der LTU wurden schließlich aus der Konkursmasse über Treuhänder 2001 an die **REWE-Group** verkauft, wobei die REWE eigentlich nur an den LTU-Veranstaltern **(Meier's Weltreisen, Jahn Reisen, Tjaereborg, Transair und THR)** zur Ergänzung des unter ihrer Führung entstandenen dritten Reisekonzerns interessiert war. Ihr wurde jedoch zur Auflage gemacht auch eine 40-%-Beteiligung an der Fluggesellschaft zu übernehmen, die schließlich 2007 weitgehend saniert über einige Zwischenschritte (Beteiligung durch den Eigentümer der Deutschen BA Rudolf Wöhrl kombiniert mit einem Management-Buyout) an die **Air Berlin** verkauft wurde. Die als Swissair-Nachfolgegesellschaft neu gegründete Fluggesellschaft Swiss wurde schließlich nach zähen politischen Verhandlungen von der Lufthansa übernommen und bis 2008 erfolgreich saniert. Die Marke LTU wurde von der Air Berlin aufgegeben. Der anschließende rasante Wachstumskurs der Air Berlin zum Hybrid-Carrier aus Ferien- und Low-Cost-Airline führten unter ihrem neuen Gesellschafter Etihad aus Abu Dhabi in wirtschaftliche Turbulenzen mit den bei Drucklegung des Buches noch unbekannter Zukunft.

(4) Der Weg zum dritten Marktführer DER Touristik
Die **REWE** komplettierte ab 2001 mit internen organisatorischen und gesellschaftsrechtlichen Veränderungen die Lagerbildung im deutschen Reisemarkt mit den Reiseveranstaltern ITS, Jahn Reisen, Tjaereborg, DERTOUR, Meier's Weltreisen und ADAC Reisen, den Reisebüroketten DER, Atlasreisen, DERPART (Franchise) sowie den unter dem Dach der RSG gebündelten Kooperationen TourContact, Protours/RCE und Deutscher Reisering, über 70 Hotels, über 50 Zielgebietsagenturen weltweit und der vorübergehenden Minderheitsbeteiligung an der Airline LTU.

Abbildung I.31 dokumentiert die vertikalen und horizontalen Geschäftsbereiche und Beteiligungen der drei deutschen Reisekonzerne Ende 2015.

Die Touristikunternehmen der REWE konzentrierten ihre Aktivitäten insbesondere nach den Nachfrageeinbrüchen ab 2001 auf die Quellmärkte Deutschland und Österreich, in denen sie jeweils den Vorsprung von C&N bzw. heute Thomas Cook sukzessive aufholte und expandierte international ausschließlich als Veranstalter in noch junge süd- und osteuropäische Wachstumsmärkte sowie im Windschatten der Handelsbeteiligungen der REWE u. a. in die Schweiz und nach Italien. Anders als TUI und C&N verfolgte die REWE von Anfang an nicht die Strategie der vertikalen Integration. Vielmehr musste jede Wertschöpfungsstufe ihre Eigenwirtschaftlichkeit nachweisen, ggf. nicht nur im externen, sondern auch im konzerninternen Wettbewerb. Wachstum sollte weitgehend organisch und Asset-frei sein. Dabei hilft der **REWE** ihre gesellschaftsrechtliche Struktur als **Genossenschaft**. Den im Vergleich zu einer Aktiengesellschaft eingeschränkten Möglichkeiten der Finanzierung, steht der nicht zu unterschätzende Vorteil gegenüber, nicht unter dem eher kurzfristig orientierten Diktat eines Aktienkurses zu stehen. Genossen-

	TUI AG			Thomas Cook			DER Touristik		
	Markenname	Zahl der Vertriebsstellen	Umsatz	Markenname	Zahl der Vertriebsstellen	Umsatz	Markenname	Zahl der Vertriebsstellen	Umsatz
Veranstalter (ohne FEP)	TUI Deutschland 1-2 Fly, airtours, L'Tur, Fox Tours, OFT Berge&Meer Gebeco / Dr. Tigges		4.500	Neckermann Thomas Cook Bucher Öger Tours		3.520	ADAC Reisen DERTOUR Meier's Weltreisen		1.801
	TUI Cruises		630				ITS Jahn Reisen Travelix Clevertours		1.436
	Hapag Lloyd Kreuzfahrten		267						
2015 gesamt	**Umsatz in Mio. €**		**5.397**	**Umsatz in Mio. €**		**3.520**	**Umsatz in Mio. €**		**3.237**
Ketten-vertrieb	First BT TUI Store Hapag Lloyd TUI Reise Center	75 Büros		kein BT Thomas Cook	125 Büros	247	*FCm + DTS* DER Reisebüro	*132 Büros* 474 Büros	*1.210* 941
		1.107 Büros	3.007						
Franchise-vertieb	First Reisebüro TUI Reisecenter Hapag Lloyd			Holiday Land Thomas Cook	373 Büros	550	DERPART inkl. ADAC DERTouristik Partner Service	492 Büros	1.534
Kooperations-vertrieb	TUI TravelStar	425 Büros	561	Neckermann Reisen Team und Partner	813 Büros	683	Pro Tours/RCE Dt. Reisering Karstadt Rsb Tour Contact ADAC	975 Büros	1.144
2015 gesamt	**Umsatz in Mio. €** 1.532 Büros		**3.568**	**Umsatz in Mio. €** 1.311 Büros		**1.480**	**Umsatz in Mio. €** 2.047 Büros		**4.503**
Carrier	TUIFly			Condor		45			
	Anzahl Flugzeuge		41						
	davon verleast an Air Berlin		14				keine Airline		
	Paxe in Mio.		7,6	Paxe in Mio.		7,2			
	Charterumsatz in Mio. €		ca. 750	Charterumsatz in Mio. €		ca. 823			
	Umsatz FEP in Mio.€		ca. 130	Umsatz FEP in Mio. €		ca. 760			
2015 gesamt	**Umsatz in Mio. € gesamt**		**ca. 850**	**Umsatz in Mio. € gesamt**		**1.299**			
Hotels	RIU, Robinson, Iberotel, Sensimar u.a.			Aldiana, Iberostar, IFA, Sentido u.a.			Calimera, LTI Hotels, PrimaSol, Cooee		
	Anzahl Hotels		ca. 300	Anzahl Hotels		164	Anzahl Hotels		42

Abb. I.31: Vertikale Integration der drei größten touristischen Konzerne in Deutschland (Quelle: Geschäftsberichte, FVW-Dossier und -Hochrechnungen)

schafter beanspruchen keine Dividenden, der Wert ihres Anteils bemisst sich nicht am Unternehmenswert und die Höhe der Kapitaleinlage regelt die Satzung. Alles was verdient wird, bleibt im Unternehmen und steht zur Weiterentwicklung und Expansion zur Verfügung. Genossenschafter sind als Eigentümer ausschließlich an einem leistungsfähigen, zukunftsorientierten Unternehmen interessiert, das auch noch für die nachfolgenden Generationen eine Warenversorgung zu attraktiven und wettbewerbsfähigen Konditionen sicherstellt. Langfristigere Commitments von Eigentümern gibt es nicht. Bis 2013 strukturierte die REWE die von ihr erworbenen Touristikunternehmen um, in einen touristischen Teilkonzern mit einer eigenen **Dachmarke DER Touristik.** Erst 2015 begann die DER Touristik eine umfassende

Internationalisierungsstrategie mit dem Erwerb der Veranstalter der **Kuoni Group** in Mittel-, West- und Noreuropa sowie der **Exim Group** in Osteuropa und stieg damit nach TUI und Thomas Cook zum drittgrößten Veranstalterkonzern in Europa auf.

(5) Mittelständische Reiseveranstalter

Man könnte den Eindruck gewinnen, dass sich der gesamte Reiseveranstaltermarkt nur um die drei Reisekonzerne dreht. Die Abb. V.8 und V.10 dokumentieren, dass diese als Reiseveranstalter in Deutschland aber nur einen Marktanteil von 45 % (1990: 37 %) kontrollieren. Immerhin haben sich mit **alltours** (gegr. 1974, bis 1988 nur in Nordrhein-Westfalen tätig), den jeweils 1983 gegründeten Unternehmen **FTI/Frosch Touristik** und **Schauinsland Reisen** (gegr. 1954) sowie der Tochtergesellschaft der weltweit größten Reederei Carnival, **AIDA Cruises,** respektable Wettbewerber eine starke, ernst zu nehmende Marktposition neben vielen kleinen und mittelgroßen Segmentspezialisten erworben. Viele Marken wurden allerdings seit 1990 von den drei Konzernen gekauft und teilweise nicht fortgeführt (u. a. Kreutzer, Fischer, Air Marin, Öger Tours, Jet Reisen, Airconti, Transair). Von den bekannten Unternehmen musste lediglich der Stuttgarter Veranstalter Hetzel Reisen 1996 Konkurs anmelden sowie 2010 die kleinen Kreuzfahrtenspezialisten Transocean, Deilmann und Delphin/Hansa-Kreuzfahrten.

5.6 Globalisierung der Reiseveranstaltermärkte

Motiviert durch die Expansionspläne des größten britischen Veranstalters Airtours plc, die bei DER und First Choice erfolglos blieben, aber die Akquisition von FTI (1998) und der Kreuzfahrtenreederei Costa Crociere (1997) jeweils aus Familienbesitz ermöglichten, beschloss auch **Preussag/TUI** ihr touristisches Beteiligungsportfolio angesichts kartellrechtlicher Beschränkungen in Deutschland international konsequent weiter auszubauen (bis 1997 in Österreich, Belgien und den Niederlanden).

1998 wurde in zwei Schritten das drittgrößte Schweizer Reiseunternehmen Imholz Reisen übernommen und 1999 nach der Übernahme des nur im Direktvertrieb tätigen Veranstalters Vögele Reisen in TUI Suisse umfirmiert. Im darauffolgenden Jahr erwarb Preussag den drittgrößten britischen Reiseveranstalter **Thomas Cook**, dessen deutsche Reisebüros bereits Anfang der 90er-Jahre über die West LB übernommen und in die TUI überführt wurden. Als Preussag bemerkte, dass der Wettbewerber **C&N Touristic** Anfang 2000 über die Übernahme des zweitgrößten britischen Reisekonzerns Thomson plc (neben Großbritannien und Irland noch in Kanada und Indien tätig) verhandelte und damit im Erfolgsfalle die europäische Marktführerschaft übernommen hätte, stieg der Hannoveraner Konzern in einen wahren Verhandlungspoker ein und überbot C&N mit einem stark überzogenen Kaufpreis für **Thomson plc** (Veranstaltergeschäft in Großbritannien, Irland und Skandinavien) von rund 3 Mrd. Euro. Aus kartellrechtlichen Gründen musste Preussag allerdings dafür die erst im Vorjahr erworbene Thomas Cook plc wieder abtreten und veräußerte das Unternehmen an den unterlegenen Mitbewerber C&N Touristic.

Noch im Jahr 2000 akquirierte Preussag mit dem französischen Marktführer Nouvelles Frontieres und dem österreichischen Marktführer Gulet, der mit Touropa Austria und Terra Reisen zu TUI Austria fusionierte, weitere namhafte Reiseunternehmen und baute die europäische Marktführerschaft weiter aus.

Auch **C&N** betätigte sich in Frankreich mit dem Erwerb der Reisebürokette Havas, die allerdings nach 2 Jahren wieder veräußert wurde, und kaufte später den französischen Veranstalter Jet Tour hinzu. Im Jahr 2002 gestaltete die C&N Touristic die Marke Thomas Cook zur Konzernmarke über alle Wertschöpfungsstufen und Geschäftsbereiche einschl. der konzerneigenen Charter-Airline Condor. Als die Fremdveranstalter in Deutschland daraufhin ihre Kontingente von der neuen Thomas Cook Airline abzogen, weil sie ihre Kunden nicht mit einem Wettbewerber in den Urlaub fliegen lassen wollten, wurde diese wirtschaftlich fatale Fehlentscheidung 2 Jahre später revidiert und die Marke Condor wieder aktiviert.

Die **Preussag AG** entschied sich 2002 zu einer Umbenennung des Konzerns in **TUI AG,** weil die touristischen Aktivitäten nunmehr eindeutig überwogen, und verpasste den meisten touristischen Konzernmarken ein entsprechendes Co-Branding mit dem neu kreierten TUI-Smiley.

Als der zur Schickedanz-Gruppe gehörende **KarstadtQuelle-Konzern** 2005 in wirtschaftliche Schwierigkeiten geriet, wurde der Investmentbanker und ehemalige Bertelsmann-Chef Thomas Middelhoff mit der Sanierung und Portfoliobereinigung des Konzerns beauftragt. Neben der Restrukturierung der Karstadt-Kaufhäuser, der Veräußerung der Immobilien und des Versandhauses Neckermann erfolgte auch eine Umstrukturierung der Thomas Cook AG (50 % KarstadtQuelle, 50 % Lufthansa), die nach einem kräftigen Sanierungsprozess noch keine ausreichende Profitabilität auswies und zu einem Kerngeschäftsfeld des Konzerns ausgebaut werden sollte. KarstadtQuelle konnte 2007 nach langwierigen Verhandlungen mit Lufthansa die 50%-Beteiligung an den Veranstaltern vollständig übernehmen und die Beteiligung an der Fluggesellschaft Condor auf 74,9 % aufstocken mit einem gegenseitigen Vorkaufsrecht auf die restlichen Airline-Anteile bis Anfang 2009. KarstadtQuelle – 2007 in Arcandor AG umbenannt – fusionierte daraufhin die Thomas Cook AG (ohne Condor) mit der inzwischen weitgehend sanierten britischen **My Travelplc** (bis 2003 Airtours plc). Am neuen in London börsennotierten Gemeinschaftsunternehmen **Thomas Cook plc** war Arcandor nunmehr mit 52 % beteiligt.

Nahezu zeitgleich erzielte die TUI AG mit dem viertgrößten britischen Veranstalter **First Choice plc,** der sich abseits des Volumengeschäfts verstärkt auf ein großes Portfolio von Veranstalterspezialisten und flexiblen Bausteinreisen konzentriert hatte, ebenfalls Einigung zur Fusion aller Veranstalterbeteiligungen inkl. der jeweiligen Konzern-Airlines. An dem neuen, nunmehr in London börsennotierten

Gemeinschaftsunternehmen **TUI plc** war die TUI AG, die ihre Hotel- und Schiffsbeteiligungen nicht in das Joint Venture einbrachte, mit 51 % beteiligt. Durch Aktientausch wurde schließlich 2014 die TUI plc London in die TUI AG Hannover eingebracht, sodass die TUI seitdem ausschließlich in Deutschland börsennotiert ist. Im Zuge des Aktientausches veränderte sich auch die Aktionärsstruktur. Die beiden größten Aktionäre sind seit 2015 der russische Milliardär Mordaschow sowie die spanische Hoteliersfamilie Riu, die zusammen über 40 % der TUI-Anteile kontrollieren. Der Thomas-Cook-Mehrheitsgesellschafter Arcandor meldete 2009 Insolvenz an. Die zur Konkursmasse gehörende Aktienmehrheit an der Thomas Cook plc in London wurde von den Gläubigerbanken an institutionelle Investoren in Großbritannien veräußert, sodass Thomas Cook aktuell ein börsennotierter rein britischer Reisekonzern ist, dessen größte Konzernbeteiligung ihren Sitz in Deutschland mit dem Veranstalter Thomas Cook Deutschland und der Ferienfluggesellschaft Condor hat.

Erst 2015 bildete sich der drittgrößte europäische Reisekonzern, als die REWE Group die europäischen Veranstalterbeteiligungen der bis dahin viertgrößten europäischen Reisegruppe **Kuoni** erwarb und mit der DER Touristik zusammenführte. Kurz zuvor hatte die REWE 2014 schon den größten osteuropäischen Veranstalter EXIM Tours mit Hauptsitz in Tschechien und Dependancen in Polen, Ungarn und der Slowakei erworben. Insgesamt verfügt die **DER Touristik Group** ab 2016 neben ihren Stammmärkten Deutschland und Österreich über Veranstalterbeteiligungen in der Schweiz (Hauptmarken Kuoni Reisen, Helvetic Tours, ITS COOP Reisen), in Großbritannien (Hauptmarke Kuoni Travel), Schweden, Norwegen, Dänemark, Finnland (Hauptmarke Apollo), Tschechien, der Slowakei, Ungarn, Polen (Hauptmarken Exim, Karthago) und Benelux (nur Spezialistenmarken).

TUI und Thomas Cook sind mit weitem und nicht mehr einholbarem Vorsprung die beiden größten europäischen Reisekonzerne vor der DER Touristik. Abbildung I.32 dokumentiert die internationale Dominanz der drei Marktführer. Die Umsatzentwicklungen basieren auf Informationen aus den Handelsregistern, dem Bundesanzeiger und aus Geschäftsberichten. Die großen Konzerne weisen leider keine detaillierten quellmarktbezogenen Zahlen aus. Hinter den drei Marktführern tut sich bereits eine große Marktlücke auf vor den verbleibenen touristischen Aktivitäten des Kuoni-Konzerns, die derzeit in weiteren Schritten sukzessive verkauft werden. Die drei Marktführer erwirtschaften zwei Drittel des Gesamtumsatzes der Top 20 in Europa und weisen eine hohe Marktkonzentration auf. Der fünftgrößte europäische Veranstalter FTI ist zugleich auf Rang 4 in Deutschland. Ab Rang 10 erzielen die weiteren Veranstalter in Europa weniger als 1 Mrd. Euro Umsatz. Der auf Platz 11 liegende deutsche Veranstalter Schauinsland wurde sogar erst 2003 als Flugreiseveranstalter gegründet. Weitere Neugründungen, die es allerdings noch nicht unter die Top 20 geschafft haben, vertreiben ihre Angebote mit dem Geschäftsmodell der dynamischen Paketierung fast ausschließlich online. Unter den Top 11 befinden sich sieben deutsche Veranstalter.

Seit der Jahrtausendwende boomt das Marktsegment der **Hochseekreuzfahrt** und dies durch maßgeblichen Einfluss globaler Anbieter. Sowohl AIDA Cruises als

Rang	Rang	Unternehmen	Sitz	Touristischer Umsatz in Mio. € 2014	Touristischer Umsatz in Mio. € 2007	Änderung	Vertreten in
1	1	TUI AG/plc	D	18.715	15.639	19,7%	A, B, CH, D, DK, F, FIN, GB, HU, IRL, N, NL, PL, S, TR, CAN, RUS, CHN
2	2	Thomas Cook Group	GB	11.586	11.715	–1,1%	A, B, CH, D, F, GB, HU ,I , IRL, NL, PL, S, AUS, CAN, N ,DK, FIN
3	3	DER Touristik (REWE)	D	7.062	4.283	64,9%	A, BG, CH, CZ, D, GB, HU, PL, SRB, SK, ROM, S, N, DK, B, NL, FIN
4	4	Kuoni/GTI	CH	3.800	2.866	32,6%	CH, IND, USA, JP, HK, CHN
5	9	FTI Group	D	2.400	1.114	115,5%	A, CH, D
6	6	Alltours	D	1.470	1.440	2,1%	B, D, NL
7	5	Club Méditerranée	F	1.380	1.727	–20,1%	in 46 Ländern
8	15	Aida Cruises	D	1.300	451	188,2%	A, CH, D
9	7	Hotelplan	CH	1.102	1.266	–13,0%	CH, F, GB, I, NL
10	8	Alpitour/Francorosso	I	994	1.236	–19,6%	I
11	20	Schauinsland	D	970	248	291,1%	D
12	10	Verkehrsbüro/Eurotours	A	875	809	8,2%	A
13	12	Holidaybreak	GB	610	523	16,7%	GB
14	11	Gruppo Ventaglio	I	582	783	–25,7%	I
15	16	Grp. Vacances Transat	F	491	370	32,7%	F, CAN
16	13	Go Voyages/Odigo/Opodo	F	479	505	–5,1%	F, B, NL, LUX, D, A, CH
17	18	Travelplan	E	330	300	10,0%	E
18	14	Voyages Fram	F	315	465	–32,3%	F
19	19	Phoenix	D	297	252	17,9%	D
20	17	Sunweb	NL	240	310	–22,6%	B, NL, LUX
TOP 20 insgesamt				**54.998,0**	**46.300,4**		

zum Vergleich Online Konzerne

Expedia Inc	USA	8.442,0	k.A.	USA,NL (davon Booking 5519 Mio €)
Priceline Inc./Booking BV	NL,USA	5.763,0	k.A.	USA
HRS/Hotel.de	D	180,0	k.A.	A,D
Unister	D	310,0	k.A.	A,D
Holidaycheck	CH	189,0	k.A.	A,CH,D

Abb. I.32: Entwicklung der größten europäischen Touristikunternehmen (Quelle: Geschäftsberichte und Hochrechnungen)

auch Costa Crociere – beides 100-%-Beteiligungen des US-amerikanischen **Carnival-Konzerns** – haben ebenso durch jährliche Schiffsneubauten zu diesem Wachstum beigetragen wie **MSC** als italienische Reederei. Der US-Amerikaner Ted Arison gründete 1972 in Miami die heute weltgrößte Kreuzfahrtenreederei Carnival mit einem Gesamtumsatz von 12,5 Mrd. Euro. Sein Sohn Micky Arison brachte das Unternehmen 1987 an die Börse und übernahm mit den Finanzmitteln der Anleger in den beiden folgenden Dekaden weitere neun große Wettbewerber, darunter AIDA von P&O und Costa Crociere von dem im Jahr 2000 fast insolventen Veranstalter Airtours GB (heute My Travel/Thomas Cook). Carnival ist aktuell aus steuerlichen und arbeitsrechtlichen Gründen als Aktiengesellschaft an der Börse von Panama registriert. Hingegen nahm der Einfluss der kleinen deutschen Kreuzfahrtspezialanbieter (wie Hapag Lloyd, Deilmann, Transocean, Delphin/Hansa) nicht zuletzt aufgrund der Insolvenzen der drei letzteren im Jahr 2010 deutlich ab.

AIDA Cruises ist eine Marke der **Carnival Corporation & PLC** und ist aus dem ehemaligen DDR-Kombinat **VEB Deutsche Seereederei (DSR)**, Rostock, hervorgegangen, das im Besitz der in Kiel gebauten Kreuzfahrtschiffe MS Astor und MS Arkona (der heutigen MS Astoria) war.

Nach der Privatisierung durch die Treuhandanstalt 1990 plante die DSR 1993 einen Schiffsneubau nach dem Funship-Konzept amerikanischer Reedereien, das 1996 als „AIDA – Das Clubschiff" (die heutige AIDAcara) in Betrieb ging. 1996 wurden die MS Arkona (heute MS Astoria) und MS Astor an u. a. zypriotische Eigentümer veräußert und von Transocean für den deutschen Markt zurückgechartert. 1997 erwarb die DSR von der TUI das unter der Marke Seetours International firmierende Kreuzfahrtgeschäft und gründete als Holding für Seetours und die DSR die Arkona Touristik GmbH, an der sich 1999 die britische Reederei P&O Princess Cruises mit 51 % beteiligte. Die DSR brachte das Clubschiff AIDA und Seetours International in die gemeinsame Beteiligung AIDA Cruises Ltd ein, die zwei weitere AIDA-Schiffe in Auftrag gab (AIDAvita und AIDAaura).

Im Jahr 2000 veräußerte die DSR die restliche 49 %-Beteiligung an der AIDA Cruises Ltd an P&O, die ihrerseits 2003 komplett von der Carnival Corporation plc, dem mit Abstand größten Kreuzfahrtunternehmen der Welt, übernommen wurde. Zur Carnival Corporation gehören neben AIDA die Reedereimarken Carnival Cruises, Cunard, P&O, Princess Cruises, Holland-America-Line, Costa Cruises, Star Cruises, Seabourn Cruises und Iberocruceros. Costa Crociere, die mit 2,8 Mio. Euro Umsatz, 2,1 Mio. Passagieren und 14 Schiffen größte Reedereibeteiligung von Carnival fungiert dabei in Genua als europäische Konzernmutter u. a. auch von AIDA.

Mit den Reedereien Hapag Lloyd Kreuzfahrten sowie Thomson Cruises in Großbritannien mit jeweils vier Schiffen ist TUI schon seit der Jahrtausendwende als einziger Veranstaltergeneralist im Kreuzfahrtenmarkt aktiv. 2008 beschloss TUI dieses Engagement auszuweiten in einer 50 : 50-Joint-Venture-Beteiligung mit der weltweit zweitgrößten Reederei Royal Carribean Cruises. Bis 2016 waren bereits sechs gemeinsame Schiffe im deutschen Markt platziert unter den Namen „Mein Schiff" 1 bis 6, weitere vier sind bis 2020 geordert. Mit ihren bislang 14 Schiffen erzielte **TUI Cruises** 2016 bereits über 1 Mrd. Euro Umsatz und ist nach AIDA die zweitgrößte deutsche Reederei.

5.7 Ausblick

Mit dem beschriebenen starken Ausbau des Hochseekreuzfahrtenmarktes wurde ein weiteres Kapitel der Globalisierung der Veranstaltermärkte geschrieben. Ob damit die Konsolidierung des Reisemarktes abgeschlossen ist, ist schwer einzuschätzen. Inzwischen haben Fluggesellschaften wie Air Berlin mit einem Geschäftsmodell aus Low-Cost-Airline, Ferienflieger und Linien-Carrier eine neue Rolle übernommen. Die Air Berlin wurde 1991 mit zwei Flugzeugen nach Wegfall der Flugbeschränkungen aufgrund des Vier-Mächte-Status für Berlin von Joachim Hunold und einigen privaten Investoren im Zuge eines Management-Buyout erworben, wuchs bis 2004 organisch und übernahm danach bis 2007 die Wettbewerber Germania und NikiFly (2005), Deutsche BA (2006) sowie Belair (von Hotelplan/Schweiz) und LTU (2007). Air Berlin hat ab 2010 auf der Nah- und Mittelstrecke ein Code-Share-Abkommen mit der TUI-Airline TUIfly abgeschlossen und alle City-Flugstrecken von TUIfly übernommen (deren bisheriges Low-Cost-Fluggeschäft). Ferner wurde zeitgleich ein Code-Share-Abkommen mit der Etihad abgeschlossen, die mit der Übernahme von Verlusten insgesamt 49 % an der zweitgrößten deutschen Airline erwarb. Verschiedene Geschäftsführer versuchten immer wieder eine Sanierung der Air Berlin. Schließlich beschloss der Gesellschafter Etihad die Air Berlin durch Zerlegung in drei Teile zu zerlegen. Weitere rund 40 Kurz- und Mittelstreckenflugzeuge übernimmt im Wetlease die Lufthansa-Billigfluggesellschaft Eurowings und der Rest mit der gesamten Langstreckenflotte soll eine Beteiligung der Etihad bleiben, wird allerdings auch von der Lufthansa umworben. Die weitere wirtschaftliche Entwicklung bzw. Existenz der Air Berlin ist zum Zeitpunkt der Drucklegung dieses Buches ungeklärt.

Die weiteren Schritte der Globalisierung der Touristikmärkte wird momentan durch die technischen Möglichkeiten des Internets vorangetrieben. Alle touristischen Anbieter versuchen über dieses Medium weitere Kunden zu erreichen und damit zu expandieren. Allerdings zeigt sich, dass das Internet als Wachstumsmotor eher für Produzenten bzw. Leistungsträger sowie für Vermittler und Metasearcher erfolgversprechend ist und nur begrenzt für Reiseveranstalter. Die strategischen Veränderungen der in fast allen wichtigen europäischen Quellmärkten stagnierenden Veranstaltermärkte sind damit sicherlich nicht abgeschlossen. Es fehlt aber ein wenig die Fantasie, wie die nächsten Epochen der Geschichte aussehen könnten.

6 Zukünftige Polarisierung und Oligopolisierung des Reisemarktes – horizontale und vertikale Konzentrationstendenzen im Spannungsfeld schrumpfender Ertragsmargen und Wertschöpfungsprozesse

Als Tendenz für die 2000er-Jahre zeichnet sich neben der Herausbildung weniger Großveranstalter aber auch die Etablierung zahlreicher Kleinveranstalter ab, was eine generelle Tendenz zum **„gespaltenen Reiseveranstaltermarkt"** bedeutet:

„... mehr und mehr Klein- und Kleinstveranstalter können sich auf dem Markt behaupten, da sie – der Tendenz zur Individualisierung entgegenkommend – oft hochspezialisierte Angebote auch für Kleinstgruppen anbieten, häufig sehr spezifische, ausgefallene oder sogar skurrile Marktsegmente abdecken und sich zudem optimal und flexibel auf Kundenwünsche ausrichten können. So gibt es Veranstalter, die sich z. B. spezialisiert haben auf Trekking-Touren durch die Sahara; Boots- und Wildwasserfahrten auf den Strömen Südamerikas, Nepals oder Neuguineas; Hochzeitsreisen auf Mauritius; naturkundliche Studienfahrten zu den Galapagos Inseln; Bärenjagdreisen in Kanada; Golf- oder Reiterferien; Pilgerreisen; den Besuch von Naturheilern auf den Philippinen; Kameltouren durch die Mongolei; Reisen für Behinderte, Senioren, Junioren oder Alleinerziehende oder auf einen Goldwäscher-Urlaub in Alaska."
(VORLAUFER 1993, zitiert nach FREYER 2002: 70).

6.1 Gründe für horizontale und vertikale Konzentrationsentwicklung

Untersucht man die Hintergründe für die aufgezeigten Konzentrationstendenzen, so wird deutlich, dass sie eigentlich weitgehend branchenunabhängig sind und der Reisemarkt nunmehr von einigen Entwicklungen eingeholt wird, die in anderen Branchen, wenn auch zum Teil mit unterschiedlichen Ausprägungen, bereits seit langem eingetreten sind:

1. Marktkonzentration entsteht bei Wegfall von Schutz-, Regulierungs- und Subventionierungsmechanismen in einzelnen Teilmärkten und damit als Folge von rechtlich oder politisch initiierter **Liberalisierung.**
2. Marktkonzentration entsteht als Reaktion von hoch entwickelten Märkten oder Teilmärkten in der **Sättigungsphase** des Produkt-Lebenszyklus, wenn
   - die Kreativität zur Schaffung neuer und diversifizierter Angebote ausgereizt ist,

https://doi.org/10.1515/9783110481457-008

- Newcomer bei niedrigen Markteintrittsbarrieren überwiegend als Me-Too-Anbieter in den Markt einsteigen, um unbelastet von Marktentwicklungskosten Renditen abzuschöpfen,
- bei starkem Wettbewerb die Margen schrumpfen und marktübliche Renditen und Dividenden nur noch über „economies of scale" oder „economies of scope" zu realisieren sind.

3. Konzentration ist die Reaktion von Märkten, die aufgrund ihres Geschäftssystems (z. B. Provisionen mit prozentualen Abhängigkeiten vom Verkaufsergebnis, Handelsvertretersysteme) **keinen nennenswerten Einfluss auf die Gestaltung ihrer Marge** haben und damit zu permanentem organisch aus eigener Kraft nicht mehr erzielbarem Wachstum gezwungen sind, um ihren Ressourceneinsatz zu finanzieren (Produktivitätsdruck durch hohe Anlageinvestitionen und/oder Fixkosten).

4. Konzentration ist ein **Kettenreaktionseffekt** auf Konzentrationen in vor- oder nachgelagerten Wertschöpfungsstufen zur Sicherung von Einkaufsmacht bzw. vertrieblicher Unabhängigkeit (horizontale oder vertikale Konzentration).

Überträgt man diese Grundkriterien und Erklärungsansätze auf die Ereignisse am Reisemarkt, so führen auch hier die wirtschaftlichen Kausalzusammenhänge des strategischen Handelns der einzelnen Marktteilnehmer zu einer nahezu zwangsläufigen **Normalität des Konzentrationsprozesses.** Die Rahmenbedingungen des Reisemarktes sind dadurch gekennzeichnet, dass rund ein Viertel aller Deutschen keine Urlaubsreise tätigt. Von denen, die reisen, tun dies 50 % individuell, d. h. ohne Reisebüro oder Reiseveranstalter durch Selbstarrangieren. Somit ist lediglich die Hälfte aller Deutschen Kunde eines oder mehrerer Urlaubsreiseunternehmen. Dieser Anteil ist zwar in den letzten Jahren tendenziell gestiegen, jedoch immer noch eine deutliche Minderheit, weil es offensichtlich viele Reiseformen gibt, die zumindest in Kontinentaleuropa – anders als in Insellagen wie Großbritannien und Skandinavien – ohne Branchenbeteiligung für den Endverbraucher einfacher und wirtschaftlich günstiger zu organisieren sind.

Damit ergibt sich als **erste Erkenntnis,** dass es für die Branchenunternehmen kaum möglich ist, die Gesamtwertschöpfungsmarge der Reiseorganisation zu steigern, weil einerseits die Nachfrager Reisen im Gegensatz zu den meisten Konsumgütern durchaus selbst produzieren können und andererseits die Leistungsträger für eine mehrstufige Reiseorganisation gegenüber der Möglichkeit zum Direktvertrieb über die eigene Logistik vor allem im Internet nur ein begrenztes Vertriebsbudget zur Verfügung stellen. Die **zweite Erkenntnis** ist, dass die von den originären Leistungsträgern zur Verfügung gestellte Marge bei konsequentem wirtschaftlichen Handeln damit maximal so groß sein kann wie der Saldo aus Nutzen und Kosten des Direktvertriebs. Eine Steigerung der Gesamtmarge für Reisebüros und Reiseveranstalter über derzeit 20–25 % des Endverkaufspreises für die Reiseleistung hinaus ist daher unrealistisch. Vielmehr ist diese Marge durch kostengünstigere Direktvertriebsmöglichkeiten (z. B. Online-Dienste) weiter unter Druck geraten. Markenstarke Leistungsträger mit einer eigenen Vertriebslogistik (Reservierungssysteme, Standorte, Callcenter, alternative Kanäle) und unkomplizierten, selbsterklärlichen und leicht darstellbaren Produkten wie Airlines, Eisenbahnen, aber auch Hotels und Mietwagenfirmen, haben dies bereits durch Abschaffung oder Senkung der Provisionsvergütungen realisiert. Leistungsträger mit weitgehend unbekannten Marken, erklärungsbedürftigen Produkten und schwachem Eigenvertrieb wie z. B. einzelne Urlaubshotels oder lokale Mietwagenunternehmen und Ausflugsanbieter in ausländischen Zielmärkten sind hingegen auch zukünftig auf Vertriebspartner wie Veranstalter, Consolidator und/oder Reisevermittler in den Quellmärkten angewiesen.

Sinkende Margen führen zum Druck auf alle Marktpartner, den nur die wirtschaftlich Stärksten ohne Schaden überstehen. Damit besteht die Notwendigkeit, die unter Druck geratene Marge zwischen Reiseveranstaltern, Zielgebietsagenturen und Reisevermittlern neu zu verteilen. Ein Ventil, um den Umverteilungsdruck durch sinkende Margen zu mindern, ist in Wachstumsmärkten die vertikale Integration, d. h. die Konzentration aller im Produktionsprozess benötigten Wertschöpfungsstufen und Ressourcen in einer gemeinsam gesteuerten wirtschaftlichen Unternehmenseinheit. Diese Konzentration ist jedoch nur für kapitalstarke Unternehmen möglich. Sie wird i. d. R. eingeleitet durch den in der Wertschöpfungskette stärksten Partner.

Fehlende Kapitalkraft für eine vertikale Integration erfordert eine **eigenständige Profilierung** innerhalb der Wertschöpfungskette gegenüber den vor- und nachgelagerten Stufen, um möglichst die eigene Marge zu erhalten oder ggf. zulasten der anderen zu steigern. Eine derartige Profilierung kann nur erzeugt werden, wenn ein Unternehmen solvent und gesund ist und somit über wirtschaftliche Handlungsspielräume verfügt. Maßnahmen, um derartige Spielräume zu erzeugen, können marktbezogene Parameter wie Stammkundenbindung, Markenbindung, Innovationsfreudigkeit und Exklusivitäten bzw. USP sein oder unternehmensinterne Parameter wie „economies of scope" auf der Ertragsseite (Einkaufsmacht, Sortimentssteuerung, eigenständige Preispolitik über Handelsmarke) oder „economies of scale" auf der Kostenseite (organisatorische Maßnahmen zur Produktivitätssteigerung, Flexibilisierung des Ressourceneinsatzes, Investition in Systemtechniken, Flexibilisierung von Fixkosten, Vereinfachung von Abwicklungsprozessen, Standortoptimierungen u. Ä.). Die unternehmensinternen Parameter verdeutlichen bei sinkenden Ertragsmargen sehr schnell, dass sie umso leichter umsetzbar sind, je größer und kapitalkräftiger ein Unternehmen ist. Die marktbezogenen Parameter sind auch für kleinere Unternehmen und Nischenanbieter einsetzbar.

Reisebüroketten haben unter diesem Aspekt Vorteile gegenüber Franchisesystemen bzw. Kooperationen und diese wiederum gegenüber Einzelreisebüros. **Kooperationen** sind somit möglicherweise nur eine Durchgangsstation vom Einzelreisebüro zur Kette mit einem sukzessiven Erziehungsprozess zum Kettenverhalten, der durch ein Franchising noch intensiviert werden kann. Mittelständische Einzelreisebüros können aber durch eine enge lokale, persönliche Vernetzung des Inhabers und der

Mitarbeiter die wirtschaftlichen Nachteile gegenüber Ketten mit zumeist starker lokaler Mitarbeiterfluktuation weitgehend kompensieren. Auch omnipräsente Großveranstalter mit einem Vollsortiment können unter unternehmensinternen wirtschaftlichen Aspekten gegenüber Me-Too-Veranstaltern und Regionalanbietern Vorteile erzielen.

In dem Moment, wo ein Unternehmen nicht mehr in der Lage ist, die vorgenannten Aktionsparameter zu seinen Gunsten für die eigene Profitabilität zu nutzen und seine Position im schrumpfenden Wertschöpfungsprozess zu halten, ist die Überlegung zur Veräußerung an ein größeres Unternehmen oder die Bündelung mit anderen zu größeren Einheiten wirtschaftlich eine Zwangsfolge. Dabei ist festzustellen, dass alle Marktteilnehmer bewusst oder unbewusst als eigenständige Mikroökonomien nach ganz normalen und logischen marktwirtschaftlichen Prinzipien agieren und nicht etwa, um dadurch anderen zu schaden oder gesetzliche Wettbewerbsregeln zu umgehen. Wirtschaftspolitisch und volkswirtschaftlich unerwünschte Entwicklungen können nur makroökonomisch mit den Mitteln der Ordnungspolitik, die in liberalen Wirtschaftssystemen unerwünscht sind, oder des Wettbewerbsrechts reguliert werden.

Der Konzentrationsprozess ist eine sich gegenseitig aufschaukelnde Entwicklung, wie sie auch in den letzten 30 Jahren im Handelsbereich und in vielen anderen Branchen entstanden ist. Leistungsträger wie Fluggesellschaften, Hotels und andere tendieren in unserer Wachstumsgesellschaft zu **permanenten Investitionen.** Diese Investitionen erzeugen zunächst Überkapazitäten, die über sinkende Preise in den Markt gedrückt werden. Bei sinkenden Preisen und prozentualen Margenabhängigkeiten in den verschiedenen Wertschöpfungsstufen (z. B. Provisionen, prozentuale Kalkulationsaufschläge) bedeutet dies für Veranstalter wie Reisebüros sinkende absolute Erträge pro Verkaufsvorgang. Diese Entwicklung kann nur durch Produktivitätssteigerungen kompensiert werden. Für die Reiseveranstalter waren die Möglichkeiten zur Produktivitätssteigerung durch den effizienten Einsatz von EDV-Techniken und hoch entwickelten Reservierungssystemen, strafferer interner Prozessorganisation sowie durch die Einkaufsbündelung in einzelnen Zielgebieten bereits in der Vergangenheit recht hoch. So konnten sie den Margenverfall weitgehend abfedern und die günstigeren Einkaufspreise an den Markt weitergeben – zum Leidwesen der über feste Provisionssätze entlohnten Reisebüros, deren Durchschnittserträge pro Verkaufsvorgang zunächst stagnierten und seit etwa 2005 nunmehr abnehmen.

Möglichkeiten zur **Produktivitätssteigerung** in den Reisebüros ergaben sich erst durch den konzentrierten Einsatz und den Ausbau der Funktionalitäten der Reservierungssysteme und sind insgesamt sehr begrenzt. Die starke Kostenremanenz durch einen Fixkostenanteil von rund 75 % allein für Personal und Standortmiete erfordert bei Betriebszeiten von bis zu 10 Stunden an 6 Tagen pro Woche eine Mindestbetriebsgröße von 3,5 Mitarbeitern, entsprechend einem Umsatzvolumen von rund 2 Mio. Euro pro Standort. Diese verlangt bei anhaltend sinkenden Provisionsvergütungen und zunehmendem Wettbewerb durch Direktvertriebskanäle eine beständig steigende Produktivität der Mitarbeiter – eine Schraube, die nicht endlos gedreht werden kann.

Weitere Möglichkeiten zur Produktivitätssteigerung bei den Reisevermittlern durch die Schaffung von Einkaufsmacht sind inzwischen ausgeschöpft. Diese wurde durch die Bildung von Kooperationen, Franchisegruppierungen und das Wachstum der Reisebüroketten sukzessive aufgebaut. Um dieser sich bildenden Handelsmacht auszuweichen, haben Reiseveranstalter und Leistungsträger verstärkt selbst Reisebüroketten sowie steuerbare Franchiseunternehmen und Reisebürokooperationen aufgebaut und gehen sukzessive den Weg der vertikalen Konzentration und/oder Vertriebsbindung über Konditionen. Diese Vorgehensweise erzeugte wiederum bei neutralen Ketten und Kooperationen als Gegenreaktion Maßnahmen zur Sortimentssteuerung und Auslistung, um sich der Konkurrenz des Eigenvertriebs der Veranstalter zu erwehren. Ergebnis war, dass beide Seiten in einem völlig überhitzten Markt für Reisebüros in den 90er-Jahren zu weit überzogenen Preisen große Vertriebsnetze zusammengekauft haben und nunmehr Bindungs- und Kooperationsmodelle ausbauen, sodass am Ende sowohl auf der Reiseveranstalter- als auch auf der Reisevermittlerseite nur wenige dominante Großunternehmen übrig geblieben sind.

6.2 Zukunftserwartungen für Konzentrationsentwicklungen

Aufgrund der sinkenden Margen versuchen Veranstalter und Leistungsträger (Hotels und Fluggesellschaften) in Deutschland verstärkt die gesamte Wertschöpfungskette unter ihre Kontrolle zu bekommen. Im Frühjahr 1998 genehmigte das Bundeskartellamt unter Auflagen die Bildung des **gelben Lagers** unter Führung von Lufthansa und Karstadt/Schickedanz-Gruppe und des **roten Lagers** unter Führung von West LB/Preussag sowie schließlich 2000 und 2001 auch des dritten deutschen Reisekonzerns unter dem Dach der **REWE Group** (ab 2013 DER Touristik).

Das rote und das gelbe Lager konzentrierten ihre Beteiligungen und Geschäftsbereiche von Anfang an sowohl horizontal (von Unternehmen in der gleichen Wertschöpfungsstufe national und international) als auch vertikal (durch Integration von bis zu vier nacheinander gelagerten überwiegend nationalen Wertschöpfungsebenen).

Damit wuchsen die beiden bisherigen deutschen Marktführer TUI und NUR Touristic (schon bis 1998 die Nr. 1 und Nr. 3 in Europa) international in nahezu uneinholbare Größenordnungen. Dabei hatten sie mit den britischen Veranstaltern Thomson, Thomas Cook und Airtours/My Travel prominente Vorbilder, die letztendlich in zwei Schritten 1999 und 2007 von ihnen übernommen wurden. Während DER Touristik den Weg der vertikalen Integration aufgrund der hohen Kapitalbindung weitgehend ablehnte, hat sich auch der Thomas-Cook-Konzern inzwischen davon gelöst und strebt wie DER Touristik ein weitgehend Asset-freies Wachstum (ohne eigene Hotels und Airlines) bei eigenständiger Gewinnerzielung jeder Wertschöpfungsebene ggf. auch im konzerninternen Wettbewerb an. Aus den negativen Erfahrungen von kaum noch wachsenden, partiell sogar rückläufigen Märkten und Marktsegmenten gesteht auch

TUI inzwischen ein, dass sich das Modell der vertikalen Integration nur in ausgewählten Quellmärkten und unter bestimmten Rahmenbedingungen realisieren lässt.

Diese globalen touristischen Lagerbildungen können für die jeweiligen nationalen Konkurrenten und Märkte erhebliche Wettbewerbsrisiken nach sich ziehen, die nachfolgend dargestellt werden.

Die **horizontale Konzentration** beinhaltet folgende **Nachteile:**

1. Erhebliche **Einschränkung der nationalen Veranstaltervielfalt** für die Kunden, die nicht immer wissen, dass hinter mehreren verschiedenen Veranstalter- oder Reisebüromarken, derselbe Eigentümer, dieselbe Einkaufsorganisation, eine gezielt gesteuerte Sortimentsgestaltung etc. stehen.

2. Die **Entstehung eines Oligopols** in Teilmärkten mit der Gefahr entsprechender Wettbewerbsabsprachen:
   - Die sechs größten deutschen Reiseveranstaltergruppen beherrschen rund 85 % des Marktes für Flugpauschalreisen, die drei deutschen Konzerne davon allein 70 %; insgesamt beträgt der Abstand zu den nächst größten Veranstaltern bereits 1,5 Mrd. Euro Umsatz.
   - Vergleichbare Konzentrationen ergeben sich auch auf der Ebene der Reisebüroketten, Franchisesysteme und Kooperationen sowie bei Incoming-Agenturen und Hotelketten in bestimmten Zielgebieten (vor allem Balearen und Kanaren).

3. Die **konzernunabhängigen Veranstalter** können in eine stärkere **Abhängigkeit** von Leistungsträgern sowie der Konzernwettbewerber geraten:
   - Die konzernunabhängigen Veranstalter gerieten vorübergehend in eine starke Abhängigkeit von den drei Konzern-Airlines Hapag Lloyd/HLX (ab 2003), TUIFly (ab 2007), Condor und LTU. Da REWE die LTU nicht integrierte und per Sanierungsauftrag als neutrale Airline führte und gleichzeitig mit Air Berlin seit 1998 eine starke weitere neutrale Airline entstand, gab es für die Wettbewerber des TUI- und Thomas-Cook-Konzerns einschl. DER Touristik ausreichende Flugalternativen, die sowohl Condor als auch TUIFly isolierten und infolge hoher Überkapazitäten zu einem starken Flugeinzelplatzverkauf und Einstieg in den touristikfernen Low-Cost-Verkehr zwangen. Seit 2007 zeichnet sich eine Konsolidierung des Airline-Marktes durch Zusammenführung von Deutsche BA, Germania, LTU und Condor (sowie NikiFly/Österreich und Belair/Schweiz) unter Führung der Air Berlin ab. Eine derartige Entwicklung ist in einem Inselmarkt wie Großbritannien unmöglich. Dort besitzt jeder Veranstalter eine eigene Charter-Airline, die er auch komplett auslastet, sodass weder ein Einzelplatzverkauf stattfindet noch Kapazitäten für andere, neutrale Veranstalter zur Verfügung gestellt werden. Diese Konstellation ermöglicht dort wie übrigens auch in Skandinavien ein völlig anderes vertikal integriertes Geschäftssystem. Dadurch sind die Markteintrittsbarrieren für andere Flugreisenveranstalter nahezu unüberwindbar hoch und verhindern Wettbewerb.

- Temporär oder zielabhängig können die beiden großen Lager aufgrund ihres Hotelbesitzes oder langfristiger exklusiver Hotelmanagementverträge den Marktzugang für lagerunabhängige Veranstalter erschweren oder diese über die gewährten Einkaufspreise in den von ihnen kontrollierten Häusern beeinflussen, weil die Hotelstandorte in guten Lagen und mit guten Qualitätsstandards in stark gefragten Zielmärkten begrenzt sind.

Die **vertikale Konzentration** beinhaltet zusätzlich folgende **Nachteile:**

1. Unternehmen, die über die gesamte Wertschöpfungskette vom Leistungsträger (Airline, Hotel) über Zielgebietsagenturen/Reiseleitung, Veranstalter und Reisebüroketten mit einer durchgängigen integrierten EDV-Systemarchitektur verfügen, können bei zentraler strategischer Steuerung jede Wertschöpfungsstufe als eigenes Profitcenter unter Nutzung interner Synergien arbeiten lassen. Sie können aber auch aus strategischen Wettbewerbsgründen vorübergehend oder dauerhaft auf die eigenständige Gewinnerzielung einer (oder mehrerer) der vier Wertschöpfungsstufen verzichten, um über interne Verrechnungspreise unliebsame Konkurrenten, die in nur einer Wertschöpfungsstufe tätig sind, zu verdrängen. Angesichts der geringen Margen und Renditen im Tourismusgeschäft kann dies ein Wettbewerber nicht lange durchstehen. Auch wettbewerbshemmende Tolerierungsstrategien für einzelne Konkurrenten mit Kompensationen in anderen Wertschöpfungsstufen sind denkbar (z. B. ein Konkurrenzveranstalter wird im Sortiment der Reisebüroorganisation eines Lagers geduldet, wenn dieser sich verpflichtet, einen bestimmten Teil seiner Flugkapazität von einer Konkurrenz-Airline zur lagereigenen Airline umzuschichten); derartige Praktiken sind für Wettbewerbshüter vor allem im internationalen Geschäft globalisierter Großunternehmen kaum nachweisbar.

2. Vertikale Integration bietet die Chance, auf mehreren oder allen Wertschöpfungsebenen Erträge und Gewinne zu erwirtschaften, wenn der Touristikmarkt im Wesentlichen wächst. Bei Stagnation oder Rückgängen wie seit 2001 besteht allerdings das Risiko, gleichzeitig auf allen Wertschöpfungsebenen zu verlieren, weil es kaum möglich ist, die Kapazitätslücken der eigenen Flugzeuge, Hotels, Zielgebietsagenturen etc. mit Kunden von Wettbewerbern zu füllen.

3. Konzernunabhängige Veranstalter können sich dem Wettbewerbsdruck durch die vertikale Konzentration im Wesentlichen durch folgende strategische Optionen weitgehend entziehen:

   - Gründung oder Anschluss an ein drittes oder viertes vertikal organisiertes Lager (mehr dürfte der Markt kaum hergeben), wobei dies wohl nur unter weitgehender Aufgabe der eigenen Selbstständigkeit erfolgen kann;
   - Konzentration auf touristische Geschäftsfelder, in denen der Besitz bzw. die Kontrolle eigener Charterflugkapazitäten und Hotels keine große Rolle spielt, wie z. B. Städtereisen, Event-Reisen, Studienreisen, viele Fernreiseziele, Rei-

sebausteinsysteme, Generalagenturvertrieb für ausländische Leistungsträger, Diversifikation in neue Marktnischen etc.;
– Konzentration auf kleine spezialisierte Marktnischen und Destinationen, allerdings zumeist ohne große Wachstumsperspektive; denn sobald ein überproportionales Wachstum sichtbar wird, steigen i. d. R. auch die Konzerne in den Markt mit ein und können aufgrund ihrer Sortimentsdominanz, Konditionenpolitik und eigenen Vertriebskanäle in den Reisebüros die Spezialisten verdrängen.

Alle drei Optionen haben aber das Risiko gemein, bei einem evtl. Investitionswettlauf mit den Konzernlagern aufgrund fehlender Kapitalkraft nicht mithalten zu können. Hinzu kommt, dass sich diese konzernunabhängigen Veranstalter und Reisebüros u. U. zusätzlich dem zunehmenden Wettbewerb der über den Online- und Direktvertrieb in den deutschen Markt eindringenden Leistungsträger erwehren müssen, und dies bei einer seit ca. 1996 in weiten Bereichen stagnierenden Nachfrage.

Die dargestellte Entwicklung im Reisemarkt gibt Anlass, einmal darüber nachzudenken, ob nicht alle, Produzenten, Großhändler, Einzelhändler, Politiker und letztendlich die Endverbraucher, durch ein mikroökonomisch logisches Marktverhalten dazu beitragen, dass Konzentrationsprozesse in hoch entwickelten Marktwirtschaften mit Sättigungstendenzen eigentlich ein ganz **natürlicher Prozess** sind, und zwar ganz gleich in welcher Branche. Dennoch werden auch in Zukunft innovative kleine und mittelgroße Nischenanbieter ihre Existenzberechtigung bei ausreichenden wirtschaftlichen Spielräumen behalten. Aber auch hier ist zu bedenken, dass die Zahl der Nischen begrenzt ist und die Kreativität zur Innovation in weitgehend gesättigten und substituierbaren Märkten abnimmt. Wo sich dennoch Wachstumsnischen auftun, finden sich in kurzer Zeit viele Nachahmer. Individuelles Wachstum ist in stagnierenden Märkten nur zulasten der Wettbewerber oder durch Marktbereinigungen möglich. Diese Entwicklung ist auch angesichts der **demografischen Entwicklungen** in fast allen europäischen Quellmärkten mit zunehmender Überalterung und nachfolgender Schrumpfung der Bevölkerungszahlen und Kundenpotenziale ab 2015 sicherlich noch nicht abgeschlossen (vgl. Kap. V.3.3).

Literaturhinweise zu Teil I

Zu Merkmalen (I.1) und zur Struktur von Reiseveranstaltern (I.2)
FREYER 2015: 255 ff. (Reiseveranstalter),
HEBESTREIT 1992 (Reiseveranstalter-Marketing),
KIRSTGES 2010 (Reisemittler- und Reiseveranstaltermanagement),
MUNDT 2011 (Reiseveranstaltung),
POMPL 1997: 27 ff. (Reiseveranstalter),
VOIGT 2012 (Reiseveranstaltermanagement)
Zur Customer Journey (I.1.6)

AMADEUS 2011 *(The always-connected traveller)*,
EGGER 2007 *(Cyberglobetrotter)*,
FUR 2014 (Customer Journey),
HORSTER 2013 *(Reiseentscheidung im Internet)*,
SCHÜLLER 2013 *(Touchpoints)*,
STAUSS 1995 *(Augenblicke der Wahrheit)*,
ZEITHAML/PARASURAMAN/BERRY 1992 *(Qualitätsservice)*

Zu Geschäftsmodellen (II.3)
BASTIAN/BORN 2004: 69 ff.,
FUCHS/MUNDT/ZOLLONDZ 2008,
SCHEER/DEELMANN/LOOS 2003,
STÄHLER 2001,
WIRTZ 2010

Zu Volumen und Ausgabenstruktur des deutschen Reisemarktes **(I.4)**
vgl. die im Text angegebenen Marktforschungsquellen, u. a. DRV 2015, GfK, versch. Jg.
STATISTISCHES BUNDESAMT 2015

Zur Geschichte (I.5) und **Zukunft (I.6)** des Reisemarktes
SÜLBERG 2008 (Entwicklungsgeschichte),
SÜLBERG/SCHNEIDER 2013 (Ferien-Macher)

Fragen zu Teil I

1. *Durch welche Elemente kann ein Reiseveranstalter von anderen Betrieben abgegrenzt werden und welche Aufgaben erfüllen diese Unternehmen gegenüber verschiedenen Zielgruppen?*
2. *Benennen und erläutern Sie die Kriterien anhand derer Reiseveranstalter in Deutschland differenziert werden können.*
3. *Erläutern Sie die Tätigkeiten eines Reiseveranstalters anhand des dienstleistungsorientierten Phasenmodells.*
4. *Welche wichtigen Stationen für einen Reiseveranstalter hat ein (Pauschal-) Reisender auf seiner Customer Journey?*
5. *Was sind Touchpoints?*
6. *Was sind die Besonderheiten der „digitalen" Customer Journey?*
7. *Nennen Sie die vier übergeordneten Organisationstypen der deutschen Reiseveranstalter und stellen Sie wichtige Kriterien dieser dar.*
8. *Grenzen Sie die klassischen Reiseveranstalter von den Bausteinreiseveranstaltern ab.*
9. *Worin besteht der Unterschied zwischen einem Reiseveranstalter und einem Consolidator?*

10. *Welche Verfahren werden von Bausteinreiseveranstaltern zur Leistungserstellung genutzt?*
11. *Was versteht man unter vertikaler Integration und horizontaler Konzentration? Welche Modelle der Integration existierten in der Reisebranche und welche Vor- und Nachteile treten bei diesen auf?*
12. *Nehmen Sie Stellung zu der Diskussion über die Produktions- oder Händlerfunktion von Reiseveranstaltern.*
13. *Wie global ist der Reiseveranstaltermarkt?*

Teil II: **Produktionsfaktoren von Reiseveranstaltern**

Übersicht Teil II

In Teil II werden die verschiedenen Produktionsfaktoren für Reiseveranstalter vorgestellt. Kapitel II.1 erläutert kurz den Begriff der Produktionsfaktoren in der allgemeinen Wirtschaftswissenschaft sowie speziell für den Tourismus. In den nachfolgenden Kapiteln werden die verschiedenen Produktionsfaktoren und -bereiche genauer dargestellt, u. a. natürliche Ressourcen und Zielgebiete/Destinationen (Kap. II.2), touristische Leistungsproduktion/Leistungsträger (Kap. II.3), die im Dienstleistungssektor besonders wichtigen Human Ressources (Kap. II.4) sowie die rechtlichen, steuerlichen und wirtschaftlichen Rahmenbedingungen (Kap. II.5).

Ziele des Teils II

Im Teil II sollen vermittelt werden:
- die wesentlichen Merkmale der von Reiseveranstaltern verwendeten Produktionsvorleistungen zum DestinationsMarketing, zum Hospitality-Management wie auch zur Produktion von Verkehrs- und sonstigen touristischen Dienstleistungen,
- ein Überblick über die wesentlichen Parameter, die Management und Produktionsprozesse von Reiseveranstaltern beeinflussen, die im Teil III des Buches behandelt werden,
- die Betrachtung der natürlichen, infrastrukturellen und personellen touristischen Dienstleistungen aus Sicht der Reiseveranstalter als Produktionsfaktoren im weiteren Sinne.

Zur Vertiefung gibt es für alle Einzelthemen umfangreiche weiterführende Detailliteratur.

---

1 Touristische Produktionsfaktoren

1.1 Was sind Produktionsfaktoren?

Zum Inhalt des Faktorbegriffs (auch Input, Inputfaktoren) bestehen in der wirtschaftswissenschaftlichen Literatur unterschiedliche Auffassungen, wobei insbesondere eine volks- und betriebswirtschaftliche Betrachtung unterschieden wird. In der **Volkswirtschaftslehre** wird mit den Produktionsfaktoren Arbeit, Kapital und Boden das Sozial- bzw. Inlandsprodukt erstellt, das zugleich die Quelle des (Volks-) Einkommens ist. Die **Betriebswirtschaftslehre** betrachtet die Produktionsfaktoren als die zur Erreichung des sachlichen Betriebsziels (Output) notwendigen Mittel (Input), insbesondere Betriebsmittel, Arbeitsleistung und den dispositiven Faktor (vgl. GUTENBERG 1958).

Bei der **Dienstleistungsproduktion** bzw. -erstellung existieren absatzunabhängige, d. h. autonom disponierbare Produktionsprozesse, die jedoch auf die **Bereitstellung von Produktionskapazitäten** (als interne Vorkombination für die Leistungsbereitschaft) beschränkt sind. Die eigentlich leistungsschaffenden Produktionsprozesse (die Endkombination) erfolgen erst durch das Hinzutreten des externen Faktors (des Kunden). Sie sind nicht autonom, d. h. nur absatzabhängig disponierbar. Der entscheidende Grund dafür liegt in der Immaterialität des Produktes Dienstleistung. Dies führt zu signifikant unterschiedlichen Verhältnissen von Produktion, Absatz, Werbung, Finanzierung usw. bei der Produktion von Sachgütern einerseits und Dienstleistungen andererseits (vgl. MALERI/FRIETZSCHE 2008, CORSTEN/GÖSSINGER 2015).

1.2 Produktionsfaktoren für Reiseveranstalter

Die dienstleistungsorientierte Sichtweise trifft auch für die meisten touristischen Produktionsprozesse zu. So wurde bereits in Kap. I.1.5 das dienstleistungs- bzw. phasenorientierte Betriebsmodell für Reiseveranstalter vorgestellt:
- In der **Potenzialphase** erfolgt als Vorkombination die Bereitstellung von Leistungskapazitäten – vor der eigentlichen Reise.
- In der **Prozessphase** tritt der Kunde als externer Faktor hinzu – es erfolgt die Faktorkombination oder Leistungserstellung (die „Endkombination") – im Tourismus ist es die Reisedurchführung.
- In der **Ergebnisphase** wird das Produktionsergebnis bewertet, ggf. kommt es zu weiteren (Nach-)Leistungen (z. B. Reisereklamationen).

Die folgenden Ausführungen beziehen sich daher vorwiegend auf die natürlichen Ressourcen und die Bereitstellung von Produktionskapazitäten bzw. Potenzialfaktoren

https://doi.org/10.1515/9783110481457-009

für Reiseveranstalter. In Teil III werden dann die funktionalen Aufgaben von Reiseveranstaltern genauer erläutert.

Im Einzelnen werden folgende Produktionsfaktoren bzw. -bereiche für Reiseveranstalter näher erläutert:

– die natürlichen und abgeleiteten Ressourcen und Zielgebietsfaktoren von Urlaubsreisen,
– die touristischen Vorleistungen der verschiedenen Leistungsträger,
– die im Dienstleistungsbereich besonders wichtigen personellen Ressourcen und
– die weitgehend administrativen und wirtschaftlichen Rahmenbedingungen rechtlicher, steuerlicher, versicherungstechnischer und devisenwirtschaftlicher Art.

2 Natürliche Ressourcen und Zielgebiete

Zielgebiete sind die natürlichen Ressourcen – quasi die „Bodenschätze" – der touristischen Produktion. Ohne spektakuläre Landschaften, attraktive Strände, historische und kulturelle Sehenswürdigkeiten sowie für touristische Aktivitäten geeignete natürliche Ressourcen ist eine Reiseproduktion für Veranstalter wirtschaftlich nicht sinnvoll. Ihnen kommt daher eine grundlegende Bedeutung zu.

2.1 Zielgebietsfaktoren – das Destinationsangebot

Der Reiseveranstalter hat folgende Zielgebietsfaktoren zu kombinieren:
- Ein Produktionsfaktor ist die natürliche Landschaft (Strand, Wald usw.) und das Klima (das sog. ‚natürliche Angebot'). Diese Faktoren können vom Reiseveranstalter nicht beeinflusst werden. Sie werden aber als wichtiges Zielgebietsattribut häufig in den Vordergrund gestellt.
- Reiseveranstalter nutzen die vom Menschen geschaffenen Elemente einer Destination (das sog. ‚abgeleitete Angebot'), wie z. B. die Verkehrsinfrastruktur oder das materielle kulturelle Erbe, beispielsweise im Sinne von Transport oder einer Attraktion.
- Als Produktionsfaktor wird heute auch das „einzigartige Erlebnis" angesehen – Beispiele dafür sind Anbieter wie „Jochen Schweizer" oder „mydays".

Die Produktionsfaktoren bilden die Basis für entweder traditionelle isolierte Produkte oder hybride Produktkombinationen.

Als zentrale Determinante der Reiseentscheidung stellt – neben den natürlichen und abgeleiteten Faktoren – das Profil bzw. das **Image** von Urlaubsregionen ein wesentliches Potenzial einer Destination im touristischen Wettbewerb dar. Hier sind die Erfolgsfaktoren für Regionen zu nennen. Das vermittelte Image muss a) einen Bezug zur Region haben, b) attraktiv für die Öffentlichkeit sein, c) selten und prägnant sein, d) überschaubar sein und sich auf die wesentlichen Merkmale konzentrieren, e) sympathisch sein, f) bildhaft sein und g) über Jahre beständig und über Massenmedien kommunizierbar sein (vgl. KERN 2007: 742 ff.).

Der Tourist entscheidet, was für ihn entsprechend seiner spezifischen Reiseinteressen die Destination darstellt (z. B. Tagungs-, Kultur- oder Partyziel). Eine Destination steht dabei immer im Wettbewerb mit anderen. Die Produktentwicklung einer Destination erfolgt i. d. R. im Wechselspiel bzw. in Zusammenarbeit oder im Zusammenwirken mit Leistungsträgern (Hotels, Reiseveranstaltern, Verkehrsträgern) (KAGERMEIER 2016: 139 ff.).

https://doi.org/10.1515/9783110481457-010

```
                    ┌─────────────────────────┐
                    │  Touristisches Angebot  │
                    └─────────────────────────┘
                  ┌──────────────┴──────────────┐
```

Ursprüngliches Angebot

Abgeleitetes Angebot

— **Natürliches Angebot** (naturgegeben)
  – Landschaft, Topografie
  – Flora, Fauna
  – Klima, Wetter
  – Naturdenkmäler

— **Sozio-Kulturelles Angebot**
(durch den Menschen geprägt –
anthropogene Faktoren)
  – Kultur, Tradition, Brauchtum
  – Sprache, Mentalität, Gastfreundschaft
  – Dekmäler (hist., kult., techn.)
  – Naturdenkmäler

— **Allgemeine Infrastruktur**
(mit Einfluss auf Tourismus)
  – Politik, Soziales, Bildung
  – Ver-, Entsorgung
  – Kommunikations-, Verkehrswesen

— **Touristische Infrastruktur** (allgemein)
  – Beherbergung, Verpflegung ("Suprastruktur")
  – Reiseberatung, -organisation
  – touristisches Transportwesen
  – überbetriebliche Tourismusorganisationen
    ("Institutionalisierung": Kooperationen,
    Verwaltung, Vereinigungen

— **Freizeitinfrastruktur**
  – Freizeitwesen: Sport, Kultur
  – „Attraktionen": Veranstaltungen, Events
  – Wander- und Radwege

— **Spezielle touristische Angebote**
  – Kur- und Bäderwesen, Wellness
  – Messen, Tagungen, ausstellungen
  – Events

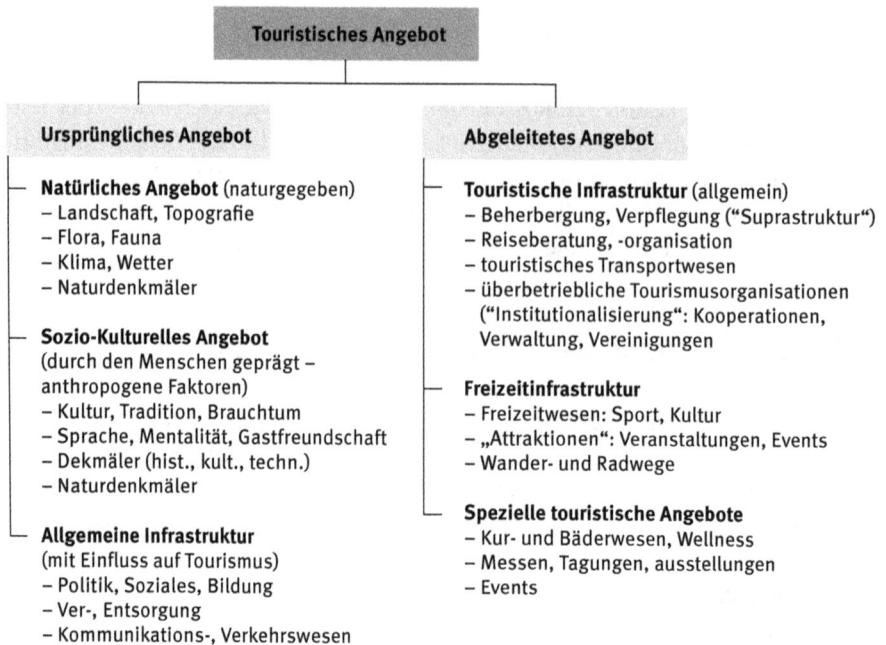

Abb. II.1: Das touristische Angebot in Zielgebieten/Destinationen (Quelle: FREYER 2015: 323)

Das Zielgebiet wird als **Wettbewerbseinheit** verstanden, das sich aus folgenden Elementen und Systemen zusammensetzt:
– **gesellschaftlich-wirtschaftliches System**: Bevölkerung, Märkte und Branchen,
– **ökologisches System**: Ressourcen, Umwelt und Umweltbeeinträchtigungen,
– **politisches System** (Staat): Tourismuspolitik, Raum- und Umweltpolitik, Interessen der Bevölkerung und Interessen der Wirtschaft („Partizipation").

Zu den standortbegründeten Faktoren oder dem „natürlichen Angebot" zählen (vgl. Abb. II.1):
– **naturnahe Landschaft und naturgeografische Angebotsfaktoren** (reizvolle landschaftliche Gegebenheiten), z. B.: Oberflächengestaltung, Relief, hydrologische Verhältnisse (z. B. Meer, Flüsse, Seen), Vegetation und Tierwelt, Klima, Anziehung bzw. Reizwirkung beruht auf optisch-ästhetischen Eindrücken, direkte Einflüsse auf den Organismus, Benutzbarkeit und Zugänglichkeit der Landschaft und der Einrichtungen,
– **kulturhistorische Gegebenheiten,** z. B. Kulturschöpfungen aus der Vergangenheit, Einrichtungen der Gegenwart und sonstige Veranstaltungen,
– **soziokulturelle Gegebenheiten und Verhältnisse,** z. B. Volkstum, Brauchtum, Mentalität, Gastfreundschaft, regionale Esskultur, Religion und Sprache.

Zu den abgeleiteten Faktoren oder dem „abgeleiteten Angebot" zählen (vgl. auch Abb. II.1):

– **das gewerbliche touristische Angebot,** z. B. Einrichtungen der Beherbergung, Verpflegung und der Animation/Betreuung, Kur-, Heil-, Erholungs-, Regenerations- und Erlebnisbetriebe, Unterhaltungs- und Vergnügungsbetriebe sowie verschiedene Versorgungs- und Dienstleistungsbetriebe,

– **das öffentliche touristische Angebot,** z. B. die überbetrieblichen Einrichtungen und Tourismusorganisationen wie z. B. Ministerien und Verbände sowie Destination-Management-Organisationen (DMO).

Für Reiseveranstalter ist bei Zielgebieten die Prägung durch Nachhaltigkeit wichtig (vgl. BORG 2012: 346 ff.):

– **wirtschaftliche Nachhaltigkeit,** z. B. Nutzung und Folgekosten der Infrastruktur, Optimierung der Marketingwirkung, Generierung und Wahrung von Wissen sowie Förderung von Netzwerken,

– **ökologische Nachhaltigkeit,** z. B. Entwicklung eines Umweltmanagementsystems, Vermeidung von Belastungen durch Bau, Infrastruktur und Events,

– **gesellschaftliche Nachhaltigkeit,** z. B. Stärkung regionaler Identität, Einbeziehen der Einwohner und Förderung von Gemeinschaftssinn, Schaffung von Handlungsoptionen für zukünftige Generationen.

2.2 Zielgebiete – eine Destinationsnachfrage

Zielgebiete können Orte, Regionen etc. sein, sie variieren je nach Reisedistanz. Oftmals werden in den Reisestatistiken Länder betrachtet, die aber seitens der Touristen nur selten die „wirkliche" Destination/das Zielgebiet darstellen. Man reist nicht nach Frankreich oder Spanien, sondern nach Mallorca oder in die Bretagne.

2016 wurden weltweit 1,23 Mrd. internationale touristische Ankünfte gezählt, was einem Zuwachs von 3,9 % gegenüber 2015 entspricht. Bezogen auf die fünf Kontinente verteilen sich die Ankünfte wie folgt (vgl. UNWTO 2016):

– Asien/Pazifik: 302,9 Mio. (24,5 %)
– Nord- und Südamerika: 200,9 Mio. (16,3 %)
– Afrika: 58,2 Mio. (4,7 %)
– Naher Osten: 53,6 Mio. (4,3 %)

Auch im Jahr 2016 zählte Frankreich, wie in Abb. II.2 ersichtlich, wieder die meisten Reisenden weltweit:

Die Zielgebiete im Ausland hatten 2016 einen Anteil von 70 % aller Reisen der Deutschen (vgl. Abb. II.4). Bei den beliebtesten Auslandsurlaubsreisezielen der Deut-

**Die weltweit 10 beliebtesten Reiseziele aller Nationen
(Besucher im Jahr in Mio.)**

Land	Besucher
Frankreich	79,9
USA	75,6
Spanien	75,3
China	59,3
Italien	52,6
Deutschland	35,5
Großbritanien	35
Mexiko	34,9
Thailand	32,6
Österreich	28,1

Abb. II.2: Die weltweit 10 beliebtesten Reiseziele aller Nationen (Quelle: UNWTO 2016)

**Die 10 beliebtesten Auslands-Urlaubsreiseziele der Deutschen
(Anteile an allen Urlaubsreisen ab fünf Tage Dauer 2016)**

Spanien	14,80%
Italien	8,20%
Türkei	5,60%
Österreich	4,60%
Griechenland	3,50%
Kroatien	3,20%
Frankreich	2,60%
Niederlande	2,60%
Polen	2%
Dänemark	1,70%

Abb. II.3: Die 10 beliebtesten Auslandsurlaubsreiseziele der Deutschen (Quelle: REISEANALYSE 2017)

schen (vgl. Abb. II.3) stand Spanien auch im Jahr 2016 an erster Stelle (REISEANALYSE 2017[1]):

Bei den Inlandsurlaubsreisezielen der Deutschen (vgl. Abb. II.5) stand Mecklenburg-Vorpommern auch 2016 an erster Stelle:

Bei den fünf beliebtesten Städtereisezielen von In- und Ausländern in Deutschland steht Berlin an der Spitze (vgl. auch Abb. II.6). Deutschlands Städte sind seit vielen Jahren Anziehungspunkte für eine wachsende Zahl von Reisenden aus aller Welt, sie sind zu beliebten Metropolen für Kultur, Events, Freizeit und Shopping:

Bei den Zielgebieten stellen Saisonalitäten einen wichtigen Einflussfaktor dar. So sind im (europäischen) Sommer die „Warmwasserdestinationen" rund um das Mittelmeer am beliebtesten. Im Winter hingegen dominieren Wintersportgebiete, z. B. die Alpen, oder (klimatisch warme) Fernreisedestinationen. Die Glättung von Saisonalitäten erfolgt heute durch die demografische Entwicklung: nicht mehr im Beruf stehende Menschen verreisen zunehmend „off-season", über die Entzerrung der Urlaubszeiten und den Trend, die Gesamtzahl der Urlaubstage zunehmend aufzuteilen.

---

1 Eine ausführliche Zielgebietsdarstellung mit aktuellen Entwicklungen findet sich in der Länderbilanz 2017 von Travel One (www.travel-one.net).

Gesamt		68,7 Mio. Reisen*
Gesamt	Deutschland:	30,3%
	Ausland:	70,0 %
	– Mittelmeer (direkt ans Mittelmeer angrenzende Regionen)	36,5 %
	– Westeuropa (GB, IRL, F, NL, CH, A)	11,9 %
	– Osteuropa (H, CZ, PL, RUS, usw.)	6,8 %
	– Skandinavien (DK, N, S, FIN)	3,3 %
	– Fernreisen	7,8 %

* Anzahl der Urlaubsreisen ab fünf Tage Urlaub 2016

Abb. II.4: Wo verbringen die Deutschen ihren Urlaub? (Quelle: REISEANALYSE 2017)

Die 10 beliebtesten Inlands-Urlaubsreiseziele der Deutschen
(Anteile an allen Urlaubsreisen ab fünf Tage Dauer 2016)

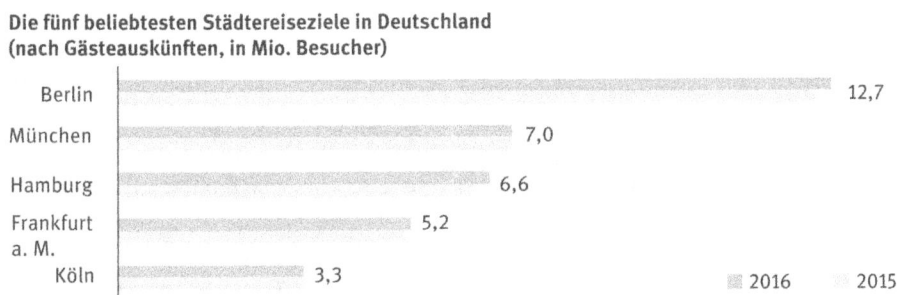

Mecklenburg-Vorp.	5,6%
Bayern	5,5%
Niedersachsen	4,2%
Schleswig-Holstein	4,2%
Baden-Württemberg	2,9%
Nordrhein-Westfalen	1,2%
Berlin	1,2%
Sachsen	1,1%
Brandenburg	0,8%
Rheinland-Pfalz	0,7%

Abb. II.5: Die beliebtesten Inlandsurlaubsziele der Deutschen 2015 (Quelle: REISEANALYSE 2017)

Die fünf beliebtesten Städtereiseziele in Deutschland
(nach Gästeauskünften, in Mio. Besucher)

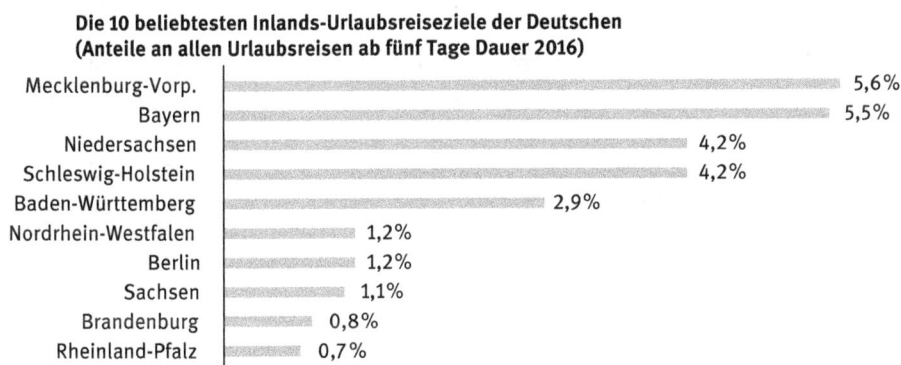

Berlin	12,7
München	7,0
Hamburg	6,6
Frankfurt a. M.	5,2
Köln	3,3

2016 2015

Abb. II.6: Die 5 beliebtesten Städtereiseziele der In- und Ausländer in Deutschland (Quelle: REISE-ANALYSE 2017)

Schließlich ist das **Klima** als Einflussfaktor auf die Produktionsfaktoren zu nennen: Nord- und Mitteleuropäer entfliehen dem kalten, nassen Wetter ihrer Regionen (man spricht dann von sog. snow birds). In vielen Destinationen bestimmt das Klima wesentlich das Reiseangebot, generell aber auch die Reisecharakteristika. So unterscheiden sich beispielsweise in den Alpenregionen (insbesondere Schweiz, Österreich, Südtirol, französische Seealpen) Sommer- und Wintertourismus grundlegend. In anderen Ländern wie Griechenland, Skandinavien, aber auch in großen Teilen des spanischen und portugiesischen Festlandes bleiben Hotels und touristische Infrastruktur im Winter komplett geschlossen oder werden für andere Zwecke genutzt. Auch in Ferndestinationen differiert das touristische Angebot klimaabhängig stark wie z. B. zur „Hurrican"-Saison in der Karibik oder beim Monsun im Indischen Ozean und in Südostasien. Derartige geografische und klimatologische Grundlagen beeinflussen insbesondere die Fernreiseströme zwischen Nord- und Südhalbkugel.

Zu den sog. „**enabling factors**", die eine Reise in ein Zielgebiet erst möglich machen, gehören Einreisebestimmungen wie z. B. Pass- und Visavorschriften. Allgemein ist eine Liberalisierung festzustellen, Freizügigkeit ist ein wichtiger Einflussfaktor für den Produktionsfaktor Zielgebiet. Devisenbedarf und Wechselkursveränderungen üben ebenfalls einen erheblichen Einfluss auf die Zielgebiete aus.

Zielgebiete unterscheiden sich hinsichtlich der Gesundheitsrisiken (Malaria, Gelbfieber, Hepatitis, Dengue-Fieber etc.), der Gesundheitsvorsorge (Qualität der Kliniken, Ärzte etc.) und der Hygiene (Wasserqualität, Toiletten, Essen).

Obwohl Englisch „lingua franca" in der Touristik ist, sind Sprachbarrieren nach wie vor ein wichtiges Kennzeichen von Zielgebieten; dies gilt insbesondere für China, Japan, Korea und Nischendestinationen wie Bhutan, Usbekistan und die Mongolei. Das gilt insbesondere auch für zwei weitere in Deutschland noch nicht ganz so verbreitete Weltsprachen wie Französisch und Spanisch, ohne die ganze Subkontinente wie Zentral- und Nordafrika sowie Mittel- und Südamerika nur schwer touristisch erschlossen werden können.

Die **Erreichbarkeit** eines Zielgebietes stellt einen wesentlichen Faktor dar: im Inlandstourismus spielen für die Zielgebiete Straßenanbindung, Bus- und Bahnanbindungen bzw. öffentlicher Personennahverkehr und Individualverkehr eine Rolle. Im internationalen Tourismus sind Flugverbindungen (Non-stop, Umsteigeverbindungen, Frequenzen), Fährverbindungen (Frequenzen) entscheidend für den Produktionsfaktor Zielgebiet.

Generell stellt das Vorhandensein oder zumindest die problemlose Erreichbarkeit von zivilen Infrastruktureinrichtungen wie Ärzten, Krankenhäusern, Banken, Telekommunikationseinrichtungen, Botschaften und Konsulaten einen wichtigen Standort- und Wettbewerbsfaktor dar. Weiche Standortfaktoren sind aber auch die lokalen Angebote von Gastronomie, Unterhaltungs-, Kultur-, Sport- und Shoppingmöglichkeiten. Dazu gehört auch die Servicequalität der Tourismusbeschäftigten, die maßgeblich von Bildungsniveau, Mehrsprachigkeit und Mentalität bestimmt wird. Zu den wichtigen natürlichen Einflussparametern zählen weltweit betrachtet auch ethnisch motivierte Faktoren, die in Kap. V.2.1.3.4 und Kap. V.2.1.3.5 dargestellt werden. Sie führen teilweise zu völlig unterschiedlichen Reisegewohnheiten bzw. Reisebedürfnissen und oftmals zu einem stark abweichenden Destinationsportfolio verschiedener Quellmärkte europa- und weltweit.

3 Touristische Leistungsproduktion

Nachfolgend werden die wichtigsten Elemente der touristischen Leistungsprodukti-on ausführlich dargestellt, die funktionale Vorleistungen bzw. Produktionsfaktoren für die Reiseveranstalter sind: Unterkunfts- und Gastronomieleistungen (II.3.1), Flü-ge (II.3.2), Kreuzfahrten (II.3.3), erdgebundene Verkehrsleistungen (II.3.4) sowie Ver-sicherungen (II.3.5).

3.1 Unterkunftsleistungen und Gastronomie

Für den Erfolg eines Reiseveranstalters im Zielgebiet sind ein leistungsfähiges Beher-bergungswesen sowie Gaststättengewerbe (Gastronomie) vor Ort notwendig. Der Kun-de entscheidet sich i. d. R. erst für eine bestimmte Ferienregion oder einen bestimm-ten Ort (Toskana, Bali, Gardasee, London) oder für ein Land (Griechenland, Irland) – „Primat des Reiseziels". Erst dann wird eine entsprechende Unterkunft gesucht. Aber auch die umgekehrte Vorgehensweise ist denkbar. Gelegentlich ist auch die „Beher-bergung das Ziel" (z. B. bei Ferienclubs oder auch – als Sonderform – bei Kreuzfahr-ten).

Die einzelnen Angebotsbestandteile des Tourismusortes bzw. der Region werden vom Reiseveranstalter gemeinsam mit der Beherbergung angeboten. Bei einer syste-matischen Betrachtung der Beherbergung als Produkt müssen deshalb die Angebote des Standortes mit einbezogen werden. Geografische Lage, Verkehrsanbindung, Kli-ma und Landschaft oder Besichtigungsmöglichkeiten sind wichtig.

Grundlegend unterscheidet man zunächst zwischen Städte- und Ferienhotellerie (bzw. -beherbergung), die mit sehr unterschiedlichen Geschäftsmodellen und Gestal-tungsformen arbeiten. Die Städtehotellerie lebt je nach Zentralität und Standort von einer großen Breite unterschiedlicher Zielgruppen, für die aus wirtschaftlichen Grün-den ein intelligentes gastronomisches Konzept benötigt wird, das möglichst allen Ziel-gruppen gerecht wird oder ggf. Zusatzleistungen für bestimmte Zielgruppen anbietet. Wesentliche Kunden sind dabei Geschäftsreisende, Messebesucher, Kongress- und Se-minarteilnehmer, Städtereisende, Erholungsurlauber, Event-Besucher, Besucher aus aller Welt, Gruppen, Dauergäste von örtlichen Unternehmen (z. B. Piloten, interne Mit-arbeiter aus anderen Konzernstandorten etc.), Standby- oder Spontanübernachtungs-gäste. Der Anteil der Urlaubs- und Städtereisenden ist dabei in der Minderheit, auch wenn er zwischen Wochenende und Werktagen deutlich schwankt. Die **Ferienhotel-lerie** kennt hingegen fast ausschließlich Urlaubs- und Erholungsreisende und befin-det sich i. d. R. an Standorten außerhalb von Städten, die für die anderen genannten Zielgruppen und Reisezwecke nicht interessant und darüber hinaus auch nur schwer erreichbar sind. Reiseveranstalter benötigen für ihr Gesamtangebot sowohl die Städte-als auch die Ferienhotellerie, aber nur auf letztere können sie sinnvoll Einfluss neh-men, sodass diese im Folgenden ausführlich betrachtet wird.

https://doi.org/10.1515/9783110481457-011

3.1.1 Betriebsarten und -formen

Betriebsarten des Beherbergungsgewerbes (Abb. II.7) sind beispielsweise Hotels, Gasthöfe, Pensionen, Hotel garni. Betriebsarten des Gaststättengewerbes sind z. B. Restaurants und Schankwirtschaften.

Betriebsarten lassen sich weiter in Betriebstypen untergliedern. Hotelbetriebe können beispielsweise zu Urlaubs-, Kur- und Geschäftsreisehotels oder zu Luxus-, First-Class-, Komfort-, Standard- und Touristikhotels zusammengefasst werden (vgl. HÄNSSLER 2016). Erholungs-, Ferien- und Schulungsheime, Ferienzentren, Ferienhäuser- und -wohnungen, Jugendherbergen und Hütten, Campingplätze, aber auch Privatzimmer gehören zur **Parahotellerie;** hotelübliche Dienstleistungen werden hier nicht oder nur eingeschränkt erbracht.

Betriebsart	Zahl der Betriebe	Zahl der Betten/ Schlafgelegenheiten
Hotels	13.427	1.109.050
Hotels garni	7.416	365.708
Gasthöfe	7.485	180.600
Pensionen	5.317	124.810
Zusammen	**33.645**	**1.780.168**
Erholungs- und Ferienheime	1.722	126.753
Ferienzentren	114	65.886
Ferienhäuser/-wohnungen	10.235	319.167
Jugendherbergen und Hütten	1.963	164.690
Zusammen	**14.034**	**676.496**
Campingplätze	2.911	884.804
Vorsorge- u. Reha-Kliniken	903	156.113
Schulungsheime	896	79.323
Gesamt	**52.389**	**3.576.904**

Abb. II.7: Betriebsarten des Beherbergungsgewerbes, Juli 2015 (Quelle: STATISTISCHES BUNDESAMT)

Trotz der in Deutschland noch vorherrschenden mittelständischen Struktur in der Hotellerie, die von Eigentümerbetrieben dominiert wird, sind international Hotelkonzerne entstanden, die mit ihren Marken weltweit expandieren. Die Größe dieser Unternehmen wird in der nachfolgenden Abb. II.8 deutlich:

Bei den Betriebsformen werden Eigentümerbetriebe sowie Pacht- und Managementbetriebe voneinander unterschieden. Der **Eigentümerbetrieb** ist die klassische Betriebsform in der Hotellerie. Der Hoteleigentümer (Investor) ist gleichzeitig Hotelbetreiber; eine funktionelle Entkopplung existiert nicht. Der Hotelier besitzt sämtliche Rechte und Einflussmöglichkeiten, die den Betrieb und die Hotelimmobilie (Grundstück, Gebäude) betreffen. Er hat Verantwortung für Mitarbeiter, Umsatz und für

Rank	Gruppe	Land	Hotels	Zimmer
1	Marriott International	USA	4.424	759.330
2	Hilton Worldwide	USA	4,556	753,777
3	IHG (InterContinental Hotels Group)	UK	5,032	744,368
4	Wyndham Hotel Group	USA	7,812	678,042
5	Shanghai Jin Jiang International Hotel Group Co	CHN	5,408	565,558
6	AccorHotels	FRA	3,873	511,517
7	Choice Hotels International	USA	6,423	507,484
8	Starwood Hotels & Resorts Worldwide	USA	1,297	369,967
9	Best Western International	USA	3,745	293,589
10	China Lodging Group	CHN	2,763	278,843

Abb. II.8: Die 10 größten Hotelkonzerne der Welt (31.12.2015) (Quelle: HOTELSMAG.COM, Juli/August 2016)

die gesamten betriebsbedingten und anlagebedingten Kosten. Die Rechnungen des Hotels und die Verträge mit den Mitarbeitern laufen auf seinen Namen (vgl. JAESCHKE/FUCHS 2016: 77 ff.).

Bei einem **Pachtbetrieb** steht den Pächtern das Recht zu, die Hotelimmobilie als selbstständiger Unternehmer auf eigene Rechnung zu betreiben. Neben der Verantwortung für den Umsatz übernimmt der Pächter die Haftung für betriebsbedingte Kosten und für evtl. Verluste, die sich aus dem Betrieb ergeben. Grundlegende Vorteile eines Pachtverhältnisses für den Betreiber sind die Risikominimierung und ein geringerer Kapitalbedarf als bei einem Eigentümerbetrieb.

Der **Managementvertrag** ist ein in der internationalen Hotellerie verbreiteter Vertragstyp zwischen Hoteleigentümer (Investor) und Hotelbetreiber (Betreibergesellschaft bzw. Managementgesellschaft). Der Hotelbetreiber wird als Vertreter des Eigentümers eingesetzt und handelt auf dessen Namen sowie auf dessen Rechnung. Die Betreibergesellschaft erhält für ihre Tätigkeit eine Gebühr, die sich aus mehreren Komponenten zusammensetzen kann (Base Management Fee, Incentive Management Fee und Marketing Fee).

Die Vorteile von Managementverhältnissen liegen für den Betreiber primär in dem begrenzten Risiko und Kapitalbedarf sowie der daraus resultierenden Möglichkeit der schnellen Expansion und hohen Spezialisierung.

3.1.2 Kooperationen

Zu erwähnen sind noch **Kooperationen** in der Hotellerie, die in zwei Formen unterteilt werden: **Franchising und Hotelkooperationen i. e. S.** Bei einem **Franchi-**

sing übernimmt der Franchisegeber nicht den Betrieb des Hotels; er unterstützt durch sein System lediglich den Hotelbetreiber, z. B. dadurch, dass die Beteiligten mit einer einheitlichen Marke auf dem Markt auftreten. Dadurch wird ein effizientes Marketing möglich, weil das System nach außen hin wie ein Gebilde wirkt (Beispiel: Best Western). Die Franchisenehmer profitieren durch den hohen Bekanntheitsgrad des Markennamens und haben Zugang zu den i. d. R. weltweiten Reservierungssystemen. Darüber hinaus unterstützt der Franchisegeber in den Bereichen Technik, Logistik, Werbung, Public Relations, Verkaufsförderung, EDV, Rechtshilfe, Fortbildung, Mitarbeiterschulung und Einkauf.

Der Nachteil des Franchising ist die aus dem System resultierende Abhängigkeit vom Franchisegeber. Nachteile aus Sicht des Franchisegebers bestehen darin, dass weniger leistungsfähige Betriebe das Gesamtimage des Systems belasten können.

Hotelkooperationen i. e. S. umfassen sämtliche mehr oder weniger bindende Zusammenschlüsse, die neben dem Franchising möglich sind (Beispiele: Ringhotels, Romantik Hotels & Restaurants). Hotelkooperationen zeichnen sich durch Aufnahmekriterien aus, die von Kooperation zu Kooperation variieren. Die Kooperationsführung unterstützt die Mitgliedsbetriebe mit verschiedenen Leistungen, z. B. Social Media, Loyalitätsprogramme, Anzeigenwerbung, Messebeteiligung, Presse- und Öffentlichkeitsarbeit oder Schulungen. Der Vorteil einer Kooperation liegt für die Hotels in der Bündelung der einzelnen Kräfte, um Ziele wie höhere Auslastung und Anhebung der Durchschnittspreise zu erreichen.

In der **Ferienhotellerie** differenzieren sich Veranstalter zunehmend durch Eigenmarken. Veranstaltern geht es darum, ihren Einfluss insbesondere auf Qualitätsstandards der Hotels auszuweiten und Markenwelten für Zielgruppen zu schaffen. Die Dachmarke des Veranstalters wird dabei in Einzelfällen auf Hotels übertragen. Bei TUI z. B. auf die Hotelschiene „TUI-BLUE", bei Thomas Cook z. B. auf „Casa-Cook".

Zu den Thomas Cook Hotels & Resorts gehören u. a. die Marken „Sentido", „Sunwing", „Sunprime", „Sunconnect", zu Alltours die Marken „Allsun", „Allvital" und Alltours-Hotels; zu FTI z. B. die Marke „Labranda", zu DER Touristik Hotels & Investments die Marken „Club Calimera", „Primasol", „LTI", „Cooee".

Bei TUI Hotels & Resorts wurde in den vergangenen Jahren die Markenvielfalt bei den Hotelkonzepten reduziert. Mit mehr als 350 Hotels und fast 250.000 Betten steht TUI an der Spitze der integrierten Ferienhotellerie. Zu den Hotelmarken der TUI zählen u. a. „Robinson", „Club Magic Life", „Sensimar", „Iberotel" und „Jaz Resort"; einen besonderen Stellenwert nimmt die Beteiligung (50 %) RIU ein, die weltweit mit fast 110 Hotels vertreten ist.

Marken und Konzepte in der Ferienhotellerie verschaffen den Reiseveranstaltern bessere Margen als weniger gebundene Anlagen (FVW-Dossier, Ferienhotellerie 2014).

3.1.3 Share-Economy

Neben die etablierte Ferienhotellerie tritt die **Share-Economy,** d. h. die nichtkommerzielle Vermittlung von Unterkünften; Beispiele: Vertriebsportale Airbnb (Airbed and breakfast), Wimdu und Couchsurfing. Das Internet und der Wunsch nach individuellem Urlaub verbunden mit dem Ziel, die Unterkunftsleistung günstig oder sogar kostenlos zu nutzen, sind die Treiber dieser Entwicklung. In der Regel kennt der Kunde (Couchsurfer) den Anbieter der Unterkunft (Couchbesitzer) nur über das Internet. Weltweit gab es 2016 bereits rund 1 Mio. Couchsurfer (vgl. ABSATZWIRTSCHAFT, 29.06.2016).

Der Anbieter registriert sich kostenlos, füllt ein kurzes Profil mit den Angaben seiner Hobbys und Sprachkenntnisse aus und bietet anderen Mitgliedern eine Übernachtungsmöglichkeit an. Nutzer versprechen sich durch das Wohnen bei Einheimischen authentische Einblicke in die jeweiligen Kulturen, Regionen und Lebensstile. Während das Couchsurfer-Internet-Portal noch von ehrenamtlichen Mitarbeitern betrieben wird, ist die Plattform Airbnb zur professionellen Vermietung privater Appartements und Häuser übergegangen und wird bereits von einigen Veranstaltern als Produktionsfaktor integriert. Reglementierungen und gesetzliche Pflichten (Meldepflicht, Versicherungen, Steuern, Brandschutz etc.) können langfristig den Erfolg dieser neuen Art von „Ferienhotellerie" begrenzen.

Inzwischen nutzen immer mehr Unterkunftsanbieter aus dem Bereich der Parahotellerie wie die Vermieter von Gasthof- und Privatzimmern sowie von Ferienwohnungen die Vertriebsportale der Share-Economy, weil diese kostengünstiger für sie sind als professionelle Hotelportale und Zimmervermittlungen von Fremdenverkehrsorganisationen. Dadurch entfernen sich Airbnb und seine Wettbewerber in Europa immer mehr von der eigentlichen, im angelsächsischen Raum entstandenen, Geschäftsidee.

3.1.4 Gastronomie

Reiseveranstalter beziehen das gastronomische Angebot im Zielgebiet in ihre Produktion ein. Die Grundleistung des Hotels, die Übernachtung, wird dabei um die Komponenten Frühstück, Halbpension oder Vollpension oder All-Inclusive ergänzt. Darüber hinaus spielt aber auch das gastronomische Angebot im Sinne von „Neighbourhood" als Marketingansatz eine große Rolle. Beim Angebot wird zwischen Speisen (u. a. Restaurants) und Getränken unterschieden. Danach können **Schankwirtschaften** beispielsweise in Wein- und Bierlokale, **Restaurants** in solche mit Länder- und Produktthemen untergliedert werden. Aufgrund des Serviceangebots werden Restaurants in Betriebe mit herkömmlicher Bedienung und mit Selbstbedienung untergliedert.

Im Bereich **Catering** wird auch der Ort der Leistungserbringung für den Gast und die Zeitdauer zur Charakterisierung herangezogen. Event-Caterer erbringen Verpflegungsdienstleistungen zu einem bestimmten Anlass an einem vom Kunden angebenen Ort. Sonstige Verpflegungsdienstleistungen umfassen Leistungen für eine bestimmte Zeitdauer (z. B. Verkehrsunternehmen).

3.2 Flüge bzw. Fluggesellschaften

Fluggesellschaften betreiben sehr unterschiedliche Geschäftsmodelle – manche Airlines auch mehrere gleichzeitig. Der Begriff Geschäftsmodell weist in der Literatur, wie schon in Kap. I.3 diskutiert wurde, eine sehr unterschiedliche Verwendung auf. Generell beschreiben Geschäftsmodelle die Grundlage und Struktur der jeweiligen Geschäftsidee. Es werden hierbei die Faktoren miteinander kombiniert, die zur Schaffung von Vermögenswerten des Unternehmens beitragen. Anhand von verschiedenen Merkmalen wie z. B. der Flottenpolitik, dem Produktionsverfahren, der Zielgruppe, dem Aktionsraum, dem Produkt- bzw. Servicekonzept, dem Vertrieb, dem Streckennetz oder der Preispolitik lassen sich im Luftverkehr die verschiedenen Geschäftsmodelle voneinander abgrenzen und im Detail beschreiben. Allerdings verlaufen die Grenzen zwischen den einzelnen Konzepten fließend. Darüber hinaus betreiben viele Konzerne in der Luftfahrtbranche mehrere Geschäftsmodelle. Die Lufthansa Gruppe verfügt beispielsweise im Sinne eines Network-Carriers über die Lufthansa Passage Airline, des Weiteren über Regionalfluggesellschaften wie z. B. die Lufthansa CityLine GmbH, eine Cargo Airline (Lufthansa Cargo AG), Low-Cost-Carrier wie beispielsweise Eurowings und Leisure-Carrier wie Sun Express (50 % Beteiligung der Lufthansa AG).

3.2.1 Network-Carriers

Der klassische Network-Carrier stellt den **Grundtypus** einer Airline dar. Das Hauptmerkmal liegt im zentral zwischen den Orten stattfindenden Linienverkehr entsprechend dem Rad-und-Speichen-System (engl.: Hub-and-Spoke-System). Der als Drehkreuz agierende Großflughafen der jeweiligen Airline, der oft in der Landeshauptstadt angesiedelt ist, wird über Zu- und Abbringerflüge von den sog. Spokes mit Passagieren versorgt. Zusätzlich werden direkte Flugverbindungen zwischen Orten mit gesteigertem Verkehrsaufkommen im Inland im Rahmen des Point-to-Point-Systems offeriert (vgl. STERZENBACH/CONRADY/FICHERT 2013).

Generell agieren Network-Carriers auf globaler Ebene – sie bieten vom Heimatflughafen ausgehend sowohl kontinentale als auch interkontinentale Flugverbindungen zu den wichtigsten Flughäfen im In- und Ausland an. In ihrem Hub haben die Network-Carriers vielfach eine dominierende Stellung mit überragendem Marktanteil.

Aufgrund unterschiedlicher Streckenlängen und dem jeweiligen Verkehrsaufkommen sind die Flotten oftmals sehr heterogen. Es werden hierbei aus verhandlungsstrategischen Motiven heraus vorwiegend die Flugzeuge mehrerer Flugzeugbauer, z. B. Airbus und Boeing, eingesetzt. Die Sitzplatzkapazität der Maschinen liegt zwischen 130 und 800. Angeflogen werden überwiegend internationale Großflughäfen, die auch als Primary Airports bezeichnet werden und meist an Orten großer wirtschaftlicher Bedeutung liegen. Aber auch Secondary Airports, internationale Flughäfen, die eine geringere wirtschaftliche Bedeutung aufweisen, werden bedient.

Zu den **Zielgruppen** der Network-Carriers zählt man sowohl Geschäfts- als auch Privatreisende, wobei der Fokus auf den preisunsensibleren **Geschäftsreisenden** liegt, deren höhere Preisbereitschaft für den wirtschaftlichen Erfolg einer Airline essenziell ist. Das umfangreiche und differenzierte Produkt- und Serviceangebot ist im gehobenen Niveau angesiedelt und auf die Kernzielgruppe ausgelegt. Konform zu dem Produkt- und Serviceangebot wird gelegentlich auch von Full-Service-Network-Carriers gesprochen. Im Kontinentalverkehr werden generell zwei Beförderungsklassen, Business- und Economy Class, unterschieden. Interkontinental wird zumeist nach First-, Business-, Premium Economy- und Economy Class differenziert. Die Bestuhlungs- und Servicekonzepte unterscheiden sich sehr deutlich.

Je nach Beförderungs- und Buchungsklasse variieren die Normaltarife. Durch den Einsatz von komplexen Yield-ManagementsSystemen findet eine umfassende **Preisdifferenzierung** nach zeitlichen Aspekten, wie beispielsweise dem Buchungs- und Abflugzeitpunkt, nach personellen Aspekten, wie etwa den Zielgruppenmerkmalen (s. u.), sowie nach räumlichen Aspekten statt. Im Endpreis inkludiert sind eine Vielzahl von Bestandteilen des Serviceangebots wie Verpflegung und Bordentertainment.

Die Präsenz in allen gängigen Global-Distribution-Systemen (GDS) ist unumgänglich, um eine umfassende Marketingkommunikation zu gewährleisten. Zudem wird eine flächendeckende Angebotsverfügbarkeit, auch Ubiquität genannt, angestrebt. Die Distribution erfolgt dementsprechend über eine Vielzahl von Kanälen. Zu den wichtigsten Buchungswegen gehören die stationären Reisebüros und die Direktvertriebskanäle, Callcenter und das Internet.

Die **Marketingkommunikation** erfolgt in einem äußerst umfangreichen Rahmen sowohl offline, als auch in den Online-Kanälen. Network-Carriers setzen auf Verkaufsförderung, Imagekampagnen und eine intensive Kommunikation mit dem Endkunden in Form von Kundenbindungsprogrammen. Als Beispiele sind hier das Programm Miles & More der Lufthansa oder das Vielfliegerprogramm Executive Club der British Airways zu nennen.

Die Gruppe der Network-Carriers ist nicht homogen. Anhand von bestimmten Merkmalen können die unterschiedlichen **Typen** von Network-Carriers voneinander abgegrenzt werden. So teilt der **politische Status** die Network-Carriers zum einen in Flag-Carriers und Non-Flag-Carriers ein. Hinsichtlich deren **Marktposition** wird zum anderen nach Majors (Anführern globaler Allianzen) und Second-Tier-Carriers (Fluggesellschaften geringerer Bedeutung: z. B. Feeder) differenziert. Da Letztere lediglich kontinental operieren oder nur bestimmte interkontinentale Ziele anfliegen, nehmen sie nur eine untergeordnete Rolle in den globalen Allianzen ein.

Als Linienluftverkehrsgesellschaften sind Network-Carriers verkehrsrechtlich zur Einhaltung des veröffentlichten Flugplans angehalten. Laut STERZENBACH/CONRADY/

FICHERT 2009 wird für die Zukunft prognostiziert, dass sich Network-Carriers verstärkt auf Langstreckenverkehre konzentrieren werden. Darüber hinaus werden eigene Zubringerflüge reduziert, die Franchisenehmer oder kleinere Allianzpartner als Zubringer übernehmen. Außerdem wird sich der Konsolidierungsprozess unter den Network-Carriers fortsetzen. Voraussichtlich wird der Markt in Zukunft von ca. fünf großen europäischen Gesellschaften beherrscht werden. Aktuell existieren drei größere Gruppen: Air France/KLM, British Airways/Iberia (IAG), Lufthansa Group (mit Swiss, Austrian Airlines, Eurowings, Air Dolomiti).

Des Weiteren werden sich kleine und mittelgroße Network-Carriers aller Voraussicht nach nicht nur auf Zubringerverkehre zu den großen Network-Carriers konzentrieren, sondern vermehrt auch Merkmale des Low-Cost-Geschäftsmodells übernehmen. Im Kern bleiben diese aber Network-Carriers.

3.2.2 Leisure-Carriers

Der Begriff Leisure-Carrier leitet sich aus dem bislang üblichen Begriff **Charter-Carrier** ab. Charter-Carriers wurden einst eigens für das **Pauschalreisegeschäft** und den damit verbundenen Ferienflugverkehr gegründet. Der Begriff Charter-Carrier ist jedoch nicht mehr aktuell. Stattdessen wird heutzutage der Begriff Ferienfluggesellschaft verwendet.

Grund dafür ist, dass der Begriff Charter einen verkehrsrechtlich als Gelegenheitsluftverkehr durchgeführten Flug bezeichnet, während heute die meisten durchgeführten Ferienflüge unter Linienrechten durchgeführt werden. Auch wenn die Mehrzahl der Passagiere in fest vorgeschriebenen Kontingenten der Reiseveranstalter verreist, werden trotzdem auch Einzelplätze an Endkunden verkauft. Auf reinen Charterflügen war es hingegen nicht erlaubt, einzelne Sitzplätze ohne Zielgebietsarrangement zu vertreiben. Im Zuge der **Konsolidierung des Reiseveranstaltermarktes** zu integrierten Reisekonzernen, hat sich der europäische Ferienflugmarkt in den letzten Jahren in zwei Hauptgruppen aufgeteilt: die unabhängigen und die integrierten Fluggesellschaften. Um **integrierte Fluggesellschaften** handelt es sich, wenn die konzerninternen, touristischen Wertschöpfungsstufen um die Komponente Beförderung ergänzt wird. Das Produkt Urlaub kann auf diese Weise aus einer Hand zusammengestellt und angeboten werden. Außerdem haben die Reiseveranstalter dadurch eine kontrollierbare und garantierte Beförderungskapazität. Die **unabhängigen Ferienfluggesellschaften** stellen aber nicht nur Sitzplatzkapazitäten für unabhängige Reiseveranstalter bereit, sondern auch für die Integrierten Konzerne zur Abdeckung saisonaler Nachfragespitzen oder zur Bedienung kleiner Abflughäfen.

In vielen Fällen sind Leisure-Carriers Bestandteil von großen Touristikkonzernen. Als Beispiel fungiert hier die TUI Group, die 2011 den ersten Platz im Ranking der größten Leisure-Carriers einnimmt. Mit den Leisure-Carriers TUIfly, Thomson Airways, TUIfly Nordic, Jetairfly, Jet4you, Corsairfly und Arkefly konnte der Konzern

23,96 Mio. Passagiere registrieren. Ein weiteres Beispiel stellt der Touristikkonzern Thomas Cook dar. Thomas Cook ist der zweitgrößte Konzern im Ranking der größten Leisure-Carriers 2011, dazu gehören Condor, Thomas Cook Airlines UK. In das Segment gehört ebenfalls die Lufthansa-Tochter Eurowings, die ihre Kapazitäten mit der Integration von 38 Flugzeugen der Air Berlin und der bisher selbstständigen Tochter Brussels Airlines auf 180 Flugzeuge ausbaut. Über die Vertriebsmarke Lufthansa Holidays ist der Network-Carrier Lufthansa ebenfalls im Ferienfluggeschäft aktiv. Als klassische Leisure-Carriers agieren Germania mit aktuell 29 Jets und Sun Express mit 44 Jets. Im Ferienfluggeschäft ist darüber hinaus eine Vielzahl von Destinations-Carriers aktiv. Die Gesellschaften bedienen aus ihren Heimatmärkten (Tunesien, Türkei usw.) die Quellmärkte. Dazu gehören z. B. Pegasus, Onurair, Corendon Airlines und Novelair.

Das Hauptmerkmal der Leisure-Carriers besteht im Gelegenheitsverkehr zu Feriendestinationen in einem primär kontinentalen Aktionsraum. Der Großteil der beförderten Passagiere präferiert näher gelegene Urlaubsregionen. Jedoch weist das Produktportfolio auch interkontinentale Flüge auf, um die i. d. R. geringere Nachfrage nach Fernreisen zu befriedigen. Ausnahmen stellen hier beispielsweise die Condor und Air Berlin dar, die ebenfalls eine Vielzahl von Langstreckenzielen bedienen. Inlandsflüge nehmen generell eine Ausnahmeposition ein und kommen, wenn überhaupt, nur in sehr großen Ländern vor.

Die oftmals heterogene Flotte mit einer Sitzplatzkapazität von 150 bis 250 Sitzplätzen agiert im **Point-to-Point**-Verkehr. In Form von Nonstop- oder Direktflügen werden touristisch bedeutungsvolle Quellmärkte mit den Urlaubsregionen verbunden. Bei unzureichender Nachfrage besteht die Möglichkeit diese zu bündeln, indem Passagiere anderer Flughäfen unterwegs zusteigen – somit wird eine Anpassung an die sich verändernde Nachfrage ermöglicht. Es werden kleine bis mittelgroße Flughäfen, teilweise auch Großflughäfen bedient, letztere oftmals am frühen Morgen oder späten Abend, damit für andere Airlines ungünstige Slots benutzt werden können. In erster Linie sprechen Leisure-Carriers **Privatreisende** an, die entweder ihre Haupturlaubsreise oder auch einen Kurztrip antreten. Geschäftsreisende bilden ein zweitrangiges Zielgruppensegment. Da der Privatreisende seine Reisen üblicherweise selbst finanziert, ist für ihn der Preisaspekt bedeutsam und er reagiert relativ stark auf Preisänderungen (hohe Preiselastizität). Der Privatreisende wählt eine Fluggesellschaft überwiegend nach dem Preis aus. Normalerweise existiert ein positiver Zusammenhang zwischen dem Einkommen eines Kunden und seiner Zahlungsbereitschaft. Ausgenommen davon sind hybride Verhaltensmuster, wie z. B. ein vermögender Kunde, der einen günstigen Flug bucht (u. U. sogar eine Low-Cost-Airline bevorzugt) und am Bestimmungsort in einem Luxushotel seinen Urlaub verbringt. Hybride Kunden verhalten sich nicht ihrem Einkommen entsprechend und lassen sich daher nicht bestimmten traditionellen Zielgruppensegmenten zuordnen. Privatreisende neigen zu einem frühen Buchungsverhalten und sind i. d. R. keine Vielflieger. Sie investieren viel Geld in eine Reise, die vielleicht einen Jahresurlaub der Familie darstellt, profitieren evtl. von Frühbucherrabatten und wollen sichergehen, dass organisatorisch alle Details im Voraus geregelt sind. Durch diese frühen Sonderrabatte, mit denen sie den Fluggesellschaften einen geringeren Erlös erbringen, werden Privatreisende auch STP (Sondertarifpassagiere) genannt. Im Gegensatz zu Geschäftsreisenden, den NTP (Normaltarifpassagiere), sind ihre Ansprüche an Service und Annehmlichkeiten des Fluges allgemein niedriger. Zudem sind sie relativ flexibel in der Reiseplanung, solange sie keine schulpflichtigen Kinder haben.

Das auf mittlerem Niveau positionierte Produkt- und Serviceangebot bietet im europäischen Verkehr oftmals lediglich eine sehr eng bestuhlte Beförderungsklasse. Auf Langstrecken erwarten den Kunden mehrere Beförderungsklassen, die eine bessere Ausstattung mit weiträumigerer Bestuhlung aufweisen. Der Bordservice wird auf dem Niveau der Network-Carriers angeboten, die Serviceleistungen am Boden werden hingegen auf das Notwendigste beschränkt.

Einerseits werden Kontingente an die Reiseveranstalter verchartert und andererseits erfolgt ein Einzelplatzverkauf direkt an den Endverbraucher. Da die vercharterten Plätze einen Hauptbestandteil des Leistungsbündels Pauschalreise darstellen, obliegt die Distribution dieser Plätze allein den Reiseveranstaltern. Der starke Vertriebskanal Reiseveranstalter erweist sich für diese Gesellschaften als Vorteil gegenüber den Low-Cost-Airlines. Seitens der Leisure-Carriers wird kaum Marketingkommunikation für die Kontingentverkäufe betrieben. Für den Einzelplatzverkauf existiert jedoch eine eigene aktive Vertriebsstruktur – die einzelnen Plätze werden direkt über Kanäle wie etwa Callcenter und Internet vertrieben. Prognosen schätzen den traditionellen Chartermarkt rückläufig ein, Leisure- und Low-Cost-Carriers werden sich annähern.

3.2.3 Regional-Carriers

Kennzeichnend für die Regional-Carriers ist einerseits der Linienverkehr im Rahmen des zwischen dezentralen Orten stattfindenden Point-to-Point-Systems. Ein zweites Hauptmerkmal liegt in ihrer Funktion als Zu- und Abbringer zwischen den Hubs der oftmals kooperierenden Network-Carriers und Orten mit geringem Verkehrsaufkommen. Regional-Carriers agieren generell auf kontinentaler Ebene. Die heterogene Flotte setzt sich vielfach aus kleineren Flugzeugtypen zusammen. Vorwiegend werden Maschinen der beiden dominierenden Hersteller Embraer und Bombardier eingesetzt. Die Flugzeugmuster, die entweder einen Jetantrieb oder teilweise noch einen Turbopropantrieb aufweisen, besitzen eine Kapazität von 19 bis 120 Sitzplätzen. Durch die Bedienung der Strecken mit vergleichsweise kleinen Flugzeugen haben die Regional-Carriers die Möglichkeit, Strecken mit geringem Verkehrsaufkommen wirtschaftlich sinnvoll zu bedienen.

Da vor allem **Geschäftsreisende** die Zielgruppe der Regional-Carriers darstellen, ist das Produkt- und Serviceangebot dementsprechend fokussiert und im gehobenen Preissegment angesiedelt. Jedoch begrenzt die Flugzeuggröße oftmals den Service, aufgrund der kurzen Flugzeit wird dies aber toleriert. Kleinere und mittelgroße Regionalflugzeuge verfügen vielfach lediglich über eine Beförderungsklasse. Die Installation zweier Beförderungsklassen hat sich jedoch bei größeren Maschinen durchgesetzt. Die aus fünf neuen Embraer 195 bestehende Flotte der Lufthansa-Tochtergesellschaft Air Dolomiti verfügt über ein Zwei-Beförderungsklassen-System. Die Business- und Economy Class des Regional-Carriers bietet Platz für 116 Passagiere.

Dem gehobenen Serviceangebot entsprechend ist notwendigerweise auch das Preisniveau gehoben. Da Regional-Carriers meist auf Strecken mit geringem Aufkommen eingesetzt werden, sie zudem nur eine kurze Utilization realisieren können und hohe Flughafenentgelte zahlen müssen, liegen deren Stückkosten weit über denen anderer Geschäftsmodelle.

Im Falle einer Kooperation von Regional- und Network-Carriers übernehmen letztere ebenfalls die Distributionsfunktionen. Ansonsten findet die Distribution hauptsächlich über direkte Vertriebskanäle wie Callcenter, die unternehmenseigenen Websites oder über Konsolidatoren statt. Da in den vergangenen Jahren durchweg zweistellige Wachstumsraten zu verzeichnen waren, sind die Perspektiven für dieses Geschäftsmodell positiv. Es wird auch in den nächsten Jahren mit einem konstant starken Wachstum gerechnet.

3.2.4 Business Aviation

Gekennzeichnet ist die Business Aviation durch die Bereitstellung der gesamten Kapazität eines Fluges für einen Kunden bzw. eine zusammengehörige Kundengruppe. Es wird **„on demand"** geflogen. Abzugrenzen ist die Business Aviation vom Segment Aerial Work, vielmehr gehört sie zur Commercial Aviation. Entscheidend ist also in erster Linie der gewerbliche Zweck des Fluges. Es werden sowohl Personen als auch Fracht befördert. Dementsprechend definiert sich die Business Aviation wie folgt: „Business Aviation bezeichnet die geschäftlich motivierte Beförderung von Personen und Fracht im zivilen Bedarfsflugverkehr unter Bereitstellung der gesamten Beförderungskapazität meist eigener Geschäftsreiseflugzeuge."

Der Business-Aviation-Markt ist u. a. dadurch gekennzeichnet, dass **Großunternehmen** und **Regierungen** die Hauptnutzer dieses Segments darstellen. Lediglich 3 % werden von Privatpersonen nachgefragt. Die Weltflotte wächst jährlich um ca. 3 %. In der Business Aviation ist ein überproportionales Wachstum zu verzeichnen. Vor allem die progressive Globalisierung, zunehmende Unternehmensgewinne, Engpässe an Flughäfen und der wachsende Reichtum vermögender Bevölkerungskreise begünstigen die ohnehin dynamische Marktentwicklung.

Das Leistungsangebot der Business Aviation beinhaltet jeden denkbaren Komfort. Am Boden gibt es keine bzw. kaum Wartezeiten durch eine schnelle und unkomplizierte, jedoch persönliche Abfertigung. Es gibt keine Gepäckrestriktionen. An Bord erwartet den Kunden eine geräumige Kabine und eine Begrüßung durch den Flugkapitän. Sowohl die Abflugzeiten als auch die Flugrouten im Point-to-Point-System werden vom Kunden bestimmt. Die Jets können auf allen Flughafentypen landen. Die meist sehr heterogenen Flotten sind in der Lage, die unterschiedlichsten Kundenbedürfnisse zu befriedigen. Vorteile gegenüber dem Linienluftverkehr liegen außerdem in der flexiblen Einsetzbarkeit der Flüge und der Möglichkeit, an Bord unbeobachtet arbeiten zu können. Jedoch wird die Business Aviation auch kritisch hinterfragt. Vor allem in Zeiten von Klimawandel und sich erschöpfender Ölvorräte stehen Kritiker dem erhöhten Treibstoffverbrauch kritisch gegenüber.

3.2.5 Low-Cost-Carriers

Ein Unternehmen mit Low-Cost-Geschäftsmodell bietet zunächst in regional begrenzten Märkten Kurzstreckenverbindungen mit eingeschränktem Service an. Fluggesellschaften, die dem Low-Cost-Konzept folgen, die sog. Low-Cost-Carriers, konzentrieren sich auf die **Kernleistung** des Personentransports. Dieser findet in Form von Punkt-zu-Punkt-Verbindungen mit einem sehr geringen Serviceangebot statt. Der Low-Cost-Markt enthält bezüglich der Flugleistungen die Aspekte Low Fare und No Frills. Die Grenzen zwischen dem Modell der günstigen Tarife bei einem gewissen Maß an Service und der reinen Konzentration auf die Transportleistung ohne Serviceangebot sind hierbei allerdings fließend. Da es an einer einheitlichen Definition mangelt, gibt es vielfältige Ausprägungen und Bezeichnungen: No-Frills-Airlines, Low-Fare-Airlines, Discount-Airlines, Budget-Airlines und Billigfluggesellschaften sind neben dem Begriff Low-Cost-Carrier nur einige Beispiele.

3.2.5.1 Historische Entwicklung der Low-Cost-Carriers

Das in den 70er-Jahren entwickelte Geschäftsmodell der Low-Cost-Carriers hat sich mittlerweile in den Luftverkehrsmärkten etabliert und zählt zu einer der herausragenden Entwicklungen in der Luftfahrtbranche. Der **Ursprung** des Billigflugkonzepts liegt in den USA. Die im Jahr 1967 als Regionalfluggesellschaft gegründete **Southwest Airlines** setzte die Geschäftsidee, Flugverbindungen mit eingeschränktem Service zu niedrigen Preisen zu offerieren um und gilt somit als Vorreiter des Geschäftsmodells. Punkt-zu-Punkt-Systeme wurden infolgedessen mit nur noch einem Flugzeugtyp bedient. Dies ersetzte darüber hinaus die bis zu diesem Zeitpunkt üblichen Netz- und Drehkreuzsysteme. Nachdem Ende der 70er-Jahre die Deregulierung in den USA einsetzte, konnte eine Vielzahl von Neugründungen im Low-Cost-Markt registriert werden. Southwest Airlines erwies sich als besonders erfolgreich. Seit nunmehr 37 Jahren infolge verzeichnet die Fluggesellschaft Gewinne und ist mit aktuell 186 Mio. beförderten Passagieren die weltweit größte Low-Cost-Airline.

Erwähnenswert sind zudem auch die amerikanische **People Express,** die bereits 1987 von der **Continental Airlines** übernommen und vollständig integriert wurde, und die britische Luftverkehrsgesellschaft **Laker Airways,** die mit ihrer Gesellschaft **Sky Train** ebenfalls versuchte, bereits etablierte Liniengesellschaften mit günstigen Tarifen unter Druck zu setzen. 1972 erhielt Laker Airways die Betriebsgenehmigung für die Langstrecke London–New York, wegen fehlender Rechte nahm diese den Flugbetrieb jedoch erst 1977 auf. Die Airline konnte sich jedoch auch nicht dauerhaft am Markt behaupten. Bis heute gibt es nur wenige erfolgreiche reine Low-Cost-Airlines auf einer Langstrecke **(Air Asia X, Norwegian).** Im europäischen Raum entstanden zunächst nur wenige Low-Cost-Carriers. Im Zuge des mehrstufigen Liberalisierungsprozesses trat dann die irische Fluggesellschaft **Ryanair** im Jahr 1991 in den Low-Cost-Markt ein. Es folgten die britische **easyJet** 1995 und die belgische **Virgin Express** im Jahr 1996. Deren Erfolg war Anlass für weitere Neugründungen in Form von Tochterunternehmen bereits etablierter Airlines wie z. B. **Germanwings,** die heute eine 100%ige Tochtergesellschaft der Lufthansa ist, oder Neueinsteigern. Zwischen 2002 und 2004 kam es aufgrund der welt- und wirtschaftspolitischen Lage zu einem Gründungsboom: mehr als 20 neue Low-Cost-Carriers zählte der europäische Markt. Es konnten sich jedoch nicht alle langfristig behaupten.

Die Pioniermärkte, Nordamerika und Europa, haben sich zu volumenmäßig großen Low-Cost-Märkten entwickelt. Als Heimatbasen der Gesellschaften Ryanair und easyJet verzeichnen Großbritannien und Irland einen außerordentlich hohen Marktanteil.

Nach der amerikanischen Southwest Airlines zählt die Ryanair mit Firmensitz in Dublin (Irland) als die zweitgrößte Billigfluggesellschaft der Welt. Die ursprünglich im Jahr 1985 gegründete Airline hatte mit Anfangsschwierigkeiten zu kämpfen und überarbeitete ihr Geschäftsmodell, sodass es 1991 zum Eintritt in den Low-Cost-Markt kam. Dem Geschäftsbericht zufolge verzeichnete Ryanair 2015 ein Passagiervolumen von 106 Mio., was einem Wachstum, im Vergleich zum Jahr 2008 mit 58,6 Mio. beförderten Passagieren, von etwas mehr als 100 % entspricht. Die Flotte bestand zum Periodenende aus 360 Flugzeugen. Die im englischen Luton ansässige Fluggesellschaft easyJet, die 1995 in den Markt eingetreten ist und als zweitgrößte Low-Cost-Airline in Europa gilt, konnte im Vergleich zum Jahr 2008 mit 43,7 Mio. beförderten Fluggästen um 50 % wachsen und 2015 ein Passagieraufkommen von 69 Mio. registrieren. Im Besitz der Airline befanden sich 250 Flugzeuge.

Auch die Slowakei, Polen und Ungarn generieren hohe Marktanteile. Der Grund dafür liegt in der Gewährung der „7. Freiheit" im Zuge der Erweiterung der Europäischen Union im Jahr 2004. Diese Freiheit eröffnet das „Recht zur direkten Beförderung von Passagieren, Fracht und Post von Staat B nach Staat C durch eine Airline aus Staat A. Dabei muss der Flug weder in Staat A beginnen noch enden."

3.2.5.2 Marktstrukturen

Die Pioniermärkte zeigen im Gegensatz zu anderen Märkten bereits erste Anzeichen eines reifen Marktes auf. Die **Marktsättigung** wird vor allem anhand der sich abschwächenden Wachstumsraten des deutschen Marktes verdeutlicht. Verzeichnete der deutsche Low-Cost-Verkehr 2002 noch eine exorbitant hohe Wachstumsrate von 360 % gegenüber dem Vorjahr, nahm diese stetig ab. Der Mittlere Osten hingegen weist eine Marktwachstumsrate von 77,5 % auf. Aber auch andere Regionen, wie beispielsweise Afrika, das ein Marktwachstum von 66,7 % aufweist und die Region Asien/Pazifik mit einer Wachstumsrate von 35,3 %, befinden sich in einer noch frühen Flugverkehrsentwicklungsphase.

Generell schöpfen Low-Cost-Carriers ihr Wachstum zum einen aus der **Erschließung neuer Kundengruppen.** Dies sind vor allem Personen, die ansonsten keine Reise angetreten oder präferiert andere Verkehrsmittel genutzt hätten. Sie wurden, bedingt durch den niedrigen Preis, als Kunden gewonnen. Ebenfalls führt die Gewinnung von Kunden etablierter Airlines zu Wachstum. Somit haben die Low-Cost-Carriers das Marktvolumen im gesamten Luftverkehrsmarkt ausgeweitet.

3.2.5.3 Merkmale von Low-Cost-Carriers

Low-Cost-Carriers weisen als Hauptmerkmal einen sehr **preisgünstigen** Luftverkehr auf, der dem Point-to-Point-System folgend alle Ursprungs- und Zielorte durch Nonstopflüge auf verkehrsaufkommensstärkeren Strecken verbindet.

Low-Cost-Airlines agieren vorwiegend auf **kontinentaler Ebene,** nur selten ist der Aktionsraum interkontinental. Es werden vielfach Secondary Airports, kleine bis mittelgroße Flughäfen außerhalb von Metropolregionen mit geringer wirtschaftlicher Bedeutung, aber auch Tertiär- und Quartiärflughäfen angeflogen. So fliegt Ryanair beispielsweise Frankfurt-Hahn in der Rhein-Main-Region oder Girona in der Nähe von Barcelona an.

Flughäfen, die in der Nähe von Großstädten liegen sind nicht nur bedeutend kostengünstiger, sondern auch wesentlich weniger ausgelastet als Großflughäfen. Prozesse der Flugzeug- und Passagierabfertigung können dadurch wesentlich schneller ablaufen. Die Zeit zwischen Andocken des Flugzeugs am Gate und Abrollen vom Gate, Turnaround-Zeit genannt, wird somit deutlich verkürzt. Eine Maßnahme, die präferiert von einigen Lowest-Cost-Airlines wie Ryanair angewandt wird, um die Bodenzeit zu minimieren, ist die Beschleunigung des Boarding-Prozesses. So beträgt die Turnaround-Zeit an einigen Secondary Airports lediglich 20–30 Minuten. Durch höhere Frequenzen der täglichen Verbindungen und das Nichtvorhandensein von Warteschleifen kann die Utilization, d. h. die tägliche Nutzungsdauer der Flugzeuge, maximiert werden.

Ein dezentral gelegener Flughafen bedeutet jedoch auch, dass die Passagiere eine weite Anreise und mangelhafte intramodale Vernetzungen in Kauf nehmen müssen. Auch auf den repräsentativen Baustil vieler internationaler Großflughäfen muss – dem gesamten, auf eine niedrige Kostenstruktur ausgelegten Geschäftsmodell entsprechend – aus Passagiersicht verzichtet werden. Indem Low-Cost-Gesellschaften überwiegend das Konzept der Flugzeugstandardisierung anwenden, d. h., oftmals lediglich ein Flugzeugmuster einsetzen, können diese sich durch eine homogene Flotte auszeichnen. Sehr häufig werden Flugzeuge der Airbus-A320-Familie (A319/A321) und/oder der Boeing-737-Familie (737-300/500, 737-700/800) geflogen. Ryanair setzt ein starres Konzept der Flugzeugstandardisierung um. In der Flotte des irischen Billigfliegers gibt es aktuell 360 Boeing 737-800 EasyJet hingegen hat seine Boeing-737-Flotte bereits im Jahr 2003 um Fluggeräte des Modells Airbus A319 erweitert. Erst kürzlich folgten neue Optionen des UK-Low-Cost-Carriers auf Flugzeuge des Typs A320, bestehende Optionen auf A319-Maschinen wurden ebenfalls umgewandelt. Die Airline hat bis Ende des Jahres 2012 die Flotte komplett auf Flugzeuge des Herstellers Airbus umgestellt.

Die **Basen** der Low-Cost-Gesellschaften erinnern auf den ersten Blick an Hubs, weil mit diesen eine große Anzahl von Flügen Speichen-ähnlich (engl.: spokes) verbunden sind. Jedoch werden die Anzeichen für einen Hub hier nicht erfüllt – die Flüge sind weder zeitlich aufeinander abgestimmt noch werden Durchgangstarife offeriert. Eine durchgängige Abfertigung von Passagieren und Gepäck findet i. d. R. nicht statt. Im Falle der Low-Cost-Airlines steigen die Passagiere an den Basen lediglich zu oder aus. Hieraus ergibt sich die Charakteristik des Point-to-Point-Verkehrs für das Low-Cost-Streckennetz. Eine hohe Frequenz, d. h. eine häufige Bedienung der Destinationen, ist von größerer Bedeutung als die Bedienung vieler verschiedener Ziele. Zum Zielgruppensegment werden vorwiegend Privatreisende gezählt. Es gewinnen jedoch verstärkt preissensible Geschäftsreisende an Bedeutung. Das erschöpfte Marktvolumen an Privatreisenden zeigt Grenzen für die Expansionspläne der Low-Cost-Carriers auf. Daraus ergibt sich eine zunehmende Fokussierung des Geschäftsreisemarktes und das Streben nach dessen Erschließung.

Da sich Billigfluggesellschaften im Hinblick auf die Produktpolitik häufig ausschließlich auf ihre **Kernleistung,** die verspätungsfreie Beförderung von A nach B, konzentrieren, ist das Service- und Produktangebot stark reduziert. Alle Leistungen, die über die Kernleistung hinausgehen, sind zusätzlich zu zahlen und werden als **Frills** (dt.: Schnickschnack, Firlefanz) bezeichnet. Es wird davon ausgegangen, dass für den Fluggast zunächst der niedrige Ticketpreis von Bedeutung ist und zugunsten dessen gern auf Bordverpflegung, Unterhaltungsprogramm etc. verzichtet wird.

Low-Cost-Carriers weisen im Vergleich zu anderen Luftverkehrsgesellschaften eine **niedrigere Kostenstruktur** auf und können sich so im Niedrigpreisbereich positionieren. Ausgenommen sind die Treibstoffkosten, auf die weder Network- noch Low-Cost-Carriers Einfluss haben. Generell ähnelt sich die zeitliche Preisdifferenzierung bei allen Billigfluggesellschaften. Pro Flug ist ein gewisses Kontingent an Tickets im Niedrigpreissegment vorhanden. Es handelt sich hierbei zudem ausschließlich um Oneway-Tickets. Nachdem das Kontingent aufgebraucht ist, erhöhen sich die Preise schrittweise. Sie steigen im Zeitverlauf deutlich, vor allem kurz vor dem Abflug. Dadurch kann die höhere Preisbereitschaft von kurzfristig Buchenden ausgenutzt werden. Im Zeitverlauf ist die Preiskurve demzufolge ansteigend und charakteristisch für Low-Cost-Gesellschaften. Traditionell sinken die Preise kurz vor Abflug und in

Form von Last-Minute-Angeboten werden Restplätze günstig offeriert. Der Preisverlauf grenzte die Low-Cost-Airlines in der Vergangenheit demzufolge von den Preiskurven anderer Geschäftsmodelle ab – die Kurven verliefen exakt gegensätzlich. Das Preiskonzept beinhaltet zudem Preiszuschläge für Leistungen, die bisher üblicherweise im Endpreis inkludiert waren. Dazu zählen Sitzplatzreservierungen, Gebühren für die Aufgabe von Gepäck oder Getränke und Verpflegung an Bord. Diese Zusatzleistungen werden **Ancillary Revenues** genannt und sind definierbar als die Erwirtschaftung zusätzlicher Erlöse, die über den direkten Ticketverkauf hinausgehen. Der Endpreis des Fluges setzt sich demnach aus leistungsabhängigen Bestandteilen zusammen, die der Kunde individuell auswählen kann, indem er über den Zukauf der einzelnen Leistungen entscheidet und diese separat bezahlt. Zum einen existieren ungebündelte Leistungen in Form des À-la-carte-Pricing, definiert als Zusatzleistungen, die sowohl vor als auch während des Fluges gegen eine gewisse Gebühr erworben werden können. Die Airline verfügt demnach über feste Entgelte, die für das Einchecken eines ersten, zweiten Koffers oder Sportgepäckstücks verlangt werden sowie Kreditkartenentgelte, Airport-Check-Ins und verschiedene andere Serviceentgelte. Zusätzliche Erlöse können auch in weiteren Positionen wie Provisionen aus der Vermittlung von Mietwagen, Hotels, Versicherungen, Verkauf von Duty-Free-Produkten u. Ä. generiert werden. Zunehmend spielt auch eine dritte Form der Schaffung von Mehrerlösen eine Rolle: im Rahmen von Kundenbindungsprogrammen werden Punkte oder Meilen an Partner verkauft und deren Produkte auf der Homepage der Airline angeboten.

Bezugnehmend auf die Ancillary Revenues konnte im Jahr 2008 ein Wachstum aller Airlines von sagenhaften 346 % im Jahresergebnis gegenüber dem Jahr 2006 verzeichnet werden. Weltweit wurden also rund 7,7 Mrd. Euro durch Ancillary Revenues erwirtschaftet. Die in Dublin ansässige Ryanair generiert rund 30 % des Gesamterlöses aus diesen Zusatzeinnahmen. Für jeden Passagier konnte die Low-Cost-Airline demzufolge durchschnittlich 20 Euro an über den Ticketpreis hinausgehenden Entgelten generieren. Summa sumarum erzielte die Airline somit fast 2 Mrd. Euro durch Ancillary Revenues und kann sich dadurch 2008 im Ranking auf dem vierten Platz der Airlines mit den höchsten Einnahmen aus dem Verkauf der Zusatzleistungen positionieren.

Eine der **aktuellen Entwicklungen** im Kontext des Angebots einzelner Leistungen ist das **Cross Selling**. Wörtlich übersetzt bedeutet das „über Kreuz verkaufen" und beschreibt die Ausschöpfung bereits vorhandener Kundenbeziehungen, um den Absatz weiterer Dienstleistungen oder Produkte zu stimulieren. Es wird hierbei vor allem aus dem Adressenpotenzial von Partnerschaften in vertriebsstrategischem Sinne profitiert. Diese Strategie bietet sich vorwiegend bei komplementären Gütern an. Bei der Buchung der Einzelleistung Flug kann etwa ein Leihwagen oder Hotel angeboten werden.

Aus der Verbindung der Budget-Airline Ryanair und der Autovermietungsfirma Hertz resultiert ein Beispiel für eine solche exklusive Partnerschaft. Parallel zu dem Kauf eines Flugtickets kann ein Mietwagen der Firma Hertz im Voraus über die Ryanair-Website gewählt und bezahlt werden. Hauptsächlich erfolgt die Distribution der Low-Cost-Gesellschaften über wenige, kostengünstige Direktvertriebskanäle. Vor allem sind hier Callcenter und die unternehmenseigene Website zu nennen. Die Listung in Global-Distribution-Systemen wird vermieden. Es erfolgt ebenfalls kaum Distribution über Reisebüros, wie das bei Network- und Leisure-Carriers sowie hybriden Modellen oftmals der Fall ist. Die Reisebüros sind gezwungen, selbst eine Service Fee zu erheben. Durch den Direktvertrieb werden nicht nur Provisionskosten eingespart, es wird zusätzlich ein direkter Kundenkontakt aufgebaut. Generell stellt das Internet den wichtigsten Buchungskanal bei Billigfluggesellschaften dar. Bei easyJet buchen mittlerweile rund 95 % der Kunden, bei Ryanair immerhin 90 % der Kunden online. Einige Gesellschaften lenken ihre Kunden gezielt, indem sie für Buchungen über z. B. Callcenter eine Bearbeitungsgebühr verlangen. Der Grund liegt in der Forcierung der kostengünstigsten Form, der Internet-Buchung. In der Regel werden keine Papiertickets mehr ausgestellt, die Passagiere können am Flughafen mit der jeweiligen Buchungsnummer einchecken. Auch bei der Kreditkartennutzung fällt eine Gebühr an.

Da die Preispolitik das zentrale Marketinginstrument der Low-Cost-Carriers darstellt, wird auf eine aufwändige Marketingkommunikation gänzlich verzichtet. Es wird **Promotionspreispolitik** betrieben, d. h., kleinere Kontingente werden zu extrem niedrigen Sonderpreisen angeboten und aggressiv beworben. Diese Art von Marketingkommunikation, deren einzige Werbebotschaft die Kommunikation der sehr preisgünstigen Tarife beinhaltet, findet ausschließlich über kostengünstige Kommunikationskanäle wie beispielsweise das Internet, Presseberichte oder Newsletter statt. Die Aussagen des Ryanair-Vorstands Michael O'Leary stellen ein Paradebeispiel für die kostenlose, jedoch sehr effiziente Werbungsform dar. Zuletzt überlegte er öffentlich, zusätzliche Gebühren für die Toilettennutzung während des Fluges, Stehplätze an Bord oder eine Steuer für Übergewichtige, die Fat Tax, einzuführen. Indem die Medien diese bewusst überzogenen Aussagen aufgreifen, verbreiten sie diese und werben so nebenbei für die Airline. Ferner verzichten die meisten Low-Cost-Airlines auf Kundenbindungsprogramme, weil von der Annahme ausgegangen wird, dass die niedrigen Preise eine ausreichende Bindungswirkung besitzen. Setzt eine Airline doch ein System zur Kundenbindung ein, ist die Struktur simpel und möglichst kostengünstig.

Das **Ziel** der Low-Cost-Carriers besteht in einer kostengünstigen und schlanken Unternehmensführung. Zur Erreichung dessen ist die Konzentration auf die Kernkompetenzen unumgänglich. Alle Aktivitäten und Prozesse werden, abgesehen von dem empfindlichen Bereich der Sicherheit, auf Kostensenkung und -optimierung ausgelegt. Dieses Konzept wird als Lean Management bezeichnet und ist existenziell für die konsequente Einhaltung des Kernelements – die niedrige Kostenstruktur – des Low-Cost-Geschäftsmodells.

Da die meisten Low-Cost-Airlines nicht imstande sind, die erforderlichen Größenvorteile (economies of scale) aufzuweisen, werden verschiedene Dienstleistungen ausgelagert. Erst das sog. **Outsourcing** ermöglicht die Konzentration auf das Kerngeschäft. Vor allem im Bereich der Verwaltung herrscht ein hoher Outsourcinggrad, der eine Variabilisierung fixer Kosten ermöglicht. Spezialisten erbringen zudem Leistungen kostengünstiger. Anhand des Outsourcings haben Low-Cost-Carriers u. a. die Möglichkeit, ihren Personalbestand auf ein Minimum zu reduzieren, Passagier- und Flugzeugabfertigung beispielsweise werden komplett von Dritten durchgeführt.

3.2.6 Low-Cost-Geschäftsmodell als Ansatz für hybride Carriers

Die Bandbreite der im Low-Cost-Segment operierenden Fluggesellschaften macht die Definition eines festgelegten Geschäftsmodells unmöglich. Vielmehr verfolgen die einzelnen Unternehmen ihre eigenen Konzepte. Grenzen zwischen den einzelnen Ausprägungen verlaufen fließend. Die verschiedenen **Konzepte** können anhand der Entwicklungsgeschichte der einzelnen Airlines erläutert werden.

Typus 1 geht hervor aus einer echten Neugründung durch ein wirtschaftlich und rechtlich vollkommen unabhängiges Unternehmen. Die europäischen Pioniere Ryanair und easyJet stellen Beispiele dar. Auch die Weiterentwicklung des Charter-Carrier-Geschäftsmodells resultiert in einer Ausprägung des Low-Cost-Segments. Beispiele für **Typus 2** sind Air Berlin und TUIfly. Unternehmensgründung veranlasst von einem Network-Carrier wie beispielsweise Germanwings (Lufthansa/Eurowings) oder bmibaby (bmi) werden als **Typus 3** bezeichnet. Zusätzlich könnte ein vierter Typus gebildet werden, denn von Zeit zu Zeit entwickeln sich Low-Cost-Carriers durch eine Umwandlung von Network-Carriers. Beispiel ist hier Aer Lingus, die aufgrund des Konkurrenzkampfs mit der ebenfalls irischen Ryanair aus Gründen der Existenzsicherung zu einem Low-Cost-Carrier umgestaltet wurde. Die verschiedenen Konzepte der Low-Cost-Carriers variieren vor allem hinsichtlich der Produktgestaltung. Ryanair beispielsweise bietet ein echtes No-Frills-Produkt an. Verdeutlicht wird vor allem, dass Low-Cost-Carriers eine eindeutige Differenzierung gegenüber den Wettbewerbern anstreben und zunehmend vom traditionellen Modell abweichen.

Die Low-Cost-Carriers haben sich durch ein starkes Wachstum erfolgreich auf dem europäischen Markt etabliert. Ermöglicht wurde die Verbreitung des Geschäftsmodells zu Beginn durch die Deregulierung auf dem amerikanischen Markt. Später folgte dann die schrittweise **Deregulierung** und **Liberalisierung** auf verschiedenen internationalen Märkten. In Europa wird mittlerweile im Low-Cost-Segment mehr als ein Drittel des Passagieraufkommens befördert. Durchschnittlich belief sich die gesamte europäische Kapazität an verfügbaren Sitzplätzen im Budget-Airline-Segment auf 42,8 %. Auf den größten intereuropäischen Strecken von/nach Italien, Polen, Irland, und Großbritannien konnte ein Marktanteil von 50 % überstiegen werden. In Spanien wurden sogar mehr als 60 % der gesamten verfügbaren Sitzplatzkapazität im Low-Cost-Segment angeboten. Als europäische Hauptdestination von Low-Budget-Flügen gilt jedoch weiterhin Großbritannien. Das Netz dieses Landes umfasst mehr als 1.100 Strecken aus Europa, inkl. dem nationalen Verkehr. Danach folgen Spanien, Italien und Deutschland mit jeweils mehr als 5.000 city pairs. Am Europaverkehr hält der Low-Cost-Carriers-Markt mittlerweile einen Anteil von 37,7 %. Im Umkehrschluss bedeutet dies, dass noch 63 % der Flüge vorwiegend von Network- und Leisure-Carriers durchgeführt werden.

3.3 Kreuzfahrten[1]

Bereits seit mehreren Jahrtausenden dienen Flüsse zur Fracht- und Personenbeförderung. Im 18. Jahrhundert gewann die **Flussschifffahrt** touristisch an Bedeutung, als Adelige und Geistliche in der Sommerfrische den Schiffskomfort zu schätzen lernten. Mit dem Bau moderner Kabinenschiffe in den 1960er-Jahren wurde der Beginn der modernen touristischen Flusskreuzfahrten eingeläutet.

Vor etwa 125 Jahren begann die Ära der **Hochseekreuzfahrten.** Ausgelöst wurde sie durch Albert Ballin, den Generaldirektor der Hapag in Hamburg. Als Zuständiger für die Linienschifffahrt über den Atlantik war er auf der Suche nach Auslastung der Schiffe, die im Winter meist einsatzlos auf Reede lagen. Die Idee entstand, Kreuzfahrten als touristisches Produkt zu entwickeln und als möglichst komfortable und luxuriöse Reisen wohlhabenderen Schichten anzubieten, die stark bildungsmotiviert Interesse an fremden Ländern und Kulturen hatten. Die erste Kreuzfahrt der Hapag mit dem Schiff „Auguste Victoria" führte 1891 von Cuxhaven aus ins Mittelmeer. Lange war das Produkt Kreuzfahrt bestimmt durch Merkmale aus dieser Zeit. Sie prägen auch heute noch das Klischee vom „Mythos Kreuzfahrt".

Der **Kreuzfahrttourismus** erlebte viele Höhen und Tiefen. Einbrüche gab es vor allem während der Weltkriege und jeweils danach. In den 60er- und 70er-Jahren wurde in Europa die klassische Luxuskreuzfahrt wiederentdeckt, bei der anfangs vor allem auf russischen Kreuzfahrtschiffen gereist wurde. Der eigentliche Durchbruch des Kreuzfahrtentourismus erfolgte mit der Erfindung der modernen, legeren Kreuzfahrt in den 90er-Jahren in den Vereinigten Staaten durch Carnival Cruise Lines und Royal Caribbean Cruise Lines. Carnival vermarktete umgebaute Schiffe als „Fun Ships", bei denen Spaß und Unterhaltung im Vordergrund standen. Für das deutsche Publikum wurde dieses Konzept durch AIDA adaptiert: Merkmale des Cluburlaubs an Land wurden für die Kreuzfahrt übernommen. Ab 1996 entstanden Clubschiffe mit einer weitaus legereren Atmosphäre als in der Vergangenheit.

Doch der derzeitige Boom der **Flussreisebranche** ist erst in den letzten 10–20 Jahren entstanden. Als Ursachen können die Eröffnung des Rhein-Main-Donau-Kanals Anfang der 90er-Jahre, die politische Öffnung Osteuropas und die Freigabe der Freiheitsbrücke in Novi Sad im Jahr 2005 angesehen werden. Seither können die Flüsse

---

1 Der nachfolgende Abschnitt basiert auf FREYER 2015: 244–248 sowie dem Artikel FREYER/JANS 2016 und wurde für die vorliegende Publikation ergänzt und aktualisiert.

von der Nordsee bis zum Schwarzen Meer durchgängig von Flusskreuzfahrtschiffen befahren werden. In den letzten Jahren gelang es der Flusskreuzfahrt, immer mehr Flüsse zu erschließen. Mittlerweile umfasst das europäische Fahrtgebiet über 15.000 km. Noch immer werden jährlich neue Fahrtgebiete für Flusskreuzfahrtschiffe zugänglich gemacht.

3.3.1 Definitionen und Abgrenzungskriterien für verschiedene Hochsee- und Flusskreuzfahrttypen

Kreuzfahrten sind Pauschalreisen auf einem Schiff, die u. a. Übernachtung, Verpflegung, Animation, Entertainment und die Nutzung aller Schiffseinrichtungen für Passagiere – zum Teil zuzahlungspflichtig – einschließen. Der Reiseverlauf folgt i. d. R. einer vorher festgelegten Route, auf der verschiedene Häfen angelaufen werden, die Landausflüge für die Passagiere ermöglichen. Inzwischen existieren allerdings auch Reedereien, die für Großsegler lediglich das Fahrtgebiet bestimmen und die Route dem Wind überlassen. Eine Kreuzfahrt schließt mindestens eine Übernachtung und neben dem Ein- und Ausstiegshafen i. d. R. noch mindestens einen weiteren Unterwegshafen ein. Auch hierbei gibt es Ausnahmen, wie beispielsweise das Kreuzfahrtschiff Queen von Cunard, das auf der Fahrt von Southampton nach New York keinen Unterwegshafen ansteuert.

Generell wird zwischen Fluss- und Hochseekreuzfahrten unterschieden. Fluss- und Hochseeschiffe unterscheiden sich primär durch die Bauart, Größe und das damit zusammenhängende Angebot. Die meisten Flussschiffe verfügen über eine Maximalkapazität von ca. 200, auf dem Mississippi und in Russland auch bis zu 400 Passagieren. Hochseeschiffe fangen i. d. R. bei ca. 300–500 Passagieren an, die weltweit größten erreichen aber auch eine Kapazität von bis zu 6.300 Reisenden, wobei die in Europa verkehrenden Schiffe i. d. R. maximal 3.000 bis 4.000 Gäste befördern.

Bei einer **Flusskreuzfahrt**[2] ist die Route an das Binnenwasserstraßennetz gebunden. Flusskreuzfahrtschiffe kreuzen auf Flüssen und Kanälen, legen neben dem Ein- und Ausschiffungshafen an mindestens einem weiteren Hafen an und müssen nicht zwingend in den Ausgangshafen zurückkehren. Allerdings sind nicht alle Wasserstraßen von allen Schiffstypen befahrbar, was im Wesentlichen von Breite und Tiefe der Fahrrinne sowie der Höhe der Brückendurchfahrten abhängt und damit auch vom Wasserstand der Flüsse (Hoch- oder Niedrigwasser).

---

2 Flusskreuzfahrten sind für Privatreisende konzipierte, dem Schiffsgelegenheits(bedarfs)verkehr zurechenbare, mehrtägige Rundreisen auf Schiffen. Flussreisen beinhalten sowohl Unterkunfts- und Verpflegungsleistungen als auch Sport- und Unterhaltungsmöglichkeiten, die Hauptreiseleistungen sind in einem pauschalen Reisepreis inkludiert. Ein im Vorfeld festgesetztes Programm regelt sowohl die Reiserouten und Reisedauer als auch Essenszeiten, Bordunterhaltung und organisierte Ausflugsangebote.

Bei **Hochseekreuzfahrten** gibt es kaum Routenbeschränkungen. Die wenigen beziehen sich auf die ggf. zu durchfahrenden Kanäle (Suez- und Panama-Kanal) oder Hafenzufahrten, die maßgeblich von der Größe der Schiffe abhängen. Je kleiner das Schiff, umso abwechselungsreicher und vielfältiger sind die Hochseerouten. Selbst sehr kleine Destinationen können mit diesen angelaufen werden, wobei das Schiff dann oft auf Reede liegt und die Passagiere mit Tenderbooten anlanden.

Für die Teilnehmer einer Flusskreuzfahrt ist oft der Weg das Ziel, wobei landschaftlich besonders schöne und interessante Routen mit kulturell oder touristisch attraktiven Orten tagsüber befahren werden. Hingegen fahren Hochseeschiffe i. d. R. nachts und legen tagsüber in den Häfen an, womit hierbei vor allem bei klassischen Kreuzfahrten der Hafen das Ziel darstellt. Manche Hochseeschiffe sind inzwischen aufgrund ihres umfangreichen Angebots an Sportmöglichkeiten, Animation, Gastronomie und Entertainment selbst zur Destination geworden. Somit wird das Schiff selbst zum Ziel für den Reisenden.

Es gibt eine große Bandbreite von Schiffsreisen. Die beschriebenen Fluss- und Hochseekreuzfahrten zählen zur Bedarfsschifffahrt, d. h. die Reiseveranstalter chartern die Schiffe von den Reedereien. Daneben gibt es sowohl auf Flüssen wie auf den Meeren aber auch Linienschiffe, Fährschiffe, Ausflugsschiffe (für Tagesfahrten) und auch die Frachtschiffe, die auf ausgewählten Schiffen und Routen auch Passagiere mitnehmen. Bei den hier betrachteten Kreuzfahrten sind folgende Arten zu unterscheiden:

- **Klassische Kreuzfahrten:** Dies sind Seereisen, die je nach Jahreszeit und Klima permanent unterschiedliche Routen und Fahrtgebiete befahren; häufig sind Einstiegs- und Ausstiegshafen nicht identisch; je nach Route liegt die Reisedauer zwischen 8 und 18 Tagen; längere Routen bis hin zur rund 150-tägigen Weltreise können zumeist auch in kürzeren Teilstrecken gebucht werden; Ausstattung, Komfort und Ambiente dieser Schiffe sind zumeist hochwertig und es wird bei vielen Wert auf gesellschaftliche Konventionen gelegt.
- **Turnuskreuzfahrten:** Dies sind Seereisen oder Flusskreuzfahrten, die in regelmäßigem Rhythmus über einen längeren Zeitraum immer die gleiche Route befahren und bei denen Ein- und Ausstiegshafen zumeist identisch sind; aufgrund der Regelmäßigkeit verkehren sie häufig im Wochen- oder Zwei-Wochen-Turnus; dazu zählen auch die sog. Schmetterlingskreuzfahrten, bei denen jeweils im Wochenrhythmus abwechselnd zwei verschiedene Routen befahren werden, die Zwei-Wochen-Gäste miteinander verknüpfen können; Turnuskreuzfahrten sind i. d. R. deutlich preiswerter, weil aufgrund der Regelmäßigkeit und standardisierten Abläufe Kostenvorteile bei Liegegebühren, Hafenagenturen, Catering und Landausflügen erzielt werden können. Bei Flusskreuzfahrten betrifft der Turnus i. d. R. das Pendeln zwischen den jeweiligen Endzielen der Routen, wobei Reisen flussaufwärts länger als flussabwärts dauern.
- **Expeditionskreuzfahrten:** Diese ähneln logistisch der klassischen Kreuzfahrt, allerdings wird beim Routenverlauf auf das Erreichen außergewöhnlicher und

exotischer Ziele geachtet (Antarktis, Polarmeer, Amazonas, die großen Seen in den USA etc.). Deshalb sind die Schiffe zumeist sehr klein (bis 500 Passagiere) und technisch besonders für diese Reiseformen (verstärkte Außenwände, geringer Tiefgang, Hubschraubernotlandeplatz etc.) konzipiert; Komfort und Animation sind weniger gefragt, dafür wird der Expeditions- und StudienreiseCharakter durch themenbezogene Fachvorträge und Führungen von Experten und Lektoren verstärkt. Derartige Expeditionskreuzfahrten sind auch auf Flüssen in entfernten, teilweise exotischen Zielen möglich (Nil, Jangtsekiang, Mekong, Ganges etc.).

– **Großsegler-/Windjammerkreuzfahrten:** Diese großen Segelschiffe machen sowohl klassische als auch turnusmäßige Kreuzfahrten so weit wie möglich unter Einsatz der Segel; daher kann der Routenplan aus witterungstechnischen Gründen nicht immer eingehalten werden; die Ausstattung und Einrichtung dieser Schiffe entspricht dem der gehobenen bis luxuriösen Kreuzfahrtschiffe, wobei die Passagierzahl mit ca. 150–200 deutlich geringer ist.

– **Themenkreuzfahrten:** Bei diesen Fluss- oder Seereisen sind Route, Landausflüge, Bordprogramm auf das jeweilige Thema ausgerichtet (Gourmet-, Musik-, Sport-, Aktivitätsreisen, Reisen zu historischen oder kunstgeschichtlichen Zielen, Leserreisen für lokale oder regionale Zielgruppen etc.).

3.3.2 Gesamtprodukt Kreuzfahrt und seine Leistungselemente

Das Kreuzfahrtenangebot ist vielschichtig strukturiert, umfasst alle denkbaren Leistungsspektren eines vielfältigen touristischen Angebots (vgl. Abb. II.9), bei dem alle Elemente im Rahmen eines weitgehend geschlossenen Systems möglichst optimal aufeinander abgestimmt sind bzw. sein sollten:

– **Transport:** Die Beförderung ist eher Nebensache. Die Route (Fahrtstrecke) und die Unterbringung (Beherbergung) sind dagegen vorrangige Leistungselemente. Die Fahrt erfolgt entlang vorgegebener Wasserwege (-straßen) auf Meeren (üblicher ist die Bezeichnung See oder Hochsee) oder auf Flüssen.

– **Route und Fahrtgebiet:** Fahrtgebiete sind die Reiseregionen; als Route wird die Fahrtstrecke im Fahrtgebiet bezeichnet. Unterschieden wird zwischen geschlossenen Routen (Ausgangs- und Zielhafen sind identisch, es erfolgt eine Rundreise) und offenen Routen (Ziel- und Ausgangshafen sind unterschiedlich). Bei klassischen Kreuzfahrten steht mehr die Routenorientierung im Mittelpunkt, bei modernen Kreuzfahrten tritt diese in den Hintergrund („das Schiff ist das Ziel").

– **Beherbergung/Unterkunft:** Für die Dauer der Kreuzfahrt stehen auf dem Schiff Kabinen zur Verfügung („schwimmendes Hotel"). Unterschieden wird in Innenkabinen, Außenkabinen und Balkonkabinen; sie werden nach Kabinenkategorien angeboten, die sich durch Lage auf dem Schiff, Größe und Ausstattung unterscheiden. Je nach Anbieter kommen andere Kabinentypen mit dazu, wie Suiten,

Familienkabinen, immer häufiger Einzelkabinen. Grundsätzlich vorhanden sind ferner behindertengerechte Kabinen.

- **Gastronomie:** Angeboten wird grundsätzlich Vollverpflegung, entweder im Restaurant mit Service am Tisch oder als Selbstbedienung am Buffet. Im Restaurant gilt das klassische Konzept mit festen Tischzeiten und festgelegten Sitzplätzen oder das moderne Konzept mit offenen Tischzeiten. Ergänzend gibt es Spezialitätenrestaurants, meist gegen Aufpreis. Bei den Getränken sind unterschiedlichste Angebotsvarianten zu beobachten, von komplett zuzahlbar bis weitestgehend inkludiert.
- **Freizeit und Unterhaltung:** Das Angebot ist sehr umfassend – Pools und Jacuzzis, Fitnesscenter, Sportplätze, Kinder- und Jugendprogramm, Theater, Casino, auf neueren Schiffen große Wellnessbereiche, Attraktionen wie Hochseilgarten, Eislaufbahn, Surfwelle, Kletterwand, Golfsimulator, Freifallrutsche, Fallschirmsprungsimulator, Kartbahn, Aussichtsgondel – im Trend sind vor allem spektakuläre Angebote.
- **Erlebnischarakter:** Das Spektrum erstreckt sich in verschiedensten Ausprägungen von „klassisch" mit persönlich-familiärer Atmosphäre an Bord sowie umfangreichem Ausflugsprogramm an Land („Reise als Erlebnis") bis hin zu „informell" bzw. „leger" mehr auf großen Schiffen („Schiff als Erlebnis").
- **Reiseleitung und Betreuung:** Die Bordreiseleitung ist i. d. R. mehrsprachig. Die Bordrezeption wird auf größeren Schiffen oft durch eine Landausflugsrezeption ergänzt. Bei Landausflügen liegt die Reiseleitung meist in Händen örtlicher Agenturen.
- **Landgang (Ausflugsprogramme):** In den Häfen bietet sich für Passagiere die Gelegenheit zu Landausflügen (organisiert über den Kreuzfahrtenanbieter) oder zu individuellen Landgängen in eigener Verantwortung.
- **Hafenleistung:** In den Häfen geht es primär um Beladungs- und Transferleistungen vom/zum Schiff, insbesondere Check-In und Check-Out beim Antritt und am Ende der Kreuzfahrt. Bei Landausflügen und Landgängen gibt es ein vereinfachtes Boarding, je nach Hafen über einen Anleger oder mit Tenderboot.
- **An- und Abreise:** Kreuzfahrtenangebote umfassen i. d. R. alle Leistungen ab/bis Ausgangs-/Endhafen. Die An- und Abreise ist individuell zu organisieren. Einige Veranstalter bieten diese Leistungen wunschweise an oder integrieren sie in ein Gesamtpaket. Kreuzfahrten werden von Reiseveranstaltern oder Reedereien als Gesamtpaket (im Sinne einer Pauschalreise) angeboten und von Freizeitreisenden (selten von Geschäftsreisenden) nachgefragt (FREYER 2015: 244 f.; ähnlich DOWLING; WEEDEN 2017: 3, GIBSON 2012, SCHULZ; AUER 2010).

3.3.3 „Klassische" und „moderne" Kreuzfahrt

Aus der Historie heraus haben sich durch Kombination der oben beschriebenen Elemente zwei Grundtypen der Kreuzfahrt entwickelt, die Produktelemente unterschiedlich ausformen und miteinander verbinden.

– Das Modell der **klassischen Kreuzfahrt** wird charakterisiert durch ein gehobenes Angebot, kleinere Schiffe mit mehr persönlichem Charakter, anspruchsvolle Routen, Restaurant mit Service am Tisch, eher traditionelle Veranstaltungen wie Captains-Dinner sowie vorgegebener – zumeist konservativer – Kleiderordnung.

– Das Modell der **modernen Kreuzfahrt** orientiert sich vor allem am freizeit- und unterhaltungsorientierten, legeren Kunden. Das Kreuzfahrtschiff ist größer, weitläufiger, vielseitiger, mit Freizeit- und Unterhaltungsbereichen, Theater, Casinos, Shops, Lounges und Bars, immer größeren Pools und Jacuzzis, Wellness- und Fitnessbereiche, Eislaufbahn, Shopping-Malls, Sportflächen, Kletterwände, immer ausgefalleneren Attraktionen und Spezialitätenrestaurants. Die Kabinen sind größer, es gibt mehr Balkonkabinen. Die Leistungen werden so entwickelt, dass der Gast seine Interessen auf dem Schiff oder – z. B. bei Landausflügen – über das Schiffsangebot realisiert. Er soll in seinem Urlaubs- und Ausgabeverhalten an das Kreuzfahrtschiff gebunden werden, um mehr An-Bord-Erlöse erzielen zu können. Damit ändert sich nicht nur der Charakter der Reisen, es ändern sich auch die Zielgruppen und die Zahl der Teilnehmer. Reisen können aufgrund der durch die Schiffsgrößen entstehenden Kostenersparnisse pro Passagier günstiger angeboten werden (economies of scale). Die Kreuzfahrt wird somit von einem Nischenprodukt zu einem Angebot für den breiten Markt des Massentourismus.

Cruise/ Route

| Anreise zum ‚Port of call'
Transfer zum Hafen/
Cruise terminal

Unterkunft (opt.) | Unterkunft
Gastronomie
Unterhaltung/
Sport/ Wellness
Ausflüge
Transport | Transfer zum
Flughafen/ Hotel
Rückreise

Unterkunft (opt.) |

Abb. II.9: Die Leistungskette des Kreuzfahrttourismus (Quelle: Eigene Darstellung)

Anfangs belächelt, hat sich die moderne Kreuzfahrt als Trendsetter für die Kreuzfahrt insgesamt bestätigt. Das hohe Wachstum in der Branche ergibt sich inzwischen fast ausschließlich aus diesem Segment. War es bei der klassischen Kreuzfahrt die Route, die die Urlaubsform bestimmte, ist es nun das Kreuzfahrtschiff selbst – das Kreuzfahrtschiff ist das Ziel der Reise, die Route wird zum Baustein innerhalb der Attraktionen. Inzwischen wird selbst die moderne Kreuzfahrt immer weiterentwickelt. Die Basisbausteine werden immer gezielter und zielgruppenspezifischer zusammengefügt und umgesetzt, einhergehend mit der Firmenphilosophie des jeweiligen Anbieters und den sich immer stärker ausdifferenzierenden Ansprüchen des postmodernen, multioptionalen und hybriden Kunden. Es können drei Modelle bzw. Konzepte unterschieden werden:

–   Das **Bausteinkonzept** geht vom entscheidungsfreudigen, individuell planenden und organisatorisch versierten Kunden aus. Alle Basisleistungen sind im Reisepreis enthalten; der Gast ergänzt sie mit all dem, was ihn interessiert, nicht nur Landausflüge, sondern auch Freizeitleistungen oder Essen in Spezialitätenrestaurants an Bord. Der Grundpreis ist moderat, die Extras sind mit Aufpreis zu bezahlen.

–   Beim **All-in-Produkt** soll der Gast während der Reise nicht über erforderliche Ausgaben nachdenken müssen. Er soll unbeschwert genießen; somit ist ein Großteil der Leistungen im Reisepreis inkludiert.

–   Die **Zwischenmodelle** sind höchst unterschiedlich, je nachdem, wo die Schwerpunkte des Angebots liegen: Restaurant mit Service am Tisch oder Buffetrestaurant, Animation oder gediegene Unterhaltung, dezentrale Vielfalt im Unterhaltungsprogramm oder große, effektvolle Shows.

3.3.4 Umfang und Ausbau der Schiffskapazitäten

Auf den Weltmeeren sind immer mehr Kreuzfahrtschiffe unterwegs, 2016 steigt die Gesamtzahl bereits auf fast 400. In den nächsten 10 Jahren werden nochmal knapp 100 weitere dazukommen. Gebaut wird vor allem in zwei Werften, bei Fincantieri in Italien und bei der Meyer Werft in Deutschland und Finnland. Kreuzfahrtschiffe werden immer größer. Vor etwa 15 Jahren waren Schiffe in Größenordnungen zwischen 200 und 2.000 Passagieren üblich; in Europa waren vor allem Schiffe für bis zu 1.000 Passagiere unterwegs. Inzwischen pendeln sich bei Schiffsneubauten Größenordnungen zwischen 4.000 und 7.000 Passagieren als normal ein (vgl. Abb. II.10). Alle diese Schiffe verfügen über die oben beschriebene Vielfalt an Freizeiteinrichtungen. Die Passagiere wohnen überwiegend in Balkonkabinen. Neue Kreuzfahrtschiffe sind i. d. R. mehr als 300 m lang und bis zu 20 Decks hoch. Weitere Informationen zur Marktgröße, Marktentwicklung und Marktstruktur finden sich im Kap. V.2.1.1.4.

Abb. II.10: Aktuelle Größen und Kategorien von Kreuzfahrtschiffen (Quelle: Eigene Darstellung)

Reedereien als Eigner und Betreiber von Kreuzfahrtschiffen treten meist zugleich auch als Kreuzfahrtenveranstalter auf. Das trifft auf alle großen Kreuzfahrtenanbieter zu, so auch für die beiden größten Carnival Cruise Lines und Royal Caribbean. Zu Carnival gehören u. a. die Marken Princess Cruises, Costa, AIDA, Cunard, Holland America Line – insgesamt etwas mehr als 100 Kreuzfahrtschiffe. Zum zweitgrößten Anbieter Royal Caribbean zählen u. a. Celebrity Cruises, Azamara Cruises und im Rahmen eines Joint Venture hälftig TUI Cruises. Auf den folgenden beiden Spitzenplätzen liegen Norwegian Cruise Line und MSC Cruises. Viele der anderen Anbieter sind dagegen Veranstalter von Seereisen, die für bestimmte Zeiträume Kreuzfahrtschiffe chartern.

3.3.5 Kreuzfahrten und Umweltschutz

Kreuzfahrtschiffe und Umweltschutz stehen in einer kritischen Beziehung zueinander. In Deutschland hat der Naturschutzbund (NABU) immer wieder betont, dass Kreuzfahrtschiffe „die größten Dreckschleudern der Welt" seien (Süddeutsche Zeitung, 29.08.2014). Die Schiffe würden weit mehr Schwefeldioxid, Rußpartikel und Stickoxide als andere Verkehrsmittel ausstoßen. Diese Aussage knüpft an bereits überholte Ausgangslagen an. Denn über internationale bzw. nationale Vereinbarungen, gesteuert vor allem durch die Internationale Maritime Organisation (IMO), sind schon seit längerer Zeit verschärfte Regelungen auf den Weg gebracht worden – in der Umsetzung nachlesbar z. B. in den Umweltberichten von Kreuzfahrtenanbietern, die allerdings nur begrenzt als objektive Quelle zu betrachten sind.

Meeresschutzzonen sind nicht nur eingerichtet worden, sondern werden laufend ausgeweitet. Emissionswerte werden über die nächsten Jahre weiter verschärft. Kreuzfahrtschiffe erhalten Abgasreinigungsanlagen (sog. Scrubber) und fahren mit neuen Technologien, um Treibstoff zu sparen. Ausgestattet sind sie wie „komplette Stadtwerke" (Stern, 21.06.2012) u. a. mit Meerwasserentsalzung, biologischer Kläranlage, Abwasseraufbereitung, Müllverbrennung, Kompostierung, gezielter Kühlungs- und Wärmeversorgung sowie Wärmerückgewinnung.

Für die Versorgung der Schiffe in den Häfen entstehen neue Einrichtungen wie Energiebarken zur Landstromversorgung. Reedereien sind dazu übergegangen, neue Schiffe mit völlig neuem Antrieb auf Basis von Flüssiggas zu bestellen. Insgesamt sind positive Entwicklungen eingeleitet worden, die allerdings konsequent weitergeführt werden müssen. Im Trend ist ebenso, Schiffsgeschwindigkeiten zu reduzieren, um Kraftstoff zu sparen und Emissionen zu reduzieren. Dies führt zu kürzeren Strecken pro Kreuzfahrt/Route und damit auch zu mehr Seetagen, was wiederum Hafengebühren spart, Passagiere stärker an das Schiff bindet und zur Erhöhung der Einnahmen an Bord beiträgt.

3.3.6 Der Kreuzfahrtenurlauber

Die Gründe für die wachsende Beliebtheit von Kreuzfahrten sind vielschichtig. Die Kreuzfahrt hat über das gesamte Leistungsspektrum hinweg, vom klassischen bis modernen Angebot, die Gesamtbreite an möglichen Urlaubsinteressen aufgenommen. Kreuzfahrten bieten eine Kombination aus Erholung und Aktivitäten, aus Nutzung der Angebote auf dem Schiff und Besichtigungsmöglichkeiten an Land. Vor allem die Abwechselung zwischen Seetagen und Landausflügen ist bei Passagieren beliebt. Das Schiff wird als Resort oder (künstliche) Destination gesehen, mit Beherbergung, Gastronomie, Attraktionen, Unterhaltung etc. Es ist ein schwimmendes Hotel, das „Rundreisen ohne Kofferpacken" ermöglicht, sodass Reisende bequem die Welt (oder einen Teil davon) entdecken können.

Passagieranteil (in %) bezogen auf Altersgruppen

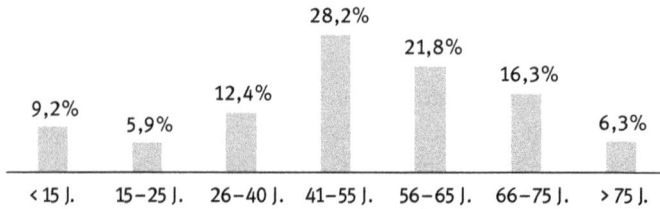

< 15 J.	15–25 J.	26–40 J.	41–55 J.	56–65 J.	66–75 J.	> 75 J.
9,2%	5,9%	12,4%	28,2%	21,8%	16,3%	6,3%

Abb. II.11: Altersverteilung der deutschen Hochseepassagiere (2016) (Quelle: CLIA Deutschland/DRV, 2017)

Die moderne Version führte zudem einen Wandel herbei, der die Kreuzfahrt für neue Zielgruppen attraktiv machte. Indikator hierfür ist vor allem der gesunkene Altersdurchschnitt der Reisenden, der aktuell bei knapp unter 50 Jahren (2016: 49,1 Jahre) liegt (vgl. Abb. II.11). Viele Kreuzfahrtenanbieter halten vielfältige Angebote auch für Familien vor. Andere starten Versuche, weitere Zielgruppen zu erreichen, über thematische Angebote (wie z. B. Heavy-Metal- oder Gourmetkreuzfahrten), besondere Events (an Land wie z. B. bei Schiffstaufen oder an Bord wie z. B. ein Fußballcamp) oder auch mit Versuchen, Alleinreisende stärker an die Kreuzfahrt heranzuführen (z. B. durch Einbau von Single-Kabinen). Neue Zielgruppen führten wiederum zu Veränderungen bei der klassischen Kreuzfahrt. Einerseits wurden dort Elemente des modernen Angebots integriert, andererseits blieben Traditionen erhalten, so im Servicebereich, bei der Kleiderordnung oder auch bei Gepflogenheiten wie dem Captains-Dinner.

3.3.7 Destinationen und Fahrtgebiete

Bei der klassischen Kreuzfahrt konnte man noch von einem mehrschichtigen Destinationsbegriff ausgehen: der Ausgangs- und Endhafen als Destination für die Ein- und Ausschiffung, unterwegs die angelaufenen Häfen, das Hinterland als Destination für Landausflüge, schließlich das Schiff selbst als Destination. Die moderne Kreuzfahrt konzentriert sich hingegen auf die auf dem Schiff verankerten Angebote und wird zur mobilen Destination, äußerst flexibel und unabhängiger von Anlandungen.

Ein Blick auf die Angebote der Kreuzfahrtenveranstalter zeigt, dass die Fahrtgebiete Nordamerika/Ostküste, Arabische Halbinsel und Ostasien im Mittelpunkt der zukünftigen Entwicklung stehen werden. Die Routen, auf denen die Schiffe innerhalb dieser Fahrtgebiete unterwegs sind, wurden in den vergangenen Jahren zunehmend standardisiert. Exemplarisch genannt werden können das Mittelmeer und die Ostsee, wo sehr gleichförmig, oft ganzjährig, mit fast identischer Routenführung die Häfen angelaufen werden. Ausnahmen davon bieten die kleineren Kreuzfahrtenanbieter, die mehr Wert auf neue, ungewöhnlichere Routen legen.

Politische Situationen sind mitentscheidend für die beschriebene Entwicklung. Beispielhaft dafür stehen zwei Fahrtgebiete: zum einen der Mittelmeerraum als Brennpunkt mit rückläufigen Entwicklungen, zum anderen der ostasiatische Raum als aufstrebende Kreuzfahrtendestination. Im Mittelmeer zeigen sich aufgrund politischer Rahmenbedingungen und Unruhen die größten Veränderungen. Bis vor kurzem galt das Gebiet insgesamt als sicher und wurde immer mehr als Ganzjahresfahrtgebiet erschlossen. Primärziele im östlichen Mittelmeer waren Israel und Ägypten. Nach Unruhen und Umbrüchen wich man auf Häfen in der Türkei und Griechenland aus. Auch die wichtigsten Ziele am Schwarzen Meer sind mittlerweile ausgefallen. Ersetzt wurden sie durch immer mehr kleine, bisher für die Hochseekreuzfahrt kaum genutzte Häfen entlang der nördlichen Mittelmeerküste. Nach den jüngsten Unruhen in Tunesien und auch in der Türkei sind weitere Änderungen bei den Routen vorgenommen worden: Immer mehr Kreuzfahrtschiffe werden aus dem Mittelmeer in andere Fahrtgebiete verlagert.

Die bedeutsamsten Entwicklungen und Veränderungen zeichnen sich für den ostasiatischen Raum ab – 2015 waren bereits 52 Kreuzfahrtschiffe in dieser Fahrtregion unterwegs. Immer mehr Schiffe sind angekündigt, fast alle in der Mega- oder Giga-Liner-Kategorie. Einige dieser Schiffe sind ganzjährig für diese Region geplant, darunter auch Neubauten. AIDA wird ein spezielles Schiff für den chinesischen Markt für über 6.000 Passagiere bauen. Noch sind ca. 50 % der Passagierkapazitäten in Nordamerika im Einsatz, in Europa 33 %. Nach einem starken Anstieg während der letzten Jahre hat Asien inzwischen einen Marktanteil von mehr als 12 % erreicht – eine Entwicklung, die sich wegen der Umsetzung von Schiffen aus anderen Fahrtgebieten fortsetzen wird.

Die Schiffe und das Serviceangebot in diesen neuen Quellmärkten erfordern zahlreiche Veränderungen hinsichtlich kultureller Besonderheiten; betroffen sind vor allem Essgewohnheiten, Speisen, Urlaubsregelungen, Freizeitinteressen, sprachliche Verständigungsmöglichkeiten usw. Diesen Herausforderungen stellen sich die Kreuzfahrtenanbieter durch diverse Maßnahmen: Umgestaltung von Restaurants und Freizeiträumen, Rückbau von Pool- und Wellnessflächen, Einbau von weiteren Shops sowie Vergrößerung der Casinos. Darauf bezogen verändert sich auch die Bewirtschaftung der Schiffe, beginnend bei der Personalrekrutierung im Quellmarkt, in Schulungszentren sowie beim Personal- und Lebensmitteleinsatz usw. Interessant ist, dass die durchschnittliche Kreuzfahrtdauer in China nur etwas mehr als vier Nächte beträgt – bereits daraus lässt sich eine stark veränderte Erwartungshaltung an das Produkt mit entsprechenden Herausforderungen für die Anbieter ableiten.

Bei einer stagnierenden Nachfrage nach den klassischen Produkten der Veranstalter ist die vertikale Integration von Hochseekreuzfahrten als ein Weg zur Sicherung von Ressourcen anzusehen, die den Reiseveranstaltern die Möglichkeit bietet, an diesem Wachstumsmarkt zu partizipieren. Festzustellen ist allerdings, dass Synergien auf der Absatzseite durch den Vertrieb gemeinsamer Produkte nur in geringem Maße realisiert werden können.

Komplexitätszunahme und Aufwendungen, die mit einer zentralen Steuerung verbunden sind, stehen im Widerspruch zu einer schnellen Reaktion auf das Marktgeschehen.

3.3.8 Kreuzfahrt quo vadis?

Im Zeitraum von 2017 bis 2026 werden ca. 100 neue Kreuzfahrtschiffe in den Markt kommen, ältere Schiffe werden modernisiert. Das Investitionsvolumen wird bis 2026 bei mehr als 53 Mrd. US-Dollar liegen. Die durch Kreuzfahrten generierten Umsätze beliefen sich über alle Wertschöpfungsstufen auf 117 Mrd. US-Dollar im Jahr 2015; ein Anstieg auf mehr als 150 Mrd. US-Dollar ist in den nächsten 10 Jahren zu erwarten.

Kreuzfahrten werden für eine neue Generation immer attraktiver: Laut Studien der CLIA schneiden Kreuzfahrten bei jüngeren Generationen – insbesondere bei „Millenials" und der „Generation X" – zunehmend besser ab als Urlaube an Land wie All-inclusive-Resorts, Ferienwohnungen oder Campingurlaube. Es werden künftig mehr Häfen auf Privatinseln angeboten, die den großen Kreuzfahrtunternehmen wie z. B. Carnival Cruises gehören; zurzeit (2017) sind sieben Inseln in der Karibik im Besitz der Kreuzfahrtunternehmen, wie beispielsweise Castaway Island (Disney Cruises) oder Princess Cay (Princes Cruises).

Des Weiteren wird die Digitalisierung die Kreuzfahrt wesentlich beeinflussen. Stichworte sind hier: Smart Check-In, Smart TV für alle Buchungen an Bord (Ausflüge, Restaurants etc.), App zur Kindersuche, Menükarten auf dem Tablet, iPad-Lösungen an Bord; am **Point of Sale** finden sich künftig Apps zur Buchung, elektronische Dokumente, Pre Check-In/Online, Interfaces zu Reedereien und schließlich wird das Wachstum der Portale anhalten (E-hoi, dreamlines, kreuzfahrten.de etc.). Nichtsdestotrotz wird sich auch die Anzahl der auf Kreuzfahrten spezialisierten Reisebüros in Zukunft signifikant erhöhen. Zurzeit sind 25.000 Reisebüros (2010: 12.000) weltweit als CLIA-Mitglied registriert.

Die Kreuzfahrt wird die Welt des Tourismus weiter stark verändern – weniger über die Merkmale der klassischen Kreuzfahrt, eher über die umfassenden Leistungsbündel, die moderne „Schiffs-Resorts" bieten. Die Attraktionen auf diesen Schiffen werden immer ausgefallener und vielfältiger werden. Exemplarisch dafür stehen sowohl der Freizeit- und Unterhaltungsbereich als auch die Gastronomie, die immer mehr Erlebnis- und Event-Charakter erhalten werden. Das klassische Kreuzfahrtenangebot wird einige Merkmale des modernen Angebots adaptieren und sich als Nischenprodukt stabilisieren.

Die Preise für die modernen Schiffs-Resorts werden über die zunehmende Entwicklung zum standardisierten Massenangebot weiter fallen, sodass breite Bevölkerungsschichten erreicht werden. Doch auch für sie wird auf dem jeweiligen Level der Mythos der Kreuzfahrt erhalten bleiben. Über neue und erweiterte Zielgruppen werden sich auch die Urlaubsangebote an Land entscheidend verändern. So werden es beispielsweise kleinere Hotels und Ferienanlagen zunehmend schwer haben, sowohl beim Preis als auch bei den Leistungen mit den Kreuzfahrtenangeboten mithalten zu können.

Während einerseits immer größere Schiffe wie die Oasis of the Seas mit einer Kapazität von 6.300 Passagieren gebaut werden, für die es kaum noch ausreichend große Häfen gibt, prognostizieren Experten einen zusätzlichen Bedarf für kleinere und mittelgroße Schiffe für bis zu 1.000 Passagiere, die flexibel alle Häfen anlaufen können und auch komplett leichter für einzelne Termine oder Saisonzeiten verchartert werden können. Die meisten Flusskreuzfahrtschiffe auf europäischem Fahrtgebiet sind heute mindestens 110 m lang und verfügen über eine Kapazität für 60 bis 200 Passagiere. Ihre Größe ist – wie eingangs erwähnt – durch die natürlichen Gegebenheiten der Flüsse limitiert, sodass hier eher technische Neuerungen bei Neubauten greifen und die Marktexpansion über die Erschließung neuer, auch internationaler, Kunden sowie zusätzlicher teilweise exotischer Zielgebiete erfolgt.

Die Kreuzfahrt wird weiter Erfolgszahlen melden und damit auch in Zukunft erheblich zum weltweiten Wachstum des Tourismus beitragen. Doch die Einschätzung bleibt ambivalent: Einerseits gibt es auf der Anbieterseite massive, in ihrer Ausrichtung noch kaum abschätzbare Entwicklungen und Veränderungen; andererseits kommen neue zufriedene Nachfragergruppen hinzu, die ein ganzheitliches, umfassendes und auf sie zugeschnittenes Urlaubsangebot gern nutzen.

3.4 Erdgebundene Verkehrsmittel

Reiseveranstalter bedienen sich in vielfältiger Weise erdgebundener Verkehrsmittel als Produktionsfaktoren und nutzen dabei die gegebene Infrastruktur (Verkehrswege). Eine Systematisierung kann dabei wie folgt vorgenommen werden (in Anlehnung an GROSS 2011: 16):

– Pkw, Rad, Segway
– Motorrad, Mofa, Quads, Trikes
– (Klein-, Linien-, Reise-)Bus
– Caravan/Wohnmobil
– Schienenpersonennahverkehr (z. B. U- und S-Bahn, Straßenbahn)
– Schienenpersonenfernverkehr (z. B. ICE, IC, EC und Regional-/NE-Bahnen)
– Luxuszüge
– Museumsbahnen
– (Luft-/Draht-)Seilbahnen, Ski- und Sessellifte, Berg- und Zahnradbahnen
– Schwebebahnen
– Bahnen im Freizeitverkehr (Shweeb, Achterbahnen, Geisterbahnen, Spielzeugbahnen, Bimmelbahnen)
– Cable Cars
– Draisinen
– Rikschas
– Pferdekutschen/-schlitten

Der Reiseveranstalter berücksichtigt diese Verkehrsmittel im Rahmen des **Mobilitätsmanagements** für sein Produkt (Bausteinreise, Pauschalreise). Über Mobilitätsketten und die dabei zu berücksichtigenden intermodalen Herausforderungen (Schnittstellenmanagement = optimale zeitliche Abstimmungen) wird das Produkt des Veranstalters überwiegend überhaupt erst wahrgenommen.

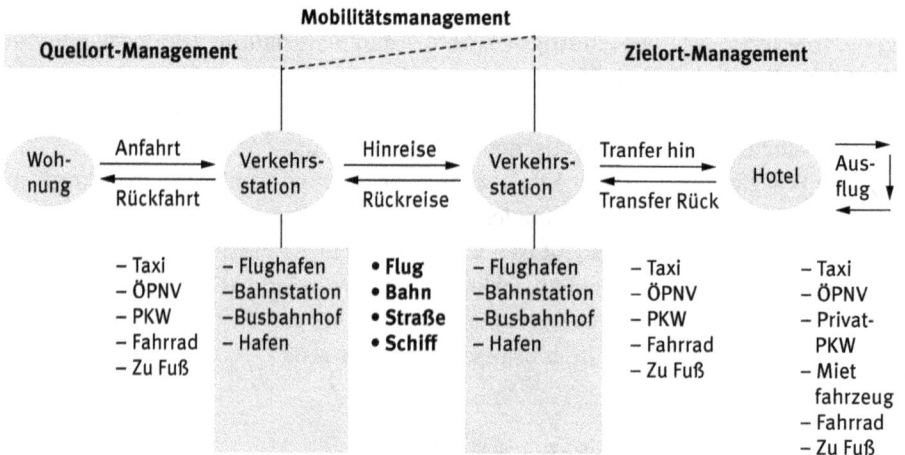

Abb. II.12: Mobilitätsmanagement (Quelle: FREYER 2015: 193)

Die Abb. II.12 veranschaulicht die – je nach Destination und Reiseanlass – zu planende und durchzuführende Nutzung verschiedener Verkehrsmittel vom Quellmarkt zur Destination und ggf. nachgelagerter Aktivitäten (Ausflüge) (vgl. FREYER 2015: 193).

Das Produkt ist dabei die Transportleistung, auf die der Veranstalter in unterschiedlicher Weise Einfluss nimmt. Der Veranstalter kann diese Leistung so wie angeboten und dargestellt einkaufen oder weitgehend selbst erstellen (s. dazu integrierte Veranstalter).

Auch der Einfluss auf einzelne Elemente des Leistungsbündels „Transport" ist denkbar und wird in der Praxis häufig umgesetzt. Beispiele dafür sind die Nebenleistungen „Verpflegung" (Catering), „Unterhaltung", Regeln zum Gepäck und personenbediente Betreuung während der Reise. Die Abb. II.13 veranschaulicht das Leistungsbündel „Transport", das für alle erdgebundenen Verkehrsmittel (aber auch für das Flug- und Kreuzfahrtprodukt) gilt (vgl. FREYER 2011: 163). Nachfolgend sollen die für Veranstalter wichtigsten erdgebundenen Verkehrsmittel kurz beschrieben werden.

Leistungsbündel „Transport"		
Vorleistung	**Kernleistung**	**Nachleistung**
– Strecken-, Zeit- und Tarifplanung – Informationen, Auskünfte – Reservierung, Ticketing, Abfertigung (Check-In) – Bereitstellung	– Beförderung – Transport (Personen, Gepäck)	– Check-Out und Entsorgung
	Nebenleistung	**Nachbetreuung**
	– Verpflegung (Catering) – Unterhaltung (TV, Musik)	– Nachbetreuung (Wartung der Geräte, Reklamation, Kundenbindung)
Verkehrswegesicherung **(unterstützende Leistungen)**		

Abb. II.13: Leistungsbündel „Transport" (Quelle: FREYER 2015: 195)

3.4.1 Bahnreisen

Bei dem Produktionsfaktor **Bahnreise** ist die Deutsche Bahn AG der dominierende Anbieter. Bahnen im Freizeitbereichen sowie im ÖPNV, wie z. B. Achterbahnen, Geisterbahnen, Bergbahnen, U- und S-Bahnen und Straßenbahnen, sind ebenfalls bei diesen Produktionsfaktoren zu berücksichtigen, sind aber von der Bedeutung her für das Reiseveranstalterprodukt eher nebensächlich.

Bei den touristischen Aktivitäten der Deutschen Bahn AG lassen sich Eigentouristik und Tochtergesellschaften, Fremdtouristik und Kooperationen unterscheiden, die im Folgenden kurz vorgestellt werden.

Zur **Eigentouristik** zählen Angebote„ wie „Der Schöne Tag" (Tagesfahrten in Sonderzügen beispielsweise zum Oktoberfest in München, Rosenmontagumzug in Köln, Hamburger Hafengeburtstag oder Norderney), „Fahrtziel Natur" (Kooperation mit dem BUND, KABU und VCD. 2010 präsentiert „Fahrtziel Natur" 18 Großschutzgebiete – vom Wattenmeer bis zum Alpenraum –, die alle mit der Bahn erreichbar sind), Aktionsangebote mit touristischem Bezug (z. B. Autostadt-Spezial), Charter-Züge (z. B. ICE oder Nostalgiezüge) und Klassenfahrten und Jugendgruppenreisen, wozu es eigens Mitarbeiter und einen eigenen Katalog gibt.

Zu den **Tochtergesellschaften** zählen beispielsweise Ameropa-Reisen GmbH (Spezialist für Urlaub mit der Bahn/erdgebundene Reisen), Bayern Express (BEX) (Linien- und Gelegenheitsverkehr mit Omnibussen und Stadtrundfahrten in Berlin sowie Vermittlung von Reisen), DB Autozug (Beförderung von Fahrgästen und deren Fahrzeugen auf innerdeutschen und europäischen Tages- und Nachtverbindungen), DB Autozug Sylt Shuttle, UrlaubsExpress (Nachtzüge in Ferienregionen, z. B. Winterskigebiete und Sommerziele wie z. B. Südfrankreich) sowie die Schifffahrt und Inselbahn Wangerooge.

Zur **Fremdtouristik** zählt der Vertrieb touristischer Leistungen über das „Internet-Reisebüro" und DB ReiseBüros in DB ReiseZentren (Vollsortiment) sowie das Angebot „Rail & Fly" für Reiseveranstalter und Fluggesellschaften. Im Internet werden u. a. Pauschalreisen von Drittanbietern, wie z. B. des Reiseveranstalters „Berge&Meer", vertrieben oder aber auch Flusskreuzfahrten von A-Rosa. Darüber hinaus ist z. B. das Internet-Portal hrs.de in die Bahn-Homepage eingebunden, sodass Hotels buchbar sind.

Letztlich sei auf die Möglichkeit der **Rail Inclusive Tours (RIT)** hingewiesen. Hierbei geht die DB AG eine **Kooperation mit Reiseveranstaltern** ein. Die RIT-Reise ist eine Pauschalreise von Reiseveranstaltern nach § 7 der Eisenbahn-Verkehrsordnung (EVO) mit dem Ziel, den touristischen Reiseverkehr von Einzelpersonen oder gemeinsam reisenden Personen mit der Bahn zu fördern. Sie enthält neben der Bahnfahrt ein touristisches Pauschalarrangement, das mindestens eine Hauptreiseleistung im Sinne des Reisevertragsrechts (§ 651a BGB) enthalten muss (z. B. Hotel, Ferienwohnung, Zeltdorf, Schiffskreuzfahrten, Mietwagen). Die DB Vertrieb GmbH schließt RIT-Vereinbarungen mit Reiseveranstaltern ab und die RIT-Fahrkarten werden ohne Preisangabe erstellt, wodurch eine freie Kalkulation des Veranstalters möglich ist. Das RIT-Ticketing erfolgt über die Systeme Galileo, AMADEUS oder Sabre, über einen Dienstleister (DB-Verkaufsstelle) oder bei entsprechendem Potenzial über eine Web-basierte Online-Schnittstelle. Die einzelnen RIT-Vereinbarungen gelten vom 1. Oktober bis zum 31. Oktober des Folgejahres, wobei für den gesamten Zeitraum der RIT-Vereinbarung die RIT-Preise garantiert werden. Voraussetzungen sind:
– Der Veranstalter ist ein Anbieter von Pauschalreisen im Sinne des deutschen Reisevertragsrechts. Er verpflichtet sich, RIT-Fahrkarten nur zu den von ihm angebotenen RIT-Reisen auszustellen.

- RIT-Mindestumsatz pro Jahr in Höhe von 50.000 Euro (im ersten vollen Vertragsjahr 25.000 Euro).
- Hinterlegung einer Sicherheitsleistung des Veranstalters bei der DB in Form einer Bankbürgschaft in Höhe von mindestens 5.000 Euro (vgl. DB AG 2010).

Weitere Kooperationen werden in Form von Marketingkooperationen mit deutschen Tourismusorganisationen eingegangen. Ziel der bilateralen Marketingaktivitäten der DB AG und einer deutschen Tourismusorganisation ist es, die Angebote von Bahn und Tourismusdestinationen im Interesse der Kunden umfassend zu vernetzen.

Ziel der DB AG ist es, eine **durchgehende Reisekette** („Vor der Reise", „Am Bahnhof", „Im Zug", „Nach der Reise") anbieten zu können. Daher kooperiert sie mit anderen Verkehrsträgern und -unternehmen. Darüber hinaus gibt es weitere Serviceleistungen, die ein sog. Seamless Travel unterstützen. Hier sind beispielsweise Park&Rail (Parken am Bahnhof), das City-Ticket (in Verbindung mit der BahnCard), die Möglichkeit eines Gepäcktransports (Gepäckträgerservice, Kuriergepäck, Fluggepäck), Service für Mobilitätseingeschränkte und Lounges an ausgewählten Bahnhöfen zu nennen (vgl. hierzu GROSS 2011: 235 ff.).

Der nicht touristisch bedingte Eisenbahnverkehr ist von den sog. Erlebnisbahnreisen zu unterscheiden. Unter diesen touristisch motivierten Reisezügen versteht man Bahnen, bei deren Nutzung die Erholung im Vordergrund steht und die dem Reisenden einen mehrere Tage dauernden Aufenthalt ermöglichen, sei es in Luxus-, Panorama- oder Abenteuerzügen (vgl. FREYER 2011 [Tourismus]).

Trotz ihrer Verschiedenheit in Ausstattung, Streckenverlauf, Waggonart usw. weisen alle **Luxuszüge** die Kernleistung der Beförderung von A nach B auf und somit eine Verbindung von Reise und Erlebnis. Weitere Leistungsbestandteile aller touristisch bedingten Züge sind eine vorhandene Unterkunftsmöglichkeit, eine Möglichkeit der Bewirtung und ein Programmangebot. Ebenfalls touristisch bedingte Züge sind die sog. Ferienzüge, die bezüglich Routen- und Fahrplangestaltung flexibel einsetzbar sind und deshalb beispielsweise für Events oder Fußballspiele gechartert werden. Im erweiterten Sinne ist auch bei Museums-, Berg- und Seilbahnen von touristisch bedingten Zügen zu sprechen.

Die zwei wichtigsten Reiseveranstalter von touristischen Bahnprodukten in Deutschland sind **Ameropa Reisen** und **Lernidee Erlebnisreisen**. Neben diesen beiden Veranstaltern gibt es noch eine Vielzahl weiterer Veranstalter, die touristische Bahnprodukte in ihre Produktpalette aufgenommen haben. Hierzu zählt z. B. auch die Internationale Gesellschaft für Eisenbahnverkehr, IGE GmbH & Co, ein Eisenbahnverkehrsunternehmen und gleichzeitig ein privater Reiseveranstalter. Die IGE bietet im Rahmen ihres Geschäftsbereichs Bahntouristik Eisenbahnerlebnisreisen in eigenen Sonderzügen an oder in Regelzügen europäischer und überseeischer Bahnverwaltungen. Der Reiseveranstalter „Reisefieber" hat sich besonders auf Individualreisen spezialisiert und neben Sportreisen, Kreuzfahrten und Safaritouren auch die bekanntesten Bahnerlebnisreisen in sein Angebotsportfolio aufgenommen. Weitere Anbieter von Bahnreisen sind beispielsweise Nostalgiereisen-Reisebüro Eilts oder Africa Discovery, der sich auf das Angebot von touristischen Bahnprodukten in Afrika spezialisiert hat.

Zu den wichtigsten **Schienenkreuzfahrtenprodukten** zählen die in Abb. II.14 aufgeführten Bahnangebote.

Name	Strecke/Fahrgebiet	Gründung	Unternehmen
Europa			
Venice Simplon-Orient-Express	London-Paris-Venedig-Prag	1982	Orient Express Hotels Ltd.
British Pullmann	England	1982	Orient Express Hotels Ltd.
Royal Scotsman	Schottland	1985	Orient Express Hotels Ltd.
El Transcantabrico	Andalusien	1983	Ferrocarriles de Via Estrecha S.A.
Majestic Imperator	Österreich	1991	Majestic Imperator Train de Luxe Waggon Charter GmbH
Asien			
Eastern & Oriental Express	Süd-Ost-Asien	1993	Orient Express Hotels Ltd.
The Golden Chariot	Südindien	2008	The Karnatake State Tourism Development Corporation & Indian Railways
Palace on Wheels	Rajasthan	1984	Palace on Wheels Inc.
Royal Rajasthan on Wheels	Rajasthan	2009	Palace on Wheels Inc.
The Maharaja Express	Delhi-Mumbai	2010	Rovalindia Rail Tours Ltd.
Golden Eagle (Zarengold)	Moskau-Wladiwostock	2007	Trans Sibirian Express Group
Grand Trans Sibirian Express	Moskau-Peking	1999	Trans Sibirian Express Group
Afrika			
Rovos Rail	Südafrika (Kapstadt nach Daressalam = Pride of Africa), Tansania, Namibia	1989	Rovos Rail Tours Ltd.
Blue Train	Südafrika	1920er	The Blue Train Company
Desert Express	Namibia	1999	TransNamib
Amerika			
American-Orient Express	USA	1991	GrandLuxe Rail Journevs
Royal Canadian Express	Kanada	2000	Mount Stephen Properties Ltd.
The California Zephyr	West-USA	1949	Amtrak
The Canadian	Kanada	1955	Canadian Pacific Railway Limited
Rocky Mountaineer	Kanada	1990	Rocky Mountaineer
Great Brazil Express	Rio de Janeiro-Foz do Iouacu	2008	Serra Verde Express
Australien			
The Ghan	Adelaide-Darwin	2004	Great Southern Rail Trans
The Overlander	Melbourne-Adelaide	1887	Great Southern Railway
The Great South Pacific Express	Brisbane-Sydney-Cairns	1999-2003	Queensland Rail
Indian Pacific	Perth-Adelaide-Sydney	1970	Great Southern Rail Trans

Abb. II.14: Überblick über Luxuszüge auf der Welt (Auswahl) (Quelle: GROSS 2011: 246 f., vgl. auch FREYER 2015: 236)

Trotz wachsender Buchungszahlen von Bahnerlebnisreisen haben die Reiseveranstalter mit Problemen zu kämpfen: es fehlen aufgrund mangelnder Kooperation der Bahngesellschaften Angebote in Europa. Weltweit werden auch kaum neue Zugstrecken entwickelt, die nicht nur touristisch interessant, sondern auch lang genug für eine mehrtägige Bahnreise sind. Als einziges neues Produkt kam 2006 die höchstgelegene Bahnstrecke der Welt, die Lhasa-Bahn, hinzu, die zwischen dem chinesischen Xining und dem 1.960 km entfernten Lhasa verkehrt. Auch in Südamerika (Ecuador, Peru, Bolivien, Chile und Argentinien) wird die Reaktivierung attraktiver Bahnstrecken in den Anden vorangetrieben.

Da das Angebot limitiert ist, können die Veranstalter einzig durch Produktkombinationen und Angebotserweiterungen reagieren. Als eine weitere Herausforderung für die Reiseveranstalter stellt sich der Kampf um die Slots an den Bahnhöfen und Streckentrassen heraus, weil i. d. R. für die lokalen Bahnbetreiber der Cargo-Betrieb gewinnbringender ist als der touristische Bahnverkehr.

Die **Zielgruppe** für Bahnerlebnisreisen weist ein hohes Durchschnittsalter (über 60 Jahre) auf. Die Erschließung neuer Zielgruppen für die Bahnerlebnisreisen wird in Zukunft eine immer bedeutendere Rolle spielen.

Das von der Deutschen Bahn angebotene „InterRail-Ticket" fällt im weiteren Sinne zwar nicht unter eine Bahnerlebnisreise, ist jedoch auch als touristisches Bahnprodukt anzusehen, weil es hauptsächlich aus touristisch motivierten Gründen genutzt wird. Das „InterRail-Ticket" ist eine Fahrkarte, die es dem Passagier erlaubt, über einen angegebenen Zeitraum das Bahnnetz verschiedener, festgelegter europäischer Bahngesellschaften zu nutzen. Hierbei ist die Anzahl der Zugfahrten unbeschränkt und der Reisende kann sowohl die 2. als auch 1. Klasse der jeweiligen Bahngesellschaft nutzen. Für Passagiere aus nichteuropäischen Ländern ist das „Eurail-Ticket" vorgesehen. Im Jahr 2010 nutzten europaweit 30.000 Bahnreisende ein „InterRail-Ticket"; in den vergangenen Jahren war ein stetig steigendes Volumen für dieses Produkt zu verzeichnen.

3.4.2 Busreisen

Der Produktionsfaktor **Bus** ist ein wichtiger Baustein für Veranstalter bei Transfers (Flughafen zum Hotel, Flughafen zum Kreuzfahrthafen) und bei Ausflügen (Tagestouren, mehrtägige Exkursionen). Zudem spielt er eine Rolle bei Studienreiseveranstaltern, die mit diesem Verkehrsmittel ihr Kernprodukt durchführen.

Ein eigenständiges Segment stellt die **Bus- und Gruppentouristik** dar. Gebündelt wird dieses Segment im internationalen Bustouristik Verband RDA, der mit 3.000 Mitgliedsbetrieben in mehr als 40 Ländern tätig ist. Die Busunternehmen können selbst als Veranstalter tätig sein (z. B. sog. Kaffeefahrten), ihre Leistungen Veranstaltern anbieten oder sog. Pakete einkaufen. Partner für den Einkauf von Reiseveranstalterpaketen ist in dem Fall ein Paketreiseveranstalter, der ausschließlich für den Busunternehmer Leistungspakete zusammenstellt. Die Hotelbuchungen, Fährfahrten, Eintrittskarten usw. werden vom Paketer organisiert und den Busunternehmen als fertiges Paket in Rechnung gestellt, das diese dann in ihrem Namen anbieten und vermarkten können. Die im Verband der Paketreiseveranstalter (VPR) organisierten Paketer stehen in keinem direkten Vertragsverhältnis mit den Reisenden (ausschließlich B2B-Leistungen).

Die klassischen Reiseveranstalter, wie z. B. TUI oder Thomas Cook, sind in diesem Segment der Bustouristik gar nicht vertreten oder haben nur sehr geringe Marktanteile.

Fernbusse: Mit Wirkung vom 1. Januar 2013 ist eine Novellierung des Personenbeförderungsgesetzes (PBefG) in Kraft getreten, die u. a. die Liberalisierung des nationalen Fernbuslinienverkehrs betrifft. Seit August 2015 ist auch der französische Fernbusmarkt liberalisiert; in Großbritannien gibt es bereits seit den 30er-Jahren ein Fernbusnetz. Die Fahrgastzahlen im Fernbusmarkt sind bis zum Jahr 2016 sprunghaft auf 28 Mio. Fahrgäste gestiegen. Der Marktanteil des dominierenden Anbieters **Flixbus** liegt in Deutschland inzwischen bei über 90 %.

Es ist denkbar, dass auch touristische Leistungsanbieter künftig den Produktionsfaktor „Fernbus" nutzen. Fernbusanbieter sind bereits in die Rolle einstiegen, die sog. Catchment Area (Einzugsbereich) für Fluggesellschaften und Flughäfen zu erweitern. Beispiel dafür ist der Flughafen München mit Verbindungen z. B. nach Innsbruck.

3.4.3 Mietwagen

Bei der überwiegenden Zahl der Veranstalter gehören **Mietwagen** zu den wesentlichen Produktionsfaktoren. Mietwagen können für verschiedene touristische Zwecke eingesetzt werden. Sie können nicht nur innerhalb der Quell- und Zielgebiete (s. Abb. II.15) genutzt werden, sondern finden auch für die Hin- und Rückreise sowie für den Transfer von und zu Verkehrsstationen Verwendung. Hinzu kommen Verwendungen als Unfallersatzfahrzeuge, Geschäftsreisemietwagen und Dienstfahrzeuge. Allein aus dieser Nutzungsvielfalt lässt sich darauf schließen, welche Bedeutung dem Mietwagensegment innerhalb der gesamten touristischen Wertschöpfungskette zukommt (vgl. GROSS 2011: 25).

Im Touristikgeschäft spielen die Ferienautoanbieter und Internet-basierte Broker die dominierende Rolle. Das Touristikgeschäft fasst dabei alle Anmietungen durch ausländische Touristen zusammen (Incoming). Ob die Buchung direkt, über eine Agentur oder einen Reiseveranstalter getätigt wurde, spielt dabei keine Rolle. Während Ferienautoanbieter ihren Schwerpunkt auf den Reisebürovertrieb legen, ist es bei den Internet-basierten Brokern das Online-Geschäft.

Anbieter von Ferienautos haben sich auf die Kundengruppe der Touristen in beliebten Urlaubsdestinationen (z. B. Spanien, Griechenland, Portugal, USA) spezialisiert, die gern die Umgebung ihres Urlaubsortes oder ein Land auf eigene Faust kennenler-

Quellgebiet	Zielgebiet
Fahrten von Reisenden in den Aufenthaltsort, z. B. von Urlaubern und Geschäftsreisenden (Einwegmiete)	Fahrten von Reisenden zurück in den Heimatort, z. B. von Urlaubern und Geschäftsreisenden
Fahrten von Reisenden zu einer Verkehrsstation, um von dort weiter ins Zielgebiet zu reisen (z. B. zum Flughafen, Hafen oder (Bus-)Bahnhof)	Fahrten in den letztendlichen Aufenthaltsort, wenn noch andere/s Verkehrsmittel für die Anreise genutzt wurde/n (z. B. Miete eines Autos am Flughafen für die Fahrt in den Aufenthaltsort)
Fahrten von Reisenden für die gesamte Reise (Quell-, Ziel- und zurück ins Quellgebiet)	Fahrten von Reisenden am Aufenthaltsort (z. B. Besuch von Land und Leuten, ‚Funfahrt‘, Beförderung von A nach B)
Fahrten von Reisenden, die Mietwagen im Zielgebiet ausgeliehen haben und erst nach einer gewissen Zeit den Mietwagen im Quellgebiet abgeben (Einwegmiete)	Fahrten von Reisenden die mit dem Mietwagen ins Zielgebiet gekommen sind und erst nach gewisser Zeit Wagen im Zielgebiet abgeben (Einwegmiete)

Abb. II.15: Mietwagen im Quell- und Zielgebiet (Quelle: GROSS/STENGEL 2010: 15)

nen möchten und sich daher für einen oder mehrere Tage einen Mietwagen ausleihen. Die Vermietstationen befinden sich häufig an (internationalen) Flughäfen oder die Leihwagen werden an den Hotels bereitgestellt. Bekannte Beispiele sind DriveFTI, Holiday Autos, TUI Cars und Sunny Cars. Die Hauptzielgruppe Internet-basierter Mietwagenbroker und von Mietwagenvergleichsportalen sind ebenfalls Kunden, die einen Ferienmietwagen suchen, um im Urlaubsort durch einen Mietwagen mobil zu bleiben. Sie setzen jedoch im Vergleich zu den Ferienautoanbietern noch stärker auf preissensible Kunden, die i. d. R. zwischen 30 und 45 Jahren alt und Internet-affin sind. Bekannte Beispiele sind TravelJigsaw, die auf dem deutschen Markt mit eMietwagen präsent ist, Sunny Cars, Auto Europe und seine Tochter autovermietung.de sowie easyCar und CarDelMar. Das Geschäftsmodell von Mietwagenvergleichsportalen, wie billigermietwagen.de, mietwagenmarkt.de oder m-broker.de, basiert hauptsächlich auf der Vermittlung von Leistungen von Mietwagenbrokern – teilweise werden jedoch auch Autos klassischer Vermieter vermittelt. Dieses Geschäftsmodell hat in den letzten Jahren an Bedeutung gewonnen, weil immer mehr Kunden zum Preisvergleich nicht mehr den Abruf eines Preises eines Anbieters über dessen Internet-Auftritt nutzen, sondern den Weg über ein Preisvergleichsportal. Die Kunden können über diese Portale ihren Wunschmietwagen auch direkt buchen (vgl. AXTHELM 2009: 27 ff.).

3.4.4 Pkw, Campingmobile und andere erdgebundene Verkehrsmittel

Bei den Produktionsfaktoren erdgebundener Verkehrsmittel sind die nachfolgenden, dem Individualverkehr zuzurechnenden Fahrzeuge – mit Ausnahme des Pkws – bei Veranstaltern eher in der Nische anzusiedeln.

Der Pkw ist noch immer das am häufigsten genutzte Verkehrsmittel für Urlaubsreisen. Veranstalter binden den eigengenutzten Pkw in das Produkt ein oder der Pkw wird ausschließlich zur individuellen An- und Abreise zum Urlaubsort genutzt.

Motorräder stellen bei den erdgebundenen Verkehrsmitteln ein Spezialsegment dar. Das Motorrad stellt bei Motorradreiseveranstaltern den Kernproduktionsfaktor z. B. für Reisen in die USA, in Kanada oder Asien dar.

Caravans und Wohnmobile sind für Spezialisten und bestimmte Zielgebiete wichtige Verkehrsmittel. Vermieter von Caravans und Wohnmobilen finden sich im privatwirtschaftlichen und privaten Bereich. Zu ersteren Vermietern zählen Hersteller wie Dethleffs McRent Holding und Hymer-rent und klassische Autovermieter wie z. B. Auto Europe. Weitere privatwirtschaftliche Anbieter sind bei den Automobilclubs (z. B. die ADAC-Autovermietung), bei spezialisierten Vermietern (z. B. Deutsche Reisemobil-Vermietung, Rentmobil, Camper Tour & Touristik, Merkenmobile) und bei Reiseveranstaltern (z. B. FTI Touristik, Dertour) zu finden. Letztere bieten vornehmlich Fahrzeuge in stark nachgefragten Zielgebieten von deutschen Urlaubern an, wie z. B. USA, Kanada, Australien oder Neuseeland. Private Vermieter sind Privatpersonen, die ein Wohnmobil und/oder einen -anhänger besitzen und dieses/-n in den Zeiten, in denen sie selbst das Fahrzeug nicht nutzen, an interessierte Personen vermieten.

Alle Anbieter bieten ihre Fahrzeuge vermehrt auch über das Internet an. Hierbei werden sowohl eigene Homepages als auch Internet-Plattformen genutzt. Einzelne Unternehmen haben sogar ein eigenes Internet-Unternehmen gegründet, wie beispielsweise Dertour im Jahre 2002 mit Camperboerse.de. Mit der Tochterfirma Motorhome Bookers Ltd. zählt Camperboerse.de – nach eigenen Angaben – zu den umsatzstärksten Vermittlern von Wohnmobilen in Europa. Bekannte Internet-Plattformen sind erento.com, miet24.de, traveltopia.de, mietcaravan.com oder reisemobil-vermietung.eu. Bei Erento können die Nutzer z. B. aus einem Pool von über 3.500 Wohnmobilen auswählen.

Neben den genannten Vermietern gibt es auch die Möglichkeit, mit einem eigenen oder gemieteten Wohnmobil an Gruppenreisen teilzunehmen, wie sie z. B. der ADAC Hessen-Thüringen anbietet.

Erwähnenswert sind darüber hinaus nachfolgende erdgebundene Verkehrsmittel als Produktionsfaktoren für Veranstalter, die allerdings nur in Nischen oder rudimentär im Rahmen von Ausflügen genutzt werden:
- Pferdefahrwerke (z. B. Insel Juist und Hiddensee)
- Postkutschenveranstaltungen
- Pferdebahnen (z. B. Spiekeroog, Döbeln/Sachsen)
- Segways (in vielen in- und ausländischen Städten)
- Rikschas (Asien)
- Körbe (z. B. Funchal)
- Draisinen (auf stillgelegten Bahntrassen)

3.4.5 Radtourismus

Fahrräder werden von spezialisierten Fahrradveranstaltern genutzt. Über 90 % aller Fahrradreisen werden von den Radurlaubern selbst organisiert und durchgeführt. Trotzdem ist der Anteil der von Veranstaltern organisierten Radreisen in den letzten Jahren leicht gestiegen.

Grundsätzlich können zwei Arten von Pauschalangeboten im **Radtourismus** unterschieden werden. Zum einen können geführte bzw. begleitete Radtouren gebucht werden. Bei dieser Art der Fahrradreise ist immer ein Reiseleiter anwesend, der die Reisegruppe im Namen des Veranstalters führt. Alle Unterkünfte, Museumsbesuche, andere Sehenswürdigkeiten und evtl. Bus- oder Zugfahrten werden dabei bereits im Vorfeld der Reise oder vor Ort durch den Reiseleiter organisiert. Die Teilnehmer werden rundum versorgt und ihnen wird bei Pannen und anderen Problemen geholfen. Oft fährt auch ein Begleitbus mit, in den müde gewordene Teilnehmer unterwegs zum Verschnaufen einsteigen können. Diese Art der Fahrradpauschalreise kann überall dort durchgeführt werden, wo eine geeignete Infrastruktur zur Verfügung steht, sei es im In- oder im Ausland.

Die zweite Art von Fahrradpauschalreisen ist eine ungeführte Tour. Im Gegensatz zu einer geführten Reise kann diese jederzeit innerhalb eines bestimmten Zeitraums abhängig von der Fahrradsaison im Zielgebiet stattfinden. Die Reisegeschwindigkeit sowie die Anzahl und Länge der Pausen kann so individuell bestimmt werden. Allerdings beinhalten diese Reisen auch weniger Service. Fahrradurlauber, die eine solche Reise buchen, bekommen von ihrem Veranstalter Kartenmaterial und eine Routenbeschreibung, Gutscheine für Besichtigungen und Voucher für die vorreservierten Unterkünfte. Zusätzlich erhalten sie eine „Notfallnummer", über die im Falle einer Panne oder eines anderen Problems Hilfe angefordert werden kann. Bei manchen Veranstaltern bekommen die Radler auch Souvenirs, wie z. B. Fahrradtaschen oder T-Shirts.

Mittlerweile existiert eine Vielzahl an unterschiedlichen Anbietern, die Fahrradpauschalreisen anbieten. Heute werden Fahrradpauschalreisen von ca. 200 Veranstaltern auf dem deutschen Markt angeboten. Darunter sind jedoch nicht nur Fahrradspezialreiseveranstalter, sondern beispielsweise auch Generalisten wie Ameropa, TUI Thomas Cook, DERTour oder Wikinger Reisen.

3.5 Reiseversicherungen

Unter Reiseversicherungen versteht man Versicherungen, die im Rahmen von Reisen abgeschlossen werden. Dazu zählen Reiserücktrittsversicherung (RRV), Reisekrankenversicherung (RKV), Reiseunfall-, Reiserechtschutz- und Reiseassistanceversicherung, Reiseprivathaftpflicht-, Reisegepäck- und Reiseabbruchversicherung. Reiseversicherungen sind grundsätzlich auf die Reisedauer begrenzt, also temporäre Versicherungen. In den letzten Jahren haben sich verstärkt Jahresversicherungen am

Markt etabliert, bei denen mehrere Reisen im Jahresverlauf abgedeckt sind. In das Produkt eingeschlossene Reiseversicherungen (i. d. R. Reiserücktritt) sind rückläufig.

Reiseversicherungen werden einzeln oder in Kombination (Versicherungspaket) von spezialisierten Reiseversicherungsunternehmen (z. B. Europäische Reiseversicherung AG, AGA, URV, Hanse Merkur), Verkehrsclubs, Kreditkartenunternehmen und Maklern (z. B. MDT, Kaera) vertrieben. Der Direktvertrieb von Reiseversicherungen spielt in Deutschland eine untergeordnete Rolle (keine Marken). Für Reiseversicherungen stellen Katalogveranstalter, stationäre Reisebüros und Online-Plattformen (E-Commerce) die wichtigsten Vertriebsschienen dar.

Eine Besonderheit des Reiseversicherungsproduktes besteht in der Zusammensetzung aus einem immateriellen Leistungsbündel. Die Kernleistung ist einerseits der durch den Vertrag zugesicherte Versicherungsschutz, andererseits die Abwicklungsleistung, die den Schutz handhabbar macht. Die Materialisierung kann nachträglich in Form von Zahlungen erfolgen oder – sofern kein Schadensereignis eintritt – gar nicht stattfinden.

Reiseversicherungen müssen einfach von der Struktur her und einfach abzuschließen sein, möglichst integriert in den Buchungsvorgang. Das Produkt muss preisgünstig wirken und der Kaufprozess muss einfach, transparent und komfortabel sein.

Ein weiteres Hauptmerkmal von Reiseversicherungen liegt darin, dass es sich um sog. Low-interest- und Low-involvement-Produkte handelt: Die Notwendigkeit und Bedeutung wird vom Verbraucher zwar erkannt, die Auseinandersetzung mit diesen Versicherungen ist aber – insbesondere auch für den Vertrieb – ein unerfreuliches, ggf. kontraproduktives (= den Reiseverkauf verhinderndes) Thema mit ausgeprägt unterdurchschnittlichem Kaufinteresse. Bei Pauschalreisen müssen die Veranstalter im Katalog- bzw. Online-Angebot oder in der Reisebestätigung über die Möglichkeit einer RRV bzw. die Versicherung zur Deckung der Rückführungskosten bei Unfall informieren (§ 6 Abs. 2 Nr. 9 der BGB-Informationspflichten-Verordnung [BGB-InfoV]).

Unbekannt ist gemeinhin, dass Reiseversicherer ein wesentlicher Ertragsbringer in der Reiseindustrie sind. Wird das Geschäftsmodell zwischen Reisebüros, Veranstaltern und Reiseversicherern auch in Zukunft beibehalten, fließen weiterhin mindestens 450 Mio. Euro pro Jahr als Stornozahlungen oder Provisionen ertrags- und weitgehend ergebniswirksam an Reisebüros und Veranstalter.

Der weltweite Markt für Reiseversicherungen soll bis zum Jahr 2022 auf 28 Mrd. US-Dollar ansteigen, inkl. Auslandsreisekrankenversicherungen. Im US-Markt erreicht der Verkauf von Reiseversicherungsprodukten einen Wert von 2,2 Mrd. Dollar. Die Umsätze mit Reiseversicherungen werden in Deutschland auf 800 Mio. Euro geschätzt. Die EU-Reiserichtlinie zum Versicherungsvertrieb erlaubt weiterhin den Vertrieb von Reiseversicherungen.

Ein wichtiger Baustein ist die Betreuung des Kunden im Ausland. Dafür stehen den Reiseversicherungsunternehmen als Tochtergesellschaften oder Kooperationspartner Assistancegesellschaften zur Verfügung. Beispiele dafür sind die Allianz

Worldwide Partners (AWP), die Euro Center Holding der Europäischen Reiseversicherung (ERV) und die Deutsche Assistance Service. AWP und ERV zusammen organisieren pro Jahr mehr als 1.800 medizinisch begründete Rücktransporte nach Deutschland.

Von den Versicherungen für die Reisenden sind Versicherungen für die Reisebranche zu unterscheiden, die für z. B. Pflichtverletzungen der Mitarbeiter bzw. für den generellen Haftpflichtfall auf dem Markt angeboten werden. Die Versicherungen für Reiseunternehmen sind im Kap. II.5.2 dargestellt (vgl. VON DÖRNBERG; GABLER'S Wirtschaftslexikon, Stichwort: Reiseversicherung).

4 Human Ressources (Personalwesen)

Einen der wichtigsten Produktionsfaktoren stellt das Personal eines Reiseveranstalters dar. Der personenbediente Service ist bei einer Dienstleistung eines Reiseveranstalters und im Reisevertrieb die Kernleistung.

Die Tourismusbranche gilt als jugendliche Branche und zeichnet sich durch folgende Merkmale der Beschäftigten aus:
- weltweit das niedrigste Durchschnittsalter,
- hohe Fluktuationsrate durch Saisonalität,
- hoher Anteil an Quereinsteigern,
- überdurchschnittlich hoher Anteil an Frauenerwerbstätigkeit,
- ca. 3,3 Mio. Arbeitsplätze im Tourismus in Deutschland,
- touristische Dienstleistung = persönliche Dienstleistung, zumeist im persönlichen Kontakt mit dem Kunden. Ihre Qualität ist geprägt durch das Kontaktpersonal des Produzenten (wie Beförderungsträger, Beherbergungsgeber, Reiseberater und -begleiter etc.).
- Primäre Produktionsfaktoren sind die Qualifikation und Motivation der Mitarbeiter.

Mitarbeiter sind das größte und wichtigste Kapital eines Unternehmens. Die Personalsituation im Tourismus ist grundsätzlich nicht besser oder schlechter als in anderen Branchen, jedoch weist die Tourismusbranche einige typische Merkmale auf, die immer wieder Gegenstand kontroverser Diskussionen sind. Diese typischen Merkmale führen dann auch zu den personaltypischen Besonderheiten, wie z. B.:
- **Stark klein- und mittelständisch geprägte Branche** mit einem hohen Anteil weiblicher Mitarbeiter, viele in Teilzeit oder in Minijobs. Daraus ergibt sich eine relativ hohe Personalfluktuation der Mitarbeiterinnen durch Familiengründung und Wiedereinstieg in den Beruf. Weiterhin ergeben sich durch die klein- und mittelständischen Strukturen wenige Aufstiegs- und Karrierechancen für die Mitarbeiter, was ebenfalls zu einer hohen Abwanderungsquote hin zu größeren Unternehmen und Konzernen oder gar in andere Branchen führt.
- **Unattraktive Öffnungs- und Arbeitszeiten** einer Branche, die im Bereich Dienstleistung angesiedelt ist. Dienstleistungsbranchen sollten eigentlich dann geöffnet haben, wenn ein Großteil der Arbeitnehmer Zeit hat, die Dienstleistung nachzufragen (z. B. nach Feierabend oder an Wochenenden).

Da es sich beim Tourismus nicht um einen einheitlichen Wirtschaftszweig handelt, sondern um eine Kombination der Dienstleistungen und Güterproduktionen verschiedener Wirtschaftszweige, die in unterschiedlichem Maße vom Tourismus abhängen, sind auch die beruflichen Tätigkeiten im Tourismus mehr oder weniger direkt mit ihm verknüpft. Deshalb gibt es auch keinen eigentlichen touristischen Arbeitsmarkt, son-

https://doi.org/10.1515/9783110481457-012

dern lediglich sich teilweise überschneidende **Teilarbeitsmärkte,** auf denen i. d. R.
jeweils unterschiedliche Qualifikationsanforderungen gestellt werden. Reiseleiter,
Animateure in einem Club und Reiseverkehrskaufleute haben praktisch nur mit Touristen zu tun. Köche und Kellner dagegen können zwar auch ausschließlich für die
touristische Nachfrage arbeiten, je nach Standort und/oder Zeitraum ihrer Tätigkeiten
können sie aber auch oder sogar fast ausschließlich für die einheimische Bevölkerung
tätig sein.

Die unterschiedlichen Berufe lassen sich auch nach der persönlichen Nähe zu
Touristen charakterisieren. Die Tätigkeiten eines Animateurs, Reiseleiters und Flug-
hafenbegleiters sind nur in direktem Kontakt mit den Reisenden durchzuführen – die
Piloten einer Ferienfluggesellschaft, die Köche in einer Urlaubsdestination und Busfahrer sind dagegen zwar direkt von der touristischen Nachfrage abhängig, üben ihren Beruf aber meist ohne den direkten Kontakt mit den Touristen aus, für die sie ihre
Dienstleistungen erbringen.

Berufe im Tourismus lassen sich also zunächst nach zwei Kriterien typisieren:
-   dem **Anteil touristischer Nachfrage** an der Gesamtnachfrage für die Dienstleis-
    tungen dieser beruflichen Tätigkeit,
-   der **persönlichen Nähe zu den Touristen,** die für die Erbringung ihrer Dienst-
    leistung notwendig ist.

Typische Tourismusberufe sind solche, die sowohl ausschließlich touristische
Nachfrage befriedigen als auch in direktem Kontakt mit den Reisenden im Sinne
persönlicher Dienstleistung ausgeübt werden. Dazu gehören Reiseleiter, Gästeführer,
Animateure und Flugbegleiter. Ihr Anteil an allen Beschäftigten in der Tourismuswirtschaft ist vergleichsweise klein. Deshalb ist ihre Arbeit nicht repräsentativ für die
Tourismusberufe. Vielfach werden – mit Ausnahme des Flugbegleiters – auch Zweifel
am Berufscharakter dieser Tätigkeiten im Tourismus geäußert, denn es gibt weder
ein offizielles Berufsbild noch ist der Erwerb der für die Ausübung dieser Tätigkeiten
notwendigen Qualifikationen geregelt. Zudem ist es auch kaum möglich, eine feste
Anstellung bei einem Club, einem Reiseveranstalter oder einer Tourismusstelle für die
Ausübung dieser Tätigkeiten zu bekommen. Vielfach geht man deshalb davon aus,
dass es sich entweder um eine dauerhafte Nebentätigkeit (z. B. als Gästeführer oder
Reiseleiter) oder um einen **„Episodenberuf"** handelt, d. h. einen Beruf, den man nur
für eine kurze Zeit (haupt)beruflich ausübt.

4.1 Hotel- und Gaststättengewerbe

Im **Hotel- und Gaststättengewerbe** arbeitet der weitaus größte Teil aller Personen
mit Tourismusberufen. Allerdings ist hier nicht die gesamte Nachfrage tourismusbezogen. Man kann zwar davon ausgehen, dass die Beherbergungsangebote nur von Reisenden in Anspruch genommen werden, ihre Nutzung für Veranstaltungen aller Art

(Feiern, Bälle usw.) und die gastronomischen Leistungen werden jedoch in hohem Maße von der einheimischen Bevölkerung genutzt. Die Tätigkeiten in diesem Gewerbe sind, im Gegensatz zu den tourismustypischen Arbeitsfeldern, schon seit langem „verberuflicht". Deshalb gibt es hier, anders als in den moderneren tourismustypischen Berufen, auch die noch am Handwerkssystem orientierten Weiterbildungsmöglichkeiten im Rahmen von Kursen mit dem Abschluss „Meister". Sie existieren für Köche, Restaurantfachleute und die Hotelfachberufe.

Die **Berufe im Gastgewerbe** stellen auch die größte Zahl der Auszubildenden im Tourismus, auch wenn sie nicht ausschließlich mit der Bedienung touristischer Nachfrage beschäftigt sind. In diesem Sektor gibt es derzeit in Deutschland neben dem Koch fünf verschiedene Ausbildungsberufe (in Klammern die Anzahl der bestehenden Ausbildungsverträge 2015; vgl. BIBB Datenblätter, www.bibb.de):

- Koch/Köchin (19.935),
- Fachkraft im Gastgewerbe (3.249),
- Restaurantfachleute (6.375),
- Hotelfachleute (21.387),
- Hotelkaufleute (1.053) und
- Fachleute für Systemgastronomie (3.903).

In der Bundesrepublik findet die Ausbildung dafür im dualen System statt, d. h. in einem anerkannten Ausbildungsbetrieb mit ergänzendem Berufsschulunterricht (meist ein Tag pro Woche). Bis auf die Fachkraft im Gastgewerbe (2 Jahre) dauert sie i. d. R. 3 Jahre. Allerdings kann die Fachkraft ihre Ausbildung im dritten Lehrjahr in einem der vier anderen Berufe fortsetzen und zusätzlich den entsprechenden Abschluss erwerben.

Geregelt werden diese wie auch die folgenden Ausbildungen durch Verordnungen des Bundesministeriums für Wirtschaft und Energie, denen Abstimmungen und Beratungen mit Branchenverbänden, Gewerkschaften und den für die schulischen Ausbildungsteile verantwortlichen Kultusministerien der Länder, koordiniert durch die Kultusministerkonferenz (KMK), vorausgehen. Eine wesentliche Funktion in diesem Zusammenhang kommt auch dem Bundesinstitut für Berufsbildung (BIBB) in Bonn zu, das ebenfalls an der Vorbereitung von Ausbildungsordnungen mitwirkt, bei der Vorbereitung des jährlich zu erstellenden Berufsbildungsberichts mitarbeitet und zudem die Aufgabe hat, „durch wissenschaftliche Forschung zur Berufsbildungsforschung beizutragen" (§ 90 Abs. 2 des Berufsbildungsgesetzes [BBiG]).

4.2 Reisemittlergewerbe

Das **Reisemittlergewerbe** stellt nach Gastronomie/Beherbergung und den Unternehmen zur Personenbeförderung die dritthöchste Zahl der Beschäftigten im engeren Tourismusbereich. Anders als im Hotel- und Gaststättengewerbe steht ihre Arbeit jedoch ausschließlich in Zusammenhang mit der touristischen Nachfrage. Die Tätigkeiten in Reisebüros sind ebenfalls seit langem über ein offizielles Berufsbild mit entsprechendem Ausbildungsgang geregelt. Früher war es der Reisebürogehilfe (ab 1940), dann ab 1962 der Reisebürokaufmann und seit 1974 (1979 und 1998 reformiert) der Reiseverkehrskaufmann, der nicht nur in Reisebüros, sondern auch bei Reiseveranstaltern und in örtlichen Tourismusstellen und Kurverwaltungen eingesetzt und ausgebildet wurde. Damit sollte der in den 50er-Jahren beginnenden Spezialisierung zum reinen Reiseveranstalter und der zunehmenden Professionalisierung in öffentlichen Tourismusstellen Rechnung getragen werden. Allerdings betrug der Anteil der Auszubildenden im Bereich des öffentlichen Tourismus nur 3 % an allen Auszubildenden in diesem Lehrberuf.

4.3 Kaufleute für Tourismus und Freizeit

Aus den vorgenannten Gründen und weil mit der zunehmenden Bedeutung von Freizeitanlagen und Ferienparks neue Qualifikationen nachgefragt wurden, ist die Unterteilung in die beiden Fachrichtungen 2005 wieder aufgehoben und der Teil für die Tourismusstellen in den neuen Ausbildungsberuf **Kaufleute für Tourismus und Freizeit** integriert worden. Den spezifischen Qualifikationsprofilen in den unterschiedlichen Tätigkeitsbereichen der Kaufleute für Tourismus und Freizeit wird durch eine Zweiteilung der dreijährigen Berufsausbildung Rechnung getragen. In den integrativen Pflichtqualifikationseinheiten werden die grundlegenden Kenntnisse, Fähigkeiten und Fertigkeiten vermittelt, die allgemein für die Arbeit in Tourismusstellen und Freizeitunternehmen vorausgesetzt werden. Die jeweils nicht gewählte Qualifikationseinheit kann zusätzlich vermittelt, geprüft und bestätigt werden. 2015 gab es nach Angaben des Bundesinstituts für Berufsbildung bundesweit 1.065 Auszubildende für diesen Beruf, davon waren 411 in dem Jahr neu dazugekommen (vgl. BIBB Datenblatt 2016).

Dieses zweistufige Modell wurde 2011 auch bei der Neuordnung des Ausbildungsberufs „Tourismuskaufleute" **(Kaufleute für Privat- und Geschäftsreisen)** eingeführt, der die früheren „Reiseverkehrskaufleute" abgelöst hat. An Wahlqualifikationseinheiten sind hier sechsmonatige Spezialisierungen in den drei Bereichen Reisevermittlung, Reiseveranstaltung oder Geschäftsreisen vorgesehen, die im Ausbildungsvertrag festgelegt werden. Wie bei den Kaufleuten für Tourismus und Freizeit können die jeweils nicht gewählten Qualifikationen jedoch zusätzlich erworben und in einem Zeugnis beurkundet werden.

4.4 Kaufleute im Personenverkehr

Im **Bereich des Personenverkehrs** gibt es mit den **Luftverkehrskaufleuten** seit 1960 ein spezielles kaufmännisches Berufsbild. Sie werden über eine Dauer von 3 Jahren speziell für die Bedürfnisse von Luftverkehrsgesellschaften und Flughafengesellschaften ausgebildet. Neben allgemeinen kaufmännischen Inhalten werden spezielle Kenntnisse u. a. über den Flugbetrieb, die Flugplanung und das Streckenmanagement im Bereich Passage und Fracht vermittelt. Es handelt sich deshalb nicht um einen ausschließlich durch die touristische Nachfrage bedingten Beruf, weil er auch im langfristig wachsenden Luftfrachtbereich eine wichtige Rolle spielt. Insgesamt ist die quantitative Bedeutung dieses Berufes mit im Jahr 2015 bundesweit 129 Ausbildungsverträgen pro Jahr sehr gering. Zusätzlich gibt es seit 1998 die ebenfalls dreijährige Ausbildung zu **Servicekaufleuten im Luftverkehr.** Sie sind im Gegensatz zu den Luftverkehrskaufleuten nur auf kundennahe Tätigkeiten im Personenverkehr ausgerichtet. Dazu gehören die Beratung und Betreuung von Fluggästen am Boden, der Verkauf und die Abrechnung von Flugscheinen und das Abfertigen von Flugzeugen. Ausbildungsbetriebe sind wie bei den Luftverkehrsleuten Fluggesellschaften und Flughafenbetreiber, zusätzlich sind hier auch Abfertigungsunternehmen engagiert, auch wenn sie oft nur angelerntes Personal einsetzen. Die quantitative Bedeutung ist noch geringer als bei den Luftverkehrskaufleuten – 2015 gab es nach Angaben des Bundesinstituts für Berufsbildung (BIBB) lediglich 60 Neuabschlüsse von Ausbildungsverträgen.

Der **Berufskraftfahrer** ist ein anderer Ausbildungsberuf im Personenverkehrswesen, auch wenn nicht mehr, wie früher, getrennt entweder im Personen- oder im Güterverkehr ausgebildet wird. Daher dauert die Ausbildung seit 2001 auch nicht mehr 2, sondern 3 Jahre und erfolgt ebenfalls im dualen System in einem Busbetrieb und an der Berufsschule. Dieser Beruf ist aber ebenfalls nicht ausschließlich tourismusbezogen, denn selbst ein großer Teil der Busfahrer arbeitet im Bereich des öffentlichen Personennahverkehrs (ÖPNV). Dort, wo Busse privater Unternehmer im ÖPNV eingesetzt werden, können die Fahrer sowohl in dem einen wie im anderen Bereich eingesetzt werden.

Neben diesen für den Tourismus zentralen, wenn auch nicht nur für die touristische Nachfrage relevanten, Berufen gibt es noch drei weitere Ausbildungsgänge, die für Teilbereiche des Tourismus von Bedeutung sind. Dazu gehört die 1997 eingeführte, dreijährige Ausbildung zum **Fachangestellten für Bäderbetriebe,** umgangssprachlich auch als Bademeister bezeichnet. 2015 bestanden hierfür in Deutschland laut Statistik des BIBB 1.392 Ausbildungsverhältnisse. Die 10 Jahre später eingeführte Ausbildung zum/zur **Sportfachmann/-frau** führte bis 2015 zu bundesweit 66 Ausbildungsverträgen. Mit erfolgreichem Abschluss werden gleichzeitig auch bestimmte Übungsleiter- und Trainerlizenzen von nationalen Sportvereinigungen erworben. Auch wenn die damit verbundenen Tätigkeiten einen teilweisen Bezug zur Animation im Urlaub ausweisen, bilden die meisten Reiseveranstalter, Ferienclubs und Hotels ihren Nachwuchs hierfür im Rahmen von Fortbildungen i. d. R. selber aus. Hierbei spielen auch Kompetenzen eine Rolle, wie sie **Veranstaltungskaufleute** in ihrer ebenfalls dreijährigen Ausbildung erwerben. Dieser 2001 eingeführte Ausbildungsberuf wird u. a. bei Event-Agenturen ausgeübt, die z. B. Incentive-Reisen veranstalten. Darüber hinaus zielt die Ausbildung auf Tätigkeiten in den Bereichen Organisation von Tagungen, Messen und Kongressen, Konzertveranstaltungen und Künstleragenturen. Hier bestanden 2015 insgesamt 1.512 Ausbildungsverhältnisse.

4.5 Touristikassistenten

Neben diesen im Rahmen des Berufsbildungsgesetzes (BBiG) bzw. in den Handwerkerordnungen geregelten tourismusbezogenen dualen Ausbildungsgängen gibt es noch Ausbildungen wie die zu **Touristikassistenten** bzw. **Assistenten für Hotel-, Gaststätten-, Fremdenverkehrsgewerbe** an (privaten) vollqualifizierenden Berufsfachschulen, die zu den „Schulberufen nach Landesrecht" gehören. Das heißt, dass diese Qualifizierungen bundeslandspezifisch durch die Kultusministerien geregelt sind. Diese Ausbildungen sind kaufmännisch ausgerichtet und haben außerdem, anders als die dualen Ausbildungen, einen Schwerpunkt in der Fremdsprachenausbildung. Touristik- bzw. Tourismusassistenten werden durch die IHK geprüft, der Abschluss entspricht dem „Meister" in den handwerklichen Berufen.

4.6 Fort- und Weiterbildungsmöglichkeiten

Anders als bei den Berufen des Hotel- und Gaststättengewerbes, die noch in der handwerklichen Tradition stehen, gibt es bei den moderneren kaufmännischen Berufen keine Weiterbildung im Sinne der Ausbildung zum „Meister". Das trifft auch für die Tourismuskaufleute zu. Im Rahmen von Fortbildungsmaßnahmen der Industrie- und Handelskammern (lHK) besteht allerdings die Möglichkeit für sog. Erwachsenenqualifizierungen mit dem Ablegen einer öffentlich-rechtlichen Prüfung zum **Tourismusfachwirt** (NOACK 1993; s. a. WIS – Weiterbildungs-Informationssystem des Deutschen Industrie- und Handelskammertages, http://wis.ihk.de).

Zudem bieten Verbände und private Institute eine Vielzahl von Fortbildungsmöglichkeiten. So gibt es z. B. mit Combus ein Bildungswerk der Omnibusunternehmer mit Sitz in Böblingen, das Seminare, Fortbildungen und Lehrgänge für Unternehmer, Mitarbeiter und Busfahrer veranstaltet (www.busforum.de) oder die Aktion Junge Touristik (AJT) in Köln, die ein breitgefächertes Angebot an Fortbildungen für Reisebüromitarbeiter hat und in verschiedenen Orten Seminare durchführt (ohne Internet-Seite). Übergreifend für den gesamten Tourismus führt das Deutsche Seminar für Tourismus (DSFT) in Berlin, das seit 1980 vom Bundesministerium für Wirtschaft und Energie und vom Senat von Berlin gefördert wird, thematisch breitgefächerte Lehrgänge, Se-

minare und Vortragsveranstaltungen durch (www.dsft-berlin.de). In die Hochschul-
gesetze vieler Bundesländer wurde zudem ein Passus aufgenommen, nach dem erfahrene und besonders fähige Berufstätige auch ohne die jeweilige Zugangsberechti-
gung (Abitur oder Fachhochschulreife) ein Studium an einer Hochschule aufnehmen
können. Damit erweitern sich die Fort- und Weiterbildungsmöglichkeiten erheblich.

4.7 Tourismusbezogenes Studium

Bis in die 70er-Jahre waren die Ausbildungsgänge im Tourismus in Deutschland beschränkt auf den nichtakademischen Bereich. Erst nach der in dieser Zeit erfolgten
Umwandlung der Ingenieurschulen und der Höheren Berufsfachschulen in **Fachhochschulen (FH)**, die zwar dem tertiären Bildungsbereich angehören, aber im Vergleich zu den Universitäten eine weniger wissenschaftsbezogene als berufs- und
praxisorientierte Ausbildung anbieten sollen, wurden auch tourismusbetriebswirt-
schaftliche Studiengänge entwickelt. Die ersten Fachhochschulen mit einem solchen
Angebot waren die in München, Heilbronn und Worms. Seitdem wurde mit der generellen Weiterentwicklung des Fachhochschulwesens auch die Tourismusbetriebswirt-
schaft weiter ausgebaut.

Der Praxisbezug an den Fachhochschulen wird einerseits durch den Einsatz
entsprechend qualifizierter Dozenten und Lehrbeauftragter und andererseits durch
Pflichtpraktika hergestellt, die in einem fortgeschrittenen Studienabschnitt in der
Tourismusbranche abgeleistet werden müssen; an manchen Fachhochschulen ist bereits ein Vorpraktikum Voraussetzung für die Zulassung zum Studium. Das entspricht
dem Modell der „Sandwich"-Kurse an den in den 90er-Jahren aus den „Polytech-
nics" hervorgegangenen neuen Universitäten in Großbritannien, wo die ebenfalls zur
Pflicht gemachten Praktika (engl.: industry placements) den Bezug zu den Tätigkeits-
feldern in der Tourismusbranche herstellen.

Tourismusbezogene Studiengänge an den **Universitäten** werden als Spezialisierungen vor allem in den Fächern Geographie und Pädagogik, vereinzelt auch im Rahmen von Verkehrs- und Kulturwissenschaften angeboten. Es gibt jedoch nur wenige
wirtschaftswissenschaftliche Studiengänge, die zudem von Einstellung, Abschaffung
oder Nichtwiederbesetzung nach Pensionierung der Stelleninhaber bedroht sind.

4.8 Employer Branding (Arbeitgebermarke)

Innovative Geschäftsmodelle und das Eintreten neuer, dynamischer Wettbewerber
in den Markt intensivieren den Wettbewerb zwischen den Reiseveranstaltern, sodass
diese mehr denn je auf qualifizierte Fach- und Führungskräfte angewiesen sind. Studien belegen jedoch, dass die Ressource „Mitarbeiter" immer knapper wird. Der Mitarbeiterengpass ist insbesondere durch die Globalisierung und den demografischen

Wandel bedingt. Während die Globalisierung zu einer verstärkten Abwanderung von qualifizierten Arbeitskräften ins Ausland führt, hat der demografische Wandel eine fortschreitende Überalterung der Gesellschaft und gleichzeitig ein Schrumpfen dieser zur Folge. Der Mitarbeiterengpass betrifft nicht nur High Potentials, sondern auch Right Potentials, die neben den fachlichen Qualifikationen auch den Fit zur Marke aufweisen. Dieser Engpass manifestiert sich bereits auf dem Arbeitsmarkt, insbesondere in Bezug auf das Gesundheitswesen und die MINT-Berufe, und wird mittel- bis langfristig auch die Veranstalterbranche erreichen. Demnach sind weitsichtige Personalstrategien erforderlich, um einem bevorstehenden Mangel vorzubeugen.

Neben den genannten Entwicklungen stellt auch der **Wertewandel** der Generationen eine Herausforderung für Reiseveranstalter dar, der sich grundlegend auf das Berufsleben auswirkt. Nicht nur die Leistungsangebote für potenzielle Mitarbeiter, sondern auch die Ansprache der Zielgruppen sind von den Entwicklungen betroffen. Während die Baby-Boomer Werte wie Geld, Macht und Status präferieren, stehen bei der Generation Y ein sinnerfülltes Tun, Internationalität und gesellschaftliche Relevanz an oberster Stelle. Disziplin, Gehorsam und Pflichtbewusstsein der älteren Generationen werden durch Individualität, Flexibilität und Spaß abgelöst. Daneben möchte sich die Generation Y beruflich entfalten und fordert zugleich eine höhere Akzeptanz für außerberufliche Interessen. Hinzu kommt, dass sich die Mitarbeiter zunehmend darüber bewusst sind, dass sie eine wichtige Ressource für Unternehmen darstellen. Neben diesen Gegebenheiten sehen sich Unternehmen in Bezug auf die Branche oder die Unternehmensgröße mit Vorurteilen konfrontiert. Während (potenzielle) Mitarbeiter große Unternehmen häufig als attraktiv erachten, gelten kleine und mittelständische Unternehmen (KMU) oft als wenig innovativ.

Die Reiseveranstalterbranche ist durch diese Entwicklungen angehalten, sich mehr an den Wünschen der Arbeitnehmer auszurichten, sich als attraktiver Arbeitgeber zu positionieren und sich von den Wettbewerbern abzuheben. Eine Möglichkeit dem Fach- und Führungskräftemangel entgegenzuwirken stellt **Employer Branding** dar. Dabei handelt es sich um den Aufbau einer Arbeitgebermarke. Es ist davon auszugehen, dass ein strategisch ausgerichtetes Employer Branding bei Reiseveranstaltern zu einem nachhaltigen und zunehmend an Bedeutung gewinnenden Wettbewerbsvorteil führt.

Viele, insbesondere junge Menschen, zeigen ein starkes Interesse an der Touristikbranche, allerdings werden die Erwartungen an die Branche häufig nicht erfüllt. Gleichzeitig besteht aber stets Bedarf an qualifizierten Fach- und Führungskräften bei den Reiseveranstaltern, sodass die Bewerber bei ihrer Suche nach einem geeigneten Arbeitgeber eine gewisse Auswahl haben. Die „Employer Brand" liefert Aspekte, die das Verhalten der Bewerber beeinflusst. Es ist bestätigt, dass Reiseveranstalter, die Employer Branding betreiben, einen Wettbewerbsvorteil gegenüber Reiseveranstaltern ohne Employer Branding haben und die Employer Brand Reiseveranstaltern einen Nutzen bringt. Dennoch muss auch das Produkt des Reiseveranstalters stimmen, weil sonst auch gute Mitarbeiter nichts bewirken können.

Um Wettbewerbsvorteile zu generieren, ist ein strategisches Employer Branding erforderlich. Die Zufriedenheit der Mitarbeiter stellt eines der Unternehmensleitziele des mittelständischen Reiseveranstalters dar. Wenn die Mitarbeiter zufrieden sind, wird das auch vom Kunden wahrgenommen, was sich wiederum positiv auf den Erfolg des Unternehmens auswirkt.

4.9 Diversity Management (Vielfaltsmanagement)

Sowohl in national als auch in global operierenden Organisationen werden die Unterschiede zwischen Mitarbeitern mehr und größer. Globalisierung und europäische Integration führen zu einer Vielfalt an unterschiedlichen Kulturen am Fließband, in derselben Abteilung und zu einer steigenden Anzahl von Projektteams mit multikultureller Besetzung. Ein zunehmendes Konfliktpotenzial entsteht: Egal ob es sich um Unterschiede in Regionalität, Nationalität, Geschlecht, Alter, sexueller Ausrichtung, dem Sinn für Humor oder um die momentane familiäre Situation handelt: Menschen wollen nach ihren individuellen Gegebenheiten wahrgenommen und behandelt werden. Das gilt auch für Organisationen, die auf den ersten Blick als scheinbar homogen wahrgenommen werden. Damit verbunden sind spezielle Bedürfnisse, deren Befriedigung auf den Grad der Zufriedenheit wirken. Die individuelle Zufriedenheit ist wiederum ausschlaggebend für die quantitative und qualitative Leistung eines Mitarbeiters und somit für den Erfolg des Unternehmens.

Durch die zunehmende Internationalisierung von Arbeits- und Absatzmärkten sehen sich die Unternehmen vermehrt mit einer externen Vielfalt konfrontiert, auf die sie flexibel reagieren müssen. Dies fällt homogenen, monokulturell ausgerichteten Organisationen, in denen eine dominante Gruppe die Werte, Normen und Regeln für alle Mitarbeiter bestimmt und die Mehrzahl der Führungspositionen besetzt, zum Teil schwer. Diversity Management zielt darauf ab, die Eigenheiten von Individuen und Gruppen gezielt als strategische Ressource zu nutzen.

Diversity Management bzw. Vielfaltsmanagement (auch Managing Diversity) bezeichnet ein Prinzip der Unternehmensführung, das die Vielfalt, die Heterogenität bzw. die Unterschiede von Menschen berücksichtigt und in diesen den Schlüssel zum unternehmerischen Erfolg sieht. Diversity Management toleriert nicht nur die individuelle Verschiedenheit der Mitarbeiter, sondern hebt diese im Sinne einer positiven Wertschätzung besonders hervor. Es steht jedoch nicht die Minderheit selbst im Fokus, sondern die Gesamtheit der Mitarbeiter in ihren Unterschieden und Gemeinsamkeiten.

Bei Diversity Management handelt es sich um mehr als nur die Umsetzung von Antidiskriminierungsvorschriften. Es ist ein Gesamtkonzept des Umgangs mit personaler Vielfalt in einem Unternehmen zum Nutzen aller Beteiligten, also auch des Unternehmers. Diversity Management ist damit sehr viel mehr als eine Unternehmenskultur. Anhänger dieses Ansatzes der Unternehmensführung gehen davon aus, dass sich aus den Unterschiedlichkeiten der Beschäftigten ökonomische Vorteile ergeben können, wenn sie richtig gehandhabt werden. Diversity Management ist keine eigenständige Disziplin, denn es liegt diesem Konzept keine geschlossene Theorie zugrunde.

Diversity Management zielt darauf ab, die Eigenheiten von Individuen und Gruppen als strategische Ressource zu nutzen. Daher wird es auch über den Status einer kurzlebigen Modeerscheinung herauswachsen. Zu den Zielen von Diversity Management zählen:

- Eine produktive, effiziente und synergetische Gesamtatmosphäre im Unternehmen zu erzeugen,
- soziale Diskriminierungen von Minderheiten zu verhindern und
- die Chancengleichheit zu verbessern.

Mit Diversity Management verbinden sich operationale und strategische Zielsetzungen. Die strategische Zielsetzung besteht in der Erhöhung der Anpassungsfähigkeit an sich verändernde Marktbedingungen durch den Aufbau eines einzigartigen, schwer zu imitierenden Humankapitals. Diversity Management zielt in der operationalen Ausrichtung auf erhöhte Problemlösefähigkeit heterogener Gruppen.

Ziel des Diversity-Ansatzes ist es, die Personalprozesse und Personalpolitik von Unternehmen so auszurichten, dass einerseits die Belegschaft die demografische Vielfalt des Geschäftsumfeldes widerspiegelt und andererseits alle Mitarbeiter Wertschätzung erfahren, um ihr Potenzial zum Nutzen des Unternehmens einzubringen.

Bei der **Lufthansa AG** wird das Thema Diversity Management beispielsweise seit Januar 2001 in der Organisationseinheit **Change Management und Diversity** zusammengefügt und von einer Diversity-Managerin in der Personalabteilung geleitet. Es werden zahlreiche interne Maßnahmen durchgeführt, wie z. B. Mentoring für Menschen mit Behinderung, Artikel in der Mitarbeiterzeitung oder Informationen im Intranet. Ebenso gibt es nach außen eine aktive Kommunikation, die sich vor allem an potenzielle Mitarbeiter und an die interessierte Öffentlichkeit richtet. Sie erfolgt über Pressemitteilungen, das Internet und durch Präsentationen bei Tagungen. Der quantifizierbare Nutzen der zahlreichen Maßnahmen spiegelt sich u. a. in einer stärkeren Mitarbeiterbindung, höheren Produktivität, Kostenreduktion, Kundenbindung und zusätzlichen Attraktivität als Arbeitgeber seitens der Bewerber wider (vgl. LEE-ROSO/PRYCE 2010).

5 Rechtliche, steuerliche und wirtschaftliche Rahmenbedingungen

Im folgenden Kap. II.5 wird auf vier wesentliche, überwiegend gesetzliche Rahmenbedingungen für die im ersten Kapitel beschriebenen Prozesse eingegangen, die einer intensiveren inhaltlichen Behandlung bedürfen und hier nur insoweit erläutert werden wie dies für das Verständnis der Gesamtzusammenhänge dieses Buches erforderlich ist. Die nachfolgend dargestellten Sachverhalte über Rechtsnormen, Versicherungen, Steuern und Devisen sind zum Teil sehr komplex und sollten ggf. in der angegebenen weiterführenden Fachliteratur vertieft werden.

5.1 Rechtliche Rahmenbedingungen

Grundsätzlich gelten alle Gesetze, Verordnungen und Rechtsnormen gegenüber allen natürlichen und juristischen Personen im Geltungsbereich. Dort, wo ihre Anwendung zu hoher Komplexität, mangelnder Überprüfbarkeit, zu Ungleichbehandlungen oder gar zu Ungerechtigkeit führt, hat der Gesetzgeber Paragrafen mit Sonderregelungen oder sogar zusätzliche Gesetze erlassen. Dies gilt für sehr viele Anwendungsbereiche, macht die nationalen und internationalen Rechtssysteme unübersichtlich und schafft ein entsprechendes Fachrechtexpertentum.

Dies gilt auch für die Reisebranche, die insbesondere durch das deutsche Reisevertragsrecht, die EU-Pauschalreiserichtlinie und das nationale Unikat des Handelsvertreterrechts geprägt ist. Hinzu kommen die Sonderregelungen des Beförderungsvertragsrechts in Form der Eisenbahn-Verkehrsordnung (Bahnreisen), der internationalen Regelungen der EU-Fluggastrechte-Verordnung, des Montrealer Übereinkommens (Flugreisen) und des Athener Übereinkommens (Kreuzfahrten). Auch die Allgemeinen Geschäftsbedingungen wurden branchenspezifisch angepasst.

Im Rahmen dieses Buches wird nur auf die für Reiseveranstalter und Reisevermittler geltenden speziellen zivilrechtlichen Rahmenbedingungen eingegangen. Für weitere Informationen und Details wird auf die angegebene juristische Fachliteratur verwiesen.

5.1.1 Reisevertragsrecht

Das Reisevertragsrecht in Form der heute geltenden §§ 651a bis m BGB wurde erst 1979 in das Bürgerliche Gesetzbuch (BGB) eingefügt. Bis zu diesem Zeitpunkt gab es hinsichtlich der allgemein geltenden Rechtsprechung erhebliche Probleme, die Aktivitäten von Unternehmen der Reisebranche rechtlich einzuordnen. Während zunächst die

https://doi.org/10.1515/9783110481457-013

typische Tätigkeit des Reisebüros nach den Vorschriften des Maklervertrages bewertet wurde, wurde sie später als Geschäftsbesorgungswerkvertrag behandelt.

Der Gesetzgeber begann sich erst Anfang der 70er-Jahre intensiver mit dieser Thematik zu beschäftigen. Zum einen erlangten zu diesem Zeitpunkt die Pauschalreiseverträge zunehmend an Bedeutung und zum anderen stiegen die Prozesszahlen enttäuschter oder geschädigter Pauschalurlaubsreisender sprunghaft an. So wurde das BGB durch das Reisevertragsgesetz, das am 1. Oktober 1979 in Kraft trat, um die neuen §§ 651a bis k BGB erweitert. Diese wurden hinter den Vorschriften des Werkvertragsrechts (§§ 631 bis 651 BGB) eingefügt.

Nachdem die Europäische Kommission die Richtlinie über Pauschalreisen (90/314/EWG) am 13. Juni 1990 erlassen hatte, musste auch Deutschland seine zivilrechtlichen Regelungen des Reisevertragsrechts erneut anpassen. Dies geschah durch das Umsetzungsgesetz vom 24. April 1994, in dem die §§ 651a ff. BGB geändert und in den §§ 4 bis 11 BGB-InfoV Informationspflichten des Reiseveranstalters geregelt wurden. Mit den Änderungsgesetzen vom 20. Dezember 1996 wurde zudem die Insolvenzsicherung in § 651k BGB eingeführt. Nach § 651m BGB kann das Reisevertragsrecht durch den Reiseveranstalter nicht zum Nachteil des Reisenden abgeändert werden. Zudem ist es richtlinienkonform auszulegen.

Das **Reisevertragsrecht** gilt nur in der Vertragsbeziehung zwischen einem Reiseunternehmen und dem privaten Endkunden, es gilt nicht bei Vertragsbeziehungen zwischen Unternehmen (B2B). Den Reisenden werden dadurch langwierige, kostenintensive Verfahren bei Leistungsmängeln mit einzelnen Leistungsträgern (Hotel, Airline, Mietwagenunternehmen etc.) erspart, die häufig ihren juristischen Sitz im Ausland haben. Insoweit ist das Reiserecht eigentlich ein Verbraucherschutzrecht.

Das Reisevertragsrecht ist nicht anwendbar auf den
– Beförderungsvertrag im Luft-, Bahn-, Bus- und Luftverkehr,
– Beherbergungsvertrag zwischen Gast und Gastwirt,
– Mietvertrag zwischen Gast und Eigentümer als Vermieter einer Ferienimmobilie,
– Reisevermittlervertrag (Geschäftsbesorgungsvertrag) zwischen Reiseveranstalter und Reisebüro.

Auf diese Regelungen wird in den folgenden Kapiteln ausführlicher eingegangen.

5.1.2 EU-Pauschalreiserichtlinie

Die erste EU-Pauschalreiserichtlinie wurde am 13. Juni 1990 beschlossen und findet sich im EWG wieder (90/314/EWG). Das Hauptziel der EU war dabei die Vollendung des Binnenmarktes sowie die Beseitigung von Wettbewerbsverzerrungen und die Schaffung vergleichbarer Rahmenbedingungen für Reiseveranstalter und Reisende.

Die Richtlinie dient dem **Schutz der Reisenden** und soll im Falle der Zahlungsunfähigkeit oder Insolvenz des Reiseveranstalters die Sicherstellung der bereits gezahlten Beträge und die Rückreise garantieren. Auf die für Reiseveranstalter vorgeschriebene Insolvenz-Haftpflichtversicherung wird in Kap. II.5.2.2.2 eingegangen.

Zudem regelt die Richtlinie die Haftung der Reiseveranstalter für die ordnungsgemäße Erbringung der verkauften Leistungen im Sinne des **Verbraucherschutzes**. Sie enthält zusätzlich die Regelungen darüber, welche Informationen zu welchem Zeitpunkt und in welchem Umfang in den Reiseprospekten bereitgestellt werden sollen und beinhalten konkrete Anforderungen an den Inhalt. Ebenso legt die Richtlinie fest, unter welchen Voraussetzungen und mit welchen Rechtsfolgen der Vertragsinhalt (Reisepreis etc.) nachträglich geändert werden kann.

In den Regelungen werden auch die **Mindestanforderungen** hinsichtlich der Rechte der Verbraucher aufgestellt. Im Falle, dass Teilleistungen nicht erbracht wurden, erbrachte Leistungen mangelhaft waren oder die Reise komplett ausfiel, sollen die Reisenden rechtlich abgesichert sein.

Angesichts der starken Marktveränderungen insbesondere durch den Reisevertrieb im Internet wurde seit 2008 an der Novellierung der EU-Pauschalreiserichtlinie (Nr. 2015/2302 veröffentlicht im Amtsblatt L326 vom 11.12.2015) gearbeitet, die nach zahlreichen umstrittenen Diskussionen und Abstimmungsrunden zwischen den EU-Mitgliedstaaten 2016 das Gesetzgebungsverfahren durchlaufen hat und nunmehr bis zum 1. Juli 2018 in allen EU-Ländern (in Deutschland 3. Gesetz zur Änderung der reiserechtlichen Vorschriften im BGB) umgesetzt werden muss. In der vorliegenden Form benachteiligt es insbesondere deutsche Reisevermittler in deren Funktion als Handelsvertreter von Veranstaltern und touristischen Leistungsträgern, weil sie bei der Vermittlung zweier artverschiedener Reiseleistungen mit allen Rechtsfolgen zu Veranstaltern werden können.

Im Sinne des Verbraucherschutzes beabsichtigt die EU keine rechtsfreien Räume zu lassen, wenn Kunden verschiedene Einzelleistungen für dieselbe Reise im Internet buchen. Diese durch sog. Click-Through-Buchungen verbundenen Einzelleistungen sollen dazu führen, dass das jeweilige Online-Portal zu Veranstalterhaftung und Insolvenzschutz für die Kunden verpflichtet wird. Diese Definition ist aber praxisfremd, weil Online-Portale zur Vermeidung dieser Verpflichtungen lediglich Verlinkungen vermeiden müssen. Dafür entstehen aber stationären Reisebüros, die mehrere Einzelleistungen bei verschiedenen Leistungsträgern und/oder Veranstaltern vermitteln und für den Kunden zu einer Reise zusammenstellen, unfreiwillig sämtliche Verpflichtungen eines Reiseveranstalters, von der Ausgabe von Insolvenzsicherungsscheinen über Haftung für die Leistungserbringung bis hin zu Krisenmanagement und Rückholverpflichtungen im Zielgebiet, übernehmen müssen, obwohl sie in Deutschland als Handelsvertreter Reiseverträge nur im Namen und für Rechnung ihrer Lieferanten zu deren AGB abschließen. Der inzwischen mehrfach nachgebesserte Gesetzentwurf entschärft die Lage für die Reisebüros, wenn sie nach einer umfassenden Gesamtberatung jede Leistung einzeln bei den verschiedenen Veranstaltern und Leistungsträgern zu deren AGB einbuchen, den Kunden entsprechend informieren und danach eine Gesamtrechnung über alle Leistungen ausstellen. Sie müssen sich aber für die vereinnahmten Gelder gegen Insolvenz versichern.

Bei der Umsetzung der EU-Pauschalreiserichtlinie in deutsches Recht haben das Bundeswirtschaftsministerium als Exekutive und der Bundestag als Gesetzgeber geringe Spielräume, weil die Umsetzung in nationales Recht statt der bisherigen EU-Mindestharmonisierung nunmehr eine Vollharmonisierung verlangt. Der Deutsche Reiseverband und die deutschen Reisebüros versuchen durch Petitionen die gröbsten Benachteiligungen zu vermeiden. Auch die deutschen Politiker scheinen inzwischen verstanden zu haben, dass die Proteste des Reisebürogewerbes ihre Berechtigung haben und suchen nach Möglichkeiten, ihre Spielräume bei der gesetzlichen Umsetzung auszuschöpfen. Dabei geht es vor allem darum, unter welchen Voraussetzungen eine weiterhin separate Vermittlung von Einzelleistungen für verschiedene Veranstalter und Leistungsträger mit unterschiedlichen AGB und getrennten Zahlungsabwicklungen möglich ist, ohne rechtlich zum Veranstalter zu werden und ein Bürokratiemonster bei Zahlungs- und Buchungsabwicklung zu erzeugen, das Reisebürokunden abschreckt. Ob dies gelingt wird sich erst nach Drucklegung dieses Buches entscheiden. Besonders pikant ist, dass die Aktualisierung der Pauschalreiserichtlinie vor allem auf den stark Online-getriebenen britischen Markt abzielte, der durch den Brexit nicht mehr betroffen sein wird, während andere Märkte mit bereits hohem Verbraucherschutzniveau nun darunter leiden müssen.

Neben der Problematik, dass mittelständische Reisebüros Haftungsträger für Reiseveranstalter- und touristische Leistungsträgerkonzerne werden könnten und damit in ihrer Existenz bedroht sind, gibt es in der neuen EU-Pauschalreiserichtlinie einige weitere Änderungen. Diese sehen u. a. vor, dass Ferienappartements und Ferienhäuser sowie Tagesreisen in Zukunft nicht mehr als Pauschalreiseleistung gelten und damit nicht mehr gegen Insolvenz des Anbieters geschützt sind. Neu ist auch, dass ein Veranstalter (ggf. auch ein Reisebüro in seiner Veranstalterrolle) in Fällen höherer Gewalt die zusätzlichen Übernachtungskosten bis zur Rückreise allein tragen muss. Ferner hat künftig jeder Kunde bei Reisemängeln des Reiseveranstalters eine Anzeige- und Verjährungsfrist von 2 Jahren ab Reiserückkehr. In Deutschland galt bislang eine Anzeigefrist von 1 Monat nach Reiserückkehr zur Beweissicherung. Wie diese nach bis zu 24 Monaten noch sichergestellt werden soll, wenn saisonale Verträge mit Hotels, Reiseleitern, Agenturen und anderen Dienstleistern längst ausgelaufen sind, ist mehr als fraglich. Aber es gibt auch Nachteile für die Kunden, denn ein Veranstalter kann zukünftig nach der Buchung die Preise um bis zu 8 % anheben. Die Beweislast, dass die Verteuerung ungerechtfertigt ist, liegt beim Verbraucher.

5.1.3 Rechtsbeziehungen zwischen den Vertragspartnern der Reiseorganisation

Der Reisevertrag kommt direkt zwischen dem **privaten Kunden** und dem Reiseveranstalter nach den Regelungen der §§ 651a bis m BGB zustande. Bestandteil des Reisevertrages sind immer die aus den Allgemeinen Geschäftsbedingungen (§§ 305 bis 310 BGB und § 2 AGBG) abgeleiteten Allgemeinen Reisebedingungen (ARB). Ist der Kunde eine **juristische Person** bzw. ein Unternehmen, so regelt sich die Geschäftsbeziehung nach dem allgemeinen BGB-Vertragsrecht durch einen Werkvertrag (§§ 631 bis 651 BGB) oder Dienstvertrag (§§ 610 bis 630 BGB).

Wurde die Reise durch ein Reisebüro im Namen und für Rechnung eines Reiseveranstalters vermittelt, so entstehen zwei weitere Rechtsbeziehungen. Voraussetzung der Vermittlungtätigkeit ist die Existenz eines Agenturvertrages des Reisebüros mit dem Reiseveranstalter; dies kann – wie in Deutschland generell üblich – ein **Handelsvertretervertrag** (§§ 84 ff. HGB) oder – wie häufig bei Geschäftsreisen – auch ein **Maklervertrag** (§§ 93 ff. HGB) sein. Der Kunde schließt mit dem Reisebüro zeitgleich mit dem Reisevertrag einen **Geschäftsbesorgungsvertrag** (§§ 631 und 675 BGB) ab.

Um für den Kunden die mit dem Reisevertrag versprochenen Leistungen zu erbringen, unterhält der Reiseveranstalter selbst eine Vielzahl von Vertragsbeziehungen mit Leistungsträgern bzw. **Erfüllungsgehilfen** oder auch deren Subunternehmer in den Urlaubszielgebieten im Hinblick auf die Beförderung, Unterkunft, Verpflegung, Transfers und andere lokale Dienstleistungen (Beförderungs-, Beherbergungs-, Mietverträge etc.). Da diese Vertragsbeziehungen zwischen Unternehmen (B2B) zustande kommen gilt hier das jeweils nationale Werk- und/oder Dienstvertragsrecht. Dies braucht im Falle von Leistungsmängeln den privaten Endkunden nicht zu interessieren, weil für ihn aufgrund des Schutzes des Reisevertragsrechts und der EU-Pauschalreiserichtlinie der Reiseveranstalter der allein verantwortliche Vertragspartner in seinem Heimatland bleibt und für alle Leistungen seiner Erfüllungsgehilfen haftet.

Veranstalterhaftung gegenüber dem privaten Endkunden bedeutet, dass der Veranstalter die volle Haftung für die ordnungsgemäße Erfüllung des abgeschlossenen Reisevertrages übernimmt. Dies schließt die Haftung für Personen- und Sachschäden im Rahmen der Durchführung der Reise ebenso ein wie die Verkehrssicherungspflicht zur Sicherung von Gefahrenquellen. Der Veranstalter haftet für das gesamte Leistungsprogramm seiner Produkte und auch für das Verschulden der mit der Leistungserbringung vertrauten Personen (Erfüllungsgehilfe gemäß § 278 BGB).

Für die Schlecht- oder Nichterfüllung eines Reisevertrages sieht das Gesetz für die Reiseteilnehmer nicht nur Ansprüche auf Reisepreisminderung, sondern auch auf Schadensersatz wegen entgangener Urlaubsfreude vor.

Hierzu zählen **Schadensersatzansprüche** wegen nutzlos aufgewendeter Urlaubszeit, Verdienstausfall und fehlgeschlagener Aufwendungen der Reisenden, etwa weil die Reise wegen Überbuchung gar nicht angetreten werden konnte. Aber nicht jede Unannehmlichkeit führt bereits zum Schadensersatzanspruch des Reisenden. Die Justiz (24. Zivilkammer des Landgerichts Frankfurt/Main) hat inzwischen mit der sog. Frankfurter Tabelle eine eigene Referenzgrundlage zur Regulierung von berechtigten Schadensersatz- und Minderungsansprüchen entwickelt, die für andere Gerichte zwar nicht bindend ist, aber eine Orientierung zur Gleichbehandlung bietet.

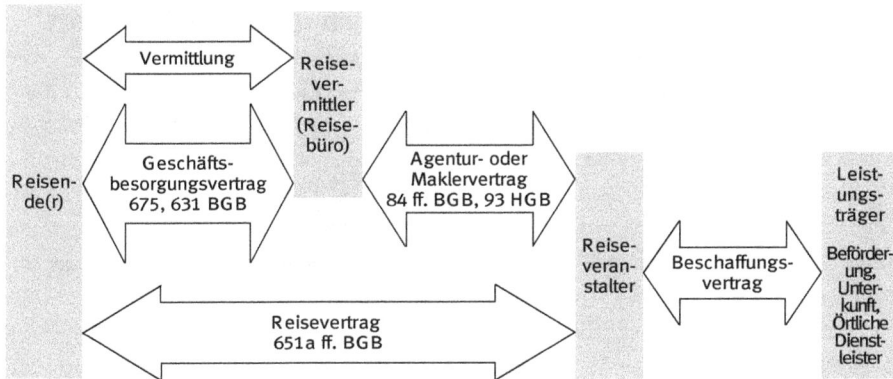

Abb. II.16: Rechtsbeziehungen der Beteiligten bei Pauschalreisen (Quelle: in Anlehnung an FÜHRICH 2007: 7)

Gegen die aus der Haftpflicht resultierenden Schadensersatzansprüche kann sich ein Reiseveranstalter versichern (s. Kap. II.5.2.2.1). Er kann außerdem seinerseits den für den Leistungsmangel letztendlich verantwortlichen Leistungsträger auf Grundlage des Werk- und/oder Dienstvertrages in Rückgriffshaftung nehmen.

Auf die wichtigsten Besonderheiten der Vertragsbeziehungen zwischen den an der Reiseorganisation beteiligten Vertragspartnern wird nachfolgend Bezug genommen.

5.1.3.1 Allgemeine Geschäftsbedingungen (AGB)

Allgemeine Geschäftsbedingungen (AGB) sind vertragliche Klauseln, die zur Standardisierung und Konkretisierung von Massenverträgen dienen. Sie werden von einer Vertragspartei einseitig gestellt und bedürfen daher einer besonderen Kontrolle, um ihren Missbrauch zu verhindern. Legt der Reiseveranstalter dem Reisevertrag die Allgemeinen Geschäftsbedingungen zugrunde, muss er gemäß § 6 BGB-InfoV dem Reisenden vor Vertragsabschluss diese vollständig übermitteln. Laut §§ 305 bis 310 BGB und § 2 AGBG sind die AGB Bestandteil des Reisevertrages.

Für Pauschalreisen wurden vom DRV sog. Allgemeine Reisebedingungen (ARB) erstellt. Diese sind Konditionsempfehlungen (§ 38 Nr. 3 GWB) und haben keinen verpflichtenden Charakter. Die ARB sind von Reiseveranstalter zu Reiseveranstalter verschieden. Jedoch versuchen die Reiseveranstalter die Unzulänglichkeiten der bestehenden gesetzlichen Vertragstypen in ihrem Sinne zu lösen. Dies bedeutet, dass versucht wird, durch die Vermittlerklausel die Einstandspflicht der Reiseveranstalter zu umgehen, die weit gefassten Änderungsvorbehalte zugunsten der Reiseveranstalter einzuführen oder die Haftung für den Leistungsträger als Erfüllungsgehilfe des Veranstalters auszuschließen.

5.1.3.2 Reisevermittlungsverträge (Geschäftsbesorgungs- und Agenturverträge)

Der Reisevermittler schuldet nicht die Durchführung der Reise. Reisevermittler und Kunde schließen einen Vermittlervertrag ab, der als Geschäftsbesorgungsvertrag nach §§ 631 und 675 BGB betrachtet wird und auf die ordnungsgemäße Vermittlung der gewünschten Reiseleistung gerichtet ist.

Der Reisende schließt somit gleichzeitig zwei Verträge ab: den Reisevertrag mit dem Veranstalter und den Geschäftsbesorgungsvertrag mit dem Vermittler. Auch der Reisevermittler erfüllt zeitgleich zwei Verträge: den Geschäftsbesorgungsvertrag mit dem Kunden und den Agenturvertrag mit dem Veranstalter bzw. Leistungsträger.

Der Reisevermittler ist Erfüllungsgehilfe des Reiseveranstalters, sodass eine mögliche Pflichtverletzung des Vermittlers nach der Buchung dem Reiseveranstalter zugerechnet wird. Er besitzt als Stellvertreter des Veranstalters eine Abschlussvollmacht für Reiseverträge zwischen Reisenden und Reiseveranstalter. Erfolgt die Vermittlung dauerhaft, ist nach §§ 84 ff. HGB der Vermittler Handelsvertreter des Reiseveranstalters. Damit ist er in die Absatzorganisation des Veranstalters eingegliedert und hat einen Provisionsanspruch als Vergütung seiner Tätigkeit. Gemäß **Handelsvertreterstatus** hat er gegenüber dem Handelsherrn ferner Ansprüche auf umfassende Information, Verkaufsunterstützung, Produkt- und Verkaufsschulungen, Zurverfügungstellung aller notwendigen Verkaufs- und Werbematerialien wie Kataloge und Prospekte sowie auf den Anschluss an ein Reservierungssystem mit dem vollen Sortiment des Reiseveranstalters und Gleichbehandlung mit allen anderen vom Veranstalter belieferten Vertriebskanälen. Darüber hinaus regelt der Agenturvertrag die Rechte und Pflichten des Reisevermittlers zum Inkasso. Beim **Agenturinkasso** zieht der Reisevermittler im Auftrag des Reiseveranstalters den Reisepreis vom Kunden ein. Der Reiseveranstalter bucht beim Reisemittler die Kundengelder zu fest vereinbarten Zeitpunkten ab. Dabei trägt der Reisemittler vorübergehend das Risiko der Zahlungsverweigerung durch den Kunden. In diesen Fällen regeln die meisten Agenturverträge, dass der Reisemittler die Forderung zur Zahlung des Reisepreises an den Veranstalter abtritt. Beim **Direktinkasso** zahlt der Kunde direkt an den Reiseveranstalter, sodass die Zahlungsströme bis auf die Provisionsvergütung am Reisevermittler vorbeilaufen. Dem Handelsvertreter obliegt laut Agenturvertrag die Pflicht, den Kunden sachgerecht im Interesse des Handelsherrn zu beraten, die Buchung sorgfältig abzuwickeln und dem Handelsherrn alle notwendigen Kunden- und Buchungsinformationen rechtzeitig zukommen zu lassen.

Wenn kein Handelsvertreterstatus vorliegt, ist der Vermittler nicht ständig mit der Vermittlung eines Veranstalters betraut, sondern als Händler neutraler Handelsmakler nach §§ 93 ff. HGB ohne Provisionsanspruch. In diesem Fall zahlt der Kunde für die Vermittlungsleistung in Form einer Service- oder Vertragsabwicklungsgebühr, wie dies häufig bei der Abwicklung von Geschäftsreisen üblich ist.

5.1.3.3 Verträge mit Leistungsträgern

Verträge mit Leistungsträgern werden einerseits von Reiseveranstaltern in Form von Werk- und/oder Dienstverträgen abgeschlossen, wenn sie die als Erfüllungsgehilfen im Rahmen des Reisevertrages mit dem privaten Endkunden beschäftigen. Allerdings kommen auch Verträge direkt zwischen dem privaten Endkunden und den Leistungsträgern zustande, wenn der Kunde seine Reise individuell ohne Reiseveranstalter bucht. In der Regel kommt dabei ein Werkvertrag (§§ 631 bis 651 BGB) zwischen den beiden Vertragsparteien zustande. In diesem Fall spricht die Justiz vom Individualreiserecht (im Gegensatz zum Reisevertragsrecht).

Verträge von Privatkunden mit Leistungsträgern unterliegen daher nicht den §§ 651a bis m, sondern den Vorschriften des jeweiligen Vertragstyps wie dem Beförderungsvertrag im Luft-, Bahn-, Bus- und Schiffsverkehr (§§ 631 ff. BGB), dem Beherbergungsvertrag zwischen Gast und Gastwirt oder dem Mietvertrag für eine Ferienimmobilie zwischen Gast und Vermieter (§§ 535 ff. und 701 ff. BGB). Vor allem die Beförderungsverträge unterliegen dabei zusätzlichen nationalen und internationalen Spezialgesetzen, die sowohl für Individualkunden im Rahmen des Individualreiserechts, wie auch für Reiseveranstalter im Rahmen des Reisevertragsrechts als auch generell für Unternehmen aller Art im Rahmen des Werkvertragsrechts Gültigkeit haben.

Bei der **Luftbeförderung** sind zusätzlich die Allgemeinen Beförderungsbedingungen zu beachten, die in jüngster Zeit durch die EU-Fluggastrechte-Verordnung (EG Nr. 261/2004) bei Nichtbeförderung, Annullierung und Verspätung deutlich verschärft wurden. Schadensersatzansprüche bei Personen-, Gepäck- und Verspätungsschäden werden ferner durch das Montrealer Übereinkommen für EU-Luftfahrtunternehmen (MÜ) reguliert, das in fast 100 Staaten, darunter das gesamte EU-Gemeinschaftsgebiet, gilt.

Bei der **Bahnbeförderung** gilt neben den Allgemeinen Beförderungsbedingungen die Eisenbahn-Verkehrsordnung (EVO), das Personenbeförderungsgesetz (PersBefG) sowie bei internationalen Bahnreisen das CIV-Übereinkommen über den internationalen Bahnverkehr (COTIF), die Schadensersatz bei Unfällen, Zugausfall und Verspätung regeln.

Bei der **Busbeförderung** greifen neben den Allgemeinen Beförderungsbedingungen und der EU-Verordnung EG Nr. 2006/2004 für Haftung und Schadensregulierung zusätzlich die Gewerbeordnung und das Personenbeförderungsgesetz (PersBefG).

Bei **Schiffsbeförderung** (vor allem Fähren, individuelle Schiffspassagen) gilt neben dem Werkvertrag (§§ 631 ff. BGB) für Schadensregulierung und Haftungsbeschränkung § 644 HGB sowie das internationale Athener Übereinkommen. Wenn die Schiffsbeförderung im Rahmen einer Kreuzfahrt erfolgt, so wird das Beförderungsunternehmen i. d. R. als Reiseveranstalter tätig, sodass dann das Reisevertragsrecht Anwendung findet.

Den **Beherbergungsvertrag** und den **Mietvertrag** für Ferienimmobilien regeln §§ 535 ff. BGB. Kommen Bewirtungsleistungen hinzu, so sind zusätzlich §§ 433 ff. BGB sowie im Hinblick auf die Gastwirthaftung §§ 701 ff. BGB und die Verkehrssicherungspflichten §§ 823 ff. BGB zu beachten.

5.2 Versicherungen

Der Bedarf, Risiken durch Versicherungen abzusichern, ist bei Unternehmen der Reisebranche nicht grundlegend anders als in anderen Branchen. Aber wie nicht anders zu erwarten, gibt es Besonderheiten, die in weiten Teilen durch nationale oder EU-Gesetzgebung vorgeschrieben sind. Dabei ist zu unterscheiden zwischen allgemeinen Versicherungen und branchenspezifischen Versicherungen.

5.2.1 Allgemeine Versicherungen

Sachversicherungen beziehen sich in erster Linie auf die Versicherung des Unternehmensvermögens, d. h. der Immobilien, des Inventars und des Finanzvermögens gegen Schäden durch Dritte. Zu den Sachversicherungen zählt auch die Vertrauensschadenversicherung, die Schäden am Vermögen des Unternehmens durch Vertrauenspersonen des Unternehmens, d. h. durch Mitarbeiter, abdeckt. Versichert sind dabei fahrlässige und vorsätzliche Handlungen dieser Personen sowie Ereignisse, die ohne Verschulden der Vertrauensperson eintreten. Eine Sonderform der Sachversicherungen ist die Betriebsunterbrechungsversicherung, die Vermögensschäden des Unternehmens infolge Unterbrechung der Betriebstätigkeit versichert, die durch externe Ereignisse wie Feuer, Explosion, Blitzschlag oder Absturz von Flugkörpern entstehen.

Die zweite Gruppe allgemeiner Versicherungen entfällt auf **Haftpflichtversicherungen,** wie die Personen- und Sachschaden-Haftpflicht, die Vermögensschaden-Haftpflicht, die Betriebs-Haftpflicht oder die Umwelt-Haftpflicht, die Schäden regulieren, die aus der betrieblichen Unternehmenstätigkeit resultieren und deren Umfang bedarfsgerecht angepasst werden kann. Hierzu zählen auch die branchenspezifischen Reiseveranstalter- und Insolvenz-Haftpflichtversicherung, auf die im nächsten Kapitel eingegangen wird. Daneben gibt es auch spezielle Event- und Veranstaltungs-Haftpflichtversicherungen.

Die dritte Gruppe von Versicherungen betrifft **Personenversicherungen,** d. h. die Versicherung von Schäden, die Mitarbeiter erleiden in Ausübung ihrer Berufstätigkeit für das Unternehmen. Dabei sind zu erwähnen die Dienstreise-Kaskoversicherung, die Reisegepäckversicherung, die Auslandsreise-Krankenversicherung, die Vermögensschadenversicherung, die betriebliche Unfallversicherung sowie die gesetzliche Unfallversicherung der Berufsgenossenschaften.

5.2.2 Branchenspezifische Versicherungen

5.2.2.1 Reiseveranstalter-Haftpflichtversicherung

Die gesetzliche Reiseveranstalter-Haftpflichtversicherung gegen Personen- und Sachschäden geht auf die Harmonisierungsbestrebungen der EU-Pauschalreiserichtlinie zurück (s. Kap. II.5.1.2). Diese Versicherung gewährt Schutz für den Fall, dass der Reiseveranstalter von seinen Kunden wegen während der Reise verursachter Personen- und/oder Sachschäden und/oder Folgeschäden aufgrund gesetzlicher Haftpflichtbestimmungen auf Schadensersatz in Anspruch genommen wird. Dies schließt auch die Haftung des Reiseveranstalters als vertraglicher Luftfrachtführer bei Flugreisen und die Haftung für kostenfreie Stornierungen und Rückholaktionen der Reisenden ein, wenn die Bundesregierung ein Urlaubsziel zu einem Krisengebiet erklärt. Versichert sind alle mit dem Reiseveranstaltergeschäft betrauten Betriebsangehörigen einschl. der beauftragten Reiseleiter im Rahmen ihrer dienstlichen Aufgaben.

5.2.2.2 Insolvenz-Haftpflichtversicherung für Reiseveranstalter

Auch diese Versicherung basiert auf der gesetzlichen Grundlage der EU-Pauschalreiserichtlinie. Jedes gemäß § 651k BGB bzw. Art. 7 der EU-Richtlinie 90/314/EWG als Reiseveranstalter tätige Unternehmen ist verpflichtet, sich gegen die eigene Insolvenz bzw. den Konkurs zu versichern. Dies ist vor allem erforderlich, um einerseits die evtl. Rücktransportverpflichtung der Kunden in Krisenfällen sicherzustellen und andererseits die Kundengeldabsicherung von der Anzahlung bei zum Buchungszeitpunkt über die Restzahlung vor Reiseantritt bis zur kompletten Reiseleistungserbringung bei Rückkehr zu garantieren. Der Nachweis der Versicherung erfolgt über einen Sicherungsschein, der dem Kunden zum Zeitpunkt der Reisebuchung und vor der Aufforderung zur Anzahlung des Reisepreises ausgehändigt werden muss.

Die Sicherstellung der Insolvenzhaftung muss für jedes EU-Mitgliedsland separat geregelt werden, wobei die gesetzlichen Haftungsgrenzen und das Sicherungsmodell von Land zu Land differieren können. Deutschland hat sich für das Versicherungsmodell entschieden. Die Alternative ist der Haftungsfonds, in den alle in einem Land gewerblich registrierten Reiseveranstalter einzahlen und alle Fondsbeteiligten wechselseitig mit ihren Fondseinlagen füreinander haften. Das Fondsmodell setzt somit eine gesetzlich kontrollierte Gewerbezulassung voraus. Da es in Deutschland keine Gewerbezulassung für Reiseveranstalter gibt und der Marktzugang somit für jedes Unternehmen ohne Prüfung von Voraussetzungen möglich ist, kommt dort nur die Versicherungslösung in Betracht. Die Höhe der Prämie ermittelt die jeweilige Versicherung dabei nach den Kriterien der Bonität und Solvenz des jeweiligen Unternehmens und seiner Eigentümer bzw. Gesellschafter. Großbritannien, ein Land mit einer strengen Gewerbezulassung und -kontrolle, hat sich hingegen für das Haftungsfondsmodell entschieden. Problem ist dabei, das gerade in den letzten Jahren die Schadensquote durch den Konkurs des drittgrößten Reiseveranstalters hochgetrieben wurde, sodass das Fondsvermögen aufgebraucht wurde. Dies führte zu einer erheblichen Unzufriedenheit, weil die seriös arbeitenden Wettbewerber dafür mit zur Kasse gebeten wurden. Inzwischen wird auch dort das Versicherungsmodell präferiert.

Die Insolvenzhaftung gilt im Übrigen ausschließlich für Unternehmen, die als Reiseveranstalter im B2C-Geschäft mit Privatkunden tätig sind. Geschäftsreisekunden genießen keinen Insolvenzschutz. Die Versicherungspflicht gilt nicht für Tätigkeiten als Reisevermittler, als Luftverkehrsunternehmen, als Hotelbetreiber und andere touristische Leistungsträger. Versuche, diese in den Insolvenzschutz einzubeziehen sind bislang gescheitert.

5.3 Steuerregelungen für Reiseveranstalter

Jedes Unternehmen in Deutschland unterliegt grundsätzlich den gleichen steuerlichen Rahmenbedingungen. Dies sollte eigentlich auch für Umsatzsteuern gelten. Tatsächlich gibt es aber eine Vielzahl von Ausnahmen, Sonderregelungen und sogar Sondersteuern für einzelne Branchen oder Geschäftsmodelle, die zu mangelnder Transparenz und hoher Komplexität bis hin zu Steuerungerechtigkeiten führen. Dies gilt vor allem für die Anwendung der **Umsatz- und Margensteuer** in der Tourismusbranche. Die starke Internationalität der Leistungsbeziehungen auf der Lieferanten- und auf der Leistungsempfängerseite ist ein wesentlicher Grund für die Komplexität des Umsatzsteuerrechts für Reiseveranstalter und Reisebüros und die Sonderregelung der Margensteuer. Auf die Grundzüge und Besonderheiten der Umsatzsteuerregelungen für Reiseveranstalter und Reisevermittler wird im Folgenden eingegangen. Details dazu können in der allgemeinen umsatzsteuerrechtlichen Fachliteratur, vor allem aber in dem sehr praxisorientierten und aktuellen Fachbuch von Cyrilla Wolf, Umsatzsteuer in der Touristik, Berlin 2010, nachgelesen werden.

Darüber hinaus gibt es auch in anderen Steuerarten Besonderheiten für die Reisebranche, auf die im Rahmen dieses Buches nicht weiter eingegangen wird:

- die Versteuerung ermäßigter Reiseleistungen und Flüge als geldwerter Vorteil für Branchenmitarbeiter im Rahmen der Einkommensteuer,
- die Mineralölsteuerbefreiung für den Luft- und Hochseeschiffsverkehr aus internationalen Wettbewerbsgründen im Gegensatz zu allen erdgebundenen Transportarten,
- die Mineralöl-/Kerosinsteuer ist eine Verbrauchsteuer, auf die zusätzlich als weitere Verbrauchsteuer die Umsatzsteuer erhoben wird(!),
- die Luftverkehrsteuer, die mit Wirkung zum 1. Januar 2011 für alle Abflüge von deutschen Flughäfen eingeführt wurde: 8 Euro innerdeutsch (Ausnahme: auf dem Landweg nicht erreichbare deutsche Inseln) sowie auf allen Flugstrecken bis 2.500 km Entfernung, 25 Euro auf Strecken zwischen 2.500 und 6.000 km (Ausnahme: Kanaren wegen Zugehörigkeit zum Mutterland Spanien mit der Hauptstadt Madrid nur 8 Euro) und 45 Euro in alle Fernziele ab 6.000 km Entfernung; auch

diese ist eine Sonderform einer nationalen Verbrauchsteuer, die angeblich aus ökologischen Gründen erhoben wird, obwohl EU-weit ab 2013 der Luftverkehr aus genau diesen Gründen in den CO_2-Zertifikate-Handel einbezogen wird,
– die Bettensteuer, die die Stadt Köln zunächst als Vorreiter auf Hotelübernachtungen einführte, um die enormen Infrastrukturkosten der Stadt nicht nur ihren Bürgern, sondern auch ihren Besuchern in Rechnung zu stellen, wobei zwischen Touristen und Geschäftsreisenden nicht weiter differenziert wird; inzwischen sind weitere Städte dem Beispiel gefolgt, zumal klassische deutsche Kur- und Touristenorte seit Jahrzehnten aus demselben Grund die sog. Kurtaxe erheben, deren Sinnhaftigkeit im Gegensatz zur Bettensteuer bislang kaum hinterfragt wird.

5.3.1 Die Regelbesteuerung bei der Umsatzsteuer

Umsätze unterliegen der Regelbesteuerung, wenn folgende Sachverhalte erfüllt sind:
– Der Umsatz wird in Form einer Lieferung oder sonstigen Leistung erzielt.
– Der Umsatz wird von einem Unternehmen erbracht, das eine gewerbliche Tätigkeit ausübt.
– Der Leistungsort liegt im Inland; seit 2010 ist der Leistungsort der Ort des Leistungsempfangs entsprechend dem Bestimmungslandprinzip.
– Es findet ein Leistungsaustausch durch eine entgeltliche Gegenleistung statt.

Nur wenn diese Voraussetzungen erfüllt sind tritt eine Umsatz-Regelbesteuerung im Inland ein.

Wird beispielsweise die Leistung im Ausland erbracht, so werden entsprechende ausländische Umsatzsteuern fällig. Dabei ist wiederum steuerlich zwischen dem EU-Gemeinschaftsgebiet, wo unter bestimmten Voraussetzungen ein **Vorsteuerabzug** möglich ist, und Drittländern zu unterscheiden, wo es keinen Vorsteuerabzug gibt. Der Leistungsort bei einem Reiseveranstalter ist dabei der Sitz der Betriebsstätte und nicht der Urlaubsort. Findet die Leistung während einer grenzüberschreitenden Beförderung statt, z. B. im Flugzeug oder auf See oder im Bus, gelten weitere, zum Teil streckenanteilige, Sonderregelungen, die in dem angesprochenen Fachbuch ausführlich dargestellt sind. Wird die Leistung von einer Privatperson oder einem Kleinunternehmer erbracht, so sind diese nicht umsatzsteuerpflichtig. Schon die Feststellung der Umsatzsteuerpflicht beinhaltet viele Besonderheiten.

Als **Steuerbemessungsgrundlage** gilt der um evtl. Ermäßigungen und Skonti gekürzte Umsatz mit dem Leistungsempfänger. Wenn ein Umsatz im Inland als steuerbar gilt, können dabei verschiedene Steuersätze zum Tragen kommen. Der allgemeine Umsatzsteuersatz in Deutschland beträgt 19 %. Daneben gibt es einen ermäßigten Steuersatz von 7 % für definierte Leistungen des Grundlebensbedarfs und eine Umsatzsteuerbefreiung für bestimmte Leistungen (außerhalb der Touristik vor allem für Mieten, öffentliche Gebühren und medizinische Leistungen, s. Steuerfachliteratur).

Im EU-Gemeinschaftsgebiet liegt der Normalsatz der Umsatzsteuer zwischen 15 % (Luxemburg, Großbritannien) und 25 % (Dänemark, Schweden), der ermäßigte Steuersatz zwischen 5 und 12 %, wobei der ermäßigte Steuersatz in jedem Mitgliedsland für andere Leistungen und Waren gültig ist.

Der **ermäßigte Steuersatz** in Deutschland von 7 % spielte bis 2010 in der Touristik nur eine untergeordnete Rolle, weil er in der touristischen Leistungserstellung bis dahin nur für Reiseführer/-bücher, bestimmte kulturelle Veranstaltungen (Konzerte, Theater), Eintritte für Museen und andere Sehenswürdigkeiten, therapeutische Leistungen und einbezogene Beförderungsleistungen des ÖPNV galt. Seit Januar 2010 kommt als wesentlicher Sachverhalt die Beherbergung in deutschen Hotels und Gasthöfen hinzu. Eine besondere Komplexität ergibt sich daraus, dass dieser Steuersatz ausschließlich für die Beherbergungsleistung gilt und nicht für die üblicherweise damit verbundenen Restaurationsleistungen (wie Frühstück, Halb-/Vollpension) oder sonstigen Dienstleistungen (wie u. a. Parkplatz, Reinigungsservice, Internet-Anschluss, Pay-TV), die allesamt weiterhin dem normalen Regelsteuersatz von 19 % unterliegen. Dies verursacht erheblichen Abrechnungsaufwand aufseiten der Hotels und der vielen Geschäftsreisekunden. Paradoxerweise kompensiert die von den Städten erhobene Bettensteuer den evtl. möglichen Preisvorteil der Hotellerie durch die Umsatzsteuersenkung.

Eine **Umsatzsteuerbefreiung** gilt in Deutschland und den meisten EU-Ländern vor allem für die Betreiber von Luftfahrtunternehmen auf grenzüberschreitenden Flügen sowie für Reedereien – eine internationale Regelung, die auf Gegenseitigkeitsvereinbarungen weltweit beruht. Ansonsten müsste sich jede Airline in jedem überflogenen Land steuerlich registrieren, auch dann, wenn sie dort gar keine gewerbliche Tätigkeit ausübt. Eine vergleichbare Problematik ergibt sich für Kreuzfahrtenreedereien, die Länder außerhalb der nationalen Fünf-Meilen-Zone passieren. Darüber gibt es weitere, aber weitaus weniger bedeutende Umsatzsteuerbefreiungen, die in der Fachliteratur zu finden sind.

Jedes Unternehmen kann die durch Leistungsverkauf vereinnahmte gegen die für den Vorleistungsbezug gezahlte Umsatzsteuer aufrechnen. Voraussetzung für diesen Vorsteuerabzug ist, dass der Erbringer der Vorleistung ebenso wie der Leistungsempfänger ein gewerbliches Unternehmen ist und dass ein steuerbarer Umsatz vorliegt. Haben Leistungserbringer und Leistungsempfänger den Sitz im Inland erfolgt eine direkte Aufrechnung im Rahmen der Umsatzsteuererklärung bei den deutschen Finanzbehörden. Hat der Leistungserbringer seinen Sitz im EU-Gemeinschaftsgebiet, dann muss die gezahlte Vorsteuer über ein Vergütungsverfahren bei den Finanzbehörden jedes einzelnen Landes zurückgeholt werden, was mehrere Monate dauern kann. Umsatzsteuern auf Leistungen aus Drittländern außerhalb der EU sind i. d. R. nicht erstattungsfähig. Leistungen, die in Drittländer geliefert werden müssen auch nicht mit Umsatzsteuer belastet werden.

Die Handhabung der Regelbesteuerung beinhaltet in der Touristik weitere Komplexitäten z. B. im Hinblick auf den Leistungszeitpunkt, weil zwischen Buchung und teilweise schrittweiser Leistungserbringung ein längerer Zeitraum liegt, der u. U. in zwei Umsatzsteuerjahre fällt, die grundsätzlich dem Kalenderjahr entsprechen. Ebenso gilt dies für die Anwendung von Anzahlungen, Erstattungen, Stornos und Umbuchungen. Die empfohlene Fachliteratur geht explizit auf diese Fälle ein.

Im Rahmen der Regelbesteuerung muss ferner zwischen produzierten touristischen Leistungen und Vermittlungsleistungen unterschieden werden. Ein **Produzent touristischer Leistungen** verkauft seine Leistungen im eigenen Namen und für eigene Rechnung und muss auf den gesamten steuerbaren Umsatz Umsatzsteuer erheben, wenn der Leistungsempfänger ebenfalls Unternehmer ist. Ein **Reisevermittler** vermittelt touristische Leistungen im Namen eines touristischen Leistungsträgers, Veranstalters oder Produzenten für dessen Rechnung. Umsatzsteuerpflichtig ist dabei lediglich die Leistung des Vermittlers, die sich in der Höhe der Provision oder des Serviceentgeltes widerspiegelt. Vermittlungsleistungen erbringen nicht nur Reisebüros, sondern auch Reiseveranstalter als Consolidator oder Broker, solange diese nicht im eigenen Namen und für eigene Rechnung arbeiten. Die Steuerpflicht für Vermittlungsleistungen entsteht immer am Vermittlungsort. Eine Besonderheit ist, dass sich die Besteuerung der Vermittlungsleistung an der Besteuerung der vermittelten touristischen Leistung orientiert. Dies bedeutet, wenn eine umsatzsteuerfreie Leistung wie z. B. ein grenzüberschreitender Flug vermittelt wird, bleibt auch die Vermittlungsvergütung, egal ob als Provision oder Servicegebühr, umsatzsteuerfrei.

5.3.2 Margenbesteuerung

Umsätze zwischen Unternehmen bei Belieferungen mit Vorleistungen im EU-Gemeinschaftsgebiet (B2B-Geschäft) sind quasi Kettengeschäfte und unterliegen immer der Regelbesteuerung. Innerhalb der Touristik gilt dies vor allem für Geschäftsreisen, Kongress- und Incentive-Geschäfte (MICE). Im B2C-Geschäft ist der Endverbraucher der letztendliche Steuerzahler.

Für Reiseunternehmen, vor allem Reiseveranstalter, die ausschließlich Reisen für Endverbraucher bzw. Privatkunden zum Eigenverbrauch im eigenen Namen und für eigene Rechnung produzieren, gilt als Vereinfachungsregelung im EU-Gemeinschaftsgebiet grundsätzlich die Margensteuer. Dies gilt auch dann, wenn diese Leistungen über Reisebüros bzw. Handelsvertreter vermittelt werden, wobei die Vergütung für die Vermittlung, wie zuvor beschrieben, selbst der Regelbesteuerung unterliegt.

Grund für die EU-weite Einführung der Margenbesteuerung ist das umfangreiche Geflecht an Leistungen und Funktionen aus verschiedenen Ländern, das in einer Veranstalterreise enthalten ist, wobei bis zu 80 % der Vorleistungen nicht im Besteuerungsland produziert werden. Ohne Margenbesteuerung würden sich sehr hohe Vorsteuererstattungsansprüche ergeben und es wäre ein sehr komplexes Abrechnungsverfahren mit ausländischen Finanzbehörden erforderlich.

Die Margenbesteuerung unterstellt fiktiv, dass eine Veranstalter- oder Pauschalreise im Besteuerungsland als eine einheitliche Dienstleistung angesehen wird unabhängig davon, welche und wie viele Vorleistungen mit unterschiedlichen Leistungsorten darin enthalten sind. Besteuert wird dabei als Marge die Differenz zwischen dem erzielten Verkaufsumsatz und den Aufwendungen für die Reisevorleistungen aus dem EU-Gemeinschaftsgebiet. Die Marge auf Reisevorleistungen aus Drittländern ist hingegen steuerfrei. Grundsätzlich gibt es bei Anwendung der Margenbesteuerung kein Recht auf Vorsteuerabzug. Allerdings kann ein Reiseveranstalter mehrere Geschäftsmodelle nebeneinander betreiben (B2B und B2C). Er muss dann aber für jedes auch buchhalterisch ein separates Besteuerungssystem mit klaren Zuordnungen unterhalten: Regelbesteuerung bei B2B und Margenbesteuerung bei B2C.

Das beschriebene Margensteuerverfahren führt zu einer international durchaus gerechten Steuerverteilung: Zielgebietsleistungen werden im jeweiligen Zielland besteuert, unterliegen nicht der Vorsteuererstattung und bleiben im Lande, die Marge des Veranstalters an dessen Firmensitz, dem Ort des Leistungsempfängers im Quellmarkt. Dadurch benötigen Reiseveranstalter keine umsatzsteuerliche Multiregistrierung zur Vorsteuererstattung. Es gilt jeweils der Margensteuersatz des Firmensitzes des Reiseveranstalters, der mit dem jeweiligen Regelsteuersatz identisch ist. Durch die Identität beider Steuersätze ist sichergestellt, dass bei Inlandsreisen Margen- und Regelbesteuerung trotz unterschiedlicher Rechnungslegung zum gleichen Steuerergebnis führen. Im Gemeinschaftsgebiet ist das jedoch leider nicht so. Zwar wollte die EU durch eine Harmonisierung des Margenbesteuerungsverfahrens die Komplexität reduzieren, jedoch gibt es neben unterschiedlichen Margensteuersätzen etliche Ausnahmen und Sonderregelungen in einzelnen EU-Staaten, sodass es in besonderen Einzelfällen zu Doppelbesteuerungen, aber auch zur Nichtbesteuerung von Umsätzen kommen kann.

Für die Anwendung der Margenbesteuerung gelten folgende **Voraussetzungen:**
- Angebot von Reiseleistungen durch ein gewerbliches Unternehmen;
- Verkauf der Reiseleistungen an Privatkunden zu deren Eigenverbrauch;
- das Reiseunternehmen tritt im eigenen Namen und für eigene Rechnung auf, der Reisevertrag kommt direkt mit dem Kunden zustande (ggf. auch mithilfe eines Reisevermittlers, der im Namen und für Rechnung des Reiseunternehmens tätig wird);
- Reisevorleistungen sind Leistungen Dritter, die der Durchführung der Reise dienen; Eigenleistungen sind keine Vorleistungen, sondern Bestandteil der zu besteuernden Marge;
- die Reiseleistung kann auch eine Einzelleistung sein;
- Umsatzsteuern auf eingekaufte Zielgebietsleistungen sind nicht vorsteuerabzugsfähig und erhöhen den Einkaufspreis.

Die Ermittlung der **Bemessungsgrundlage** für die Margenbesteuerung ergibt sich aus der Differenz zwischen dem Verkaufserlös und den dafür aufgewendeten Reisevorleistungen. Von dieser Bruttomarge sind Margenbestandteile abzuziehen, für die die Regelbesteuerung gilt, wie der Erlösanteil aus Vermittlungsleistungen, der Erlösanteil aus B2B-Geschäften, der Erlösanteil aus steuerfreien Drittlandmargen und die Erlöse aus Eigenleistungen. Auf die so ermittelte EU-Bruttomarge wird der Margensteuersatz angewendet. Eine solche Ermittlung muss nicht für jede einzelne Reise durchgeführt werden, die Umsätze können auch länder- und/oder gruppenweise zusammengefasst werden. Vorteil ist dabei die Möglichkeit, die Bruttomargen mit Negativmargen zu verrechnen, die bei Nichtverkauf von Risikokapazitäten oder auch bei Last-Minute-Verkäufen unter Einkaufspreis oder bei Erstattungsansprüchen entstehen können.

Die Fachliteratur stellt noch viele Sonderregelungen und Steueroptimierungen dar, die sich u. a. bei Stornos, Umbuchungen, Rück- und Anzahlungen ergeben können, auf die im Rahmen dieses Buches nicht näher eingegangen werden kann.

5.3.3 Gewerbesteuerliche Hinzurechnung

Die gewerbesteuerliche Hinzurechnung leitet sich allein aus der Auslegung des deutschen Gewerbesteuerrechts ab, betrifft damit ausschließlich Unternehmen und Betriebsstätten in Deutschland und führt deshalb zu Verzerrungen im internationalen Wettbewerb. Der Sachverhalt und dessen Auslegung ist komplex und nicht einfach zu beschreiben.

Seit der Novellierung des Gewerbesteuergesetzes 2008 wird ein Teil der Mieten, Pachten und Leasingraten für mobile und immobile Wirtschaftsgüter dem zu versteuernden Gewinn zugerechnet, um die Gleichbehandlung von Eigen- und Fremdkapital bei der Besteuerung sicherzustellen. Im Juli 2012 wurden die Hinzurechnungstatbestände durch Erlasse der Finanzbehörden konkretisiert. Die Oberfinanzdirektion NRW hat dabei den Hoteleinkauf von Reiseveranstaltern als hinzurechnungspflichtig eingestuft (G 1422 – 2013/0023 – St 161 vom 25. September 2013 und 4. November 2013). Der weltweite Einkauf von Übernachtungsleistungen für Urlauber (ohne Verpflegung) wird damit der Anmietung bzw. dem Leasing von Gewerbeimmobilien gleichgestellt. Ausgenommen von dieser Regelung ist die Vermittlung von Hotelzimmern.

Von besonderer Problematik ist, dass die Hinzurechnungstatbestände erst 2012/2013 definiert und veröffentlicht wurden, aber nach Ansicht der Finanzverwaltung NRW rückwirkend ab 2008 Gültigkeit haben sollen. Die gewerbesteuerliche Hinzurechnung ist eine Substanzbesteuerung, weil sie weder gewinn- noch umsatzabhängig ist, sondern Kostenbestandteil ist und in den Einkaufspreis einkalkuliert werden müsste. Somit kommen auf die besteuerten Unternehmen erhebliche Steuernachzahlungen zu, die bei kleinen und mittelgroßen Veranstaltern die Eigenkapitaldecke und Gewinne teilweise deutlich übersteigen. Die meisten nordrhein-westfälischen Veranstalterunternehmen haben daher gegen die Besteuerung geklagt. In erster Instanz beim Finanzgericht in Münster zeichnet sich nach den bisherigen Anhörungen eine Niederlage ab. Das Finanzgericht hat lediglich das praxisferne Zugeständnis gemacht, dass die Kaltmiete des Hotelzimmers (ohne Betriebskosten, Nebenleistungen und Verpflegung) als Grundlage der Hinzurechnung akzeptiert werden soll. Diesen Wert können die meisten Hotels weltweit kaum ermitteln – schon gar nicht wegen der Auflagen ausschließlich des deutschen Fiskus. Daher dürfte es zu einer Klage in letzter Instanz beim Bundesfinanzhof kommen.

Anders als NRW, dessen Städte und Gemeinden auf die Gewerbesteuereinnahmen wegen Überschuldung dringend angewiesen sind, haben andere Bundesländer auf den Vollzug der Steuerbescheide bis zum letztinstanzlichen Urteil verzichtet und sorgen – neben der internationalen – aktuell auch national für eine Wettbewerbsverzerrung je nach Standort des Veranstalterunternehmens. Da das Urteil des Bundesfinanzhofs noch Jahre auf sich warten lassen dürfte, denken viele Veranstalter über die Verlagerung ihrer Produktion ins Nicht-EU-Ausland nach, weil sie dort neben der Gewerbesteuer zusätzlich auch noch die EU-weite Margensteuer vermeiden können. Die großen Veranstalterkonzerne haben dabei den Vorteil, dass sie die Hotelleistungen über die eigenen Tochtergesellschaften im Ausland einkaufen und produzieren lassen können.

Proteste in Berlin bei Wirtschafts- und Finanzministerium wurden zwar mit Verständnis bedacht, aber jeweils auf die Zuständigkeit von Ländern und Gemeinden bei der Gewerbesteuer verwiesen. Die Begründung der Klage beim Bundesfinanzhof bezieht sich auf die fehlerhafte Auslegung des Steuergesetzes, das ausdrücklich nur die Hinzurechnung von Mieten für Gegenstände vorsieht, die beim Mieter Anlagevermögen darstellen – dies ist beim Urlauber definitiv nicht der Fall. Beim Einkauf von Hotelzimmern handelt es sich aber bilanziell um Wareneinkauf und somit um Umlaufvermögen. Ein Kontingenteinkauf von Hotelzimmern hat auch vertraglich keinerlei Gemeinsamkeit mit mietrechtlichen Regelungen, die aber Voraussetzungen für die Anmietung von Gegenständen des Anlagevermögens wären. Hinzu kommt, dass selbst ein angemietetes Hotelzimmer kein Produktionsfaktor ist, sondern Teil einer verkauften Dienstleistung. Viele Steuerexperten sehen daher gute Chancen, dass der Bundesfinanzhof die gewerbesteuerliche Hinzurechnung auf den Hoteleinkauf von Reiseveranstaltern aufhebt.

5.4 Finanz- und Devisenmanagement

5.4.1 Aufgaben des Finanzbereichs

Der Finanzbereich eines Reiseveranstalters hat eine Vielzahl von Aufgaben, die auch in Unternehmen anderer Branchen in vergleichbarer Form anfallen (siehe Abb. II.17):
- Dokumentation des wirtschaftlichen Erfolges in GuV (Ergebnisermittlung) und Bilanz (Vermögensbestand) im Rahmen der rechtlichen, steuerlichen und gesellschafterbezogenen Rechenschaftslegung,

Cash Flow-Planung und -Rechnung (Jahr/ Monat)	Liquiditäts- Management (Tag)	Devisenmanagement	Bankenmanagement
Jahresplanung der Finanzströme auf Basis der Unternehmensplanung	– Liquiditätssteuerung – Liquiditätsplanung – Cash Management – Konzernpooling – Anlage-/ Finanzierungs- strategien	– Devisenversorgung – Devisenterminplanung – Kurssicherung – Dokumentation und Risikobereitschaft	– Bankenmanagement – Bankenkonditionen – Bankverträge – Avale/ Garantien

Abb. II.17: Funktionen des Finanzmanagements

– Ermittlung des betriebswirtschaftlichen Markt- und Unternehmenserfolgs durch das Controlling,
– Dokumentation des zukünftigen Erfolgspotenzials in der Planung und Budgetierung,
– jederzeitige Sicherstellung der Liquidität für das operative Geschäft durch Geldanlage und Kreditierung,
– Risikoabsicherung der Finanzierungsinstrumente durch das Treasury mittels Cash-Flow-Planung, Liquiditätsmanagement, Bankenmanagement und Devisenmanagement.

Zwei **Besonderheiten** des Reiseveranstaltergeschäfts sind für den Finanzbereich von großer Bedeutung. Dies betrifft einerseits die hohe verfügbare **Liquidität**, weil Reiseveranstalter durch das Vorkassesystem lange vor der Zahlungsverpflichtung an die Leistungsträger über finanzielle Mittel verfügen. Zum einen erhalten sie bereits mehrere Monate vor Reiseantritt Anzahlungen von den Kunden. Zum anderen erzeugen auch die Restzahlungen 2–3 Wochen vor Reiseantritt einen hohen Cashflow, weil die Zahlungsverpflichtung je nach Geschäftssystem und -vereinbarung mit den Leistungsträgern teils bei Reiseantritt, teils zum Zeitpunkt des Reiseendes oder gar erst Wochen später bei Einreichung und Abrechnung der Leistungs-Voucher erfolgt. Gemindert wird der Liquiditätsvorteil durch evtl. Vorauszahlungen an Leistungsträger, die je nach Destination, Produkt oder Kapazitätsgarantien erforderlich sind. Aufgrund dieser, dem Geschäftssystem immanenten, hohen Liquidität sind Geldanlage- und Devisenstrategien sowie das Finanzergebnis eines Reiseveranstalters Bestandteile des operativen Geschäfts.

Die andere Besonderheit für Reiseveranstalterunternehmen ist das **Devisenmanagement**, weil ein sehr hoher Anteil der Reisevorleistungen, die etwa 80 % des Umsatzes eines Reiseveranstalters betragen, in Fremdwährung bezahlt werden müssen. Bei einem klassischen Pauschalreiseveranstalter beträgt der Anteil der in Devisen zu zahlenden Rechnungsbeträge ca. 25 % der Vorleistungen, bei einem Bausteinreise-/

Abb. II.18: Renditeoptimierung unter Sicherstellung der Liquidität

Fernreiseveranstalter ca. 40 %. Der Devisenbedarf eines großen Reiseveranstalters beläuft sich daher auf stattliche dreistellige Millionenbeträge.

5.4.2 Währungsrisiko

Die Kalkulation einer Veranstalterreise erfolgt ca. 15–18 Monate vor Reisebeginn, der zumeist identisch ist mit dem Zeitpunkt der Zahlungsverpflichtung. Kursprognosen über einen derart langen Zeitraum sind mit sehr hoher Unsicherheit behaftet. Außerdem muss für jeden möglichen Reisezeitpunkt (Saisonverlauf) der konkrete Devisenbedarf in jeder Währung möglichst genau geschätzt werden. Auch dies ist sehr schwierig, weil kaum absehbar ist, wie Nachfrage und Markterfolg der jeweiligen Zielgebietsleistung.

Darüber hinaus ist oft entsprechend der Zielgebietsstreuung ein breites Währungsportfolio abzusichern, allerdings mit stark unterschiedlichen Gewichtungen. Bei einem Bausteinreise- und Fernreiseveranstalter werden 98 % des Fremdwährungsvolumens von 13 Währungen bzw. 95 % von 9 Währungen abgedeckt (siehe Abb. II.19).

Das hohe Volumen an US-Dollar beruht darauf, dass viele Länder mit nichtkonvertiblen Devisen oder mit Währungen, die einem starken Abwertungsdruck unterliegen, auf den US-Dollar als Leitwährung setzen und sich ihre Rechnungen in dieser Währung bezahlen lassen. Der Euro wird zwar auch zunehmend akzeptiert, hat aber noch keine vergleichbare Verbreitung. Daher beeinflusst der Deviseneinkauf von US-Dollar nicht nur Margen und Erfolg des Zielgebietes USA, sondern auch vieler anderer Länder in der Karibik, in Mittel- und Südamerika sowie in Asien.

Ausgehend von einem Reiseveranstalter mit einem Jahresumsatz von 1 Mrd. Euro fallen ca. 300 Mio. Euro in Fremdwährung an. Um die an die Leistungsträger in den Zielgebieten zu zahlenden Beträge kalkulieren zu können, wird ein fester Kalkulationskurs benötigt. Das zwischen dem Zeitpunkt der Festlegung des Kalkulationskurses bis zu den Zahlungen bestehende Kursänderungsrisiko hängt von der Schwankungs-

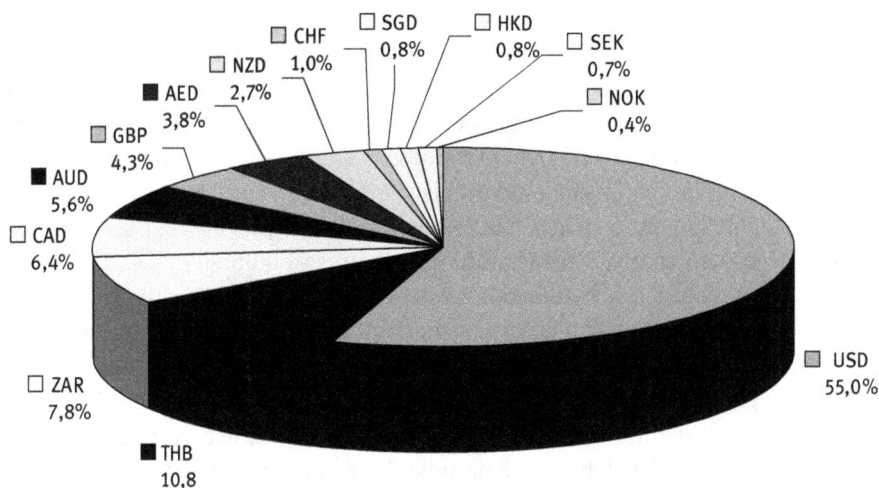

Abb. II.19: Fremdwährungsstruktur Reisevorleistungen

breite (Volatilität) der jeweiligen Währung gegenüber dem Euro ab. Die geringsten Volatilitäten haben die europäischen Währungen (ca. 4–8 % p. a.). Die aktuellen Volatilitäten der drei wichtigsten Währungen pro Jahr betragen für den US-Dollar 12 %, den thailändischen Baht (THB) 8 % und den südafrikanischen Rand (ZAR) 40 %. Der gewichtete Risikofaktor liegt bei 13–15 %. Dies bedeutet im obigen Beispiel ein Ergebnisrisiko von 40 Mio. bis zu 45 Mio. Euro und damit von ca. 150–200 % des Jahresergebnisses des angenommenen Veranstalters. Durch Kurssicherungen soll dieses Risiko weitestgehend verringert werden. Eine Risikoreduzierung um 95 % bedeutet eine Verringerung des Ergebnisrisikos auf 2 Mio. Euro p. a. bzw. 10 % des Jahresergebnisses.

Das Währungsrisiko setzt sich aus mehreren **Einzelrisiken** zusammen:

– Ein **Kursänderungsrisiko** besteht, wenn der erwartete Bedarf durch unerwartete Kursentwicklungen nicht zum Kalkulationskurs angeschafft werden kann.
– **Konvertierungsrisiken** (staatliche Devisenbeschränkungen für den Umtausch).
– **Bonitätsrisiken** der Geschäftspartner.
– Ein **Bedarfsänderungsrisiko** besteht, wenn der tatsächliche Devisenbedarf von der Bedarfseinschätzung zum Zeitpunkt der Absicherung abweicht und zu einem zusätzlichen Risiko führt: Bedarfserhöhungen können bei nachteiliger Kursentwicklung nicht zum Kalkulationskurs eingekauft werden oder Bedarfsreduzierungen können zu Überdeckungen in der Sicherung führen, die bei gegenläufiger Kursentwicklung nur mit Margenverlusten abgebaut werden können.

Besondere Bedeutung kommt in der Touristik dem Bedarfsänderungsrisiko zu. Basis der Kursabsicherung ist der zukünftige Devisenbedarf für den ein Kalkulationsrisiko besteht. Vor allem die **Bausteinreisetouristik** ist gekennzeichnet durch eine hohe

Unsicherheit des Devisenbedarfs wegen des geringen Anteils an Garantieverträgen mit festen Zahlungszeitpunkten und der hohen Krisenanfälligkeit mit Auswirkung auf Buchungsverhalten und damit Devisenbedarf durch Nachfrageverschiebungen zwischen Zielgebieten. Eine Risikoreduzierung im Einkauf führt über den Devisenbedarf zu erweiterten Kursrisiken. Daher ist eine gewisse Flexibilität der Kurssicherung zur Reduzierung des Bedarfsänderungsrisikos erforderlich (Risiko oder Investition). Die Produktabteilungen erstellen entsprechende Bedarfsprognosen (Absatzmarktkenntnis, Umsatzplanung, Vertragswährung, Vertragskonditionen) mit Unterstützung des Treasury u. a. durch Aufbereitung der Vergangenheitswerte. Die kontinuierliche Aktualisierung der Bedarfsprognosen erfolgt durch regelmäßige Kontrolle des Buchungsstandes und der Vorleistungen in den relevanten Fremdwährungen unter Berücksichtigung evtl. Auswirkungen von Sonderfaktoren (Katastrophen, Verkaufsaktionen etc.) auf den Devisenbedarf. Daher ist es sinnvoll, den geschätzten Devisenbedarf nicht in voller Höhe zum Zeitpunkt der Kalkulation abzudecken, sondern einen Teil entsprechend der Nachfrage dosiert nachzukaufen.

5.4.3 Grundformen der Kursabsicherung

Es gibt viele verschiedene Verfahren der Kursabsicherung. Die wichtigsten davon werden im Folgenden in Grundzügen mit Vor- und Nachteilen dargestellt.

5.4.3.1 Devisenkauf und Anlage des Fremdwährungsbetrages

Um einen festen Kalkulationskurs für die Veranstalterleistungen zu erhalten und von der Veränderung der Wechselkursentwicklung während der Kataloglaufzeit bzw. des Angebotszeitraums unabhängig zu sein, wird der gesamte geschätzte Fremdwährungsbedarf zum aktuellen Tageskurs (Kassakurs) gegen Euro umgetauscht. Damit ist der Umrechnungskurs für die eingekauften Reiseleistungen, der Kalkulationskurs, für den geschätzten Bedarf gesichert. Danach wird der Devisenbetrag bis zur Fälligkeit zum Fremdwährungszins angelegt. Sind die Fremdwährungszinsen höher als die Euro-Zinsen entsteht ein zusätzlicher Zinsvorteil, im umgekehrten Fall ein entsprechender Zinsnachteil.

Zwar hat man nun einen **festen Kalkulationskurs,** falls jedoch die Fremdwährung gegenüber dem Euro im Angebotszeitraum (i. d. R. ca. 15–18 Monate) schwächer wird, sind die gegenüber den zum jeweiligen Tageskurs oder von Veranstaltern ohne Kursabsicherung angebotenen Reiseleistungen zu teuer. Wird jedoch die Fremdwährung innerhalb dieses Zeitraums aufgewertet, ist man durch die Kurssicherung vor den daraus resultierenden Preissteigerungen geschützt. Die Kurssicherung ist somit zugleich Chancen- und Risikoausgleich.

Allerdings hat diese Form der Kurssicherung auch einige **Nachteile.** Unabhängig vom Kalkulationskurs besteht das Bedarfsrisiko, wenn entweder zu viel oder zu wenig

Fremdwährung zum Kalkulationskurs gesichert wurde, d. h. das Devisenvolumen aufgrund starker Nachfrage (die auch durch einen günstigen Kalkulationskurs ausgelöst worden sein kann) vorzeitig aufgebraucht wurde und der restliche Devisenbedarf zu einem höheren Kurs und damit zulasten der Marge gedeckt werden muss; um dieses Risiko zu vermeiden verhängen Reiseveranstalter nach Aufbrauchen des Devisenbestandes oft einen Sales-Stopp für die entsprechende Destination. Auch die umgekehrte Konstellation birgt Risiken, wenn wegen fehlender Nachfrage der gesicherte Devisenbestand nicht im Angebotszeitraum aufgebraucht wurde, wenn oder auch weil der aktuelle Tageskurs niedriger als der Kalkulationskurs ist; der nicht verbrauchte Devisenbestand verschlechtert dann den Kalkulationskurs des folgenden Angebotszeitraums.

Nachteilig an diesem Verfahren sind ferner der hohe Verwaltungs- und Überwachungsaufwand, die bilanziellen Bewertungsrisiken, weil die Währungsbestände mit aktuellen Kursen am Bilanzstichtag zu bewerten sind und dann in positiver wie in negativer Hinsicht erhebliche Auswirkungen auf das Jahresergebnis haben, und dass die Zinsdifferenz keine Kursauswirkung für die Produktkalkulation hat.

5.4.3.2 Devisentermingeschäfte

Bei diesem Verfahren erfolgt der Kauf der Fremdwährung zum Kalkulationskurs gegen Euro zum Kalkulationsstichtag. Der Umtausch erfolgt jedoch erst zu dem vereinbarten Termin (i. d. R. der Zahlungstermin des Devisenbedarfs). Der Kurs ermittelt sich aus dem Kassakurs zuzüglich der Zinsdifferenz, d. h. die Zinsdifferenz fließt in den Sicherungskurs mit ein. Die Zinsdifferenz ist abhängig von den Zinssätzen in Euro und Fremdwährung während der jeweiligen Laufzeit des Termingeschäfts.

Wie beim vorgenannten Verfahren des Deviseneinkaufs kann sich im Nachhinein ein Kursvor- oder -nachteil gegenüber dem Tageskurs zum Zahlungsstichtag ergeben. Auch dabei besteht ein Chancen- und Risikoausgleich. Von **Vorteil** ist, dass aber keine bilanziellen Bewertungsrisiken bestehen, wenn der Sicherungszusammenhang mit den zu zahlenden Reisevorleistungen dokumentiert wird, und dass die Zinsdifferenz in die Produktkalkulation einfließen kann.

Nachteilig ist aber auch hier das unverändert bestehende und bereits beschriebene Bedarfsrisiko aufgrund überraschend hoher oder niedriger Nachfrage nach den Leistungen der jeweiligen Destination und ein hoher Dokumentations- und Verwaltungsaufwand.

Wie sich die beiden Verfahren des Devisenkaufs und des Devisentermingeschäfts gegenüber der Devisenmarktentwicklung ohne Kurssicherung (Annahme: steigender Euro) unterscheiden, zeigt die folgende Grafik (Abb. II.20) am Beispiel eines Devisentermingeschäfts zum Kurs von 1,3050 US-Dollar/Euro (Kassakurs 1,30 zzgl. Zinsdifferenz 0,005).

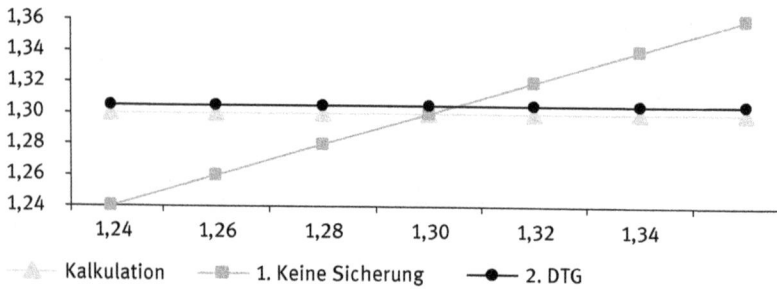

Abb. II.20: Devisentermingeschäft

5.4.3.3 Devisenoptionsgeschäfte

Beim Devisenoptionsgeschäft erwirbt der Käufer einer Option gegen Zahlung einer Prämie das Recht, eine bestimmte Währung (z. B. den US-Dollar) zu einem im Voraus festgelegten Kurs zu kaufen (Call-Option) oder zu verkaufen (Put-Option). Beim US-Dollar-Call hat der Optionskäufer (der Reiseveranstalter) das Recht, die US-Dollar an einem bestimmten Termin zu einem vereinbarten Kurs zu kaufen. Der Optionsverkäufer (i. d. R. die Bank) hat die Pflicht, die US-Dollar zu den vereinbarten Zeitpunkten zu liefern, wenn der Käufer dies will. Beim US-Dollar-Put hat der Optionskäufer (i. d. R. die Bank) das Recht, die US-Dollar an einem bestimmten Termin zu einem vereinbarten Kurs zu verkaufen. Der Optionsverkäufer (der Reiseveranstalter) hat die Pflicht, die US-Dollar zu den vereinbarten Zeitpunkten abzunehmen, wenn der Käufer dies will.

Der Käufer zahlt dem Verkäufer für die eingeräumte Option bei Vertragsabschluss eine Prämie. Die Prämienhöhe hängt von **vier wesentlichen Faktoren** ab:
- der Höhe des vereinbarten Kurses im Vergleich zum aktuellen Kurs,
- der Länge der Laufzeit,
- der Schwankungsbreite der Währung in der Vergangenheit in diesem Laufzeitband und
- der Höhe der Zinsdifferenz.

Optionsgeschäfte sind vergleichbar mit Versicherungen gegen negative Kursverläufe, für die eine Versicherungsprämie bezahlt wird. Wie sich das Devisenoptionsgeschäft im Vergleich zu den beiden Verfahren des Devisenkaufs und des Devisentermingeschäfts und gegenüber der Devisenmarktentwicklung ohne Kurssicherung (Annahme: steigender Euro) unterscheiden, zeigt die folgende Grafik.

Der Veranstalter kauft eine US-Dollar-Call-Option mit einem Kurs von 1,28 gegen Zahlung einer Prämie von 100 TEuro. Die Prämienzahlung führt durch Umlage auf den Devisenkurs um eine Reduzierung von 0,0128 Punkten (Sicherungskurs = 1,2672). Der **Vorteil** gegenüber dem Devisenkauf und dem Devisentermingeschäft besteht vor allem darin, dass keine Abnahmeverpflichtung für den Optionskäufer besteht und in der hohen Flexibilität für den Veranstalter, weil der Kauf der Währung nur dann sinn-

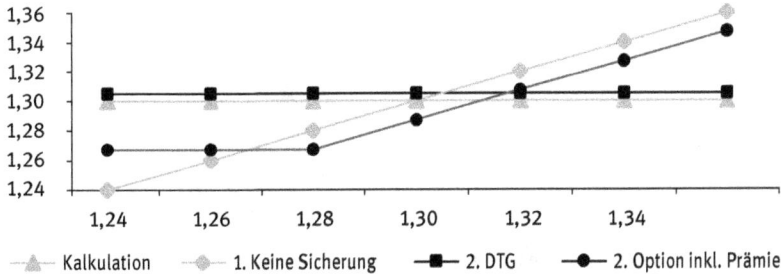

Abb. II.21: Devisenoptionsgeschäft

voll ist, wenn ein Kursvorteil gegenüber der jeweils aktuellen Kursentwicklung besteht. Die Bedarfssicherung erfolgt grundlegend, aber da keine Abnahmepflicht gegeben ist, besteht Schutz vor Bedarfsänderungsrisiken. Das Kursrisiko ist begrenzt bei weiterhin bestehender Kurschance.

Nachteilig wirkt sich beim Devisenoptionsgeschäft aus, dass die Sicherung eines optimalen Kalkulationskurses nicht möglich ist, sondern lediglich eine Risikobegrenzung. Die Optionsprämie muss bezahlt werden unabhängig davon, ob das Devisengeschäft später benötigt wird. Auch hier besteht ein hoher Dokumentationsaufwand (siehe Abb. II.22).

5.4.3.4 Kombination von Devisenoptionsgeschäften

Devisenoptionsgeschäfte lassen sich auch kombinieren. Nachfolgend wird anhand der oben stehenden Abb. II.21 der Fall einer kombinierten Devisen-Call- und Devisen-Put-Option beschrieben.

Der Veranstalter kauft eine US-Dollar-Call-Option mit einem Kurs von 1,28 gegen Zahlung einer Prämie von 100 TEuro. Am gleichen Tag wird eine US-Dollar-Put-Option mit einem Kurs von 1,32 gegen Erhalt einer Prämie von 100 TEuro verkauft. Die Prämienzahlungen werden auf den Devisenkurs umgelegt.

Der **Vorteil** gegenüber dem Devisenkauf und dem Devisentermingeschäft besteht vor allem darin, dass keine sofortige Optionsprämienbelastung besteht, was zur Verbesserung des Absicherungskurses führt. Dies räumt dem Veranstalter eine hohe Flexibilität ein. Die Bedarfssicherung erfolgt grundlegend. Die Begrenzung des Kursrisikos ist bei begrenzter Kurschance möglich. **Nachteilig** wirkt sich aus, dass die Sicherung eines optimalen Kalkulationskurses nicht möglich ist, sondern lediglich eine Risikobegrenzung. Die Kurssicherungsalternativen sind bei günstig verlaufenden Kursen eingeschränkt, weil letztendlich nur der Kurs am vereinbarten Stichtag entscheidend ist. Zwischenzeitliche Kursentwicklungen können nicht gesichert werden, weil wegen der Abnahmepflicht der Devisen-Put-Option die Gefahr der Übersicherung besteht. Auch beim kombinierten Devisenoptionsgeschäft besteht ein hoher Dokumentationsaufwand.

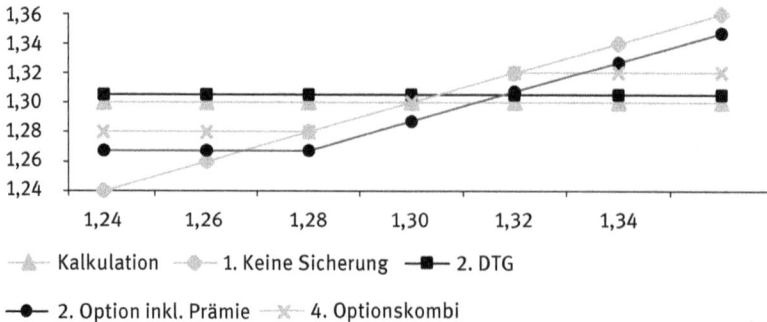

Abb. II.22: Kombination von Devisenoptionsgeschäften

5.4.4 Prozessmanagement des Devisenkaufs

Der Kalkulationskurs ist neben dem Einkaufspreis und Gewinnaufschlag ein entscheidender Faktor für die Festlegung des Verkaufspreises und damit der Wettbewerbsfähigkeit im Touristikmarkt. Das Devisengremium, das sich aus Mitarbeitern der Produktbereiche und des Finanzbereichs zusammensetzt, berücksichtigt bei der Festlegung des Kalkulationskurses eine Vielzahl von Faktoren (siehe Abb. II.23):

- laufende Kursentwicklung und zum Teil Kursprognosen der einzelnen Währungen,
- bereits bestehende Kurssicherungsgeschäfte und mögliche weitere Absicherungsstrategien,
- Preissensitivität der Produkte,
- Wettbewerbssituation und -einschätzung für die Zielgebiete,
- notwendige Flexibilität wie z. B. Potenzial für Preisreduzierungen bei Katalogzweitauflagen,
- aktueller Risikostatus und damit Risikoneigung bzw. Risikotragfähigkeit abhängig vom Devisenvolumen und von Ergebnisplanung/-erwartung.

Die Festlegung des Kalkulationskurses erfolgt immer in Verbindung mit einer **ganzheitlichen Absicherungsstrategie.** Dabei spielt die Unsicherheit des Devisenbedarfs eine wesentliche Rolle. Bereits im Vorfeld werden Devisensicherungen durchgeführt mit dem Ziel, möglichst gute Kurse für die Kalkulation zu sichern. Dazu werden im Devisengremium Währungsvolumina und Zielkurse festgelegt. Die Kombination aus Kursänderungs- und Bedarfsänderungsrisiko schließt eine vollständige Absicherung des Kalkulationskurses i. d. R. aus. Der immer höhere Wettbewerbsdruck und die erforderliche Flexibilität im Produktmarkt erfordert eine höhere Flexibilität der Kursabsicherung. Dies wiederum führt zu Kosten und/oder höheren Risiken (Margenrisiken) oder im ungünstigsten Fall schlechteren Kalkulationskursen.

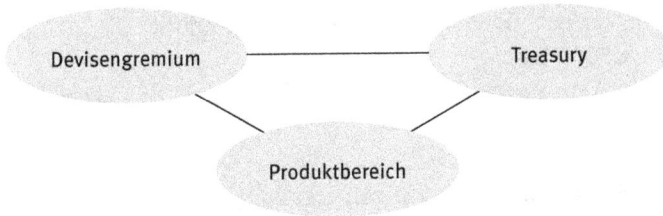

Abb. II.23: Devisenmanagement – Organe und Verantwortung

Ein umfassendes Risikomanagement erstellt täglich ein Währungsexposure mit aktueller Marktbewertung. Hinzu kommen Risikoanalysen mit Szenarien über Bedarfs- und Kursänderungen (Risikomatrix) und ein umfassendes Management-Reporting als detailliertes internes Kontrollsystem. Diese Richtlinien werden durch externe Wirtschaftsprüfer im Rahmen des Jahresabschlusses und gemäß der gesetzlichen Grundlage des Gesetzes zur Kontrolle und Transparenz im Unternehmensbereich (KonTraG) geprüft.

Abschließend wird ein **Beispiel** für den Deviseneinkauf eines Veranstalters dargestellt, der seine Angebote mit zwei getrennten Katalogauflagen für die Sommersaison anbietet (1. Auflage erscheint im Oktober, 2. Auflage im Januar des Folgejahres).

Rahmenbedingungen:
- Kursentwicklung Juli/August 2006 ca. 1,27–1,29 US-Dollar/Euro Kasse (→ Terminsicherung 1,28–1,30)
- Kurssicherung der Erstauflage (Bedarf ca. 30 Mio. US-Dollar) mit möglichst gutem Kalkulationskurs
- Zweitauflage (Bedarf ca. 50 Mio. US-Dollar)
- Möglichkeit der punktuellen Preisreduzierung ohne Margenverlust (bei positiver Kursentwicklung) soll gewährleistet sein
- Der maximale Margenverlust (ohne Preisreduzierung) soll auf 500 T Euro (inkl. Sicherungskosten) begrenzt werden.

Kalkulationskurs und Sicherungsstrategie:
- Ziel-Kalkulationskurs Sommersaison: 1,30 US-Dollar/Euro
- Kurssicherung der Erstauflage (ca. 30 Mio. US-Dollar) zu 1,30 mit Devisentermingeschäften (möglichst schnelle Nutzung von positiven Kursschwankungen)
- Zweitauflage (ca. 50 Mio. US-Dollar): Devisentermingeschäfte von 30 Mio. US-Dollar mit Kursen über 1,30; Kauf Devisenoption von 20 Mio. US-Dollar mit Strike-Kurs 1,27 zum 20. Dezember – Prämie 195 TEuro
- Ersetzen der Optionssicherung durch Termingeschäfte zur Erzielung von Kurserträgen

→ Worst Case Zweitauflage: Kursdifferenz (1,30–1,27) von 20 Mio. US-Dollar und 195 TEuro Prämie = ca. 500 TEuro;

→ bei Kursen ab 1,3170 ist kein Margenverlust mehr zu tragen (inkl. 195 TEuro Prämie).

Dieses Beispiel zeigt, welche **Rahmenbedingungen** und **Vorgaben** für das Devisenmanagement zu beachten sind und wie komplex der Einsatz der Devisensicherungsinstrumente in der Praxis ist. Es wird deutlich, wie teuer es werden kann, wenn das Management eines Reiseveranstalters die Devisensicherungsinstrumente nicht sicher beherrscht.

Literaturhinweise zu Teil II

Zu (touristischen) Produktionsfaktoren (II. 1)
GUTENBERG, E. 1958 (Betriebswirtschaftslehre),
MALERI/FRIETZSCHE 2008 (Dienstleistungsproduktion),
CORSTENSEN/GÖSSINGER 2015 (Dienstleistungsmanagement),
FREYER 2011: 64–92 (Dienstleistungsproduktion im Tourismus)

Zu natürlichen Ressourcen und Zielgebieten (II. 2)
KAGERMEIER 2016 (Tourismusgeographie),
KERN 2007 (Profil von Destinationen),
BIEGER/BERITELLI 2013 (Management von Destinationen),
FREYER 2015: 318–348 (Tourismus-Destinationen),
STEINECKE 2013 (Destinationsmanagement)

Zu Unterkunftsleistungen und Gastronomie (II. 3.1)
GARDINI 2014 (Grundlagen),
HÄNSSLER 2016 (Management)

Zu Verkehrsträgern (II. 3.2 und II. 3.4)
GROSS 2011 (Tourismus & Verkehr),
GROSS/STENGEL 2010 (Mietwagen),
CONRADY/FICHTNER/STERZENBACH (Luftverkehr),
POMPL 2007 (Luftverkehr)

Zu Kreuzfahrten (II. 3.3)
CLIA 2015 (Kreuzfahrtstudie),
DICKINSON/VLADIMIR 2008 (Selling the Sea),
DOWLING 2006 (Cruise Ship Management), DRV 2016 (Kreuzfahrtenmarktstudie),
FREYER/JANS 2015 (Kreuzfahrt-Management), 2016 (Kreuzfahrt-Tourismus),
GIBSON 2012 (Cruise Management),
SCHULZ/AUER 2010 (Kreuzfahrten & Schiffsverkehr),
SCHÜSSLER 2005 (Passagier-Schifffahrt),
SEA CONSULT HAM 2015 (Flusskreuzfahrtenmarkt),
UNWTO 2010 (Cruise Tourism),
WARD 2014 (River Cruising)

Zu Human Resources (II. 3.4)
BAMBACH/KUHN-FLEUCHHAUS 2008 (Diversity Management),
BECKER 2015 (Diversity Management),
HORNER 2017 (Talent Management),
KLEMM/SCHÖPP 2008 (Aus- und Weiterbildung für Reisebüros),
KRIEGLER 2012 (Employer Branding),
LEE-ROSO/PRYCE 2010 (Human Resources & Tourism Skills),
TROST 2009 (Employer Branding),
WOLF 2014 (Employer Branding),
WTTC 2015 (Global Talent Trends for Travel & Tourism)

Zu rechtlichen, steuerlichen und wirtschaftlichen Rahmenbedingungen (III. 2)
BIERMANN 2002, DER VERSICHERUNGS-HANDBUCH,
FÜHRICH 1995a, 2007, 2010,
GABLER VERLAG 2011,
KLATT/WAHL 2004,
MDT MAKLER DER TOURISTIK 2011,
NIES 2011,
PALANDT 2010,
SCHMID 1997, SCHWALD 2008,
TAS TOURISTIK ASSEKURANZMAKLER UND SERVICE GMBH 2011,
VALUENET 2011,
WOLF 2010

Fragen zu Teil II

1. *Was ist unter Zielgebietsfaktoren zu verstehen?*
2. *Welche Rolle spielt die Ferienhotellerie bei Veranstaltern?*
3. *Welche Rolle spielen Reiseversicherer in der Touristik?*
4. *Erklären Sie die Bedeutung von „Diversity Management" und „Employer Branding" für Reiseveranstalter.*
5. *Erläutern Sie die Gründe für das Wachstum des Kreuzfahrtenmarktes.*
6. *Nennen Sie die Merkmale für Low-Cost-Carriers und erläutern Sie die Gründe für das starke Wachstum dieser Fluggesellschaften.*
7. *Welche Rolle spielt der „Produktionsfaktor Bus" bei Veranstaltern?*
8. *Was bedeutet die „vertikale Integration" von Hochseekreuzfahrten?*
9. *Nennen Sie die wesentlichen Regelungen des Pauschalreiserechts.*
10. *Welche Steuerregelungen gelten für die Reisebranche?*
11. *Erläutern Sie das Margenbesteuerungsverfahren.*
12. *Warum sieht sich ein Reiseveranstalter mit einem Währungsrisiko konfrontiert? Welche Einzelrisiken kommen dabei zum Tragen?*

Teil III: **Funktionen und Prozessorganisation von Reiseveranstaltern**

10   Marketing- und Kommunikationsdienstleistungen

11   Operative und administrative Buchungsabwicklung

12   Unterstützende zentrale Backoffice-Funktionen

13   Digitale Produktionsmodelle von Reiseveranstaltern

14   Krisenmanagement bei Reiseveranstaltern

15   Nachhaltigkeit/Corporate Social Responsibility bei Reiseveranstaltern

Übersicht Teil III

Im Teil III geht es darum, die vielfältigen Funktionen und Workflows eines Reiseveranstalters im Rahmen der internen Prozessorganisation darzustellen. In sechs Kapiteln (III.1 bis III.6) werden zunächst die einzelnen Produktionsschritte und Einkaufsfunktionen dokumentiert. In weiteren vier Kapiteln (III.7 bis III.11) werden die Marketing- und Vertriebsfunktionen beschrieben. In den zwei anschließenden Kapiteln folgen die vielfältigen Abwicklungs- und Backoffice-Funktionen (Kap. III.12). Am Ende des Kapitels III.13 wird ein Ausblick auf die Zukunft des Reiseveranstaltergeschäfts durch die zunehmende Digitalisierung der Geschäftsmodelle gewagt. Abschließend werden Details und Hintergründe des Krisenmanagements von Reiseveranstaltern beleuchtet (Kap. III.14), die in alle Funtionen und Arbeitsprozesse von Veranstaltern eingreifen können, sowie die Perspektiven und Aktivitäten zur Nachhaltigkeit und Corporate Social Responsibility (Kap. III.15) erläutert.

Ziele des Teils III

Teil III soll die Erstellung der Reiseveranstalterleistung ermöglichen, indem vor allem

- Kenntnisse der verschiedenen Funktionsbereiche eines Reiseveranstalters vermittelt werden und welche Aspekte in den einzelnen Prozessen und Workflows relevant sind (Kap. III.1 bis Kap. III.12) sowie
- weitere übergreifende und zukunftsweisende Perspektiven und Aufgaben von Reiseveranstaltern vorgestellt werden, die bei der Leistungserstellung von Bedeutung sind (Kap. III.13 bis Kap. III.15).

---

1 Produktstrategie und Produktplanung

Nicht alle Prozessschritte werden von jedem Reiseveranstalter zur Herstellung der Reiseleistungen benötigt. Auch die Komplexität der Prozessschritte ist zwischen den verschiedenen Unternehmen unterschiedlich. Vor allem kleine und mittlere sowie Spezialveranstalter kommen teilweise mit weniger bzw. deutlich einfacheren Organisationsstrukturen und Funktionen aus. Darüber hinaus unterscheiden sich die Abwicklungsprozesse zwischen Pauschal-, Baustein- und Spezialreiseveranstaltern sehr stark, ebenso die zwischen Veranstaltern mit und ohne Garantien für Charterflugplätze.

Aus didaktischen Gründen wird **primär** auf die Funktionen eines großen **Vollsortimentveranstalters** eingegangen, der **schwerpunktmäßig Flugpauschalreisen** anbietet. Soweit in den jeweiligen Prozessschritten weitere Besonderheiten für Spezialsegmente zu berücksichtigen sind, wird bei der entsprechenden Funktion darauf hingewiesen. Die Prozessschritte sollen vor allem in ihrer logischen Ablaufstruktur durchgängig dargestellt werden. Hinsichtlich umfassender Erläuterungen einzelner angesprochener Sachverhalte wird auf die entsprechenden fachlichen Kapitel in diesem Buch verwiesen.

Die einzelnen Prozessschritte werden zu **zwölf Funktionsbereichen** zusammengefasst. Die ersten sechs beschäftigen sich mit den Prozessen des Einkaufs, der Organisation und Bereitstellung von Reiseleistungen, die nächsten vier mit den Vermarktungsfunktionen, zwei weitere mit den prozessimmanenten Abwicklungs- und Administrationsdienstleistungen sowie mit unterstützenden zentralen Backoffice-Funktionen, die alle anderen Funktionen permanent begleiten. Insgesamt werden rund 140 Einzelprozesse beschrieben, die teilweise interdependent sind und in verschiedene weitere Prozessschritte eingreifen (vgl. Abb. III.1).

Die Darstellung der Prozesskette orientiert sich weitgehend am Wertkettengedanken von Porter (vgl. PORTER 1992: 62). Ein Unternehmen ist in diesem Modell gegliedert in miteinander verknüpfte Wertaktivitäten, die als Gesamtwert den Ertrag inkl. Gewinnmarge generiert. Dieses Wertkettenmodell wurde nachfolgend auf die touristische Dienstleistungsproduktion eines Reiseveranstalters umgesetzt. Dabei wurden die primären Wertaktivitäten in elf Prozessschritte detailliert unterteilt und im zwölften die unterstützenden Aktivitäten dargestellt.

Es muss an dieser Stelle klargestellt werden, dass das nachfolgende Kapitel eine chronologische und systematische Dokumentation der Prozesskette eines Reiseveranstalters darstellt, die die einzelnen Funktionsschritte und Handlungsoptionen detailliert beschreibt. Es geht dabei ausdrücklich nicht um die in der touristischen Fachliteratur vielfach dargestellte Funktion des Marketings als zentrales strategisches Steuerungsinstrument der touristischen Reiseveranstalterprozesse (u. a. BASTIAN/BORN 2004: 35 ff.; FREYER 1999: 41). Im Rahmen der chronologischen Prozesskette werden die funktionalen Marketing- und Vertriebsprozesse vom Reiseveranstalter

https://doi.org/10.1515/9783110481457-014

Abb. III.1: Prozesskette eines Reiseveranstalters

über Agenturverträge in weiten Bereichen in die Mitverantwortung von Vertriebspartnern bzw. Handelsvertretern gelegt und daher oft nur indirekt von Veranstaltern gesteuert. Hingegen liegen die Einkaufs- und Logistikprozesse in der alleinigen Verantwortung des Veranstalters. Die dargestellten zwölf Teilprozesse können daher in drei Prozessgruppen zusammengefasst werden (vgl. Abb. III.2).

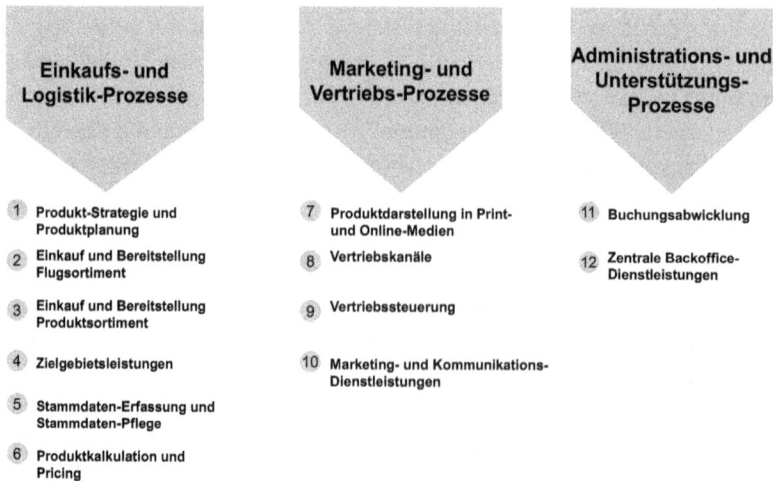

Abb. III.2: Prozessgruppen eines Reiseveranstalters

Zu Beginn eines jeden Produktions- bzw. Herstellungsprozesses von Reisen steht eine Planvorgabe. Sie ist das Ergebnis der strategischen und wirtschaftlichen Unternehmensziele. Dabei werden die wichtigsten Einflussparameter für den weiteren Herstellungsprozess festgelegt oder zumindest eingegrenzt. Dabei müssen Annahmen getroffen werden, die die Fragen nach dem *Was, Wo, Wohin, Wann, Wie, Wie viel, Wer, Wozu* und *Warum* beantworten.

1.1 Sortimentsauswahl

Zunächst einmal muss sich ein Reiseveranstalter darüber klar werden, was er überhaupt anbieten möchte: Wo gibt es Marktlücken, welche Marktsegmente haben Expansionspotenzial, wo besteht ein USP gegenüber Wettbewerbern etc.? Aus diesen Vorüberlegungen ergibt sich ein Angebotssortiment, für das es weiterer Festlegungen bedarf u. a. hinsichtlich Breite und Tiefe.

Die Sortimentsbreite definiert die Vielfalt des Angebots (Destinationen, Anreisevarianten, Hotels, Rundreisen, Angebotskombinationen und Zusatzleistungen) im betrachteten Marktsegment, Reisethema oder Zielgebiet und damit die Produktdiversifikation. Die Sortimentstiefe definiert die Vielzahl an Produktvarianten (bei Unterkünften z. B. Hotelkategorien, Zimmertypen, Belegungsvarianten, Verpflegungsarten, Serviceleistungen) im betrachteten Marktsegment, Reisethema oder Zielgebiet und damit die Produktdifferenzierung.

Bei einer großen Sortimentsbreite muss ein Veranstalter schon eine bestimmte Mindestgröße in seinem Marktsegment aufweisen, weil die eingekauften Produktvarianten ja auch verkauft werden müssen. Eine große Sortimentstiefe ist auch für kleine und mittelgroße Veranstalter darstellbar, wenn das eingekaufte Angebot viele flexible Varianten zulässt.

1.2 Destinationsplanung

Die Festlegung des Sortiments ist zumeist unmittelbar verknüpft mit der Destinationsplanung. Für jede Destination ist zuerst zu prüfen, mit welchen **Anreisemöglichkeiten** sie verbunden ist. Daraus ergeben sich zahlreiche neue Rahmenbedingungen für das ergänzende Angebot an Unterkunfts- und Zusatzleistungen sowie die dafür erforderlichen Herstellungsprozesse.

Bei Destinationen mit der Möglichkeit zur leichten **Eigenanreise** (Deutschland und Nachbarländer) kann sich ein Reiseveranstalter voll auf das Sortiment an Unterkunfts- und Zusatzleistungen im Zielgebiet konzentrieren. Den Kunden, die dennoch einen Transportwunsch haben, können zumeist alternativ Bahntickets zu Sonderpreisen (Rail-Inclusive-Tours bzw. RIT-Tickets) oder auch Linienflugtickets angeboten werden. Dies gilt auch für die Anreise zu einer Kreuzfahrt von deutschen und anderen landgestützten Häfen in Europa. Bei Busreisen sind unabhängig von der Destination Anreise- und Rundreiseverkehrsmittel hingegen identisch.

Bei Destinationen, die fast ausschließlich **per Flugzeug** erreichbar sind und darüber hinaus kein ausreichendes regelmäßiges Linienflugangebot haben, wie die meisten Urlaubszielgebiete rund ums Mittelmeer und auf den kanarischen Inseln, muss der Reiseveranstalter sein geplantes Flugangebot von entsprechenden Bedarfsfluggesellschaften chartern und die dabei gecharterte Kapazität auch garantieren. Dies gilt auch für Destinationen, die zwar durchaus mit öffentlichen Linienflügen erreichbar sind, aber zur Hauptsaisonzeit nicht die entsprechend zusätzlich benötigten Kapazitäten anbieten können. In diesen Fällen wird ein Veranstalter quasi automatisch zum Pauschalreiseveranstalter, weil er zusätzlich zu den garantierten Flugplätzen auch ein entsprechendes Unterkunfts- und Aufenthaltsangebot vorhalten muss.

Bei Destinationen, die vorzugsweise oder zwangsläufig per Flugzeug erreichbar sind und über eine ausreichend hohe Frequenz an Linienflügen verfügen (u. a. Städtereisen, alle Fernreisen, wenig frequentierte Spezialistenziele), werden i. d. R. mit den jeweiligen Fluggesellschaften Sondertarife auf Basis von Volumenvereinbarungen für bestimmte Buchungsklassen getroffen, die es ermöglichen attraktive Fluganreisetarife in Kombination mit weiteren Arrangementleistungen anzubieten, aber ohne dabei Auslastungsrisiken einzugehen. In diesen Fällen ist ein Veranstalter häufig als Consolidator und Bausteinreiseveranstalter tätig.

1.3 Kapazitätsgrobplanung

In Abhängigkeit vom gewählten Sortiment und Zielgebiet ergeben sich für einen Reiseveranstalter weitere Notwendigkeiten für eine Kapazitätsplanung. Ohne Garantie von Flugplätzen geht es lediglich darum, für das angebotene Zielgebiet eine für die Kunden attraktive Vielfalt an Unterkunfts- und sonstigen Dienstleistungen zu finden. Im Falle des Charters von Flügen müssen ausreichende Unterkunftskapazitäten hinzugekauft werden. Wird ein Flugziel flächendeckend für den deutschen Markt angeboten, so bedingt dies das Chartern von mindestens vier Flugzeugen ab verschiedenen regionalen Quellflughäfen an einem Flugtag pro Woche, bei hochfrequenten Zielen von bis zu 12 regionalen Quellflughäfen an 2–3 Flugtagen pro Woche. Bei der erforderlichen Planauslastung entspricht dies zwischen rund 500 und ca. 2.500 Fluggästen pro Woche für ein Zielgebiet, denen eine entsprechende Anzahl von Hotelzimmern zur Verfügung gestellt werden müssen. Um diesen Gästen einen Transfer zum Hotel und eine Betreuung durch die Reiseleitung bieten zu können, sollten möglichst wenige Hotels mit jeweils einem relativ großen Kontingent pro Haus eingekauft werden. Häufig müssen dazu auch hier Garantien oder wenigstens großzügige Vorauszahlungen geleistet werden. Dies alles erfordert eine Kapazitätsgrobplanung, denn ohne ausreichende und differenzierte Unterkunftsmöglichkeiten lassen sich die garantierten Flüge kaum verkaufen.

1.4 Festlegung von Zielgruppen und Qualitätsstandards

Zur Planung der Angebotsvielfalt gehört auch eine Definition der angebotenen Qualitätsstandards für die angestrebten Kundenzielgruppen. Nur ein Generalist oder Großveranstalter ist in der Lage, nahezu alle Zielgruppen mit allen Qualitätsstandards zu beliefern. Die breiten Massensegmente fragen i. d. R. Hotels und Zielgebietsleistungen im Drei- bis Vier-Sterne-Bereich nach. Das Premium- und Luxussegment ist zwar wirtschaftlich hoch attraktiv, quantitativ aber sehr klein und ohne filigrane Distributionskanäle schwer erreichbar.

In den großen Massenmärkten kann man hingegen kaum ein eigenes Angebotsprofil entwickeln, weil die Exklusivangebote fehlen und die anderen Angebote in hohem Maße austauschbar sind und dann nur über den Preis und häufig zulasten der ohnehin geringen Marge verkauft werden können. Hilfreich ist es, wenn ein Veranstalter sich über seine qualitative Positionierung gegenüber seinen Zielgruppen im Klaren ist, denn alle beschriebenen Wege sind strategisch und wirtschaftlich gangbar, sollten jedoch im Hinblick auf Kundenorientierung und Markenklarheit möglichst wenig miteinander kombiniert werden.

1.5 Planung von Preissegmenten und Preisstrategien

Die Planung von Preissegmenten und Preisstrategien ist unmittelbar verknüpft mit der Zielgruppendefinition und der Planung der Qualitätsstandards. Unabhängige Preisstrategien sind i. d. R. nur bei Exklusivangeboten möglich, die kein anderer Wettbewerber im Angebot hat. In allen anderen Fällen orientieren sich die Preissegmente an den Preisen vergleichbarer (austauschbarer) oder gar identischer Wettbewerberangebote. Preisvorteile ohne Margenreduktion lassen sich dann oft nur durch Kosten- und Produktivitätsvorteile erreichen.

Reiseveranstalter ohne Kapazitätsgarantien und Bausteinreiseveranstalter übernehmen oft die saisonale oder auslastungsbezogene Struktur der Einkaufspreise und schlagen jeweils ihre Bruttomarge auf. Reiseveranstalter mit Kapazitätsgarantien kaufen ihre Leistungen zumeist zu einem durchschnittlichen Stückpreis ein und können diesen Preis saisonal und nachfrageabhängig modifizieren (vgl. auch Kap. III.1.6 – Yield-Planung). Bei Einführung eines neuen oder Reaktivierung eines alten Ziels ist es auch denkbar, zeitbegrenzte oder kundenbezogene Promotionpreise anzubieten, vor allem wenn die touristisch Verantwortlichen oder die Leistungsträger im Zielgebiet entsprechende Werbekostenzuschüsse (WKZ) oder Subventionen anderer Art gewähren.

1.6 Saisonalitäts- und Yield-Planung

Wenn der Verkauf der eingekauften Kapazitäten mit einem möglichst großen wirtschaftlichen Überschuss erfolgen soll, dann muss der Verkauf entlang der Nachfragekurve erfolgen. Ist die Nachfrage hoch, beispielsweise an langen Feiertagswochenenden, während der deutschen Ferienzeiten oder wenn einmalige Events in einem Zielgebiet stattfinden, dann sollten die Flug- und Unterkunftskapazitäten zu einem möglichst hohen, aber immer noch marktfähigen Preis verkauft werden. Ist die Nachfrage gering, sodass es sogar zu einem Angebotsüberhang kommt, ist es u. U. erforderlich, die Flug- und Unterkunftskapazitäten mit einer geringen Marge bzw. ohne Marge (zum Einkaufspreis) oder sogar darunter abzusetzen.

Die Nachfrageschwankungen ergeben sich aus der Saisonalität des Quellmarktes bzw. der unterschiedlichen föderalen Struktur der deutschen Schulferien der regionalen Quellmärkte. So werden mit Beginn der Schulferien in Niedersachsen die Reisepreise für Flugreisen ab allen norddeutschen Flughäfen angehoben, während sie in anderen Bundesländern ohne Schulferien zunächst unverändert bleiben. Mobile Kunden versuchen das Preisgefälle in solchen Situationen für sich zu nutzen; insgesamt sind diese Effekte jedoch vernachlässigbar.

In der Yield-Planung werden die saisonalen Preisschwankungen mit den geplanten bzw. aufgrund langjähriger Erfahrungen erwarteten Kundenzahlen multipliziert und ergeben somit die Umsatzerlöse, die nach Abzug der Summe der eingekauften Vorleistungen den Überschuss ergeben. Der Yield kann weiter optimiert werden durch Variationen der saisonalen Preise und der dadurch erwarteten gewonnenen Kundenanzahl. Ist der Mengenzuwachs größer als die dafür ursächliche Preisermäßigung, so ergibt sich eine Yield-Verbesserung, im umgekehrten Fall entsprechend eine Yield-Verschlechterung.

1.7 Kombinationsfähigkeit von Leistungskomponenten

In der Planungsphase muss ein Veranstalter ebenfalls entscheiden, welche Arten von Leistungen er miteinander kombinieren will. Für jede dieser Leistungen sind die Beschaffungswege, Kapazitäten und Einkaufpreise zu disponieren. Sollen es fest verknüpfte konfektionierte Leistungskomponenten sein, so entstehen Pauschalreisepakete, bei denen auf die Summe aller Einkaufspreise saisonal abgestufte Margen dem Verkaufspreis aufgeschlagen werden. Sollen alle diese Leistungen auch einzeln erhältlich und zeitlich flexibel miteinander kombinierbar sein, so müssen alle Komponenten separat kalkuliert und in einem sog. Baukastensystem angeboten werden.

1.8 Planung der Markenzuordnung der Produkte bzw. konzerninterne Abstimmung

Große Konzernveranstalter bieten Veranstalterreisen häufig unter mehreren Marken an. Diese sind zuweilen rein historisch entstanden, durch Zukauf erworben oder zielen bewusst auf verschiedene Marktsegmente oder Zielgruppen. Da diese Marken häufig viele Überschneidungen hinsichtlich Zielgebiet, Thema oder Zielgruppe aufweisen, kann ein Hotel oder eine touristische Leistung oft unter verschiedenen Konzernmarken angeboten werden. Um die Marken trennscharf zu positionieren, sollten derartige Angebotsduplikationen u. U. sogar mit Preisdifferenzierung möglichst vermieden werden. Dazu ist eine konzerninterne Abstimmung erforderlich.

1.9 Planung der Produktionszwecke: Katalogproduktion, Online-Produktion, Auftragsproduktion, Aktionsproduktion

In der Planungsphase muss bereits festgelegt werden, für welche Zwecke produziert werden soll. Denn jeder Produktionszweck hat andere IT-Systemvoraussetzungen und Ablaufprozesse. Am häufigsten findet die klassische Katalogproduktion mit Vertrieb über Reisemittler oder direkt mit den Kunden statt. Für Kataloge gibt es i. d. R. feste saisonale Kataloglaufzeiten, sodass die Katalogproduktion zweimal jährlich stattfindet. Anders hingegen die Online-Produktion; sie findet fortlaufend unterjährig statt, greift auf tagesaktuelle Preise und Kapazitäten zu und kennt nur dann Saisonalitäten, wenn sie die gleichen Angebotssortimente anbietet wie die Katalogproduktion. Auftrags- und Aktionsproduktionen finden nur einmalig für ein zeitlich befristetes Einzelangebot statt. Oft geschieht dies in regelmäßigen Zyklen im Auftrag von Drittunternehmen aus dem Handel (Aldi, Lidl, REWE, Tchibo etc.) und anderen Branchen (Banken, Versicherungen etc.).

1.10 Planung der Produktionsarten: Eigenveranstaltung, Vermittlung, Konsolidierung

Wie bereits in Kap. I.3 erläutert, gibt es für Reiseveranstalter verschiedene Produktionsarten. Kauft er Risikokapazitäten ein, so wird er i. d. R. ein klassischer Pauschalreiseveranstalter, weil er diese zwangsläufig mit weiteren touristischen Leistungen kombinieren muss. Als Bausteinreiseanbieter hat er hingegen mehrere Optionen: durch Kombination mehrerer Leistungskomponenten kann er klassischer Veranstalter sein. Je nach Angebotsdarstellung einzelner Leistungskomponenten und beim Dynamic Bundling von Bausteinkomponenten verschiedener Leistungsträger kann er aber auch Vermittler oder Consolidator bzw. Großhändler sein, wenn einige dieser

Komponenten durch homogene Mengenbündelung (Flüge, Mietwagen, Bahntickets etc.) eingekauft werden. Auch diese Unterscheidung erfordert eine klare Festlegung bereits in der Planungsphase, weil Einkaufsmethode, Rechnungslegung, IT-Handling, Ablaufprozesse und letztendlich auch die Allgemeinen Geschäftsbedingungen (AGB) jeweils differieren.

2 Einkauf Flug und sonstiger Transportleistungen

2.1 Flugkapazitätsplanung zwischen Quell- und Zielmärkten

Wie bereits dargestellt, beschäftigen Pauschalreiseveranstalter primär touristische Bedarfsfluggesellschaften. Bausteinreiseveranstalter buchen Flüge primär bei Network-Carriers und als Einzelplatzflüge bei Leisure-Carriers.

Bei der Umsetzung der Grobplanung von Risikoflugkapazitäten von Pauschalflugreisenveranstaltern zeigt sich, dass dabei nicht allein der günstigste Einkaufspreis entscheidet. Wie bereits in Kap. III.1.3 erwähnt, sollten alle Flugzeuge aus den nationalen Quellflughäfen am gleichen Wochenreisetag und möglichst in einem engen Zeitfenster von maximal 2 Stunden am Zielflughafen eintreffen, um an- und abreisende Urlauberströme im gleichen Transferhub auf die verschiedenen Hotels verteilen bzw. abholen zu können. Je mehr Quellflughäfen benötigt werden, um so größer wird die Problematik, ausreichend Charterflugzeuge zu finden, weil nicht jede Bedarfsfluggesellschaft auf jedem Flughafen Maschinen stationiert hat, die z. B. morgens zwischen 6 und 7 Uhr zum Zielflughafen starten können. Daher müssen je nach Stationierung bzw. Heimatflughafen (Condor: Frankfurt/M. und München; Air Berlin: Düsseldorf, München und Berlin; TUIFly: Hannover, Hamburg und Stuttgart; Eurowings: Köln und Stuttgart) zumeist mehrere Charter-Airlines beschäftigt werden, die verfügbar sind und – was noch wichtiger ist – im geplanten Zeitfenster auch über einen Slot verfügen.

2.2 Flugplan- und Slot-Koordination mit Bedarfsfluggesellschaften

Aufgrund der vorgenannten Rahmenbedingungen beginnt nun eine komplexe Flugplanung einschl. Slot-Koordination zwischen Veranstalter und Airlines. Auf den jeweiligen Heimatflughäfen der Bedarfsfluggesellschaften gibt es vor allem in den attraktiven Zeiten mit Abflug am frühen Morgen und Rückkunft am späten Abend bzw. in der Nacht zumeist ausreichend Slots und verfügbare Maschinen. Bei anderen Flughäfen können i. d. R. die Slots und Flugzeiten nur zur Tagesmitte disponiert werden, zumal die benötigten Flugzeuge nur im Rahmen von sog. „W"-Flügen verfügbar sind; dabei startet eine Maschine am frühen Morgen von ihrem Heimat- oder Stationierungsairport zu einem Zielflughafen und bringt von dort die Gäste an einen regionalen Quellflughafen wie z. B. Erfurt oder Bremen, holt dort Gäste für den Zielflughafen ab und fliegt von dort abends wieder zum Heimatflughafen zurück. Schon aus Gründen der Wartung und des Crew-Einsatzes sind diese Rahmenbedingungen beim Flugeinkauf der Veranstalter zu beachten.

https://doi.org/10.1515/9783110481457-015

Weitere Komplexitäten ergeben sich, wenn ein oder mehrere Veranstalter, vor allem von kleineren Flughäfen, keine ganze Maschine chartern wollen, sondern nur Teilkontingente benötigen. Dann sind weitere Abstimmungen und Verhandlungen sowohl zwischen konkurrierenden Veranstaltern als auch zwischen den im Bieterwettbewerb stehenden Bedarfsfluggesellschaften erforderlich. Diese Kapazitätskoordination zwischen den eigentlich untereinander im Wettbewerb stehenden Airlines und Reiseveranstaltern ist kartellrechtlich nicht unproblematisch, erst recht wenn die Kapazitäten nicht ausgelastet werden, unter den Veranstaltern neu verteilt werden oder mit geänderten Flugplänen der Airlines abgeflogen werden. In einigen anderen Ländern wie z. B. Großbritannien erfolgt daher die Abstimmung und Dokumentation der Charterflugpläne unter Beteiligung der jeweiligen Luftverkehrsbehörden.

Bei (Bausteinreise-)Veranstaltern, die keine Risikocharterflüge benötigen, sondern auf das Linienflugangebot zurückgreifen, stellt sich die geschilderte Problematik nicht. In der Regel disponieren Linien-Airlines ihre Flugpläne und Slots unabhängig von den Bedürfnissen der Veranstalter. Lediglich Linien-Carriers aus klassischen Urlaubsländern, die entsprechend viele Touristen befördern, berücksichtigen u. U. Urlauberinteressen.

2.3 Arten von Charterflugverträgen

Bei Charterflügen wird generell zwischen Vollcharter und Teilcharter unterschieden. Ein Vollcharter liegt vor, wenn ein Flugzeug allein von einem Veranstalter gechartert wird. Nimmt ein Veranstalter auf einer Maschine nur ein Teilkontingent ab, so spricht man von einem Teilcharter. Die restliche Kapazität kann die Bedarfsfluggesellschaft anderen Veranstaltern oder im eigenen Risiko als Flugeinzelplatzverkäufe im Markt anbieten. Veranstalter, die kein komplettes Flugzeug für eine Strecke benötigen, aber mehr als die Hälfte der Kapazität abnehmen, können aber auch selbst versuchen, die gesamte Maschine zu chartern und die nicht benötigte Flugkapazität in Form von Subchartern an „befreundete", weitgehend konkurrenzfreie Veranstalter oder Zielgebietsspezialisten zu verkaufen. Sie haben dann den Vorteil, dass sie Preise und Kapazitäten auf der geflogenen Strecke besser kontrollieren können.

Auch bei (Baustein-)Reiseveranstaltern ergibt sich u. U. saisonal und zielgebietsspezifisch die Notwendigkeit, Flugplätze bei Linien-Fluggesellschaften zu sichern bzw. zu chartern, z. B. für Gruppen oder bestimmte Events oder bei temporären Flugengpässen. Diese Art von Charterplätzen nennt man Blockcharter oder Bulk. Klassische Hub-Carriers mit globalen Streckennetzen akzeptieren dies ungern, weil dadurch die Yield-Kalkulation mit verschiedenen Buchungsklassen und Allianzvermarktung empfindlich gestört wird. Daher sind Blockcharterplätze häufig teurer als die niedrigste Buchungsklasse für Einzelplätze. Dies gilt analog auch für die Buchung von Reisegruppen auf Linienflügen.

2.4 Strecken- und Tarifauswahl mit Linienfluggesellschaften

Auch wenn keine Flugsitze gechartert werden, verhandeln Reiseveranstalter mit Linien-Airlines Flugtarife. Je größer ein Veranstalter ist bzw. je mehr Ziele er bedient, umso deutlicher wird er zum Flug-Consolidator oder Tickethändler. Mit den Quellmarkt- bzw. Heimat-Carriers schließt er i. d. R. Volumenvereinbarungen mit Superprovisionen und/oder Vertriebskanalgebühren für das gesamte Streckennetz auf Basis der veröffentlichten Flugtarife (Published Fares); in diesen Fällen ist der Veranstalter lediglich Vermittler der Flüge und muss diese zu den veröffentlichten Bedingungen der jeweiligen Airline verkaufen.

Für Zielländer- bzw. Strecken- und Linien-Carriers, die stark auf touristische Verkehre setzen, können Veranstalter auch individuelle Tarife zu Einkaufspreisen verhandeln, auf die sie eine eigene Marge aufschlagen; in diesen Fällen ist der Veranstalter Tickethändler im eigenen Namen und für eigene Rechnung. In der Regel knüpfen die Airlines an solche Tarife die Bedingung, dass diese Tickets nicht ohne weitere touristische Leistung und nur zu einem Gesamtpreis verkauft werden dürfen, damit ein Veranstalter nicht die öffentlichen Tarife der jeweiligen Airline unterbietet. Weitere Bedingungen für derartige Sondertarife können an den Buchungsweg über bestimmte Global-Distribution-Systeme (GDS) oder direkte IT-Schnittstellen zu den Airlines gekoppelt sein, die damit das für den Veranstalter verfügbare Flugsortiment bzw. den Content kontrollieren.

2.5 Pro-Rata-Kapazitäten

Wenn eine Bedarfsfluggesellschaft auf einem Charterflug Teilkontingente an verschiedene Veranstalter verkauft und noch Restplätze behält (dies kann auch durchaus die Hälfte der Kapazität sein), so bietet sie diese im eigenen Namen und mit eigenem kalkulierten Flugpreis auch als Einzelplatzflüge an, die separat von Reisebüros oder von Kunden direkt ohne weitere Zusatzleistungen über verschiedene Vertriebskanäle gebucht werden können. Diese Flugeinzelplätze werden auch den Caches von Internet-Booking-Engines (IBE) wie z. B. Traveltainment, Traffics und Travel-IT zum Dynamic-Packaging-Verkauf über X-Veranstalter zur Verfügung gestellt. Die Veranstalter, die Teilkontingente auf diesem Flug garantiert haben, können bei entsprechend starker Nachfrage ebenfalls über ihr Kontingent hinaus die Flugeinzelplätze zu einer zuvor bereits fest verhandelten Rate („pro-rata") zubuchen, allerdings nur, solange diese „first come-first serve" noch verfügbar sind. Dadurch kann sich ein Veranstalter risikofrei eine zusätzliche Kapazität für evtl. unvorhergesehene Nachfrageschwankungen schaffen.

2.6 Release-Disposition

Da die Übernahme von Charterrisiken u. U. zu einer hohen Kapitalbindung und bei Fehldispositionen schnell zu einem hohen wirtschaftlichen Verlust für den Veranstalter führen kann, sind sowohl Veranstalter wie auch Bedarfsfluggesellschaften gemeinsam daran interessiert, bei auftretenden unvorhergesehenen Nachfrageschwankungen schnell gemeinsame Lösungen zu finden. Vertraglich sichert man dies über sog. Release-Dispositionstermine ab. Zu diesen Stichtagen erfolgt ein Abgleich zwischen den Soll- und Ist-Kapazitäten, d. h. es wird geprüft, wie viel der garantierten Flugkapazität bereits gebucht bzw. verkauft ist und ob die Restkapazität mit den noch erwarteten Buchungen und zum geplanten Yield abgesetzt werden kann. Zu diesen Stichtagen ist die Bedarfsfluggesellschaft i. d. R. bereit, in abgestimmten Grenzen Risikoplätze zurückzunehmen oder weitere aus dem „Pro-Rata"-Kontingent abzutreten. Zugleich kann auch ein Austausch von Garantiekapazitäten auf einer Maschine zwischen verschiedenen konkurrierenden Veranstaltern über die Airline erfolgen, wenn das Ziel bei einem Veranstalter deutlich besser als bei einem anderen läuft.

2.7 Risikominimierungsplanung

Eine weitere Möglichkeit zur Reduzierung des wirtschaftlichen Charterflugrisikos besteht in einer rechtzeitigen Risikominimierungsplanung für bestimmte Strecken bzw. Ziele. Soweit dies die Flugpläne und Slots zulassen (Kap. III.2.2), können Flüge und Strecken nach Absprache zwischen Veranstaltern und Charterfluggesellschaften noch während der laufenden Saison neu disponiert werden. Sind beispielsweise mehrere Flüge von deutschen Quellmarktflughäfen zu einem Zielflughafen schlecht ausgelastet, so lässt sich das Problem durch eine Hub-Strategie beheben, indem die Fluggäste an Schwachnachfrageterminen an ein, zwei oder drei Flughäfen durch Zubringerflüge gesammelt und von dort ans Ziel geflogen werden. Air Berlin hat lange Zeit diese Möglichkeit auch unabhängig von Nachfrageschwankungen an den Sammel-Airports Nürnberg und Palma/Mallorca genutzt. Werden von einem Quellmarktflughafen zwei verschiedene Ziele, die aber geografisch eng beieinander oder auch im gleichen Zielland liegen, schlecht nachgefragt, so kann man beide Flüge auf einer Maschine zusammenlegen, die einen Dreiecks- oder Triangelflug unternimmt und dabei beide Zielflughäfen nacheinander anfliegt, um jeweils Gäste dorthin zubringen und von dort abzuholen.

Darüber hinaus gibt es kommerzielle Strategien, nicht mehr verkaufbare Restplätze so weit wie möglich ohne wirtschaftlichen Verlust zu verkaufen. Dazu zählen Last-Minute-Verkäufe ebenso wie das Angebot dieser Flüge in den Caches der X-Veranstalter-IBEs oder auch der Verkauf über alternative, branchenfremde Vertriebskanäle.

2.8 Yield-Kalkulation nach Saison und Quellmarkt

Aus Sicht einer Charterfluggesellschaft wird ein Vollcharter zum Selbstkostenpreis (inkl. aller Gebühren und Zuschläge) zuzüglich einer Profitmarge verkauft. Bei einem Teilcharter erfolgt eine komplexe Yield-Kalkulation auf Basis verschiedener Buchungsklassen pro Vertriebskanal (pro Veranstalter, Charter und Pro-Rata, Einzelplatzverkauf, Direktverkauf, IBE-Cache, CRS-System etc.), wobei jede Buchungsklasse pro Abflug mit einer Fluggästegewichtung versehen wird. Ein Veranstalter hat verschiedene Möglichkeiten, Risikoflugplätze zu kalkulieren. Diese Kalkulation muss dann auch die „empty legs" berücksichtigen, d. h., dass der erste Rückflug und der letzte Hinflug einer Charterkette i. d. R. leer, also ohne Flugäste, geflogen werden müssen. Er kann die Flüge auf Basis einer Zielauslastung von beispielsweise 85–95 % auf Basis der Einkaufskosten neu berechnen und diese in das Pauschalreisepaket übernehmen, das dann in einer weiteren Stufe nach Zusammenführung mit den Hotelraten nachfrageorientiert mit einer saisonalen Margenaufschlagskalkulation optimiert wird. Er kann aber auch auf die mit der Zielauslastung versehenen Flugeinkaufspreise bereits quellmarkt- und saisonbezogen Flugzuschläge kalkulieren und diese Basispreisstrukturen mit den weiteren Zusatzleistungen des Pauschalpaketes einfach zusammenaddieren. Bei dieser zweiten Variante ist es im Verlauf einer Saison leichter, falls notwendig, die Garantieflüge auch einzeln ohne Pauschalarrangement weiter zu veräußern.

Bei risikolosen Flugeinzelplatz- und Pro-Rata-Verkäufen sind auslastungs- und saisonale Quellmarktkalkulationen i. d. R. nicht möglich bzw. erforderlich. Auf den Flugeinkaufspreis wird lediglich die Veranstaltermarge aufgeschlagen.

2.9 New Distribution Capability und One Order

Seit einigen Jahren betreibt die IATA das Projekt New Distribution Capability (NDC). Ziel ist es, eine neue Vertriebslogik aufzubauen, die auf dem intensiven Zugriff auf Kundendaten beruht und statt anonymer Flugabfragen maßgeschneiderte Angebote zum Standard macht. Dadurch wird den Reisebüros der neutrale Angebotsvergleich erschwert.

Ende 2015 startete die IATA das Projekt „One Order", das sich zum Ziel setzt, die Abläufe im Flugverkauf zu modernisieren. Im bisherigen Ticketing lassen sich die Zusatzleistungen nicht abbilden. Als sich das E-Ticketing im Jahr 2002 zu etablieren begann – die ersten E-Tickets wurden 1996 ausgestellt –, waren kostenpflichtige Extras (Gepäck, Lounge-Zugang, Transfer, bevorzugte Sitzplätze etc.) noch nicht üblich. Heute sind Zusatzleistungen (engl.: Ancillary Revenues) eine wichtige Säule des Geschäfts geworden. Dafür entwickelte die IATA das Format Electronic Miscellaneous Documents (EMD). Neben dem PNR (Passenger Name Record) als Buchungsvorgang und dem E-Ticketing gibt es aktuell das EMD. Buchung, Ticketing und Zusatzleistungen sollen künftig in einem Datensatz „One Order" zusammengefasst werden. Die beteiligten Fluggesellschaften können ab Ende 2018 mit der Umsetzung beginnen. Die Konsequenzen für Reisebüros sind noch nicht absehbar. Grundsätzlich ist es auch für den Reisevertrieb aus Prozesskostensicht sinnvoll, alle Daten zu Flug, Hotel und Mietwagenbuchungen in einem Datensatz verfügbar zu haben (www.iata.org/oneorder).

2.10 Einkauf sonstiger Transportkapazitäten

Charterrisiken wie beim Flug entstehen bei anderen Reisearten primär bei Busreisen und Kreuzfahrtschiffen. Beim **Bus** ist das Kapazitätsrisiko auf die Busgröße begrenzt, bei **Kreuzfahrtschiffen** kann es das gesamte Schiff oder auch Teilkapazitäten umfassen. Das Chartern von **Zügen** zählt hingegen eher zu den Ausnahmefällen. Die Grundregeln sind in weiten Bereichen mit denen des Charterfluggeschäfts vergleichbar und davon ableitbar. Neben dem Hauptanreiseverkehrsmittel zählt es aber auch zu den Aufgaben eines Reiseveranstalters, weitere Beförderungsmittel für An- und Abreise logistisch zu disponieren und ggf. dafür Angebote zu schaffen. Dies gilt vor allem für die Transferleistungen zwischen Flughafen und Unterkunft sowie für Ausflüge im Zielgebiet, auf die im Kap. III.4 ausführlich eingegangen wird. Ferner zählen dazu Ticketangebote für die Bahnan- und abreise zum bzw. vom Quellmarktflughafen (u. a. Rail&Fly, Klug zum Flug etc.), Parkangebote an den Quellmarktflughäfen, Mietwagenangebote für die Mobilität im Zielgebiet, Vignetten und andere Mobilitätsdienstleistungen für die Anreise mit dem privaten Pkw etc. Alle diese Zusatzleistungen werden i. d. R. ohne Kapazitätsgarantien angeboten, in Einzelfällen werden von den jeweiligen Leistungsträgerpartnern volumenabhängige Zusatz-Incentives und Werbekostenzuschüsse (WKZ) bezahlt, die in die Veranstaltermarge einfließen.

3 Einkauf Unterkunftskapazitäten

3.1 Kapazitätsvorgabe nach eingekauften Risikoflugplätzen pro Destination

Wenn ein Reiseveranstalter ein Zielgebiet mit Charterfluggarantien anbietet, dann muss er als Pauschalreiseveranstalter auch eine ausreichende Unterkunftskapazität vorhalten und dies in allen Qualitätskategorien, die für seine Marken und Kundenzielgruppen in Betracht kommen. Gerade für aufenthaltsbezogene Reisen, bei denen Kunden durchschnittlich zwischen ein und zwei Wochen in einer Unterkunft bleiben, ist ein zielgruppenspezifisches Angebot ein zentrales und sehr wichtiges Entscheidungskriterium, weil über 70 der Reisezufriedenheit der Kunden vom Hotel abhängt. Aus logistischen Gründen (Transfer, Reiseleitung, Ausflüge etc.) ist es dabei erforderlich, die hohe Kundenzahl in möglichst wenigen, aber qualitativ attraktiven Hotels zu bündeln. Sofern ein Veranstalter nicht über eigene oder unter seinem Management stehende Hotels verfügt, muss er zwar zumeist keine Kontingente für Hotelzimmer garantieren, jedoch muss er an den jeweiligen Hotelier für die für ihn disponierten Zimmer hohe Anzahlungen leisten.

Aufgrund dieser Rahmenbedingungen kann es in volumenstarken Ganzjahreszielgebieten für einen Veranstalter wichtig sein, einen Teil seiner benötigten Unterkunftskapazität selbst zu kontrollieren bzw. diese exklusiv für den deutschen Quellmarkt anzubieten und damit die Qualitätssicherung unter einer Hotelmarke mit einem individuellen Leistungsversprechen für die Kunden sicherzustellen. Die **Vorteile** für einen Veranstalter sind:

- Absicherung der Basisvolumina für Mainstreamveranstalter,
- exklusiver Zugang in strategisch wichtige Volumendestinationen,
- Differenzierung vom Wettbewerb durch Alleinstellungsmerkmale,
- bessere Gestaltungsmöglichkeit von zielgruppenaffinen Hotelkonzepten,
- stärkere Profilierung als Vermarktungspartner von Leistungsträgern im Zielgebiet,
- logistische Volumen- und Auslastungsbündelung über verschiedene Veranstalterquellmärkte,
- autonome Preisgestaltung,
- Durchsetzung von Qualitätsstandards,
- Möglichkeit zur Erschließung zusätzlicher Ertragspotenziale durch Wertschöpfungstiefe.

https://doi.org/10.1515/9783110481457-016

3.2 Bedeutung verschiedener Bindungsmodelle von Zielgebietshotels

Für einen Reiseveranstalter gibt es mehrere Varianten von **Bindungsmodellen für Hotels** im Zielgebiet:

1. Exklusive Vertriebspartnerschaft für Quellmarkt Deutschland mit Kontingentverträgen;
2. Garantieverträge oft mit Vorauszahlungen;
3. Franchise- bzw. Brandingvertrag, wobei der Hotelier die Hotelmarke des Veranstalters übernimmt und Leistungserbringungsmerkmale an die Standards des Veranstalters anpasst;
4. Managementvertrag mit oder ohne Kapazitätsgarantie, wobei der Veranstalter sowohl das Management vom Hotelier übernimmt als auch die Vermarktung in unterschiedlichen Quellmärkten;
5. Pachtvertrag für ein bestehendes Hotel, wobei Management und Auslastungsrisiko komplett auf den Reiseveranstalter übergehen, der dies in eigenem Namen und in eigener wirtschaftlicher Verantwortung weiter betreibt;
6. Bei Hoteleigentum oder Hotelbeteiligung baut oder kauft ein Veranstalter ein Hotel bzw. beteiligt sich daran und wird gleichzeitig juristischer, wirtschaftlicher, operativer Betreiber und Vermarkter mit allen Rechten und Pflichten

Die **Vor- und Nachteile** der verschiedenen Modelle sowie die jeweiligen Einfluss- und Ertragsmöglichkeiten sind in den beiden nachfolgenden Übersichten dargestellt (vgl. Abb. III.3 und Abb. III.4). Mit zunehmender Einflussnahme und Exklusivität für einen Quellmarkt wachsen zugleich wirtschaftliche Chancen und Risiken proportional. Eigentum hat das höchste Ergebnispotenzial, aber auch das höchste Risiko. Wenn der Abschluss eines Managementvertrages nur mit Abnahmegarantien möglich ist, sollte ggf. ein Pachtvertrag angestrebt werden, weil die Einflussnahme bei gleichem wirtschaftlichen Risiko größer ist. Für den Besitz oder das Chartern eines Kreuzfahrtschiffes gelten im Übrigen nahezu die gleichen Regularien wie für Eigentums- bzw. Pachthotels.

Hoteliers aus der Ferienhotellerie haben oftmals ein starkes Interesse an derartigen Bindungsmodellen, insbesondere dann,

– wenn sie selbst keine starke Endkundenmarke haben,
– wenn ihnen die Einbindung in Vertriebsorganisationen in den Urlauberquellmärkten fehlt,
– wenn sie neue Quellmärkte ansteuern,
– wenn sie neue Zielgruppen erschließen wollen,
– wenn sie ihre Zimmerauslastung steigern wollen,
– wenn sie einen Partner für das wirtschaftliche Risiko des Hotelbetriebes suchen.

	Kurzbeschreibung	➕ Vorteile	➖ Nachteile
Vertriebspartnerschaft	Veranstalter ist **exklusiver Vertriebspartner** des Hoteliers im Quellmarkt Deutschland	• Sicherung von Exklusivität	• Keine Einflussnahme • Keine langfristige Bindung
Branding-/ Franchise-Vertrag	Hotelier übernimmt **Marke des Veranstalters** und passt ggfs. **Leistungserbringung** an Veranstaltervorgaben und Standards an	• Exklusivität und Erkennbarkeit bei geringem Investment (Markenpräsenz)	• Wenig Kontrolle auf Leistungserbringung
Managementvertrag (mit/ohne Garantie)	Veranstalter übernimmt **Management des Hotels** inkl. Vermarktung in unterschiedlichen Quellmärkten; **im Namen des Eigentümers mit oder ohne Abnahmegarantie**	• Hohe, direkte Einflussnahme • Management Fee	• Ggf. ist Garantie erforderlich • Operatives Risiko
Pachtvertrag	**Pachtung** eines bestehenden Objektes und Management auf **eigenes Risiko und auf eigene Rechnung**	• Hohe, direkte Einflussnahme • Gewinnbeteiligung	• Finanzielles und operatives Risiko
Eigentum/ Beteiligung	**Kauf oder Beteiligung** an einem bestehenden Hotel, Management **auf eigenes Risiko**	• Hohe, direkte Einflussnahme • Gewinnbeteiligung	• Finanzielles und operatives Risiko

(linker Seitenrand: Bindungsgrad)

Abb. III.3: Bindungsmodelle unterscheiden sich in erster Linie über den Bindungsgrad und die damit verbundene Einflussmöglichkeit

	Kurzbeschreibung	Operativer Einfluss	Veranstalter/ Exklusivität	Zusätzliches Ertragspotenzial
Vertriebspartnerschaft	Vertrieb im Quellmarkt	• n/a	• I.d.R. in beschränktem Umfang (Zimmerkategorie)	• Gfs. höhere Veranstaltermarge
Branding-/ Franchise-Vertrag	Vertrieb in eigenen und anderen Ländern	• Im Rahmen des Franchise Vertrages	• Exklusivität zumindest im Quellmarkt Deutschland durchsetzbar	• Gfs. Höhere Veranstaltermarge Franchisefee
Managementvertrag (mit/ohne Garantie)	Aktive Verkaufspreissteuerung (Verantwortung für alle Quellmärkte)	• Direkter Einfluss auf Leistungserbringung und -vermarktung	• Exklusivität direkt steuerbar	• Gfs. Höhere T/O-Marge Managementfee[1]
Pachtvertrag	Aktive Verkaufspreissteuerung (Verantwortung für alle Quellmärkte)	• Direkter Einfluss auf Leistungserbringung und -vermarktung	• Exklusivität direkt steuerbar	• Ergebnis Gfs. Höhere Veranstaltermarge
Eigentum/ Beteiligung	Aktive Verkaufspreissteuerung (Verantwortung für alle Quellmärkte)	• Direkter Einfluss auf Leistungserbringung und vermarktung	• Exklusivität direkt steuerbar	• Hotelergebnis Gfs. höhere Veranstaltermarge

(linker Seitenrand: Bindungsgrad)

[1]Sowohl umsatz- als auch deckungsbeitragsbezogen

Abb. III.4: Bindungsmodelle differenzieren sich nach Einflussmöglichkeiten sowie nach Ertragsmöglichkeiten

3.3 Hotelkapazitätsdisposition bei gebundenen eigenen Hotels

Wenn ein Veranstalter anstrebt Hotels zu binden, egal nach welchem Modell, so orientiert er sich bei der Selektion an bestimmten Auswahl- und Umsetzungskriterien. Es kommt nur ein Zielgebiet in Betracht, für das er ein hohes Volumen produziert und damit auch hohe Charterflugrisiken hat. Aus betrieblichen, organisatorischen und wirtschaftlichen Gründen sollte es sich dabei um eine Ganzjahresdestination handeln, d. h. Griechenland, Bulgarien und Kroatien eher nicht, weil die meisten Hotels in der Wintersaison geschlossen sind und so gut wie kein Charterflugangebot existiert; auch die meisten Fernziele fallen aufgrund zu geringen Volumens dafür aus; gut geeignet sind hingegen Spanien, Türkei, Tunesien und Ägypten.

Das Hotel sollte eine möglichst große, zur Veranstaltermarke passende Zielgruppe ansprechen, was bislang immer auf Familien mit Kindern zutraf, in Zukunft aus demografischen Gründen aber neu bewertet werden muss (vgl. Kap. V.3.3). Ziel der Hotelbindung ist ja eine Exklusivität bzw. Alleinstellung für den größten Quellmarkt Deutschland, die eine Unabhängigkeit von Preisvergleichssystemen sicherstellt. Dazu benötigt das Hotel eine gute bis sehr gute Lage direkt am Strand und sollte vor allem allen Sicherheits- und Umweltkriterien genügen. Mit der beschriebenen Alleinstellung sollen auch Margengestaltungsspielräume für die Profitabilität der Hotelanlage möglich sein, zumal auch Wettbewerbssituation und Kostenstrukturen in die Entscheidungsfindung einbezogen werden müssen. Um mögliche Auslastungsrisiken bei Aufrechterhaltung der Quellmarktexklusivität zu minimieren, benötigt ein solches Hotel eine Vermarktungsorganisation für andere Zielgruppen-kompatible internationale Quellmärkte.

3.4 Kriterien für den Einkauf von Dritthotels

Auch wenn ein Pauschalreiseveranstalter eigene Hotels betreibt oder diese vertraglich bindet, um ein exklusives Unterkunftsangebot in einem Zielgebiet zu haben, so benötigt er doch ergänzend ein ausreichendes Portfolio an nichtexklusiven Hotels ohne Auslastungsgarantie, um Nachfrageschwankungen oder -lücken ausgleichen zu können. In diesen Hotels können auch einer oder mehrere Wettbewerber Zimmerkontingente unterhalten, sodass sich zwischen diesen austauschbaren Hotelangeboten über die Preisvergleichssysteme ein intensiver Preiswettbewerb im Quellmarkt entwickelt. Entsprechend den Anforderungen der jeweiligen Zielgruppen eines Veranstalters oder einer Marke muss ein entsprechendes Sortiment an Hotels unterschiedlicher Ausstattungen, Servicedienstleistungen, Qualitätsstandards und Lagen eingekauft werden.

Die Zimmerkontingente in der **Urlaubshotellerie** werden den verschiedenen Veranstaltern i. d. R. ohne Abnahmerisiko zugeteilt (es sei denn, ein Veranstalter wünscht dies z. B. in einem attraktiven, stark gefragten Haus). Zu bestimmten vertraglich vereinbarten **Release-Terminen** werden die Buchungsstände und Buchungserwartungen der jeweiligen Veranstalter überprüft und bei starken Abweichungen zur Planung Kontingente zurückgegeben, mit anderen Veranstaltern getauscht oder aufgestockt. Bei attraktiven Häusern, z. B. in bester Strandlage, können die Hotels auch ohne Abnahmegarantien u. U. Vorauszahlungen für die zugeteilten Zimmer verlangen. Während der Saison werden bei starker Nachfrage und ausreichenden Flugkapazitäten Zubucherhotels pro rata nachgekauft, d. h. zu einer bestimmten Zimmerrate, die gilt, solange der Vorrat reicht.

Eine weitere Möglichkeit, ein umfangreiches nichtexklusives Hotelportfolio anzubieten, ist die Nutzung von **Bettenbanken**. Bettenbanken sind Großhändler von Hotelzimmern und weiteren Zielgebietsleistungen wie Ausflüge, Transfers und Eintrittskarten für Events und Sehenswürdigkeiten. Die meisten sind aus Zielgebietsagenturen heraus entstanden, die diese Leistungen für Reiseveranstalter einkaufen und abwickeln. Die Anbieter von Bettenbanken übernehmen neben der Einkaufsfunktion, die Vertrags- und Kontingentsverwaltung sowie die Angebotsdarstellung und Qualitätskontrolle für zahlreiche zumeist kleine Hotels, deren Kapazitäten für Direktverträge mit mehreren Reiseveranstaltern und Quellmärkten zu klein sind. Sie leiten die eingekauften Kapazitäten entweder unter Einrechnung einer Marge zu Nettoraten an Reiseveranstalter oder gegen Zahlung einer Provision zu Bruttoraten an stationäre oder Online-Reisevermittler weiter. Den Veranstaltern oder Vermittlern obliegt im Wesentlichen die Inventarisierung in den Reservierungssystemen, die Vermarktung im Quellmarkt sowie das Inkasso von den Vertriebskanälen und/oder den Kunden. Häufig werden die Hotelangebote aus den Bettenbanken erst während einer laufenden Saison zur Sortimentsergänzung in ausgewählten Zielgebieten genutzt und sind daher nur in den Reservierungssystemen und selten in Reisekatalogen zu finden. Fachlich wird ein solches Hotelsortiment international auch als **Longtail-Angebot** bezeichnet. Insbesondere Online-Anbieter nutzen diese Möglichkeit, weil sie deutlich schneller und effizienter an ein möglichst umfangreiches Hotelsortiment gelangen als über den klassischen Hoteldirekteinkauf. Die Hotels werden dann zur dynamischen Paketierung mit den in den Reservierungssystemen verfügbaren Flugkapazitäten genutzt. Die größten Bettenbanken arbeiten global und heißen GTA (früher Gulliver Tours/Kuoni Group), Hotelbeds (früher TUI), Sunhotels, Miki Travel und Travellanda.

Auch beim Einkauf fremder Hotels sind verschiedene strategische Überlegungen von Bedeutung. Einerseits könnte es sinnvoll sein, keine Kontingente in Hotels des jeweilig unmittelbaren Wettbewerbers einzukaufen, um dem unmittelbaren Wettbewerb um bestimmte identische Zielgruppen zu entgehen. Andererseits könnte es sinnvoll sein, in den nichtexklusiven Hotels des wichtigsten Wettbewerbers jeweils kleine Kontingente einzukaufen und diese gezielt mit einer geringen Marge preisaggressiv anzubieten, um bei den Kunden und Reisebüros ein preiswertes Image zu erhalten. Im günstigsten Fall werden diese kleinen mengenbeschränkten Margenverluste über die Auslastung und Verkäufe in den Exklusivhotels kompensiert und damit der Zielgebiets-Yield auch strategisch gesteuert. Derartige Geschäftspraktiken gehören zum **strategischen Einkauf**, sollten aber gut überlegt werden, wenn man mit den

Wettbewerbern in anderen Zielgebieten oder bei der Risikoaufteilung auf gemeinsamen Charterflügen weiter zusammenarbeiten will.

3.5 Kalkulation und Pricing von Pauschalreiseveranstaltern mit Hotelgarantien

Bei einem eigenen oder vertraglich gebundenen Hotel mit Abnahmegarantie ist zunächst ein auslastungsbezogener Basispreis pro Zimmer und Person zu ermitteln. Wenn ein Hotel außer im Rahmen eines Pauschalpaketes auch als Einzelleistung verkauft wird, so müssen im zweiten Schritt im Rahmen einer **Yield-Kalkulation** quellmarktbezogene und saisonale Preiszuschläge aufgeschlagen werden. Wird das Hotel ausschließlich im Pauschalpaket verkauft, so werden diese Preiszuschläge erst nach Zusammenstellung aller Leistungen aufgeschlagen. Bei Zubucherhotels bzw. bei Hotels ohne Abnahmegarantien wird üblicherweise der bereits saisonal- und/oder quellmarktbezogene Einkaufspreis des Hotels übernommen und mit einem Margenaufschlag versehen.

3.6 Unterkunftseinkauf ohne Transportrisiken

Für Reiseveranstalter, die nur Hotels für kurze Aufenthalte anbieten wie bei Städtereisen, Rundreisen und bei Buchung von verschiedenen Aufenthaltsbausteinen in einem Zielgebiet, das i. d. R. auch kein reines Urlaubsziel ist, spielen diese Überlegungen sowie Einkaufsstrategien und Abnahmegarantien hingegen keine Rolle, zumal die meisten gebuchten Hotels keine reinen Urlaubshotels sind und noch viele andere Märkte und Zielgruppen bedienen, oftmals selbst einer Kette mit einer starken Endkundenmarke angehören und zumeist bereits technisch und organisatorisch in nationale und internationale Vermarktungssysteme eingebunden sind. Dies ist in der Städtehotellerie der Regelfall.

Die Veranstalter mit einem derartigen Hotelsortiment sind i. d. R. Veranstalter von Baustein-, Fern- oder erdgebundenen Reisen und bieten die Hotelleistung auch allein zum jeweiligen Einzelpreis an. Die Hotels bestehen in diesen Fällen i. d. R. auf der Einhaltung der Preisparität in allen Vertriebskanälen, wobei der Veranstalter nicht preiswerter anbieten darf als das Hotel selbst. Da diese Hotels eine Vielzahl von Quellmärkten und Marktsegmenten (Geschäftsreisen, Tagungen/Kongresse, Incentives, private und ethnische Besucher, Urlauber etc.) bedienen, geben sie Veranstaltern i. d. R. nur kleine fließende Kontingente von fünf bis maximal zehn Zimmern, die so lange nachgepflegt werden, wie der Veranstalter weitere anfordert bzw. das Hotel in der jeweiligen Buchungsklasse ausgebucht ist. Wenn ein Veranstalter ein hohes Kundenpotenzial für ein solches Zielgebiet hat (z. B. Städtereisen Berlin oder London), muss er daher eine entsprechend große Anzahl verschiedener Hotels in den verschiedenen Qualitätsstufen einkaufen und anbieten, um das Risiko von Sales-Stopps gering zu halten.

3.11 Flexibler Hoteleinkauf zu Tagespreisen

Sowohl Pauschalreiseveranstalter als auch Bausteinreiseveranstalter kaufen in ihren Zielgebieten ohne Auslastungsgarantie Zubucher- oder **Pro-Rata-Hotelkontingente** nach. Neu ist seit einigen Jahren der Einkauf von Hotelkontingenten zu tagesaktuellen Preisen. Dies geschieht zum einen um „last minute" preisgünstige Hotelrestkapazitäten mit evtl. noch vorhandenen Risikoflugplätzen zu vermarkten. Die gleiche Grundlage besteht für die sog. **X-Veranstalter**, die ohne eigene Garantiekontingente durch Dynamic Packaging Pauschalreisen produzieren, indem sie verfügbare Flüge aus den IBE-Caches mit tagesaktuell eingekauften Hotelzimmern kombinieren und als virtuell produzierte Reisen verkaufen. Um die tagesaktuellen Angebote schnell über IT-Systeme verfügbar machen zu können, erfolgt der Einkauf solcher Unterkunftsleistungen entweder dadurch, dass die Hotels Preise und Verfügbarkeiten selbst online in den Reservierungssystemen der Veranstalter einpflegen oder dies über eine Zielgebietsagentur des Veranstalters zeitnah direkt vor Ort vornehmen lassen.

3.12 Währungsdisposition analog den saisonalen vertraglichen Zahlungsverpflichtungen

Während ein Veranstalter bei der Bezahlung der eingekauften Flüge i. d. R. in der nationalen Währung bezahlen kann, weil die Linienflüge über den Bank-Settlement-Plan der IATA ausnahmslos in Euro bezahlt werden und auch die meist beschäftigten Bedarfsfluggesellschaften aus dem deutschen Quellmarkt kommen, müssen Hotels i. d. R. in der Währung des Ziellandes bezahlt werden. Außerhalb des Euro-Raumes bedeutet dies, dass der Einkaufspreis Währungsschwankungen unterliegen kann, die im ungünstigen Fall die Veranstaltermarge verringern und im günstigsten Fall auch vergrößern. Daher sind Veranstalter bestrebt, durch Devisentermingeschäfte einen Kalkulationskurs abzusichern. Dazu müssen sie ihren Devisenbedarf entsprechend den disponierten saisonalen Hotelkapazitäten pro Zielland und die sich daraus ergebenden Zahlungsfristen ermitteln und absichern. In Kap. II.4.4 wurden die Devisensicherungsinstrumente und -strategien eines Reiseveranstalters ausführlich dargestellt.

3.13 Kalkulation und Pricing von Veranstaltern und Vermittlern ohne Garantieabnahmen

In Kap. I.3.2.1 wurde bereits auf die verschiedenen Geschäftsmodelle von Veranstaltern eingegangen. Wenn ein Veranstalter ausnahmsweise selbst eine Airline oder einen Unterkunftsbetrieb besitzt und führt, so ist er Leistungsträger. Das gilt auch temporär für die Vertragslaufzeit von Charterverträgen mit Airlines oder für Garantieverträge mit Hotels. Ist weder das erste noch das zweite der Fall, dann unterscheidet man zwei Geschäftsmodelle, das Merchant- oder Händlermodell und das Vermittler- oder Maklermodell, die nachfolgend am Beispiel des Hoteleinkaufs dargestellt werden. Ohne Garantieabnahme erfolgt die Auslastungs- und Yield-Kalkulation der Zimmerpreise durch den Hotelier. Beide unterscheiden sich grundlegend und können von den Vertriebspartnern i. d. R. nur alternativ im gleichen Vertriebskanal angeboten werden. Daher müssen Vor- und Nachteile beider Modelle sorgfältig gegeneinander abgewägt werden (vgl. Abb. I.8, S. 36).

3.13.1 Merchant- bzw. Händlermodell

Das **Merchant- bzw. Händlermodell** ist das klassische Veranstaltermodell ohne Risikokontingente. Die wesentlichen **Merkmale** dieses Modells sind:
- langfristiger Einkauf fest verhandelter Hotelkontraktraten mit Saisonlaufzeiten,
- prozentualer Margenaufschlag auf zumeist saisonal gestaffelte Zimmereinkaufspreise,
- in Deutschland und Österreich Preisparität der Angebote in allen Vertriebskanälen der Veranstalter aufgrund des Handelsvertreterrechts,
- Pre-Payment durch die Kunden vor Reiseantritt durch Reisebüroinkasso, Kreditkarte oder Zahlungsanweisung,
- Planungssicherheit für Kunden und Hotel bzw. Leistungsträger durch Kontingente,
- Inkassosicherheit für den Hotelier durch den Veranstalter,
- überwiegende Zielgruppe sind Touristen mit Doppelzimmerbelegung,
- Vermarktung und Produktpräsentation im Katalog und in anderen Medien des Veranstalters,
- Platzierung des Hotelangebots in allen Vertriebskanälen (rund 9.000 stationäre Reisebüros in Deutschland, Online-Vertrieb sowie, je nach Vereinbarung mit dem Hotel, alternative Vertriebskanäle und weitere Quellmärkte),
- Verkaufsunterstützung des Veranstalters durch Außendienst, Schulungen, Produkt- und Zielgebietspräsentationen,
- Qualitätssicherung, Währungssicherheit und Insolvenzschutz in der EU durch den Veranstalter,

- Krisenmanagement durch den Veranstalter bei unvorhersehbaren Krisen, Konflikten und Katastrophen,
- saisonale, nicht zeitabhängige Produktionszyklen des Veranstalters,
- kompetente Berater bzw. Ansprechpartner im Reisebüro und beim Veranstalter,
- flexible Paketierbarkeit und Kombinierbarkeit mit weiteren Reiseleistungen.
- Tagesaktuelle Hotelraten orientieren sich an der aktuellen Nachfragesituation und können sowohl nach oben wie nach unten von den Kontraktraten abweichen.

Die weitaus meisten Ausprägungen des Merchant-Modells sind infolge der vom Veranstalter erbrachten Dienstleistungen vorteilhaft für Kunden und Leistungsträger gleichmaßen. Nachteilig für den Leistungsträger sind dabei vor allem drei Kriterien: die fehlenden dauerhaften, saisonunabhängigen Produktionszyklen, die mangelnde Preisflexibilität durch die Preisparität und die geringe Vermarktungsgeschwindigkeit dieses Modells. Auch die rechtlichen Verpflichtungen aus dem Krisenmanagement können die meisten Leistungsträger/Unterkunftsanbieter nicht erbringen. Daher findet das Merchant-Modell seine größte Verbreitung in Destinationen mit hoher Volatilität hinsichtlich Konflikten, Krisen, Katastrophen oder Epidemien.

Dabei ist ferner zu beachten, dass die Leistungsträger für die Dienstleistungen zwischen 20 und 25 % des Preises dem Veranstalter und dessen Vertriebskanälen überlassen müssen. Insoweit ist das Merchant-Modell ein teurer Vertriebsweg für die Leistungsträger. Beim Direktvertrieb, ob online oder offline, müssten sie allerdings die genannten Dienstleistungen selbst erbringen. Daher halten sie nach Vermarktungsalternativen Ausschau, die die genannten Nachteile kompensieren und gleichzeitig kostengünstiger sind. Dabei kommt das Vermittler- bzw. Maklermodell ins Spiel, das vor allem online eine hohe Attraktivität besitzt.

3.13.2 Vermittler- bzw. Maklermodell

Das **Vermittler- bzw. Maklermodell** ist das klassische Handelsvertretermodell. Beim Vermittlermodell zahlt der Leistungsträger (Handelsherr) dem Vermittler für seine Beratungs- und Vertriebsleistung, die er im Namen und für Rechnung des Handelsherrn erbringt (Geschäftsbesorgungsvertrag) eine Provision und behält die Hoheit über den Endverkaufspreis seines Angebots. Beim Maklermodell erhält der Vermittler bzw. Makler keine Provision vom Leistungsträger, sondern kassiert einen Preis für seine Beratungs- und Vertriebsleistung vom Kunden. Diesen kann er in den Gesamtverkaufspreis des Angebots einpreisen, sodass der Produzent oder Leistungsträger keine Kontrolle über den Endverkaufspreis mehr hat und zudem das identische Produkt bei jedem Makler einen anderen Preis haben kann.

Insbesondere die stark wachsenden Hotelportale wie booking.com und hrs.de sowie Consolidator und **Bettenbanken profitieren** stark vom Online-affinen Vermittler-

bzw. Maklermodell. Die wesentlichen **Merkmale** des ansonsten weitgehend identischen Vermittler- bzw. Maklermodells sind:

- tagesaktuelle Preise und Hotelangebote ohne Kontingente,
- Preisparität des Leistungsträgers ist je nach Gestaltung (Vermittler oder Makler) nicht garantiert,
- Vermarktung allein durch den Leistungsträger,
- sehr kurzfristige Buchungsfristen und Verfügbarkeiten,
- keine Qualitätssicherung für die Kunden durch den Vermittler,
- keine Währungssicherung für die Kunden außerhalb des Euro-Raumes, gezahlt wird in der Landeswährung des Leistungsträgers,
- Gültigkeit der nationalen AGB des jeweiligen Leistungsträgers,
- Zahlung zumeist vor Ort bei Ankunft des Kunden, dadurch geringe Inkassosicherheit für Leistungsträger durch No-Shows,
- sehr kurzfristige Stornoraten mit hohen Stornoquoten,
- geringe Planungssicherheit für die Hoteliers,
- keine Preis- bzw. Yield-Steuerung nach Zielgruppen für den Hotelier möglich,
- hoher Anteil von „unmanaged" Business-Travel- und Privatkunden mit Einzelzimmerbelegung, dadurch höhere Angebotsvielfalt in der Städte- als in der Ferienhotellerie,
- bei lokalen Kapazitätsengpässen (Messen, Kongresse, Events etc.) keine Verfügbarkeiten und hohe Preise,
- tagesaktuelle kurzfristige Sonderpreise möglich,
- hohe Planungs- und Buchungsflexibilität für die Kunden.

Für Leistungsträger/Hotels und Kunden ergeben sich viele Vorteile durch die Flexibilität und Vermarktungsgeschwindigkeit dieses Modells. Verbraucherschutz im Quellmarkt und Krisenmanagement im Zielgebiet sowie Planungssicherheit bleiben hingegen weitgehend auf der Strecke. Bei der Bereisung von nationalen und EU-Destinationen dürften diese Kriterien allerdings von untergeordneter Bedeutung sein, sodass die Verbreitung des Merchant- und des Vermittlermodells auch stark von den jeweiligen Destinationen und Reisezwecken abhängt.

4 Funktionen von Zielgebietsagenturen – Einkauf von Zusatzleistungen

Neben den Hauptreiseleistungen Transport und Unterkunft kauft ein Reiseveranstalter weitere Zusatzleistungen ein wie z. B. Sonderleistungen wie Campmobile, Boote, aber auch ergänzende Leistungen wie u. a. Transfers, Mietwagen, Bahn- und Fährfahrkarten, Rundreisen- und Ausflugspakete, Reiseversicherungen, Eintrittskarten zu Sport- und Kulturevents, Gastronomieleistungen, Tourguides und Reiseleiter. Die meisten dieser Leistungen werden direkt vom Quellmarkt aus eingekauft und disponiert, wobei dabei entweder das Merchant- oder das Vermittlermodell (vgl. Kap. III.3.13) zum Tragen kommt. Viele Leistungen werden aber auch über Agenturen in den Zielgebieten eingekauft, organisiert und disponiert.

4.1 Aufgaben und Funktionen von Zielgebietsagenturen in der Prozesskette der Reiseveranstalter

4.1.1 Transferplanung und Transfersteuerung

Bei klassischen Pauschalreiseveranstaltern ergibt sich die Notwendigkeit, die große Anzahl der jeweils ankommenden und abfliegenden Gäste zwischen Flughafen und Hotel mit Bussen zu befördern. Diese Busse werden i. d. R. von lokalen Busunternehmern im Zielgebiet gemietet; bei den großen Konzernveranstaltern stehen einige Busse auch im Eigentum oder Leasing der Zielgebietsagentur oder des Veranstalters bzw. werden pro Saison nur für einen Veranstalter exklusiv genutzt.

Um die Transfers optimal steuern zu können ist es wichtig, dass die Charterflüge aus den verschiedenen Quellmarktflughäfen in einem engen Zeitfenster am Zielflughafen ankommen (vgl. Kap. III.2.2). Idealerweise holen die Transferbusse die abfliegenden Gäste morgens vom Hotel ab und bringen sie zu den Flugzeugen, die am späten Vormittag oder mittags zurück in die Heimat fliegen. Am Flughafen nehmen sie die mit diesen Flugzeugen ankommenden Urlauber in Empfang und bringen diese am frühen Nachmittag zu ihren Hotels. In den 4–6 Stunden Zeitspanne können die Hotels den notwendigen Zimmerservice für die neuen Gäste durchführen. Dieses Beispiel zeigt, welche logistische Meisterleistung Pauschalreiseveranstalter zu leisten imstande sind. Die gesamte **Transferorganisation** ist dabei eine der Hauptaufgaben von Zielgebietsagenturen, die sie in volumenstarken Zielgebieten exklusiv für einen Veranstalterkonzern (zumeist die Muttergesellschaft) oder in volumenschwachen Destinationen für mehrere Veranstalter gemeinsam erbringen.

In kleinen Zielgebieten, bei Baustein- und Spezialreiseveranstaltern, deren Gäste nicht gebündelt mit Charterflügen, sondern verteilt über verschiedene Linienflüge im

https://doi.org/10.1515/9783110481457-017

Zielgebiet ankommen, werden auch private Transfers mit Limousinen angeboten, die aber i. d. R. als Reisebausteine individuell hinzugebucht werden müssen.

4.1.2 Organisation von Ausflügen und Rundreisen im Zielgebiet

Zielgebietsagenturen sind teilweise selbst Veranstalter. Sie produzieren auf eigene Rechnung **Ausflüge** und vermitteln Zusatzleistungen vor Ort für die Gäste der Reiseveranstalter. Die Leistungsabwicklung wird mit lokalen Leistungsträgern durchgeführt. Beratung, Verkauf und Inkasso erfolgen über die Reiseleiter. Sofern die Bezahlung durch den Kunden nicht in lokaler Währung, sondern in dessen Heimatwährung erfolgt, sind wie beim klassischen Veranstaltergeschäft u. U. Devisensicherungsinstrumente erforderlich. Die gleichen Voraussetzungen gelten auch für die Organisation von Landausflügen für Kreuzfahrtenpassagiere.

Zielgebietsagenturen produzieren und kalkulieren aber auch für die Quellmarktveranstalter fertige Rundreisenpakete, z. B. Busrundreisen, wie ein Groundoperator und verkaufen diese an die Veranstalter weiter. Werden diese Rundreisenpakete exklusiv für einen Veranstalter organisiert, so trägt dieser das wirtschaftliche und rechtliche Veranstalterrisiko. Werden sie verschiedenen Veranstaltern im gleichen Sprachraum angeboten, so trägt die Zielgebietsagentur als Veranstalter das wirtschaftliche Auslastungsrisiko. Auch hier könnte eine Devisensicherung erforderlich werden, je nachdem in welcher Währung die Einnahmen erzielt werden und aus welchem Quellmarkt die Kunden kommen.

4.1.3 Reiseleiterdisposition

In Destinationen mit großen Urlaubervolumina – insbesondere den Pauschalreisezielen – unterhalten Veranstalter eigene **Reiseleitungen**. Diese Reiseleitungen sind den Veranstaltermarken zugeordnet und erste Ansprechpartner für die Urlauber
- bei Fragen und evtl. Sonderwünschen,
- bei Reklamationen,
- beim Krisenmanagement,
- bei der Transferbetreuung,
- für die Organisation von Zusatzleistungen,
- für Beratung und Verkauf von Ausflügen sowie
- für allgemeine Unterstützung der Urlauber bei individuellen Problemen, Erkrankungen und Unregelmäßigkeiten.

Diese Reiseleitungen arbeiten daher aus logistischen Gründen eng mit den jeweiligen Hotels und Zielgebietsagenturen zusammen. Sie sind daher häufig in der Nähe der Räumlichkeiten der Zielgebietsagenturen angesiedelt bzw. über diese erreichbar.

Reiseleiter sind häufig saisonal beschäftigte **Freelancer,** seltener Festangestellte, dann aber zumeist lokale Mitarbeiter. Zur Vermeidung ggf. unerwünschter bzw. nicht benötigter Kranken-, Renten- und Arbeitslosenversicherungsverpflichtungen, die ohnehin keine Leistungen im ausländischen Zielgebiet erbringen, werden sie häufig über **Beschäftigungsgesellschaften** in der Schweiz angestellt und können sich dann nach ihren tatsächlich notwendigen individuellen Wünschen für die Zielgebietsländer sozial versichern.

Neben den Reiseleitern werden je nach Zielland auch **lokale Tourguides** als Freelancer beschäftigt. Aufgrund von gesetzlichen Auflagen müssen in vielen Ländern lokale Tourguides häufig Einheimische sein, die nicht für die allgemeine Gästebetreuung, sondern für fachspezifische historische, kulturelle oder sonstige themenbezogene Führungen und Erklärungen zuständig sind.

4.1.4 Krisenmanagement im Zielgebiet

Besondere Bedeutung kommt seit einigen Jahren der Funktion der Zielgebietsagenturen und Reiseleiter als Krisenmanager zu. In jedem Zielgebiet unterhält ein Veranstalter inzwischen eine „Emergency Hotline", die es dem Kunden im Krisenfall ermöglicht, umgehend mit der Reiseleitung oder dem Veranstalter direkt Kontakt aufzunehmen, So wurden allein 2011 22 Naturkatastrophen gezählt, darunter mehrere Erdbeben, Zyklone, Tornados, Hurrikans und sonstige schwere Stürme, außerdem der Tsunami in Japan, Überschwemmungen, Erdrutsche, Sturzfluten, Lawinen und Waldbrände. Hinzu kamen politische Unruhen in Tunesien, Libyen und Ägypten sowie anderen Ländern in Nahost mit umfangreichen Evakuierungsmaßnahmen und die noch immer nicht beendeten Kriegsfolgen im Irak, in Syrien und Afghanistan. Terroranschläge rund um die Welt, die Kernkraftwerkskatastrophe in Fukushima, Unfälle mit Flugzeugen, Reisebussen, Eisenbahnen und in Hotels sowie Epidemien stellten darüber hinaus zum Teil extreme Anforderungen an das Krisenmanagement der Veranstalter und deren Reiseleiter in den Zielgebieten. Das **Krisenmanagement** von Reiseveranstaltern wird im Kap. III.14 vertieft.

4.1.5 Weitere Services und Dienstleistungen von Zielgebietsagenturen im Rahmen der Prozesskette der Reiseveranstalter

Folgende Services und Dienstleistungen können Zielgebietsagenturen optional für die Reiseveranstalter erbringen. Bei Agenturen, die Filialen oder Beteiligungen der Veranstalter sind, ist das Aufgabenspektrum umfassender und die Kontrollspanne sowie der Durchgriff auf die Leistungsqualität größer als bei Fremdagenturen:

- permanente Qualitätskontrolle der Vertragspartner der Reiseveranstalter,
- Unterstützung des Reiseveranstalterkundendienstes und der Reiseleiter bei Leistungsstörungen,
- Unterstützung der veranstaltereigenen und Management-, Pacht- sowie Franchisehotels,
- Einkauf im Auftrag der Veranstalter von nichtexklusiven FIT-Hotels ohne Kapazitätsgarantien bei Kontingentshandling und Verfallsfristen,
- Aufbau von Zielgebiets**bettenbanken,**
- permanente Beschaffung von Hotels mit tagesaktuellen Preisen und Verfügbarkeiten sowie Datenerfassung für die Reservierungssysteme und Internet-Booking-Engines (IBEs) der Veranstalter,
- Einkauf und Contracting lokaler Zusatzleistungen und Services sowohl auf eigene Rechnung als auch im Auftrag der Veranstalter,
- **Voucher-Clearing**, Weiterbelastung und Abrechnung mit Zielgebietshotels, lokalen Reisedienstleistern und den Reiseveranstaltern im Quellmarkt,
- bei entsprechendem Know-how: Airport- und Hafenagenturhandling für Airlines und Reedereien,
- bei konzerneigenen Agenturen: je nach Know-how und lokalen Voraussetzungen Übernahme von Administrationsdienstleistungen (Abrechnung, Buchhaltung, Callcenter, IT-Services etc.) für den Veranstalter bzw. die Muttergesellschaft oder den Konzern (vgl. auch Kap. III.13 zu zukünftigen digitalen Produktionsmodellen).

4.2 Arten von Zielgebietsagenturen

Zielgebietsagenturen werden grundsätzlich nach dem Angebotsspektrum und dem Eigentümerstatus unterschieden:

1. **Full-Service-Agenturen** bieten die gesamte Leistungspalette an und sind zumeist Filialen oder kontrollierte Beteiligungen der Veranstalter und damit deren verlängerte Produktionsplattform. Derartige Agenturen werden von den großen Veranstaltern vor allem in den Volumendestinationen unterhalten.
2. Daneben gibt es **unabhängige Zielgebietsagenturen,** die neutral für mehrere Veranstalter tätig sind. Derartige Agenturen sind zumeist in Destinationen mit geringem Reisevolumen und/oder für mittlere und kleine Veranstalter tätig. In der Regel sind sie in der Lage, das gesamte geforderte Angebotsspektrum anzubieten.
3. Außerdem existieren viele **Agenturen für Spezialsegmente** in einem Zielgebiet wie Gruppen, Bausteinkomponenten (engl.: = Full Individual Travel [FIT]), Kongresse, Messen, Geschäftsreisen, Kreuzfahrten, Studienreisen, Busreisen, Ausflüge etc. Oft nutzt ein großer Veranstalter mehrere Agenturen nebeneinander, durchaus auch zusätzlich zu seiner eigenen Zielgebietsorganisation, wenn er Spezialisten-Know-how benötigt.

4. Eine Sonderform von Zielgebietsspezialisten sind **Groundoperator,** die komplette Rundreisenpakete und Landprogramme einschl. Tourguides und Reiseleitung, aber ohne die Anreisetransportleistungen für ein Zielgebiet anbieten und ihren Firmensitz oft im Quellmarkt haben; Groundoperator bieten zumeist Reisen für exotische oder kleinvolumige Ziele mit schwieriger Infrastruktur und besonderem Spezialwissen an. Dabei müssen oft Kunden mehrerer Veranstalter zu Gruppen gebündelt werden, um die Mindestteilnehmerzahl und/oder eine ausreichende terminliche Durchführungsfrequenz zu erreichen.

4.3 Geschäftsmodelle von Zielgebietsagenturen

Große Veranstalter legen besonderen Wert auf die Exklusivität einer Zielgebietsagentur hinsichtlich der Tätigkeit für einen Quellmarkt. Diese ist immer gewährleistet bei eigenen Filial- und Beteiligungsstrukturen. Je nach Wettbewerb und Interessenlage reicht auch die Quellmarktexklusivität der Agentur für ein Marktsegment aus. Denkbar ist aber auch eine Volumenbündelung gleichsprachiger Märkte, insbesondere wenn bei der Organisation von Gruppen oder Ausflügen eine Mindestteilnehmerzahl Voraussetzung ist.

Die Vergütungsstrukturen der Leistungen von Zielgebietsagenturen können nach unterschiedlichen Kriterien bemessen und gezahlt werden

- als Umsatzprovision,
- als Handling Fee pro Kunde oder Transaktion,
- als Management Fee für definierte Dienstleistungen,
- durch eigene Kalkulation und eigenen Yield bei selbst veranstalteten Rundreisen und Ausflügen,
- durch Kostenerstattung (i. d. R. aus steuerlichen Gründen nur bei eigenen Filialen und Beteiligungen),
- durch eine Kombination der aufgeführten Varianten.

5 Produktkalkulation und Pricing

5.1 Begrifflichkeiten und Grundlagen

Die Preisbildung für ein touristisches Produkt setzt sich zusammen aus der Kalkulation der touristischen Kosten und dem wettbewerbsorientierten Pricing. Teil des Preisbildungsprozesses ist dabei das Yield-Managment für die auslastungsbasierte Ertragsoptimierung, Die dabei auf die verschiedenen Komponenten wirkenden Einflussparameter verschaulicht Abb. III.5.

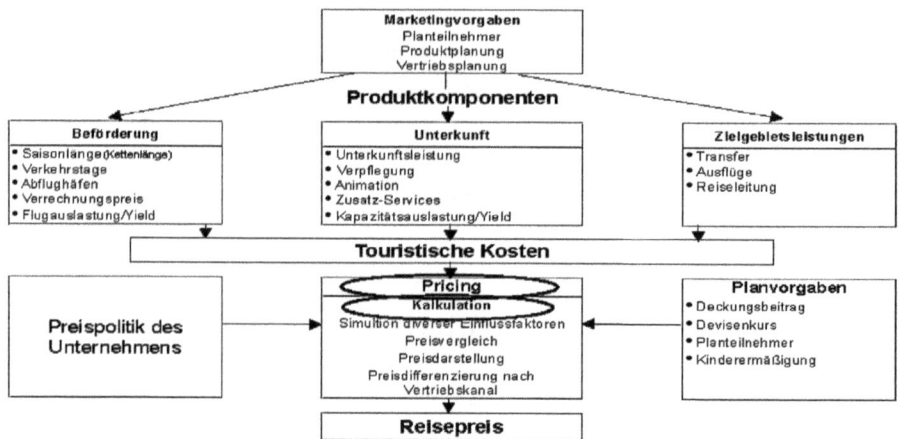

Abb. III.5: Preisbildungsprozess einer Flugpauschalreise (Quelle: in Anlehnung an BASTIAN/BORN 2004: 127 f. und POMPL 1996: 279)

5.1.1 Yield-Management

Yield-Management bzw. das entsprechende Synonym Revenue Management bedeutet wörtlich Ertragssteuerung. Die Idee entstand in den 70er-Jahren bei der Deregulierung des US-Luftverkehrsmarktes, als Airlines versuchten, ihre Wettbewerbsfähigkeit durch Preiskämpfe zu dokumentieren. Dabei teilten sie die Kapazität eines Flugzeugs auf in verschiedene Buchungs-/Preisklassen, die insgesamt den Umsatz bzw. den Ertrag bei weitgehend stabilen Fixkosten pro Flug maximierten. Als Preisbildungsregel für das Yield-Management kann man somit die Bereitschaft zur Zahlung unterschiedlicher Preise für die identische touristische Leistung bezeichnen, die darauf basiert, dass dieses Produkt im Zeitablauf für unterschiedliche Zielgruppen mit verschiedenen Bedürfnissen einen differenzierten Nutzen hat.

Auf dieser Grundlage baut eine saison- und auslastungsbasierte Ertragsoptimierung auf – das sog. Yield-Management. Yield-Management ist die dynamische Anpas-

https://doi.org/10.1515/9783110481457-018

sung begrenzter (und ggf. garantierter) Kapazitäten an die aktuelle Nachfragesituation mit dem Ziel der **Ertragsmaximierung** (vgl. BÖTTCHER 2004: 135). Es ist damit ein Instrument zur Steuerung der Nachfrage und Optimierung des Gesamtumsatzes. Dazu ist es erforderlich, die bei der Planung zugrunde gelegten Planmengen und Preise permanent mit den Ist-Mengen zu vergleichen und ggf. mit dem Ziel der Ertragsmaximierung neu anzupassen. So kann eine Buchungsklasse an einem Tag ausgebucht sein, am Tag darauf aber wieder über Flugplätze verfügen oder es werden bei starker Nachfrage sukzessive von unten nach oben fortlaufend Buchungklassen geschlossen und dieselben Flugsitze in teureren Buchungsklassen weiterverkauft. Daraus resultiert die auch von Low-Cost-Airlines praktizierte Regel, dass Frühbucher auch die günstigsten Preise erhalten.

Die Festlegung der jeweiligen erwarteten preisabhängigen Nachfragemengen ist ein komplexer Vorgang, der sich aus einer Kombination von Erfahrungswerten, mehrjährigen Buchungsverlaufskurven und -statistiken sowie Nachfrageprognosen ergeben. Yield-Management befindet sich permanent im Spannungsfeld zwischen Risikominimierung (schneller Abverkauf der Garantiekapazitäten zu niedrigen Preisen, aber auch mit niedrigen Margen) und Ertragsmaximierung (Verkauf der Garantiekapazitäten zum geplanten Vollzahlerpreis).

5.1.2 Kalkulation

Die Kalkulation erfolgt als Teil der Kostenrechnung, wobei die Kosten der einzelnen touristischen Produkte separat ermittelt werden. Dabei gelten die Maßstäbe, die bereits beim Flugeinkauf (vgl. Kap. III.2.8) und beim Hoteleinkauf (vgl. Kap. III.3.5 bis Kap. III.3.11) erläutert wurden. Wenn Auslastungsrisiken bestehen, dann muss dabei bereits eine Yield-Kalkulation nach Buchungsklassen bzw. Zimmerkategorien, Zielgruppen, Marken, saisonalen Nachfrageschwankungen und Sonderfaktoren wie „empty legs" bei Flügen (der jeweils erste saisonale Rückflug und letzte saisonale Hinflug einer Charterflug-Kette, die i. d. R. nicht zu vermarkten sind und häufig leer bleiben) durchgeführt werden. Bei einer Pauschalreise werden dann alle touristischen Kosten des produzierten Pauschalpaketes zu einem Gesamt-Nettopreis zusammenaddiert.

Wenn die einzelnen Kostenpositionen in unterschiedlichen Währungen anfallen, dann müssen sie über Devisenkurse in die Kalkulationswährung des Veranstalterquellmarktes umgerechnet werden. Ohne Devisensicherungsinstrumente erfolgt diese Umrechnung tagesaktuell zum jeweiligen Zahlungsstichtag an den jeweiligen Leistungsträger und kann damit je nach Abweichung vom Kalkulationskurs die Marge und das Produktergebnis belasten oder verbessern. Durch eine professionelle Devisensicherung (vgl. Kap. II.5.4) ist es möglich, den Kalkulationskurs mittelfristig für eine Saison oder das Touristikjahr abzusichern und damit Wechselkursrisiken zu vermeiden.

5.1.3 Pricing

Basis des Pricing sind die ermittelten **Produktkosten,** auf die eine **Marge** aufge-schlagen werden muss. Wie die kostenorientierte Kalkulation, ist auch das Pricing Bestandteil der Yield-/Ertrags- und Deckungsbeitragsoptimierung. Das Pricing darf nicht nur kosten- und ertragsorientiert erfolgen, vor allem bei Me-too und nichtexklu-siven Vergleichsangeboten/-hotels, in denen auch Wettbewerber Hotelkontingente anbieten, ist eine markt- und wettbewerbsorientierte Preisgestaltung erforderlich, weil die für Kunden wie für Reisebüros verfügbaren Preisvergleichssysteme wie z. B. Bistro die Austauschbarkeit dieser Angebote sofort transparent machen. Solange die Kapazitätsverfügbarkeit gegeben ist, kommt dann i. d. R. immer der Veranstalter mit dem niedrigsten Preis zum Zuge. Dies trifft auf den weit überwiegenden Anteil aller Angebote zu. Nur bei den eher seltenen Exklusivangeboten von eigenen oder exklusiv gebundenen Hotels, für die allerdings dann auch Auslastungsgarantien bestehen, hat ein Veranstalter eine gewisse Preishoheit, wenn sie einen eigenen USP oder Mehrwert durch Lage, Ausstattung oder Zusatzleistungen haben.

Um der Preistransparenz ein wenig zu entgehen, nehmen Veranstalter **Preisdif-ferenzierungen** vor, die wiederum aus den Erkenntnissen des Marketings sowie von Buchungsstatistiken und Erfahrungskurven aus dem Yield-Management resultieren wie z. B. Preiszuschläge und Preisabschläge nach Saisonzeiten, erwartete Nachfra-gespitzen im Zielgebiet, Abflughäfen (ggf. analog zu Saisonzeiten, Schulferien), Al-tersgruppen (Ermäßigungen für Kinder verschiedener Altersstufen, Senioren etc.), Zimmer- und Belegungstypen (Einzel-, Doppel-, Familienzimmer mit oder ohne Meer-blick, Sonderlagen im Hotel). Derartige Preisdifferenzierungen können ebenso wie einkalkulierte Zusatzleistungen und Mehrwerte zu einem divergierenden Nachfra-geverhalten und im günstigsten Falle zu Ertrags- und Auslastungsverbesserungen führen.

5.2 Pricing und Kalkulation bei verschiedenen Produktarten und Geschäftsmodellen

5.2.1 Kalkulation von Einzelleistungen

Werden touristische Leistungen ohne Auslastungsgarantien als Einzelbausteine oder sowohl in einem Pauschalpaket als auch einzeln angeboten, dann muss jede Leis-tung separat für sich kalkuliert werden. In der Regel erfolgt die Preisbildung in diesen Fällen durch einen prozentualen oder festen Margenaufschlag auf den Einkaufspreis der Leistung zuzüglich der jeweiligen Umsatz- oder Margensteuern (vgl. Kap. II.5.1). Die Einkaufspreise sind als mittelfristige Kontraktpreise in diesen Fällen bereits nach der Yield- und Vertriebskanalsteuerung des jeweiligen Leistungsträgers saisonal so-wie nach Zimmer- und Ermäßigungstypen differenziert.

Werden aus diesen Einzelleistungen Pauschalpakete gebildet, so werden i. d. R. die kalkulierten Verkaufspreise lediglich Termin für Termin addiert und ggf. je nach Mehrwerten und Zusatzservices mit individuellen Zu- oder Abschlägen zum Paketpreis berechnet. Vor allem bei Bausteinreisen sind die Reiseleistungspakete nicht vorkonfektioniert, sondern eine Summe aus individuell kalkulierten Bausteinen wie Flügen, Hotels, Ferienwohnungen und -häusern, Mobilheimen, Campmobilen, Haus-, Segel- und Motorbooten, Rundreisen, Kreuzfahrten, Mietwagen, Bahn- und Fährtickets, Ausflügen im Zielgebiet, Reiseversicherungen, Eintrittskarten zu Sport- und Kulturevents.

5.2.2 Kalkulation von Pauschalpaketen

Werden touristische Leistungen mit Auslastungsgarantien ausschließlich als Pauschale verkauft, dann werden die Einkaufspreise aller im Paket enthaltenen Teilleistungen addiert, wobei in die Garantieleistung zuvor allerdings noch die gewünschte Zielauslastung und „empty legs" bei Flügen in den Nettopreis einkalkuliert sind sowie die Umrechungskurse aus der Devisensicherung bei Fremdwährungsleistungen. Auf die so ermittelten Nettopreise werden dann die im Yield-Management vorgesehenen Preiszu- und -abschläge für die verschiedenen Leistungsmerkmale sowie ein saisonal gestaffelter Margenzuschlag nebst der entsprechenden Umsatz- oder Margensteuern berechnet.

Diese Art der Kalkulation hat den Vorteil, dass evtl. notwendige Preisanpassungen relativ schnell über die Veränderung der Margenzuschläge vorgenommen werden können, ohne die komplexe Basis- und Auslastungskalkulation vollständig verändern zu müssen. Denn bei Erreichen der kalkulierten Auslastung gilt eine sehr einfache und transparente Kalkulationsregel, die mit jedem Taschenrechner oder sogar mit Kopfrechnen nachvollzogen werden kann: Saisonaufschlag × Pax = Deckungsbeitrag/Rohertrag. So jedenfalls haben noch die „alten Hasen" oder Pioniere der Pauschalreise gerechnet. Im Zeitalter der IT-Systeme kann man das natürlich auch mit komplexen Matrizen errechnen, ob das erfolgversprechender ist sei mal dahingestellt.

5.2.3 Kalkulation von Vermittlungsprodukten

Bei Vermittlungsangeboten ist der Veranstalter selbst Handelsvertreter des jeweiligen Leistungsträgers (z. B. der Linienfluggesellschaft, der Bahn etc.). Die Preishoheit liegt beim Leistungsträger und i. d. R. kommt der Vertrag für die Reiseleistung direkt zwischen dem Kunden und dem Leistungsträger zustande. Der Veranstalter bekommt für den Verkauf der Vermittlungsleistungen eine Marge in Form einer Provision und/oder Service- oder Vertriebskanalgebühr, die er mit den Leistungsträgern verhandelt. Dabei ist zu berücksichtigen, dass diese Vergütung ausreichend bemessen sein muss, um den buchenden Reisebüros eine Provision zahlen zu können oder die Aufwendungen für andere Online- oder alternative Vertriebskanäle einschl. der eigenen Personal-, Sach- und IT-Kosten decken zu können.

5.3 Funktionen und Wirkungsparameter von Preisen

5.3.1 Frühbucherpreise

Frühbucherpreise sind keine spontane, sondern eine wohlüberlegte Preisbildungsmaßnahme der Reiseveranstalter im Rahmen des Yield-Managements und der Gesamtkalkulation. Je mehr Reisen mit Kapazitätsgarantien früh in einer Saison verkauft werden, umso geringer ist das verbleibende Restkapazitätsrisiko und umso höher ist die Liquidität in den kostenintensiven ersten Monaten einer Saison. Gleichzeitig bietet man Zielgruppen, die langfristig planen können wie Familien mit schulpflichtigen Kindern, günstige Reisen in ansonsten teuren Hochsaisonzeiten an und erschließt neue, zeitlich flexible Zielgruppen wie junge Senioren und Best Ager. Frühbucherpreise haben wesentlich dazu beigetragen, dass die Zahl unverkäuflicher Restkapazitäten als Last-Minute-Angebote oftmals unter Einkaufspreisen deutlich zurückgegangen ist.

5.3.2 Last-Minute-/Kurzfristpreise

Kurzfrist- oder Last-Minute-Angebote sind nicht geplante **Restplatzverkäufe**, die aus unerwarteten Nachfrageschwankungen resultieren und durch andere Risikominimierungsmaßnahmen nicht mehr korrigierbar sind. Die Reisen werden mit deutlichen Preissenkungen verkauft – eine Preismaßnahme, die die Pauschalreiserichtlinie zulässt. Wenn möglich wird der Veranstalter versuchen, diese Reisen mindestens zu Selbstkosten, d. h. zu dem um die saisonalen Margenaufschläge reduzierten Preis anzubieten. Wenn jedoch noch hohe Mengen an Garantieplätzen abgesetzt werden müssen, dann werden diese u. U. auch unter den Selbstkosten verkauft. Diese Maßnahme dient dann immer noch der Verlustminimierung, solange mindestens die variablen Kosten gedeckt werden. Überzählige Restkapazitäten können durch das neu entstandene Geschäftsmodell des **Dynamic Packaging** durch X-Veranstalter deutlich früher und flexibler, oftmals zu einem höheren Preis bzw. einem geringeren Verlust verkauft werden.

5.3.3 Tagesaktuelle Preise

Neben den vertraglich mit den Veranstaltern mit und ohne Risikokontingente vereinbarten Kapazitäten verfügen Fluggesellschaften über Flugeinzelplätze und Hoteliers über weitere Zimmer, die sie entweder in anderen Quellmärkten oder an eigene Privatkunden verkaufen oder die im Zuge von Release-Dispositionen zurückgegeben wurden. Wenn es den Leistungsträgern nicht gelingt diese Kapazitäten vollständig abzusetzen, dann werden sie zu tagesaktuellen Preisen zumeist im Internet oder über **Bausteinreise- und X-Veranstalter** vermarktet. Da es sich in jedem Fall um nachgekaufte Kapazitäten handelt, dürfen diese auch nach Maßgabe der Änderung der Pauschalreiserichtlinie zu anderen als den Saison- bzw. Katalogpreisen neu kalkuliert und vertrieben werden.

5.3.4 Aktionspreise

Für gezielt eingekaufte und produzierte zeitlich limitierte Aktionsangebote werden spezielle Preise kalkuliert. Derartige Aktionsangebote werden üblicherweise nur über ausgewählte alternative Vertriebskanäle angeboten (Handel, Zeitungen, Zeitschriften etc.) bzw. sind Auftragsproduktionen derartiger, zumeist branchenfremder, Vertriebsspartner. Sie sind daher oftmals ohne Vertriebsprovision kalkuliert und werden zu Schnäppchenpreisen als zeitlich und in der Kapazität begrenzte Sonderangebote verkauft, solange der Vorrat reicht.

5.4 Gesetzliche Rahmenbedingungen für das Pricing

Wenn Reiseveranstalter ihre Reisen im eigenen Namen und auf eigene Rechnung über Handelsvertreter stationär oder online verkaufen, dann verpflichten sie sich als Handelsherrn gemäß §§ 84 ff. BGB und § 93 HGB zur Preisbindung und Gleichbehandlung aller Vertriebspartner und Vertriebskanäle (vgl. Kap. III.4.1). Der in einem Katalog veröffentlichte Preis ist gemäß der **EU-Pauschalreiserichtlinie** grundsätzlich verbindlich für die Laufzeit des Katalogs, muss dann aber auch identisch in den Reservierungssystemen und ggf. im Internet angeboten werden. Diese Grundverpflichtung gilt wie die gesamte EU-Pauschalreiserichtlinie nur für Reiseveranstalter, hingegen nicht für andere Leistungsträger und Anbieter touristischer Leistungen (Airlines, Hotels, Mietwagenanbieter, Bahn, Ferienwohnungsvermieter etc.), die ihre Preise jederzeit beliebig verändern können und nur handelsrechtlich an die Gleichbehandlung aller Vertriebskanäle gebunden sind. Die Pauschalreiserichtlinie erlaubt als Verbraucherschutzinstrument Preisflexibilität und Preisanpassungen während der Saison (und Kataloglaufzeit) nur in sehr engen Grenzen.

Preisanpassungen sind grundsätzlich nur möglich vor Abschluss des Reisevertrages – also nicht rückwirkend für bereits getätigte Buchungen – und das auch nur in Form von Preissenkungen. Preiserhöhungen sind nur in wenigen Ausnahmefällen vor Vertragsabschluss und auch nur dann möglich, wenn der Reiseantritt frühestens 4 Monate nach Vertragsabschluss erfolgt. Des Weiteren dürfen die Preiserhöhungen lediglich exogene nicht vorhersehbare Kostensteigerungen betreffen wie z. B. höhere oder neu geschaffene verbindliche Steuern und Gebühren, Kerosinzuschläge der Airlines, gravierende Veränderungen von Wechselkursen etc. Die geplante neue Pauschalreiserichtlinie limitiert Preissteigerungen bis zu 8 %.

Erst die zunehmende Bedeutung des Internets, das keine Saison- und Kataloglaufzeiten als Gültigkeitszeitraum kennt, flexible, tagesaktuelle Preise anbietet und über Preisvergleichssysteme die Internet-Angebote mit den Katalogangeboten vergleichbar macht, hat 2008 einen zusätzlichen Preisanpassungstatbestand geschaffen. Danach ist eine Preisanpassung zulässig, wenn die von Kunden gewünschte und im Katalog angebotene Pauschalreise nur durch den Einkauf zusätzlicher touristischer Leistungen bzw. Kontingente verfügbar ist. Nur durch diese Öffnungsklausel der Pauschalreiserichtlinie sind virtuell produzierte Pauschalreisen von X-Veranstaltern zu tagesaktuellen Preisen juristisch legalisiert, denn diese werden ja erst im Moment der virtuellen Produktion eingekauft.

Unter diesen gesetzlichen Rahmenbedingungen sind dem Pricing von Reiseveranstaltern enge Grenzen gesetzt. Korrekturen von Yield-Planungen sind praktisch nur über Preissenkungen mit Sonderangeboten möglich. So lässt sich allenfalls während einer Saison Schadensbegrenzung bei unvorhersehbaren Nachfrageschwankungen betreiben, aber keinesfalls eine Yield-Optimierung, geschweige denn Ertragsmaximierung. Eine grundlegende Korrektur von Yield und Pricing während einer Saison ist kaum möglich. Auch dieser Sachverhalt trägt dazu bei, dass Reiseveranstalter innerhalb der EU eher bescheidene Renditen erwirtschaften.

6 Stammdatenerfassung und -pflege

Alle Informationen und alle Daten, die während des bisher dargestellten Einkaufs-
und Produktionsprozesses verhandelt, entstanden, zugeliefert, zusammengestellt
und kalkuliert wurden, müssen datentechnisch in den IT-Systemen erfasst werden,
damit die in den Veranstalterreservierungssystemen programmierten Abwicklungs-
funktionen, Automatismen, Subsysteme und Prüfroutinen aktiviert werden. Dies
geschieht durch die Erfassung aller sog. Stammdaten.

6.1 Leistungsträgervertragsverwaltung

Flug- und Hoteleinkäufer sowie Zielgebietsagenturen erfassen die verhandelten Konditionen in einem **Vertragsverwaltungssystem**. Zu diesen quantitativen Daten zählen Einkaufs- und Verkaufspreise, Kalkulationsparameter, Devisenumrechnungskur-
se, Kombinationsoptionen der Leistungen, Termine, Saisonalität, Buchungsklassen,
Zimmerkategorien, Verpflegungs- und Zusatzleistungen. Hinzu kommen die für die
Kunden notwendigen Produktinformationen wie Lagebeschreibungen, Lagepläne,
Belegungsarten, Ausstattungen, Zusatzservices, Bilder, Textbeschreibungen ggf. in
verschiedenen Sprachen etc.). Ferner gehören dazu die notwendigen Unternehmensdaten, Kontaktdaten für Avisierungen, Abrechnungsdaten, Kontoverbindungen, Zah-
lungsziele etc. der jeweiligen Leistungsträger.

6.2 Datenstandards

Durch die zunehmende Bedeutung digitalisierter Vertriebskanäle werden Produkt-
und Preisvergleichsfunktionen als Verkaufsinstrumente immer wichtiger. Deren Funktionsfähigkeit kann aber nur sichergestellt werden, wenn alle Daten über die Leistungsmerkmale touristischer Produkte in einer einheitlichen Systematik und Logik
erfasst und codiert werden. Dazu hat der Deutsche Reise Verband (DRV) die Initiative
ergriffen und insbesondere für Hotelbeschreibungen **Global Types** als Datenstandard
für die Branche geschaffen. Global Types sind Produktattribute, die Reiseangebote in
Reservierungs- und Vergleichssystemen differenziert beschreiben. Inzwischen wurden die Global Types auf den bereits international existierenden GIATA-Code migriert.
Diese Codierung verwenden mittlerweile alle Global-Distribution-Systeme (GDS) sowie viele der großen internationalen Online Travel Agencies (OTA) und Internet-
Booking-Engines (IBEs). Neben den Hotel- und Unterkunftsdaten sind inzwischen
auch Flug-, Kreuzfahrt-, Bahn-, Mietwagen- und viele andere touristische Leistungen mit Global Types im GIATA-Standard dargestellt. Vorreiter sind dabei die großen
Veranstalterkonzerne, während zahlreiche kleine und mittlere Veranstalter und vor
allem Spezialisten die neuen Codierungen noch nicht nutzen.

https://doi.org/10.1515/9783110481457-019

Global Types werden inzwischen auch von den touristischen IT-Datenformaten **OTDS (Offener touristischer Datenstandard)** und **EDF (Einheitliches Datenformat)** genutzt. Gezielte Suchabfragen und Angebotsvergleiche in Internet-Booking-Engines (u. a. Traveltainment, Traffics, Travel IT), auf Preisvergleichssystemen (u. a. Bistro Portal, Check24 und andere Metasearcher) und in Bewertungsportalen (u. a. Holidaycheck) sind nur möglich auf Grundlage dieser IT-Datenstandards. OTDS ist seit 2009 die Systemgrundlage der gängigen deutschen IBEs, während EDF Systemgrundlage der Hub-Player-Systemtechnik von Peakwork bei der dynamischen Produktion von Veranstalterreisen ist. Beide IT-Systeme ermöglichen u. a. die differenzierte Darstellung von Pauschalreisen und verkürzen die Antwortzeiten bei der Reisesuche. Welche der beiden Technologien für einen Veranstalter vorteilhafter ist, hängt sowohl von der strategischen Ausrichtung der dynamischen Produktion wie auch von der Systemarchitektur der hausinternen Reservierungssysteme ab.

6.3 Dokumentation garantierter Qualitätsstandards und Leistungsmerkmale der Leistungsträger

Die verhandelten seitens der Leistungsträger garantierten Qualitätsstandards und qualitativen Leistungsmerkmale werden in einer Produktdatenbank erfasst und durch Einkäufer, Zielgebietsagenturen und Reiseleiter kontinuierlich während der Saison überwacht, Abweichungen vor Ort reklamiert und im System dokumentiert. Dies geschieht aufgrund der gesetzlichen Leistungs- und Sicherheitsverpflichtungen des Reiseveranstalters gegenüber seinen Kunden und gibt ihm bei Leistungsstörungen und dokumentierter Beweiskette Möglichkeiten zur Rückgriffshaftung auf den verantwortlichen Leistungsträger (u. a. die Poolsicherheit in Hotels). Außerdem wirkt es, richtig angewandt, auch vorbeugend und unterstützt sowohl den Kundendienst und evtl. in besonders kritischen Situationen das Krisenmanagement.

6.4 Erfassung der Produkt- und Leistungsträgerdaten im Veranstalterreservierungssystem

Die zahlreichen beschriebenen Daten müssen für jedes einzelne Leistungsobjekt im Reservierungssystem für die Informations-, Buchungs-, Abwicklungs-, Abrechnungs- und Inkassoprozesse bereitgestellt werden. Der Stammdatenerfassungsaufwand ist enorm hoch, wenn ein Pauschalreiseveranstalter ca. 10.000 bis 12.000 Objekte und ein Bausteinreiseveranstalter sogar 40.000 bis 50.000 Objekte pro Touristikjahr anbietet. Umso wichtiger ist es, dass die im Vertragsverwaltungssystem und in der Produktdatenbank erfassten Daten und Informationen weitgehend automatisiert in die Reservierungssysteme eingelesen werden können. Dies setzt aber eine entsprechende Sorgfalt bei der Datenerfassung voraus, denn Stammdatenfehler sind die häufigste Ursache für Fehlkalkulationen, die schnell Margen- und Ertragsverluste verursachen.

Der Datenerfassungsaufwand ist schon enorm hoch, wenn jedes Objekt zweimal im Jahr zur Sommer- und zur Wintersaison für die Katalogveröffentlichung erfasst werden muss und vergrößert sich entsprechend bei dynamischen Produkten mit tagesaktuellen Preisen und Verfügbarkeiten wie sie bei Dynamic Packaging von den sog. X-Veranstaltern angeboten werden. Für diese Produktionsform eignen sich daher eher schnelle Online-Systeme ohne Kontingentsverwaltung, Qualitätsprüfung und komplexe Kombinations- und Zusatzleistungen, für die kein großer Stammdatenaufwand erforderlich ist. Stammdatenaufwand, Fehlerquote und Umsetzungsgeschwindigkeit tagesaktueller Angebote können auch in klassischen Reservierungssystemen durch direkte Schnittstellen zu den Leistungsträgern deutlich verbessert werden.

6.5 Erfassung und Kontrolle der Kalkulationslogiken

Um derartige Stammdatenfehler rechtzeitig erkennen und Verluste vermeiden zu können, sind an verschiedenen Stellen Prüfroutinen eingebaut, die fehlerhafte Datensätze erkennen und zur manuellen Nachbearbeitung auswerfen. Je nach Produkt und Reiseform müssen auch die verschiedenen Kalkulationslogiken in die Systeme eingegeben werden, die sich aus den in Kap. III.2, Kap. III.3 und Kap. III.5 dargestellten Yield- und Pricing-Strategien ergeben. Prüfroutinen z. B. in Form von Margenkontrolllisten sichern auch diese gegen Stammdatenfehler ab. Auch die in den Allgemeinen Geschäftsbedingungen (AGB) festgelegten Storno- und Umbuchungslogiken einschl. der damit verbundenen Verprovisionierungsregeln müssen korrekt erfasst werden.

6.6 Hinterlegung der Abrechnungsdaten in den Buchhaltungssystemen

Einige der in das Veranstalterreservierungssystem eingegebenen und dort weiterverarbeiteten Daten müssen weitergeleitet werden in die Debitoren- und Kreditorenstammdaten der über Schnittstellen verbundenen Buchhaltungs- und Abrechnungssysteme der Veranstalter. So müssen die Einkaufspreise und die damit verbundenen Produktstammdaten und Buchungscodes mit den Leistungsträgern in der Debitorenabrechnung so hinterlegt werden, dass die Überweisungen bzw. Zahlungschecks analog zur Voucher- und/oder Ticketabrechnung zu den Zahlungsstichtagen so weit wie möglich automatisiert erzeugt und verbucht werden. Gleiches gilt für die Umsätze bzw. Verkaufspreise und die damit verbundenen Produktstammdaten und Buchungscodes, die in der Kreditorenabrechnung entweder per Direktinkasso oder Zahlungsträger direkt von den Kunden vereinnahmt werden oder zu bestimmten Fristen gesammelt bei den Reisebüros abgebucht werden. Je höher die Stammdatenqualität ist, umso mehr Kontierungen können von den Buchhaltungssystemen automatisiert abgewickelt werden und desto geringer ist der kostenintensive manuelle Aufwand.

6.7 Vorgaben für Reiseunterlagen- und Reisebeilagenkonfektionierung

Für jedes einzelne Objekt müssen in den Produktstammdaten die Informationen über die zu erstellenden Bestätigungen, Reisedokumente, Voucher, Tickets sowie die beizukonfektionierenden Reiseunterlagen und Reisebeilagen (Wegebeschreibungen, Reiseführer, Karten etc.) erfasst sein. Reisebestätigungen für Veranstalterleistungen beinhalten einen Sicherungsschein, Bestätigungen für eine einzelne Vermittlungsleistungen hingegen nicht. Ferner können Reisebeilagen und Reiseführer nach dem Gesamtwert eines Buchungsvorgangs qualitativ differenziert werden. Je höher der Buchungswert ist, umso umfangreicher und qualitativ hochwertiger sind die Beilagen. Durch entsprechende Vorgaben und Logiken sollte vor allem bei Bausteinbuchungen im gleichen Zielgebiet vermieden werden, dass ein Kunde die gleichen Beilagen mehrfach erhält.

6.8 Erstellung von Dispositionslisten für den Versand

Wenn ein Buchungsvorgang mehrere Objekte umfasst, dann müssen dazu die verschiedenen Voucher, Tickets, Reisebeilagen und Reiseführer aus unterschiedlichen Quellen und Druckmaschinen zusammengetragen werden. Dies geschieht mithilfe von Dispositionslisten, die auf Basis des Buchungsvorgangs erfasst werden. Mittels dieser Listen erfolgt der Unterlagenversand an die Kunden direkt oder per Sammelpost an die Reisebüros. Anhand der Dispositionslisten kann auch erkannt werden, wann bei Bausteinbuchungen mit terminlichen Lücken und Brücken der Beginn der ersten Leistung ist, sodass die Unterlagen rechtzeitig beim Kunden sind.

6.9 Elektronische Tickets und Reiseunterlagen

Egal ob Reiseunterlagen gedruckt oder digital erstellt werden, die notwendigen Informationen dazu müssen mit Stammdaten in den Systemen hinterlegt werden. **Elektronische Tickets** und Reiseunterlagen beschleunigen den Informationstransfer und sparen Druck- und Versandkosten. Bei Pauschalreisebuchungen oder Kreuzfahrten, bei denen i. d. R. alle Reiseleistungen nur von einem Veranstalter produziert werden, ist dies sicherlich der optimale Weg, weil die Leistungskette für Veranstalter wie Kunden transparent ist. Anders sieht es aus, wenn eine Reise aus Leistungen verschiedener Veranstalter und Leistungsträger besteht, weil die einzelnen Leistungserbringer keine Informationen über die gesamte Leistungskette haben, sodass auch unklare Verantwortlichkeiten bezüglich einzelner Leistungen, z. B. beim Krisenmanagement, bestehen. Die gesamte Verantwortung liegt dann beim Kunden, der als einziger volle Transparenz über seine individuelle Leistungskette hat und Umfang und Vollständigkeit der Tickets und Reiseunterlagen prüfen muss, die er je nach Veranstalter oder Leistungsträger mal digital mal auf Papier erhält. Bei Informationslücken und Fehlern muss er selbst eine Lösung finden, es sei denn, er bucht alle Leistungen über ein Reisebüro, das ihm dann helfen kann.

Gleiches gilt übrigens für Reise-Apps, mit denen ein Veranstalter bezüglich der gebuchten Leistungen vor, während und nach der Reise mit seinen Kunden in Kontakt bleiben möchte. Bucht der Kunde mehrere verschiedene Leistungen bei verschiedenen Veranstaltern hilft eine Veranstalter-App (wie z. B. MyTUI, MyITS) nicht. Abhilfe schafft dann lediglich eine Reisebüro-App (z. B. MyDER), wenn alle Leistungen über dasselbe Reisebüro gebucht worden sind.

7 Angebotsdarstellung

Mit der Stammdatenerfassung sind die wesentlichen Prozesse der Herstellung und Organisation von Veranstalterreisen weitgehend abgeschlossen. Alle Schritte können aber im Laufe einer Saison iterativ wiederholt und nachgebessert werden. Mit der umfassenden Datenbereitstellung sind zugleich die Voraussetzungen für den Vertrieb der Reiseleistungen geschaffen. Die Angebotsdarstellung wird hier den Marketing- und Vertriebsfunktionen zugeordnet. Sie ist im Dienstleistungssektor zugleich aber wichtiger Bestandteil des eigentlichen Produktes, das dabei visualisiert wird und ansonsten nur immateriell existiert. Nachfolgend werden nunmehr die vier wichtigsten Vertriebsfunktionen eines Reiseveranstalters beschrieben. Dabei wird nur auf die besonderen Spezifika der einzelnen Prozessschritte und deren Zusammenhänge eingegangen. Weitere fachliche Details sind anderen Teilen dieses Buches (s. Teil IV) und der Grundlagenliteratur zum Thema Marketing- zu entnehmen.

Einleitend sei darauf hingewiesen, dass es zum Teil gravierende Unterschiede zwischen den stationären und den Online-Marketing- und Vertriebsfunktionen gibt, auf die an den entsprechenden Stellen ausdrücklich hingewiesen wird.

7.1 Katalogproduktion für den Reisebürovertrieb

Im Agenturvertrieb wird unverändert der klassische Veranstalterkatalog als wichtigstes Vertriebsinstrument für Pauschal- und Bausteinreisen verwendet. Einzelreiseleistungen, insbesondere Vermittlungsleistungen wie z. B. Flüge, Städtehotels, Mietwagen, Eintrittskarten, Bahn- und Fährtickets werden auch im Reisebüro i. d. R. nur über Verkaufs- und Reservierungssysteme verkauft und benötigen normalerweise keine ausführlichen Erklärungen und Produktbeschreibungen, zumal dafür auch noch der Reisebüroberater unterstützend zur Verfügung steht.

7.1.1 Angebotsbeschreibungen

Alle Informationen, die in den Stammdaten erfasst sind, müssen für einen Reisekatalog verständlich, transparent und korrekt in Textform und Tabellenform umgesetzt werden. Dabei müssen die Beschreibungen gemäß der EU-Pauschalreiserichtlinie sachgerecht, fehlerfrei und verbindlich sein, weil der Kunde sonst ein Recht auf Reiserücktritt oder bei angetretener Reise auf Kaufpreisminderung bzw. Schadensersatz hat. Dies bedeutet, dass ein Veranstalter auch bekannte Mängel oder Leistungsbeschränkungen kommunizieren muss. Wie elegant dies sprachlich versteckt werden darf, ist Auslegungssache. Fast die Hälfte aller gerichtlich behandelten Reiserechtsfälle betrifft allein die Interpretation bzw. missverständliche Darstellung von Produkten und Leistungsversprechen.

https://doi.org/10.1515/9783110481457-020

Abgesehen von diesen sachlichen und rechtlichen Anforderungen und Informationsdetails sollen die Angebotsbeschreibungen letztendlich auch noch kommunikativen Marketingzwecken dienen und für die Kunden attraktiv und ansprechend zu lesen sein. Dies ist auch bei der Auswahl der Mitarbeiter bzw. der Agenturen zu berücksichtigen, die die Texte schreiben sollen. Für die Kataloggestalter ist dies bei einem im Printbereich eng bemessenen Platz eine Herkulesaufgabe. Daher wird zumeist hinsichtlich der etwas spärlich ausfallenden Werbeaussagen auf die Kompensation durch die begleitenden Bilder und die Empfehlungen des Reisebüroberaters gesetzt.

7.1.2 Bildauswahl

Auch die Bildauswahl unterliegt den gleichen Anforderungen der EU-Pauschalreiserichtlinie. Allerdings kann durch animierende Bildgestaltung vieles, was textlich nüchtern und sachlich beschrieben werden muss, kompensiert oder attraktiv gemacht werden. Bei der Beschaffung und Auswahl der Bilder sind zudem einige Grundregeln zu beachten.

In Printmedien werden qualitativ hochwertige Bilder benötigt. Die sicherste, aber auch teuerste Quelle hochwertiger Bilder sind Bildagenturen. Für großformatige Bilder wie z. B. Katalogtitel oder Plakate ist dieser Beschaffungsweg zu empfehlen. In diesem Fall sollte vorher geprüft werden, ob ein Bild oder eine Bildserie für ein Objekt oder Motiv mehrfach und ggf. auch für einen längeren Zeitraum (mehrere Katalogperioden, verschiedene Medien etc.) verwendet werden darf. Dies ist meistens billiger als eine Einmalverwendung. Ein Vorteil ist auch, dass man sich nicht mehr um Bildrechte und Bildverwaltung kümmern muss.

Werden Bilder aus nichtoffiziellen Quellen, direkt vom Leistungsträger, aus Privatbeständen oder durch selbst produzierte Fotos von Einkäufern, anderen Mitarbeitern oder Zielgebietsagenturen verwendet, so sind zunächst einmal die Rechte des Bildeigentümers zu klären, der dafür eine Honorierung verlangen kann – auch nachträglich, wenn er vor der Veröffentlichung nicht gefragt wurde. Außerdem ist sicherzustellen, dass alle auf den Bildern zu erkennenden Personen ihr Einverständnis zur Veröffentlichung gegeben haben. Ferner ist zu prüfen, welche Qualität die Bildquelle hat und ob sie für die geplante Verwendung zu gebrauchen ist. Wenn alle diese Voraussetzungen gegeben sind, muss auch noch eine entsprechende Bilddatenbank aufgebaut, katalogisiert und gepflegt werden. Insgesamt können die dabei entstehenden Kosten sogar höher als beim Erwerb des Copyrights von einer Bildagentur sein.

7.1.3 Layoutgestaltung

Im Rahmen der Layoutgestaltung eines Katalogs bzw. einer Katalogseite wird ein Ordnungssystem geschaffen aus Texten, Bildern, Grafiken und Tabellen, das die für den

Kunden wichtigen Informationen leicht auffindbar macht. Dazu dienen auch Titelseiten, Einstiegs- und Übersichtsseiten, Thesauren, Überschriften und Gliederungskriterien innerhalb eines oft mehrere Hundert Seiten umfassenden Katalogs. Bei großen Veranstaltern wird für jede Marke ein immer wiederzuerkennender Layoutrahmen geschaffen, um den Kunden Wiedererkennungseffekte zur Markenbindung zu bieten. Das beginnt bei den in den Reisebüroregalen prominent ausgestellten Katalogtiteln (z. B. bei DER Touristik: DERTOUR mit zielgebietstypischen Landschaftsaufnahmen, Meier's Weltreisen mit Portraitaufnahmen von zielgebietstypischen Einwohnern, ADAC Reisen mit ADAC-Farblayout mit zielgbietstypischer Collage von Landschaftsmotiven) und setzt sich fort innerhalb der Kataloge, wo sich die inhaltlichen Rubriken immer an denselben Positionen wiederfinden.

Durch die Layoutgestaltung können optisch viele unschöne, aber unvermeidliche Gestaltungsschwächen wie kleine Schriften, überladene Preistabellen, kleine und/oder qualitativ schlechte Bilder wieder geschickt kompensiert werden. Heute ist die Layoutgestaltung eher ein IT-gesteuerter als ein lithografischer und drucktechnischer Prozess, der bei kleinen Veranstaltern auch vom Einkäufer mit übernommen werden kann. Bei großen Veranstaltern ist das Produktmanagement hingegen i. d. R. nach den Funktionen Einkauf, Stammdatenerfassung und Katalogproduktion (auch Content-Management genannt) unterteilt und spezialisiert.

7.1.4 Katalogauflagenplanung

Nach der inhaltlichen Fertigstellung eines Veranstalterkatalogs müssen wie bei der Einkaufsplanung Annahmen über die erwarteten Verkäufe getroffen werden, auf denen die Katalogauflagenplanung aufbaut. Aus der Vergangenheit gibt es Erfahrungswerte pro Katalog, wie viele Exemplare im Durchschnitt ausgegeben werden müssen, um eine Buchung zu realisieren. Mit diesen Grundannahmen kann man bereits Eckwerte für die Auflagenplanung ermitteln. Für das Feintuning müssen aber weitere Kriterien bedacht werden wie z. B.:

- die Ausweitung oder Reduzierung der Angebote in einem Katalog,
- der Buchungstrend eines Katalogs (stagnierende, eher rückläufige oder stark wachsende Nachfrage nach den Angeboten eines Katalogs),
- die Ausweitung der Vertriebskanäle oder des Vertriebsgebietes (z. B. deutschsprachiges Ausland, Grenzregionen, zusätzliche Reisebüros und Vertriebspartner),
- spezielle Distributionsvereinbarungen für einzelne Vertriebsorganisationen (z. B. Cover-Kataloge, Aktionswerbung für eine Produktlinie).

Gegebenenfalls müssen auch entsprechende Katalogreserven auf Lager produziert werden, weil ein Nachdruck in kleinen Auflagen oft teurer ist als die spätere Vernichtung zu hoher nicht benötigter Auflagenbestände.

7.1.5 Papiereinkauf und Druck

Sobald die Auflagenplanung erfolgt ist, liegen auch die Auftragsparameter für Papiereinkauf und Druck fest. Papiereinkauf fällt natürlich nur für die Produktion von Printmedien an. Während die Papierauswahl u. a. auch Teil der Layoutgestaltung sein kann (Stärke, Gewicht, Glanzeffekt, Bleichung etc.), sind die Papierbeschaffung und der Druckauftrag eine eher logistische Aufgabe. Sie werden aber an dieser Stelle besonders erwähnt, weil diese beiden Funktionen die beiden größten Kostenfaktoren im Rahmen der Katalogproduktion darstellen. Durch geschickte Planung des Papiereinkaufs und Druckauftragsvergabe lassen sich dabei schnell sogar mehrere Millionen Euro an Kosten sparen.

Dazu muss man wissen, dass seit dem Konkurs von Arcandor/Quelle und seit der Umstellung des Neckermann-Versandhandels auf Online-Vertrieb die Reisebranche nach den Zeitungs- und Zeitschriftenverlagen der größte Papierverbraucher und Druckauftraggeber ist. Ein deutscher Konzernveranstalter verbraucht rund 13.000 Tonnen Papier für seine deutsche Katalogproduktion pro Touristikjahr – das entspricht etwa 350 voll beladenen Lkw. Damit werden insgesamt 130 Kataloge (75 im Sommer und 45 im Winter) unter den verschiedenen Konzernmarken in Auflagen zwischen 50.000 und 600.000 Exemplaren pro Titel mit insgesamt 34.000 Katalogseiten pro Touristikjahr hergestellt. Diese Papiermengen können gar nicht von einem einzigen Papierhersteller produziert werden. Dazu sind umfassende Verhandlungen mit mehreren internationalen Papierproduzenten in verschiedenen Ländern erforderlich, die aber alle die gleiche Qualität nach den Vorgaben des Reiseveranstalters produzieren müssen. Darüber hinaus gibt es keine Druckerei die diese Mengen eines einzigen Veranstalters in einem engen 4- bis 6-wöchigen Zeitfenster drucken kann, zumal ja auch alle anderen Branchenwettbewerber ihre Druckaufträge im gleichen Zeitraum erteilen. Daher werden die Druckaufträge europaweit ausgeschrieben und im obigen Fall auf 13 Großdruckereien verteilt. Dabei muss dann auch noch sichergestellt werden, dass die teilweise in verschiedenen Ländern eingekauften Papiermengen und Papierqualitäten zu den verschiedenen internationalen Druckereien transportiert werden. Wer diesen logistischen Prozess richtig beherrscht, kann schnell sechs- bis siebenstellige Euro-Beträge einsparen.

7.1.6 Gebindegrößen und Katalogdistribution

Auch für die Gebindegrößen der Kataloge und deren Distribution an die Agenturen sind Planungsgrößen erforderlich. So werden nachfragestarke Produktkataloge eher in Gebindegrößen von 20–50 Exemplaren, Kataloge von Nischen- und Spezialprodukten eher in kleinen Gebindegrößen von 10–20 Exemplaren gepackt. Diese Gebinde werden von einer Fachspedition in den Druckereien abgeholt und nach den vorgegebenen Dispositionslisten des Reiseveranstalters an die Reisebüros ausgeliefert.

Wie viele Gebinde von jedem Katalogtitel ein Reisebüro bekommt wird jährlich analog zum Buchungserfolg des Vorjahres oder dem durchschnittlichen jährlichen Buchungserfolg der letzten 3 Jahre bemessen. Dabei kann es durchaus passieren, dass ein Reisebüro einige Katalogtitel überhaupt nicht erhält, sondern lediglich ein Belegexemplar zur Beratung. Ein Reiseveranstalter verteilt zu Beginn einer Saison eine Grundausstattung, lagert aber bis zu einem Viertel der Katalogauflage zum Nachversand bei einer Spedition ein, die in weiteren Losgrößen von den Reisebüros nach Freigabe des Veranstalters abgerufen werden können. Damit ergibt sich quasi automatisch eine Feinsteuerung, weil sonst einzelne Agenturen Überbestände an Katalogen haben, während andere keine mehr ausgeben können. Diese Maßnahme hilft auch, umweltbewusst und sparsam mit dem aufwändig produzierten Papier umzugehen.

7.2 Printmedienproduktion für alternative Vertriebskanäle

Neben der klassischen saisonalen Katalogproduktion werden von den Reiseveranstaltern unterjährig auch weitere Printmedien produziert. Dies sind zumeist Angebotsbroschüren oder Flyer für Aktionsangebote oder nachproduzierte Angebote zu verschiedenen Katalogtiteln. Die Kriterien für Angebotsbeschreibungen, Bildauswahl und Layoutgestaltung gelten analog zur Katalogproduktion. Hingegen sind die Anforderungen an die logistischen Prozesse wie Auflagenplanung, Druck und Distribution deutlich geringer. Vor allem bei Auftragsproduktionen für alternative Vertriebskanäle werden diese Aufgaben teilweise oder komplett vom jeweiligen Vermarktungspartner (Tchibo, Aldi, Lidl, REWE, ADAC Verlag etc.) übernommen.

7.3 Website-Erstellung und Website-Management

Auf Funktionen, die analog auch für die Printproduktion gelten, wird hier nicht weiter eingegangen, sondern auf die bereits dargestellten Sachverhalte und Parameter verwiesen. Lediglich die signifikanten Unterschiede in beiden Produktionsformen werden nachfolgend erwähnt.

7.3.1 Angebotsbeschreibungen

Hier gelten die gleichen Grundsätze wie in Kap. III.7.1.1 beschrieben. Allerdings gibt es im Gegensatz zu den Printmedien keine Mengenbeschränkungen bei den Texten. Im Gegenteil: die Texte müssen deutlich ausführlicher sein als in Katalogen, weil ja die ergänzenden und auch werbend animierenden Empfehlungen eines Reisebüroberaters im Internet entfällt. Alle für einen Kunden potenziell wichtigen Fragen müssen daher in den Texten beantwortet werden, wenn das Internet neben dem Informationsmedium für den Kunden auch als Buchungsmedium fungieren soll.

7.3.2 Bild-/Videoauswahl und visuelle Animation

Auch hier gelten die Grundsätze wie in Kap. III.7.1.2 beschrieben. Allerdings kommt der visuellen Animation eine weitaus größere Bedeutung zu, weil zum einen bewegte Bilder möglich sind und zum anderen die Zahl der Fotos nicht so eng begrenzt ist. Während in Printmedien die Qualität der wenigen Fotos besonders hoch sein sollte, wäre das im Internet eher ungünstig, denn Fotos und Videos mit hoher Auflösung belasten die Kapazität und Schnelligkeit einer Internet-Seite, was für Such- und Buchungsfunktionen kontraproduktiv ist. Die Attraktivität einer Internet-Seite bemisst sich daher eher nach Motivauswahl und visuellen Animationseffekten als nach technisch-fotografischer Qualität.

7.3.3 Website- und IBE-Gestaltung

Aufgrund der vielen auf einer Website platzierten weiterführenden Links und Verknüpfungen, muss diese so übersichtlich gestaltet sein, dass sie von jedem Besucher mit einer gängigen durchschnittlichen Logik begreifbar und lesbar ist. Vor allem die Navigationsleisten und Navigationsrubriken müssen hier klar strukturiert und eindeutig in die Untermenüs weiterführen, damit der Website-Besucher mit wenigen Klicks an die richtigen Informationen kommt. Unübersichtliche Seiten und lange Scroll-Menüs, die man leicht übersehen kann, erzeugen viele Abbrüche und eine schlechte **Conversion** – die Umsetzung der Suche in eine Buchung. Dies ist besonders fatal, wenn der Kontakt über einen teuer bezahlten Weblink einer Suchmaschine zustande gekommen ist. Die Layoutgestaltung einer Website folgt daher völlig anderen Kriterien als die eines Printmediums.

7.3.4 Navigations- und Buchungsfunktionalitäten sowie Suchmaschinenlogiken

Die Produktsuche in einem Printmedium erfolgt anhand von Empfehlungen eines Reiseberaters, der ausgewählten Kataloge, von Inhaltsverzeichnissen und Thesauren. Die Produktsuche im Internet erfolgt i. d. R. über Suchbegriffe. Dies ist bei den **Metasuchmaschinen** wie Google nicht anders als auf der Website eines Reiseveranstalters oder Online-Reisebüros. Durch eine intelligente unterstützende Navigation kann eine komplexe Produktsuche auf einer Website deutlich vereinfacht werden. Denn nur mit einfach zu bedienenden Such- und Buchungsfunktionen werden Kunden zur Buchung bzw. zum Kauf animiert und nutzen – was noch wichtiger ist – die Website auch für Folgebuchungen wieder.

Auf einer Website sind auch die von Kunden zu bedienenden Buchungsfunktionalitäten und Buchungsbedingungen der Internet-Booking-Engines Bestandteil des Web-Layouts und damit entscheidend für die Kaufentscheidung, weil der Kunde den gesamten Buchungsvorgang ohne Unterstützung selbst initiieren und abschließen muss. Bei einer Katalogbuchung ist dies die Aufgabe des Reiseberaters, der damit auch die Abwicklungssicherheit garantiert.

Darüber hinaus benötigt ein Veranstalter spezielles Know-how für Suchmaschinenlogiken, weil die bezahlten Anzeigen z. B. bei Google pro Klick abgerechnet werden und sich nur bei einer akzeptablen **Conversion-Rate** (dt.: Umsetzung des Klicks in eine Buchung) rechnen. Nur durch eine intelligente Ad-Words-Steuerung findet sich eine Website bei Google im kostenfreien Bereich auf der ersten Seite der gelisteten Suchergebnisse wieder. Die dafür erforderlichen Website-Gestaltungen hängen u. a. von der Häufigkeit der auf der Website verwendeten Suchbegriffe, von der Häufigkeit der Website-Aktualisierung, den exklusiven Inhalten der Website und dem Unique Content ab. Darüber hinaus verwendet Google weitere Kriterien, die geheim gehalten werden und in größeren zeitlichen Abständen verändert werden. Diese Thematik wird hier erwähnt, weil dieser Teil der Prozesskette ausschließlich den Online-Verkauf betrifft. Die komplexen Details sind in der entsprechenden Fachliteratur zu diesem Thema nachzulesen.

8 Vertriebskanäle

Im nächsten Prozessschritt werden die Produktinformationsmedien den Kunden über die verschiedenen Vertriebskanäle zur Verfügung gestellt. Den Volumina, Entwicklungen und Strukturen des Vertriebsmarktes ist aufgrund der großen Bedeutung der Vertriebskanäle für die Reiseveranstalter ein eigener Teil dieses Buches gewidmet. Ferner wird dort dargestellt, welche verschiedenen Arten der Vertriebskanäle es gibt – stationär, online, direkt, alternativ bzw. branchenfremd – und welche Bedeutung sie haben. Daher werden hier nur die für die Prozessabläufe wichtigen Parameter aufgezeigt, ansonsten aber wird auf Teil IV dieses Buches verwiesen.

8.1 Vertriebskanalauswahl

Jeder Veranstalter muss für sich entscheiden, welche und wie viele Vertriebskanäle er in welcher Ausprägung benötigt und für seine Angebote sinnvoll sind. Denn die Vertriebskosten sind mit einem Anteil von über 50 % der Produktmarge die mit Abstand teuerste Kostenart und mehr als doppelt so hoch wie die Personalkosten und differenzieren sich deutlich zwischen den Vertriebskanälen. Je nach Auswahl der Vertriebskanäle hat ein Veranstalter unterschiedliche Aufgaben zu bewältigen. Natürlich sind auch Kombinationen der verschiedenen Vertriebskanäle möglich, die aber strategisch, wirtschaftlich und funktional gut überlegt sein sollten in Anbetracht des in Deutschland gültigen Handelsvertreterrechts, das eine Preisbindung und Gleichbehandlung für alle Handelsvertreter in allen Vertriebskanälen verlangt.

8.1.1 Stationärer Vertrieb

Beim Vertrieb über stationäre Reisevermittler muss der Veranstalter über die Größe, regionale Verteilung, Steuerungsfähigkeit und Effektivität der insgesamt knapp 9.000 Reisebüros in Deutschland entscheiden. Ein eigenes Filialsystem hat für den Veranstalter die höchste Steuerungsfähigkeit und Effektivität, er trägt aber auch das vollständige wirtschaftliche Risiko für Betrieb, Öffnung und Schließung, Kauf und Verkauf der Filialen. Bei Vertriebsbindungsmodellen wie Franchise- und Kooperationssystemen gibt es je nach Ausgestaltung kaum ein wirtschaftliches Risiko, allerdings sind Steuerungsfähigkeit und Durchgriffseffektivität geringer. Beim ungebundenen Fremdvertrieb ist eine Steuerung fast ausschließlich über ein intelligentes Provisionssystem und qualitative Faktoren wie persönliche Kommunikation, Schulungen und eine geschickte Hand bei der Partnerauswahl möglich.

https://doi.org/10.1515/9783110481457-021

8.1.2 Online-Vertrieb

Auch im Online-Vertrieb muss entschieden werden, ob ein Veranstalter neben dem Fremdvertrieb über Online-Portale **(Affiliate-Vertrieb)** auch einen Eigenvertrieb über seine eigene Website betreiben möchte. Im Fremdvertrieb sind allerdings nur wenige große Online-Portale erfolgreich und damit für den Veranstalter effektiv. Diese verlangen aber auch die höchsten Vergütungen, die oft kaum niedriger sind als im stationären Reisebürovertrieb, weil die Marketingkosten der Portale sowohl im Suchmaschinenmarketing als auch in den Publikumsmedien sehr hoch sind.

Für die Kunden sind diese großen Portale attraktiv, weil sie Zusatzservices wie Preisvergleichsmaschinen und teilweise Hotelbewertungen beinhalten. Bei einem eigenen Portal muss der Veranstalter natürlich keine Preisvergleiche mit Wettbewerbern fürchten und keine Vergütungen zahlen, dafür trägt er aber die hohen Marketing- und Werbekosten allein und kann diese nur auf eine wesentlich kleinere Angebotspalette verteilen als die großen Portale. Daraus resultiert zumeist eine deutlich geringere Conversion-Rate, es sei denn der Veranstalter kann volumenstarke Teile seines Angebots exklusiv auf seiner Seite anbieten.

8.1.3 Klassischer Direktvertrieb

Im Direktvertrieb mit klassischen Medien wie Katalogen kann ein Veranstalter i. d. R. keine großen Kundenreichweiten erzielen. Dies funktioniert zumeist nur bei Segmentspezialisten mit einem weitgehend exklusiv angebotenen Sortiment. Dabei werden zwar keine Provisions- und anderen Vertriebsvergütungen fällig, dafür fallen aber hohe Kosten für Mailings und Endkundenwerbung in geeigneten Medien an, insbesondere hinsichtlich der Neukundengewinnung.

8.1.4 Alternativer Vertrieb

In alternativen, branchenfremden Vertriebskanälen fehlen dem Veranstalter i. d. R. Steuerungs- und Durchgriffsmechanismen. Diese behält sich der jeweilige Vertriebspartner vor, der mit dem vom Veranstalter produzierten Produkt eigene Verkaufsstrategien verfolgt (z. B. als Frequenzbringer). Selbst die Produktauswahl, das Timing, die Preiskategorien und Angebotsexklusivität sind in den jeweiligen Verträgen detailliert und sehr restriktiv festgelegt. Für die Vergütung des Vertriebspartners gibt es dabei verschiedene Modelle – von einer Provision über einen fest vereinbarten Werbekostenzuschuss oder auch Management Fee bis hin zur Ergebnisbeteiligung (engl.: Profit Sharing).

8.2 Funktionale Gliederung der Vertriebskanäle

In funktionaler Betrachtung sollte man eine grundlegende Unterscheidung treffen zwischen **Vertriebskanälen** und Vertriebsmedien. Die Vertriebskanäle definieren die jeweiligen wirtschaftlichen und juristischen Vertriebspartner. Jeder Vertriebspartner ist aber in der Lage, die Veranstalterprodukte auch über verschiedene Medien zu vertreiben, d. h.
– durch ein persönliches Gespräch mit einem Berater,
– durch ein Telefonat in einem Callcenter,
– online über die IBE einer Website,
– schriftlich oder per E-Mail mit dem Veranstalter direkt oder mit dessen Vertriebspartner oder
– durch Bedienung der Tastatur eines Automaten.

Jeder Vertriebskanal kann dabei eines oder verschiedene dieser **Vertriebsmedien** für seinen Kundenkontakt aktivieren. Nutzt ein Vertriebssystem mehrere Kanäle gleichzeitig, so spricht man vom Multichannel-Vertrieb. Werden diese auch noch integrativ miteinander verknüpft, so nennt man dies Omnichannel-Vertrieb. Welche dieser Kanal- und Medienkombinationen am sinnvollsten und effektivsten sind, ist aufseiten der Veranstalter eine Frage der Strategie und der Funktionskostenbetrachtung und aufseiten der Kunden eine Frage des Nutzens. Viele Veranstalter und Leistungsträger gliedern daher ihren Vertrieb nach drei strategischen Dimensionen.

8.2.1 Beratungsvertrieb

Unter dem **Beratungsvertrieb** versteht man das persönliche Beratungsgespräch mit einem Reiseberater bzw. Reisevermittler. In den meisten Fällen findet dies in einer vom Reiseveranstalter ausgewählten stationären Reisebüroagentur statt. Der Ort der Beratung ist dabei nicht entscheidend. Die Beratung ist auch in einem Business-Travel-Center, einer sonstigen Reisevermittlungsstelle (Unteragentur) oder durch einen mobilen Reisevermittler ggf. beim Kunden zuhause möglich. Je komplexer und zeitintensiver eine Reisebuchung ist, desto wichtiger ist die Qualität und Ausführlichkeit der Beratung und umso eher ist der Veranstalter bereit, für diese Vertriebsfunktion eine attraktive Vergütung zu zahlen.

8.2.2 Bedienungsvertrieb

Unter dem **Bedienungsvertrieb** versteht man ein inhaltlich eingeschränktes und zeitlich begrenztes Kundengespräch, das i. d. R. per Telefon stattfindet. Inhalte des Gesprächs sind im Wesentlichen die Prüfung von Preis und Verfügbarkeit einer Reiseleistung anhand der vom Kunden angegebenen Reiseeckdaten wie Personenzahl, Alter von Kindern, Termin, Reiseziel, Unterkunftswunsch, Abflughafen bei Flugreisen etc. Eine Beratung über qualitative Merkmale, Alternativen, Produktergänzungen und Mehrwerte sowie eine Verkaufssteuerung durch den Bediener finden dabei i. d. R. nicht statt. Je einfacher und unkomplizierter die Reiseleistung ist und je weniger Modifikationsmöglichkeiten sie bietet, desto eher kann sie in einer reinen Bedienungsfunktion abgesetzt werden. Viele Veranstalter versuchen, die im Bedienungsvertrieb getätigten Buchungen mit geringeren Provisionssätzen zu vergüten. Bislang ist dies nur in Ausnahmefällen gelungen, weil bei Reisebürobuchungen nicht eindeutig unterschieden werden kann, wie aufwändig die Beratung ist.

Beim Bedienungsvertrieb per Telefon über ein Callcenter gibt es bei Veranstaltern verschiedene Ausprägungen. So gibt es B2C- bzw. Kunden-Callcenter für den Direktvertrieb oder auf Wunsch des Vertriebspartners für alternative Vertriebskanäle. Darüber hinaus ist beim Online-Vertrieb immer ein telefonisches Kunden-Helpdesk erforderlich, das im Bedarfsfall die Buchung für den Kunden finalisiert (beim Veranstalter oder beim Reiseportal). Daneben unterhält ein Veranstalter ein B2B-Callcenter für seine Agenturen, um die Buchungen bei Problemen mit den IT-Systemen und Sonderwünsche anzunehmen.

8.2.3 Selbstbedienungsvertrieb

Zum **Selbstbedienungsvertrieb** zählt man direkt online finalisierte Buchungen in einer Internet-Booking-Engine (IBE) ohne Helpdesk-Nutzung des Veranstalters oder Online-Portale ebenso wie den Verkauf an einem Ticketautomaten. Derartige Automaten für den Verkauf kompletter Urlaubsreisen gibt es aufgrund der Komplexität von Urlaubsreisen nicht. Für individuelle Bausteinkomponenten wie Flug-, Bahn-, Fährtickets, aber auch Mietwagen und Eintrittskarten sind derartige Verkaufsautomaten bereits im Einsatz. Da hierbei die teure Beratungs- oder Bedienungsleistung entfällt, werden von den Anbietern für diese Vertriebsfunktion eher niedrige kostenorientierte Vergütungen oder Dienstleistungsentgelte gezahlt.

8.3 Internationaler Vertrieb

Nachfolgend muss noch ein Sonderfall für die Auswahl von Vertriebskanälen erwähnt werden: der **Generalagenturvertrieb**. Aufgrund vieler juristischer, logistischer, aber auch Nachfrage-differenzierender Merkmale, die an verschiedenen Stellen dieses Buches ausführlich beschrieben sind, sind die Vertriebskanäle eines Veranstalters quellmarktorientiert und damit national ausgerichtet. Dies schließt Verkäufe im grenznahen Ausland nicht aus, wobei dann aber die ausländischen Vermittler außerhalb des Euro-Raumes ggf. ein Währungsrisiko für ihre Kunden übernehmen müssen.

Unter bestimmten Voraussetzungen kann ein Reiseveranstalter internationalisierbare Bausteinreisekomponenten auch in anderen Ländern verkaufen. Als Pauschalreiseveranstalter unterläge er dabei den jeweiligen reiserechtlichen Bestimmungen und dem Insolvenzhaftungsmodell des jeweiligen Landes und muss daher einen eigenen Reiseveranstalter in diesem Land betreiben. Reisebausteine können hingegen international i. d. R. über eigene Vertriebsbeteiligungen und/oder Generalagenturen sowie im Internet in den verschiedenen Ländern vermittelt werden.

Die Generalagenten übernehmen im Namen und auf Rechnung des deutschen Reiseveranstalters Vertriebsaufgaben wie die Produktion landessprachlicher Verkaufsmedien (Kataloge, Broschüren, Websites etc.), betreuen, schulen und informieren die ausgewählten Vertriebskanäle im jeweiligen Land (B2B- und B2C-Callcenter, Außendienst etc.) und betreiben das Reisebüro- und Kundeninkasso in der jeweiligen Landeswährung oder – wenn zulässig – in Euro. Ein evtl. **Wechselkursrisiko** trägt dabei der deutsche Veranstalter. Die Generalagenturen erhalten für ihre Tätigkeit eine Provision, eine Management Fee oder ein Serviceentgelt bzw. auch eine Kombination dieser Vergütungskomponenten.

9 Vertriebssteuerung

Wie im Kap. III.14 werden auch hier nur die für die Prozessabläufe wichtigen Parameter aufgezeigt, ansonsten aber wird auf die detaillierte Darstellung der Vertriebsaufgaben und -systeme in Teil IV dieses Buches verwiesen. Mit der strategischen und wirtschaftlichen Entscheidung über die genutzten Vertriebskanäle werden die Rahmenbedingungen für deren Steuerung gesetzt und damit die Anforderungen an die nächsten Prozessschritte definiert.

9.1 Agenturverwaltung

Mit jedem akzeptierten Vertriebspartner oder Vertriebskanal muss ein Agenturvertrag geschlossen werden, in dem alle beidseitigen Rechte und Pflichten dokumentiert sind. Da die Vertriebspartner in Deutschland keiner öffentlichen Lizenzierung und Gewerbezulassung unterliegen (in Österreich übernehmen das beispielsweise die Wirtschafts- und Handelskammern, in der Schweiz zusätzlich der Haftungsfonds, in dem die A-Lizenz-Reisebüros ebenso wie die Veranstalter Mitglied sein müssen), muss der Veranstalter auch die **Bonität** und **Zuverlässigkeit** seiner Vertriebspartner beständig kontrollieren, weil diese ja in seinem Namen berechtigt sind, im Agenturinkasso die nicht unerheblichen Beträge an Kundengeldern zu vereinnahmen. Dies ist die Aufgabe der **Agenturverwaltung** des Veranstalters, die permanent die Agenturstammdaten und Verkaufsberechtigungen prüft, aktualisiert und anschließend in die Reservierungs- und Buchhaltungssysteme einliest.

Wie die Auswertung der jährlichen DRV-Vertriebsdatenbank zeigt, ändern sich jährlich bei fast jedem fünften Reisebüro die Stammdaten, sei es durch Eröffnungen, Schließungen, Inhaberwechsel, Fusionen, Wechsel der Franchise- und Kooperationssysteme, Umzüge oder Änderungen von Telefonnummern, Internet-Adressen oder Kontoverbindungen. Bei einem Vertriebsnetz von rund 9.000 Agenturen ist das ein nicht zu unterschätzender Aufwand. Nicht alle Agenturverträge sind individuelle Vereinbarungen, die meisten sind Standardverträge bzw. bei Ketten, Franchise- und Kooperationen auch Gruppenverträge. Es wird ferner inhaltlich zwischen stationären und Online-Agenturverträgen differenziert.

9.2 Provisions- und Vergütungssysteme für die Agenturpartner

9.2.1 Standard-Agenturverträge

Jeder **Agenturvertrag** regelt die Rechte und Pflichten von Veranstaltern und Agenturen sowie die Vergütungsvereinbarungen über Grundprovisionen, Staffel- oder Super-

https://doi.org/10.1515/9783110481457-022

provisionen und oftmals über Malusabschläge bei der Verfehlung von Mindestumsätzen und Umsatzwachstumsstaffeln. Ferner werden in den Verträgen besondere Vergütungen für bestimmte Produktgruppen wie Vermittlungsleistungen, Gruppenreisen, eigene Hotels des Veranstalters etc. abweichende Provisionssätze für Fluganreise oder Nebenleistungen wie Landausflüge bei Kreuzfahrten vereinbart. Auch die Bedingungen für den Erhalt von Werbekostenzuschüssen (WKZ), die Verwendung von Marken sowie die Zahlungsbedingungen sind darin geregelt. Die Konditionen sind Bestandteil der Standardverträge für stationäre Reisebüros und Online-Reisebüros und werden zumeist in den regelmäßigen Agenturinformationen zu Beginn jeder Saison veröffentlicht.

9.2.2 Key-Account-Agenturvereinbarungen und -Gruppenverträge

Reisebüroketten, Franchise- und Kooperationsorganisationen sowie große Reiseportale und sonstige Vertriebspartner erhalten zumeist individuelle Key-Account-Agenturverträge oder Rahmenverträge, deren Inhalte strengster Geheimhaltung unterliegen. Die oftmals höheren oder zusätzlichen Vergütungen für die Systempartner und Werbekostenzuschüsse für die Systemzentralen sind dabei mit zusätzlichen Steuerungs-, Dienstleistungs- und Werbeverpflichtungen gekoppelt, die vertriebskanalspezifisch verhandelt werden.

9.3 Online-Vertriebssteuerung

Die Steuerung der Online-Fremdvertriebskanäle (**Affiliate-Vertrieb**) erfolgt zwar auch weitgehend über Agenturverträge und Provisionsvereinbarungen mit den jeweiligen Vermarktungspartnern, jedoch sind dabei auch technische Steuerungsparameter im Rahmen von Preisvergleichssystemen und Metasearch-Darstellungen zu beachten. Dabei müssen die Spielregeln der jeweiligen Anbieter beachtet und möglichst optimiert werden.

Das Ranking der Darstellung der eigenen Online-Angebote kann sich u. a. nach den bezahlten Klicks und Dienstleistungen im beworbenen Bereich einer Webpage richten. Die Darstellung im nichtbeworbenen Bereich richtet sich dabei i. d. R. eher nach ausgewählten Schlüsselwörtern. Auch Alleinstellungsmerkmale der Angebote und häufige Aktualisierungen der eigenen Webpage (z. B. durch Bewertungen o. Ä.) sind maßgeblich für ein hohes Ranking. Touristische Metasearcher arbeiten nach vergleichbaren Regeln wie der Gigasearch-Maschine Google (s. a. Kap. IV.5.2.3.6).

9.4 Agenturbetreuung

9.4.1 Agenturberater und Reisebüroaußendienst

Zur Betreuung der Vertriebskanäle unterhalten alle Veranstalter einen mehr oder weniger umfangreichen Außendienst, der

- als erster Ansprechpartner die Kommunikation mit den Reisebüros pflegt,
- die Agenturen schult und aktuell informiert,
- gemeinsam mit den Reisebüros lokale Aktionen durchführt (wie z. B. Kundenabende, Reisemessen),
- die Einhaltung der Agenturverträge prüft und
- mit den Vertriebspartnern Maßnahmen zur Erreichung der Verkaufsziele vereinbart.

Dabei kann das Aufgabenspektrum verschiedener Arten von Veranstaltern unterschiedliche Schwerpunkte aufweisen. Zielgebiets-, Themen- und Segmentspezialisten legen den Schwerpunkt auf intensives Produktspezialwissen und haben oft in den Reisebüros einen namentlich bekannten Beraterexperten als Ansprechpartner. **Bausteinreiseveranstalter** mit einem umfassenden Sortiment an Reiseleistungen und oftmals komplexen Reservierungssystemen konzentrieren sich auf IT- und Produktschulungen, während **Pauschalreiseveranstalter** mit Auslastungsgarantien nach Möglichkeiten zum effizienten Absatz von Restplatzkapazitäten über lokale Vertriebskanäle der Agenturen oftmals kombiniert mit Sonderkonditionen suchen. Insoweit differieren die Aufgaben eines Veranstalteraußendienstes zum Teil erheblich.

9.4.2 Key-Account-Betreuung

Die Betreuung von Key Accounts beinhaltet i. d. R. die gleichen Funktionen und Themen wie bei Einzelagenturen. Neben der Kommunikation zwischen Außendienst und Reisebüro ist hier jedoch noch eine überlagernde Kommunikationsebene zwischen der Leitung des Ketten-, Franchise- und Kooperationssystems und dem Key-Account-Betreuer des Reiseveranstalters eingebaut. In der Regel kann über die zentralen Steuerungseinheiten eine schnellere und effizientere Umsetzung zentraler Maßnahmen für ein komplettes Vertriebssystem erreicht werden. Auch Produkt- und Systemschulungen können durch zentrale und exklusive Bündelung innerhalb des Vertriebssystems effizienter und kostengünstiger sein. Dies schließt aber nicht die weitere lokale Betreuung des jeweiligen Reisebüros durch den normalen Außendienst aus.

9.4.3 Betreuung sonstiger Key Accounts

Für die Betreuung von Online-Portalen und von alternativen bzw. branchenfremden Vertriebspartnern wird kein Außendienst benötigt. Hier gibt es eine Vielzahl fachspezifischer Themen, die anders behandelt werden müssen. Alternative Vertriebskanäle kommunizieren zumeist eher mit den jeweiligen Produktverantwortlichen, weil sie ja von dort lediglich die beauftragten Produkte und Sortimente beziehen und den Vertrieb i. d. R. über ihre eigenen Systeme abwickeln. Daher hat der Vertriebsbereich des Veranstalters zumeist nur eine koordinierende oder beratende Funktion, die zentral wahrgenommen wird. Große Online-Portale werden zumeist wie ein Key Account betreut, wesentliche technische Fragen liegen aber in der Verantwortung des zentralen IT-Supports.

9.4.4 Agenturkommunikation

Veranstalter, die ein großes Agenturnetz und mehrere Vertriebskanäle unterhalten benötigen ein umfassendes, schnelles und inhaltlich gut strukturiertes Kommunikationssystem, das dem Vertriebspartner selektiv alle für Verkauf und Beratung wichtigen Informationen zur Verfügung stellt. Dazu zählen u. a. Preis- und Produktveränderungen, Flugzeitenverschiebungen, wichtige Informationen über Einreisebestimmungen, Krisenmanagement in Zielgebieten, Reisebedingungen/AGB sowie Datenfehler in Katalogen und Hinweise für die Nutzung von Reservierungssystemkomponenten. Die gängigen Instrumente hierfür sind Newsletter oder Extranets der Veranstalter. Angesichts der Vielfalt an derartigen Informationen, die ein Reisebüro täglich erhält, ist es wichtig, diese so aufzubereiten, dass sie von den Reisebüromitarbeitern leicht erfasst und verarbeitet werden können. Ein gutes Beispiel für eine erfolgreiche und attraktive Agenturinformation ist das von DERTOUR entwickelte Reisebüro-Informationsportal „Come Closer", das den Reisebüroverkäufern neben den aktuellen Fachinformationen auch Termine für Schulungen, Roadshows und Verkaufswettbewerbe und PEP-Angebote anbietet. Die Kettenzentralen filtern die Informationsflut der Veranstalter in den jeweiligen Intranets.

10 Marketing- und Kommunikations-Dienstleistungen

Selbstverständlich sind die Angebotsdarstellung (Kap. III.7), die Vertriebskanalauswahl (Kap. III.8) und die Vertriebssteuerung (Kap. III.9) Bestandteil des klassischen Marketingmixes eines Veranstalters. Sie spielen für einen Veranstalter eine zentrale Rolle, weil er diese Marketingkomponenten in eigener Hoheit beeinflussen kann. Bei vielen anderen Marketingparametern ist der Veranstalter auf die Mitwirkung von Reisebüros, Vertriebspartnern und Leistungsträgern angewiesen, die auf den Grundlagen des Handelsvertretermodells basieren. Die Maßnahmen des Marketing-Mixes sind ausführlich im Teil IV dieses Buches dargestellt und werden hier nicht weiter vertieft. Nachfolgend wird lediglich auf einige Parameter eingegangen, die in den Prozessen des Veranstaltermarktes eine Sonderrolle spielen.

10.1 Markenführung und Markenpolitik

Aufgrund der Komplexität und Immaterialität der Dienstleistungen von Reiseveranstaltern entsteht beim Kauf für den Kunden ein erhöhtes Risiko, dass die Leistung nicht den Erwartungen entspricht. Markenpolitische Maßnahmen können in diesem Zusammenhang das Entscheidungsrisiko reduzieren und dem Kunden Vertrauen und Sicherheit in der Potenzialphase signalisieren. Durch eine entsprechende Markenpolitik sollen beim Kunden Präferenzen für eine bestimmte Marke gebildet werden, was zum Aufbau einer Stammkundschaft und zur Kaufwiederholung führt (vgl. genauer DICHTL/EGGERS 1992). Insoweit stellt eine Marke ein Nutzenversprechen dar, das zugleich als Filter in einer umfassenden Informationsflut Orientierung, Differenzierung und Vertrauen schaffen soll. Zur **Markenführung** gehört die nachhaltige Einbindung in Unternehmensstrategie und Unternehmensleitbild, die den Markenkern mitbestimmen. Die Marke steht dabei im Spannungsfeld zwischen Kontinuität und Anpassungsfähigkeit. Angesichts einer Markenflut, verliert eine Marke, die sich ständig neu erfindet, an Glaubwürdigkeit und Vertrauen. Zugleich muss sie darauf achten, grundlegende Marktveränderungen nicht zu verpassen.

Die produktpolitischen Maßnahmen für eine Markenpolitik beziehen sich vor allem auf wahrnehmbare Produktelemente: Markenname, Markenzeichen und Markendesign. Sie dienen der Visualisierung bzw. Markierung der immateriellen Elemente touristischer Leistungen. Generell wird von drei Grundstrategien der Markenpolitik gesprochen, die für Reiseveranstalter von Bedeutung sind. Infolge der besonderen Herausstellung von Spezial- und Unterfällen werden in der Literatur gelegentlich bis zu sechs Grundstrategien und weitere Strategiekombinationen benannt (vgl. u. a. BECKER 2013: 470 ff., MEFFERT/BRUHN 2009, DEHMER 1996, FREYER 2011, 2013, ROTH

https://doi.org/10.1515/9783110481457-023

Einzelmarken-strategie	Markenfamilien-strategie	Dachmarken-strategie			Globalmarken strategie
Einzelmarke	Familienmarke	Dachmarke			Gloabalmarke
keine oder nur geringe Angebots-differenzierung	Differenzierung der Angebote durch **Markenzusätze**	Differenzierung der Angebote durch **Marken**			Differenzierung der Angebote nach **Zielgebieten/ Submarken/ Spezialitäten**
zum Beispiel:	*zum Beispiel:*	Dachmarke			Zielgebiete
Alltours;	Studiosus Klassik-Studienreise;	Thomas Cook	DER Touristik	FTI	TUI Griechenland;
Öger Tours,		Endorsement-Marken			TUI Spanien... usw.
Olimar	Studiosus Familienreise	Neckermann Reisen	Jahn Reisen		Submarken
	Studiosus Wandereise	Thomas Cook	Meier's Welt-reisen		TUI Cruises; TUI Vital;
		Bucher Reisen			TUI Family
	oder		ADAC Reisen		Endorsement
			ITS Reisen		Dr. Tiggers; Gebeco;
	DER Reisebüro		Dertour		Wolters; Robinsons
	DERTOUR				Einzelmaken
	DERPART				Airtours; 1,2 Fly
	DERTraffic				Discount Travel

Abb. III.6: Markenstrategien der Reiseveranstalter (in Anlehnung an: ROTH/SCHERTLER-ROCK 2011: 490)

1995: 106 f.). Abbildung III.6 liefert einen Überblick über die Markenstrategien verschiedener Reiseveranstalter auf Basis der drei Grundstrategien.

Strategie 1: Die **Einzelmarkenstrategie** (auch Mono- oder Solitärmarkenstrategie) gilt als klassische Markenartikelstrategie. Einzelnen Leistungen oder Produkten wird ein Markenname zugeordnet (vgl. KAPFERER 1992: 121). Jedes weitere Produkt erhält ebenfalls einen eigenen Markennamen mit ganz präzise abgestecktem Leistungsversprechen oder entsprechender Positionierung.

Strategie 2: Bei der **Markenfamilienstrategie** (auch Produktgruppenmarken, Markenfamilien oder Sortimentsmarken) werden mehrere Produkte zu einer Produktgruppe zusammengefasst und mit einer Marke versehen. Auch der umgekehrte Vorgang ist möglich: erfolgreiche Marken werden weiter differenziert, es kommen sog. Produktlinien hinzu und/oder es entstehen Markensortimente. Die einzelnen Leistungen innerhalb einer Markenfamilie werden mit produktbezogenen Zusätzen bzw. Submarken unterschieden.

Strategie 3: Die **Dachmarkenstrategie** kann als Fortführung der Einzel- und der Markenfamilienstrategie gesehen werden. Sie verbindet Einzel- und Untermarken mit einer übergreifenden Markenbezeichnung und fasst alle Leistungsangebote eines Unternehmens unter einem Namen zusammen. Gelegentlich wird die Dachmarkenstrategie bei Reiseveranstaltern auch als Globalmarkenstrategie bezeichnet, die dadurch gekennzeichnet ist, dass die Angebote nach Zielgebieten, Submarken und Spezialitäten differenziert werden können. Ein Sonderfall der Dachmarkenstrategie ist die Endorsement-Marke, wobei eine Einzelmarke durch einen Gruppenhinweis – das Endorsement – auf die Dachmarkenzugehörigkeit gekennzeichnet wird.

10.2 Media-/Anzeigenplanung

Die Media- und Anzeigenplanung erfolgt teilweise unter Mitwirkung der Leistungsträger, die den Veranstaltern Werbekostenzuschüsse (WKZ) für die Platzierung in den Katalogen, für Präsentationen auf Messen und Schulungsveranstaltungen sowie Werbekampagnen zahlen. Dies geschieht überwiegend bei Angeboten ohne Auslastungsgarantien. Analog binden Veranstalter fallweise Reisebüros und andere Vertriebskanäle durch WKZ-Angebote in ihre Medienkampagnen ein.

10.3 Image- versus Angebotswerbung

Da ein Werbeetat nur aus begrenzten finanziellen Ressourcen besteht, muss ein Veranstalter die Ausgaben für Image- und Angebotswerbung aufteilen und optimieren. Bei Auslastungsgarantien muss ein ausreichend großer Etat für die Bewerbung von evtl. Restplatzverkäufen vorgehalten werden, damit der Veranstalter bei Eintritt wirtschaftlicher Risiken handlungsfähig bleibt. Imagewerbung muss dauerhaft als „mediales Grundrauschen" stattfinden, um wahrnehmbar und bekannt zu sein. Eine temporär massive Medienkampagne treibt unzweifelhaft die Markenbekanntheitswerte hoch, fällt aber ohne Folgewerbung und nachhaltige Stützung bereits nach einigen Monaten wieder auf die Basiswerte zurück.

10.4 CRM-/Kundenbindungssysteme

Zum sinnvollen Einsatz von **Kundenbindungssystemen** ist eine ausreichende **Kundenfrequenz** erforderlich, damit Kundenkontakt und Kundenbindung auch spürbar aufrechterhalten werden können. Ist die Frequenz für die eigenen Angebote bzw. Sortimente zu gering ist es ggf. sinnvoll, mit anderen Kundenbindungssystemen zusammenzuarbeiten, um den Kundenkontakt gemeinsam zu bearbeiten. Urlaubsreisen und erst recht Veranstalterreisen sind Produkte mit einer solchen sehr geringen Frequenz. Von den 64 Mio. Bundesbürgern über 14 Jahre reisen 25 % pro Jahr gar nicht, 40 % davon als Intervallreisende nur alle 2–3 Jahre. Rund die Hälfte aller Urlaubsreisen wird individuell organisiert, die andere Hälfte mit einem Reiseveranstalter. Nur 9 % dieser 24 Mio. Veranstalterkunden – insgesamt 2,16 Mio. Kunden – sind Stammkunden von Veranstaltermarken, d. h., sie buchen in 3 Jahren mindestens zwei oder in 5 Jahren drei Veranstalterreisen (Quelle: FUR Reiseanalyse). Und diese rund 2 Mio. Veranstalterstammkunden verteilen sich allein bei den 20 größten deutschen Veranstaltern auf rund 40 verschiedene Marken, wobei i. d. R. jeweils zwei dieser Kunden zusammen buchen und reisen. Man sollte sich daher gut überlegen, ob ein aufwändiges CRM-System für Reiseveranstalter sinnvoll ist. Bei kleinen Spezialreiseveranstaltern mit Special-

Interest-Kunden kann ein CRM-System oft sinnvoller eingesetzt werden als bei einem Generalisten mit einem eher unspezifischen austauschbaren Massenangebot.

10.5 Kundenkommunikation und Verwendung von Werbekostenzuschüssen

Es ist bislang rechtlich nicht eindeutig geklärt, wem der Kunde einer Veranstalterreise faktisch zuzuordnen ist bzw. wem die Kundenadresse gehört. Aufgrund des Handelsvertretermodells bucht ein Reisemittler eine Reise im Namen und auf Rechnung des Reiseveranstalters, dem zur Vereinnahmung des Reisepreises und zur Erfüllung seiner Veranstalterpflichten die Kundendaten vom Reisemittler übergeben werden. Unstrittig ist aber auch, dass der Kundenkontakt dem Reisemittler gehört, der ja gemeinsam mit dem Kunden darüber entscheidet, welcher Veranstalter ausgewählt wird. Um diesem Konflikt zu entgehen, behandeln Veranstalter und Reisemittler die Kundenadresse als gemeinsames Eigentum und kommunizieren i. d. R. immer zusammen und abgestimmt mit ihm. Damit der Reisemittler die mit Werbung und Kommunikation verbundenen Kosten aufbringen kann, beteiligt sich der Veranstalter daran in Form von Werbekostenzuschüssen.

Allerdings werden in den letzten Jahren Werbekostenzuschüsse von den Veranstaltern auch zweckentfremdet als zusätzliche individuelle Vergütungskomponente für Reisemittler neben der Provision gezahlt. Dies gilt umso mehr, wenn die zweckbestimmte Verwendung nicht mehr dokumentiert werden muss. Dies ist legitim, sollte aber im Hinblick auf von der reinen Lehre abweichende Geschäftspraktiken erwähnt werden.

10.6 Verkaufsförderung

Aufgrund des Handelsvertretermodells ist für die meisten großen und mittleren deutschen Reiseveranstalter die Verkaufsförderung in Form des **Handelsmarketings** für Reisemittler wichtiger als das Endkundenmarketing. Denn es werden trotz Direkt- und Internet-Vertrieb immer noch rund 70 % aller Veranstalterbuchungen über stationäre Reisebüros mit Beratung getätigt. Neben den Vergütungskomponenten finanzieren die Reiseveranstalter viele Verkaufsförderungsmaßnahmen, um den stationären Vertrieb von der Qualität ihrer Produkte zu überzeugen.

Die Steuerungs- und Werbemaßnahmen der Verkaufsförderung eines Veranstalters sind somit ausschließlich auf die Vertriebskanäle insgesamt und die Reisebüros im Besonderen ausgerichtet. Dazu zählen:
- Produktinformationen und -schulungen,
- Reservierungs- und IT-System-Schulungen,
- saisonale Programmvorstellungen,

- Verkaufs-Incentives und Verkaufswettbewerbe,
- Incentive-Veranstaltungen,
- Info-Reisen und PEPs.

10.7 Public-Relations-Maßnahmen

Aufgrund der großen Bedeutung des Handelsmarketings kommt in der Tourismus-branche der Fachpresse eine vergleichsweise große Bedeutung gegenüber der Publikumspresse zu. Wegen der geringen Branchenmargen sind die PR-Etats der Veranstalter, außer bei den börsennotierten Konzernen, eher gering und reichen nur selten für aufwändige Kampagnen in der Publikumspresse. Direktanbieter, vor allem in den Online-Medien, benötigen hingegen die teuren Publikumsmedien, wenn sie sich nicht ausschließlich auf das inzwischen ebenso teure Online-Marketing in den Metasuchmaschinen verlassen wollen.

11 Operative und administrative Buchungsabwicklung

11.1 Buchungsmedien und Buchungstechnik

Die Abwicklung einer Buchung zwischen Kunden und Reiseveranstalter ist auf verschiedenen Wegen möglich. Bucht der Kunde in einem Reisebüro, dann kann die Buchung über das Buchungsterminal des Reisebüros im Reservierungssystem des Veranstalters oder per Telefon über das Reisebüro-Callcenter des Veranstalters erfolgen.

Bucht der Kunde direkt ohne Reisebüro beim Reiseveranstalter, so kann die Buchung telefonisch im Kunden-Callcenter des Veranstalters, digital über das Internet oder schriftlich per E-Mail, Telefax oder Post erfolgen. Im Internet kann die Direktbuchung über eine Internet-Booking-Engine (IBE) oder als E-Mail-Formular erfolgen. Die traditionellen Buchungswege per Telefax und Post spielen, außer bei kleinen Spezialisten oder semiprofessionellen Veranstaltern und Vertriebskanälen, fast keine Rolle mehr. Jedes dieser Buchungsmedien weist Besonderheiten auf.

11.2 GDS-Systeme

Das Buchungstermnal eines Reisebüros gehört entweder einem **GDS (Global Distribution System)** oder ist ein PC des Reisebüros, auf den die Software des GDS aufgespielt wird. In Deutschland sind im Wesentlichen drei GDS tätig: Amadeus, Merlin/Sabre und Travelport, das aus der Fusion von Galileo und Travelport hervorgegangen ist. Aufgabe der GDS ist die Vernetzung der Reisebüros mit den Reservierungssystemen der Leistungsträger und Veranstalter. Dabei stellen GDS sicher, dass die Buchungen von allen Reisebüros über die gleiche Buchungsmaske und Buchungstechnik durchgeführt werden können. Dies gilt insbesondere für die vielen großen und mittleren Reiseveranstalter, die über viele verschiedene Standard- oder selbst entwickelte interne Reservierungssysteme verfügen. Der Standard für alle ist die TOMA-Maske, über die mit Ausnahme der TUI alle größeren deutschen Veranstalter buchbar sind. TUI verwendet eine andere Buchungslogik und -maske, ist aber dennoch über das gleiche IT-Terminal erreichbar. Die Finanzierung eines GDS erfolgt sowohl über die Reisebüros durch monatliche Gebühren für die Terminal- oder Software-Nutzung als auch über die Reiseveranstalter mit Buchungsgebühren pro Transaktion, die wiederum nach der Komplexität und Wertigkeit der jeweiligen touristischen Leistung gestaffelt sind.

https://doi.org/10.1515/9783110481457-024

11.2.1 Callcenter für Reisebüros

Ein Callcenter für Reisebüros hat die Funktion eines professionellen B2B-Helpdesks. Reisebüros wenden sich an dieses Callcenter bei technischen und logistischen Buchungsproblemen wie z. B. bei nicht funktionsfähigen Buchungscodes, unbeantworteten Buchungs- und Wartelistenanfragen, Sonderwünschen von Kunden oder auch bei mangelnder technischer Systemkenntnis oder bei nicht ausreichendem Produktwissen. In all diesen Fällen erfolgt keine umfassende Produktberatung, sondern eher eine technische oder logistische Beratung unter Fachleuten. Daher sind diese Telefonate eher kurz und fachspezifisch. Die Mitarbeiter im Reisebüro-Callcenter müssen entsprechend dieser Anforderungen qualifiziert werden.

11.2.2 Callcenter für Kunden

Reiseveranstalter, die auch Direktbuchungen ihrer Kunden akzeptieren, benötigen ein Kunden-Callcenter. Dieses erfordert andere Leistungen und Funktionen als ein Reisebüro-Callcenter. Die Mitarbeiter benötigen eine klassische Ausbildung als Reiseberater, weil sie überwiegend unerfahrenen Kunden eine mehr oder weniger umfangreiche Produktberatung geben und am Ende die Buchung im Veranstalterreservierungssystem vornehmen müssen. Ein Telefonanruf dauert daher deutlich länger als in einem Reisebüro-Callcenter. Dies ist bei der Qualifikation der Mitarbeiter sowie der Bemessung der Telefonarbeitsplätze und der Einrichtung der Kunden-Telefonnummer entsprechend zu berücksichtigen. Eine Multifunktionalität in einem gemeinsamen Callcenter für Kunden und Reisebüros ist allenfalls bei kleinen Veranstaltern sinnvoll und möglich. Viele Reisebüros arbeiten für Stammkunden selbst wie ein Callcenter per Telefon oder E-Mail, bieten dann aber dem Kunden die gesamte Sortimentsbandbreite an. Rund ein Fünftel aller Buchungen in Reisebüros werden per Telefon oder E-Mail – oft durch Stammkunden – ohne persönlichen Besuch getätigt.

11.2.3 Internet-Booking-Engine (IBE)

Ein Kunde, der seine Reise im Internet buchen möchte, bekommt von einem Reiseveranstalter oder Online-Portal eine Internet-Booking-Engine (IBE) angeboten, in die er seine Buchungswünsche vorstrukturiert eingeben und anschließend weiter optimieren kann. Eine Pauschalreise oder eine Einzelleistung wie ein Hotel sind dabei zumeist unkompliziert einzugeben. Mehrere flexibel kombinierbare Einzelbausteine erfordern allerdings schon ein umfassenderes Produktwissen und Geschicklichkeit beim Umgang mit den IBE-Masken und ScrollMenüs. Für diese Standard-IBEs gibt es im Wesentlichen drei deutsche Anbieter: **Traveltainment**, **Travel IT** und **Traffics**. Diese sorgen für Standardisierungen, die es erlauben, dass zum einen der Kunde schneller mit dem Buchungsprozess und der Produktsuche vertraut gemacht wird, und dass zum anderen auf der Angebotsseite Neueinsteiger ohne Branchen-Know-how und mit geringem Investment schnell eine IBE auf ihrer Website installieren können. Zum Betrieb einer IBE wird in jedem Fall ein Kunden-Callcenter benötigt, sei es für eine umfassende Beratung oder als technisches Helpdesk. Auch die alternative Buchung über ein E-Mail-Formular sollte für Kunden zugänglich sein, insbesondere bei komplexen Angeboten.

11.3 Buchungsavisierung an Leistungsträger

Nachdem die Buchung direkt oder indirekt vorgenommen wurde, erfolgt je nach Produktart – Pauschal- oder Bausteinreise – die Dokumentation oder Weiterleitung an den oder die Leistungsträger. Diesen Vorgang nennt man **Avisierung**. Bei Pauschalreisen wird die Buchung im Garantiekontingent dokumentiert und zwischengespeichert. Zu den vereinbarten Release-Zeitpunkten erfolgt die Übergabe der Reservierungs- und Personendaten an die jeweiligen Leistungsträger wie Airlines, Hotels, Zielgebietsagenturen und Reiseleitungen. Bei Bausteinreiseveranstaltern, die nur über ein kleines, nicht garantiertes fließendes Kontingent verfügen, muss jede Buchung sofort an die Leistungsträger avisiert werden und von diesen rückbestätigt werden. Gegebenenfalls wird dabei das fließende Kontingent wieder auf die vereinbarte Soll-Stärke aufgefüllt. Geschieht dies nicht oder ist das Kontingent aufgebraucht, erfolgt eine Avisierung auf Anfrage, d. h. eine Request-Buchung. Diese wird dann als Wartelistenbuchung im Reservierungssystem angelegt und dem Kunden erst nach Rückbestätigung des Leistungsträgers bestätigt. Ist diese Reiseleistung auf Request Bestandteil einer umfassenden Bausteinreise, müssen ggf. alle anderen Leistungen einstweilen mit einer Optionsfrist im Reservierungssystem angelegt werden. Damit der Avisierungsprozess so zügig wie möglich abläuft, ist es wichtig, dass ein Bausteinreiseveranstalter möglichst direkte Systemschnittstellen zu allen wichtigen Leistungsträgern unterhält. Bei einem Pauschalreiseveranstalter ist der technische Systemvernetzungsbedarf deutlich geringer, weil er Charter- und Kontingentplätze quasi im Reservierungssystem vorrätig hat.

11.4 Erstellung von Reisebestätigungen und Rechnungen

Eine Buchung kommt rechtsgültig erst zustande durch die Annahmeerklärung des Veranstalters, die fachlich **Buchungsbestätigung** genannt wird. Sie muss neben den Buchungsdaten und dem Endpreis der touristischen Leistungen, den in der EU obligatorischen Insolvenzsicherungsschein und die jeweiligen Allgemeinen Geschäftsbedingungen (AGB) des Veranstalters beinhalten, die allesamt Bestandteile des Reisevertrages sind. Die Reisebestätigung ist zugleich die Rechnung für den Kunden und weist die Zahlungsfristen und Zahlungsbeträge für Anzahlung und Restzahlung aus. Bucht der Kunde im Reisebüro, wird ihm die Buchungsbestätigung unmittelbar aus dem Buchungssystem ausgedruckt und ausgehändigt. Bucht ein Kunde telefonisch oder online direkt beim Reiseveranstalter, so wird ihm die rechtsgültige Buchungsbestätigung und Rechnung nach Ablauf des Rücktrittsrechts, das ihm gemäß der Verbraucherschutzrichtlinie zusteht, postalisch oder per E-Mail zugesandt. Der Reisevertrag wird durch Unterzeichnung der Bestätigung und Überweisung der Anzahlung rechtsgültig.

11.5 Kundeninkassoverfahren

Parallel zur den Buchungsabwicklungsprozessen laufen die Inkasso- und Abrechnungsverfahren mit den Kunden. Generell wird zwischen Direkt- oder **Kundeninkasso** und Reisebüroinkasso unterschieden. Das Kundeninkassoverfahren ist Standard bei allen Direktbuchungen per Telefon und im Internet. Bei Buchungen im Reisebüro kann bei vielen Veranstaltern zwischen Direkt- und Reisebüroinkasso entschieden werden. Dabei gibt es drei Kundeninkassoverfahren:

(1) **Bankeinzug**

Beim Bankeinzug unterscheidet man zwischen Einzugsermächtigung, die zumeist bei Dauerschuldverhältnissen (Miete, Mietnebenkosten, Versicherungen etc.) angewendet wird, und dem Abbuchungsauftrag, der sich i. d. R. nur auf einen einmaligen Vorgang bezieht. Bei der Einzugsermächtigung kann der Kunde den abgebuchten Betrag bis zu 6 Wochen nach dem Abbuchungstag bei der Bank ohne Angabe von Gründen widerrufen, sodass sie sich für die Zahlung von Reisen nicht eignet. Ein einmaliger Abbuchungsauftrag ist eher geeignet, weist aber einen gravierenden Nachteil auf. Wenn am Tag der Abbuchung das Kundenkonto keine ausreichende Deckung aufweist, weil vielleicht am Tag zuvor die Miete oder die Heizölrechnung abgebucht wurde, dann platzt die Abbuchung, und zwar ohne dass der Veranstalter oder Kunde das wollte oder wusste. Beim Veranstalter werden dann je nach System Mahnverfahren und Zusatzkosten ausgelöst, weil er ja nicht weiß, ob dies auf die Zahlungsunwilligkeit des Kunden oder andere Umstände zurückzuführen ist.

(2) **Banküberweisung/Zahlungsträgerüberweisung**

Kostengünstiger und sicherer für den Veranstalter ist die Banküberweisung durch aktive Zahlung des Kunden. Zahlungsrückstände können rechtzeitig erkannt und gemahnt werden und bei Flugreisen und Kreuzfahrten ist die Zahlungskontrolle noch am Flughafenschalter bzw. Kreuzfahrtterminal möglich, weshalb vor allem Flug- und Kreuzfahrtenveranstalter dieses Verfahren wählen. Bei Veranstaltern ohne Flug- und Schiffsanreise ist eine Zahlungskontrolle vor Abreise hingegen nicht möglich, sodass bei vorzeitigem Unterlagenversand, die Reiseleistung nicht mehr verweigert werden kann.

(3) Kreditkarte

Das sicherste Verfahren für den Reiseveranstalter ist das Kreditkartenverfahren, weil das Inkasso unabhängig von der aktuellen Liquidität des Kunden erfolgt, der vorübergehend kreditiert wird. Aber auch hier ist zu beachten, dass die Kunden je nach Bonität nur über begrenzte Zahlungslimits verfügen. Falls dieses überschritten wird, wird dies sofort bei Eingabe des Zahlungsmittels gemeldet, sodass umgehend darauf reagiert und die Bestätigung der Reise oder der Unterlagenversand verweigert werden kann. Für die Absicherung des Inkassos muss der Veranstalter dem Kreditkarteninstitut allerdings ein Disagio von ca. 0,5–1,0 % vom Umsatz zahlen. Viele Veranstalter und Leistungsträger versuchen, dieses Disagio an die Kunden weiterzugeben. Je nach Kartensystem und Zahlungsweg ist die Sicherheit der Kreditkartendaten vor allem im Internet nicht immer gewährleistet. Es werden jedoch inzwischen Verfahren entwickelt, die diese Probleme beseitigen (z. B. Single-Use-Creditcard-Verfahren).

11.6 Agenturinkasso/-abrechnung

Viele Veranstalter akzeptieren inzwischen **Reisebüroinkasso** nicht mehr, dazu zählen u. a. Thomas Cook/Neckermann, DER-Pauschaltouristik, Alltours, Schauinsland, FTI, 1-2-Fly. Es ist kein Zufall, dass sie alle schwerpunktmäßig Flugpauschalreiseveranstalter sind, denn bei fehlenden oder verspäteten Restzahlungen besteht die Möglichkeit, die Kunden noch am Flughafen abzukassieren oder die Abreise zu verweigern, was bei Veranstaltern von Bausteinreisen und erdgebundenen Reisen kaum möglich ist. Beim Reisebüroinkasso trägt der Veranstalter das Risiko der Bonität und Insolvenz des Reisemittlers (Delkredere-Risiko), der in seinem Namen den Reisepreis vom Kunden kassiert. Beim Reisebüroinkasso bucht der Veranstalter in bestimmten zeitnahen Rhythmen (wöchentlich, zweiwöchentlich oder monatlich) den rund 3–4 Wochen vor Reiseantritt fälligen Reisepreis abzüglich der vereinbarten Provisionsvergütung vom Konto des Reisebüros ab.

Das Reisebüro darf häufig die bei der Buchung vom Kunden kassierte Anzahlung als Liquiditätshilfe bis zum Fälligkeitszeitpunkt beim Reiseveranstalter behalten. Geht ein Reisebüro zwischen Buchung und vor Reiseantritt des Kunden in **Insolvenz,** trägt der Reiseveranstalter den kompletten Zahlungsausfall und muss als direkter Vertragspartner des Kunden die gebuchte Reise in jedem Fall durchführen. Große Veranstalter überlassen dem Reisebüro und dessen Absprache mit dem Kunden die Wahl zwischen Direkt- und Reisebüroinkasso. Beim Direktinkasso bekommt der Kunde seine Reisedokumente i. d. R. auch direkt vom Reiseveranstalter zugesandt. Beim Reisebüroinkasso werden sie über das buchende Reisebüro oder auch direkt an den Kunden ausgeliefert. Dies ist zu beachten, wenn ein Kunde für dieselbe Reise z. B. Reiseleistungen verschiedener Veranstalter und Leistungsträger gebucht hat.

11.7 Mahnverfahren

Zahlt ein Kunde oder ein Reisebüro nicht vollständig, nicht rechtzeitig oder gar nicht, so werden häufig schon aus der automatisierten Zahlungsüberwachung des Reservierungssystems heraus Mahnverfahren angestoßen, die den gesetzlichen Fristen und Regelungen entsprechen. Nach der zweiten Mahnung ist die Übergabe an die juristische Vollstreckung möglich. Jeder Veranstalter muss für sich entscheiden, ob und wie er die gesetzlichen Möglichkeiten ausschöpft. Daher gibt es auch aus wirtschaftlichen Gründen unterschiedliche interne Prozesse und Anweisungen. Geht z. B. die nach der Buchungsbestätigung fällige Anzahlung trotz Mahnung beim Veranstalter oder Reisebüro nicht ein, verzichten viele Veranstalter lieber stornofrei auf die Buchung als ein teures Mahnverfahren zu vollstrecken. Anders ist es, wenn es um die knapp 1 Monat vor Abreise fällige Restzahlung geht, denn da könnte der Kunde versuchen, durch Einbehaltung der Restzahlung noch höhere Stornokosten zu vermeiden. Auch hier kann der Veranstalter immer noch unter wirtschaftlichen Gesichtspunkten entscheiden, ob er wirklich den Aufwand einer Vollstreckung auf sich nimmt, wenn es möglich ist, eine attraktive Reise zu einem gefragten Termin noch anderweitig zu verkaufen, bei der die kalkulierte Auslastung u. U. schon erreicht ist.

11.8 Reisedokumentenerstellung

Ist die Buchung abgewickelt und bezahlt, erhält der Kunde vom Veranstalter die Reisedokumente. **Pauschalreiseveranstalter** benötigen eigene Reisedokumente, weil sie weitgehend auf eigene Risiko- oder Vertragskontingente zurückgreifen. Darin müssen sie alle wichtigen Teilleistungen und Leistungsmerkmale sowie Reisezeiten und Reisewege beschreiben. Die Pauschalreisedokumente können daher in einem einheitlichen Format gestaltet und hergestellt werden. Bei **Bausteinreiseveranstaltern** sieht das anders aus. Immer dann, wenn ein Bausteinreiseveranstalter als Vermittler oder Consolidator auftritt, muss er i. d. R. die Originalreisedokumente oder -tickets des Leistungsträgers aushändigen. Hinzu kommen eigene Voucher für andere als vom Veranstalter produzierte Reiseleistungen und evtl. standardmäßige Beschreibungen und Hinweise über die Kombination der zusammengestellten Bausteine. Derartige Leistungsvoucherpakete lassen sich nur in Ausnahmefällen in einem einheitlichen Reisedokumentenlayout bündeln und wirken oftmals optisch wenig attraktiv und unhandlich. Zunehmend versuchen Veranstalter, nur noch elektronische Reiseunterlagen auszugeben. Dies ist aber je nach Reiseart umstritten (vgl. Kap. III.6.9).

11.9 Reiseunterlagenkonfektionierung

Neben den Reisedokumenten und Vouchern, die ein Wertäquivalent für touristische Leistungen sind, erhält ein Kunde mehr oder weniger umfangreiche Reiseunterlagen wie Landkarten, Reiseführer (bei Rundreisen auch mehrere), Anreisebeschreibungen und sonstige Erklärungen für die Durchführung der Reise wie z. B. Gesundheits-, Devisen- und Einreisebestimmungen. Hinzu kommen evtl. Kundenfragebögen zur Beurteilung der Reise, Gutscheine, Straßenvignetten und Werbematerialien. Je nach Gesamtwert, Reiseart und Destination der Buchung werden alle Unterlagen in mehr oder weniger wertvollen Umschlaghüllen oder auch Dokumententaschen zusammengestellt. Diese Zusammenstellung nennt man Konfektionierung. Sie erfolgt weitgehend manuell gemäß den mit der Buchung im Reservierungssystem hinterlegten Packlisten.

11.10 Leistungsträgerabrechnung und Voucher-Clearing

Der Anspruch der Leistungsträger auf Zahlung durch den Veranstalter leitet sich aus den vertraglichen Einkaufsvereinbarungen ab. Bei Garantieleistungen für Flüge und/oder Hotels sind bereits während der Buchungsphase, und noch vor der Abreise und den Zahlungen des Kunden, zu vereinbarten Fristen Anzahlungen oder Raten zu leisten. Bei allen anderen Reiseleistungen erfolgt die Zahlung durch den Reiseveranstalter i. d. R. nach Vorlage der Kunden-Voucher, d. h. nach Rückreise des Kunden. Nach dem **Voucher-Clearing** erfolgt die **Leistungsträgerabrechnung** gesammelt in festen zeitlichen Zyklen. Häufig führen die veranstaltereigenen Zielgebietsagenturen die Leistungsträgerabrechnung für die jeweilige Destination durch, weil Rückfragen und ggf. auch Leistungskürzungen aus Reklamationen leichter in der jeweiligen Landessprache vor Ort durchgeführt werden können. Die Abrechnungsdaten werden nach dem Clearing in die Kreditorenbuchhaltung des Veranstalters übernommen und damit die Verbindlichkeiten des Veranstalters gegenüber den Leistungsträgern beglichen. Zwischen Kundenzahlung an den Veranstalter und Bezahlung der Leistungsträger durch den Veranstalter liegt dabei oft ein Zeitraum von 6–8 Wochen, der einem Reiseveranstalter somit eine hohe temporäre Liquidität beschert (vgl. Kap. III.6.7 und Kap. III.6.8).

11.11 Kundendienst und Reklamationsbearbeitung

In der Vergangenheit war der unmittelbare Kundenkontakt eines Reiseveranstalters beschränkt auf die Reiseleitung und die Reklamationsbearbeitung und betraf eher Unregelmäßigkeiten und Unklarheiten der Leistungserbringung. Hier ist heute ein grundlegender Wandel eingetreten. Nicht nur, dass man diese Funktionen nunmehr mit den Begriffen Kundendienst und Qualitätsmanagement positiver benannt hat, sie sind auch deutlich umfassender als bisher definiert. So gehören zum Kundendienst häufig auch die Stammkundenbetreuung und die Pflege des **Customer-Relation-ManagementsSystems (CRM)**. Auch das Sicherheits- und Krisenmanagement und die Emergency Hotline sind oftmals diesem Funktionsbereich zugeordnet. Diese Funktionen finden bereits vor und während der Reiseorganisation statt und begleiten den gesamten Prozess, während die Reklamationsbearbeitung eine klassische After-Sales-Funktion nach Rückkehr des Kunden aus dem Urlaub ist.

Bei der Reklamationsbearbeitung wird die Berechtigung der Beschwerde mit Unterstützung der Zielgebietsagentur, Reiseleitung und dem betroffenen Leistungserbringer geprüft. Berechtigte Ansprüche werden beglichen, unberechtigte abgelehnt und unklare oft durch Kulanzregelungen mit den Kunden aus der Welt geschafft. Dabei ist auch unter wirtschaftlichen Gesichtspunkten zu entscheiden, ob ein zweifelhafter Fall ein aufwändiges Gerichtsverfahren rechtfertigt oder ob es nicht sinnvoller ist, den Kunden durch ein kulantes Entgegenkommen zu behalten und zum Wiederholer zu machen. Die fachliche juristische Beratung der Reklamationsbearbeitung erfolgt durch das Rechtsreferat eines Veranstalters oder bei kleinen Unternehmen durch eine externe Fachanwaltskanzlei.

12 Unterstützende zentrale Backoffice-Funktionen

In diesem Kapitel wird dargestellt, wie allgemeine übergreifende Zentralfunktionen die Veranstalterprozesse begleiten, ergänzen und unterstützen und bei welchen funktionalen Prozessen sie von besonderer Bedeutung sind. In großen Konzernen sind diese Zentralfunktionen häufig auch für andere Konzernbereiche wie Vertrieb, Hotel, Airline oder branchenfremde Geschäftsfelder tätig. In kleinen Unternehmen können einzelne Zentralfunktionen auch an externe Dienstleister ausgelagert werden.

12.1 IT-Dienstleistungen

IT-Dienstleistungen haben sich inzwischen zur unverzichtbaren Basis des Reiseveranstaltergeschäfts selbst für kleine und mittelständische Unternehmen entwickelt. Ob PC-Netzwerk, Telekommunikationssystem, Rechnungswesen oder Vertriebssystem, alles basiert auf mehr oder weniger standardisierten IT-Systemen. Das Herzstück eines Reiseveranstalterunternehmens ist aber sein Reservierungssystem und die damit verknüpften Prozesse und Systemschnittstellen.

12.1.1 Reservierungssystementwicklung

Jeder Reiseveranstalter benötigt ein eigenes internes **Reservierungssystem**, in dem sämtliche Buchungen mit allen Stamm- und Flussdaten abgelegt sind. Dieses Reservierungssystem benötigt auf der einen Seite Verbindungen zu allen wichtigen Vertriebskanälen, d. h. über die GDS zu den Reisebüros, über individuelle direkte Schnittstellen zu Vertriebspartnern und zu den Internet-Buchungsplattformen. Auf der anderen Seite sind Schnittstellen zu allen wichtigen Leistungsträgern wie Airlines, Hotels, Zielgebietsagenturen etc. erforderlich, um tagesaktuelle Kontingente und Preise zu erhalten und zügig Avisierungen vorzunehmen. Ein klassischer Pauschalreiseveranstalter hat einen deutlich geringeren Bedarf an Leistungsträgerschnittstellen als ein Bausteinreiseveranstalter, weil seine Produkte in weiten Teilen durch die Kapazitätsgarantien quasi aus dem Lager (engl.: Inventory) des Systems abrufbar sind und die Zahl der Leistungsträger aufgrund der punktuellen Mengenvolumina geringer ist. Ein Pauschalreiseveranstalter kann daher eher auf Standardsysteme wie z. B. Blank zurückgreifen als ein Bausteinreiseveranstalter. Das Standardsystem Blank wird branchenweit u. a. benutzt von den DER-Pauschalreiseveranstaltern, Alltours, Schauinsland, Öger (Thomas Cook), 1-2-Fly und Wolters (TUI), Phoenix Reisen und Ameropa.

Hingegen nutzen die Veranstalter TUI, Neckermann, Thomas Cook, DER-Bausteintouristik, FTI oder AIDA selbst entwickelte Systeme, die den spezifischen Anforderungen der jeweiligen Veranstalter entsprechen. Egal ob Eigenentwicklung oder

https://doi.org/10.1515/9783110481457-025

Standardsystem, beide müssen mit vor- und nachgelagerten IT-Systemen wie z. B. dem Rechnungswesen, GDS-Systemen, IBEs oder internen Kommunikationssystemen und Servern verbunden werden. Dazu sind mehr oder weniger umfangreiche IT-Personalressourcen erforderlich, die bei Großveranstaltern zwischen 50 und 100 Beschäftigte umfassen können.

12.1.2 IT-Wartung und -Netzwerkbetreuung (intern und extern)

Der größte anzunehmende Unfall (GAU) eines Reiseveranstalters ist die mangelnde Funktionsfähigkeit bzw. der temporäre Ausfall seines Reservierungssystems. Dies kann sehr teuer werden, wenn die Reisebüros während der Ausfallzeit die Kunden bei Wettbewerbern einbuchen. Das Gleiche gilt für Stammdaten- oder Programmfehler, die Kalkulationen und Buchungsdaten verfälschen können. Damit das nicht passiert und eine 24-stündige Funktionsfähigkeit für 7 Wochentage gewährleistet ist, wird intern eine ständige IT-Wartung und -Netzwerkbetreuung inkl. eines technischen Helpdesks vorgehalten. Für die externen Vertriebs- und Leistungsträgernetzwerke werden externe Dienstleister zu derartigen Servicedienstleistungen vertraglich verpflichtet.

12.2 Data-Warehouse-Steuerung/Verkaufsstatistiken

Alle in den IT-Systemen gespeicherten Daten sind für statistische Zwecke abrufbar. Wenn sie in einer Datenbank systematisch geordnet, selektiv abrufbar und statistisch nutzbar gemacht werden können, dann nennt man die Datenbasis **Data Warehouse**. Die dabei generierten Daten werden üblicherweise Buchungsstatistiken genannt und erfassen Umsätze, Kunden bzw. Teilnehmer oder Buchungen bzw. Vorgänge. Grundsätzlich gibt es dabei zwei verschiedene Auswertungs- und Betrachtungsweisen:

– Buchungsstatistiken mit den im Touristik- und/oder Geschäftsjahr **angetretenen Reisen;** diese Perspektive orientiert sich an der Saisonalität der Angebote (Kataloge) sowie den Anforderungen des Finanz- und Rechnungswesens.
– Buchungsstatistiken mit den im Touristik- oder Geschäftsjahr **gebuchten Reisen** unabhängig vom Zeitpunkt des Reisebeginns; diese Betrachtungsweise orientiert sich an der Vertriebsperspektive und erfasst die Auftragslage.

Auch die Verwaltung und Pflege der Kundenadressen im Customer-Relation-Management (CRM) ist eine Data-Warehouse-Funktion, weil sie die externen Kundendaten mit den internen Buchungsdaten verknüpft und damit unterschiedlichste Datenbankauswertungen ermöglicht, die von Marketing und Vertrieb für Kundenbindungsmaßnahmen sowie zur Kundenwerbung genutzt werden.

Ein Reiseveranstalter benötigt eine Vielzahl von Statistiken und Kennzahlen zur Steuerung von Yield und Garantiekapazitäten. Darüber hinaus werden diese Daten für das interne und externe Unternehmensreporting, das Controlling sowie die Marktforschung für Benchmarks aller Art mit Wettbewerbern und Marktdaten benötigt.

12.3 Marktforschung

Aufgabe der **Marktforschung** ist es, für das Management eines Reiseveranstalters alle erforderlichen externen Marktdaten und internen Informationen zu recherchieren, aufzubereiten, zu analysieren, sinnvoll miteinander zu kombinieren und in geeigneter Form bereitzustellen. Im Detail sind diese Aufgaben im Kap. V.1 ausführlich dargestellt. Die meisten internen Informationen werden aus dem Data Warehouse bereitgestellt. Die externen Informationen müssen oft mühsam recherchiert oder mit hohem finanziellem Einsatz von Marktforschungsinstituten erworben werden. Daten aus der Marktforschung werden in nahezu allen Phasen der Prozesskette benötigt. Dies beginnt schwerpunktmäßig in der Planungsphase, wenn es um Zielgruppendefinitionen sowie Ziel- und Quellmarktvolumina geht. Es setzt sich fort im Einkauf mit der Ermittlung der Marktstrukturen, Volumina und Auslastungen der Beschaffungsmärkte der Leistungsträger. In weiteren Studien werden Produkt-Benchmarks und Preisvergleiche erarbeitet. Schließlich werden im Rahmen von Wettbewerbsanalysen Marktanteile auf Grundlage der getätigten Buchungen der Kunden ermittelt und auf Basis der Daten aus dem Kundendienst und dem CRM-System Kundenprofile und Markttrends abgeleitet.

12.4 Finanz- und Rechnungswesen

Das Spektrum des Finanz- und Rechnungswesens begleitet ebenfalls die gesamte Prozesskette eines Reiseveranstalters mit der Rechnungslegung vom Einkauf, über Kalkulation, Devisenbeschaffung, Besteuerungsregelungen, Inkassowege, Kunden-, Agentur- und Leistungsträgerabrechnungen bis zur Kontierung und Bilanzierung. Im Rahmen der Prozesskette wurden bereits ausführlich die Kalkulations-, Inkasso- und Abrechnungsfunktionen erläutert. Eine Sonderrolle nehmen die steuerlichen Regelungen ein, die zum Teil sehr branchenspezifisch sind und im Kap. II.5.3 ausführlich behandelt wurden. Von besonderer Bedeutung sind auch die Devisendispositionen, die sowohl beim Einkauf von Reiseleistungen in Nicht-Euro-Ländern als auch beim Betrieb von Hotels und Zielgebietsagenturen in diesen Destinationen benötigt werden, weil Wechselkursänderungen während eines Touristikjahres bei den geringen Margen eines Reiseveranstalters schnell zu Verlusten führen können. Im Kap. II.5.4 wird detailliert beschrieben, mit welchen Instrumenten sich ein Reiseveranstalter gegen schwankende Devisenkurse absichern kann. Diese stehen in unmittelbarem Zusammenhang mit der Liquiditätssteuerung des Unternehmens und können dessen Jahresergebnis gravierend beeinflussen.

12.5 Controlling

Während das Finanz- und Rechnungswesen eher eine historisch dokumentierende Funktion hat, kommt dem Controlling eine planerische, kalkulatorische und optimierende Aufgabe zu. Neben den Daten des internen Rechnungswesens werden dazu auch Data-Warehouse-Daten und externe Marktinformationen herangezogen. Bei einem Reiseveranstalter werden drei wesentliche Funktionen unterschieden:

(1) **Angebotscontrolling**

Das Yield-Management oder **Angebotscontrolling** beschäftigt sich mit der Auslastungs- und Margenoptimierung insbesondere bei Kapazitätsgarantien (vgl. Kap. III.4). Dabei werden die geplanten oder erwarteten Mengen oder Teilnehmer mit den geplanten Auslastungsquoten und den verschiedenen Saisonpreisparametern auf Basis der Controlling-Daten kalkuliert, simuliert und optimiert.

(2) **Vertriebscontrolling**

Beim **Vertriebscontrolling** geht es um die Kalkulation und Optimierung von Kosten und Effizienz der verschiedenen Vertriebskanäle. Im Ergebnis entstehen daraus die verschiedenen Provisions- und Vergütungsmodelle sowie die evtl. abweichenden Sonderkonditionen einzelner Key-Account-Vertriebspartner. Eine weitere Sichtweise ist, welche Produkte am effizientesten über welchen Vertriebskanal abgesetzt werden können und welcher Vertriebskanal auf das gesamte Sortiment (Full Content) zugreifen darf.

(3) **Deckungsbeitragscontrolling**

Das **Deckungsbeitragscontrolling** ist die betriebswirtschaftliche Aufbereitung der Plan- und Ist-Daten in Form der klassischen Kostenträger-, Kostenstellen-, Kostenarten- und Unternehmensrechnung. Der Schwerpunkt liegt dabei zumeist auf der organisations- und funktionsbezogenen Budgetbetrachtung, mit der die verschiedenen Verantwortungsbereiche erfolgsorientiert transparent gemacht werden. Darüber hinaus werden als Messkriterien zahlreiche betriebswirtschaftliche Kennziffern aus diesen Daten für Geschäftsführung und Unternehmenskontrollgremien ermittelt. Viele erfolgsabhängige Zusatzvergütungen und Boni der Führungskräfte orientieren sich an diesen Parametern.

12.6 Personaldienstleistungen

Ein Hersteller und Händler von Dienstleistungen ist in besonderem Maße auf die Qualität des Personals angewiesen, das vor allem vor und während der Reise der mit Abstand dominanteste Produktionsfaktor ist und somit alle Funktionen der beschriebenen Veranstalterprozesse beeinflusst. Daher sind die hohen Anforderungen an Personalrekrutierung, -einsatz, -führung, -organisation und -schulung im Quell- und Zielmarkt nicht zu unterschätzen.

12.6.1 Personalbeschaffung

Die Produktionsprozesse eines Reiseveranstalters sind üblicherweise zentral an einem oder zumindest an wenigen Standorten im Quellmarkt konzentriert. Bei der Rekrutierung von qualifiziertem erfahrenem Personal kann dies Fluch und Segen zugleich sein. Befinden sich Wettbewerber im regionalen oder lokalen Einzugsbereich, kann eine Ersatzbeschaffung oder Neueinstellung oft schneller erfolgen, weil es einen entsprechenden Fachkräftemarkt vor der Haustür gibt. Umgekehrt erhöht dies u. U. auch die Mitarbeiterfluktuation zwischen den Wettbewerbern und erschwert es, Ideen und Innovationen vertraulich zu behandeln. Hat ein Veranstalter seinen Standort eher dezentral im Quellmarkt und ohne nennenswerten Wettbewerber vor Ort, dann ist die Fachkräfterekrutierung für die Schlüsselpositionen deutlich schwieriger; allerdings dürfte dann auch die Fluktuation geringer sein.

Eine ähnliche Situation findet man auch in den volumenstarken Zielgebieten vor, wo Reiseleiter und Mitarbeiter von Zielgebietsagenturen zwischen Wettbewerbern munter hin- und herwechseln. Da diese i. d. R. keine wesentlichen Know-how-Träger sind, ist dies unkritisch und zugleich sogar ein Vorteil, weil der Fundus von mehrsprachigem Personal mit deutscher Muttersprache oder guten Deutschkenntnissen entsprechend groß ist. In volumenschwachen Destinationen können diesbezüglich aber auch schon mal Personalengpässe auftreten.

Bei der **Personalbeschaffung** für die Funktionen eines Reiseveranstalters sind aber auch branchenfremde Arbeitsmarktentwicklungen zu beachten. Fachkräfte z. B. aus IT-Bereich, Rechnungswesen, Controlling, Rechtsbereich, Marketing, Marktforschung und Werbung sind auch in anderen Branchen gefragt, sind nicht auf Tourismusunternehmen fixiert und daher auch branchenübergreifend mobil. Das gilt auch auf Sachbearbeiterebene z. B. für Buchhalter mit SAP-Erfahrung oder angelernte Callcenter-Mitarbeiter. Eine starke Nachfrage nach diesen Arbeitskräften oder die geballte Freisetzung durch Wirtschaftskrise oder Insolvenzen kann dabei schnell für Angebotsengpässe wie auch für Nachfrageüberschüsse am Arbeitsmarkt sorgen. Das gilt insbesondere dann, wenn diese Funktionen gebündelt in wirtschaftlich strukturschwache Regionen ausgelagert sind. Eine Auslagerung der Callcenter-Funktionen eines Veranstalters in andere Länder hat keinen Sinn, wenn die Produkte, die dort beraten und unterstützt werden sollen, ausschließlich im Quellmarkt vertrieben werden. Dabei haben etliche Reiseunternehmen schon viel Lehrgeld bezahlt, weil die permanenten Produkt- und Systemschulungen sowie Sprachbarrieren erhebliche Komplexitäten schaffen und zusätzliche Kosten verursachen.

12.6.2 Personaleinsatzplanung und -organisation

Aufgrund der periodischen Saisonalität durch die Produktionszyklen von Winter- und Sommersaison und der zusätzlichen nachfrageorientierten Saisonalität durch Hoch-,

Zwischen- und Nebensaison infolge von Schulferien, Brücken- und Feiertagsterminen ergeben sich bei einem Reiseveranstalter besondere Anforderungen an die Organisation der Arbeitsplätze und die **Einsatzplanung der Mitarbeiter.** Im **Quellmarkt** orientiert sich der Arbeitsumfang im Wesentlichen am Produktionszyklus der Kataloge, die für den Winter im Juli und für den Sommer im November erscheinen und einen arbeitstechnischen Vorlauf von 4–6 Monaten benötigen mit Arbeitsspitzen in den letzten beiden Monaten vor der Auslieferung. Die operative Buchungsabwicklung hat ihre höchste Arbeitsbelastung i. d. R. 2–3 Monate nach dem Erscheinen der jeweiligen Kataloge wie bei den Reisebüros auch; dabei kommt es teilweise zu Überlappungen zwischen Winter- und Sommersaison zumeist im Januar und Februar, die ebenfalls berücksichtigt werden müssen. Sofern es Arbeitsverträge, Betriebvereinbarungen und gewerkschaftliche Tarifverträge zulassen, wird vor allem in Einkauf und Produktion versucht, die Spitzenbelastung mit Mehrarbeitszeiten der dort eingesetzten Fachkräfte durch flexible Arbeitszeitausgleiche und zusätzliche Urlaubstage in den Schwachlastzeiten über Jahresarbeitszeitkonten zu kompensieren.

Bei der Buchungsabwicklung wird hingegen versucht, das Stammteam temporär durch Aushilfen, Saisonkräfte und Praktikanten aufzustocken, wenn der Arbeitsmarkt dies hergibt. Eine weitere Möglichkeit besteht in der Auslagerung von Spitzenbelastungen auf externe Dienstleister wie z. B. bei Callcenter-Leistungen. Ganz so extrem wie im klassischen Geschäftsmodell mit saisonalen Katalogen ist der Arbeitsumfang im reinen Online-Geschäft nicht, weil die Online-Produktion eines Veranstalters, Consolidators oder Vermittlers kontinuierlicher über das gesamte Jahr erfolgen muss; bei der Buchungsabwicklung gibt es hingegen kaum Unterschiede zum Kataloggeschäft, außer dass online kurzfristiger gebucht wird.

Im **Zielgebiet** orientieren sich die Arbeitsspitzen an der Kundennachfrage, d. h. den klimatisch weitgehend absehbaren und bereits nach Mengen und Preisen kalkulierten Saisonphasen. So gibt es Zielgebiete oder Länder wie Griechenland, Portugal und Osteuropa, aber auch Regionen wie Gardasee oder Toskana, die im europäischen Winter nahezu komplett schließen. Viele andere wie die Balearen, das spanische Festland, Ägypten, Tunesien oder die Türkei haben in dieser Zeit ein deutlich geringeres Aufkommen, sodass auch dort viele Hotels nur in der Sommersaison mit voller Kapazität betrieben werden. Auch Fernreisen auf der Nordhalbkugel finden dann mit wenigen Ausnahmen (Florida und Hawaii in den USA) deutlich weniger statt. Diese Saisonalität ist in allen Ferndestinationen auf der Südhalbkugel gerade umgekehrt. Es gibt nur wenige Ganzjahresziele, die sich i. d. R. nur wenige Breitengrade vom Äquator entfernt befinden wie der Indische Ozean, die Karibik, Indochina, die Emirate und die Kanaren. Dies ist bei der Stellenbesetzung von Zielgebietsagenturen, Ferienhotels und Reiseleitungen zu berücksichtigen, die nur in begrenztem Umfang spezialisierte Fachkräfte benötigen. Daher werden dort überwiegend **Saisonkräfte** beschäftigt, viele davon als Freelancer bzw. Selbstständige. Sofern diese Mitarbeiter nicht lokaler Herkunft sind, sondern aus Deutschland oder anderen EU-Staaten kommen, werden sie häufig über Beschäftigungsgesellschaften in der Schweiz rekrutiert, die unabhängig von den Leistungen der nationalen Sozialversicherungen sind, die diese Mitarbeiter im Ausland ohnehin nicht in Anspruch nehmen können.

12.6.3 Mitarbeiterqualifizierung und -schulung

Die Touristik ist eine global operierende Branche, die sich beständig neuen Herausforderungen gegenübersieht und fast ausschließlich vom **Produktionsfaktor Mensch** lebt. Umso wichtiger ist es, diese Menschen ständig auf einem aktuellen Informationsstand zu halten, der idealerweise größer sein sollte als der der potenziellen Kunden. Hilfreich sind dabei die inzwischen schon sehr professionalisierten IT-Systeme, die bei effizienter Anwendung Geschwindigkeit und Umfang der Informationsvermittlung, -verarbeitung und -weitergabe enorm verbessern (z. B. durch E-Learning). Dennoch können sie Persönlichkeit, Intellekt, Ansprache und Einfühlungsvermögen eines Menschen nicht ersetzen. Dies gilt gegenüber den Kunden gleichermaßen für die Beratung vor Reisebeginn wie für die Hilfe im Zielgebiet – und das nicht nur im Reklamations-, Krisen- oder Krankheitsfall. Genauso wichtig sind aber auch die Informations- und Wissensströme der Mitarbeiter untereinander in der internen Quellmarktorganisation des Veranstalters, in der internen Zielgebietsorganisation sowie zwischen Quell- und Zielmarkt. Im Kap. II.4 zum Produktionsfaktor Human Ressources wird ausführlich auf die verschiedenen Ausbildungs- und Qualifizierungsmöglichkeiten der Touristk eingegangen.

Die dazu erforderlichen Maßnahmen zur **Mitarbeiterqualifizierung** und -schulung sind dabei sehr vielfältig und müssen selektiv den Mitarbeitern je nach Verantwortungsbereich in verschiedenen Intensitätsstufen verpflichtend oder optional angeboten werden. Dies betrifft u. a. Schulungen
- für die verwendeten internen und externen IT-Systeme und -Instrumente,
- für die Organisationsabläufe und -prozesse,
- des Produkt- und Zielgebietswissens,
- für die Verhaltensparameter gegenüber Kunden,
- von Verhandlungstechniken gegenüber Leistungsträgern,
- für allgemeine Arbeitstechniken wie Arbeitsorganisation, Zeitmanagement oder auch Sprachen,
- für die Mitarbeiterführung.

Gerade der **Mitarbeiterführung** kommt in komplexen Dienstleistungsorganisationen eine besondere Bedeutung zu. Denn insbesondere in Spitzenbelastungszeiten oder bei externen Krisen, von denen die Touristikbranche inzwischen nahezu regelmäßig betroffen ist, ist es sehr wichtig, Mitarbeitern Unterstützung, Sicherheit und Orientierung zu geben, damit sie diesen Extremsituationen physisch und psychisch gewachsen sind. Ein Vorgesetzter, der sich dabei selbst nicht sicher unter Kontrolle hat und nicht motivieren kann, schwächt damit die Leistungsfähigkeit des gesamten Teams.

Dieser Prozess ist interdependent und muss durchgängig durch alle Hierarchiestufen laufen. Dies ist eine idealistische Sichtweise, weil natürlich nicht jeder Mensch in dieser Hinsicht gleich veranlagt ist und fehlende Basisvoraussetzungen auch durch Schulung nur begrenzt ersetzbar sind. Manchmal müssen daher in Führungspositionen Kompromisse zwischen fachlichem Know-how und Führungsqualitäten eingegangen werden.

12.7 Rechtsdienstleistungen und Versicherungsdienstleistungen

Rechts- und Versicherungsdienstleistungen sind einerseits Bestandteil der funktionalen Prozesse eines Reiseveranstalters und andererseits begleitende, beratende und unterstützende Dienstleistungen. Während Versicherungsdienstleistungen überwiegend am Anfang der Prozesskette stehen, finden die juristischen Leistungen in den meisten Fällen erst in späteren Phasen, vor allem bei Vertragsverletzungen aller Art, und daher eher am Ende der Prozesskette statt, zumal sich Rechtsverfahren vor den Gerichten oftmals über Jahre hinziehen können.

12.7.1 Reisevertragsrecht und Allgemeine Geschäftsbedingungen (AGB)

Die sich aus den Verpflichtungen des im Bürgerlichen Gesetzbuch verankerten Reiserechts (§§ 651a bis m BGB) und der EU-Pauschalreiserichtlinie ergebenden Verpflichtungen muss ein Reiseveranstalter in seine Allgemeinen Geschäftsbedingungen (AGB) aufnehmen. Im Rahmen der gesetzlichen Vorgaben kann jeder Reiseveranstalter diese AGB seinen Angeboten und Bedürfnissen anpassen. In den meisten Fällen übernehmen mittlere und kleine Veranstalter die vom Deutschen Reise Verband (DRV) entworfenen Musterbedingungen. Die wichtigsten Bestimmungen und Details des Reiserechts werden im Kap. II.5.1 erläutert. Ergänzend wird auf die Fachliteratur zu diesem Thema verwiesen.

12.7.2 Insolvenzhaftung

Jeder Reiseveranstalter in der Europäischen Union ist gemäß der EU-Pauschalreiserichtlinie verpflichtet, bestimmte Versicherungen abzuschließen. Dazu zählen in erster Linie die Insolvenzschutzversicherung oder der Beitritt zu einem Insolvenz-Haftungsfonds sowie die Veranstalter-Haftpflichtversicherung. Beide werden im Kap. II.5.2 erläutert. Ergänzend wird auch hier auf die Fachliteratur zu diesem Thema verwiesen. Weitere Versicherungen wie Sach- und Personenversicherungen sind optional und nicht unbedingt branchenspezifisch, werden aber üblicherweise zur Absicherung potenzieller Risiken abgeschlossen. Insoweit sind häufig das Versicherungsmanagement und die Abwicklung von Versicherungsfällen, die zumeist über das Reklamationsmanagement an Reiseveranstalter herangetragen werden, im Rechtsbereich angesiedelt.

12.7.3 Sonstige Rechtsdienstleistungen

Wie in der Prozesskette beschrieben, schließt ein Veranstalter in allen Prozessphasen eine Vielzahl von nationalen und internationalen Verträgen mit Leistungsträgern (Flug, Hotel, Mietwagen, Bahn etc.), System- und Technikdienstleistern, Zielgebiets-, Service- und Werbeagenturen, Reisevermittlern und Reisebüroorganisationen und den reisenden Kunden. Diese Komplexität kann durch standardisierte Gruppenverträge reduziert werden. Bei jedem einzelnen dieser Vertragsverhältnisse kann es zu Leistungsstörungen oder Vertragsverletzungen kommen, die dann einer juristischen Beurteilung und Behandlung bedürfen. Im Verhältnis zum Kunden gibt es den Vorfilter des Kundendienstes und Reklamationsmanagements. Erst wenn alle Wege der Klärung oder Kulanz nicht weiterhelfen, wird die Rechtsabteilung einbezogen. Alle anderen Vertragsverhältnisse sind i. d. R. zivilrechtliche B2B-Verfahren, bei denen auch die Gegenseite im Falle von Vertragsverletzungen relativ schnell ihren Rechtsbeistand einschaltet. Ist nach allen Argumentations- und Regelungsversuchen eine gerichtliche Auseinandersetzung nicht zu vermeiden, so wird häufig eine externe Fachkanzlei mit der Durchführung des Klageverfahrens beauftragt, wobei die interne Rechtsabteilung dann als Zeuge bzw. Partei fungieren kann.

Neben diesen zivil- und insbesondere reiserechtlichen Tätigkeiten sind eher unregelmäßig auch Verfahren zu regeln, die Verwaltungs- und Ordnungsrecht, Arbeits- und Sozialrecht, Steuerrecht, Markenrecht, Kartellrecht, Strafrecht, Gesellschaftsrecht, Vermögensrecht, Miet- und Immobilienrecht oder internationales Recht betreffen. In all diesen Fällen ist ein internes Rechtsreferat beratend und koordinierend tätig, während die gerichtliche und behördliche Verfahrensklärung zumeist Fachkanzleien und Notaren übergeben wird.

12.8 Sonstige zentrale Dienstleistungen

Neben allen zuvor ausführlich geschilderten für einen Reiseveranstalter unmittelbar wichtigen Zentraldienstleistungen gibt es noch eine Vielzahl weiterer Dienstleistungen, die zumeist als selbstverständlich vorausgesetzt werden. Diese betreffen zumeist die lokale Infrastruktur eines Reiseveranstalterunternehmens. Dazu zählen u. a.:
- Gebäudewartung und Haustechnik (Facility Management),
- Telefon- und IT-Netzwerkwartung,
- Fuhrpark,
- Poststelle/Konfektionierung,

- Dokumenten- und Aktenarchivierung
- Zugangskontrolle, Pförtner, Sicherheit,
- Kantine,
- Mitarbeiterbezogene Dienstleistungen wie Zeiterfassung, Parkplätze, Jobticket, Arbeitssicherheit o. Ä.,
- von Betriebsräten initiierte Aktivitäten und Maßnahmen wie Gesundheitsvorsorge, Kinderbetreuung, Betriebssport etc.

Je nach Größe und Standort eines Reiseveranstalters spielen diese Faktoren, wie in Unternehmen anderer Branchen auch, eine mehr oder weniger bedeutende Rolle.

13 Digitale Produktionsmodelle von Reiseveranstaltern

Die in diesem Teil des Buches dargestellten rund 140 Prozessschritte – fachlich auch Workflows genannt –, die bei der Produktion von Veranstalterreisen anfallen, sind zum Teil sehr zeit- und kostenintensiv. Daher nutzen viele Veranstalter die technischen Möglichkeiten der Digitalisierung, um die Prozesse zu verkürzen, zu beschleunigen, zu vereinfachen oder zu verlagern. Digitalisierung ist aber keine neue Entwicklung, die sich durch die Möglichkeiten des Internets ergibt, sondern eine Auswirkung technologischen Fortschritts, der bis in die 70er-Jahre des vergangenen Jahrhunderts zurückreicht.

Die Technisierung der Veranstaltertätigkeit begann in den 80er-Jahren des vergangenen Jahrhunderts mit der Programmierung von Reservierungssystemen, die die Kontingentsverwaltung, Avisierung und Abwicklung der Buchungen mit Kunden und Leistungsträgern sowie Kalkulation, Abrechnung und Kontierung übernahmen. Ergänzt wurden diese hausinternen Reservierungssysteme durch die weltweiten GDS-Systeme, die die Buchbarkeit auch extern in jedem Vertriebskanal (u. a. Reisebüros) ermöglichten und somit komplizierte Kommunikationsprozesse per Telefon und Telex ersetzten. Kontakte zu Endkunden blieben bis zum Jahr 2000 den klassischen Telekommunikationssystemen wie Telefon, Telefax und Briefpost vorbehalten.

Dies änderte sich grundlegend durch die kommerzielle Nutzung des Internets, das seit der Jahrtausendwende die Prozesse von Reiseveranstaltern und Leistungsträgern revolutioniert hat. Das Internet ermöglicht nunmehr komplette Buchungs- und Kommunikationsketten vom Kunden bis zu den Leistungsträgern im Zielgebiet, beschleunigt damit Vielfalt und Aktualität der Angebote und Workflows erheblich und bietet gleichzeitig den Kunden eine hohe Preistransparenz. Durch die Schaffung von IT-Schnittstellen ist bis heute eine weltweite enge Vernetzung aller an der Vermarktung, Zusammenstellung und Buchung von Reiseleistungen beteiligten Unternehmen entstanden. An diesen technischen bzw. digitalisierten Prozessen sind inzwischen zahlreiche IT-Dienstleister und -Servicepartner beteiligt, die im Auftrag von Veranstaltern und Leistungsträgern diese Aufgaben erledigen. Dabei werden immer mehr Funktionalitäten, die in der Vergangenheit zentralisiert bei einem Veranstalterunternehmen wahrgenommen wurden outgesourct und zunehmend näher zu den Kunden und Vertriebspartnern einerseits sowie in die Zielgebiete zu Leistungsträgern oder Zielgebietsagenturen andererseits verlagert. Die zentral verbleibenden Funktionen eines Reiseveranstalters werden dabei immer mehr standardisiert und rationalisiert.

Getrieben werden diese Verschlankungsprozesse von zwei Seiten. Zum einen erwarten die Kunden aufgrund der ihnen online zur Verfügung stehenden Informations-, Kommunikations- und Buchungsmöglichkeiten ein entsprechendes umfassendes serviceorientiertes Angebotssortiment. Auf der anderen Seite entdecken die Leistungsträger in den Zielländern schnellere, einfachere, transparentere und kos-

https://doi.org/10.1515/9783110481457-026

tengünstigere Vermarktungswege über eigene Websites und Produktportale zu den Kunden. Der klassische, zeitintensivere und aufwändigere, Buchungsweg über Veranstalter, Reisebüros und andere Intermediäre wird zunehmend gegen deren Mehrwerte von Vermarktungs- und Beratungsdienstleistungen, Kundenbetreuungsaufgaben sowie Planungs- und Finanzsicherheit abgewägt. Insbesondere bei einfacheren und unkomplizierten Reisebuchungen und Zielgebieten fällt dabei die Entscheidung zunehmend gegen die Nutzung der entsprechenden Reiseveranstalterleistungen aus.

Dass durch die Digitalisierungsworkflows nicht nur einzelne Funktionalitäten verlagert, sondern irgendwann auch gänzlich überflüssig werden, ist ebenfalls absehbar. Klar ist aber auch, dass diese Entwicklungen nicht gleichförmig alle Veranstalter treffen werden. Betroffen sind davon in erster Linie Konzerne mit volumenstarken Angebotssortimenten. Spezialisten mit maßgeschneiderten Angeboten oder komplexen Rund-, Themen- und Gruppenreisen werden davon wahrscheinlich weniger betroffen sein. Insoweit wird die **Digitalisierung der Produktionsmodelle** zu einer weiteren Polarisierung des Veranstaltermarktes beitragen. Reisebüros, die fast ausschließlich Veranstalterreisen in den Volumensegmenten vermitteln, werden das deutlich zu spüren bekommen. Sie sollten sich rechtzeitig für die Zukunft positionieren und beispielsweise bei entsprechender Qualifikation Möglichkeiten zur Spezialisierung suchen. Im

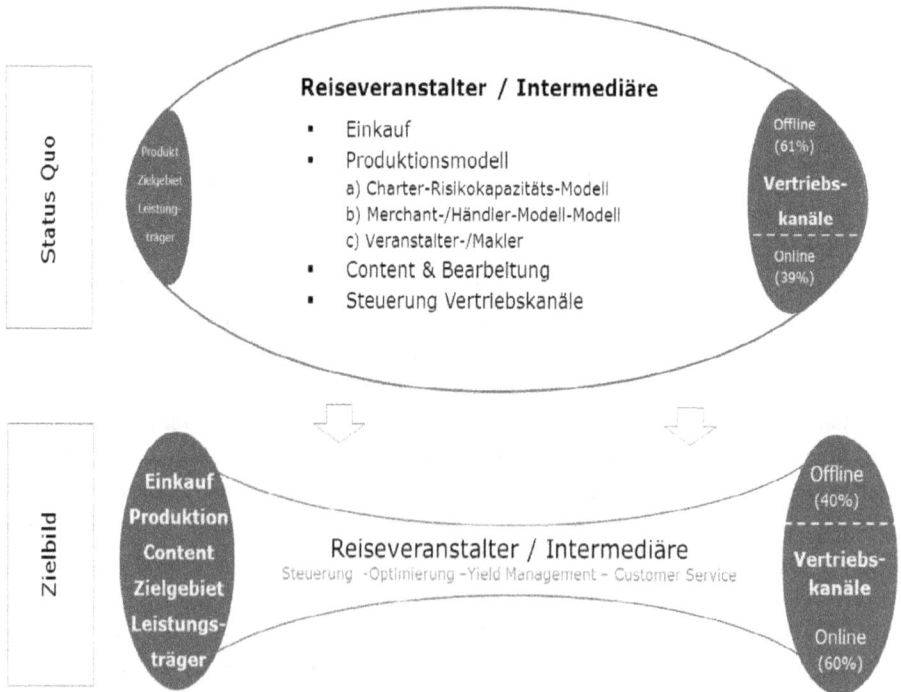

Status Quo

Reiseveranstalter / Intermediäre

Produkt
Zielgebiet
Leistungs-
träger

- Einkauf
- Produktionsmodell
  a) Charter-Risikokapazitäts-Modell
  b) Merchant-/Händler-Modell-Modell
  c) Veranstalter-/Makler
- Content & Bearbeitung
- Steuerung Vertriebskanäle

Offline
(61%)

**Vertriebs-
kanäle**

Online
(39%)

Zielbild

**Einkauf
Produktion
Content
Zielgebiet
Leistungs-
träger**

Reiseveranstalter / Intermediäre
Steuerung -Optimierung –Yield Management – Customer Service

Offline
(40%)

**Vertriebs-
kanäle**

Online
(60%)

Abb. III.7: Wandel des Veranstaltergeschäftsmodells (Eigene Darstellung)

Wettbewerb mit digitalen Vertriebskanälen für den Abverkauf von unkomplizierten Volumenprodukten weitgehend digital produzierender Veranstalter wird der deutsche Reisemarkt zukünftig keine 9.000 stationären Reisevermittler mehr benötigen. Abbildung III.7 dokumentiert die zunehmende Bedeutung dezentraler Aufgaben von Reiseveranstaltern in der Zukunft und die Abschmelzung der zentral im Quellmarkt wahrgenommenen Aufgaben.

Welche Möglichkeiten die Digitalisierung für die Workflows zukünftig bieten wird, ist bereits in Konturen erkennbar. Die Fütterung der Abwicklungssysteme mit den Buchungs- und Vertragsstammdaten erfolgt zunehmend tagesaktuell entweder von den jeweiligen Leistungsträgern wie Hotels, Airlines, Mietwagenanbietern etc. selbst oder in den Zielgebietsagenturen der Veranstalter, in denen auch das Produkt-Know-how und die Qualitätssicherung konzentriert wird. Die bislang sehr aufwändige Darstellung des Produktangebots übernehmen vermehrt automatisierte Text- und Bilddatenbanken. Angesichts der zunehmend mobilen Internet-Nutzung der Kunden werden auch die Reiseunterlagen und Reiseinformationen digitalisiert zur Verfügung gestellt. Für die Zukunft ist auch vorstellbar, dass bei einer entsprechenden Weiterentwicklung von Sprachsteuerungssystemen formalisierte Beratungsgespräche mit virtuellen Sprachrobotern erfolgen, deren virtuelle Intelligenz hinsichtlich weltweiter Flug- oder Bahnverbindungen und Unterkunftsausstattungen umfassender und schneller ist als das Wissen eines Reisebüromitarbeiters. Die hier beispielhaft aufgezeigten Entwicklungsoptionen können nur ein kleiner Ausschnitt aller denkbaren Möglichkeiten sein, die Zukunft wird weitere kreieren.

14 Krisenmanagement bei Reiseveranstaltern

Neben den gewöhnlichen existenziellen Bedrohungen für ein Unternehmen durch Missmanagement oder durch Illiquidität (z. B. bei Forderungsausfall) stellen insbesondere Naturkatastrophen oder Terroranschläge besondere Gefahrenquellen für touristische Unternehmen dar. Der entscheidende Einschnitt in der Risikowahrnehmung und der Professionalisierung des Krisenmanagements in der Touristik erfolgte als Reaktion auf die Al-Qaida-Anschläge auf das World Trade Center in New York am 11. September 2001. Vor den Ereignissen des „11.09." wurde das Krisenmanagement der Veranstalter vorrangig in den Marketingplänen als **Contingency-** oder **Emergency-Pläne** im Sinne einer veränderten, auf die Krise bezogenen Kommunikation verankert.

Die schnelle Abfolge von Krisenereignissen im vergangenen Jahrzehnt, wie z. B. Terror, SARS, Vogelgrippe, Tsunami, Kriege und ab 2010 die politischen Umbrüche in Nordafrika und im Nahen Osten, verlangen von Reiseveranstaltern besondere Methoden der Unternehmensführung, um mit solchen Ereignissen umzugehen.

Der zweite wesentliche Anstoß das **Krisenmanagement** der Veranstalter zu professionalisieren und von der Unternehmensebene auf eine Branchenebene zu heben, erfolgte als Reaktion auf den Ausbruch des isländischen Gletschervulkans Eyjafjallajökull am 14. April 2010. Die Schließung von Lufträumen und Flughäfen in Europa führte dazu, dass der Luftverkehr zum Erliegen kam: rund 10 Mio. Passagiere konnten ihre Flugreisen nicht antreten.

14.1 Ursachen touristischer Krisen

Unter Krise wird eine nicht gewollte, außergewöhnliche Situation für die touristische Organisation oder Destination verstanden, die aufgrund der Ernsthaftigkeit des Ereignisses unmittelbare Entscheidungen erfordert, um die Konsequenzen gering zu halten und weitere Schäden abzuwenden (GLAESSER 2005). Für Reiseveranstalter stehen die plötzlichen unvorhersehbaren Ereignisse im Vordergrund des Krisenmanagements. Beispiele für „plötzliche" Krisen sind politisch/religiöse Krisen, kulturelle Krisen, Naturkatastrophen, Krankheiten, Epidemien, Transportunglücke, Unglücke im Zielgebiet mit Personenschaden und Entführungen von Touristen. Im Allgemeinen können **Krisenursachen** exogener oder endogener Natur sein. Endogene Ursachen haben ihren Ursprung innerhalb des Unternehmens und sind demnach betrieblich bedingt. Gründe können menschliches oder technisches Versagen sein. Im Gegensatz hierzu liegen exogene Ursachen außerhalb des Wirkungsbereichs der Organisation. Im Tourismus entstehen sie entweder vor Reisebeginn, auf dem Reiseweg oder in der Destination.

https://doi.org/10.1515/9783110481457-027

(1) Exogene Krisenursachen

- Vor Reisebeginn: Verhinderung oder Beeinträchtigung des Reisebeginns; Beispiele: Flugausfälle durch Vulkanasche, Pilotenstreik.
- Auf dem Reiseweg: Beeinträchtigung der Verkehrsträger; Beispiele: Flugzeugentführung, Überfälle, Verkehrsunfälle.
- In der Destination: Naturkatastrophen, kulturelle, politische oder religiöse Spannungen, Krankheiten und Epidemien.
- Übergreifende gesellschaftliche, politische und wirtschaftliche Entwicklungen; Beispiele: Kriminalität, Krieg, Terrorismus, Finanz- und Wirtschaftskrise.

(2) Endogene Krisenursachen

- Menschliche Ursachen: Beeinträchtigung des Reiseprozesses aufgrund menschlichen Versagens; Beispiele: Management- und Mitarbeiterfehler, mangelndes Sicherheitsbewusstsein, Ignorieren von Vorschriften.
- Technische Ursachen: Beeinträchtigung des Reiseprozesses aufgrund technischen Versagens; Beispiele: Konstruktions- und Materialfehler, Verschleißerscheinungen, mangelnde Sicherheitsmaßnahmen.

Die Vielzahl an Krisenursachen macht deutlich, wie hoch das Potenzial an Störungen und negativen Ereignissen in der Tourismusbranche ist. Das Produkt „Reisen" weist zum einen durch die Einbindung vieler verschiedener Leistungsträger eine erhöhte Anfälligkeit für Krisen auf und zum anderen ist das Produkt stark von Umweltveränderungen abhängig. Diese können im Quellmarkt oder in der Destination liegen, aber auch durch das Wetter, politische Gegebenheiten oder wirtschaftliche Schwankungen bedingt sein.

Der Ausbruch einer Krise – egal welcher Art – hat direkte negative Auswirkungen auf die Reisenachfrage. Wie stark ein potenzieller Kunde durch die Krise beeinflusst wird, hängt vom subjektiv empfundenen Risiko ab. Das **Sicherheitsbedürfnis** eines Menschen ist generell hoch und steht z. B. in der Bedürfnispyramide von Maslow direkt an zweiter Stelle. In den vergangenen Jahren konnte eine signifikante Veränderung im Krisenbewusstsein der Deutschen festgestellt werden. Aus der BAT-Studie der Stiftung für Zukunftsfragen (BAT – STIFTUNG FÜR ZUKUNFTSFRAGEN 2011) geht hervor, dass Krisen immer stärker bei der Urlaubsplanung berücksichtigt werden. Während 1991 beim ersten Golfkrieg 78 % aussagten, dass Terror- und Reisewarnungen keinen Einfluss auf ihr Reiseverhalten hätten, sank die Zahl nach dem 11. September 2001 bereits auf 67 %. Während der Unruhen in Ägypten und Tunesien im Jahr 2011 fiel die Zahl drastisch auf 13 %.

Sicherheit ist ein weiterer sehr wichtiger Einflussfaktor für Zielgebiete/Destinationen. Politische Umbrüche, Terror, Naturkatastrophen und Epidemien wirken sich unmittelbar auf den Produktionsfaktor Zielgebiet aus. Ägypten, Tunesien und die Türkei sind Beispiele für eine hohe Volatilität einer Destination. Es zeigen sich aber große

Unterschiede dabei, wie nachhaltig Terror und politische Umbrüche beliebte touristische Destinationen beeinflussen, wie die nachfolgenden Abb. III.8, III.9 und III.10 zeigen.

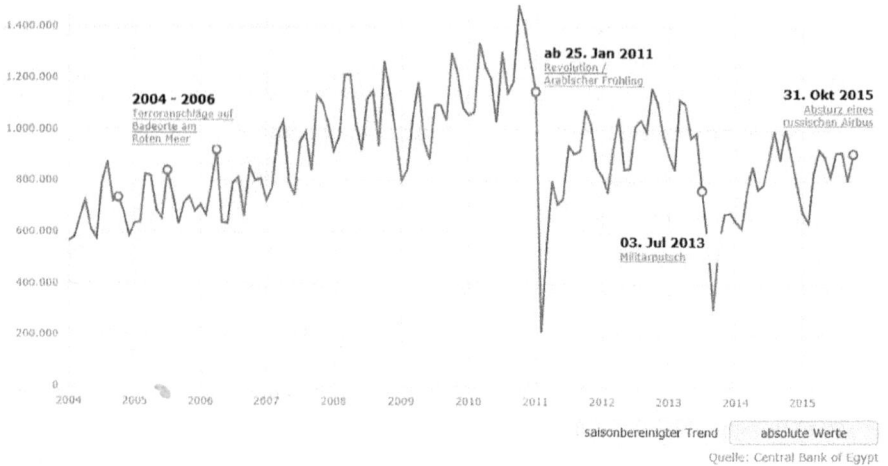

Abb. III.8: Beispiel Ägypten (Quelle: CENTRAL BANK OF EGYPT)

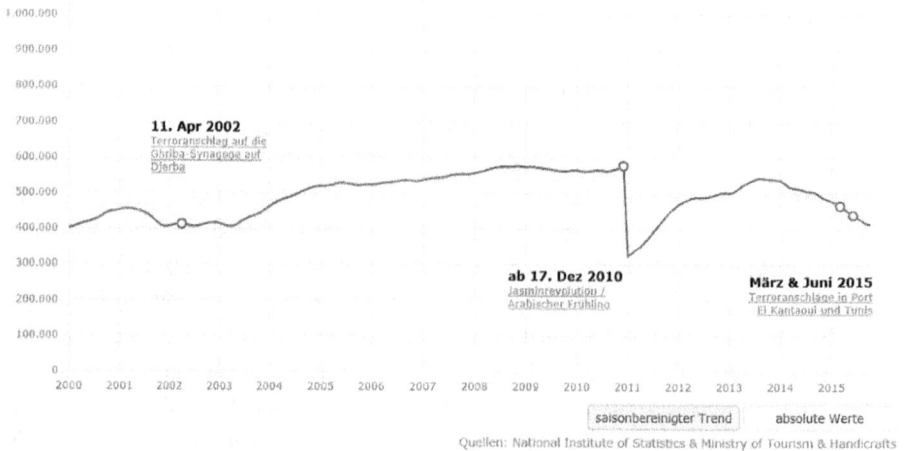

Abb. III.9: Beispiel Tunesien (Quelle: NATIONAL INSTITUTE OF STATISTICS & MINISTRY OF TOURISM & HANDICRAFTS)

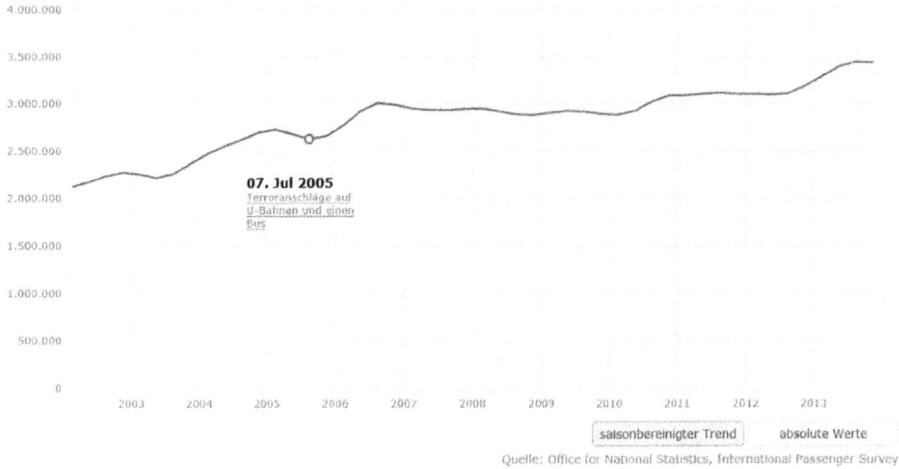

Abb. III.10: Beispiel London (Quelle: OFFICE FOR NATIONAL STATISTICS, INTERNATIONAL PASSENGER SURVEY)

14.2 Exkurs: Einfluss von Krisen und Terrorgefahr auf die touristische Nachfrage

Prof. Dr. Martin Lohmann hat anlässlich der Auswertungstagung der Forschungsgemeinschaft Urlaub und Reisen am 8. Juni 2016 in Kiel einen Vortrag zum Thema Krisen, Terrorgefahr und touristische Nachfrage gehalten, der die Einflussfaktoren beschreibt und mit Genehmigung des Autors hier in teils wörtlichen Auszügen wiedergegeben wird.

Nicht erst seit dem 11. September 2001 schwappen immer wieder Wellen düsterer Stimmung durchs Land. Angst vor Terrorismus und Krieg oder wirtschaftliche Unsicherheit werden als Urlaubslustkiller einer boomenden Tourismusindustrie verantwortlich gemacht. Ungeachtet dessen war in den vergangenen zwei Jahrzehnten das Urlaubsreiseinteresse der Deutschen genauso wie ihr touristisches Verhalten in den Grundzügen ungeheuer stabil. Im Detail aber sind die Touristen ausgesprochen flexibel. Wenn der Tourismus bzw. die Tourismusnachfrage unter Krisen und Katastrophen leidet, dann i. d. R. zeitlich und räumlich begrenzt, meist bezogen auf Zielgebiete, seltener in Quellgebieten, gelegentlich auch in bestimmten Sparten (z. B. Lufttransport).

Nach den Terrorattentaten in den USA im Jahr 2001 wurden weltweit Einbrüche im Tourismus erwartet, manchmal aber auch klammheimlich relative Vorteile der eigenen Destination herausgestellt, weil die ja im Vergleich zu anderen sicher sei. In den Daten zum Welttourismus der UNWTO zeigen sich die Folgen kaum, bei den deutschen Urlaubsreisen gar nicht. Aber auch 1986, im Sommer nach der Reaktorkatastrophe von Tschernobyl, waren die Auswirkungen auf die Urlaubsreisen der Deutschen begrenzt.

In den letzten anderthalb Jahren aber – so ist der Eindruck – kam es besonders schlimm durch schreckliche Attentate in Mitteleuropa (Frankreich, Belgien), Asien (Türkei) und Nordafrika (Tunesien, Ägypten). Neben der Zahl der Terrorattacken und deren Grausamkeit erschreckte auch ein Zielwandel: Touristen und der Tourismus hatten nicht nur unter den Folgen des normalen Terrorismus zu leiden, sondern waren selbst und direkt von den Terroristen ins Visier genommen worden. Das war eine neue Dimension des Terrors.

Während die Touristen nach den Beobachtungen der Branche (Reisebüros und Reiseveranstalter) in den Wintermonaten 2015/16 und bis ins späte Frühjahr herein mit ihren Buchungen von Urlaubsreisen eine ungewohnte Zurückhaltung zeigten, gab es außerdem Verschiebungen in den Zielen der bei Reiseveranstaltern gebuchten Reisen (weniger Türkei und Nordafrika, deutlich mehr Spanien), gleichzeitig aber auch eine Verschiebung des Angebotes in die gleiche Richtung nicht nur bei Reisen in Zielgebiete, sondern auch z. B. bei Kreuzfahrten. Naheliegend ist es, diese Entwicklungen mit den Terroranschlägen in Zusammenhang zu bringen. Auch die dramatische Situation der Geflüchteten könnte dabei eine Rolle spielen.

Die Interviews zur Reiseanalyse 2016 fanden im Januar 2016 auf dem Höhepunkt einer seit November 2015 anhaltenden Anschlagsserie (Paris, Brüssel, Ägypten, Türkei) statt. Zusammengefasst war dabei in Deutschland festzustellen:

- Keine gesunkene Reiselust
- Ein spezifischer Interessenverlust für Türkei-Reisen
- Kein deutlichern Anstieg des Interesses für andere Ziele fernab der Türkei.

Das letzte war auch nicht zu erwarten. Der multi-optionale deutsche Kunde interessiert sich immer schon für viele verschiedene Destinationen und hat anders als Briten, Franzosen, Spanier oder US-Amerikaner keine ethnischen oder sprachlichen Destinationspräferenzen. Das breite Interesse erlaubt dann eine Umorientierung z. B. von der Türkei zu Spanien, von Flugreisen zu erdgebundenen Zielen, zu anderen Reisearten wie Kreuzfahrten oder selbst organisierten Inlandsurlauben.

In den vergangenen Jahren war oft zu beobachten, dass es dann insgesamt doch nicht so schlimm kam, wie man vorher befürchtet hatte. Ein Beispiel kann die Kreuzfahrtnachfrage im Jahr 2012 sein nach der Havarie der Costa Concordia. Aktuell weisen verschiedene Indikatoren darauf hin, dass die Deutschen auch 2016 ihren Sommerurlaub gemacht haben. Für die Türkei, genauso wie für Tunesien oder Ägypten sind die Folgen der Einbrüche der Nachfrage eine Katastrophe. Die im touristischen Verhalten insgesamt sichtbaren Folgen solcher dramatischen Ereignisse sind allerdings im deutschen Quellmarkt überraschend gering.

(1) Einflussfaktoren von Krisen, Kriegen und Katastrophen

Betrachtet man die überschaubaren Auswirkungen, so können Krisen, Kriege und Katastrophen im Tourismus einerseits die Nachfrage, andererseits das Angebot beeinflussen. Ob jemand eine Urlaubsreise macht oder nicht, ob es also überhaupt touristische Nachfrage gibt, hängt vor allem von diesen zwei Aspekten ab: **Reisen können** – in der Regel eine Frage von Zeit und Geld, aber auch eine Frage der individuellen (z. B. Gesundheit) und der kollektiven Möglichkeiten (z. B. politische Bedingungen) – und **Reisen wollen** (z. B. Motivation, allgemeine Reiselust).

Ein Einfluss auf das **Reisen-Können** erklärt sich vor allem durch die finanziellen Möglichkeiten. Insofern wäre eine Wirtschaftskrise in Deutschland, die mit rückläufigen Einkommen in der breiten reisenden Bevölkerung einhergeht, sicher auch eine Krise der touristischen Nachfrage. Eine solche haben wir in Deutschland in den letzten Jahrzehnten aber nicht gehabt. Allerdings gab es so etwas z. B. in Spanien, Portugal oder in Griechenland in den Krisenjahren. Problematisch an der Tourismusentwicklung in diesen Ländern war eben auch der Inlandsmarkt, also das Ausbleiben der touristischen Nachfrage aus dem eigenen Land. Den Spaniern, Portugiesen und Griechen fehlte schlicht das Geld.

Wie beeinflussen nun Krisen, Kriege und Katastrophen die grundsätzliche Motivation, das **Reisen-Wollen** für Urlaubsreisen? Wir haben bis 2016 keinen Indikator in unseren Untersuchungen, der einen verlässlichen Hinweis auf eine solche Wirkung gibt, also als Folge eines krisenhaften Ereignisses eine insgesamt nachlassende Reiselust anzeigen würde. Alles weist eher auf

Kontinuität und Steigerung der Urlaubslust hin. Man kann es aber auch so sehen: Da ja eigentlich in jedem Jahr eine ganze Reihe von Krisen ihren Lauf nehmen, haben wir es immer mit Reiselust unter Krisenbedingungen zu tun. Das Vorhandensein der Krise ist der Normalfall, nur die Krisen unterscheiden sich.

Ob eine Region zur touristischen Destination werden kann, ergibt sich aus ihrer potenziellen Anziehungskraft (den „assets" wie etwa landschaftliche Schönheit, Sehenswürdigkeiten etc.), der touristischen Ausstattung (z. B. Hotels), den Sicherheitsstandards und ihrer Erreichbarkeit. Hier ist hauptsächlich das Feld, in dem Krisen, Kriege und Katastrophen touristisch wirksam werden: Sie mindern die Attraktivität (z. B. Algenpest an der Adria, 1989), beeinflussen oder zerstören die Ausstattung (Tsunami in Thailand, 2004), reduzieren die Erreichbarkeit (Aschewolke in Island, 2010) oder verängstigen die Urlauber (9/11/2001).

Das System Tourismus wird nicht nur von Angebot und Nachfrage bestimmt, sondern auch von äußeren Rahmenbedingungen. Dazu zählen z. B. die gesellschaftliche Situation und Dynamik (Wohlstand, Altersentwicklung, Migration) oder Ressourcen (Energie, Wasser). Die Zahl der Einflussfaktoren ist sehr groß. Deswegen haben Entwicklungen in einzelnen Faktoren, auch solch krisenhaften Charakters, oft nur eine begrenzte Wirkung auf das System als Ganzes. Wirkungen von Krisen, Kriegen und Katastrophen finden wir deswegen räumlich und zeitlich begrenzt, und zwar dort, wo die Basisvoraussetzungen der Nachfrage oder der Destination getroffen werden. Der Tourismus insgesamt bleibt eher stabil.

(2) Wirkung auf Wahrnehmung, Informationsverarbeitung und Kommunikation

Wenn man über die Wirkung von Krisen und Katastrophen auf den Tourismus nachdenkt, dann neigt man zu einer gewissen Einseitigkeit und zur Übertreibung. Dabei spielen u. a. drei verschiedene psychologische Mechanismen eine wichtige Rolle. Sie beziehen sich auf die Wahrnehmung und die kognitive und emotionale Verarbeitung: Phänomenale Kausalität (wir sehen Ursache-Wirkung-Beziehungen), Attribuierung (wir schreiben einem Vorgang eine Ursache zu) und die Hypothesentheorie der Wahrnehmung (wir richten unsere Aufmerksamkeit auf das, was wir erwarten). Für unser Thema bedeuten diese Ansätze, dass wir geneigt sind, nach einem eindrucksvollen Ereignis bzw. der eindrucksvollen Kommunikation darüber ein zeitlich danach liegendes Ereignis ohne lästiges Nachprüfen als dessen Folge zu betrachten. Und dabei richten wir unsere Aufmerksamkeit auf das, was wir erwarten.

Sinkt im Jahr 2001 die Zahl der Urlaubsreisen aus Deutschland in die USA, so sehen wir darin die Folge von 9/11. Gibt es Unruhen in Ägypten, dann fühlen wir uns durch die danach sinkenden Gästezahlen bestätigt. Wenn unsere Ursache-Wirkung-Beziehung so sicher ist, sollten wir uns eigentlich wundern, warum noch so viele dorthin reisen. So praktisch diese psychischen Mechanismen im alltäglichen Leben sind, bei der Analyse der Folgen von Krisen auf den Tourismus sind sie oft irreführend. Sie verleiten uns zunächst, heftigere Wirkungen zu vermuten und dann auch bestätigt zu finden. Andere Mechanismen sorgen später dafür, dass wir den ganzen Vorgang aus den Augen verlieren.

Da Tourismusregion und potenzieller Tourist ja räumlich getrennt sind, braucht es Kommunikationsprozesse zwischen beiden, ohne die Tourismus kaum funktionieren könnte. Das gilt auch für die Krisen. Sie können auf die Entscheidungsprozesse der touristischen Nachfrager nur dann wirken, wenn es entsprechende Informationen gibt. Ob und wie ein Deutscher über das Wüten eines Wirbelsturmes auf den Philippinen oder eines plötzlichen Wintereinbruchs im Annapurnagebiet beeindruckt ist, ist vor allem Folge kommunikativer Prozesse. Zu den Kommunikationsbeteiligten gehört neben den Medien auch die Touristikbranche.

Geraten Touristen in absehbare Schwierigkeiten in ihrem Urlaub, dann kümmern sich die Touristiker i. d. R. rasch und effizient um ihre Gäste. Im Krisenfall handeln Reiseveranstalter, Reisebüros und Airlines aber auch oft schon vorsichtshalber, um vermuteten Kundenreaktionen zuvorzukommen. Man storniert oder verringert Kapazitäten in einem möglicherweise oder tatsächlich von einer Krise betroffenen Zielgebiet, rät von Reisen dorthin ab oder bietet sie gar nicht mehr aktiv an. Das ist vernünftig, man senkt das Risiko, dass dem Kunden etwas Ernsthaftes passiert, aber auch das sorgt für Unzufriedenheit und Beschwerden. Auch vermeidet man die im Falle einer tatsächlichen Betroffenheit der Gäste von der Krise nicht unerhebliche und unbezahlte Arbeit. Die Touristik ist also sehr vorsichtig, im Interesse der Kunden und im Eigeninteresse.

(3) Flexibilität und Multi-Optionalität deutscher Urlauber

Auf Krisen, Kriege und Katastrophen in der Welt reagieren die Deutschen – Kommunikation vorausgesetzt – mit Erschrecken, Sorgen und Mitgefühl und im Katastrophenfall auch mit einer hohen Spendenbereitschaft. Hier ist man Mensch, nicht Tourist. In einer globalen Kommunikationsgesellschaft sind die mitgeteilten Katastrophen in aller Regel mit der eigenen Urlaubsreise aber völlig unverbunden. Warum sollte ein älteres Ehepaar seine Reise nach Bad Kissingen stornieren, wenn Terroristen in London oder in der Sahara Attentate verüben oder wenn ein Vulkan auf Island ausbricht?

Allgemeine Unsicherheiten, eine irgendwie immer weniger durchschaubare Welt, aber auch panikartige Zustände, führen oft nicht zu einer Verhaltensänderung, sondern zu einer Verfestigung des Gewohnten, für das man u. U. neue Begründungen findet. So haben in unseren Untersuchungen nach den Anschlägen des Jahres 2001 viele Befragte zu Protokoll gegeben, sie wollten jetzt erstmal auf Flugreisen verzichten. Von diesen hatte aber ein größerer Teil auch in den Jahren zuvor kein Flugzeug bestiegen. Insofern sind die Ergebnisse von Schnellschussbefragungen mit Vorsicht zu interpretieren.

Die meisten deutschen Touristen sind sehr erfahrene Urlaubskonsumenten. Sie kennen sich aus, sie haben gelernt, Reiseentscheidungen zu treffen. Sie können Risiken einschätzen. Zur Erfahrung kommt noch die ausgeprägte Multi-Optionalität. Damit ist gemeint, dass der Kunde selbst zunehmend mehr Wahlmöglichkeiten sieht, mit denen er einen für sich positiven Urlaub gestalten kann. Die Touristen haben so breit gestreute Interessen und Motive, dass sie mit ganz verschiedenen Angeboten glücklich werden können. Für viele Anbieter bedeutet das eine erweiterte Wettbewerbssituation und eine ungewohnte Austauschbarkeit. Die Touristen sind ausgesprochen flexibel, deutlich flexibler jedenfalls als die Produzenten der nicht lagerfähigen Dienstleistung Tourismus. Unter diesen Voraussetzungen ist für die Urlauber der temporäre Wegfall von ein oder zwei Destinationsoptionen leicht zu verschmerzen. Fast zwei Drittel aller Urlauber wechseln auch ohne Krisen, Kriege und Katastrophen von Jahr zu Jahr Urlaubsziele und/oder Reisearten.

Einer touristischen Zielregion wenden die Urlauber vor allem dann den Rücken zu, wenn die Erfüllung ihrer zentralen Urlaubsmotive und -ansprüche gefährdet ist. Das ist immer dann der Fall, wenn einer der vier Schlüsselfaktoren einer Destination (Attraktivität, Ausstattung, Sicherheit, Erreichbarkeit) nicht oder nur teilweise gegeben ist. Da es keine touristischen Anbieter gibt, die das volle Sortiment aller denkbaren Reisealternativen produzieren, werden die Anbieter begrenzter Sortimente, Reisearten und Geschäftsmodelle von den einzelnen Krisen, Kriegen und Katastrophen unterschiedlich stark getroffen. Die multi-optionalen Kunden hingegen bekommen davon in der Regel nichts mit und interessieren sich nicht dafür. Ihre anhaltende Reiselust bleibt auch in einem touristischen Krisenjahr ungebrochen.

Krieg ist eine denkbar schlechte Voraussetzung für ein touristisches Zielland. Es gibt allerdings wichtigere Gründe, die gegen Kriege sprechen, als deren negative Wirkung im Tourismus.

Wir können die Sache aber auch von der anderen Seite betrachten. Wenn Tourismus und Krieg sich nicht vertragen, kann dann der Tourismus vielleicht einen friedenerhaltenden oder friedenstiftenden Beitrag leisten? Es ist jedenfalls auffällig, dass es dort, wo Tourismus eine große Rolle spielt, also in den wichtigsten Zielländern der Welt und den wichtigsten Quellmärkten, kaum Kriege gibt oder im letzten Vierteljahrhundert gab. Auffällig ist auch, dass in den Ländern, in denen heute Kriege oder kriegsähnliche Zustände herrschen, internationaler Tourismus auch vorher keine große Rolle gespielt hat. Die Weltkarte des 2014er Global Peace Index zeigt von dieser Regel nur wenige und schwache Ausnahmen. Natürlich kann man daraus nicht ableiten, den Frieden gäbe es wegen des Tourismus. Aber interessant ist die Koppelung schon.

14.3 Maßnahmen im Krisenmanagement von Reiseveranstaltern

Krisenmanagement im Tourismus umfasst nun alle Aktivitäten einer touristischen Organisation oder Destination zur Vorbeugung, Vermeidung, Bewältigung und Nachbereitung von touristischen Krisen (KRANAWETTER/MÜLLER 2007).

Die **Krisenprävention** ist in die zwei Unterbereiche der **Krisenvorsorge** und **Krisenvermeidung** unterteilt. Die Krisenvorsorge befasst sich mit den Szenarien und Planspielen, um sich auf eine tatsächlich eintretende Krise vorzubereiten und die Höhe des Schadens der Krise so gering wie möglich zu halten. Die Krisenvermeidung hingegen versucht, das Risiko einer möglichen Krise zu erkennen und ihren Eintritt zu verhindern. Die **Krisenbewältigung** setzt mit dem Erkennen der Krisensituation ein und endet im Idealfall mit der Abwendung der Krisenfolgen. Im letzten Teil des Krisenmanagements erfolgt die **Krisennachbereitung.** Verträge mit **Versicherungen** und **Assistance-Unternehmen** können Reiseveranstalter gegen finanzielle Schäden einer Krise absichern. Reiseversicherungsunternehmen bieten auch Schulungen für die Mitarbeiter der Reiseveranstalter, Telefonhotlines für krisenbetroffene Kunden, Vor-Ort-Hilfe, psychologische Betreuung von Opfern und Helfern etc. an.

Auch auf das erhöhte Interesse der Öffentlichkeit und der Medien im Falle einer touristischen Krise muss ein Reiseveranstalter vorbereitet sein; die **Krisenkommunikation** ist ein zentraler Baustein des Krisenmanagements.

Um die negativen Folge einer Krise zu mildern, stehen den Reiseveranstaltern verschiedene **Maßnahmen** zur Verfügung:

– Produktpolitik: Gilt eine Destination als unsicher, sollte sie im Sinne einer Programmerweiterung durch eine andere ersetzt werden, zumindest aber sollte auf mögliche Gefahren hingewiesen werden;

– Produktgestaltung: Sind einzelne Leistungen imageschädigend, sollten sie komplett aus dem Programm genommen werden;

– Preisnachlässe für Kunden;

– Provisionserhöhung für Reisemittler;

– kostenlose Umbuchungen und günstige Stornobedingungen;

– Werbung (Print oder online) sollte den Krisenumständen angepasst werden.

Das Krisenmanagement ist in den meisten Fällen kein unternehmensindividuelles Thema, sondern erfordert branchenbezogene bzw. sogar branchenübergreifende Lösungen. Der Deutsche Reiseverband (DRV) hat daher entsprechend der gestiegenen Relevanz eines branchenweiten touristischen Krisenmanagements die bisherige Arbeitsgemeinschaft für Sicherheitsthemen zu einem Ausschuss für Krisen- und Sicherheitsmanagement weiterentwickelt. Der Ausschuss erfüllt sowohl aktive als auch reaktive Aufgaben des Krisenmanagements. Zum Umgang mit Krisen hat der DRV ein Handbuch für kleine und mittelständische Reiseveranstalter herausgegeben. Es soll dazu beitragen, dass Reiseanbieter gezielt den Ablauf von Krisensituationen planen und dabei die Zusammenarbeit mit externen Dienstleistern wie z. B. Versicherungen, Assistance Service und Kommunikationsunternehmen in Anspruch nehmen. Im akuten Krisenfall agiert der DRV als Vermittler zwischen den Krisenstäben und -beauftragten der DRV-Mitglieder und organisiert gleichzeitig die externe Kommunikation mit dem Auswärtigen Amt, den Bundesbehörden und weiteren internationalen Organisationen (siehe auch Abb. III.11).

Für die Branche haben folgende **Maßnahmen** Priorität:

– Bereitstellung des **Global-Monitoring-Systems**, durch das eine technische Branchenlösung für das Krisenmanagement bei Veranstaltern, unabhängig von ihrer Größe, gewährleistet werden soll (s. u.);
– Einbeziehung der Fluggesellschaften zur Entwicklung eines Leitfadens zum Abwicklungsprozedere im Krisenfall;
– Verbesserung der Evakuierung und des Rücktransports von Reisenden durch die Einrichtung eines Sitzplatzpools, über den die Koordination freier Sitzplatzkapazitäten in Flugzeugen stattfinden soll.

Um die Arbeit des DRV im Bereich des Krisenmanagements von Reiseveranstaltern noch stärker zu professionalisieren, hat der Verband gemeinsam mit Reiseveranstaltern und dem Technologieunternehmen A3M (A3M hat u. a. ein Tsunami-Frühwarnsystem entwickelt) eine Lösung erarbeitet: die Idee des Global-Monitoring-Systems besteht darin, dass spezielle Buchungsdaten der Kunden mit Vorkommnissen in bestimmten Zielgebieten in Verbindung gebracht werden und dadurch auf einen Blick zu sehen ist, wie viele Gäste und Mitarbeiter sich in den jeweiligen Krisenregionen befinden. Basis für das Zusammenbringen von Kunden- und Krisendaten ist die **Georeferenzierung**. Dabei werden einer bestimmten Sache, z. B. einem Hotel oder einem Ereignis, Geodaten in Form von Koordinaten zugewiesen. So können Hotel- und Buchungsdaten erfasst und geografisch auf einer Karte als Punkt dargestellt werden. Alle Hotels der deutschen Reisebranche wurden durch A3M georeferenziert. Jedes Hotel ist außerdem durch einen Hotelcode eindeutig identifizierbar. Das Global-Monitoring-System analysiert sowohl die festgehaltenen Daten über die Kunden als auch über die Ereignisse, berechnet die Relevanz für jeden einzelnen Reiseveranstalter und löst im Notfall einen Alarm aus, indem ein Mitglied des Krisenstabs eines Reiseveranstalters z. B. eine SMS bekommt. Das System bezieht seine Informationen

Reisebüro	Reiseveranstalter	Transportbetriebe	Hotels	Zielgebietsagentur	Attraktionsbetriebe
Beispiele: • gezielte Vermittlung von Informationen in Katalogen, Handbüchern und Broschüren • gezielte Vermittlung von Informationen im Beratungsgespräch • elektronische Info-Quellen (z.B. CRS) bzgl. Reisehinweisen des AA	Beispiele: • Info-Pflicht für grundsätzliche Hinweise zu Reisen und Gesundheit in den Katalogen • Info-Broschüre zur Reisevorbereitung • Reisemedizinisches Service-Telefon • Faxabruf von Sicherheits- & Gesundheitstipps	Beispiele: • Ausbildung und Training der Mitarbeiter • technische Ausstattung des Transportgerätes • Vorsorge für medizinische Notfälle • neue Sicherheitsmaßnahmen (z.B. AirMarshalls, verstärkte Kontrollen)	Beispiele: • permanente Überprüfung der Sicherheitsstandards • Vorsorge für Notfälle (1. Hilfe-Ausstattung, Behandlungsräume, Kooperation mit Arzt) • Notfallpläne • wichtige Notfalladressen und Telefonnummern an Rezeption)	Beispiele: • Tipps zur Vermeidung von Beeinträchtigungen • Vorsorge für Notfälle (1. Hilfe-Ausstattung, Behandlungsräume, Kooperation mit Arzt) • Notfallpläne • wichtige Notfalladressen und Telefonnummern an Rezeption hinterlegen)	Beispiele: • Vorsorge für Notfälle (1. Hilfe-Ausstattung, Behandlungsräume, Kooperation mit Arzt) • Notfallpläne • wichtige Notfalladressen und Telefonnummern an Information)

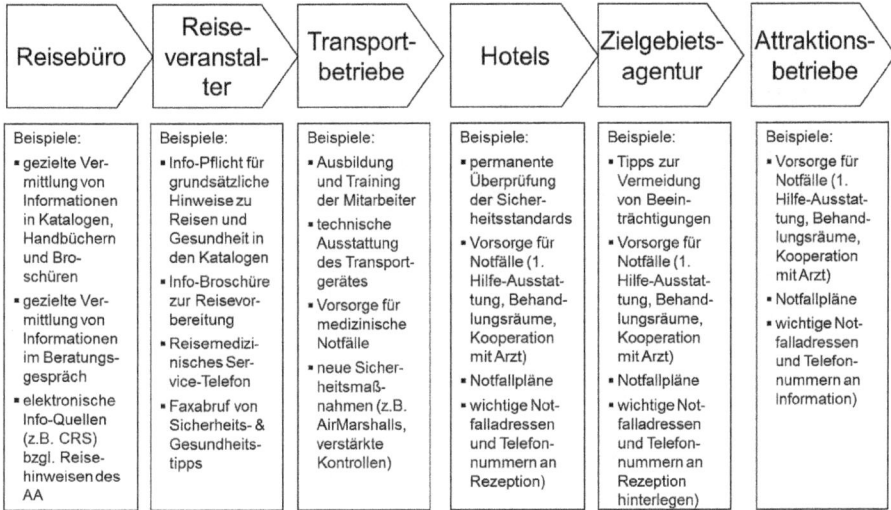

Abb. III.11: Sicherheitsaufgaben entlang der touristischen Leistungskette (Quelle: FREYER/SCHRÖDER 2005: 29)

aus einer Vielzahl von Quellen. Für rund 50 Ereigniskategorien (Meteorologie, Geologie, Umwelt und Biologie, Gesundheit, Politik und Sicherheit, Technik etc.) werden Informationswege genutzt. Während bei Naturereignissen auf führende Institute (z. B. VAAC) zurückgegriffen wird, informieren u. a. die Sicherheitshinweise des Auswärtigen Amtes über politische Unruhen in den Zielländern. Vor allem zur Feststellung von „man-made"-Katastrophen spielt Media Monitoring eine große Rolle: hierzu sammelt ein Redaktionsteam Nachrichten aus aller Welt, die aufgearbeitet und georeferenziert werden.

Das System verfügt über drei Hauptmodule, die jeweils durch Zusatzmodule ergänzt werden können. Dadurch wird den Unterscheidungsmerkmalen der Reiseveranstalter (Größe, Spezialisierung etc.) Rechnung getragen. Die Hauptmodule bestehen aus den Elementen Information, Analyse und Kommunikation.

Das Global-Monitoring-System kann deshalb als Branchenlösung dienen, weil es vor allem für kleine und mittelständische Reiseveranstalter, für die ein hauseigenes Krisenmanagement- und Frühwarnsystem nicht finanzierbar wäre, Vorteile bieten kann. Das Ziel des Informations- und Kommunikationssystems ist die **Stärkung der Veranstalterreise,** die dadurch an Qualität in den Bereichen Sicherheit und Vorsorgemaßnahmen gewinnt. Darüber hinaus kann die Beratung im Reisebüro verbessert werden. Eine besondere Herausforderung ist es dabei, wenn der Kunde – wie bei Bausteinreisen üblich – einzelne Reiseleistungen bei verschiedenen Reiseveranstaltern und/oder Leistungsträgern bucht und ggf. Teile der Reise selbst organisiert, sodass kein vollständiger Überblick über seinen Verbleib im Zielgebiet gegeben ist.

Ziel des oben erwähnten Leitfadens zum Gästerücktransport und zur Sitzplatzko-ordination ist es, ein festes Kontingent an Sitzplätzen in Flugzeugen für den DRV zur Verfügung gestellt zu bekommen, das dieser dann im Krisenfall koordiniert und den Reiseunternehmen anbieten kann; davon können vor allem – wie auch vom Global-Monitoring-System – kleine Veranstalter und Reisebüros profitieren.

In Zukunft wird auch **Social Media** als neues Medium eine größere Rolle in der Krisenkommunikation spielen.

15 Nachhaltigkeit/Corporate Social Responsibility bei Reiseveranstaltern

Die Reisebranche ist in besonders großem Ausmaß von **ökologischen** und **sozio-kulturellen** Entwicklungen betroffen, weil sie einerseits natürliche und kulturelle Faktoren, wie Landschaften und Strände bzw. den Reiz fremder Lebensweisen und Traditionen, vermarktet. Andererseits entstehen durch touristische Tätigkeiten u. a. ökologische Belastungen, wobei im Zusammenhang mit dem Klimawandel vor allem die Emissionen von Treibhausgasen (vorwiegend CO_2) eine wichtige Rolle spielen. Durch diese Situation der gleichzeitigen Vermarktung und Belastung der Umwelt sind Reiseveranstalter besonders prädestiniert für eine Vorreiterrolle bezüglich einer umwelt- und sozialverträglichen Wirtschaftsweise. Der Umweltschutz kann für Reiseveranstalter als Schutz seiner natürlichen Ressourcen und somit als Ressourcensicherung gesehen werden. Daher liegt der Schutz der Umwelt im langfristigen ökonomischen Eigeninteresse der Reiseveranstalter. Doch auch kurzfristig bietet der Umweltschutz eine Chance auf größeren Erfolg am Markt („Grüner Tourist") und aufgrund von Ressourceneinsparungen (Energie, Wasser usw.) auch auf eine Kostenreduktion.

Vor diesem Hintergrund wächst auch im Tourismus die Bedeutung von **Corporate Social Responsibility (CSR)**, einer gesellschaftlich verantwortungsbewussten Unternehmensführung.

CSR kann als Element nachhaltiger Unternehmensführung angesehen werden und umfasst die ökologische, ökonomische und soziale Dimension. Die Einhaltung von Gesetzen wird dabei als Voraussetzung angesehen. In diesem Zusammenhang werden auch die Begriffe Sustainable Development (dt.: nachhaltige Entwicklung), Corporate Sustainability (dt.: nachhaltige Unternehmensführung) und **Corporate Citizenship** genannt. Corporate Citizenship bezieht sich auf das über die eigentliche Geschäftstätigkeit hinausgehende Engagement des Unternehmens in dessen lokalem Umfeld und dessen Standorten mit dem Ziel, soziale Probleme oder Fragen zu lösen. Aktivitäten sind z. B. Spenden, Sponsoring, Gründung gemeinnütziger Unternehmensstiftungen oder auch der direkte Einbezug der Mitarbeiter für soziale Zwecke (engl.: Corporate Volunteering).

15.1 Kriterien der Nachhaltigkeit von Reiseveranstaltern

Die Faktoren für die soziale und ökologische Bilanz der Aktivitäten von Reiseveranstaltern sind außerordentlich breit gestreut im Unterschied z. B. zu Hotels oder Verkehrsträgern, bei denen überwiegend messbare Faktoren wie Energie- und Ressourcenverbrauch, Schadstoffausstoß und Müllproduktion zum Tragen kommen. Das liegt vor allem an der Querschnittsfunktion, die Veranstalter als Bindeglied zwischen Ho-

https://doi.org/10.1515/9783110481457-028

teliers, Transportunternehmen, Agenturen in den Zielgebieten und den Kunden einnehmen.

Grundsätzlich können Reiseveranstalter über die Wahl der Reiseform zu einer nachhaltigen Entwicklung beitragen. Beispielsweise entwickeln die unter dem Dach „Forum Anders Reisen" zusammengeschlossenen Veranstalter umweltschonende und sozialverträgliche Reisen, die wirtschaftlich realisierbar sind (www. forumandersreisen.de). Als wichtiges Kriterium wird das **sozialverantwortliche Reisen** angesehen: die Menschen in der Destination, ihre Kultur sowie landestypische Sitten, Gebräuche und Religionen sollen akzeptiert und respektiert werden. Die Leistungsträger und -erbringer im Zielgebiet sollen eine faire Bezahlung erhalten. Wenn wirtschaftliche Interessen gegen die Interessen, Sitten oder Moralvorstellungen der betroffenen Bevölkerung verstoßen, werden sie nicht mehr weiterverfolgt. Eine möglichst hohe regionale Wertschöpfung wird angestrebt.

Umweltverträgliches Reisen ist ein weiteres wichtiges Kriterium: Die Veranstalter sollen Beherbergungsbetriebe bevorzugen, die eine enge Verbindung zur Regionalkultur haben, Bauweise und Architektur sollen der Region angepasst sein und bevorzugt Produkte aus der Region angeboten werden. Es sollen keine Flüge in Zielgebiete unter einer Entfernung von 700 km angeboten werden; bei Flügen über 700 km gilt eine Mindestaufenthaltsdauer. Off-Road-Touren mit Geländewagen oder Motorrädern, Motorschlittentouren, Rundflüge mit Motorflugzeugen oder Heli-Skiing werden unter Berücksichtigung dieses Kriteriums nicht angeboten.

Das dritte Kriterium ist die **Verantwortung gegenüber dem Kunden:** Intensive Urlaubserlebnisse und Erholung sollen durch z. B. langsame Fortbewegung im Reiseland, die Beschränkung auf kleine Gruppen, die sinnvolle Einbindung öffentlicher Verkehrsmittel, eine regionaltypische Verpflegung und Unterkunft und das Kennenlernen anderer Kulturen und Menschen erreicht werden.

Fraglich ist, ob die Themen Klimawandel und Umweltschutz schon zu **Entscheidungskriterien für Nachfrager** von Reiseleistungen geworden sind. In einer generischen Betrachtung können auf einem Kontinuum die Nachfrager von einer Typisierung als „Light Green Tourist" bis zu einem Profil als „Dark Green Tourist" unterschieden werden. Der „Light Green Tourist" kümmert sich so gut wie nicht um die Einhaltung von CSR-Kriterien während der „Dark Green Tourist" bewusst auf Reisen (und Mobilität) verzichtet, um keinen ökologischen „(CO_2-)Fußabdruck" zu hinterlassen. Die Sensibilisierung der Nachfrager für Umweltschutz in den Quellmärkten lässt den Schluss zu, dass sich inzwischen die Kunden zwischen den genannten Polen bewegen. Auf den sich daraus ergebenden Kundendruck Richtung CSR reagieren die Reiseveranstalter u. a. mit Zertifizierungen und Nachhaltigkeitsberichten.

15.2 Nachhaltigkeitscontrolling

Eine **Unternehmenszertifizierung** nach festen Kriterien soll die Überprüfung der Veranstalter nach ökonomischen, ökologischen und sozialen Kriterien sicherstellen. Die Gesellschaft für Zertifizierung im Tourismus **Tourcert** z. B. überprüft vor der Vergabe des Siegels für Corporate Social Responsibility (CSR) nach einem festen Kriterienkatalog alle relevanten Punkte in Zusammenarbeit mit dem jeweiligen Veranstalter. Die Kriterien entsprechen weitgehend den oben genannten Kriterien von Forum Anders Reisen. Die **acht CRS-Leitlinien,** auf denen die Tourcert-Zertifizierung aufgebaut ist, lauten: Umweltschonend reisen, Unterkünfte sorgfältig auswählen, Reiseziele abwägen, lokale Gemeinschaften beteiligen, angemessene Preise zahlen, Arbeitsstandards einhalten, partnerschaftlich wirtschaften und Transparenz schaffen.

Im Idealfall legt eine **Nachhaltigkeitsberichterstattung** umfassend Zeugnis davon ab, wie ein Unternehmen seiner gesellschaftlichen Verantwortung gerecht wird und informiert die Öffentlichkeit darüber. Für Nachhaltigkeitsberichte sind die zugrunde liegenden Kriterien entscheidend, die einheitlich und nach strengen Regeln ausgewählt sein sollten; dann wird die Berichterstattung transparent und vergleichbar. Die **Global Reporting Initiative (GRI)** gilt als Vorreiter der Nachhaltigkeitsberichterstattung. Die Entwicklung, Verbreitung und Durchsetzung weltweit akzeptierter Leitlinien der Nachhaltigkeitsberichterstattung ist ihre Mission. Die Global Reporting Initiative wurde 1997 durch die CERES (Coalition for Environmentally Responsible Economies) und das UN-Umweltprogramm (UNEP) ins Leben gerufen. Die GRI-Leitlinien wurden 1999 erstmals vorgestellt und seitdem kontinuierlich weiterentwickelt. Seit Herbst 2006 liegen sie in der dritten Fassung vor (G3). Neben allgemeinen Guidelines gibt es auch spezifische Empfehlungen für einzelne Branchen. Mit der Global Reporting Initiative sollen Rahmenbedingungen geschaffen werden, die es ermöglichen, Unternehmen global einheitlich zu bewerten. Von der Global Reporting Initiative wurden zusammen mit der „Tour Operators' Initiative" (TOI) die „Sustainability Reporting Guidelines for the Tour Operator's Sector" erstellt. Die für die Tourismuswirtschaft geltenden Leitlinien beinhalten neben den GRI-Rahmenindikatoren zusätzlich für den Tourismussektor spezielle Indikatoren (Produktmanagement und -entwicklung, internes Management, Wertschöpfungskette, Kundenbeziehungen, Kooperation mit den Zieldestinationen). Als erster Reiseveranstalter weltweit hat **Studiosus** im November 2009 einen Nachhaltigkeitsbericht vorgelegt, der den höchsten Anforderungen der Richtlinien G3 (s. o.) der Global Reporting Initiative entspricht. Nach Prüfung durch das GRI-Sekretariat wurde dem Studiosus-Nachhaltigkeitsbericht das höchste Berichtsniveau „A+GRI-Checked" bescheinigt.

15.3 Maßnahmen für eine nachhaltige Leistungserstellung von Reiseveranstaltern

Neben der Berichterstattung zu CSR, die sich an alle **Stakeholder** richtet, binden touristische Unternehmen den Kunden auch direkt ein. Ein Instrument, das auch Reiseveranstalter zunehmend auf ihren Buchungsplattformen einsetzen, ist der sog. **Klimarechner.** Ein Klimarechner ermöglicht in Zusammenarbeit mit einem Kooperationspartner (z. B. **myclimate** oder **atmosfair**) durch die Buchung eines freiwilligen Klimabeitrags die durch die Reise entstehenden Emissionen zumindest teilweise zu kompensieren: die Kunden können mit dem Klimarechner berechnen, wie hoch der CO_2-Ausstoß der gebuchten Reise ist. Die Auswirkungen können dann durch einen Beitrag für ein Klimaprojekt ganz oder teilweise kompensiert werden. Die Beiträge werden für Klimaprojekte auf der ganzen Welt eingesetzt, in denen entsprechend den geleisteten Beiträge klimawirksame Emissionen eingespart werden.

Eine besondere Bedeutung bei der Umsetzung von CSR kommt den von den Reiseveranstaltern eingebundenen Verkehrsträgern zu. Die Reduzierung von Klimagasen hat für den Straßen-, Luft- und Schienenverkehr sowie die Schifffahrt oberste Priorität. Autos, Lastwagen und Busse sind innerhalb des Verkehrswesens die Hauptverursacher von CO_2.

An zweiter Stelle der Verursacher steht die **Schifffahrt,** auf die rund 3 % der jährlichen CO_2-Emissionen entfallen. Der **Luftverkehr** ist für rund 2 % der Kohlendioxid-Emissionen verantwortlich; zusätzlich beeinflusst der Ausstoß von Stickoxiden und Wasserdampf in hohen Luftschichten das Klima negativ. Als sauberstes Verkehrsmittel gilt die Bahn. Mit 0,5 % wird der Anteil des Schienenverkehrs an den CO_2-Abgasen beziffert. Gesetzliche Rahmenbedingungen zwingen die Leistungsträger vor diesem Hintergrund zu Anpassungen. Kreuzfahrtenreedereien, die i. d. R. ihre Schiffe mit dem relativ billigen Schweröl betreiben, dürfen seit 2011 nicht mehr das Fahrtgebiet Antarktis ansteuern; die antarktischen Gewässer dürfen nur noch von mit leichtem Dieselöl oder sauberem Dieselkraftstoff betriebenen Kreuzfahrtschiffen angelaufen werden.

Im Luftverkehr hat sich nach mehr als 10 Jahren Verhandlung die UN-Luftfahrtorganisation **ICAO** auf Klimaschutzziele geeinigt: dazu gehört eine Verbesserung der Treibstoffeffizienz bis 2050 um jährlich 2 %. Bereits 2012 wird der Luftverkehr in Europa in den **Emissionshandel** einbezogen. Davon sind nicht nur europäische Fluglinien betroffen, sondern alle Fluggesellschaften, deren Flugzeuge in der EU starten oder landen. Bedingung für den Emissionshandel im Luftverkehr ist die Festsetzung von Emissionszielen. Daraus ergibt sich, dass jede Fluggesellschaft in einem bestimmten Zeitraum nur eine bestimmte Menge an Treibhausgasen freisetzen darf. Gelingt es der Airline, diese Menge zu unterschreiten, kann sie die überschüssigen Emissionsrechte weiterverkaufen. Andererseits können Fluggesellschaften, die beim Ausstoß von Treibhausgasen die festgelegte Menge überschreiten, zusätzliche Emissionsrechte erwerben. Der Handel mit Emissionsrechten soll für die Unternehmen einen Anreiz schaffen, ihren Ausstoß von Treibhausgasen zu verringern und Betriebskosten zu sparen (Einsatz moderner, effizienter Flugzeuge und Verfahren bei der Flugdurchführung, Entwicklung alternativer Kraftstoffe, z. B. aus Biomasse). Ziel des Emissionshandels ist es generell, die im Kyoto-Protokoll festgelegten Reduktionsziele für den Ausstoß von Treibhausgasen in den Industrieländern zu erreichen.

Analog zu den Reiseveranstaltern bieten auch die Verkehrsträger den Kunden, d. h. Flugreisenden, Autofahrern und Kreuzfahrtenpassagieren, die Möglichkeit, bei Organisationen wie atmosfair mithilfe eines Emissionsrechners festzustellen, wie viele Klimagase ihre Reise verursacht und welche **Kompensationszahlung** auf freiwilliger Basis anfällt.

Gemeinschaftlich nehmen nicht nur die Reiseveranstalter Initiativen zu CSR und Nachhaltigkeit auf Verbandsebene auf. Das Thema Nachhaltigkeit ist beim **Deutschen Reiseverband (DRV)** im Ausschuss Umwelt angesiedelt. Neben politischer Gremienarbeit kümmert sich der Ausschuss u. a. um umweltschonende Konzepte für Resiebüros und Reiseveranstalter, entwickelt Informationsschriften für Touristen und schult Reiseleiter in Fragen des umwelt- und sozialverträglichen Tourismus. Das Projekt **Green Counter** z. B. hat das Ziel, Expedienten für den nachhaltigen Tourismus zu sensibilisieren. Zu den Aktivitäten gehört auch die seit 1987 jährliche Verleihung der internationalen Auszeichung **Eco Trophea**. Der Verband prämiert damit weltweit besonders umweltverträgliche und nachhaltige Tourismusprojekte.

Literaturhinweise zu Teil III

Zur funktionalen Prozessorganisation (III. 1)
BASTIAN/BORN 2004: 33 ff. (Der integrierte Touristikkonzern),
FREYER 2015: 255 ff. (Reiseveranstalter),
GROSS 2011 (Tourismus & Verkehr),
MEFFERT/BRUHN 1995 (Dienstleistungs-Marketing),
MUNDT 2011: 63 ff. (Reiseveranstaltung): 115 ff.,
PAGE 2009 (Transport & Tourism),
POMPL 1996 (Touristik-Management),
ROTH/SCHRAND 1995 (Touristik-Marketing),
CONRADY/FICHERT/STERZENBACH 2013 (Luftverkehr)

Zu Nachhaltigkeit und Krisenmanagement (III. 3)
ADLER/IGL 2005 (Notfallmanagement),
BAUERFEIND 2005 (CSR),
BRAUN 2007 (Nachhaltigkeitsberichterstattung),
CONRADY/BAKEN 2008 (Climate Change),
DREYER 2001 (Krisenmanagement),
FREYER 2015 (Tourismus): 485 ff. (Nachhaltigkeit), 610 ff. (Krisenmanagement), 390 ff.,
FREYER/GROSS 2004 (Sicherheit),
GLAESSER 2001 (Sicherheit), 2005,
GIRALDO U. A. 2006 (CSR),

GURTNER 2006 (Nachhaltigkeit), JOSSE 2004 (Frühaufklärung),
KRANAWETTER O. J. (DRV-Krisenleitfaden),
KRANAWETTER/MÜLLER 2007 (Krisenmanagement)

Fragen zu Teil III

1. *Nennen Sie die einzelnen Schritte der Prozesskette eines Reiseveranstalters.*
2. *Welche Aspekte sind bei der Produktplanung eines Reiseveranstalters zu berücksichtigen?*
3. *Erläutern Sie, warum Pauschalreiseveranstalter primär touristische Bedarfsfluggesellschaften beschäftigen und Bausteinreiseveranstalter die Flüge überwiegend bei Network-Carriers und als Einzelplatzflüge bei Leisure-Carriers buchen.*
4. *Was sind typische sonstige Transportleistungen, die Reiseveranstalter einkaufen?*
5. *Wie wird der Einkauf von Unterkunftskapazitäten geplant und welche Varianten von Bindungsmodellen für Hotels im Zielgebiet gibt es? Gehen Sie auf die Vor- und Nachteile der unterschiedlichen Bindungsmodelle ein.*
6. *Welche Vor- und Nachteile gibt es bei dem Merchant- bzw. Händlergeschäftsmodell einerseits und dem Vermittler- bzw. Maklergeschäftsmodell andererseits? Welche Unterschiede gibt es zwischen diesen beiden Modellen?*
7. *Welche Komponenten spielen bei der Preisbildung eines Reiseveranstalters eine Rolle? Stellen Sie den Preisbildungsprozess hierzu in einem Modell dar.*
8. *Welche Unterschiede gibt es zwischen dem Offline- und Online-Marketing?*
9. *Nennen Sie vier zentrale unterstützende Backoffice-Aufgaben und erläutern Sie, welche Funktionen diese erfüllen.*
10. *Welche Rahmenbedingungen sind bei der Zahlungsabwicklung mit den Kunden einerseits und den Leistungsträgern andererseits zu beachten?*
11. *Welche Auswirkungen könnten die digitalen Produktionsmodelle zukünftig auf die verschiedenen Funktionen der Reiseveranstalter haben?*
12. *Welchen Einfluss haben Krisen und Terrorgefahr auf die touristische Nachfrage?*
13. *Welche Maßnahmen kann ein Reiseveranstalter ergreifen, um die negativen Folgen einer Krise zu mildern?*
14. *Welche Ansatzpunkte können Sie einem Reiseveranstalter empfehlen, der seine Angebote nachhaltig konzipieren möchte?*

Teil IV: **Marketing und Vertrieb von Reiseveranstaltern**

Übersicht Teil IV

Teil IV beleuchtet die Besonderheiten des Marketings und Vertriebs von Reiseveranstaltern. Diese Funktionen nehmen aufgrund des Dienstleistungscharakters der Branche eine Sonderstellung innerhalb der Prozesskette von Reiseveranstaltern ein und werden deshalb in Ergänzung zu den Ausführungen in Teil III an dieser Stelle noch einmal detailliert betrachtet.

Das Marketing-Management von Reiseveranstaltern wird anhand einer eigenen Marketing-Management-Methode überblicksartig vorgestellt, bevor im Folgenden die einzelnen Phasen spezifisch für das Marketing von Reiseveranstaltern erläutert werden. Ein Schwerpunkt ist dabei auch die Bedeutung von Marken in der touristischen Praxis (Kap. IV.1).

Zum Verständnis der grundlegenden Anforderungen an die Vertriebspolitik eines Reiseveranstalters werden die verschiedenen Vertriebswege vorgestellt und im Rahmen einer Multi-Channel-Strategie werden Ansatzpunkte für einen erfolgreichen Vertrieb unter den sich ändernden Marktbedingungen gegeben. Der Vertrieb über Reisemittler stellt für Reiseveranstalter dabei eine besonders wichtige Absatzmaßnahme dar. Es werden hierzu die Merkmale und Produkte von Reisemittlern aufgezeigt und in Abgrenzung zu denen eines Reiseveranstalters analysiert (Kap. IV.2).

Im Anschluss wird praxisnah ein Überblick über die Entwicklung der Reisebürobranche in Deutschland gegeben und aufgezeigt, wie die Branche mit sich ändernden Marktbedingungen umgeht. Daraus abgeleitet wird eine Prognose für die Zukunft der Reisebürobranche aufgestellt (Kap. IV.3).

Im Rahmen der Erläuterung der Struktur und Funktionen der Reisebürobranche wird einerseits der Markt betrachtet und andererseits werden die Geschäfts- und Bindungsmodelle von Reisebüros vorgestellt. Ein besonderes Augenmerk wird in diesem Zusammenhang auf die Struktur und Funktionen der Online-Portale gelegt, die in der Reisewirtschaft einen zunehmend wichtigen Vertriebsweg darstellen (Kap. IV.4 und IV.5).

Ziele des Teils IV
Nach der Lektüre dieses Teils sollte es u. a. möglich sein,
- eine Marketing-Strategie für Reiseveranstalter auf Basis einer Marktanalyse unter Berücksichtigung verschiedener Ziele und Strategien aufzustellen und dabei die unterschiedlichen Ausgestaltungen der einzelnen Elemente des Marketing-Mixes zu konkretisieren,
- eine erfolgversprechende Vertriebspolitik unter Berücksichtigung relevanter Marktbedingungen zu entwickeln.

---

1 Grundlagen des Marketing-Managements von Reiseveranstaltern

Dem Marketing-Management kommt innerhalb der touristischen Betrachtung eine immer größere Bedeutung zu. Im Rahmen der Betrachtung der Prozesskette eines Reiseveranstalters nimmt es eine zentrale übergeordnete und begleitende Funktion ein (vgl. Abb. I.9 und Abb.III.2). Eine Besonderheit des Marketings von Reiseveranstaltern stellt dabei der Dienstleistungscharakter der touristischen Leistung dar, der mit vielfachen Kundenkontakten und somit einem hohen interaktiven Anteil einhergeht. Außerdem stellt das Marketing von Leistungsbündeln (Pauschal- oder Paketreisen), die von verschiedenen Leistungsträgern erstellt, aber federführend von den Reiseveranstaltern vermarktet werden, eine weitere Besonderheit dar. Das Marketing von Reiseveranstaltern kann hierbei als eigene Managementmethode betrachtet werden, die im Folgenden vorgestellt wird.

1.1 Marketingschritte im Tourismus (Übersicht)

Im touristischen Marketing-Management werden fünf Phasen unterschieden:[1]
1. Analysephase oder Informationsmarketing: *„Wo stehen wir?"*
2. Konzeptionsphase oder strategisches Marketing: *„Wo wollen wir hin?"*
3. Gestaltungsphase oder taktisches Marketing: *„Was können wir unternehmen?"*
4. Realisierungsphase oder Marketingimplementierung: *„Welche Maßnahmen ergreifen wir?"*
5. Kontrollphase oder Marketingcontrolling: *„Sind wir angekommen?"*

Die wichtigsten Aufgaben innerhalb dieser fünf Phasen sind in dem in Abb. IV.1 dargestellten allgemeinen Ablaufplan des Marketing-Managements zusammenfassend aufgelistet. Bei konkreten Aufgaben können die verschiedenen Phasen unterschiedlich lang und deutlich ausgeprägt sein. Auch können sich einzelne Phasen überlagern oder in anderer Reihenfolge auftreten. Doch diese strukturierte Vorgehensweise erleichtert das Verständnis des gesamten Marketingprozesses. Die einzelnen Phasen werden in den folgenden Abschnitten genauer erläutert.

In Abb. IV.1 weisen die Pfeile am rechten und linken Rand der jeweiligen Schritte auf Querverbindungen und Rückkopplungen der einzelnen Phasen hin. Neue Erkennt-

---

[1] Andere Autoren grenzen die Marketing-Management-Schritte anders gegeneinander ab und erhalten entsprechend zum Teil mehr, zum Teil weniger Phasen. Aber vom Prinzip her sind sie mit dem hier vorgestellten Fünf-Phasen-Schema weitgehend identisch. Vereinfacht lässt sich jede Phase mit einer Hilfsfrage für den jeweiligen Marketingträger veranschaulichen, die nachfolgend gleich mit aufgeführt ist.

https://doi.org/10.1515/9783110481457-029

nisse und Veränderungen im jeweiligen Marketingschritt führen zu entsprechenden Anpassungen der vorherigen – und nachgelagerten – Überlegungen. Dabei zeigt sich, dass für ein marketingorientiertes Management alle Phasen mehrfach durchlaufen werden müssen – eben im Sinne eines permanenten Managements („Management by Marketing").

1.2 Analysephase: Informations-Marketing

Wie in Abb. IV.1 zu sehen ist, umfasst die erste Phase die Analyse der drei Bereiche Umfeld, Markt und Betrieb, die anschließend mithilfe verschiedener Methoden ausgewertet und für ein betriebliches Marketingkonzept aufbereitet werden (strategische Analyse und Diagnose).

Als Marktanalyse i. e. S. wird lediglich die Konkurrenz-/Angebots- und Konsumenten-/Nachfrageanalyse angesehen. Zu einer ausführlichen Marktetinganalyse gehört aber auch eine Analyse der Umfeldbedingungen und des Betriebes, für den die Marktanalyse zu erstellen ist. Soweit dies nicht an anderer Stelle des Marketing-Managements erfolgt, ist jede Marktanalyse um diese beiden Bereiche zu erweitern. Gelegentlich wird diese Marktanalyse im weiteren Sinne auch als **Marketinganalyse** bezeichnet (vgl. genauer Kap. V.1, S. 439 ff.).

(1) Die touristischen Umfeldbedingungen für Reiseveranstalter
Die Festlegung eines betrieblichen Marketings der Reiseveranstalter kann nicht losgelöst von den Umfeldbedingungen, zum Teil auch als „Umwelt"bedingungen bezeichnet, erfolgen. Hierbei sind alle allgemeinen gesellschaftlichen Erscheinungen, die eine Auswirkung auf den Betrieb des Reiseveranstalters haben (könnten) und deren zeitliche Veränderungen (= dynamische Umfeldanalyse) von Interesse. Betrachtet werden vor allem folgende Bereiche:
- **Lokale Gegebenheiten**: Einzugsbereich, Bevölkerungsstruktur, Lage, Erreichbarkeit etc.;
- **Gesamtwirtschaftliche Entwicklung**: konjunkturelle Situation (Aufschwungs-/Abschwungserwartung oder konjunkturelle (Un-)Abhängigkeit der eigenen Produktion), Einkommenssituation einschl. der Arbeitslosigkeit als Indiz für das generelle Nachfrageverhalten nach Reisen, Preisniveau und Inflation im In- und Ausland sowie die außenwirtschaftliche Situation (Nachfrage nach Auslandsreisen);
- **Allgemeine Reisetrends**: Rückgang oder Anstieg des Reisens, neue Transportmittel;
- **Technische Entwicklung**: neue Technologien für den Betrieb und im Hinblick auf Absatzmöglichkeiten/Vertriebswege bei den Nachfragern (z. B. CRS, Internet).

I. Analysephase: Informations-Marketing

1. Umfeldanalyse	2. Marktanalyse	3. Betriebsanalyse
Boom- und Hemmfaktoren für den Tourismus der Zukunft	Konkurrenz- (Angebots-) Analyse Konsumenten- (Nachfrage-) Analyse	Marketingbezogene Betriebs-analyse, Stärken-Schwächen-Profile, Wertketten, Betriebsziele

4. Strategische Analyse

Verdichtung, Verzahnung der Daten

II. Konzeptionsphase: Strategisches Marketing

1. Interpretation der Daten (Strategische Diagnose)

• Chancen-Risiken • Stärken-Schwächen • Lebenszyklus • Portfolio

2. Zielsetzung

Normative Ziele	Strategische Ziele	Operative Ziele

3. Entwicklung und Festlegung einer Marketing-Strategie

Marketing-Ziele	Marketing-Strategie	Marketing-Mix

III. Gestaltungsphase: Taktisches Marketing

1. Produkt-politik	2. Preis-politik	3. Vertriebs-politik	4. Kommuni-kationspolitik	5. Sonstige P's

• Phasenbezogen
• Leistungsebenen
 - Kernprodukt
 - Zusatzprodukt
• Gestaltungsmög-lichkeiten
 - Palette
 - Quantität
 - Qualität
 - Positionierung/ Image
	• Phasenbezogen
	• Preisbestimmung
	 - kostenorientiert
	 - marktorientiert
	 - Sonderelemente
	• Preispolitik
	 - Hochpreis
	 - Niedrigpreis
	 - Mittl. Preisniveau
	 - Preisdifferenzierung
	 - Konditionen
		• Phasenbezogen
		• Formen und Wege
		 - Vertriebsform
		  (eigen/fremd)
		 - Vertriebsweg
		  (direkt/indirekt)
		• Sonderformen
		 - Agentur
		 - CRS
		 - Ketten/Kooperationen
		 - Franchising
			• Corporate Identity
			• Verkaufsförderung und pers. Verkauf
			• Öffentlichkeits-arbeit
			• Werbung
				• Packages
				• Programming
				• Positioning
				• Power
				• Partnership
				• People
				• Public
				• Sponsoring
				• Events
				• Product placement
				• Messen

IV. Realisierungsphase: Marketing-Implementierung

Management-struktur	Allokations-aufgaben	Anspruchs-gruppen
• Organisation des Marketing • Planungssystem • Informationssyst. • Kontrollsystem	• Zeitallokation • Personalallokation • Finanzallokation	• marktbezogen • gesellschaftsbezg. • ganzheitlich • zukunftsbezogen • Binnenmarketing

V. Kontrollphase: Marketing-Controlling

Parallelkontrolle (Controlling)	Ex-post-Kontrolle

Ursachenanalyse

Konsequenzen

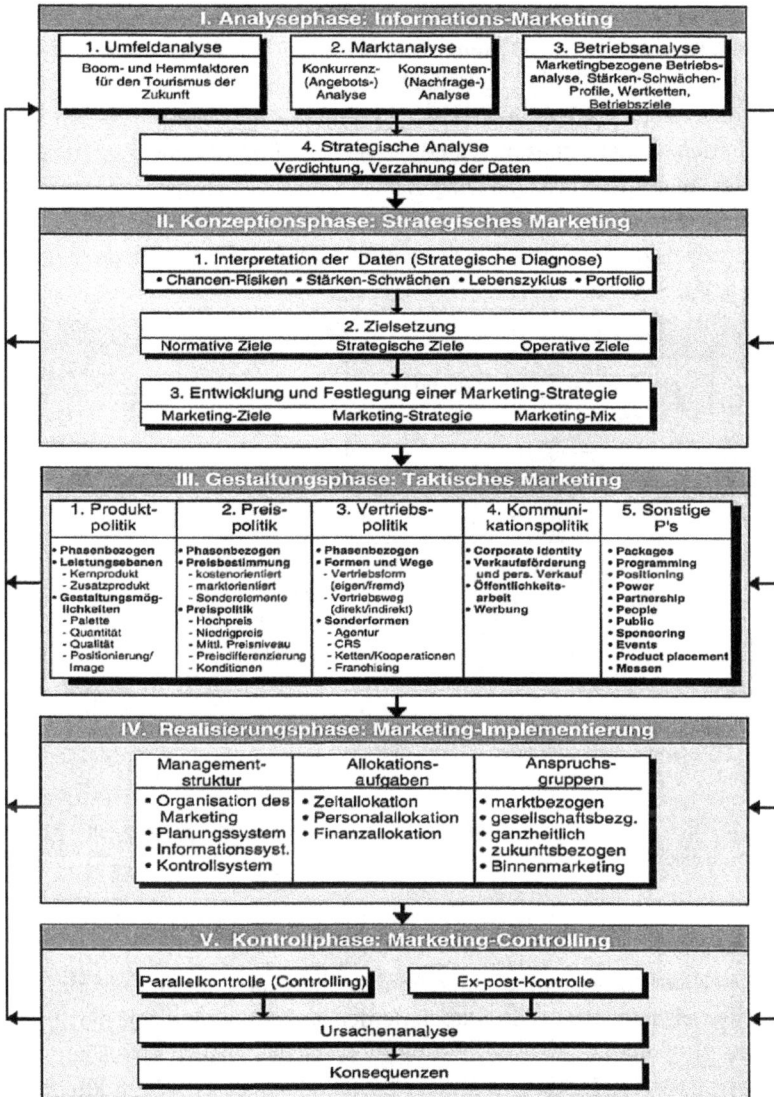

Abb. IV.1: Übersicht über das Marketing-Management (Quelle: FREYER 2011 [Tourismus-Marketing]: 111)

(2) Die touristische Marktanalyse oder Marktforschung (i. e. S.) im Tourismus

Die Grundlagen der touristischen Marketingforschung werden detailliert in Kap. IV.1 betrachtet. An dieser Stelle werden die einzelnen Elemente dieser nur kurz aufgelis-tet. Die Marktanalyse umfasst die Marktabgrenzung, die Bestimmung des Marktvo-lumens und der Marktstruktur, die Wettbewerbsanalyse und die Nachfrageanalyse. Für die Bestimmung des relevanten Marktes sind präzise Marktabgrenzungen und

Marktsegmentierungen auf der Nachfrageseite unerlässlich (vgl. Abb. IV.2). Bei der Marktabgrenzung werden Gemeinsamkeiten von Märkten gemäß bestimmter Kriterien gesucht. Die Marktsegmentierung bedeutet hingegen die Aufteilung bzw. Differenzierung eines heterogenen Marktes in homogene Teilmärkte nach verschiedenen Segmentierungskriterien. Angebotsbezogen sind die meisten Kriterien regional, temporär, produkt- oder zielgruppenbezogen ausgerichtet. Nachfragebezogen werden häufig demografische, verhaltensorientierte, psychografische und Lifestyle-orientierte Kriterien zugrunde gelegt. Zur Markt- und Marketingforschung bei Reiseveranstaltern vgl. genauer Kap. V.1, S. 439 ff.

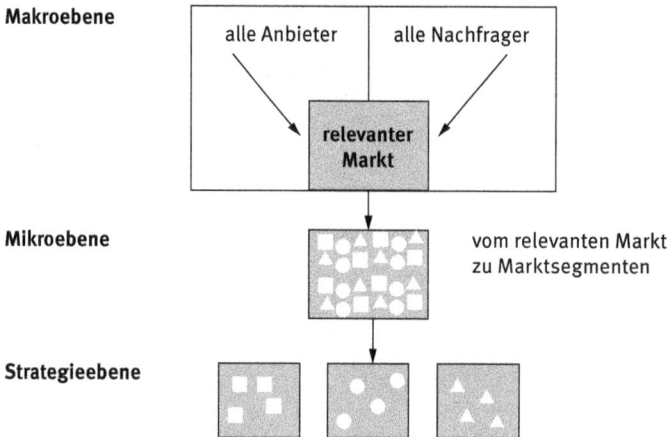

Makroebene

alle Anbieter · alle Nachfrager

relevanter Markt

Mikroebene

vom relevanten Markt zu Marktsegmenten

Strategieebene

Abb. IV.2: Von der Markteingrenzung zur Marktsegmentierung (Makro- und Mikroabgrenzung) (Quelle: FREYER 2011 [Tourismus-Marketing]: 179)

(3) Die Betriebsanalyse

Der engste Bereich der Informations- oder Analysephase bezieht sich auf die Bestandsanalyse des eigenen Betriebes. Dabei werden auf der Grundlage der allgemeinen Kriterien zur Unternehmensbewertung die verschiedenen Betriebsbereiche mithilfe von beispielsweise Portfolioanalysen, Sortimentsanalysen, Produktlebenszyklusanalysen untersucht.

Bei der Betriebsanalyse wird somit die personelle und finanzielle Situation des Betriebes dargestellt, insbesondere werden Informationen über die Beschäftigten, deren Qualifikationen und Positionen, den früheren und jetzigen Umsatz (Umsatzentwicklung), die Erlössituation (Renditeüberlegungen), das betriebliche Erscheinungsbild und die bisherigen Aufgabenschwerpunkte des Betriebes (Touristik, Firmengeschäft usw.) erschlossen.

(4) Die strategische Analyse und Diagnose (Interpretation der Daten)

Auf der Grundlage der Analyse von Umwelt, Markt und Betrieb basiert eine der wichtigsten Aufgaben der Informationsphase des Marketing-Managements: die Interpretation der Daten. Hierbei sind die eigenen Möglichkeiten zu erkennen und darauf aufbauend ist eine entsprechende Marketingstrategie zu entwickeln.

Im Rahmen der strategischen Analyse oder Diagnose werden aus der Fülle der Informationen der Umfeld-, Markt- und Betriebsanalyse die strategisch relevanten herausgefiltert („verdichtet") und die einzelnen Teilanalysen miteinander verbunden („verzahnt"). Dies bildet gleichzeitig den Ausgangspunkt für die darauf aufbauenden konzeptionellen und strategischen Überlegungen. BECKER (2013: 93) spricht in Bezug auf den Zusammenhang von Analysephase und Konzeptionsphase vom „konzeptionellen Kristallisationspunkt" bzw. von der „Geburt des Oberzielprogrammes". Dies zeigt die enge Verzahnung von Analyse und Strategie im Marketing auf.

Werden die unternehmensinternen Daten zu Umfeld- und Marktdaten in Bezug gestellt, können u. a. Stärken und Schwächen aufgezeigt sowie USPs entwickelt werden. Des Weiteren sind Benchmarks möglich. Dazu zählen Branchenbetriebsvergleiche, ERFA-Gruppen, Zertifizierungen von Qualitätsstandards sowie Notariatsmodelle, über die Wettbewerber betriebliche Kennziffern anonymisiert austauschen. Wichtige Methoden zur Interpretation der Daten werden im folgenden Kap. IV.1.3 Nr. 1 vorgestellt.

1.3 Konzeptionsphase: Strategisches Marketing

Auf Basis der Marktanalyse und -diagnose sowie unter Berücksichtigung der jeweiligen Betriebsziele wird in Phase II des Marketing-Management-Prozesses eine entsprechende Marketingstrategie für den jeweiligen Reiseveranstalter entwickelt. Dieser, als **strategisches Marketing** bezeichnete Schritt, stellt somit die mittel- bis langfristige Konzeption des Reiseveranstalterunternehmens unter Berücksichtigung des Unternehmensumfeldes dar, d. h. es wird die Zukunftsentwicklung des Reiseveranstalters bestimmt. Hauptaufgabe der Strategiediskussion ist die Anpassung der momentanen Situation (des „Ist-Zustandes") an die vermutete Entwicklung und an die beabsichtigten Ziele (den „Soll-Zustand").

(1) Strategische Diagnose: Interpretation der Daten (aus Phase I)

Im strategischen Marketing werden vor allem vier bzw. fünf Diagnosemethoden herangezogen, um verschiedene Aspekte der Analysephase zu beleuchten und entsprechend auch unterschiedliche strategische Aussagen zu ermöglichen:
- die **Chancen-Risiken-Analyse** verbindet Umfeld- mit Marktanalyse,
- die **Ressourcenanalyse** (Stärken-Schwächen-Profil) verbindet Betriebs- mit Marktanalyse,

- die **SWOT-Analyse** betrachtet die Chancen-Risiken- zusammen mit der Stärken-Schwächen-Analyse (und wird nicht immer als eigenständige Methode betrachtet),
- die **Lebenszyklusanalyse** verbindet Betriebs- mit Umfeldanalyse,
- die **Portfolioanalyse** verbindet die Chancen-Risiken-, Lebenszyklus- sowie Stärken-Schwächen-Analyse und damit auch die Umfeld-, Markt- und Betriebsanalyse: Sie stellt die umfassendste diagnostische Methode dar.

Gelegentlich werden den strategischen Analyseinstrumenten im Marketing noch weitere Methoden zugerechnet, wie z. B. die Wertkettenanalyse, die Erfahrungskurvenanalyse usw. Doch die wesentlichen Überlegungen sind auf die vorgenannten Methoden zurückzuführen.

Um ein umfassendes Bild der verschiedenen strategischen Möglichkeiten aufzuzeigen, sind zumeist mehrere bzw. alle dieser Methoden anzuwenden („Verzahnung"). Je ausführlicher bereits bei den einzelnen analytischen Schritten (also bei der Umfeld-, Markt- und Betriebsanalyse) auf die einzelnen Methoden hingearbeitet worden ist, umso weniger umfangreich sind die Arbeiten zur Aufbereitung in dieser Phase II.

(2) Zielfestsetzung

In Abstimmung mit den übergeordneten allgemeinen Betriebszielen sind in Phase II die Marketingziele zu **konkretisieren** und zu **operationalisieren.**

Bei allen Marketingkonzepten (wie auch bei allen Planungs- und Entscheidungsaufgaben) kommt der Zielfestlegung eine bedeutende Rolle zu. Nur wenn Klarheit darüber besteht, was die betrieblichen Ziele sind, können
- die richtigen Maßnahmen, Mittel, Strategien ausgewählt und
- letztendlich die Erfolge/Misserfolge einer Marketingstrategie beurteilt werden.

Die Festlegung der Marketingziele beinhaltet die zuvor erwähnten zwei Problemkreise der Konkretisierung und Operationalisierung.

(a) Entwicklung eines (allgemeinen) marktorientierten Zielsystems („Konkretisierung")

Die allgemeinen, „übergeordneten" Unternehmensziele müssen mit dem Marketingkonzept des Reiseveranstalters abgestimmt werden. Die übergeordneten Unternehmensziele umfassen vor allem Unternehmenszweck, -identität und -grundsätze (vgl. Kap. I.1.3, S. 7).

(b) Operationalisierung der Marketingziele

Operationalisierung verlangt eindeutige Festlegungen, welche Ziele in welchem Umfang zu erreichen sind. Das beinhaltet Messvorschriften, anhand derer die Zielerreichung zu kontrollieren ist. Als operationale Ziele dienen meist ökonomische Zielgrößen wie Umsatz, Gewinn, Rentabilität und Marktanteil. In der betrieblichen Praxis ist oftmals die Zielgröße **Deckungsbeitrag** (= Beitrag zur Deckung der fixen Kosten) von großer Bedeutung, weil sie der Marketingabteilung oder dem Projektmanager ermöglicht, den **Erfolgsbeitrag** des jeweiligen Produktes oder der Abteilung zum Gesamtbetriebsergebnis zu veranschaulichen. Daneben werden im Marketing „**psychografische**" **Marketingziele** angestrebt, die vor allem auf das Betriebsimage, die Bekanntheit und das Käuferverhalten (Kundentreue) gerichtet sind.

Operationalisierung erfordert ferner, dass die Marketingziele genau nach Inhalt, Ausmaß, Zeitbezug und Marktsegment festgelegt werden. Konkret heißt das, die Marketingabteilung hat z. B. festzulegen: Steigerung des Umsatzes für das Produkt A (z. B. Destination Griechenland) im Gebiet B (Hamburg), bei einer Käuferschicht C (gehobene Kundenschicht) um D (z. B. 10 %) im Zeitraum E (in der Sommersaison).

(3) Strategieentwicklung

Auf der Basis der strategischen Diagnose, Zielformulierung und Zukunftserwartungen werden Strategien entwickelt. Oftmals ist dieser Prozess weitgehend kreativ und nicht selten durch spontane Ideen geprägt. Das moderne Marketing als strategisches Marketing bietet allerdings verschiedene Grundarten von Strategien, mithilfe derer der Planungsablauf strukturiert und organisiert werden kann. Während diese Strategiearten anfänglich eher unverbunden nebeneinander standen, haben sich im Laufe der Zeit verstärkt **integrative Strategien** entwickelt. Als integrativer Strategieansatz für das Reiseveranstaltermarketing lassen sich vor allem vier Grundmodule der strategischen Möglichkeiten unterscheiden, die zusammen die Gesamtstrategie bestimmen:

- **Entwicklungsstrategien:** Geschäftsfelderstrategien, die sich mit der grundlegenden Frage der Expansion, Stabilisierung oder Schrumpfung beschäftigen, oder Produkt-Markt-Überlegungen.
- **Konkurrenzstrategien:** Am bekanntesten sind hier die vier Grundstrategien Qualitätsführerschaft, aggressive Preisführerschaft, Nischenstrategie und Niedrig-Preis-Strategie.
- **Kundenstrategien:** Sie orientieren sich an den Zielgruppen und den Strategieoptionen undifferenzierte Massenmarktstrategie oder einer gezielten strategischen Zielgruppenansprache mittels einer Segmentierungsstrategie.
- **Positionierungs- oder Profilierungsstrategien** behandeln die bekannten Grundpositionen Präferenz- oder Preis-Mengen-Strategie.

Strategie-Modul	Strategie-Möglichkeiten (-Chips)			
1. Entwicklungs-Strategien				
Entwicklungs-richtung	Wachsen		Stabilisieren	Schrumpfen
Marktfelder	Marktdurch-dringung	Marktent-wicklung	Produkt-entwicklung	Diversifikation
Markareal	lokal	regional	national	international
2. Konkurrenz-Strategien				
Strategiestil	Kontra/ Wettbewerbs-orientiert	Mitläufer (Me-Too)		Kooperation
Wettbewerbs-verhalten	Qualitätsführer-schaft	agressive Preisführer-schaftschaft	Nischenstrategie	Niedrigpreis-strategie
3. Kunden-Strategien	Massenmarkt-Strategie		Segmentierungs-Strategie	
	undifferenziert	differenziert	eine Zielgruppe	mehrere Zielgruppe
4. Positionierungs-Strategien	Präferenz-Strategie		Preis-Mengen-Strategie	

Abb. IV.3: Strategie-Box für Marketing-Strategien eines Reiseveranstalters (Quelle: Freyer 2011 [Tourismus-Marketing]: 413)

Die Erarbeitung einer solchen Gesamtstrategie für einen Reiseveranstalter ist zumeist eine Kombination aus den einzelnen Strategiemodulen (ein „Strategiemix"), die mit unterschiedlicher Gewichtung in die Gesamtstrategie eingehen (vgl. Abb. IV.3).

Das Ergebnis des Strategischen Marketings wird auch als Marketing-Konzept oder -Konzeption bezeichnet; es umfasst im Einzelnen

- die **Ziele** als übergeordnete „Philosophie" oder bildlich veranschaulicht als zukünftige Wunschorte („Szenarien"), eben als die „Ziele" der jeweiligen Marketingträger,
- die **Strategien** als „Struktur" oder Route bzw. Leitplanke des zukünftigen Weges,
- den **Marketing-Mix** als „Prozess" oder „Beförderungsmittel" mit den jeweiligen Umsetzungsmaßnahmen.

1.4 Gestaltungsphase: Taktisches Marketing (Marketing-Mix)

Phase III beinhaltet die weitere Konkretisierung und Gestaltung des strategischen Konzeptes. Sie wird auch als **taktisches Marketing** oder als Marketing-Mix bezeichnet.

Als Mittel und Möglichkeiten zur Umsetzung der jeweiligen Marketingstrategie stehen dem Reiseveranstalter verschiedene Marketinginstrumente zur Verfügung, die er in einer optimalen Kombination einsetzen kann. Üblicherweise werden vier Instrumentenbereiche behandelt, die wiederum selbst einen Submix ergeben können:

– Produkt- oder Leistungspolitik, vgl. Kap. IV.1.4.1,
– Preispolitik, vgl. Kap. IV.1.4.2,
– Vertriebspolitik (auch Absatz(wege)politik, Distributions(wege)politik oder Multi-Channeling), vgl. Kap. IV.1.4.3,
– Kommunikationspolitik, vgl. Kap. IV.1.4.4

oder der entsprechende jeweilige (Sub-)Mix.

1.4.1 Produkt- oder Leistungspolitik

Produktpolitik betrifft die marktgerechte Gestaltung des gesamten Leistungsprogramms. Für den Betrieb ist es sinnvoll, das Produktprogramm zu analysieren sowie das angebotene Produkt bzw. die zu erstellende Leistung klar abzugrenzen, was neben der Leistungsspezifizierung beispielsweise auch meist die Angabe der Zielgruppe beinhaltet, z. B. Billigflüge für den Berliner Markt oder Pauschalreisen für das gesamte Bundesgebiet. Diese Kriterien wurden im Verlauf des Marketing-Management-Prozesses bereits im Rahmen der Zielfestsetzung bestimmt.

Grundsätzliche Möglichkeiten zur Anpassung der Produktpolitik an sich ändernde Marktbedingungen sind die

– **Erhaltung** des bisherigen Angebots, was für das Marketing bedeutet, dass die bisherigen Konzepte weitgehend beibehalten und nur partiell verändert werden müssen, oder
– **Änderung,** was die **Aufgabe** (Elimination), **Veränderung** (Variation) oder **Neueinführung** (Innovation) von Produkten/Leistungen bedeuten kann.

Produktpolitischer Sub-Mix von Reiseveranstaltern

Im Rahmen der Produktpolitik treffen Reiseveranstalter Maßnahmen in Bezug auf die Zielgebietswahl, die Produktgestaltung (Bestandteile des Leistungsbündels), die Produktdarstellung und -vermarktung sowie die Programmpolitik:

– Die **Wahl des Zielgebietes** ist für den Reisenden eine der wichtigsten Teilentscheidungen bei der Planung seiner Reise. Für den Reiseveranstalter sind die

Kenntnis der Motivation des Reisenden sowie die Beobachtung des Images der potenziellen Destinationen seiner Zielgruppe entscheidende Erfolgskriterien.

– Neben der Bestimmung des **Zielgebietes** ist die Auswahl und die Gestaltung der zusätzlichen Leistungsbestandteile zur Zusammenstellung der Reise als Gesamtpaket eine der Hauptaufgaben von Reiseveranstaltern.

– Die **Gestaltung des Leistungsbündels** wird dabei neben den durch die grundsätzlichen Strategieentscheidungen des Reiseveranstalters bestimmten Attributen sowohl durch beschaffungstechnische Restriktionen, als auch durch die Gegebenheiten auf den Beschaffungsmärkten determiniert.

– Im Rahmen der **Programmpolitik** legt der Reiseveranstalter fest, in welcher Breite und Tiefe er Produkte gestaltet und anbietet (vgl. KREILKAMP 1998: 330 ff.).

Da das Produkt der Reiseveranstalter in den meisten Fällen ein Leistungsbündel aus verschiedenen Einzelreiseleistungen wie Transport, Beherbergung und Verpflegung ist, nimmt der Kunde dieses auch in seiner Gesamtheit (als „Reise" oder „Erlebnis") wahr. Die einzelnen Produktbestandteile können dabei vom Reiseveranstalter allerdings zum Teil nur begrenzt beeinflusst werden (vgl. Abb. IV.4).

Aufgrund der Komplexität und Immaterialität der Dienstleistungen von Reiseveranstaltern entsteht beim Kauf für den Kunden ein erhöhtes Risiko, dass die Leistung nicht dem Erwarteten entspricht. Markenpolitische Maßnahmen können in diesem Zusammenhang das Entscheidungsrisiko reduzieren und dem Kunden Vertrauen und Sicherheit in der Potenzialphase signalisieren. Durch eine entsprechende Markenpolitik sollen beim Kunden Präferenzen für eine bestimmte Marke gebildet werden, was zum Aufbau einer Stammkundschaft und zur Kaufwiederholung führt (vgl. Exkurs zur Markenpolitik, Kap. IV.1.6).

1.4.2 Preispolitik

Gerade bei den komplexen Dienstleistungen von Reiseveranstaltern sind die Produkt- und Preispolitik stets im Kontext zu betrachten, weil hier das **Preis-Leistungs-Verhältnis** von größerer Bedeutung ist als beispielsweise allein die absolute Preishöhe. Außerdem ist in dieser Branche ein direkter Preisvergleich durch den Kunden sehr schwierig, weil selten Angebote mit exakt denselben Attributen (gleiches Zielgebiet, gleiches Hotel, gleiche Saisonzeit, gleicher Abflugtag, gleicher Abflughafen usw.) von mehreren Reiseveranstaltern angeboten werden. Außerdem wird eine Preisbeurteilung der Angebote dadurch erschwert, dass die Preise der Angebote durch preispolitische Maßnahmen der Reiseveranstalter schwanken.

Reiseveranstalter bestimmen im Rahmen einer marktorientierten Preispolitik ihre Preissetzung vor allem auf Basis der – durch die Marktanalyse gewonnenen – Erkenntnisse über Nachfrage- und Konkurrenzsituationen am Markt und beziehen die betriebliche Kostensituation nur im Hintergrund ein. Während sich die strategische

Preisbildung dabei mit der langfristigen Ausrichtung der Preispolitik an der Nachfrage, dem Wettbewerb oder den Kosten beschäftigt, werden im Rahmen der taktischen Preisbildung eher mittel- bis kurzfristige Maßnahmen zur gleichmäßigeren Kapazitätsauslastung angewendet (vgl. ROTH/SCHERTLER-ROCK 2011: 499 f.).

Die Kalkulation der Angebotspreise unter Berücksichtigung verschiedener preispolitischer Strategien wird ausführlich in Kap. III.5 dieser Publikation beleuchtet.

Strategisch wird die Preisstrategie bereits durch die Überlegungen zur generellen Strategieentwicklung des Reiseveranstalters determiniert. Dabei sind vor allem folgende **Preisstrategien** von Bedeutung:

Pauschalreisebestandteil bzw. Instrumentalvariable	Vom Veranstalter		
	bestimmbar	mit Einschränkungen beeinflussbar	nicht beeinflussbar
Zielgebiet, Zielort	Art (Lage, Charakteristik, Attraktion, Möglichkeiten	langfristige, strukturell Maßnahmen	ungeplante Entwicklungen (Wetter, Politik, Seuchen, u. a.)
Verkehrsträger	Art, Fahrt- und Flugroute, Zwischenaufenthalte	Zeit und Ort des Reiseantritts, Reisedauer, Komfort, Eigenschaften Mitreisender	Pünktlichkeit der Beförderung, technische Zuverlässigkeit
Transfer	Art, Strecke, Dauer	Qualität, Pünktlichkeit	kurzfristige Qualitätsschwankungen
Unterkunft	Art, Lage, Ausstattung, Service, Qualitätsstandard	Größe des eigenen Kontingents, Kontingente anderer Veranstalter, Gästestruktur	kurzfristige Qualitätsschwankungen, individuelle Servicefaktoren
Verpflegung	Art, Umfang	Qualitätsstandards	kurzfristige Qualitätsschwankungen, Befriedigung individueller Wünsche
Zusatzleistungen	Art, Umfang, Preis, wenn katalogmäßig erfasst	Qualitätsstandard, Preise, wenn nicht katalogmäßig angeboten	kurzfristige Qualitätsschwankungen
Betreuung	Umfang während Reise, Aufenthalt und Transfer, Qualitätsstandard	kurzfristige Qualitätsschwankungen	
Atmosphäre, Geselligkeit, Unterhaltung	Atmosphäre, Geselligkeit, Anregung, Angebote	äußerer Rahmen, Charakteristik der eigenen Gäste	Charakteristik der anderen Gäste, individuelle Einflussfaktoren
Buchungsabwicklung	Komfort, Schnelligkeit, Verlässlichkeit, Umbuchungswahrscheinlichkeit	Qualität des externen Buchungspersonals (Reisebüro etc.)	
Preise	bei fix kontrahierten Leistungen	bei mit Gleitklauseln kontrahierten Leistungen	bei nicht kontrahierten Leistungen während Reise und Aufenthalt

Abb. IV.4: Beeinflussbarkeit von Pauschalreisebestandteilen (Quelle: HEBESTREIT 1992: 221 f.)

- **Hochpreispolitik:** Sie stellt auf Produktqualität und Exklusivität ab oder nutzt eine Monopolsituation aus (typisch sind hier die zeitlichen Monopolsituationen im Tourismus, z. B. in der Hochsaison).
- **Niedrigpreispolitik:** Sie zielt auf „Massen"absatz und Billigangebote ab. Sie findet vor allem Anwendung bei Neuzutritt auf bestimmten Märkten oder bei Reiseveranstaltern in Nebensaisonzeiten.

Im Bereich der **taktischen Preisbildung** stehen dem Reiseveranstalter an erster Stelle preisdifferenzierende Maßnahmen zur Verfügung. Touristische Leistungen werden nach unterschiedlichen Kriterien „differenziert", z. B. nach

- **Zeit:** z. B. Haupt- und Nebensaison, Buchungszeitpunkt, Zeitpunkt der Bezahlung („Vorauszahlungstarif"), Aufenthaltsdauer;
- **Käuferschichten:** z. B. Familien-, Kinder-, Studentenpreis;
- **Umsatz/Volumen:** z. B. Rabatte für Reisegruppen, Kontingentpreise;
- **Vertriebsweg:** z. B. Direktbuchertarife, Gewährung von Reisebüroprovision;
- **räumlichen Kriterien:** z. B. Abflughäfen, Zielgebiete;
- **Kommerzialisierung „freier Güter":** Klima, Luft, Wasser, Lage, Aussicht, Himmelsrichtung („Meerblick").

In Fortführung der Preisdifferenzierung bestimmt das Yield-Management weite Bereiche der Preisgestaltung von Reiseveranstaltern (vgl. Kap. III.5.1.1).

Trotz einer primär marktorientierten Preispolitik muss der Reiseveranstalter die Preise grundsätzlich an den Kosten orientieren. Die Kalkulation der Angebotspreise auf Basis der Kostenstruktur wird ebenfalls in Kap. III.5.1.1 ausführlich dargestellt und soll deshalb an dieser Stelle nicht noch einmal explizit aufgegriffen werden.

1.4.3 Absatz- oder Vertriebspolitik (Distributionswegepolitik, Multi-Channeling)

Distributionspolitik beinhaltet vor allem die Überlegung, in welchem Umfang die Betriebsleistungen **direkt** an den Kunden verkauft werden oder inwieweit „Zwischenhändler" eingeschaltet werden. Für Reiseveranstalter sind es die Fragen,

- ob die Leistungsträger ihre Leistungen **direkt** oder **indirekt,** also z. B. über Reiseveranstalter und Reisebüros, vertreiben sollen oder
- ob über **betriebseigene** oder **-fremde** Unternehmen sowie
- mit welchen **Vertriebsmedien**, ob persönlich, telefonisch, schriftlich oder elektronisch (z. B. über das Internet)

verkauft werden soll (s. Abb. IV.5). Dies betraf ursprünglich vorrangig die Frage der **Agenturpolitik** sowie der CRS (Computerreservierungssysteme) der Reiseveranstalter. Aufgabe der Vertriebspolitik ist es, neben der **Organisation** dieser Agenturpolitik vor allem die **Motivation und Veranstaltertreue** der Agenturen zu erhöhen, z. B.

durch Infoabende und -reisen, Staffelprovision (ist zum Teil Preispolitik), Agenturauf-
lagen (Fachkräfte, Mindestumsätze usw.). Eine detaillierte Darstellung der Vertriebskanäle und der Vertriebssteuerung findet sich in den Kap. III.8 und Kap. III.9 dieser
Publikation.

Im Laufe der Jahre kam es zu einem deutlichen Wandel von der Fokussierung
auf lediglich **einen** Vertriebsweg oder -kanal hin zur Multi-Channel-Strategie (vgl.
Kap. IV.2.1.4, s. a. FREYER 2011 [Tourismus-Marketing]: 523 ff. und FREYER/MOLINA
2008).

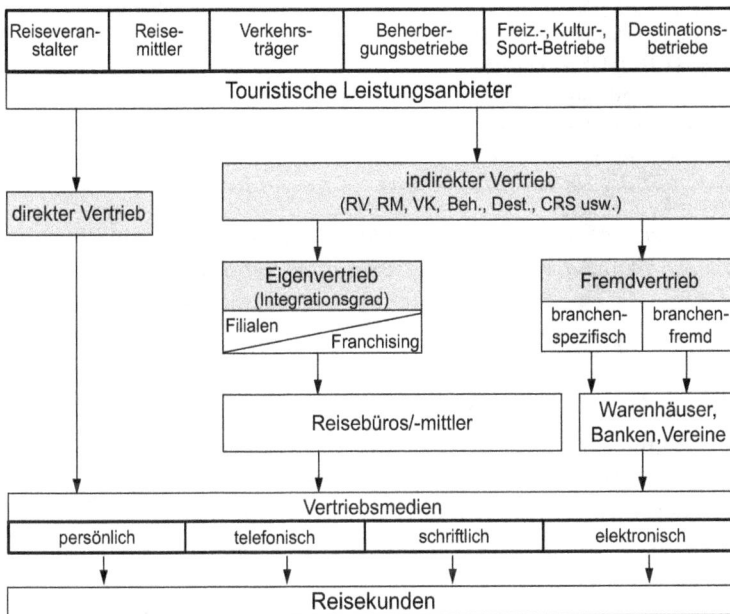

Abb. IV.5: Vertriebswege im Tourismus (Quelle: FREYER 2011 [Tourismus-Marketing]: 533)

1.4.4 Kommunikationspolitik

„Unter Kommunikationspolitik ist das bewusste Vermitteln und Interpretieren einer
Unternehmensleistung gegenüber einer näher zu definierenden Öffentlichkeit (Zielgruppe) zu verstehen – mit dem Ziel, Wissen, Verhalten und Einstellungen im Sinne
kommunikativer Zielsetzungen zu beeinflussen." (ROTH/SCHERTLER-ROCK 2011: 501).
Reiseveranstalter können ihren Kommunikationssubmix vor allem über die Elemente
Corporate Identity (CI), Verkaufsförderung, Öffentlichkeitsarbeit (Public Relations)
und Werbung gestalten. Bei der hier gewählten Systematik wird – anders als bei
manch anderen Einteilungen – der Bereich der Corporate Identity als eigener Be-

reich des Kommunikationsmixes behandelt; ferner werden Verkaufsförderung und persönlicher Verkauf zu einer Gruppe zusammengefasst.

Bei allen vier Kommunikationsbereichen spiegeln sich die gleichen **Grundsätze der Kommunikationspolitik** wider: Es geht um die Festlegung der Kommunikationsinhalte und -wege, womit und wie der Reiseveranstalter als Kommunizierender nach außen treten will und an wen er sich richtet (Zielgruppenbestimmung), oder genauer (in Anlehnung an LASSWELL):

---

6 Grundfragen der Kommunikation
- **wer** (Kommunikator, Sender, Quelle)
- **sagt was** (Botschaft, „Message")
- **in welcher Situation** („Umfeldbedingungen")
- **zu wem** (Kommunikant, Empfänger, Rezipient)
- **über welche Kanäle** (Kommunikationsweg, Medien)
- **mit welchen Wirkungen** (Kommunikationserfolg, Effekt)

Wie der Einsatz der Instrumente Verkaufsförderung, Public Relations und Werbung bei Reiseveranstaltern gestaltet werden kann, wurde bereits in den Kap. III.7 und Kap. III.10 aufgezeigt, sodass an dieser Stelle lediglich ein zusammenfassender Überblick zu den einzelnen Elementen gegeben werden soll:
- **Corporate Identity** (CI) ist eher eine grundsätzliche Voraussetzung für eine erfolgversprechende Kommunikationspolitik einer Organisation. Sie ist das „strategische Dach" jeder Kommunikation. Sie beschäftigt sich mit (Teilen) der zu übermittelnden Botschaft. Im Speziellen ermittelt sie das einheitliche Erscheinungsbild, die „Philosophie" oder „Persönlichkeit" einer Unternehmung (Corporate Design und Corporate Behaviour) und kommuniziert diese nach innen und außen (Corporate Communication).
- **Verkaufsförderung** legt Wert auf die Aktivierung der Vertriebswege und vertriebsfördernden Maßnahmen. Sie versucht, Kaufanreize zu schaffen. **Persönlicher Verkauf zielt darauf ab,** speziell durch direkten Kontakt mit den Nachfragern zu kommunizieren, oft sind es nur einzelne Konsumenten. Im Tourismus sind verkaufsfördernde Maßnahmen vor allem seitens der Leistungsträger auf den Vertriebsweg der Reisemittler gerichtet: Beispiele sind Inforeisen. Verkaufsschulung, Verkaufswettbewerbe, Dekodienst (Schaufenstergestaltung), Fachseminare, Messen usw. Für Reiseveranstalter werden in letzter Zeit auch kundenorientierte verkaufsfördernde Maßnahmen immer beliebter: Kundenkarten (z. B. TUI), Zugaben (vom Nähset bis zur Strandtasche) (vgl. Kap. III.10.6).
- **Öffentlichkeitsarbeit** (Public Relations) stellt die Kommunikation mit der gesamten (betriebsrelevanten) Öffentlichkeit in den Mittelpunkt der Aktivität; sie hat eine relativ unspezifische Zielrichtung und wirkt eher allgemein imagebildend. Für Reiseveranstalter geht es bei der Öffentlichkeitsarbeit vielfach um

Kontakte zu den Medien (wie Presse, Fachzeitschriften, Rundfunk und TV) (vgl. Kap. III.10.7).

– **Werbung** wendet sich an spezielle Zielgruppen und versucht, diese zum Kauf der eigenen Angebote zu bewegen. Die Abgrenzung der Werbung zu PR und Verkaufsförderung ist fließend. In einzelnen Tourismusunternehmen ist ein relativ hoher Betrag für das Werbebudget reserviert (ca. 5–10 % der gesamten Ausgaben), doch verglichen mit den Aufwendungen der gesamten Werbewirtschaft ist der Anteil der Tourismuswerbung mit ca. 3–3,5 % eher unterrepräsentiert (vgl. Kap. III.10.2 und Kap. III.10.3).

1.4.5 Zusammenfassung

Obwohl die Kommunikationspolitik, und hierbei vor allem die Werbung, oft als wichtigstes Marketinginstrument angesehen wird, sollte durch die Ausführungen in diesem Teil der Publikation gezeigt werden, dass diese nur eine von vielen Maßnahmen im Marketing-Mix eines Reiseveranstalters darstellt.

Nur die abgestimmte Kombination aller Kommunikations- und Marketinginstrumente führt zu optimalen Ergebnissen.

Typische Marketing-Mix-Muster bei Reiseveranstaltern sind in Abb. IV.6 dargestellt.

Marketing instrumente	Reiseveranstalter A	Reiseveranstalter B
Produktpolitik	– Minimum-Politik: Bekannte Zielgebiete, Charterflug, durchschnittliche Hotels, standardisierte Zusatzleistungen – Austauschbares Angebot	– Höherwertiges Angebot: Ausgefallene Zielgebiete, zum Teil Linienflug, hochwertige Hotels, ungewöhnliche Zusatzleistungen – Eigenständiges Angebot
Preispolitik Kommunikationspolitik	– Aggressive Preispolitik – Reduziert auf kleinformatige Werbung mit Preisangeboten – Undifferenzierte Zielgruppenansprache	– Überdurchschnittliche Preise – Kombinierte Angebots-/Imagewerbung – Gezielte Ansprache einzelner Kundengruppen
Distributionspolitik	– Angebot über selbständige Reisebüros (indirekter Vertrieb)	– Direktmarketing (direkter Absatzweg)
A = Massenmarktanbieter, mittelständisch, Preis-Mengen-Strategie B = Zielgruppenanbieter, mittelständisch, Präferenzstrategie		

Abb. IV.6: Marketing-Mix-Muster bei Reiseveranstaltern (Quelle: in Anlehnung an ROTH/SCHERTLER-ROCK 2011: 487)

1.5 Marketing-Implementierung: Realisierungs- und Kontrollphase

(1) Realisierungsphase: Marketing-Implementierung (Phase IV)

Die Phase III – Gestaltungsmöglichkeiten des Marketingmixes – geht direkt in die Phase IV – Realisierung oder Marketing-Implementierung – über. Hier sind vor allem drei Bereiche konkret auszugestalten:

- Implementierung von Marketing-Management-Strukturen, d. h. Organisation des Marketings innerhalb der verschiedenen Tourismusbetriebe.
- Implementierung der **Allokationsaufgaben,** insbesondere der Ressourcen Zeit, Personal und Finanzen.
- Implementierung des Marketings in Bezug auf die verschiedenen internen und externen **Anspruchsgruppen.**

(2) Kontrollphase: Marketing-Controlling (Phase V)

Der **(Gesamt-)Kontrolle** kommt mit die wichtigste Aufgabe zu: Denn nur wenn – möglichst schnell und genau – kontrolliert wird, ob die ursprünglichen Pläne und Erfolgsaussichten auch mit den konkreten Ergebnissen übereinstimmen, war die Marketing-Maßnahme letztendlich erfolgreich.

Die Kontrolle des Marketings erfolgt nicht nur am Ende des Marketing-Managements (Ex-post-Kontrolle), sondern meist (auch) parallel zu allen Stufen des betrieblichen Marketing-Managements **(Parallel-Kontrolle)**. Termine und Zwischenschritte sind zu überwachen und zu kontrollieren, zum Teil werden „Pre-Tests" der eigentlichen Markteinführung vorangestellt.

1.6 Bedeutung touristischer Marken für die Kunden[2]

1.6.1 Wirkungszusammenhänge von Markenimages

Was ist ein Image? Eigentlich ganz einfach – ein Bild! Aus Sicht des Marketings stehen Bilder für Synonyme wie Einstellungen, Eindrücke oder Erwartungen.

Wissenschaft und Literatur definieren Markenimage wie folgt (Quelle: u. a. ESCH 2001): Ein Image besteht, wenn mehrere Personen oder eine qualifizierte Mehrheit von Personen gegenüber einem Produkt oder einer Dienstleistung die gleiche oder zumindest eine ähnliche Einstellung oder Erwartung haben, weil von diesem Produkt oder

---

2 Dem Autor dieses Kapitels, WERNER SÜLBERG, ist bewusst, dass die nachfolgenden Ausführungen nicht der allgemeinen Lehrmeinung entsprechen. Sie basieren auf Erfahrungen aus der langjährigen Praxis und sollen dazu dienen, die Identifikation, Bedeutung und Nutzung von Marken sowie entsprechende Investments in die Marketinginstrumente rational und kritisch zu hinterfragen.

dieser Dienstleistung ein bestimmter intersubjektiver Eindruck ausgeht. Image kann mithin als generalisiertes, stereotypes Bild von einem Produkt oder einer Dienstleistung angesehen werden. Dies gilt entsprechend auch für ein Unternehmen als Anbieter einer Mehrzahl von Produkten oder Dienstleistungen und für eine Marke als abstraktem Repräsentant für Unternehmen, Produkte oder Dienstleistungen. Diese Definition ist so schwer verdaulich und verlangt nach weiterer Aufklärung.

Ein Markenimage setzt sich zusammen aus dem Image des Herstellers bzw. Dienstleisters, des Kunden bzw. Anwenders und des Produktes bzw. der Dienstleistung selbst. Diese drei Teilimages tragen i. d. R. mit unterschiedlicher Gewichtung zum Gesamtimage bei. Marken sollen somit Imagebestandteile, d. h. Markenidentitäten und Markeninhalte, repräsentieren und transportieren. Die **Kommunikation** von Markenimages erfolgt vor allem mittels Werbung, noch stärker durch konkrete Werbeversprechen, aber auch durch entsprechendes Marktverhalten in Märkten gegenüber Konsumenten, Wettbewerbern und Öffentlichkeit (z. B. durch Corporate Governance, Nachhaltigkeit, soziale und ökologische Verantwortung etc.).

Durch intensive, dauerhafte Werbung und Kommunikation können Images aufgebaut, verändert und modifiziert werden, aber durch ungeschicktes oder fehlerhaftes Verhalten auch zerstört werden. Aufbau oder Veränderung von Images sind i. d. R. sehr langfristig angelegt, die Zerstörung eines Images kann hingegen sehr schnell und kurzfristig in wenigen Wochen und Monaten erfolgen wie uns die Bankenkrise gezeigt hat.

Durch intensive, gezielte Werbung und Kommunikation können Markenbekanntheit ausgebaut sowie Markenpräferenzen und Markeninhalte geschaffen werden. Die Marken- bzw. Imagewahrnehmung kann sowohl für die Konsumenten als auch für die Unternehmen subjektiv sehr unterschiedlich sein. Es kann geschehen, dass die **Inside-Out-Perspektive** eines Unternehmens deutlich von der **Outside-In-Perspektive** eines Kunden abweicht. Ein mit hohem finanziellem Einsatz aufgebautes Markenimage muss auch nicht immer der Realität entsprechen. Derartige Divergenzen lassen sich aber nicht lange durchhalten und kippen, wenn die geweckten Erwartungen der Kunden über einen längeren Zeitraum nicht erfüllt werden oder der aufwändige Werbedruck nachlässt.

Die Markenwahrnehmung ist umso nachhaltiger und klarer je stärker die Markenpersönlichkeit ist. **Markenpersönlichkeit** ergibt sich aus der Kombination von Kriterien wie Einzigartigkeit bzw. Exklusivität, Marktführerschaft, Langlebigkeit bzw. Tradition und Werbeintensität. Klassische Markenartikler, aber auch endverbraucherorientierte Branchen wie die Automobilindustrie stehen für starke Marken sowie klare Images, Identitäten und Markeninhalte. Aber wie sieht das in unserer Tourismusbranche aus? Können wir in unserer Branchenpraxis vergleichbare Markenimages feststellen? Wenn ja, wie können wir sie in der Praxis nutzen und umsetzen?

1.6.2 Unklare Markenimages in der touristischen Praxis

Leider ist nach langjähriger Analyse und Praxiserfahrung festzustellen, dass Markenimages für den Urlaubsreisenden zumeist andere Bedeutungen und Prioritäten haben, als die touristischen Unternehmen unserer aus vielfältigen komplementären, additiven und substitutiven Dienstleistungen bestehenden Wertschöpfungskette es gern sehen möchten. Dies ist eine deutliche Divergenz zwischen Inside-Out- und Outside-In-Perspektive.

Was **bestimmt** bei einer Urlaubsreise eigentlich das **Markenimage** eines Urlaubers? Was erinnert er als Markenerlebnis?

- Das **Land bzw. Zielgebiet** (Malediven, Griechenland, Rhodos, New York etc.), für das sich der Reisende entschieden hat, mit seiner Natur, Landschaft, den Sehenswürdigkeiten, dem Klima und seiner typischen nationalen oder lokalen Infrastruktur,
- die **Reiseart**, wie Winter-, Bade-, Club-, Aktivitäts-, Golf- Tauch- oder Campingurlaub, Kreuzfahrt, Rundreise per Auto, Bus oder Bahn, Gruppen-, Studien-, Fern- oder Event-Reise, die durch die Reisemotive, Reisezwecke und Reisethemen geprägt ist,
- das **Hotel**, in dem er 2 Wochen gewohnt hat und dessen Dienstleistungen, Infrastruktur, Zimmerservice, Speisen-, Betreuungs- und Unterhaltungsangebot er tagtäglich in Anspruch genommen hat,
- die **Fluggesellschaft,** für die er sich für wenige Stunden zu An- und Abreise bewusst oder unfreiwillig (weil keine Alternative verfügbar war) entschieden hat: Air Berlin, Condor, Lufthansa, Aegaen Airlines oder eine andere No-Name- oder Low-Cost-Airline,
- der **Reiseveranstalter**, dessen Dienstleistungen dem Reisenden mit Ausnahme der lokalen Reiseleitung und evtl. des Bustransfers sowie – bei Reklamationen und Leistungsstörungen – des Kundendienstes oder Rechtsbereichs weitgehend unbekannt bleiben,
- das **Reisebüro** oder **Internet-Portal,** bei dem er evtl. gebucht hat und mit dem er fast ausschließlich vor der Reise Kontakt hat oder
- die **Personen,** die dem Reisenden nachhaltig in Erinnerung geblieben sind wie das hilfsbereite Zimmermädchen, der humorvolle zuvorkommende Kellner, die freundliche Reiseleiterin oder der kompetente, zuverlässige Reisebüroberater
- oder vielleicht eine **Kombination** aus allen und allem?

Welche Faktoren bestimmen das Image der gebuchten Urlaubsreise? Welche Komponente überwiegt? Zahlreiche Kundenbefragungen und auch die Exploration in Fokusgruppen der Einflussfaktoren auf Images und Marken zeigen ein undifferenziertes Ergebnis. Jeder Anbieter innerhalb der Wertschöpfungskette versucht, seine Leistung und seine Marke mit Inhalten und Präferenzen zu präsentieren, dies aber unabgestimmt mit den anderen Anbietern innerhalb des komplexen Dienstleistungspaketes, die er oftmals ja nicht mal kennt:

Das **NTO (National Tourist Office)** eines Landes oder einer Zielregion möchte sein/ihr Markenimage international kommunizieren im Wettbewerb mit anderen Destinationen. Auch der **Hotelier** möchte seine eigene Marke und Leistungen zumeist für andere Quellmärkte und Zielgruppen attraktiv machen und sich nicht von einer Veranstaltermarke abhängig machen. Die **Airline** ist nur auf ihre eigene Marke bedacht, da sie sowohl eigene Kunden wie auch die aller konkurrierenden Reiseveranstalter befördert. Der **Reiseveranstalter** schafft es i. d. R. nicht, seine Kunden in Hotels unterzubringen, die nur er exklusiv im Angebot hat, sodass die Kunden schnell feststellen, dass sie das gleiche Hotelzimmer auch über drei oder vier andere konkurrierende Reiseveranstalter u. U. sogar zu einem niedrigeren Preis hätten buchen können. Und auch das **Reisebüro** kann sich kaum über seine Marke profilieren, weil der Kunde die gleiche Reise auch in jedem anderen Reisebüro oder im Internet hätte buchen können. Im Reisebüro haben wir aber eines festgestellt: die einzige erinnerte Marke ist die Persönlichkeit und Kompetenz des Reiseberaters – und der ist oft namentlich eher in Erinnerung geblieben als der Name des Reisebüros oder des Veranstalters.

Wie soll also ein Urlaubsreisender angesichts dieser Gemengelage **eine bestimmte Marke** eindeutig identifizieren und deren Image wahrnehmen? Ein großes Problem ist zum einen, dass es sich bei der Urlaubsreise nicht um ein konkretes physisches Produkt, sondern um eine Summe für ihn weitgehend abstrakter Dienstleistungen handelt, deren Wert oder gar Mehrwert er kaum einschätzen kann. Das zweite Problem ist, dass es so gut wie keine Exklusivitäten unter einer Marke gibt. Das ist in anderen Branchen anders: Einen neuen BMW bekommt man nur beim BMW-Händler, dessen Name zumeist ebenfalls nicht mehr in Erinnerung ist. Coca Cola bekommt man fast überall und sie schmeckt immer gleich, wobei auch der Ort des Einkaufs oder des Konsumierens verblasst. Das Hotel „Sonnenschein" auf Mallorca gibt es bei TUI ebenso wie bei Alltours, Schauinsland und ist auch individuell buchbar. Ist der Kunde mit den Hotelleistungen zufrieden, wird dies nicht auf die Veranstaltermarke bezogen, war er unzufrieden, muss er sich bei dem Veranstalter beschweren, bei dem er es (zufällig) gebucht hat, und nicht beim verantwortlichen Hotel.

Kein BMW-Händler käme auf die Idee zu bewerben, dass die im Fahrzeug eingebaute Elektronik von Bosch, die Karosserie von Thyssen Krupp, das Navigations- und Kommunikationssystem von Siemens, die Sitze von Recaro, die Reifen von Michelin sind und das Auto im Übrigen Made in Germany ist. Genau dies geschieht aber bei Reiseveranstaltern und Reisebüros bezüglich aller touristischen Teilleistungen – und dies nicht mal nur freiwillig, sondern auch, weil es der Gesetzgeber im Reiserecht vorschreibt.

Es gibt eigentlich keine wirkliche klare und eindeutige Marke bei einer Urlaubsreise, sondern eine Vielfalt unterschiedlicher Marken und Images. Der Kunde erfährt bei einer Urlaubsreise eine derartige Reizüberflutung, dass er i. d. R. nicht mehr in der Lage ist zu unterscheiden, welcher Leistungsfaktor dieses komplexen Dienstleistungspaketes als Marke oder Image dominiert. Und dies gilt in positiver wie negativer Hinsicht gleichermaßen.

1.6.3 Kundenzufriedenheit und Markenwahrnehmung

War der Kunde mit seiner Urlaubsreise zufrieden, d. h. waren seine Erwartungen erfüllt oder gar übererfüllt, weiß er kaum, welchem Dienstleister bzw. welcher Marke er das positive Ergebnis hauptsächlich zu verdanken hat. Im Zweifel waren es alle gleichzeitig oder das Reiseziel als Generalmarke oder der letzte bleibende Eindruck. Wenn auch nur eine Dienstleistung aus der Kombinationsvielfalt nicht den Erwartungen entsprach, wird oft der Frust darüber auch auf alle anderen in die Reise einbezogenen Dienstleistungen übertragen, damit alle miteinander in die Generalverantwortung genommen und in ein Negativimage einbezogen. Entsprach beispielsweise das Essen im Urlaubshotel nicht den Erwartungen, erscheint oft auch der freundliche und humorvolle Kellner schnell in einem anderen Licht und die Fehlleistung der Küche strahlt ab auf die Qualität oder Sauberkeit des Zimmers, zumal dies ja oftmals auch hilft, eine möglichst hohe Entschädigung beim Reiseveranstalter einzufordern. Noch skurriler wird es, wenn beispielsweise 14 Tage Dauerregen im Urlaubsziel, Zoff mit der Ehefrau oder Streit mit anderen Mitreisenden, die allesamt keine juristisch relevanten Beschwerdegründe sind, den frustrierten Urlauber geradezu auf die Suche nach Leistungsmängeln treiben. Da wird jede Kakerlake im Bad mit Genugtuung willkommen geheißen. Das Negativimage einer derartigen Reise wird dann zumeist allen Marken und Leistungserbringern einschl. Zielgebiet gemeinsam angelastet.

Wie bereits dargestellt, erzeugen Images **Erwartungen.** Werden Erwartungen erfüllt, führt dies zur **Zufriedenheit** der Kunden, werden sie nicht erfüllt, entsprechend zur **Unzufriedenheit.** Kundenzufriedenheitsbefragungen bei Urlaubsreisen haben somit das gleiche Problem wie die Wahrnehmung von Images. Der Kunde kann zumeist nicht zwischen den verschiedenen Zufriedenheitsdimensionen seiner Reisedienstleistungen wie An-/Abreise, Unterkunft, Verpflegung, Transfer, Reiseleitung, Sehenswürdigkeiten, Sauberkeit und Beschaffenheit von Landschaft und Infrastruktur, Beratung im Reisebüro, Abwicklung durch Reiseveranstalter etc. unterscheiden und liefert damit kaum brauchbare Ergebnisse für notwendige Leistungsverbesserungen. Wenn Kundenzufriedenheitsmessungen überhaupt Sinn haben sollen, dann müssen sie unmittelbar nach der Leistungserbringung und nur für die spezifische Leistung abgefragt werden, was in der Praxis, d. h. während der Reise, aber kaum durchführbar ist. Vor diesem Hintergrund sollte auch die Relevanz und Zuverlässigkeit von Reisebewertungsportalen untersucht und hinterfragt werden. Liest man die bewertenden Prosatexte wird schnell deutlich, dass der Bewertende zumeist kaum zwischen den verschiedenen Leistungsdimensionen unterscheidet, die jeweils von unterschiedlichen Markendienstleistern erbracht werden. Darüber hinaus kann man auch Erwartungen nicht generalisieren. Die sehen für einen Single der Best-Ager-

Generation völlig anders aus als für eine vierköpfige Familie mit schulpflichtigen Kindern oder gar für ein Rentnerpaar oder für eine Gruppe auf Vereinsausflug.

Reine Dienstleistungsunternehmen wie die gesamte Reisebranche tun sich daher sehr schwer mit Imagebildungen, Imagebewertungen und Zufriedenheitsmessungen, weil es kaum neutrale, sachliche oder physische Bewertungsmaßstäbe gibt, die sauber dokumentierbar sind wie z. B. Reklamationsstatistiken und Garantieversprechen bei technischen Geräten, wo die ausgetauschten Ersatzteile ebenso registriert werden wie Bedienungsfehler, Pannenhäufigkeiten, Wiederholungsquoten oder notwenige Rückrufaktionen und dergleichen.

1.6.4 Marktforschung zu Markenbekanntheit und Kundenzufriedenheitsmessung

Was sagt die **Praxis** zur beschriebenen Problematik? In einer ausführlichen Markenkernanalyse basierend auf einer bevölkerungsrepräsentativen Befragung und daraus selektierten Fokusgruppen aus Markenkennern, Markennutzern und Nichtkennern bzw. Nichtnutzern wurde herausgefunden, dass Reiseveranstaltermarken die geringsten Differenzierungsmerkmale zueinander aufweisen. Verglichen mit anderen Stufen der Dienstleistungskette für eine Urlaubsreise wie Hotel, Fluggesellschaft, Zielgebiet und Reisebüro bleibt ein Reiseveranstalter für die Reisenden weitgehend abstrakt und wird nicht physisch erlebt.

Das ist für einen **Bausteinreiseveranstalter oder Consolidator,** der nur bei der Buchung vor der Reise in Erscheinung tritt und während der Reise die physische Leistungserbringung an andere Leistungsträgermarken wie Lufthansa, Maritim und Avis abtritt, noch schwieriger als für **Pauschalreiseveranstalter,** die versuchen, im Zielgebiet die Fäden der Dienstleistungskette über Reiseleitung, Ausflüge, Transfers und Flughafenbetreuung mit einer eigenen Marke bzw. Handelsmarke unter Kontrolle zu halten (und dabei starke Fremdmarken vermeiden: TUICars statt Avis). Am dominantesten sind dabei die **Kreuzfahrtenveranstalter,** bei denen während des Urlaubs wirklich fast alle Teilleistungen aus einer Hand kommen. Aber auch hier tritt Verwirrung ein: Bei hochwertigen Kreuzfahrten wie mit der „Europa", „Deutschland" oder „Queen Mary" dominiert der Name des Schiffes die Veranstaltermarke (Hapag Lloyd, Deilmann Phoenix Reisen, Cunard), die kaum noch wahrgenommen wird. Nur AIDA geht einen anderen Weg und verknüpft den Produkt- mit dem Markennamen.

Die DER-Veranstaltermarken

Beim Benchmark beispielsweise der DER-Touristik-Veranstaltermarken **(ITS, Jahn, Tjaereborg, DERTOUR, Meier's Weltreisen)** untereinander war festzustellen, dass sie hinsichtlich Markenstärke, Emotionalität, Markenklarheit, Attraktivität, Sympathie, Funktionalität und Sortimentskompetenz nur minimal differieren; lediglich eine der fünf Marken konnte sich bei Individualität und Qualität etwas absetzen. Abgesehen von dieser Ausprägung waren die Markenkerne sehr ähnlich, egal ob aus Sicht der Reisenden insgesamt, der Markenkenner oder der Markennutzer. Auch im Vergleich zu den wichtigsten Wettbewerbern wie TUI, Thomas Cook, Neckermann, Alltours, FTI etc. gab es nur wenige Unterschiede aus Sicht der befragten Reisenden, Kenner und Nutzer. Alle Marken stehen für Standardangebote, Pauschalreisen, Badeurlaub, Preiswahrnehmung, Angebotsbreite und -tiefe, Service und Kundenorientierung, lediglich Meier's Weltreisen wurde klar als Fernreisenspezialist erkannt.

Auch Zielgebiets- oder Themenschwerpunkte werden kaum von Markenkennern, sondern allenfalls von Mehrfachnutzern wahrgenommen. Wie soll man diese Markenkerneigen-schaften dann erst Nichtkennern vermitteln? Trotz ihrer sehr hohen Markenbekanntheit konnte auch für TUI und Neckermann kein wesentlicher Mehrwert gegenüber wenig bekannten Marken wie z. B. FTI und Schauinsland festgestellt werden. TUI konnte lediglich beim Thema Qualität einen Vorsprung verbuchen – auf Augenhöhe mit Meier's Weltreisen.

DER Touristik versucht seit Jahren ihre **Markenvielfalt** zu leben und zu kommunizieren. Dies ist bislang bei den meisten Marken zumindest gegenüber dem Reisebürovertrieb auch gelungen, wenngleich die Differenzierung beim Endverbraucher nur begrenzt wahrgenommen wird. Da dies auch für die Wettbewerbermarken gilt, ist der wirtschaftliche Erfolg der DER-Veranstaltermarken eher auf andere Faktoren wie Sortimentsgestaltung, Sicherheit, Zuverlässigkeit, Preis-Leistungs-Verhältnis, Verfügbarkeit und Vertriebsstärke zurückzuführen, in die der Reisekonzern mehr investiert als in Marken-/Imagewerbung und mediale Kommunikation, mit den Vorgenannten aber einen höheren Return on Investment (ROI) sowie Marken- und Imagewert erzielt.

Auf eine **Dachmarke** im B2C-Bereich konnte die DER Touristik unter diesen Aspekten bislang verzichten, zumal sich dafür unter den vorhandenen Marken auch keine eindeutige Generalistenmarke (wie TUI oder Neckermann) befindet, die diese Funktion übernehmen könnte. Das touristische Markenspektrum des REWE-Konzerns ist dabei sehr vielseitig. Neben Eigenmarken (DERTOUR, ITS, Jahn etc.) existieren eigene Vertriebsmarken für bestimmte Produkte offline (DERTRAFFIC, DER-Flüge, DER Ticket Factory) und online (derhotel.com, campmobile.de, ocean24.de) im Portfolio, vertreten fremde Vertriebsmarken als Generalagenten (für Disneyland Paris, Center Parcs) und nutzen Lizenzmarken (ADAC Reisen). Ob und inwieweit zukünftig eine Dachmarke über alle Wertschöpfungsstufen benötigt wird, ist aus diesen Gründen eher eine Frage strategischer Bewertungen, von Wettbewerbs- und Internet-Anforderungen sowie von nationalen wie internationalen B2B-Geschäftsbeziehungen als von Vermarktungserfordernissen beim Endverbraucher.

1.6.5 Net Promoter Score („Weiterempfehlungsbereitschaft")

Die Kundenzufriedenheit kann im Rahmen des Markenfunnel gemessen werden. Üblicherweise ermittelt der Markenfunnel zunächst die ungestützte und gestützte Markenbekanntheit sowie die ungestützte und gestützte Werbeerinnerung der Kunden. Es folgt in den darauffolgenden Schritten die Erfassung der Nutzungsbereitschaft und die tatsächliche Markennutzung. Im nächsten Schritt werden dann die Markennutzer nach ihrem Markenerlebnis und der Weiterempfehlungsbereitschaft gefragt, bevor die letzte Frage auf die Wiederbuchungsbereitschaft abzielt. Als globaler internationaler Standard zum Benchmark der Kundenzufriedenheit wird dabei die Weiterempfehlungsbereitschaft betrachtet. Vorteil dieses Verfahrens ist, dass die Kundenloyalität im Rahmen einer bevölkerungsrepräsentativen Befragung nicht nur im Branchenwettbewerb, sondern auch branchenübergreifend verglichen werden kann. Das dabei seit ca. 2003 zur Messung der Kundenzufriedenheit angewandte Verfahren wird „**Net Promoter Score" (NPS)** bzw. Weiterempfehlungsbereitschaft genannt.

Dieses Verfahren sieht vor, dass alle Markennutzer danach gefragt werden, mit welcher Wahrscheinlichkeit sie die Marke (das Unternehmen) Freunden und Bekannten **weiterempfehlen.** Die Antwort wird auf einer Skala mit den Werten 0 bis 10 eingestuft, die der Wertung von sehr unwahrscheinlich (= 0) bis sehr wahrscheinlich (= 10) entspricht. Als **Promotoren** („Weiterempfehler") werden die Kunden mit den Wertungen 9 und 10, als **Detraktoren** („Verneiner") die Kunden mit den Wertungen 0 bis 6 bezeichnet; Kundenwertungen mit 7 und 8 werden als neutral betrachtet. Der NPS ergibt sich als Prozentzahl der Differenz zwischen dem Anteil der Promotoren und dem Anteil der Detraktoren; die Neutralen werden nicht berücksichtigt(vgl. Abb. IV.7).

Ein NPS von +100 % besagt, dass die Marke nur Promotoren (Wertung 9 und 10) hat, ein NPS von –100 % besagt, dass diese Marke nur Detraktoren (Wertung 0 bis 6) hat. Die realen Ergebnisse des NPS liegen i. d. R. irgendwo dazwischen, sind nicht immer eindeutig und müssen differenziert interpretiert werden. Ein NPS von +20 % kann sich z. B. ergeben, wenn es neben 60 % Promotoren 40 % Detraktoren gibt und keine Neutralen; in diesem Fall polarisiert die Marke stark, wobei die Zahl der Zufriedenen zwar erfreulich hoch, aber die Unzufriedenen ebenfalls erschreckend zahlreich sind. Ein NPS von +20 % kann sich aber auch ergeben, wenn der Anteil der Zufriedenen mit 20 % relativ gering ist und es überhaupt keine Unzufriedenen gibt (= 0 %), wobei der Anteil der Neutralen bei 80 % liegt; in diesem Fall scheint die Marke austauschbar zu sein sowie wenig eigenes Profil und wenige Alleinstellungsmerkmale zu haben, die eine Weiterempfehlung rechtfertigt. Der NPS ist somit als alleinige Kennziffer zur Ermittlung der Kundenloyalität nicht ausreichend. Es müssen weitere Marktforschungsanalysen zu den Ursachen folgen.

Neben der bevölkerungsrepräsentativen NPS-Ermittlung, bei der branchenübergreifend ein Wert von 40–50 % als Top gilt, kann der NPS auch durch die Befragung der eigenen Kunden zur Leistungs- und Zufriedenheitsbewertung auf Grundlage der Kundendatenbank (Customer Relationship Management) ermittelt werden. Bei dieser direkten Messung ist aber zu beachten, dass ein Benchmark mit Wettbewerbern und branchenübergreifend nicht möglich ist. Auch werden die Bewertungen deutlich schlechter sein als in der zuvor dargestellten globalen Betrachtung, weil davon auszugehen ist, dass sich dabei alle Kunden, die Reklamationen haben, Regressforde-

Weiterempfehlungsbereitschaft / Net Promoter Score
Veranstaltermarken 2016

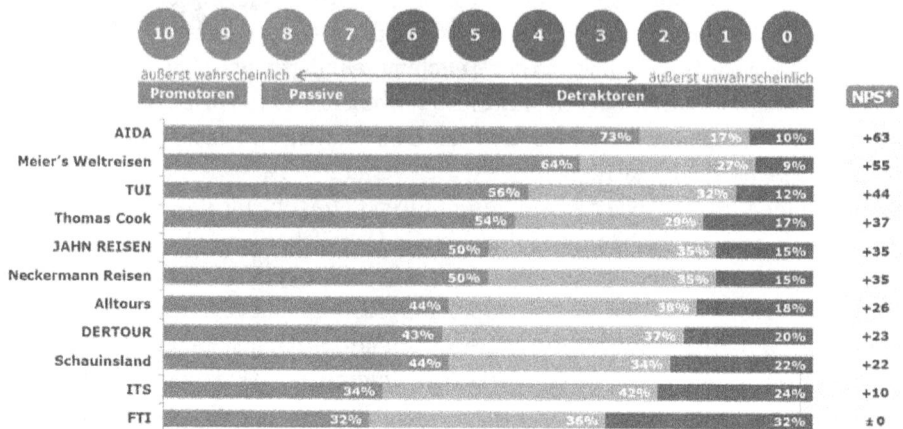

Abb. IV.7: Weiterempfehlungsbereitschaft (Net Promoter Score) 2016

rungen stellen und unzufrieden sind, in jedem Fall melden, während viele zufriedene Kunden und erst recht die Neutralen zumeist keine Bewertung abgeben.

1.6.6 Bedeutung von Marken in verschiedenen Wertschöpfungsstufen offline und online

Für **Reisebüros** steht es um die Marken- und Imagewahrnehmung noch schlechter als für Reiseveranstalter. Da die Reisenden schon kaum zwischen den Markeninhalten und Funktionen eines Reiseveranstalters oder Reisemittlers unterscheiden können, erreichen selbst die großen Reisemittlerorganisationen nur eine Markenbekanntheit von maximal 40 %. Das Markenimage eines Reisebüros wird überwiegend durch die persönlichen Eigenschaften, Fähigkeiten und Kompetenzen des Beraters bestimmt, dessen Name oft eher in Erinnerung bleibt als der Name des Reisebüros. Gelingt es dem Berater eine Vertrauensbasis zum Kunden zu schaffen, so hat das Reisebüro aber mit 19 % eine deutlich höhere Chance auf Kundenbindung als ein Reiseveranstalter mit nur 9 %, dessen Leistungen von Kunden nur abstrakt wahrgenommen werden und aufgrund fehlender **Angebotsexklusivitäten** als austauschbar empfunden werden.

Aber auch online ist die Bedeutung von Veranstalter- und Portalmarkenimages im Reiseentscheidungsprozess begrenzt. Das verwundert kaum, weil die ROPO-Studie von Google (2010 gemeinsam mit iProspect, Sempora Management Consultants und GfK) dokumentiert, dass sich die Mehrheit aller potenziellen Urlauber bei der Recherche von Suchmaschinen führen lässt und nur eine Minderheit gezielt Online-Marken oder Online-Portale eingibt oder anklickt. Interessant ist, dass 68 % aller Google-Nutzer u. a. das Wort „Hotel" in die Suchleiste eingeben – ein eindeutiges Zeichen, wo der Bedarf nach Transparenz am größten ist. Priorität beim Reiseentscheidungsprozess vor Reiseantritt hat vor allem das Reiseziel bzw. Zielgebiet und danach die Reiseart (Ferienwohnung, Camper, Kreuzfahrt, Skiurlaub, Badeurlaub, Wellnessurlaub, Golfurlaub, Busreise etc.). Mit deutlichem Abstand folgt der Berater im Reisebüro vor der Gestaltung der Reiseleistung bzw. der Ausstattung des Hotels. Erst nach Preisen und Verfügbarkeiten folgt die Veranstaltermarke als Entscheidungskriterium. In etwa der gleichen Reihenfolge laufen auch die Such- und Entscheidungsprozesse im Internet ab. Ein breit angelegtes Zielgebietsportal mit vielen Informationen, ein Reisebüroportal (wie Expedia, Travelchannel, ab-in-den-urlaub) oder ein Produktpor-

Rang		Bekanntheit 2015	2009	Sympathie 2015	2009	Buchungs-bereitschaft 2015	2009	Reisende* 2015	2009
1	TUI	92,3	93,4	49,9	55,1	46,0	50,0	18,7	21,4
2	Neckermann Reisen	84,3	88,6	33,0	42,0	31,1	370,3	12,6	15,2
3	AIDA	71,6	64,3	23,0	23,0	18,3	17,5	2,7	1,3
4	Alltours	71,0	71,4	25,0	27,1	23,4	23,7	8,6	8,5
5	Thomas Cook	63,9	59,1	22,3	20,5	21,0	17,8	5,3	4,7
6	ADAC Reisen	60,0	–	14,6	–	11,8	–	2,0	–
7	ITS	56,3	58,1	16,2	18,9	15,4	16,3	5,1	5,6
8	L'tur	55,2	54,6	18,9	17,5	17,5	15,0	5,5	4,9
9	DERTOUR	51,9	49,0	13,1	14,4	12,8	12,1	3,0	–
10	Jahn Reisen	50,8	52,9	10,6	13,1	10,5	11,0	2,3	2,5
11	Öger Tours	50,6	49,1	7,4	9,4	7,0	8,5	2,8	4,2
12	1-2-FLY	49,6	52,2	12,9	16,5	12,1	14,8	3,6	5,0
13	sonnenklar.TV	45,7	–	10,6	–	10,0	–	2,3	–
14	Meier's Weltreisen	45,6	46,2	10,9	13,4	9,8	10,4	2,0	2,1
15	Costa Kreuzfahrten	43,0	20,6	5,5	4,0	4,1	2,8	0,7	0,4
16	Marco Polo Reisen	42,2	45,5	9,2	10,7	8,2	8,2	0,7	0,8
17	Robinson Club	40,1	46,9	7,4	12,2	6,7	8,6	0,8	1,2
18	Hurtigruten	38,2	23,2	8,9	6,8	8,0	5,6	0,8	0,6
19	Hapag-Lloyd Kreuzf.	37,1	38,1	5,9	7,7	5,0	5,9	0,2	0,5
20	Berge & Meer	36,9	–	9,9	–	9,7	–	2,6	–
21	DER Touristik	36,8	–	5,7	–	5,6	–	1,1	–
22	MSC Kreuzfahrten	33,7	16,8	6,1	3,1	5,2	2,3	0,5	0,3
23	FTI Touristik	33,5	27,4	8,7	7,2	8,9	6,4	3,2	2,3
24	airtours	29,8	32,6	5,3	6,1	4,9	4,8	1,0	0,9
25	TUI Cruises/Mein Schiff	27,5	10,8	7,9	2,2	7,6	1,7	0,7	0,2
26	A-ROSA	25,0	28,4	3,6	5,8	3,0	4,2	0,3	0,2
27	Studiosus Reisen	24,7	19,5	5,1	5,5	4,5	4,4	0,7	0,8
28	AMEROPA	23,3	–	3,7	–	4,0	–	0,8	–
29	Dr. Tigges Reisen	21,8	27,5	2,5	5,2	3,1	3,8	0,4	0,4
30	Club Med	20,9	20,0	3,7	4,6	2,5	3,6	0,4	0,5

* Reisende der letzten 5 Jahre; Basis: dt.sprachige Bev. ab 14 J

Abb. IV.8: Touristikunternehmen Markenvierklang Top-30-Marken 2015 (Quelle: Reiseanalyse 2016)

tal (wie hrs für Hotels oder opodo für Flüge) mit einem breiten und tiefen Sortiment und Preisvergleichsfunktionen wird zumeist als weit attraktiver empfunden als eine Veranstalter-Website ohne Angebotsexklusivität, Vergleichsmöglichkeiten und mit vorselektiertem Sortiment.

Mit Wissen um diese Unzulänglichkeiten investieren Reiseveranstalter und Reisebüros dennoch weiter Millionen von Werbegeldern in Marken und Images, um das Reise- und Buchungsverhalten zu beeinflussen. Allerdings sollten diese Maßnahmen zur Image- und Markenbildung sowie zu deren Verbesserung in ihrer Wirkung permanent sorgfältig überprüft und der finanzielle Aufwand dafür regelmäßig hinterfragt und angepasst werden. Große Reiseveranstalter messen i. d. R. kontinuierlich die Markenbekanntheit gestützt und ungestützt, die Werbeerinnerung gestützt und ungestützt sowie die Nutzungsbereitschaft sowohl in den traditionellen Vertriebskanälen wie auch im Internet (vgl. Abb. IV.8). Auch hier ergeben sich teilweise ernüchternde Ergebnisse.

Marken wie TUI und Neckermann mit gestützten Bekanntheitsgraden von 85–95 % weisen eine Nutzungsbereitschaft der Kunden auf, die bei weniger als der Hälfte der Markenkenner liegt, die tatsächliche Buchung sogar nur bei einem Fünftel bis einem Sechstel der Kenner. Die Nutzungsbereitschaft und Buchungsfrequenz von Marken mit einer deutlich geringeren gestützten Markenbekanntheit ist in vielen Fällen höher. Online ist die gestützte Markenbekanntheit der traditionellen Marken deutlich niedriger als offline. Dennoch liegen sie besser als viele reine Internet-Marken, die in das Online-Marketing viel investieren. Dies zeigt, dass reine Veranstalter- und Mittlermarken im Internet vor allem gegenüber Leistungsträger- und Produktportalen deutlich weniger wahrgenommen werden (vgl. Abb. IV.9).

Marken im Internet zu finden ist oft schwierig, wenn man die genaue Schreibweise nicht kennt. Dabei helfen dann Metasearcher oder der omnipräsente Gigasearcher Google, die sich diese Marketingleistung umfassend honorieren lassen. Nur große und sehr bekannte Produzentenmarken mit Alleinstellungsmerkmalen haben die Chance, direkt im Internet von den Kunden gesucht und gefunden zu werden, was den Markeninhabern erhebliche Kosten erspart. Aber derart bekannte Marken gibt es in der Touristik nur sehr wenige. Händler und Vermittlermarken werden aufgrund ihrer Austauschbarkeit eher selten im Internet direkt adressiert.

1.6.7 Ausgewählte touristische Markenhistorien

Marken als Repräsentanten für Images haben oftmals spannende, aber auch komplexe Historien und können durch unbedachte Verwendung das zugehörige Image gefährden.

Seit der Gründung der **TUI** 1967 fungierte Touristik Union International als Dachmarke für die Veranstaltermarken Touropa, Scharnow, Hummel, Dr. Tigges, Transeuropa, Twen Tours und Airtours; die Umbenennung in TUI erfolgte über 20 Jahre

Markebekanntheit in %	2015	2014	2010
ab-in-den-urlaub.de	85,0	89,2	79,0
bahn.de	82,2	84,2	81,2
expedia.de	81,3	83,9	84,2
tui.com	79,3	85,7	83,8
holidaycheck.de	76,8	80,2	57,4
lufthansa.com	75,8	82,5	79,1
weg.de	74,1	64,3	56,4
fluege.de	73,5	73,7	–
airberlin.com	73,3	78,7	74,5
thomascook-reisen.de	69,8	75,8	73,2
CHECK24.com	66,2	–	–
travel24.com	65,6	71,9	66,2
opodo.de	64,8	69,7	69,0
lastminute.de	63,2	69,6	74,1
aida.de	61,4	–	–
ltur.com	61,3	64,6	66,7
dertour.de	59,1	63,1	61,4
adac-reisen.de	57,5	62,2	61,6
hotel.de	57,3	57,0	52,3
booking.com	55,7	–	–
hrs.de	52,5	51,2	32,2
reise.com	50,0	–	–
hotels.com	46,5	–	–
meiers-weltreisen.de	41,4	43,7	46,6
its.de	40,7	45,2	44,5
travelchannel.de	31,5	34,9	42,0
ebookers.de	25,0	20,8	18,5
der.com	20,6	22,1	21,5
airbnb.de	14,4	–	–
jt-touristik.de (jt.de)	5,8	7,0	6,4
Ehoi.de	3,0	–	–
Edomicil.de	2,7	–	–

Bei der Online-Befragung wurden die Namen der Websites vorgegeben und nach der Bekanntheit, wenn auch nur dem Namen nach gefragt.
Es handelt sich also um die <u>gestützte Bekanntheit.</u>

Abb. IV.9: Bekanntheit der Online-Marken in der Touristik (Quelle: Reiseanalyse) (2010,2014,2015)

später 1988, ein Jahr vor der Wiedervereinigung; durch die Zuwächse aus dem Osten wurden Reaktanzen im Westen infolge des Wegfalls der starken Alt-Marken weitgehend kompensiert; problematisch ist, dass die Konzernmarke identisch ist mit der Marke des stärksten Veranstaltersortiments des Kreuzfahrtanbieters und der Airline, die dadurch Negativabstrahlungen durch Börsenkursentwicklungen, Gesellschafterquerelen, hohe Verschuldung und temporäre wirtschaftliche Probleme der Frachtschiffsparte ertragen muss.

Der **Neckermann-Konzern,** das Versandhaus wie auch dessen Reisebeteiligung, wurde 1976 von Karstadt erworben; die Markenrechte für beide lagen bislang beim insolventen Arcandor-Konzern, obwohl der Veranstalter inzwischen in London börsennotiert ist und der Versand einem britischen Finanzfonds gehört. Die zukünftige Lösung ist ungeklärt. Einen Marken-GAU verursachte das Management der gemeinsamen Karstadt- und Lufthansa-Beteiligung C&N Touristic (Condor&Neckermann) beim Erwerb der britischen Thomas Cook Group 1998; die Marke **Thomas Cook** sollte umgehend zur konzernweiten Dachmarke über alle Wertschöpfungsstufen und in allen Ländermärkten gemacht werden, unangetastet blieb lediglich die Marke Neckermann. Die einige Jahre zuvor erworbenen Regionalveranstalter Kreutzer, Fischer Reisen und Air Marin, die ein klares und starkes regionales Markenimage hatten, wurden daraufhin in die Dachmarke Thomas Cook Reisen umbenannt. Da aber Veranstaltermarken für den Kunden abstrakt sind, orientiert er sich in solchen Fällen neu im Wettbewerb und lässt sich nicht automatisch umsteuern. Ergebnis: Thomas Cook Reisen konnte im Folgejahr nur etwa ein Drittel der Kunden in Urlaub schicken wie die drei bekannten Veranstaltermarken zuvor gemeinsam, zwei Drittel der Kunden waren bei Wettbewerbern gelandet. Übrigens: Fischer Reisen ist unter Führung seines Unternehmensgründers heute Marktführer in Tschechien und auch in der Slowakei tätig. Und Air Marin soll zukünftig als Aktionsmarke wiederbelebt werden.

Condor wurde zeitgleich in Thomas Cook Airlines umbenannt, wobei man übersah, dass zwei Drittel der Passagiere der bislang als neutral geltenden Condor Kunden von Wettbewerbern waren, die sich nun weigerten ihre Gäste auf den nicht mehr neutralen Cook-Konzern-Carrier zu buchen und dann erheblich zur Expansion der LTU und vor allem der Air Berlin beitrugen. Hinzu kam, dass die Condor als Lufthansa-Tochtergesellschaft sogar international über eine starke Marke und einen sehr guten Ruf verfügte, während die Marke Thomas Cook zumindest in Deutschland und anderen Ländern bis dahin unbekannt war. Nach 2 Jahren, hohen Verlusten und einem kompletten Austausch des Managements wurde die Airline wieder in Condor rückbenannt. Von den mit diesem Fehler verbundenen Kapazitäts- und Marktanteilseinbußen konnte sich der deutsche Thomas-Cook-Konzern bis heute nicht wieder vollständig erholen.

Und dabei hatte man noch eines übersehen: Thomas Cook war bis zum Verkauf ein britischer Reisekonzern, Tochtergesellschaft der British Midland Bank, die weltweit unter dieser Marke Wechselstuben und Business-Travel-Center betrieb; die Business-Travel-Sparte wurde an American Express verkauft und ging auch markentechnisch darin unter. Der Veranstalter hatte anfangs nur Markenrechte in GB und Irland, nach Veräußerung des Veranstalterkonzerns an Karstadt und Lufthansa mussten die Markenrechte Land für Land von den Rechtsnachfolgern der British Midland Bank erworben werden. Thomas Cook besitzt heute außerhalb der EU nur in wenigen Ländern eigene Markenrechte.

Weitere renommierte Marken mit starkem Image verschwanden vom Markt: **LTU** wurde schrittweise durch **Air Berlin** vom Markt genommen. Die zur LTU-Touristik gehörenden Marken wie Transair und THR wurden bei der Übernahme durch die **REWE Group** wie die zum Veranstalter ITS gehörenden Marken Airconti und Jet Reisen eingestellt. Mit Hetzel Reisen verschwand eine sehr bekannte Veranstaltermarke durch Konkurs aus dem Markt; sie ist dann irgendwie bei der REWE Group gelandet und wurde dort in den Archiven vergessen.

Kann man sich so etwas bei traditionellen, bekannten und starken Handels-, Waren- und Industriemarken vorstellen wie Mercedes, BMW, VW, Coca Cola, Veltins, Warsteiner, Aldi, Lidl, Kaufhof, Lufthansa, Deutsche Bahn, Nivea, Persil, Uhu, Tempo, Thyssen-Krupp, Bosch, Bayer, Telekom, Deutsche Bank, Sparkasse oder Volksbank und andere? Es ist der Reisebranche leider nicht gelungen, sich mit Veranstalter- und Mittlermarken, also klassischen Zwischenhändler-Brands, gegenüber Produzenten, Leistungsträgern und vor allem den Zielgebieten im Dienstleistungsbereich vergleichbar nachhaltig beim Konsumenten bzw. Reisenden zu positionieren, schlimmer noch: sie sind in vielen Bereichen sogar von diesen wirtschaftlich abhängig und können sich kaum emanzipieren.

1.6.8 Große Bedeutung von Markenimages bei Busreisenveranstaltern und Kreuzfahrtenreedereien als Sonderfälle

Busunternehmen können eine hohe Markenbekanntheit zwar nur in lokalen oder regionalen Märkten für ihre Marke bzw. ihr Unternehmen erzielen. Angesichts der einseitigen Altersstruktur der Hauptzielgruppen für Busreisen kann dies gezielter und leichter erfolgen als in Bezug auf die Gesamtbevölkerung ihres Einzugsgebietes. Gleiches gilt für das Image von Busreisen generell. Mag dies in der Gesamtbevölkerung nicht unbedingt positiv sein, so ist es umso wichtiger, dass es in den von ihnen umworbenen Zielgruppen positiv ist und bleibt. Dabei haben **Busreisenveranstalter** und auch **Kreuzfahrtenreedereien** gegenüber klassischen Reiseveranstaltern und Reisebüros einen großen Vorteil. Fast alle Leistungen einer Busreise oder Kreuzfahrt kommen aus einer Hand und sind unmittelbar von ihnen beeinflussbar: Beratung und Buchung, das Reiseziel bzw. die Reiseroute, das Reiseverkehrsmittel (Hardware), Transfers und Gepäcktransport, Reiseleitung/Reisebegleitung sowie Service/Verpflegung während der Busfahrt (Software), die Auswahl der Hotels, Besichtigungen und Ausflüge sowie das Beförderungs- und Servicepersonal. Es gibt kaum Brüche in der von ihnen erbrachten Dienstleistungskette, sodass jeder Kunde sich ein klares Bild über das Unternehmen, die Marke, deren Image, Inhalte und Attribute machen kann.

In kaum einem anderen Bereich der Reisebranche – ausgenommen vielleicht bei den wenigen Exklusivangeboten von Reiseveranstaltern wie z. B. Robinson Clubs etc. – kann einem Reisenden ein Markenimage so unmittelbar nahegebracht und damit eine Stammkundenbindung aufgebaut werden. Nirgendwo sonst ist eine Kundenzufriedenheitsmessung eindeutiger und unmissverständlicher möglich. Aber fast nirgendwo ist auch das Risiko höher, durch eine kleine verpatzte Teilleistung die Gesamtleistung abzuwerten und damit das Markenimage zu beschädigen oder gar zu zerstören. Da reicht eine unbeherrschte Reaktion des Reisebegleiters oder Busfahrers oder des Kabinen- oder Servicepersonals, um die sonstigen Serviceleistungen und den positiven Erlebniseindruck der gesamten Reise negativ zu belasten.

Dies bedeutet aber auch eine umfassende Verantwortung, die vor allem die als mittelständische Unternehmer tätigen Busunternehmen für ihre Kunden bezüglich der vielfältigen Dienstleistungen im Rahmen einer Busreise tragen. Die Reisekonzerne haben für jeden Teilbereich und jede Funktion Spezialisten, Beteiligungen, Subunternehmer oder Generalagenten und eine EDV-gesteuerte optimierte Prozesskette und Organisationsstruktur sowie oftmals kapitalstarke Gesellschafter. Das müssen Busunternehmen kompensieren durch persönliche Kreativität, geschickte Mitarbeiterführung und -auswahl, Zuverlässigkeit, Verantwortungsbewusstsein und hohe Flexibilität bei ständiger Kostenoptimierung. Das ist für einen Mittelständler eine beachtliche Herkulesaufgabe. Aber auch Kreuzfahrtenveranstalter/-reedereien haben ein ähnlich unmittelbar messbares Markenimage sowie entsprechende Kundenzufriedenheits- und Kundenbindungsperspektiven ohne Verwässerungen oder Brüche durch fremde Marken.

1.6.9 Praxisbeispiel: Entwicklungsschritte zur Schaffung einer neuen Marke am Beispiel DER Touristik

2013 führte der DER-Konzern die Marke „DER Touristik" als neue Dachmarke ein (bisher beschreibend als „Touristik der REWE" Group benannt) und entwickelte dafür ein völlig neues Markendesign. Das bisherige Design der Bildmarke „DER" war ein blauer Kreis, in dem die Buchstaben DER diagonal von links oben nach rechts unten versetzt platziert waren. Das neue Dachmarkendesign ist rot, wobei die drei Buchstaben kompakt wie ein Koffer mit einem darüber befindlichen Griff angeordnet sind.

Von den ersten Überlegungen bis zum Markenlaunch hat der Prozess mehrere Jahre gedauert. Grund dafür war, dass die neue Marke viele Funktionalitäten für zukünftige, strategische Entwicklungsschritte und eine umfassende Markentoolbox beinhalten sollte, die schrittweise über viele Jahre im Konzernverbund umgesetzt werden sollen. Die Ende 2016 gelaunchte Umstellung der Veranstalterbildmarke DERTOUR (vierfarbiges Design mit dem Buchstaben ‚T' als Pinie) auf das neue rote Dachmarkendesign zählt u. a. zu diesem mittel- bis langfristigen Entwicklungsplan.

Der hier beschriebene Fall überspringt einen Schritt, der ganz am Anfang eines Markenentstehungsprozesses steht, und hier nicht weiter beschrieben wird: die Kreation einer Wortmarke. Diese entsteht häufig aus dem Unternehmensnamen oder Namen des Unternehmensgründers bzw. aus entsprechenden Buchstaben- oder Silbenelementen heraus, kann aber auch das Kunstprodukt eines kreativen Prozesses sein.

Im hier dargestellten Fall standen als potenzielle Marke alle konzernzugehörigen touristischen Marken der REWE Group zur Verfügung. Von diesen insgesamt über 200 Marken waren ca. 40–50 aktiv in Benutzung und etwa die Hälfte davon haben auch einen messbaren Bekanntheitsgrad. Vorgabe war, keine neue Marke zu finden, sondern aus diesem Portfolio die am besten geeignete Wortmarke zu finden und dazu eine neue Bildmarke zu kreieren.

(1) Markenanalyse
Im ersten Schritt wurden dazu alle verfügbaren Konzernmarken erfasst und nach den markenrechtlichen Merkmalen sortiert und untersucht:

- Schutzumfang (deutsche Markenregistrierung, EU-Gemeinschaftsmarke, internationale Registrierung/Ländergruppen, nationale Registrierung für einzelne Länder),
- aktueller Schutzzeitraum (normalerweise jeweils 10 Jahre) und nächster Prolongationstermin,
- geschützte Dienstleistungsklassen (für die Touristik üblicherweise 39, 41 und 43),
- geschützte Dienstleistungen pro Klasse,
- Markenkollisionspotenzial bei einer Ausweitung des Schutzumfanges auf weitere Länder,
- Zahl und Risikopotenzial der Einsprüche gegen die Marke in der Vergangenheit.

Diese Aufgaben kann in einem Konzern ein versierter Markenrechtsjurist übernehmen, ansonsten übernehmen das spezialisierte Patent- und Markenschutzkanzleien mit internationalen Korrespondenzanwälten, die allerdings nicht ganz preiswert sind. Dieser Schritt ist oft sehr zeitintensiv. Im Ergebnis werden sich sehr schnell die wenigen Marken herauskristallisieren, die den höchsten Schutzumfang nach Ländern und Dienstleistungsklassen haben. Man kann natürlich auch andere Marken auswählen, hat aber dabei einen immens höheren kostenintensiven Registrierungs- und Sicherungsbedarf mit dem Risiko von Auflagen oder Ablehnungen durch die Marken-Registrierungsbehörden oder Einsprüche Dritter mit identischen oder verwechselbaren Marken vor allem in unverzichtbaren internationalen Märkten – ein Problem, das insbesondere durch die Vielzahl an Online-Marken stark zunimmt.

Im zweiten Schritt ist die geplante Markenstrategie zu prüfen. Es muss definiert werden, für welche Angebote oder Sortimente die Marke repräsentativ verwendet werden soll und in welchen Märkten. Ebenso muss beachtet werden, ob die Produkte dieser Marke auch online angeboten werden sollen. Ganz wichtig ist dabei, dass das Unternehmen dazu alle Top-Level-Domains besitzt oder diese noch verfügbar sind und schnell gesichert werden können, bevor der Markt bzw. Wettbewerber oder Marken- und Domainpiraten dies mitbekommen. Sehr problematisch ist beim Online-Vertrieb, wenn die Markenangebote technisch auch in Ländern verkauft werden, in denen eine Markensicherung wie im ersten Schritt nicht möglich bzw. untersagt ist.

Auch muss in diesem Schritt bereits festgelegt werden, ob die Marke für eine singuläre Produktkategorie (Hoteltyp, Kreuzfahrten/Schiff, Studienreisen etc.), für ein weit gefächertes Sortiment (Reiseveranstalter mit breitem und tiefem Sortiment), für verschiedene Funktionalitäten (Veranstalter, Reisebüros, Business Travel, Agenturen, Hotels, Airline, Reeder etc.) oder auch als Konzern- oder Dachmarke fungieren soll. Entsprechend muss die Anwendbarkeit der ausgewählten Marke für jedes dieser Spektren geprüft werden.

Aus den ersten beiden sehr zeitintensiven Schritten kann sich bereits ein sehr komplexes Problemfeld ergeben, das auch Kompromisse erfordert, ggf. bis hin zum Verzicht auf die Nutzung der Marke in einem Land oder dem Angebot der Leistungen unter einer anderen Marke, die verfügbar ist. Die mit Abstand teuerste Lösung ist zumeist, dass in diesen Fällen, die ausgewählte Marke in einem oder in mehreren Ländern dem bisherigen Markeninhaber abgekauft wird, falls dieser dazu überhaupt bereit ist.

Nach der Optimierung der beiden ersten Schritte bleiben ohnehin zumeist nur noch maximal 2–3 Marken übrig, die diese strategischen, technischen und rechtlichen Anforderungen erfüllen können. Beim hier dargestellten Fall blieb in diesem Stadium aus dem bestehenden Portfolio nur noch die Marke „DER" übrig, die bereits in über 50 Ländern weltweit seit Jahrzehnten geschützt ist – wenn auch noch nicht in allen Dienstleistungsklassen –, über alle wichtigen Top-Level-Domains verfügt und das breiteste Leistungsspektrum besitzt (Veranstalter, Reisebüros, Business Travel, Filial- und Franchisesysteme, Agenturen etc.), nur wenige Angebotslücken aufweist und damit auch das Potenzial zur Dachmarke für einen Reisekonzern hat.

Erst jetzt kommen Marketing und Marktforschung ins Spiel. Denn nun muss für die infrage kommende(n) Marke(n) die Markenpositionierung definiert werden. Dies geschieht in einem

Soll-Ist-Abgleich. Die Marktforschung versucht durch repräsentative Kundenbefragung, Markentracking und/oder Fokusgruppen zu ermitteln, welche Markeninhalte, Charakteristika und Sympathiewerte einer Marke von den Kunden zugeordnet werden. Das Management und die Markenverantwortlichen ermitteln parallel in Workshops, welche dieser Merkmale für die geplanten zukünftigen Nutzungen und Funktionalitäten notwendig, zumindest aber gewünscht sind und welche nicht. Dieser Prozess wird idealerweise bereits von einer professionellen Markenagentur begleitet, die basierend auf dem verabschiedeten Optimierungsprozess, Vorschläge für die Markendesignentwicklung und Markennutzung erarbeitet.

(2) Markenentwicklung

Basierend auf den Ergebnissen der Markenanalyse entwickelt eine Markenagentur verschiedene Designrouten, die mit dem Management und den Markenverantwortlichen in Workshops sowie mit ausgewählten Kundenzielgruppen in kleinen Fokusgruppen exploriert werden. In einem iterativen Prozess werden diese Entwürfe verglichen, bewertet, ggf. nachjustiert oder verworfen. Diese Kreativleistungen sind zeit- und kostenintensiv. Üblicherweise werden drei bis fünf alternative Designrouten von der Agentur als Basisleistung angeboten, weitere optional. Die neue DER-Markendesignidee mit dem Koffersymbol und dem Griff stand auch erst nach dem sechsten Entwurf fest.

In einem weiteren Schritt wird die Einpassung des Designentwurfs und der Wortmarke in das geplante Markensystem und die Markenstruktur geprüft, d. h. wie kann die Marke, die ja als Dachmarke fungieren soll auf die verschiedenen Unternehmensbereiche und -sparten skaliert werden. Innerhalb des Markensystems ist auch die Verwendung von Submarken zu prüfen, d. h. von eindeutigen unterscheidbaren Deskriptoren in Verbindung mit der Basismarke DER und deren Design wie u. a. DER Touristik, DER Reisebüro, DERPART, DER Business Travel. Hinzu kommt auch, dass einige bisher bestehende bekannte Marken ersetzt werden sollten wie u. a. die Marke Atlasreisen. Dabei sind auch strategische Markenstrukturoptionen sowohl semantisch als auch grafisch einzuplanen, die beim ersten Launch 2013 noch nicht umgesetzt werden, sondern erst zu späteren Zeitpunkten optional realisiert werden sollen wie die im November 2016 auf das neue Markendesign umgestellte Veranstaltermarke DERTOUR.

Parallel hierzu finden Namenstests mit Testkunden statt. Dabei wird insbesondere bei international agierenden Unternehmen geprüft, ob die Marke mit einem deutschen, englischen oder national variierenden Deskriptoren-Wording versehen werden soll, z. B. Reisen, Travel, Touristik, etc. Neben der Verständlichkeit spielen dabei aber auch strategische Markenüberlegungen eine Rolle. Die DER Touristik hat sich aufgrund ihrer starken Präsenz im deutschsprachigen Raum für ein primär deutsches Wording entschieden, lässt aber nationale Variationen für andere Ländermärkte offen.

(3) Designrahmenkonzept

Mit der Entwicklung der Designidee fehlen allerdings noch viele technische Markenparameter, die im Designrahmenkonzept entschieden werden müssen. Dabei geht es darum, die Logosymbolik mit dem Koffer zu detaillieren. Zunächst einmal wurde entschieden, das Logodesign nochmal zu differenzieren. Es besteht zum einen aus der grafisch umgesetzten Wortmarke „DER" und dem Superzeichen „Griff", der als Gebrauchsmuster eigenständig markenrechtlich geschützt wurde.

Im nächsten Schritt musste über das Farbkonzept der neuen Bildmarke entschieden werden. Historisch wäre für die Dachmarke eigentlich blau vorbelegt. Auch die Vielzahl der verwendeten touristischen Konzernmarken gibt keine Priorität vor. Die Verprobung der Designidee mit verschiedenen Farben führte zur Favorisierung der Farbe Rot. Um die Nähe zum Gesellschafter REWE herzustellen, wurde dabei exakt der gleiche Farbton gewählt wie für die REWE-Lebensmittelgeschäfte.

Ferner gilt es, eine Entscheidung für die Typografie bzw. Schrift zu treffen. Dies betrifft nicht nur das Logo und die damit verbundenen Deskriptoren, sondern auch die in den Werbe- und Kommunikationsmedien verwendeten Schrifttypen und -größen. Um Farbe, Typografie, Schrift, Größenvorgaben des Logos bei verschiedenen Werbeträgern zu definieren, werden diese Angaben verpflichtend für alle Konzernmitarbeiter und Werbepartner in einem CI-Net (Corporate-Design-Online-Dokumentation) hinterlegt.

Zum Designrahmenkonzept gehören neben den technischen auch qualitative Parameter, die für die kreative Markenanwendung und -umsetzung von Bedeutung sind. Dies betrifft im Wesentlichen das Markenverständnis, wie die Erklärung von Mission, Vision und Markenwerten. Ferner ist für optische Darstellungen in den verschiedenen Medien eine eigene Bildsprache zu entwickeln, die mit der Markensymbolik von Logo und Superzeichen in Einklang gebracht wird. Wenn gewünscht, erstreckt sich diese inhaltliche Markenaufladung optional auch auf die Entwicklung eines Claims oder eines akustischen Logos (Erkennungstöne/-musik).

(4) Markenimplementierung

Die Umsetzung der neuen Marke erfolgt in zwei Schritten. Der erste erfolgt mit dem Termin des Markenlaunchs. Bis zum Launch sollten alle Entwicklungsschritte möglichst geheim gehalten werden, vor allem um den notwendigen Markenschutz und die Domainsicherung nicht zu behindern und auch die Wettbewerber zu überraschen. Das ist nicht trivial. Da ein Launch für eine Marke mit einem möglichst großen öffentlichen Aufmerksamkeitseffekt verbunden sein soll, muss im Vorfeld ein Umrüstungsplan für alle Markenkontaktpunkte des Unternehmens erstellt werden, der wellenförmig binnen weniger Tage sowohl den eigenen Mitarbeitern als auch Geschäftspartnern und der Öffentlichkeit bzw. den Kunden präsentiert werden kann.

Dies gilt auch für den Medieneinsatz (Print, TV, Funk, Websites, Plakate, Kataloge/Broschüren, Citylights/Leuchtdisplays bei stationären Reisebüros, Briefpapier/Büromaterial etc.). Das erfordert eine generalstabsmäßige detaillierte Planung und die Einbeziehung vieler externer Dienstleister wie Werbeagenturen, Werbematerialhersteller, Büroausstatter, Event-Locations etc. Es ist eine Herkulesaufgabe für die Projektbeteiligten, weil dies weitgehend im Geheimen geschehen muss, zumal wenn das Unternehmen als stationäre Vertriebsorganisation flächendeckend tätig ist und in mehreren Ländern präsent ist.

Aufgrund der langen Bearbeitungszeiten in vielen anderen Ländern kann auch nicht immer sichergestellt werden, dass zum Stichtag des Launches alle gewünschten Markenanmeldungen bereits registriert sind, weil dort oftmals noch monatelange Einspruchsmöglichkeiten gegeben sind. Der Launch sollte jedoch nicht erfolgen, solange die Marken- und Domainsicherung in den wichtigsten Ländern nicht komplett abgeschlossen ist.

Der zweite Schritt der Implementierung erfolgt nach der Launchkampagne, wenn die neue Marke in den Alltagseinsatz geht und vom gesamten Unternehmen gegenüber den Kunden gelebt werden muss. Hilfreich ist in dieser zweiten Umsetzungsphase, wenn das Markenmanagement bis dahin einige Hilfsmittel bereitgestellt hat. Das gilt zum einen für ein ausgefeiltes CI-Net (Corporate Identity Online Tool), in dem alle Vorgaben und ggf. auch fertige Templates für die Benutzung der Marke durch Mitarbeiter, Agenturen und externe Geschäftspartner verpflichtend dokumentiert sind. Für die registrierten Marken muss eine internationale Kollisionsüberwachung erfolgen, damit keine missbräuchliche Markennutzung durch Dritte bzw. Nichtberechtigte erfolgt. Diese Aufgabe übernehmen qualifizierte Dienstleister, aber auch die Markenrechtskanzleien. Abschließend sei noch erwähnt, dass sich auch die Steuerbehörden für die Bewertung der genutzten Marken interessieren und einen Set von Daten erwarten, aus denen sie die wirtschaftliche Markenbewertung ableiten können, die bei steuerlichen Markenlizenzierungen anzuwenden ist. Diese Aufgabe obliegt dann der Marktforschung, die auch für die Marken- und Marketingverantwortlichen ein regelmäßiges Markentracking zur Messung von Markenbekanntheit, Werbeerinnerung, Markennutzung, Weiterempfehlung etc. im Wettbewerbsumfeld zur Verfügung stellen muss.

Die Einführung einer neuen Marke ist, wie dargestellt, ein sehr anspruchsvolles und umfassendes Projekt, das eine ausgefeilte Projektorganisation und ein durchsetzungsstarkes Management erfordert, das den Projekt- und Teilprojektleitern starke Rückendeckung geben muss. Schließlich ist die Investition in eine neue Marke sehr teuer und von hoher Langlebigkeit.

2 Grundlagen des Reisevertriebs

2.1 Vertrieb und Vertriebswege im Tourismus – allgemein

2.1.1 Wandel der Vertriebswege: vom klassischen Reisebüro- zum „Multi-Channel"-Vertrieb

Nur die wenigsten der (größeren) Reiseveranstalter verkauften ihre Reisen um 2015 **direkt** an den Kunden, obwohl neue Varianten des Direktvertriebs immer mehr auf dem Vormarsch waren. Die meisten vertreiben ihre Reisen traditionell **indirekt**, vor allem über Reisebüros. Hierzu vergeben viele der Reiseveranstalter sog. **Agenturen** (Agenturverträge) an die Reisemittler, die mit bestimmten Auflagen für die „Agenten" (wie Größe und Lage der Verkaufsräume, Fachkräfte, Mindestumsatz) verbunden sind.

Technisch ist der Vertrieb mithilfe sog. **GDS** (Global Distribution System) immer bedeutender geworden, wobei die Großveranstalter bereits Mitte der 90er-Jahre ca. 80–90 % ihres Umsatzes über GDS abwickelten. Zudem haben neue Vertriebsformen im Zusammenhang mit dem Internet an Bedeutung gewonnen.

Im Zusammenhang mit der Entwicklung zu Integrierten Konzernen definierte sich auch der Eigen- und Fremdvertrieb der Konzerne neu. Nach der ursprünglichen Phase der Vertriebskonzentration auf die klassischen Reisebüros betreiben die meisten Großveranstalter eine **„Multi-Channel-(Vertriebs-/Distributions-)Strategie"** (vgl. dazu FREYER/MOLINA 2008), d. h. sie wenden sich mit verschiedenen Vertriebskanälen an die Endkunden sowie an die Intermediäre im B2B-Bereich (vgl. Abb. IV.5, S. 323). Bei dieser Vorgehensweise ist allerdings nicht nur die reine Vertriebsaufgabe von Bedeutung, sondern auch die Informations- und Werbemöglichkeiten über die verschiedenen Kanäle.

2.1.2 Indirekte Vertriebswege

(1) Vertrieb über eigene Reisemittler („Eigenvertrieb")

Der Vertrieb über eigene Reisemittler bildet nur einen Teil des Geschäfts der Veranstalter. So weisen die deutschen Reiseveranstalter um 2015 ca. 20–30 % ihres Vertriebs über eigene Vertriebsstellen aus, einige Konzernveranstalter bis zu 50 % (vgl. Abb. IV.10).

Bei den mittleren oder kleinen Veranstaltern spielt der Eigenvertrieb kaum eine Rolle. Lediglich einige Busreisenveranstalter (wie Eberhard oder Hafermann) haben nennenswerte Absatzkanäle über eigene Reisebüros. Die meisten mittelgroßen Veranstalter vertreiben fast 100 % über ihre Agenturen oder direkt.

https://doi.org/10.1515/9783110481457-030

(2) Fremdvertrieb (das Agenturgeschäft)

Da über 75 % des Vertriebs über (Veranstalter-)„fremde" Reisebüros und -mittler erfolgen, kommt der „Bindung" der Reisemittler an den jeweiligen Veranstalter eine große Bedeutung zu. Hierzu versuchen Reiseveranstalter über entsprechende Agenturverträge mit Mindestumsätzen, Provisionsregelungen (vor allem Staffel- und Superprovision) das Interesse der Reisemittler am vorrangigen Verkauf der Reisen des jeweiligen Veranstalters zu stärken. Im Rahmen der Umstrukturierung der Reisemittlerbranche kam es zur verstärkten Vertriebspolitik mit Ketten- und Franchisemodellen seitens der Reiseveranstalter und in der Folge ebenfalls zur zunehmenden Zusammenarbeit und einem „Schulterschluss" mit den Kooperationen seitens der Reisebüros, die ursprünglich eher veranstalterunabhängig entstanden sind.

Versuche über sog. **„branchenfremde" Vertriebsnetze,** wie Lotto-Toto-Annahmestellen, Postfilialen, Supermärkte, Tankstellen usw., sind häufig nur sehr begrenzt erfolgreich gewesen, insbesondere gab es zumeist eine nur geringe Kundenakzeptanz. Doch seitens der Veranstalter und der Tourismuskonzerne wurden immer wieder neue Initiativen gestartet, auch diese Vertriebskanäle zusätzlich zu nutzen.

2.1.3 Direktvertrieb

Sehr unterschiedlich ist der Direktvertrieb ausgeprägt, bei dem ein deutlicher Wandel vom „klassischen Direktvertrieb" (wie Direktmailings, Anzeigen in Special-Interest-Magazinen) hin zu neuen Medien (vor allem Internet, alternative branchenfremde Vertriebwege) festzustellen ist.

Beim „klassischen Direktvertrieb" vereinen einige Spezialveranstalter zum Teil sehr hohe Anteile des Direktvertriebs auf sich: Beispielsweise verkaufen einige Studienreise- und Kreuzfahrtenveranstalter einen Teil ihrer Angebote über Leserreisen. Ferner gibt es einige Spezialisten mit einem festen Kundenstamm, die weniger über Reisebüros als über Direktmailings und Special-Interest-Magazine erreicht werden können, z. B. Wikinger (Wandern), Hauser Exkursionen (Trekking) und Gastager (Weltreisen).

Die **Neuen Medien** stellen eher eine technische Variante des Vertriebs dar (neben persönlichem Verkauf, Telefonverkauf usw.), sie haben aber die Vertriebslandschaft im Tourismus so stark beeinflusst, dass einige dieser Medien als gesonderte Vertriebskanäle angesehen werden.

Der **Direktverkauf von (Pauschal-)Reisen über das Internet** („Online-Vertrieb") gewinnt zunehmend an Bedeutung, ist aber nach wie vor bei vielen Reiseveranstaltern eher gering ausgewiesen. Auffallend in der aktuellen Statistik von 2015 ist jedoch, dass die meisten Großveranstalter keine konkreten Angaben zum Online-Vertrieb machen (vgl. Abb. IV.10, rechte Spalte). Seitens der Reisenden wird das Internet verstärkt als Informationsmedium genutzt und auch das Buchungsaufkommen sog. „einfacher" Reisen (oftmals „last minute") oder von Teilleistungen

Veranstalter	Vertriebsstellen			Umsatz pro Vertriebsstelle in Euro			Umsatzanteil (ges.)		
	2015	2010	Veränderung %	2015	2010	Veränderung %	Eigen-vertrieb (in %)	Fremd-vertrieb (in %)	Online-Vertrieb (in %)
TUI Deutschland	9.200	10.500	-12,4%	489.130	366.048	33,6%	k.A.	k.A.	k.A.
Thomas Cook	9.600	10.000	-4,0%	278.670	270.000	3,2%	24,0	76,0	22,0
DER Touristik	9.900	10.500	-5,7%	212.560	190.000	11,9%	35,0	65,0	k.A.
FTI Group	9.906	9.612	3,1%	217.040	110.903	95,7%	k.A.	k.A.	k.A.
Alltours Flugreisen	9.500	8.300	14,5%	158.141	95.000	66,5%	k.A.	k.A.	22,0
Schauinsland Reisen	11.600	11.174	3,8%	94.828	44.389	113,6%	2,0	98,0	k.A.
TUI Cruises	9.650	10.000	-3,5%	56.145	13.110	328,3%	14,0	86,0	10,0
Phoenix Reisen	8.054	9.316	-13,5%	35.908	31.024	15,7%	9,7	90,3	5,9
Hapag-Lloyd Kreuzfahrten	8.169	7.516	8,7%	32.628	19.700	65,6%	22,0	78,0	4,0
Studiosus Reisen/Marco Polo	6.428	6.709	-4,2%	31.360	30.000	4,5%	22,0	78,0	15,0
Vtours	6.800	4.900	38,8%	25.940	14.700	76,5%	3,0	97,0	56,0
JT Touristik	10.000	9.600	4,2%	16.310	14.830	10,0%	5,0	95,0	40,0
LMX Touristik	4.846	4.561	6,2%	26.083	17.200	51,6%	3,0	97,0	50,0
Inter Chalet	6.294	6.623	-5,0%	4.918	7.094	-30,7%	33,0	67,0	76,0
Ameropa-Reisen	7.400	7.400	0,0%	9.399	12.700	-26,0%	35,0	65,0	25,0
Wikinger Reisen	2.834	2.589	9,5%	11.680	7.570	54,3%	62,6	37,4	23,8
Bentour	8.500	2.800	203,6%	10.000	6.443	55,2%	k.A.	k.A.	3,0
Tropo	6.300	–	–	13.000	–	–	6,0	94,0	45,0
Arosa Flussschiff	9.663	8.670	11,5%	9.522	5.775	64,9%	12,0	88,0	5,0
Mediplus Gruppe	4.800	–	–	16.600	–	–	k.A.	k.A.	k.A.
Alpetour	278	395	-29,6%	12.714	10.900	16,6%	95,4	4,6	20,2
Olimar	7.780	8.060	-3,5%	9.550	6.488	47,2%	10,0	90,0	15,0
Canusa Touristik	5.200	5.100	2,0%	9.100	8.810	3,3%	k.A.	k.A.	k.A.
H&H Touristik	4.000	3.000	33,3%	630	386	63,2%	90,0	10,0	90,0
Ferien Touristik	5.816	8.070	-27,9%	10.727	6.747	59,0%	1,7	98,3	59,0

Abb. IV.10: Distributionsorgane Tourismus – Anzahl und Umsatz der Vertriebsstellen bei Großveranstaltern Top 25 in 2015 und 2010 (Quelle: FVW Nr. 26/2015; 26/2010)

(wie Flug, Bahn usw.) weist deutliche Wachstumsraten auf. Vermehrt entstehen auch „virtuelle Reisebüros" im Internet.

Gute Chancen wurden dem **Fernsehen als Vertriebskanal** eingeräumt. Fernsehen kann das komplexe Produkt „Reisen" dem Kunden sehr gut darstellen. Mit zunehmender Entwicklung des Dialog-TV können auch Reisen zukünftig über dieses Medium gut verkauft und vertrieben werden. Das Potenzial des Bereiches „Travel-TV" und seine Auswirkungen auf die Vertriebslandschaft der Tourismuswirtschaft wurde Anfang des 21. Jahrhunderts von den meisten Experten als relativ hoch angesehen. Allerdings ist in Deutschland mit Sonnenklar TV (FTI-Gruppe) nur noch ein Sender aktiv, alle anderen sind aufgrund des teuren Produktions- und Vertriebsformates aus dem Markt ausgeschieden. Lediglich in den USA und Großbritannien konnten sich einige TV-Sender dauerhaft im Markt etablieren.

2.1.4 Vom Single-Channel- zum Multi- und Omni-Channel-Vertrieb im Tourismus[1]

In der klassischen Sichtweise wird zumeist für oder gegen **eine** der Vertriebsstrategien (also: eigen oder fremd, direkt oder indirekt) plädiert. Im Tourismus vertreten aber immer mehr Unternehmen und Organisationen die **Multi-Channel-Strategie:** Es sollen gleichzeitig bzw. parallel die verschiedenen Vertriebskanäle genutzt werden.

Diese Strategie ist stark von der technologischen Entwicklung im Tourismus geprägt, wo sich vor allem die CRS- und Online-Dienste an den klassischen Vertriebskanälen – den Reisebüros – vorbei entwickelt haben. Hinzu kommt ein Wandel des Verbraucherverhaltens, wo eine verstärkte Nutzung verschiedener Distributions- und Kommunikationskanäle (nicht nur des Online-Kanals!) festzustellen ist. Ferner ist auch hier der Wandel der Distributions- zu Kommunikations- und Kontaktkanälen bedeutsam. Zwar konnte der Vertriebskontakt schon immer mit verschiedenen **Medien** wahrgenommen werden (wie z. B. persönlich, schriftlich, telefonisch, elektronisch), doch erst mit zunehmender Bedeutung der „neuen" Medien entstanden damit auch neue (Vertriebs-)**Institutionen,** wie z. B. Callcenter (telefonischer Kontakt), Direkt-Mailings (schriftlich per Brief oder elektronisch per Internet) oder Internet (elektronischer Kontakt). Die wichtigsten institutionellen und medialen Kanäle im Tourismus sind:

- **Mediale Kanäle** (schwerpunktmäßig Kommunikationskanäle): persönlich, Telefon/Telefax, PC/Online/Internet, PDA/Handy, Kataloge/Prospekte, Radio-/TV-Werbung, Printmedien (Anzeigen), Direkt-Mailings (Brief, E-Mail).
- **Institutionelle Kanäle** (schwerpunktmäßig Vertriebskanäle): stationäre Reisebürosmittler, Online-Vermittler (Portale, E-Commerce), Callcenter, Besuchsver-

---

1 Dieser Abschnitt ist auszugsweise übernommen und aktualisiert von FREYER/MOLINA 2008 in FREYER/POMPL 2008 (Reisebüro-Management): 123–133. Im Originalbeitrag wird zudem Multi-Chanelling am Beispiel von Destinationen dargestellt.

kauf (Hometravel oder mobiler Verkauf, M-Commerce), Marktverkauf/-veranstaltungen (Messen, Events, Auktionen).

Dabei ist Multi-Channel-Marketing mehr als (nur) Online-Vertrieb, auch wenn dieser ein wichtiger Bestandteil ist. Der Grundgedanke des modernen, integrativen Multi-Channeling ist, die Kunden über verschiedene Kanäle anzusprechen. Dabei können einerseits sowohl unterschiedliche Kundengruppen erreicht werden als auch dieselben Kunden über die verschiedenen Kanäle intensiver betreut werden. Andererseits besteht die Gefahr, dass Kanalkonflikte auftauchen und dass ein hoher Koordinationsaufwand besteht (vgl. FREYER/MOLINA 2008: 126 f.).

2.1.4.1 Neue Distributionskanäle im Tourismus

Der touristische Vertrieb ist seit einigen Jahren im Umbruch – dies gilt für die klassischen Vertriebswege der Leistungsträger und Reiseveranstalter ebenso wie für Destinationen. Insbesondere die Seite der traditionellen Reisebüros wandelt sich: Aufgrund neuer veränderter Wettbewerbsbedingungen haben sich die meisten Einzelreisebüros in nur wenigen Jahren in Ketten und Kooperationen neu organisiert. Waren es 1990 noch ca. 80 % ungebundene Reisebüros in Deutschland, so ist ihre Zahl im Jahr 2015 auf unter 5 % gefallen. Aktuell werden vor allem die Rolle und Aufgaben der klassischen stationären Reisebüros und der neuen Online-Vertriebsformen diskutiert.

Aber auch die verschiedenen Tourismusproduzenten suchen nach neuen Wegen des Vertriebs, seien es Reiseveranstalter, Reisebüros, die Leistungsträger Beherbergung und Transport oder Destinationen. Auf einige dieser Aspekte wird im Folgenden hingewiesen. Es wird der Wandel der bisherigen Vertriebskanäle vom One-Channel- zum Multi-Channel-Marketing kurz aufgezeigt und die wichtigsten Ursachen für den Wandel benannt.

2.1.4.2 Vom Single-Channel- zum Multi-Channel-Marketing

Lange Zeit gab es im Marketing eine Konzentration auf **einen** Absatzkanal. Es galt zumeist die Prämisse „One-Producer/Product-One-Channel" und es wurde der eine „optimale" Vertriebsweg gesucht (vgl. AHLERT 1996, MEFFERT 2000: 660 ff.).

Die distributionspolitischen Optionen lauteten (vereinfacht):

- direkter *oder* indirekter Vertrieb (Grad der Direktbeziehung),
- eigene *oder* fremde Vertriebskanäle (Art der Intermediäre),
- einstufiger *oder* mehrstufiger Vertrieb (Anzahl der vertikalen Distributionsstufen – „Länge" des Vertriebs) sowie
- intensive, selektive oder exklusive Distribution,
- ferner werden bis zu neun Channel Flows als Funktionen der Distributionssysteme betrachtet (vgl. KOTLER/BLIEMEL 2001: 1076 f.).

Multi-Channel-Vertrieb war bis vor kurzem eher die Ausnahme unter den distributionspolitischen Optionen. Mehrkanalvertrieb gab es nur, wenn (a) ein Kanal keine Ausschöpfung des Marktpotenzials ergab oder (b) über andere Kanäle die Distributionskosten gesenkt werden konnten oder (c) eine gezielte(re) Kundenansprache erreicht werden sollte. Es galt ein isolierter Multi-Channel-Ansatz, der auf dem „variety seeking" basiert: Mithilfe verschiedener Vertriebskanäle sollten vor allem verschiedene Kundengruppen angesprochen werden.

Bei gleichen Kundengruppen wurde zumeist auf die Gefahr der Kannibalisierung, der Kanalkonflikte („channel war") sowie des hohen Koordinationsaufwandes verschiedener Vertriebskanäle hingewiesen (WIRTZ 2007: 21 ff.), vgl. auch Abb. IV.13.

Im Tourismus war die Vertriebslandschaft anfänglich klar strukturiert. Es dominierte bis Ende 2000 bei Reiseveranstaltern und Leistungsträgern (Transport- und Beherbergungsunternehmen) der klassische Vertrieb über stationäre Reisebüros mit Reisemittlerfunktion (vgl. FREYER 2011: 516 ff.). Als Alternative galt vor allem der Direktvertrieb. Er war in der privatwirtschaftlichen Tourismuswirtschaft eher die Ausnahme, beispielsweise bei einigen Spezialreiseveranstaltern.

Die ursprüngliche Wertschöpfungskette der Tourismuswirtschaft verlief bis Ende der 90er-Jahre folglich von Leistungsträgern über Reiseveranstalter und Reisebüros zu den Endkunden. CRS waren vor allem zwischen Leistungsträgern und Reiseveranstaltern, später zwischen den Reiseveranstaltern und Reisebüros angesiedelt. Danach wandelte sich diese Struktur und auf allen Stufen traten CRS und Internet dazwischen, anfänglich als mediale Hilfsmittel, später als eigenständige Institutionen.

2.1.4.3 Gründe des Wandels

Die klassischen Vertriebsstrukturen begannen sich Mitte der 90er-Jahre zu verändern. Diese Veränderungen traten nicht nur in der Tourismuswirtschaft auf, sondern auch in anderen Wirtschaftsbereichen. Vor allem **drei Gründe** werden häufig als ursächlich genannt, die sich im Tourismus leicht verändert darstellen:

(1) Es bildete sich ein **neues Verbraucherverhalten** heraus, das entscheidenden Einfluss auf die Strukturen des Reisevertriebs nahm.

(2) Mit dem aufkommenden Internet entstanden **neue technische Möglichkeiten**, zumeist formuliert als Online- oder Internet-Vertrieb. Zudem ergaben sich mit dem Wegfall der Veranstalterbindung für Reiseveranstalter und Reisebüros neue Möglichkeiten im touristischen Vertrieb.

(3) Hinzu kam eine spezifische Entwicklung im Tourismus vom **Wandel der Kanäle** von reinen Distributions- in zusätzliche Informations- und Kommunikationskanäle.

Zu (1): Wandel des Verbraucherverhaltens

Als erster Grund wird auf der Nachfragerseite der Wandel der Kauf- und Konsumge-wohnheiten der Verbraucher allgemein (und der Touristen im Speziellen) genannt. Der moderne Konsument wird als multi-optionaler Kunde und Verbraucher charak-terisiert, der zu verschiedenen Gelegenheiten sehr verschiedene Kaufverhaltenswei-sen realisiert, mal einfach und billig, mal teuer und exklusiv. Ähnliches gilt auch für Touristen und Gäste von Destinationen, die parallel verschiedene Kanäle für ihre tou-ristischen Käufe nutzen (**„channel hopping"**, WIRTZ 2007: 281): stationäres Reisebü-ro, Direktkontakt mit Airlines oder Hotels sowie Internet. Der Reisegast prüft dabei, ob seine Wünsche über den jeweiligen Marketingkanal besser erfüllt werden können. Dabei geht es u. a. um Auswahlmöglichkeiten, Information, Preis, Schnelligkeit, Si-cherheit der Buchung usw.

Zudem werden im Tourismus in unterschiedlichen Phasen des Kauf-/Buchungs-prozesses unterschiedliche Kanäle genutzt – in der Informationsphase häufig das In-ternet (online), für den Buchungsabschluss und die Zahlung bevorzugt das statio-näre Reisebüro (face-to-face), in der Nachkaufphase evtl. der schriftliche Weg (bei Beschwerden) usw. Ferner lässt sich der Reisekunde Kataloge zusenden, besucht Rei-semessen, soweit diese beiden als Vertriebswege und nicht als -medien zu sehen sind (vgl. WIRTZ 2007: 325, FRITZ 2004: 119).

Zu (2): Technologischer Wandel

Der technologische Wandel hat entscheidend zur Entwicklung des Multi-Channel-Marketings beigetragen. Die Etablierung des Internets gilt als wichtiger Treiber für das verstärkte Aufkommen des Multi-Channel-Marketings. Ebenso wichtig sind die Weiterentwicklung der CRS-Systeme sowie deren Schnittstellen zum Internet.

Online-Marketing und E-Commerce führen zu Veränderungen innerhalb der tou-ristischen Wertschöpfungskette durch Um- und Neugestaltung der Aufgaben der Ver-triebsorgane und -medien. Ursprünglich galt die elektronische Form des Vertriebs als eine Sonderform der Vertriebsmedien, also der eher „technisch-medialen" Um-setzung, neben dem persönlichen, schriftlichen oder telefonischen Kontakt mit den Kunden.

Zunächst diente das Internet bei der Kaufentscheidung in erster Linie als Infor-mationskanal. Der Kauf fand oft noch im traditionellen Reisebüro statt. Mittlerweile ist das Verhalten der multi-optionalen Verbraucher im Internet viel komplexer gewor-den. Es gilt nicht mehr, „so viele (Marketingkanäle) wie möglich" zu nutzen, sondern „gezielt und strategisch" vorzugehen.

Inzwischen wird E-Commerce aber immer mehr als eigenständiger Vertriebsweg gesehen, der durch eigene elektronische Firmen bzw. Firmenabteilungen in Konkur-renz zum klassischen Vertriebsweg im Tourismus, den Reisebüros, tritt. E-Commerce hat damit verstärkt institutionelle Bedeutung im touristischen Vertrieb und Handel erlangt.

Eine Vorreiterrolle haben hierbei die Airlines eingenommen. Als weniger beratungsintensives Produkt setzte sich hier der Online-Vertrieb schnell durch. Darauf folgten – teilweise noch unter der Schirmherrschaft der Airlines – die großen Reiseportale.

Reine Online-Büros nutzen die Plattform Internet als One-Channel-Vertrieb. Viele Reisebüros nutzen es jedoch eher ergänzend im Rahmen des Multi-Channel-Marketings, um zum einen 24 Stunden erreichbar zu sein und zum anderen, um Neukunden zu gewinnen, die nicht im stationären Vertrieb gekauft hätten.

Zu (3): Wandel der Distributions- zu Kommunikations- und Kontaktkanälen

Beim klassischen Vertrieb von Sachgütern stehen logistische Probleme im Vordergrund der Betrachtung: wie kommt das Produkt vom Hersteller zum Konsumenten? Hier überwiegt der One-way- oder Pipeline-Gedanke der Distribution. Hingegen sind bei den im Tourismus vorherrschenden Dienstleistungen Vertrieb und Kommunikation eng verbunden und es dominieren Two-way- oder Dialog-Kontakte (vgl. FREYER 2011: 521 ff.).

In der Theorie wird hierbei vom **Uno-actu-Prinzip** der Produktion und Konsumtion, von der Integration des externen Faktors (dem Gast) in die Leistungserstellung sowie von Face-to-face-Beziehungen gesprochen. Anstelle der One-way-Distribution sind es Kontaktwege oder noch allgemeiner – Marketingkanäle. Zudem bieten auch die Neuen Medien verstärkt Rückkopplungen – und damit Zwei-Wege-Beziehungen (two-way-contacts) anstelle der traditionellen One-way- oder Pipeline-Beziehung der klassischen Sachgüterdistribution.

Zunehmend trat ein Wandel bzw. eine Vermischung von traditionellen Vertriebswegen und Vertriebsmedien im Multi-Channel-Marketing ein. Das heißt jede Vertriebs- oder Kontaktform erfolgt über ein bestimmtes (Kontakt-)Medium, z. B. persönlicher, schriftlicher, elektronischer Kontakt. Manche dieser ehemaligen Kontaktmedien werden zu „neuen" Vertriebswegen und -institutionen, z. B. Callcenter (telefonischer Kontakt), Direkt-Mailings (per Brief: schriftlicher Kontakt, per Internet: elektronischer Kontakt), Internet (elektronischer Kontakt).

Die wichtigsten Kommunikations- (mediale) und Vertriebs- (institutionelle) Kanäle im Tourismus sind (vgl. Abb. IV.11):

– **Mediale Kanäle** (Kommunikationskanäle): persönlich, Telefon/Telefax, PC/Online/Internet, PDA/Handy, Kataloge/Prospekte, Radio-/TV-Werbung, Printmedien, Direct-Mailings (Brief, E-Mail).
– **Institutionelle Kanäle** (Vertriebskanäle): stationäre Reisebüros/-mittler, Online-Vermittler (Portale, E-Commerce), Besuchsverkauf (Hometravel oder mobiler Verkauf, M-Commerce), Marktveranstaltungen (Messen, Events).

Das klassische One-way- oder Pipeline-Denken im Vertrieb („spezielle Vertriebswege für spezielle Kunden") befindet sich also im Umbruch. Vertriebswege werden mehr

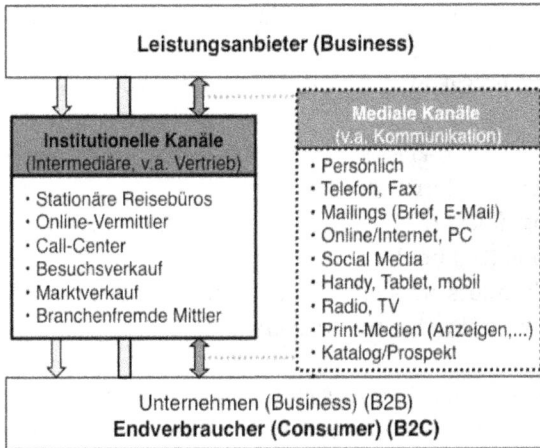

Abb. IV.11: Institutionelle und mediale Kanäle im Multi-Channel-Marketing (Quelle: FREYER 2011: 524, leicht verändert und aktualisiert)

und mehr zu Two-way- (interaktiven) Kontaktwegen (inkl. Kommunikationsaufgaben) – von daher ist **Marketingkanäle,** anstelle von Vertriebskanälen, der allgemeinere Begriff.

In diesem Zusammenhang kommt dem **Internet** mit seinen multimedialen Möglichkeiten eine große Bedeutung für touristische Anbieter zu. Mit visuellen Hotelrundgängen, Webcams, die Impressionen von der Destination übermitteln, Erfahrungsberichten etc. versuchen potenzielle Reisende, sich bestmöglich über das gewünschte Produkt zu informieren. Die Informations- und Buchungsoptionen gehen immer mehr ineinander über.

2.1.4.4 Multi-Channel-Marketing ist mehr als Online-Vertrieb

Multi-Channel-Marketing im Tourismus ist weit mehr als nur Online-Marketing, wenn auch der E-Commerce ein, wenn nicht sogar der wichtigste Bestandteil ist. Die Begriffe Online-, Internet- sowie E-Commerce und E-Business werden im Folgenden weitgehend synonym verwendet, auch wenn sie zum Teil gewisse Differenzierungen aufweisen (vgl. FRITZ 2004, EGGERT 2006).

Der Grundgedanke des modernen Multi-Channel-Marketings im Tourismus ist, den Kunden über verschiedene Kanäle anzusprechen. Gern wird davon gesprochen, dass das Marketing und der Vertrieb so strukturiert werden sollen, dass man dort ist, wo der Kunde ist. Verschiedene Kanäle sollen für verschiedene Kunden geschaffen werden.

Dabei fungiert das Internet ergänzend und bereichernd, aber nicht ersetzend zum stationären Vertrieb. In den Anfängen des Internet-Vertriebs haben Reisebüros diesen Kanal oft als direkten Konkurrenten angesehen. Mittlerweile haben sie sich dessen Stärken oftmals zunutze gemacht.

Gerade im Tourismus werden in unterschiedlichen Phasen des Reiseentschei-
dungsprozesses auch unterschiedliche Vertriebs- und Kommunikationskanäle genutzt, sog. Customer touch points, z. B. (vgl. FREYER 2011: 531 ff. und Abb. IV.12 sowie
Kap. I.6, S. 98):

- **Aufmerksamkeitsphase:** Werbung (in klassischen Medien, Schaufenstern, bei
  Events oder Online), es kommt zur Bedarfsentwicklung;
- **Informationsphase:** Beratung über Callcenter, durch Reisebüroexpedienten
  und/oder Dialog-Kommunikation (Online, TV);
- **Buchungsphase:** Buchungsabschluss im stationären Reisebüro; Buchungsab-
  wicklung/Vorreisephase: Zahlungsabwicklung, Ticketing, im Reisebüro, zum
  Teil auch online;
- **Reisephase** („unterwegs"): Betreuung durch Leistungsträger und Incoming-
  Agentur (evtl. Rückfragen, ggf. Reklamationen vor Ort), Zusatzbuchungen (Aus-
  flüge), Side-Booking;
- **Nachreisephase** (After Sale/Travel): Reklamationen, Nachbearbeitung/Kontakt-
  aufnahme durch das Reisebüro, schriftlich an den Veranstalter.

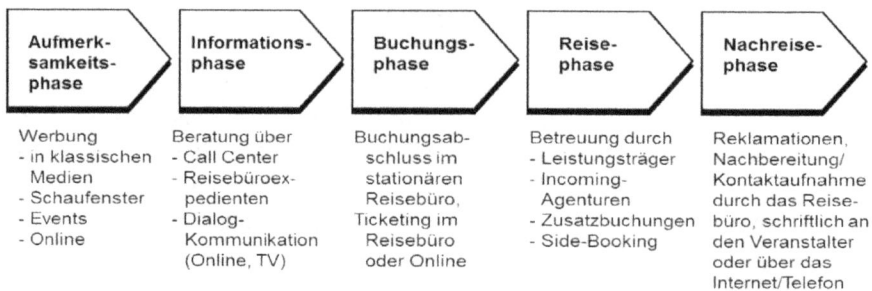

Aufmerk-samkeits-phase	Informations-phase	Buchungs-phase	Reise-phase	Nachreise-phase

Werbung
- in klassischen
  Medien
- Schaufenster
- Events
- Online
	Beratung über
	- Call Center
	- Reisebüroex-
	  pedienten
	- Dialog-
	  Kommunikation
	  (Online, TV)
		Buchungsab-
		schluss im
		stationären
		Reisebüro,
		Ticketing im
		Reisebüro
		oder Online
			Betreuung durch
			- Leistungsträger
			- Incoming-
			  Agenturen
			- Zusatzbuchungen
			- Side-Booking
				Reklamationen,
				Nachbereitung/
				Kontaktaufnahme
				durch das Reise-
				büro, schriftlich an
				den Veranstalter
				oder über das
				Internet/Telefon

Abb. IV.12: Vertriebs- und Kommunikationskanäle während des Prozesses der Reiseentscheidung
sowie der Reise- und Nachreisephase

2.1.4.5 Integratives oder ganzheitliches Multi-Channel-Marketing

Der Einsatz verschiedener Kanäle im Multi-Channel-Marketing verspricht dann groß-
en Erfolg, wenn es gelingt, die verschiedenen Kanäle als Vertriebskanäle und als
Kommunikationskanäle koordiniert und integriert einzusetzen und an den komplexen Konsumerwartungen der Konsumenten auszurichten. Das bedeutet, Distribution und Kommunikation zu verbinden – zu integrieren. Ein solches integratives oder
ganzheitliches Multi-Channel-Marketing versucht, nicht viele unabhängige Vertriebs-
institutionen nebeneinander zu haben, sondern möglichst viele aus „einer Hand"
anzubieten. Man spricht auch vom „One-face-to-the-customer". Dies erfordert, verschiedene Absatzwege aufeinander abzustimmen, um so ein Grundvertrauen, eine
Wiedererkennung zu schaffen. Ziel ist es, den flüchtigen „Hopper" zu binden. Dies

ist vor allem bei Vertriebskonzepten von Vertriebsorganisationen wie der TSS der Fall. Multi-Channel-Marketing ist vom „Entweder-oder-Marketing" zum „Sowohl-als-auch-Angebot" geworden. Als (noch) modernere Variante gilt das **Omni-Channel-Konzept,** bei dem betont wird, dass **alle** Kanäle eingesetzt werden (sollen).

Wichtige Kanäle im Rahmen des Multi-Channel-Vertriebs sind:
- Traditionelles stationäres Reisebüro – es gibt Sicherheit und sichert Kundennähe sowie persönlichen Kontakt
- Online-Reisebüro (mit Internet-Marke)
- Callcenter – zur Kundenberatung und -betreuung
- Websites (Internet)
- Soziale Medien (wie Facebook, Twitter etc.)

Ferner:
- Kataloge/Prospekte (als Infomaterial, Produktvorstellung etc.)
- Messen und Ausstellungen
- Mobiler Verkauf/Home Agents – Vermittler gehen zum Kunden
- Branchenfremde Vertriebswege
- Face-to-face: Präsenz auf Marktveranstaltungen (Straßenfeste etc.)
- Word-of-mouth (virales Marketing u. a.): im Rahmen des Web 2.0

Damit wird die gesamte Klaviatur des Vertriebs (idealerweise aus einer Hand) zur Verfügung gestellt und die gesamte Macht des Vertriebs ist gegeben!

2.1.4.6 Vorteile des Mehrkanalvertriebs gegenüber dem Einkanalvertrieb

Das Multi-Channel-Marketing beinhaltet auf der einen Seite viele **Chancen** gegenüber dem Einkanalvertrieb (vgl. Abb. IV.13). So stehen neue Instrumente zur Kundenbindung zur Verfügung. Aufgrund der Erschließung neuer Absatzkanäle werden Neukunden und damit neue Umsätze gewonnen. Durch Multiplikatoreffekte können Cross Sellings generiert werden. Es wird eine bessere Kosteneffizienz in Vertrieb und Kommunikation durch deren Verbindung erreicht. Darüber hinaus erfolgen ein abgestimmter, ganzheitlicher allgemeiner Marken- und Imageaufbau sowie die entsprechende -pflege. Ferner wird eine erhöhte Marktabdeckung erreicht, weil die Ansprache der Kunden über verschiedene Kontaktpunkte erfolgt und damit umfassende Marktpotenziale erschlossen werden.

Auf der anderen Seite bestehen die eingangs bereits erwähnten **Risiken** der Kanalkonflikte, des hohen Koordinationsaufwandes (und damit höherer Kosten und Komplexität) und der damit evtl. verbundenen Suboptimierung und des Kontrollverlustes. In Bezug auf die Kundenbetreuung (CRM-customer relationship management) kann es zu einem „misfit" kommen, wenn die integrierte, channelübergreifende Betreuung nicht gegeben ist.

Chancen	Risiken
– Höhere Marktabdeckung – Umfassende Kundenbetreuung (inkl. CRM) – Wirtschaftlichkeit: Optimierung der Distributionskosten, Risikoausgleich – Cross Selling möglich – undifferenzierte Zielgruppenansprache – Wettbewerbsvorteil bei positivem integrativem Image- und Markenaufbau	– Kanalkonflikte („channel war", Kannibalisierung – Verwirrung der Kunden, zum Teil „misfit" in Bezug auf CRM – Hoher Koordinierungsaufwand, hohe Komplexität – Hohe Set-up-Kosten bei Neu- und Eigenaufbau – Kontrollverlust, Suboptimierung

Abb. IV.13: Chancen-Risiken von Multi-Channel-Strategien

2.2 Merkmale von Reisemittlern

Die von den Reiseveranstaltern hergestellten Tourismusleistungen werden nicht immer direkt dem Endverbraucher, dem Reisenden, angeboten. Häufig werden Pauschalreisen oder touristische Teilleistungen über einen „Zwischenhändler" („Intermediär") abgesetzt. Die bekannteste Form dieses Zwischenhandels oder Vertriebsweges sind **Reisebüros.** Sie verkaufen im Auftrag der Produzenten/Hersteller die jeweiligen Tourismusleistungen an den Endverbraucher/Touristen. Diese Tätigkeit wird in der touristischen Fachsprache als „Vermittlungsleistung" bezeichnet und die entsprechenden Betriebe als **Reisemittler.** Hingegen sind Reisemittler und Reisebüros als Institution nicht immer klar voneinander abgegrenzt (vgl. den folgenden Abschnitt IV.2.3).

Ein **Reisemittler** ist ein Handelsbetrieb, der im Auftrag der Produzenten vorwiegend Pauschalreisen und touristische Einzelleistungen an Endverbraucher vermittelt. (FREYER/POMPL 2008: 20)

Neben den hauptberuflich tätigen Reisemittlerunternehmen vermitteln auch andere Institutionen touristische Leistungen, so z. B.
– Reiseclubs und Vereine,
– Fremdenverkehrsämter,
– Reisestellen von Unternehmen,
– Lotto-Toto-Annahmestellen.

Auch jeder Reiseveranstalter, der seine Leistung/sein Produkt **direkt** an den Reisenden verkauft, wird in dieser Funktion als Reisevermittler tätig.

Zur Eröffnung oder zum Betrieb eines Reisebüros wird in Deutschland keine spezielle Lizenz oder Qualifikation benötigt, obwohl das immer wieder gefordert wird.

Lediglich in Bezug auf die Buchführung bestehen einige spezielle Anforderungen (vor allem Ausweisung der Kundenanzahlungen).

2.3 Abgrenzung Reiseveranstalter und Reisebüro

Die Abgrenzung zwischen Reiseveranstalter und Reisemittler ist für den Kunden – und oft auch für die vermittelnden/veranstaltenden Betriebe – zumeist nicht transparent: Einerseits unterhalten viele Reiseveranstalter Verkaufs-/Vermittlungsbüros, die oftmals den gleichen Namen tragen, so z. B. beim Reiseveranstalter TUI die TUI-Verkaufsbüros. Andererseits treten einige Reisebüros neben ihrer üblichen Vermittlertätigkeit unter gleichem Namen auch als Veranstalter auf, sei es mit eigenem Programm, aber auch nach gängiger Rechtsprechung stets dann, wenn **mehrere Teilleistungen zu einem Gesamtangebot** mit einem einheitlichen Preis zusammengestellt werden (vgl. Haftung der Reiseveranstalter und Reisebüros, Kap. II.5.1). Die verschiedenen Formen der Reiseveranstalter und -büros sind in Abb. IV.14 auf einer Skala aufgelistet. Hier finden sich als Extreme an den beiden Enden die Idealtypen des „reinen" Reiseveranstalters und des „reinen" Reisemittlers.

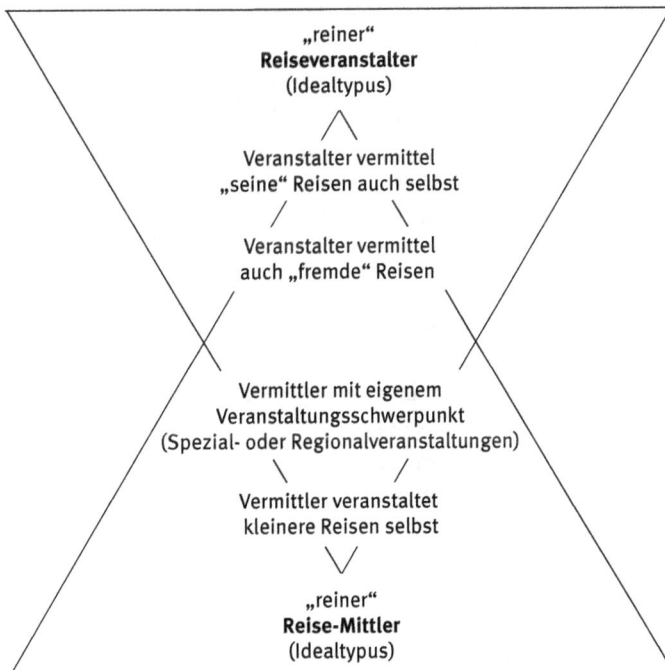

Abb. IV.14: Einordnungsskala für Reisebüros (Quelle: Freyer 2015: 301)

Der „reine" **Reiseveranstalter** ist lediglich mit der Organisation/Veranstaltung von Reisen beschäftigt und vertreibt seine Reisen über externe Reisemittler, so z. B. in Deutschland der größte Reiseveranstalter TUI, der über viele Jahre über keinerlei eigene Vermittlungsbüros verfügte. Die TUI-Agenturen waren alle eigenständige **(fremde)** Betriebe. Als andere Form existieren Reiseveranstalter, die ihre Reisen über **eigene** Verkaufsbüros vermitteln. Hierbei sind (mindestens) zwei Möglichkeiten zu unterscheiden: Erstens Reiseveranstalter, die ausschließlich ihre eigenen Leistungen vermitteln, so z. B. einige Zeit Neckermann-Reisen. Zweitens gibt es veranstaltereigene Reisevermittlungsbüros, die auch **„fremde" Reisen** vermitteln. Die bekanntesten Beispiele hierfür sind die Kaufhaus-Reisebüros, die zwar schwerpunktmäßig ihre hauseigenen Reisen vermitteln, daneben aber weitere, „fremde" Reisen von vor allem lokalen/regionalen Reiseveranstaltern sowie zum Teil IATA-Flüge mitverkaufen.

Am anderen Ende der Skala sind **„reine" Reisemittler,** die ausschließlich fremdveranstaltete Reisen vermitteln. Der Großteil der vorhandenen Reisebüros entspricht diesem Idealtypus.

Doch häufig werden **Reisebüros zum Reiseveranstalter** ohne es zu wissen. Dies ist immer dann der Fall, wenn mehr als zwei unabhängig voneinander existierende Teilleistungen zu einer neuen Leistung kombiniert und zu einem einheitlichen Preis angeboten werden.[2] Typisches Beispiel hierfür wäre die Vermittlung eines Fluges mit Lufthansa nach London und die zusätzliche Hotelreservierung beispielsweise im Hotel Kensington Hilton durch das Reisebüro. Erstellt das Reisebüro für beide Leistungen eine Rechnung, z. B. „Euro 499,– für Reise London", gilt dies als eigene Reiseveranstaltung. Nur wenn das Reisebüro getrennte Rechnungen erstellt, in denen es zusätzlich klar erkennbar die verschiedenen Leistungsträger ausweist, ist es von einer möglichen Haftung als Reiseveranstalter nach § 651 BGB befreit. Wichtig ist diese genaue Abgrenzung vor allem aus haftungsrechtlichen Gründen (vgl. Kap. II.5.1).

2.4 Das „Produkt": die Vermittlungsleistung

Reisemittler erbringen eine typische **Dienstleistung** ohne einen bedeutenden Sachgüteranteil. Sie vermitteln eine Pauschalreise oder eine Teilleistung im Namen und Auftrag des Reiseveranstalters bzw. der Leistungsträger. Zu dieser Dienstleistung gehört die Beratung des Kunden, die Weiterleitung der Buchung an den Reiseveranstalter („Reservierung"), das Inkasso des Reisepreises für den Reiseveranstalter und die Weiterleitung – meist erst nach Abreise – der Kundenzahlungen an den Reiseveran-

---

2 Der Gesetzgeber stellt hieran strenge Anforderungen. So erwähnt er ausdrücklich im Gesetz: „Die Erklärung, nur Verträge mit den Personen zu vermitteln, welche die einzelnen Reiseleistungen ausführen sollen (Leistungsträger), bleibt unberücksichtigt, wenn nach den sonstigen Umständen der Anschein begründet wird, dass der Erklärende vertraglich vorgesehene Reiseleistungen in eigener Verantwortung erbringt." (§ 651a Abs. 2 BGB).

stalter sowie die Aushändigung der Reiseunterlagen an den Kunden. Zur **Sorgfalts-pflicht** des Reisemittlers gehört die Überprüfung der richtigen Reisedaten sowie auch eine richtige Beratung bezüglich der Einreisebestimmungen. Dazu kommen einige Nebenleistungen, die sich in Reisebüros etabliert haben: vor allem Reiseversicherungen, teilweise Reiseliteratur.

Folgende **Leistungen** erwarten die Kunden von einem Reisebüro:

– Buchungen von Pauschalreisen,
– Verkauf von Flug-, Bahn- und Schiffskarten, Reservierung von Hotels,
– Auskünfte über
    – Ein- und Ausreisebestimmungen,
    – Urlaubsländer und -gebiete,
    – Reiseangebote der Reiseveranstalter und Leistungsträger,
    – Reiseversicherungen.

Die Leistungen eines Reisebüros können mithilfe einer phasenorientierten Betrachtung veranschaulicht werden. Hierbei kommen den Reisebüroinhabern und -mitarbeitern folgende Aufgaben zu (vgl. FREYER 2008 [Reisebüro-Management]: 169 ff. und Abb. IV.15):

– **Potenzialmanagement:** Die Potenzialphase erfordert die Gestaltung der Vermittlungspotenziale, wie z. B. Standort, Reisebüroaufmachung und -ausstattung (physisches Umfeld und technisches Potenzial), Mitarbeiterpotenziale (Kapazitäten sowie Qualifikationen und Kompetenz) sowie finanzielle Ausstattung. Als Teilaufgabe gilt die Beschaffung (von Buchungskapazitäten sowie Kunden). Ferner sind vertrauensbildende Maßnahmen (wie Image, Kompetenz usw.) in der Potenzialphase zu gestalten und zu kommunizieren.

– **Prozessmanagement:** Management der Prozessfaktoren bedeutet vor allem Organisation und Gestaltung der mit der eigentlichen Reiseberatung und -buchung zusammenhängenden Faktoren, wie z. B. Mitarbeiterqualifikation und -information, Beratungsqualität, (technische) Buchungsmöglichkeiten usw. Zentrale Aufgabe ist die Gestaltung des persönlichen Kontaktes während der gesamten Beratung.

– **Ergebnismanagement:** Management der Ergebnisfaktoren bedeutet insbesondere, die Zufriedenheit der verschiedenen beteiligten Gruppen und Personen sicherzustellen. Dies sind primär die Kunden, deren Ergebniszufriedenheit durch Wiederholungsbuchungen („Stammkunden") oder – im negativen Fall – durch Kundenbeschwerden festzustellen sind. Ergebniszufriedenheit zeigt sich aber auch im Hinblick auf die vermittelten Leistungsträger sowie auf das eigene Betriebsergebnis und die Mitarbeiter(zufriedenheit).

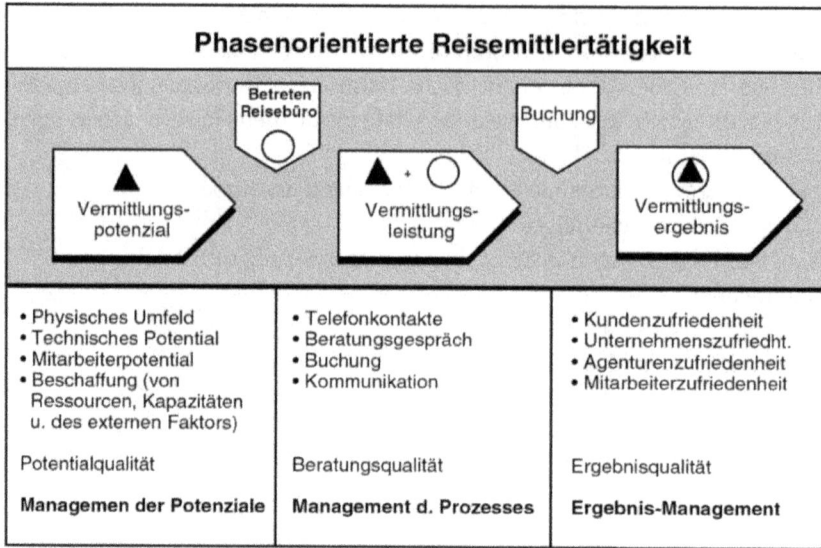

Abb. IV.15: Phasenmodell der Dienstleistungserstellung im Reisebüro (Quelle: FREYER 2008: 171)

2.5 Arten von Reisebüros

Zur Strukturierung der vielfältigen Unternehmensarten der Reisebürobranche können die Ordnungskriterien dominierender Geschäftsbereich, stationär oder nichtstationär (auch offline oder online), Haupt- oder Nebenerwerbstätigkeit sowie rechtliche/wirtschaftliche Unabhängigkeit (bzw. Bindung) verwendet werden (vgl. genauer FREYER/POMPL 2008: 20 ff.).

2.5.1 Dominierender Geschäftsbereich

Hinsichtlich der dominierenden Geschäftstätigkeit können zunächst folgende Arten von Reisebüros unterschieden werden (vgl. genauer Kap. IV.4):

- **Vollreisebüros** oder **„klassische Reisebüros":** Sie haben IATA- und DB-Agentur und zumeist auch Touristikagenturen der großen Reiseveranstalter.
- **Touristikreisebüro** oder **touristisches Reisebüro:** Die Vermittlungsleistung beschränkt sich auf die Angebote der Reiseveranstalter, es bestehen keine eigenen Lizenzen für den Vertrieb von Beförderungsleistungen.
- **Business-Travel-Büros** (auch: Firmenreisebüros oder -dienste): Reisebüros oder Buchungsstellen, die überwiegend auf Dienstreise- und Geschäftsreisekunden spezialisiert sind. Sie benötigen i. d. R. IATA- und DB-Agentur. Neben der Ver-

mittlung von Reisedienstleistungen können weitere Serviceleistungen, wie die Reiseplanung oder die Reisekostenabrechnung erbracht werden.

- **Billigflugbüros**: Die Tätigkeit konzentriert sich auf die Vermittlung von Flugscheinen zu Sondertarifen, Graumarktpreisen und von Last-Minute-Reisen; geringer Touristikbereich.
- **Incoming-Reisebüros oder -Agenturen**: Sie sind vorwiegend in den touristischen Zielgebieten angesiedelt und vermitteln Reiseleistungen der Standortregion (Pauschalpakete, Einzelleistungen, Reiseleitung) an ortsfremde Reiseveranstalter und betreuen die Gäste (der Reiseveranstalter) vor Ort.
- **Online-Reisebüros** (auch elektronische oder virtuelle Reisebüros [engl.: Online Travel Agency – **OTA**]): Sie präsentieren die verschiedenen Reiseangebote (wie Pauschalreisen, Flug, Bahn, Mietwagen usw.) ausschließlich bzw. überwiegend im Internet („online"). Auch nutzen sie als Kommunikations- und Distributionswege vorwiegend die elektronischen Kanäle. Sie sind entweder vollständig Internet-basiert oder arbeiten mit Callcentern oder stationären Reisebüros zusammen (Vgl. auch Kap. IV.5.2, insbesondere Abschnitt IV.5.2.3.4, S. 413 ff.).

Diese vorgenannten Gruppen sind nicht immer klar voneinander zu trennen (einige der Kategorien überschneiden sich teilweise), doch geben sie einen Überblick über die verschiedenen Arten von Reisebüros in der Bundesrepublik.

2.5.2 Stationär oder nichtstationär (auch: offline oder online)

Bei der Betrachtung der Arten von Reisebüros tauchen die Begriffe **stationärer** und **nichtstationärer** bzw. Online-/Offline-Vertrieb auf. Diese Differenzierung bedeutet in der Praxis meist die Unterscheidung zwischen dem bisherigen Vertrieb in klassischen Ladenbüros und dem **Online-Vertrieb**. Als Online-Reisebüros gelten Unternehmen, die für den Vertrieb von touristischen Produkten als Kommunikations- und Distributionswege ausschließlich die Online-Dienste des Internets nutzen. In der Praxis aber sind die „reinen" Typen Online-Reisebüro bzw. stationäres Reisebüro nur Endpunkte eines Kontinuums.

Analog zu stationären Reisebüros verfügen auch Online-Reisebüros über ein breites und neutrales (d. h. aus den Angeboten unterschiedlicher Produzenten bestehendes) Sortiment. Dieses umfasst Pauschalreisen, Flüge und Hotels, aber auch Mietwagen, Transfers und reisenahe Zusatzleistungen wie z. B. Versicherungsleistungen. Auch Online-Reisebüros, die von Veranstaltern betrieben werden, gehören meist in diese Kategorie, weil sie neben dem eigenen Sortiment i. d. R. auch Pauschalreisen anderer Veranstalter, insbesondere der Mitbewerber sowie konzernfremde Flüge und Hotels anbieten.

Die Grenzen zwischen den Begriffen **stationär/nichtstationär** verschwimmen jedoch zunehmend, weil viele Online-Reisebüros ihre Wurzeln im stationären Vertrieb haben (als Reisebüro, Reiseveranstalter, Bahn oder Fluggesellschaft) und auch als Online-Anbieter gegründete Unternehmen zumindest in kleinerem Umfang stationäre Filialen eröffnen. Hinzu kommt, dass zwischenzeitlich nahezu alle Reiseveranstalter, Leistungsträger und stationären Reisebüros über einen Internet-Auftritt verfügen. Somit verliert eine Differenzierung nach stationärem und virtuellem Vertrieb zunehmend ihre praktische Relevanz. Zur Charakterisierung von Reisebüros erscheint es daher sinnvoll, unter Berücksichtigung der Multi-Channel-Strategie auf den Schwerpunkt der Tätigkeit zurückzukommen (vgl. Kap. IV.2.5.1).

2.5.3 Haupt- oder Nebenerwerb

Die Definition des **Haupterwerbsreisebüros**, für das die Vermittlung von Reiseleistungen und ggf. die Eigenveranstaltung von Pauschalreisen die Haupterwerbstätigkeit darstellt, ist eindeutig. Problematischer ist die Abgrenzung des **Nebenerwerbsreisebüros** als ein Unternehmen, für das die Reisebürotätigkeit nur ein Nebengeschäftszweig ist und das sich i. d. R. auf die Vermittlung von touristischen Produkten (also Veranstalterprodukte und nicht Bahnfahrkarten, Linienflüge oder Eigenveranstaltungen) beschränkt.

Während mit dieser Definition **typische Nebenerwerbsreisebüros** wie etwa Lotto-/Totoannahmestellen, Postfilialen oder Banken mit Reisebuchungsstellen zutreffend erfasst werden, würde diese Bezeichnung z. B. für Konzernreisebüros in Kaufhäusern, deren Umsätze oft weit über denen selbstständiger Reisebüros liegen, missverständlich sein: Die Reisevermittlung ist zwar nur ein Nebengeschäft der in der Hauptsache auf Konsumgüter ausgerichteten Kaufhauskonzerne, die damit befassten Abteilungen werden aber als eigenständige Unternehmenseinheiten oder Profitcenter (z. B. nach dem Shop-in-Shop-System) geführt.

Zur Abgrenzung für die Klassifizierung als **stationäres Haupterwerbsreisebüro** sind folgende Kriterien von Bedeutung: Es muss mindestens eine Person ausschließlich für den Verkauf von Reisen vorhanden sein, das Büro muss nach außen über eine eigene Darstellung verfügen und/oder als eigenständige Einheit erscheinen. Jedes Reisebüro, das eines dieser Kriterien nicht erfüllt, wird als **Nebenerwerbsreisebüro** bezeichnet (KREILKAMP 1995: 155). Allerdings sind die vorgenannten Kriterien für nichtstationäre oder Online-Reisebüros nicht anwendbar (vgl. dazu Kap. IV.2.5.2).

Mobile Reiseberater oder Home Agents nehmen eine Sonderstellung ein, weil sie ihre Tätigkeit haupt- oder nebenberuflich ausüben können. Home Agents sind mobile Reiseverkäufer, die meist von zuhause aus Reisen verkaufen und dazu ihre Kunden i. d. R. zu einem vorher vereinbarten Termin in deren Zuhause oder Arbeitsumfeld aufsuchen.

2.5.4 Rechtliche und wirtschaftliche Unabhängigkeit (bzw. Bindung)

Einerseits weisen Reisebüros einen unterschiedlichen Grad der wirtschaftlichen und rechtlichen Unabhängigkeit von Reiseveranstaltern auf. Auf der anderen Seite sind sie mehr oder weniger an Veranstalter oder an Reisebürovereinigungen gebunden. Die wichtigsten (Bindungs-)Typen sind unter dem Aspekt der Bindung an Reiseveranstalter in Kap. IV.4.2 nochmals genauer dargestellt:

- **Unabhängige („freie") Einzelreisebüros** sind wirtschaftlich und rechtlich selbstständige Unternehmen, die als Einzelreisebüros ohne oder mit einer geringen Zahl an Filialen geführt werden. Sie können im Prinzip zwar in eine Kooperation eingebunden sein, geben damit aber zumeist einen Teil ihrer wirtschaftlichen Unabhängigkeit auf. Vgl. auch Kap. IV.4.2.4, S. 402 f.
- **Filialreisebüros** sind rechtlich und wirtschaftlich unselbstständige Betriebe, die von einer Zentrale einheitlich geführt werden. Der Filialleiter ist Weisungsempfänger und nur für die Umsetzung der Weisungen verantwortlich. Unternehmen, die über eine Vielzahl an Reisebürofilialen verfügen, werden als **Reisebüroketten** bezeichnet. Reisebüroketten bestehen aus mehreren einzelnen Reisebüros meist an geografisch verteilten Standorten, die als rechtlich unselbstständige Einheiten (Filialen) eines Unternehmens zusammengefasst sind. Sie werden nach einer einheitlichen Struktur und unter einer einheitlichen Marke betrieben. Die Vorteile von Reisebüroketten liegen einerseits in einer Erhöhung der erzielbaren Provisionssätze bei den Produzenten durch die Bündelung von Umsätzen und einer höheren Marktmacht gegenüber diesen oder Dritten (z. B. Reservierungssystemen). Hinzu kommen andererseits eine bessere Steuerbarkeit des Vertriebs (Vorgaben, welche Veranstalter bevorzugt zu verkaufen sind) sowie Vorteile bei der Beschaffung oder der Schulung von Mitarbeitern. Vgl. auch Kap. IV.4.2.1, S. 400.
- **Konzerneigene Reisebüros** werden als rechtlich und wirtschaftlich abhängige Abteilungen/Teilbetriebe mit oder ohne Ergebnisverantwortung geführt oder sind als Tochterunternehmen ausgegliederte Reisebüros oder Reisebüroketten.
- **Kooperationsreisebüros** sind rechtlich selbstständige, aber in ihrer wirtschaftlichen Unabhängigkeit eingeschränkte Reisebüros. Die Beteiligung an einer Kooperation hat zur Folge, dass das Unternehmen in den Entscheidungsbereichen, die auf der Basis von Mehrheitsentscheidungen getroffen wurden oder aufgrund vertraglicher Übereinkunft bestimmt werden, nicht mehr über die vollständige Dispositionsgewalt verfügt. Der wesentliche Unterschied zu Reisebüroketten liegt bei den Kooperationen daher in den Besitzverhältnissen, weil es sich hier um rechtlich selbstständige Unternehmen handelt, die sich zu einer Zusammenarbeit in bestimmten Bereichen zusammengeschlossen haben. Das Ziel von Reisebürokooperationen liegt i. d. R. in einer Steigerung der erzielbaren Provisionen durch die Bündelung der von den einzelnen Partnern gemachten Umsätze sowie in einer generellen Stärkung der Marktmacht gegenüber den Produzenten bei gleichzeiti-

ger Bewahrung der unternehmerischen Eigenständigkeit Vgl. auch Kap. IV.4.2.3, S. 402.

- **Franchisereisebüros:** Franchiseunternehmen schließlich sind zwischen den Reisebüroketten und den -kooperationen anzusiedeln, weil es sich hier zwar einerseits um rechtlich selbstständige Unternehmen handelt, die andererseits jedoch unter einer gemeinsamen Marke auftreten und dem Kunden gegenüber einheitlich kommunizieren, sodass meist der Eindruck entsteht, dass es sich um ein Unternehmen handelt. Gegen die Zahlung einer Franchisegebühr (i. d. R. ein gewisser Prozentsatz des Umsatzes oder des Erlöses) sind die Franchisenehmer zur Nutzung einer (üblicherweise etablierten) Marke berechtigt, verpflichten sich jedoch im Gegenzug zur Einhaltung gewisser Richtlinien. Vgl. auch Kap. IV.4.2.2, S. 400 f.

Der Übergang zwischen den einzelnen Typen ist fließend; in der Praxis findet eine häufige Fluktuation statt (vgl. dazu auch Kap. IV.4.2).

2.6 Management von Reisebüros[3]

2.6.1 Gestiegene Anforderungen an das Management von Reisebüros

Veränderungen auf den touristischen Märkten verlangen auch von Reisebüros die verstärkte professionelle Anwendung neuer Managementmethoden. Dabei geht die Diskussion der Managementlehre in zwei unterschiedliche Richtungen:

- Zum einen wird versucht, die immer komplexeren Managementaufgaben zu strukturieren und in – analytisch – kleinere, überschaubare Teilaufgaben zu zerlegen. Dies sind Ansätze der funktionalen Managementlehre und der prozessorientierten Methodenlehre des Managements: Management gilt hierbei als ein „auf die kleinsten Bauteilchen der Welt gerichtetes Denken" (BLEICHER 2004).
- Zum anderen werden integrative Modelle und Planungsprozesse entwickelt, die die zunehmende Komplexität des Managements erfassen wollen und dadurch die Interdependenz und Ganzheitlichkeit abzubilden versuchen. Hierzu existieren eine Reihe ganzheitlicher, integrativer sowie prozess- und planungsorientierter Managementmodelle: „Management als komplexe und ‚totale' Aufgabe" (ebd.).

Die meisten Ansätze der Managementlehre formulieren den Anspruch, eine **praxisorientierte Managementlehre** zu sein. Doch die betriebliche Praxis steht den

---

3 Dieser Abschnitt ist auszugsweise übernommen und aktualisiert von FREYER 2008 in FREYER; POMPL 2008 (Reisebüro-Management): 137–144. Es ist dort der einleitende Teil (Übersicht) zu den Aufgaben und Besonderheiten des Managements in Reisebüros. Die ausführliche Darstellung der verschiedenen Managementdimensionen erfolgt dort auf den Seiten 144–182.

verschiedenen Ansätzen eher skeptisch gegenüber. Während der Nutzen verschiedener struktureller und prozessualer Aussagen des Managements für Großbetriebe und Mega-Organisationen weitgehend akzeptiert ist, existieren in der Reisebürobranche vorwiegend Kleinbetriebe mit flachen Hierarchien, für die der Nutzen der allgemeinen Managementmodelle und -konzepte nicht unmittelbar zu sehen ist. Hier stehen eher operative Aufgaben sowie die Ausgestaltung einzelner Managementbereiche und -funktionen im Mittelpunkt der Tätigkeit.

Noch gibt es **keine spezielle Managementlehre für Reisebüros.** Doch da die grundsätzlichen Aussagen des Managements für alle Betriebe gelten, können sie in weitgehender Analogie auch auf Reisebüros übertragen werden, wenn auch in unterschiedlicher Dimension und mit unterschiedlicher Relevanz. Insofern kann es für jedes Reisebüro nützlich sein, sich intensiver mit den Aussagen, Empfehlungen und Methoden der allgemeinen Managementlehre zu beschäftigen und diese auf seinen speziellen Problembereich anzuwenden.

Im Folgenden wird versucht,

- einen Überblick über die allgemeine Managementlehre, ihre Ansätze und Empfehlungen zu geben – als Hintergrund für ein neues, professionelleres Reisebüromanagement; dies erfolgt nach den drei in der Literatur üblichen Dimensionen des Managements als Institution, Funktion oder Prozess;
- deren Relevanz und spezifische Bedeutung für das Management von Reisebüros aufzuzeigen, wobei sich die nachfolgenden Beiträge dann detaillierter mit den einzelnen Managementbereichen innerhalb eines Reisebüros auseinandersetzen werden.

2.6.2 Besonderheiten des Managements für Reisebüros

Die **allgemeine Managementlehre** beansprucht, grundsätzliche Erkenntnisse für alle Arten von Unternehmen und Organisationen zu liefern. Das führt aber dazu, dass die meisten Aussagen sehr allgemein und abstrakt formuliert sind und einer weiteren Konkretisierung für den jeweiligen Bereich bedürfen. So bestehen auch für Reisebüros eine Reihe von Besonderheiten, die ein spezifisches Reisebüromanagement berücksichtigen muss – ohne dass damit bereits eine eigenständige Managementlehre für Reisebüros konstituiert werden könnte. Auch gibt es bereits Teilbereiche der allgemeinen Managementlehre, wie z. B. KMU-Management, Dienstleistungsmanagement und Tourismusmanagement, die im Sinne einer Analogiebetrachtung hilfreiche Erkenntnisse für das Reisebüromanagement liefern können, ohne dass eine simple Transmission oder eine 1 : 1-Übertragung möglich ist (vgl. auch Abb. IV.17).

(1) Reisebüro-Management ist KMU-Management

Viele der Besonderheiten des Reisebüromanagements sind auf die besondere Struktur der Reisebürobranche zurückzuführen. Diese ist vor allem klein- und mittelständisch geprägt (KMU – kleine und mittlere Unternehmen). Das durchschnittliche Reisebüro hat lediglich zwischen 4 und 5 Mitarbeiter, zwischen 1 und 5 Mio. Euro Umsatz mit einem Bruttoerlös von ca. 10 % des Umsatzes und einer Nettorendite von unter 1 %. Ferner ist der Typ des eigentümergeführten Reisebüros in der Branche weit verbreitet. Hier trägt **ein** Unternehmer als Kapitalgeber die Verantwortung – er ist Kapitalgeber, Eigentümer und Führungsspitze in einem.

Doch auch einzelne Kettenbüros agieren mit ihren Erlös- und Beschäftigtenzahlen am unteren Bereich der typischen KMU. Lediglich für die Zentralen der Reisebüroketten und -kooperationen ergeben sich Ansatzpunkte für die Übernahme von Prinzipien des Managements von Großunternehmen. Folglich gelten auch zahlreiche Erkenntnisse des Managements von KMU für die Reisebürobranche, ohne dass diese unreflektiert übernommen werden können (vgl. u. a. BUSSIEK 1996, HUMMEL 1994):

– **Management mit begrenzten Ressourcen:** Die meisten Reisebüros betreiben ein Management mit begrenzten Ressourcen. Dies bezieht sich sowohl auf die Kapital- und Personalausstattung als auch auf die Ertragssituation. Das führt zu typischen Managementproblemen, die auch für andere KMU gelten:
  – Die umfangreichen Führungsaufgaben werden zumeist nur von einer Person wahrgenommen. Eine Delegation von Aufgaben ist nur sehr begrenzt möglich. Der Eigentümer-Manager selbst ist zudem stark in das operative Tagesgeschäft eingebunden. Es besteht für ihn ein „Dilemma zwischen Arbeitsüberlastung und Personalkostenexplosion" (KIRSTGES 2005: 87).
  – Die geringe Kapitaldecke führt oftmals zu Finanzierungsproblemen. Zumeist werden die monatlichen Ausgaben aus den laufenden Provisionserlösen finanziert. Da diese infolge der Saisonalität des Buchungsaufkommens sehr unregelmäßig anfallen, kommt es zu permanenten Finanzierungs- und Liquiditätsengpässen bzw. zu besonderen Anforderungen an das Finanzmanagement.
– **Organisationen mit „flachen Hierarchien":** Infolge der geringen Beschäftigtenzahl haben detaillierte Stellenpläne und Organigramme nur eine geringe Bedeutung. Es überwiegen flache Hierarchien, bei denen nur selten zwischen dem Eigentümer-Manager und den ausführenden Mitarbeitern weitere Führungsebenen oder funktionale Aufgliederungen (nach Divisionen, Abteilungen) vorhanden sind. Zumeist fallen mehrere Funktionen in einer Person oder Stelle zusammen.
– **Reisebüromanagement ist stark eigentümergeprägt:** In vielen Reisebüros ist der Eigentümer zugleich die wichtigste Führungskraft als auch ein wichtiger Mitarbeiter im operativen Bereich, was zu anderen Zielsetzungen und Verhaltensweisen als in Großunternehmen führt:

- Der Eigentümer ist kein „Manager auf Zeit", sondern hat zumeist eine lebenslange Bindung an das Unternehmen. Sein Einkommen ist zudem Risikoeinkommen. Damit verbunden ist – je nach Lebensalter des Eigentümers – die Frage der Nachfolgeregelung.
- In vielen Reisebüros arbeiten außer dem Eigentümer weitere Familienmitglieder mit. Dies führt zu einer engen Verbindung von Privat- und Berufsleben. In Krisensituationen werden Entscheidungen aus dem Urlaub und vom Krankenbett aus getroffen – nur in den seltensten Fällen gibt es einen Vertreter mit ausreichender Entscheidungskompetenz für Grundsatzentscheidungen.
- Der Eigentümer dominiert mit seinen Vorstellungen und Verhaltensweisen den Betrieb und ist oftmals Neuerungen gegenüber nur wenig aufgeschlossen. Folglich ist der Führungsstil häufig patriarchalisch und zum Teil archaisch.
- **Spezifische Qualifikationsanforderungen an die Beschäftigten:** Reisebüros stellen aufgrund der besonderen Struktur und Tätigkeiten spezifische Anforderungen an das Management und die weiteren Mitarbeiter:
  - Die geringe Personaldecke erfordert ein umfangreicheres Wissen des Einzelnen als in Großunternehmen. Entsprechend ist auch in Reisebüros eher der „Allrounder" als der Spezialist gefragt. Zudem besteht ein hoher Anspruch an eine permanente Weiterqualifizierung des Einzelnen, ohne dass dafür die Zeit vorhanden ist und sich entsprechende Karrierechancen im eigenen Betrieb ergeben werden.
  - Reisebüromanagement ist in einem hohen Maße „interaktives Management", d. h. es stellt besondere Anforderungen an die kommunikativen Fähigkeiten sowohl der Manager und Mitarbeiter untereinander als auch gegenüber den Kunden und den verschiedenen Leistungsträgern (Kundenkontaktqualitäten).
- **Mangelhaftes Controlling:** Als typischer Schwachpunkt für KMU gilt ein mangelhaftes Controlling. Dies trifft zumeist auch auf Reisebüros zu. Der Eigentümer-Manager meint, seinen Betrieb ausreichend zu kennen. Seine Entscheidungen unterliegen zudem **nicht der direkten Kontrolle** Dritter, sondern nur indirekt der des Marktes.

(2) Reisebüro-Management ist Dienstleistungs-Management

Ein zweiter wichtiger Bereich mit Relevanz für Reisebüros sind Erkenntnisse des allgemeinen Dienstleistungsmanagements. Die Reisebürotätigkeit ist eine typische personenbezogene Dienstleistung. Die Haupttätigkeit besteht in der Kundenberatung. Reisebüroexpedienten stehen in direktem Kontakt mit den Kunden, sie erbringen eine „Face-to-face"-Dienstleistung. Auch die Manager selbst werden in das persönliche Beratungs- und Tagesgeschäft einbezogen. Sie haben zudem die persönlichen Kontakte zu vor- und nachgelagerten Leistungsträgern zu pflegen. Damit muss das Reisebüromanagement – ganz analog zum allgemeinen Dienstleistungsbereich (vgl. genauer CORSTEN/GÖSSINGER 2007, MEFFERT/BRUHN 2006, FREYER 2011: 66 ff.):

- eine gesamte Dienstleistungskette als besonderen Leistungsprozess steuern, bei der Produktion und Konsumption gleichzeitig erfolgen (Uno-actu-Prinzip) und bei der auch vor- und nachgelagerte Wertschöpfungsstufen für das Management mit berücksichtigt werden müssen;
- den Kunden als „externen Faktor" in den Managementprozess einbeziehen und den Kundenkontakt als wichtigste Managementaufgabe wahrnehmen;
- die Immaterialität der Reisebürodienstleistung berücksichtigen, die besondere Ansprüche an das Management stellt: sie kann weder gelagert noch vom Kunden im voraus geprüft werden; folglich stellen Vertrauen und Kompetenz wichtige Attribute für die Reisebüroleistungen dar; Kunden erwarten von der vermittelten Reise die Erfüllung ihrer „Träume" und einen „schönen Urlaub".

(3) Reisebüro-Management ist vernetztes Management (Tourismusmanagement)
Reisebüromanagement ist nicht als isoliertes Management zu verstehen. Reisebüros sind Teil einer touristischen Leistungskette, die von verschiedenen Tourismusunternehmen erstellt wird. Im Falle der Pauschalreise kombinieren Reiseveranstalter die Beherbergungsleistungen der Hoteliers mit den Transportleistungen der Verkehrsträger und ggf. weiteren Leistungen im Zielgebiet (Sport-, Kulturleistungen) sowie am Heimatort (Reiseversicherung, An- und Abreise) zur **Pauschalreise,** die durch Reisebüros vermittelt wird. Auch bei der Vermittlung von Einzelleistungen durch das Reisebüro interessieren aus Sicht des Kunden im Regelfall weniger die einzelnen Leistungsteile/-elemente als das gesamte Leistungsprodukt – die Reise.

Folglich müssen die vor- und nachgelagerten Prozesse der gesamten touristischen Wertschöpfungsstufen für ein erfolgreiches Reisebüromanagement mit berücksichtigt werden (vgl. Abb. IV.16), also die Leistungsträger (Transport, Beherbergung, Destination und Sonstige), die Reiseveranstalter usw.

2.6.3 Die allgemeine Managementlehre als Basis für das Reisebüromanagement

(1) Reisebüro-Management zwischen Pragmatismus und Theorie
Die Strukturen und Entscheidungsabläufe in den meisten Reisebüros sind traditionell gewachsen und werden in den seltensten Fällen auf der Grundlage von Methoden der allgemeinen Managementlehre abgeleitet. Auch bei Neugründungen überwiegen Zeit- und Problemdruck („des Marktes") und nur in wenigen Fällen kommt es zu einem systematischen Aufbau sowie zu einer systematischen Entwicklung des Managements. Zudem bedingt die starke Einbindung des Reisebüroleiters in das Tagesgeschäft der klein- und mittelständisch strukturierten Branche eine nur geringe Auseinandersetzung mit strategischen und konzeptionellen Fragen des Managements.

Aufbau einer touristischen
Leistungskette

Ergebnis der
Leistungskette
(Wertschöpfung)

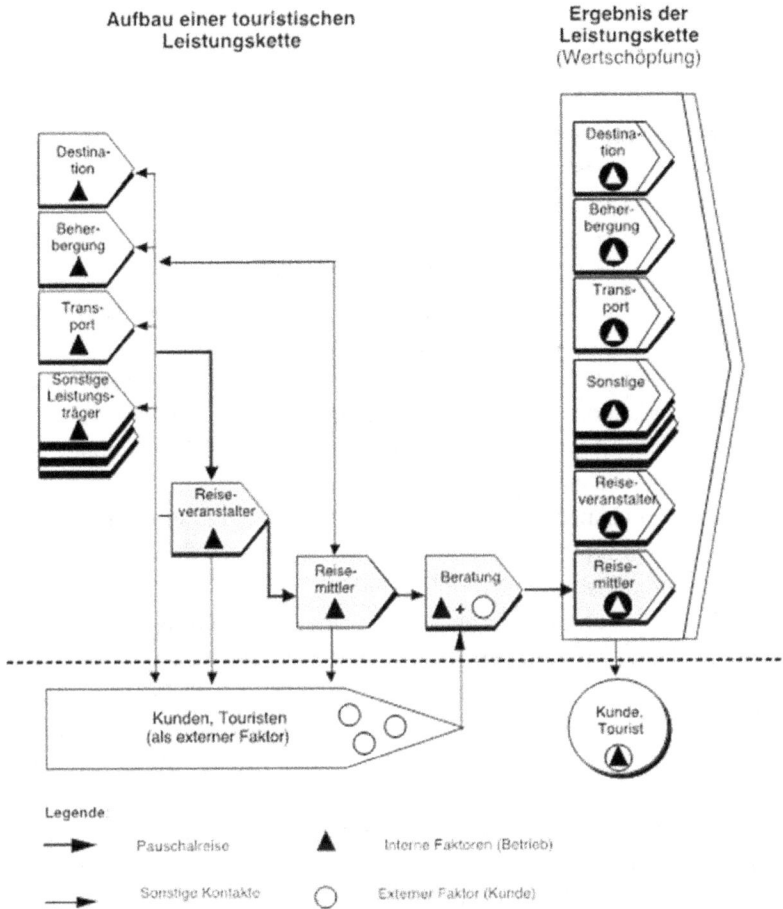

Abb. IV.16: Touristische Wertschöpfungskette der Vermittlung einer Pauschalreise (vereinfacht)
(Quelle: vgl. ausführlich FREYER 2011: 289 ff.)

Doch auch diesem vermeintlich „theorie- und konzeptlosen" Vorgehen liegen Strukturen und Regeln zugrunde, die analog zum konzeptionellen Management zu betrachten sind. Aber vor allem kann eine Reflexion der momentanen Reisebürosituation mit
allgemeinen Managementerkenntnissen helfen, das derzeitige Management zu bewerten und daraus folgend zu verbessern bzw. zu bestätigen.

Für das Reisebüro-Management sind entsprechende Erkenntnisse der allgemeinen Managementlehre sowie weiterer spezieller Managementbereiche, wie z. B. KMU-
, Dienstleistungs- oder Tourismusmanagement, von Bedeutung. Zusammen bilden sie
die Basis für die konkrete Ausgestaltung des Managements in Reisebüros. In diesem
Sinne kann auch von einem relativ eigenständigen Reisebüromanagement gesprochen werden, das auf einer konkreteren Stufe die Spezifika von Reisebüros berück-

sichtigt und branchenbezogene wie auch praxisorientierte Probleme in Reisebüros behandelt (vgl. Abb. IV.17).

(2) Allgemeine Managementaufgaben gelten auch für Reisebüros

Management gilt als die umfassendste betriebliche Aufgabe. Die heute verbreitete englische Bezeichnung „Management" steht für das Leiten, Gestalten und Entwickeln verschiedener zweckorientierter Systeme. Sie hat den früheren Begriff bzw. das Konzept der „Unternehmensführung" (engl.: leadership) weitgehend abgelöst und verbindet verstärkt betriebswirtschaftliche und verfahrensbezogene Aufgaben mit verhaltenswissenschaftlichen Aspekten (der Personalführung).

Im allgemeinsten Verständnis bezieht sich Management nicht nur auf wirtschaftlich ausgerichtete Organisationen (Unternehmensführung i. e. S.), sondern die Managementlehre entwickelt Leitungsprinzipien für die verschiedensten Institutionen und Organisationen, die ziel- und zweckgerichtet geführt werden. Sie gelten für kleine Familienbetriebe und KMU ebenso wie für Großunternehmen und internationale Konzerne. Dabei können sowohl profitorientierte als auch gemeinwirtschaftliche Zielsetzungen (z. B. Non-Profit-Management) verfolgt werden.

Als typische Managementaufgaben gelten die Leitung, Gestaltung und Entwicklung der betreffenden Systeme und Personen. Hierzu sind Zielsetzungen, Entscheidungen und das Durchsetzen wichtige Aufgaben. Häufig werden Planung, Organisation, Führung und Kontrolle als die klassischen Aufgaben des Managements angesehen. Auch die Unterscheidungen von Sach- und Personalaufgaben sowie Struktur- und Prozessaufgaben des Managements sind weit verbreitet. Ferner werden Managementaufgaben in Bezug auf die betrieblichen Ebenen (Management-Hierarchien) und die verschiedenen funktionalen Teilbereiche differenziert (Management-Funktionen). Letztlich führen die verschiedenen Ansätze der Strukturierung des Managements zu einer Verfahrenslehre des Managements, die Management als permanenten Prozess betrachtet (Management-Prozess).

(3) Drei Dimensionen der modernen Managementlehre – Übersicht[4]

Als Grundstruktur der modernen Managementlehre werden zumeist folgende drei Dimensionen unterschieden, die eng miteinander verbunden sind und in den nächsten Abschnitten detailliert mit ihrer Bedeutung für Reisebüros dargestellt werden.

- **Management als Institution oder Person:** Management wird mit Personen oder Institutionen gleichgesetzt, die die entsprechenden Aufgaben wahrnehmen. Hierbei geht es im Wesentlichen um die Betrachtung der Trägerschaft und deren Eigenschaften und Qualifikationen sowie Aufgaben in Bezug auf das Management.

---

4 Die ausführliche Darstellung der verschiedenen Managementdimensionen erfolgt in FREYER 2008 (Reisebüro-Management) auf den Seiten 144–182.

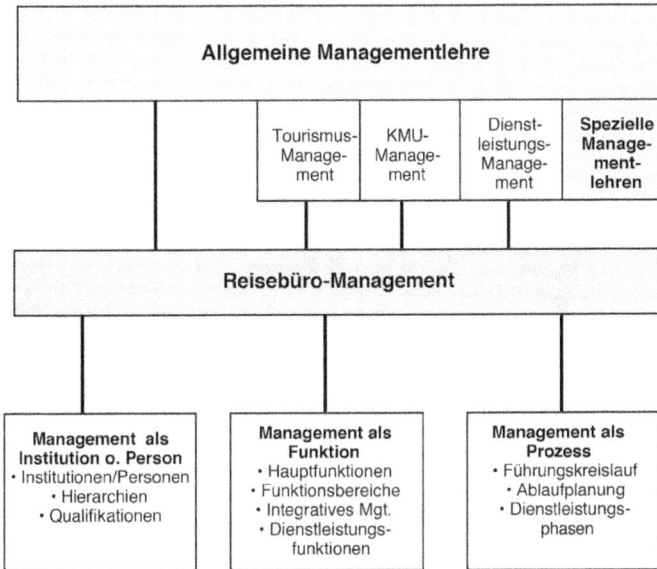

Abb. IV.17: Reisebüro-Management im Kontext von allgemeiner und spezieller Managementlehre

Diese Dimension der Managementlehre steht in engem Zusammenhang mit der personenbezogenen Führungslehre sowie den empirischen Untersuchungen zu Managementaufgaben (vgl. dazu genauer FREYER 2008: Abschnitt 1.2).

– **Management als Funktion:** Hierbei werden die verschiedenen Aufgaben und Funktionen betrachtet, die das Management wahrzunehmen hat. Dies erfolgt vorwiegend analytisch und statisch. Es werden zum einen allgemeine Managementfunktionen bestimmt (vgl. FREYER 2008: Abschnitt 1.3.1), zum anderen wird Management im Bezug zu den originären betrieblichen Funktionsbereichen gesehen, entweder als übergeordnete oder parallel gelagerte funktionale Aufgabe (vgl. ebd.: 1.3.2). Die aktuelle Diskussion bewegt sich zwischen der Konkretisierung verschiedener Managementfunktionen und der Entwicklung umfassender, sog. ganzheitlicher oder integrativer Managementmodelle (vgl. ebd.: 1.3.3). Als neuester Ansatz sind dienstleistungsorientierte Funktionen und die damit verbundene verstärkte Interaktion zwischen Dienstleistern und Kunden zu sehen (interaktives Management, vgl. ebd.: 1.3.4).

Ein *Beispiel* im Hinblick auf das Management von Servicequalität in Reisebüros findet sich in Abb. IV.18, wo einerseits die phasenorientierte Sichtweise (mit Potenzial-, Prozess- und Ergebnisphasen) enthalten ist und andererseits die Vielzahl der möglichen positiven und negativen Ereignisse im Sinne der „Moments of Truth" aufgezeigt wird.

– **Management als Prozess** (Verfahrenslehre des Managements): Das prozessorientierte Management betrachtet Entwicklungen und Veränderungen, die durch

| | Vorher | | | Vor Ort | | Nachher | |
	Vorab-Information	Gang zum Reisebüro	Beratung	Reise-Buchung	Verlassen des Reisebüros	Zuhause	Nach der Reise
Kritische Ereignisse	- Telefon ständig besetzt - Telefon läutet zu lange - Person am Telefon ist nicht kompetent - Kunde muss weiter verbunden werden; Wartezeit - Dem Kunden wird nicht aufmerksam zugehört, sein Informationsbedarf wird nicht erkannt - Keine Einladung zum persönlichen Beratungsgespräch - Zuviel, zu wenig oder das falsche Informationsmaterial wird verschickt - Name, Adresse falsch; Infomaterial erreicht den Kunden nicht - Stammkunden werden nicht mit Namen angeredet	- Reisebüro ist schlecht auffindbar (Firmenschild, Beleuchtung) - Fenster sind lieblos dekoriert - Eingang ist nicht einladend - Öffnungszeiten sind nicht kundenfreundlich - Öffnungszeiten werden akribisch eingehalten, auch wenn noch Kunde in letzter Minute kommt - Kunde wird beim Eintreten nicht bemerkt - Kunde wird längere Zeit stehengelassen	- Einrichtung lässt keine Gesprächssituation aufkommen, andere Kunden können jederzeit zuhören - Mitarbeiter stellt keine Gesprächssituation her durch Augenkontakt, Lächeln, Gesten - Kann keine Gesprächssituation herstellen, weil Möblierung es nicht zulässt und Schwellen aufbaut - Mitarbeiter hört dem Kunden nicht richtig zu - Unterstellt dem Kunden Bedürfnisse, die er gar nicht hat - Wirkt gehetzt, drängt auf Entscheidung - Präsentiert nicht alle Möglichkeiten von selbst, die für den Kunden in Frage kommen, beherrscht das Sortiment und die Verkehrsmöglichkeiten nicht - Hat Probleme mit dem Computer - Wird ständig durch das Telefon unterbrochen - Wird unfreundlich, wenn das Gespräch länger dauert bzw. absehbar ist, dass keine Reise gebucht wird	- Mitarbeiter kennt sich mit Reisevertrags-Formular nicht aus - Schaut in den Computer, ohne dass der Kunde weiß, was er macht - Füllt Formular aus, ohne dass der Kunde sieht, was er schreibt - Berechnet nicht den für den Kunden günstigsten Tarif/Preis - Verlangt Anzahlung bar und ohne Erklärung warum - Kann nicht angeben, wann Reiseunterlagen bereit sind - Versäumt, auf notwendige Impfungen, Devisenbestimmungen etc. hinzuweisen - Schielt schon nach dem nächsten Kunden - Vergisst persönlichen Glückwunsch zur gewählten Reise	- Kunde wird grußlos entlassen	- Reiseunterlagen kommen spät - Reiseunterlagen sind unvollständig bzw. falsch	- Kunde hört nie wieder etwas vom Reisebüro
Guter Service	- Wenn Telefon besetzt, Ansage mit „Bitte warten" oder aktuellen Reiseinformationen - Mitarbeiter am Telefon ist kompetent und freundlich - Hört aufmerksam zu, fragt nach, um möglichst präzise Informationen geben zu können - Bietet Termin für persönliches Gespräch im Reisebüro an; nennt Adresse, Öffnungszeiten und wie der Kunde am besten hinkommt - Nimmt Namen und Adresse des Kunden auf, fragt nach, um Fehler zu vermeiden - Infomaterial kommt schnell - Entschuldigung, falls Verzögerungen	- Reisebüro ist außen gut gekennzeichnet und beleuchtet; der Eingang ist leicht zu finden und einladend - Bei Eintritt wird der Kunde sofort begrüßt - Wenn alle Mitarbeiter beschäftigt, wenigstens kurzer Augenkontakt und Lächeln; mit einer Geste zum Sitzen auffordern - Wartezeit sofort entschuldigen und erklären - Wenn Reisebüro sehr voll, Kunden einen besseren Zeitpunkt anbieten - Wenn Kunde warten will, mit Getränk und Prospekten versorgen	- Die Reisebüroeinrichtung lässt Zweier-Gesprächs-Situationen zu, die Intimsphäre des Kunden wird gewahrt - Als Gesprächseröffnung überreicht Mitarbeiter dem Kunden seine Karte und stellt sich vor - Während des ganzen Gesprächs ungeteilte Aufmerksamkeit für den Kunden; keine Telefonate - Bedürfnisse des Kunden und Vorkenntnisse vom gewünschten Zielgebiet werden möglichst genau geklärt - Alle für diesen Kunden in Frage kommenden Möglichkeiten aus dem Sortiment des Reisebüros werden vorgestellt und erläutert - Auf spontane Änderungen in den Wünschen des Kunden geht der Mitarbeiter sofort und freundlich ein, auch wenn der Kunde keine Reise bucht	- Auch während der Abwicklung der Formalien bleibt der Kunde im Zentrum der Aufmerksamkeit des Mitarbeiters - Selbstverständlich wird die preiswerteste Variante errechnet - Der Mitarbeiter ist mit dem CRS vertraut und erklärt dem Kunden, was er jeweils macht - Füllt Buchungsformular routiniert aus und bezieht den Kunden beim Ausfüllen mit ein; notiert Telefonnummer, wo der Kunde am besten zu erreichen ist - Bittet höflich um Anzahlung, bietet verschied. Zahlungsmodalitäten an - Kann ziemlich genau angeben, wann die Reiseunterlagen fertig sind, fragt den Kunden, ob er sie zugeschickt haben oder abholen möchte - Gibt persönliche Hinweise und Empfehlungen zum Zielgebiet - Überreicht einen kleinen Reiseführer - Beglückwünscht den Kunden zu seiner Entscheidung - Bietet Hilfe an, falls etwas nicht klappen sollte	- Der Kunde wird zur Tür begleitet, „Auf Wiedersehen, Herr..., Frau ... danke für Ihren Besuch"	- Wenn die Reiseunterlagen verschickt sind, telefonische Nachfrage, ob alles in Ordnung ist oder ob noch Fragen sind - Nach der Reise telefonische Nachfrage, ob alles den Erwartungen entsprechend war, wenn nicht, Kunden beim Reklamieren beraten	- Nach der Reise... Hinweise auf neue Reise- und Buchungssaison

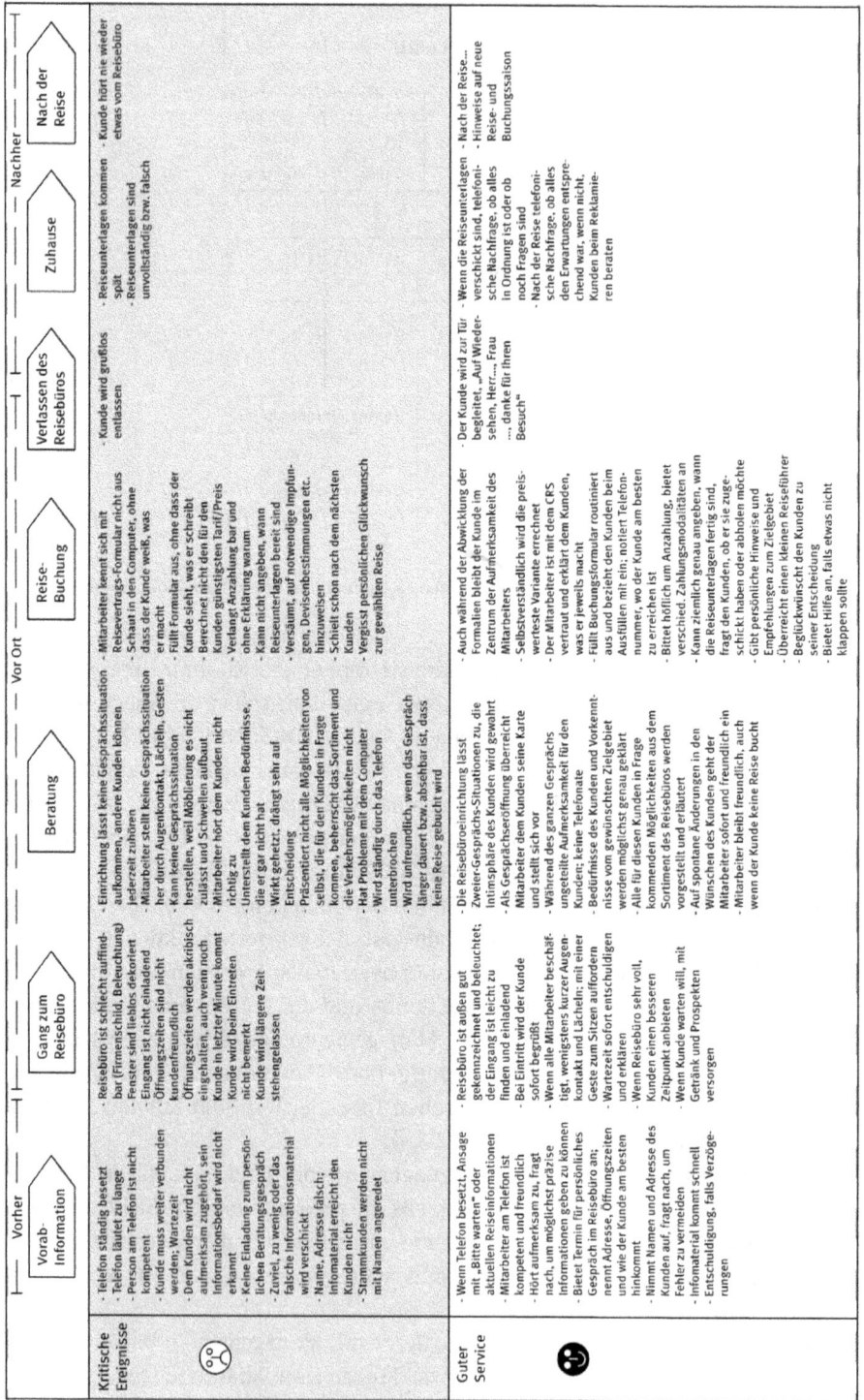

Abb. IV.18: Interaktionsorientiertes Management im Reisebüro (prozessorientiert) (Quelle: FREYER 2008: 173, nach ROMEISS-STRACKE 1995: 72 f.)

das Management bewirkt werden. Dazu entwickelt es Managementmethoden und Verfahren, die die Dynamik des Managements berücksichtigen. Diese Betrachtung ist als Weiterentwicklung, vor allem Dynamisierung, der funktionalen Ansätze zu sehen. Management wird als permanenter Prozess gesehen, der die längerfristige Führung und Leitung (das „Management") von Systemen sicherstellt. Hierzu ist ein Managementplanungsprozess zu betrachten, der Verfahren und Abläufe behandelt (vgl. dazu genauer FREYER 2008: Abschnitt 1.4).

Management in Reisebüros betrifft das zweck- und zielgerichtete Leiten, Gestalten und Entwickeln des Unternehmens.
Reisebüro-Management umfasst dabei **drei Dimensionen:**
- die mit Management beauftragten und tätigen **Personen und Institutionen:** *Wer* leitet/managed das Reisebüro?
- die verschiedenen Management**funktionen:** *Was* sind Managementaufgaben und -funktionen in Reisebüros?
- den Management**prozess:** *Wie*, nach welchen Prinzipien und Methoden, werden Reisebüros geleitet?

---

3 Historische Entwicklung des Reisevertriebs in Deutschland – vom selbstständigen Einzelreisebüro zu spezialisierten, gesteuerten Reisebüroorganisationen und Online-Vertriebskanälen

3.1 Reisebüros als alles umfassende Reisedienstleister mit teilweise hoheitlichen Funktionen

Kommerzielle Reiseorganisationen sind bereits aus dem Altertum bekannt und zwar sowohl für Privat- wie Geschäftsreisen, wobei letztere im Zuge der zunehmenden Handelsströme zunächst deutlich überwogen. Federführend bei der Reiseorganisation waren daher bis zum Ende des 19. Jahrhunderts primär Speditionen und Schifffahrtsagenturen, aus denen sich später Reisebüros im heutigen Sinne entwickelten (s. Kap. I.5) und SÜLBERG 2008: 35 ff.). Diese Reisebüros betrieben bis ca. 1950 alle Arten von Reisegeschäften: Sie veranstalteten selbst Reisen, zumeist Gruppenreisen per Bahn, Bus, Hochsee-, Fluss- und Luftschiff, vermittelten aber auch alle Arten von Tickets für Urlaubs-, Privat- und Geschäftsreisen und organisierten individuelle komplexe Reisen z. B. für Auswanderer. Auch die Beschaffung der Reisedevisen, die damals noch nicht voll konvertibel waren, sowie von Visa, die man für fast jede Auslandsreise benötigte, gehörte zu den klassischen hoheitlichen Aufgaben. Nicht zuletzt deshalb waren viele Reisebüros und Reisebüroketten im Besitz von Ländern, Gebietskörperschaften, Banken und anderen öffentlich-rechtlichen Organisationen. Die komplette Kompetenz des weltweiten Reisens lag bis zum Ende des Zweiten Weltkriegs ausschließlich in der Hand dieser Vollsortimentreisebüros, was ihnen eine hohe berufliche und fachliche Anerkennung einbrachte. Spezialisierte, selbstständige Reiseveranstalter gab es in Deutschland bis in die 50er-Jahre des letzten Jahrhunderts nur weniger.

Dies dokumentiert auch die Entstehung der deutschen Reisebüro Marktstrukturen. Zu Beginn des 20. Jahrhunderts unterhielten in Deutschland die beiden Reedereien der Hamburg-Amerika-Linie und des Norddeutschen Lloyd ein umfangreiches Netz von Niederlassungen mit kleinen Reiseabteilungen, die in den Folgejahren weiter ausgebaut und verselbstständigt wurden. Zu dieser Zeit ergriffen dann auch die Deutschen Staatsbahnen die Initiative zur Schaffung eines Verbundes von Reisebüros. Die Königlich-Bayerische Staatsbahn-Verwaltung erwarb 1910 das Reisebüro der Speditionsfirma Schenker & Co. und legte damit den Grundstein für die Bayerische Reisebüro GmbH, das spätere **amtliche bayerische Reisebüro (abr)**, das Ende 1996 mit der Deutsches Reisebüro GmbH verschmolzen wurde. Weitere Gründungsgesellschafter waren der Norddeutsche Lloyd, die britische Firma Thomas Cook und die Baye-

https://doi.org/10.1515/9783110481457-031

rische Handelsbank. Am 17. Oktober 1917 gründeten die deutschen Regierungen mit Staatsbahnbesitz (die spätere Deutsche Reichsbahn) zusammen mit den großen deutschen Schifffahrtsgesellschaften Hamburg-Amerika-Linie und Norddeutscher Lloyd das Deutsche Reisebüro. Dieses Unternehmen wurde nach dem Beitritt ungarischer und österreichischer Gesellschafter in **Mitteleuropäisches Reisebüro (MER)** umbenannt. Die Passage- und Reisebüros der Hamburg-Amerika-Linie und des Norddeutschen Lloyd, die jeweils Beteiligungen an abr und MER unterhielten, wurden 1941 zu einer gemeinsamen Reisebüroorganisation zusammengefasst und ab 1948 unter der Firmierung **Hapag Lloyd-Reisebüro** fortgeführt (die Fusion der beiden Reedereien erfolgte 1970). Auch einzelne selbstständige Reiseunternehmen hatten von den Eisenbahnen und Reedereien eine Erlaubnis zum Verkauf von amtlichen Fahrkarten und Schiffspassagen erhalten.

Von den Auswirkungen des Zweiten Weltkriegs wurde das MER besonders hart getroffen. Aufgrund eines Beschlusses des Alliierten Kontrollrates verlor das MER seine sämtlichen Auslandsniederlassungen und musste seine Tätigkeiten auf das Inland beschränken. Zugleich wurde es umbenannt in **Deutsches Reisebüro (DER)**. Erst 1954 mit Inkrafttreten der Pariser Verträge erhielt das DER die Erlaubnis zur Wiederaufnahme von Auslandsgeschäften. Die MER-Zentrale in Ost-Berlin und die auf dem Gebiet der damaligen DDR befindlichen Reisebüros wurden enteignet bzw. als Staatsbetriebe fortgeführt und 1964 in **VEB Reisebüro der Deutschen Demokratischen Republik** umbenannt. Seit der Wiedervereinigung Anfang 1990 firmierte das Unternehmen als Reisewelt bzw. Europäisches Reisebüro GmbH und 100%ige Beteiligung der Kaufhof-Tochter ITS Reisen GmbH. 1995 wurden die ostdeutschen Reisewelt-Büros an den REWE-Konzern veräußert, der damit seit 1990 die Reisebürokette Atlasreisen von 20 auf über 500 Vertriebsstellen ausgebaut hatte. Auch die bisherigen Reisewelt-Büros sowie die Kaufhausreisebüros von Kaufhof und Horten wurden ab 1996 unter der Marke **Atlasreisen** fortgeführt. Ironie der Geschichte: Eine konzerninterne Wiedervereinigung fand im Jahr 2000 statt, als die REWE das DER von der Deutsche Bahn AG erwarb und die DER-Reisebüros ihre alten Filialen in den neuen Bundesländern – nun unter der Marke Atlasreisen agierend – wieder integrieren konnten. Dieses Ziel hatte ihnen die Treuhandanstalt 1990 durch Nichtanerkennung der Restitutionsansprüche noch verweigert.

3.2 Ausgliederung der Veranstalterfunktionen und Etablierung der Vertriebsbindung

Der Rückgang der Bedeutung der Reisebüros setzte durch die schrittweise Spezialisierung und Ausgliederung einzelner Geschäftsfelder und Funktionen ein. Im ersten Schritt geschah dies im Verlauf der 50er-Jahre, als viele große selbstständige Reisebüros, aber auch Reisebüroketten wie DER, abr und Hapag Lloyd ihre Veranstaltertätigkeiten ausgliederten und in Tochtergesellschaften namens Touropa, Hummel, Scharnow, Dr. Tigges und Airtours ausgliederten, um den hohen Aufwand und die finanziellen Risiken des wachsenden Pauschalreisegeschäfts auf eine breitere Geschäftsbasis zu stellen. Am Ende dieses Ausgliederungs- und Risikoumschichtungsprozesses wurden diese Veranstalter 1967 unter dem Dach der Touristik Union International (TUI) zusammengefasst, deren Kapitalanteile bis weit in die 90er-Jahre im Besitz der Reisebürogesellschaften blieb (vgl. Kap. I.3 und SÜLBERG 2008: 38 ff). Die verbleibenden Reisebüros konzentrierten sich nach Ausgliederung der Veranstaltertätigkeit auf das Vermittlungsgeschäft mit einem breiten Sortiment aus Urlaubs-, Privat- und Geschäftsreisen. Sie waren **klassische Vollreisebüros** und steuerten die touristischen Umsätze bevorzugt auf die eigene Tochtergesellschaft TUI, die neben den Provisionserlösen Jahr für Jahr hohe Beteiligungsergebnisse abwarf.

Neben diesen klassischen Vollreisebüros entstand in den 60er-Jahren eine Vielzahl reiner **Touristikreisebüros** unter der Federführung der Handelskonzerne Neckermann, Quelle, Karstadt, Horten, Hertie, Kaufhof und Otto, die ebenfalls zu den Pionieren des Reiseveranstaltergeschäfts gehörten.

Neckermann war mit der gleichnamigen Veranstaltermarke 1965 der Vorreiter und baute ein eigenes Netz von Touristikagenturen auf, weil die klassischen Vollreisebüros der TUI-Gesellschafter ihr Vertriebsnetz nicht für Neckermann öffneten. Quelle und Karstadt sowie Horten gründeten Ende der 60er-Jahre den Veranstalter **Transeuropa** und brachten diesen nach einigen erfolglosen Versuchen im freien Reisevertrieb außerhalb ihrer Kaufhäuser in die TUI ein, wurden deren Gesellschafter und konnten damit auf deren renommiertes Vertriebsnetz zurückgreifen. Auch Kaufhof und Hertie gründeten 1970 mit **ITS Reisen** einen eigenen Reiseveranstalter, der primär über das eigene Kaufhausnetz vermittelt wurde. Als sich dieser Vertriebsweg als zu schmal erwies und sowohl TUI als auch Neckermann den Vertrieb von ITS Reisen über das jeweils eigene Agenturnetz mit Verweis auf exklusive Handelvertreterverträge ihrer Agenturen verweigerten, bauten Kaufhof und Hertie ihr Vertriebsnetz mithilfe des Otto-Versandes sowie von Lotto-/Toto-Vertriebsstellen und bislang noch ungebundenen reinen Touristikagenturen aus. Damit war in Deutschland eine Vertriebsbindung etabliert, die den Zugang weiterer Reiseveranstalter ohne eigenes Vertriebsnetz praktisch unmöglich machte.

Der Reiseboom der neuen, zumeist branchenfremden touristischen Vertriebsformen bot bis Anfang der 80er-Jahre noch ausreichend Expansionsmöglichkeiten, ohne dem klassischen Reisebürofachhandel spürbar Marktanteile zu entziehen. Die fortwährende Ausweitung von Reisevertriebsstellen führte jedoch zunehmend zu einem Verdrängungswettbewerb, dem die selbstständigen, nicht organisierten Reiseagenturen auf Dauer kaum gewachsen waren. Auch die Expansionschancen von Neckermann und ITS erwiesen sich als unzureichend und zu gering, weil die TUI fast alle großen Reisebüroketten und die kompetenten Vollreisebüros als Gesellschafter an sich gebunden hatte. Mitte der 80er-Jahre klagten darum Neckermann und ITS beim Bundeskartellamt auf **Aufhebung der Vertriebsbindung.** Gegen die nach mehrjährigem

Rechtsstreit von den deutschen Kartellbehörden aufgehobene Vertriebsbindung legte die auf die komfortable besitzstandswahrende Regelung bedachte TUI Widerspruch ein. Erst als das Einspruchsverfahren vom deutschen an das europäische Kartellamt delegiert wurde, das eine Öffnung der Märkte betrieb, zog TUI den Einspruch zurück. Seit dem 1. November 1994 kann jedes Reisebüro in Deutschland mit jedem beliebigen Reiseveranstalter einen Agenturvertrag auf Handelsvertreterbasis zu den darin geregelten Bedingungen abschließen. Dieser vermeintliche wirtschaftliche Vorteil erwies sich für die Reisebüros als Pyrrhussieg und führte zum nächsten gravierenden Schritt vom einstmals hoch kompetenten Reiseunternehmen in die zunehmende Bedeutungslosigkeit.

3.3 Marktkonzentration durch Expansion von Reisebüroketten sowie vertikale Integration mit Veranstaltern und Leistungsträgern nach Aufhebung der Vertriebsbindung

Diese Liberalisierung des touristischen Reisevermittlungsmarktes hatte in den 90er-Jahren einen rasanten Konzentrationsprozess zur Folge, weil die Veranstalter nunmehr versuchten, Reisebüroketten und starke selbstständige Einzelreisebüros als Filialen zu erwerben und über veranstalterbezogene vertikale Franchisesysteme oder zumindest über sortimentsbezogene Kooperationsmodelle an sich zu binden. Parallel zur vertikalen erfolgte eine horizontale Konzentration. Während die großen Reisebüroketten bereits seit Mitte der 80er-Jahre durch Zukäufe und Neueröffnungen ihre Vertriebsnetze kontrolliert ergänzten, wurde seit Beginn der 90er-Jahre u. a. auch durch die Integration Ostdeutschlands die Politik einer flächendeckenden Präsenz zur dominanten Strategie erhoben. In einem überhitzten Markt verkauften viele mittelständische Reiseunternehmer zum Teil zu völlig überzogenen Preisen ihre Unternehmen an die großen Reisebüroketten, die damit ihre Vertriebsnetze stark ausweiteten. Dieser Konzentrationsprozess verschärfte sich weiter, indem große Ketten kleinere aufkauften und sich auch Veranstalter und Leistungsträger um den Kauf und die Kontrolle eigener stationärer Reisebürovertriebswege bemühten. Das Ranking der deutschen Reisebüroketten auf Basis der Umsätze von 1990, 1997 und 2015 ist unter Einbeziehung der Veränderungen durch die Lagerbildung in Abb. IV.19 dargestellt.

Abbildung IV.19 veranschaulicht drastisch, wie 1990 die rund 30 größten Reisebüroketten durch Aufkäufe und Fusionen zu nur noch sechs bis acht zum Teil marktbeherrschenden Reiseorganisationen zusammengefasst worden sind. Mit einem weiteren Spezialisierungsschritt spalteten die Reiseveranstalter und großen Reisebüroketten die stationären Reisebürostandorte vom Business-Travel-Geschäft ab, das als reines B2B- und Maklergeschäft nicht mehr zum Kerngeschäft mit der Urlaubsreise passte. Die Geschäftsreisen wurden zumeist in separaten Beteiligungsgesellschaften fortgeführt und mit Ausnahme der DER Business-Travel-Sparte im Laufe der Jahre an die globalen Geschäftsreisespezialisten Carlson Wagonlit Travel (CWT), American Express (Amex), HRG (Hogg Robinson Group) und BCD Travel (vormals TQ3) verkauft. Dies hatte einen weiteren Kompetenzverlust der klassischen Reisebüros zur Folge (vgl. Kap. IV.4.1.2). Aber auch im verbleibenden stationären Reisebürogeschäft beschleunigte sich die Konzentration. So erwarb 1995 die **Karstadt AG** 51 % der Anteile an der 100%igen Lufthansa-Beteiligung Eurolloyd. Mit der Übernahme der Kaufhaus-Reisebürokette Hertie kamen auch deren Reisebüros zum Karstadt-Konzern.

Durch eine konzerninterne Neuordnung übernahm die **Deutsches Reisebüro GmbH** von der Muttergesellschaft DB 1995 alle Anteile an der Reisebüro Rominger GmbH und 1996 alle Anteile an der abr Reisebüro GmbH, die ab 1998 ausschließlich unter der gemeinsamen Marke DER Reisebüro fortgeführt wurden.

Die REWE-Beteiligung **Atlasreisen**, die seit 1989 ihr Vertriebsnetz überwiegend durch Neugründungen von 20 auf über 500 Reisebürobetriebsstellen ausgeweitet hatte, übernahm 1995 die Reisebürobetriebsstellen von Kaufhof und Horten sowie die ostdeutschen Reisebüroketten Reisewelt, Palm-Touristik und Jugendtourist, die nunmehr allesamt unter der Marke Atlasreisen agierten. Seit 2000 stehen DER Reisebüro und Atlasreisen unter dem Dach der **REWE-Group** unter gemeinsamer strategischer und operativer Führung und bilden gemeinsam mit dem Franchisesystem DERPART und Atlasreisen Partnerunternehmen sowie den DTPS-Kooperationen TourContact, Protours/RCE, Deutscher Reisering und seit 2011 den Karstadt-Reisebüros und den ADAC-Reisebüros das größte deutsche Reisebürovertriebsnetz.

American Express erwarb 1994 sämtliche Geschäftsreiseaktivitäten von **Thomas Cook** sowie die Schenker-Reisebüros, nachdem die DB den Transport- und Logistikkonzern Schenker an die zum Veba-Konzern gehörende Rhenus Spedition verkauft hatte. Die deutsche Thomas Cook Reisebüro GmbH übernahm 1993 die schwerpunktmäßig in Norddeutschland tätige Reisebürokette Auto Fischer und nach Ausgliederung der Geschäftsreisesparte 1995 zu Amex die Verbrauchermarktreisebüros von Metro/Finass. Amex verkaufte 1998 seine deutschen Reisebüroladengeschäfte ebenso wie 2007 Kuoni seine verbliebenen stationären deutschen Reisebürofilialen an Reiseland GmbH (100 % Otto Versand).

Die 73 vom Reiseveranstalter **FTI** 1996 gegründeten TVG-Reisebüros (Touristik Vertriebs Gesellschaft) wurden 2010 an die Raiffeisen Vertriebsgesellschaft, eine 100 %-Beteiligung der Volks- und Raiffeisenbank Altötting verkauft. Das Franchisesystem mit den Marken Flugbörse und Sonnenklar TV mit 184 Reisebüros bleibt bestehen und soll von FTI weiter ausgebaut werden. 2015 übernahm die Raiffeisen Vertriebsgesellschaft schließlich die Reisevertriebsorganisation Reiseland vom Otto-Konzern, der sich damit vollständig aus der Touristik zurückzog. Die aktuelle Konzentration zwischen den Reisebüroketten veranschaulicht Abb. V.33.

1990	Umsatz in Mio. Euro	1997	Umsatz in Mio. Euro	2009		Umsatz in Mio. Euro	2015		Umsatz in Mio. Euro
1. Hapag-Lloyd Reisebüro	652	1. First	TUI 3.240	1. DER Reisebüro [3]	E	REWE 3.937	1. DER Reisebüro	E	DER 4.503
2. Deutsches Reisebüro	431	BS&K		Atlasreisen (2000)	E+F		Atlasreisen (2000)	E+F	
3. abr Reisebüro	386	Hartmann		FCm DER Travel Solutions [2]	E+F		FCm DER Travel Solutions	E+F	
4. Karstadt Reisebüro	281	Kuoni Rsb. D (nur 1997)		DERPART Rsb	F		DERPART Rsb	F	
5. Euro Lloyd Rsb.	223	Hapag Lloyd (1997)		DERPART Travel Service [2]			DERPART Travel Service	F	
6. Bangemann/Strickrodt/Kahn	183	Thomas Cook (1996)		RSG (2000)	K		DTPS (früher RSG 202-2013) [4]	K	
7. NUR Reisebüro	171	Auto Fischer (1993)		2. RTK [7]		QTA 3.124	Karstadt Reisebüro [8]	K	
8. Reise Quelle	170	Metro/Finass (1995) [1]		Schmetterling	K		ADAC Reisebüro	F+K	
9. Thomas Cook Rsb. Deutschl.	155	2. Deutsches Reisebüro	DER 1.475	Best Travel	K		Reisebüro im Bahnhof	K	
10. Rominger	144	abr (1995)		3. Hapag Lloyd Rsb.	E	TUI 2.837	2. Hapag Lloyd Rsb.	E	TUI 3.568
11. Reisewelt/Palm/Jugendtour	123	Rominger (1992)		FIRST Reisebüro	E+F		FIRST Reisebüro	E+F	
12. Hartmann	119	DERPART Reisebüro		Discount Travel	E		Discount Travel	E	
13. American Express	116	Enzmann (1994)		FIRST Business Travel [2]	F		DIRST Business Travel	F	
14. Kaufhof Reisebüro/ITS	96	GOIReisen (1994)		TUI Reise Center	F		TUI Reise Center	F	
15. Dr. Tigges/Panopa	92	3. Karstadt Reisebüro	Karstadt Konzern 1.287	TUI Travel Star (2003)	K		TUI Travel Star (2003)	K	
16. Neckermann Versand Rsb.	80	NUR Reisebüro		4. TSS	K	TMCV 2.434	3. RTK	K	QTA 3.170
17. Wagonlit	65	Neckermann V. Rsb		AER	K		Schmetterling	K	
18. First Reisebüro	63	Euro Lloyd (1995-1997) [1]		5. LH City Center Rsb.	E	LHCC 1.830	4. LH City Center Rsb.	E	LHCC 2.382
19. Hertie Reisebüro/ITS	62	Blum (1993) [1]		LH City Center BT [2]	F		LH City Center BT	F	
20. Atlasreisen	61	Hertie (1995) [1]		6. BCD Travel (2006) [2][5]	E	BCD 1.465	5. BCD Travel (2006)	E	BCD 1.780
21. Brune	56	4. Atlasreisen	REWE Atlasreisen 825	7. Karstadt Reisebüro [8]	E	Karstadt Th. Cook 1.439	6. TSS	K	TMCV 1.727
22. Kuoni	54	Kaufhof Reisebüro (1995) [1]		Reise Quelle	E		AER	K	
23. Reisebüro Horten	48	Reisewelt/Palm/JT (1995) [1]		Neckermann Urlaubswelt	E		7. Thomas Cook Rsb.	E	Th. Cook 1.480
24. Schenker Renus	41	Resebüro Horten (1995) [1]		Thomas Cook Rsb.	E		Holiday Land	F	
25. Alpha Reisebüro	37	5. American Express	Amex 634	Holiday Land	F		Neckerm. Partner/Alpha Rsb.	K	
26. Auto Fischer	36	Th. Cook Busi. (1994)		Neckerm. Partner/Alpha Rsb.	K		8. Carlson Wagonlit	E	CWT 930
27. Metro/Finass	33	Schenker Rhe. (1993)		8. Reiseland	E+F	Otto Freizeit und Touristik 759	9. Best Travel	E	Best-Reisen 904
28. Sato Travel	31	RAK/Lifeco (1993)		Eurolloyd Rsb (2007)	E		10. Reiseland	E+F	Otto FT 521
29. Brewo	29	6. Carlson Wagonlit	CWT 398	Travel Overland (2001)	E		Eurolloyd Rsb (2007)	E	
30. GOIReisen	28	Brune (1994)		DB Touristik Center (2005)	K		Travel Overland (2001)	E	
31. RAK/Lifeco	26	Sato Travel (1994)		American Expr. Rsb. (1998)	E		DB Touristik Center (2005)	K	
32. Blum	20	7. Reise Quelle	Quelle 175	9. Carlson Wagonlit [2]	E	CWT 786	American Expr. Rsb. (1998)	E	
		8. Reiseland	Otto F&T 144	10. Hogg Robinson [2][6]	E	HRG 442	11. Flugbörse/TVG/SonnenklarTV	E+F	FTI 439
		9. Allkauf	Allkauf 123	11. Flugbörse/TVG/SonnenklarTV	E+F	FTI 321	12. Hogg Robinson	E	HRG 424
		10. Flugbörse	FTI 115	12. American Express BT [2]	E	mex 310	13. American Express BT	E	mex 400

1) Diese Reisebüroketten erzielten vor der Neuordnung folgende Umsätze: Kaufhof 112 Mio. €, Hertie 61 Mio. €, Horten 51 Mio. €, Metro/Finass 82 Mio. €, Reisewelt/Palm/JT 199 Mio. €, Blum 31 Mio. €
2) Ausschließlich Business Travel
3) E=Eigentümerkette; F=Franchise-Organisation; K=Reisebüro-Kooperation
4) DTPS - DER Touristik Partner Service; Kooperationsmitglieder: TourContact, Protours/RCE, Deutscher Reisering, (bis 2013 RSG)
5) Der niederländische Business Travel Konzern BCD erwarb 2006 den deutschen BT-Marktführer TQ3 von TUI
6) Die britische Business Travel Organisation Hogg Robinson übernahm 2006 den deutschen BTI Eurolloyd Business Center von Kuoni
7) Zur RTK zählen auch die Reisebüros von TUI Travel Star (TUI) und Neckermann Partner (Cook); ab 2010 kommen zusätzlich 554 TVG-Büros (FTI) sowie die Kooperation Prima Urlaub (bisher RSG) hinzu.
8) Ab 2010 scheiden die Karstadt Reisebüros bei Thomas Cook aus und werden Mitglied von DTPS.

Abb. IV.19: Konzentration deutscher Reisebüroketten 1990 bis 2015 (Quelle: Eigene Darstellung DER Touristik Marktforschung)

3.4 Beschleunigung der Marktkonzentration durch abgestufte Bindungsmodelle von Ketten, Franchiseorganisationen und Kooperationen

Die Konzentration des Reisemittlermarktes beschleunigte sich weiter durch die Zusammenschlüsse selbstständiger Reisebüros zu Kooperationen und Franchisesystemen. Gab es 1990 noch vier Kooperationen und ein Franchisesystem, so waren es 1996 bereits rund 25 derartige Organisationen. Pioniere und Marktführer sind nach wie vor die Franchiseorganisationen Kooperation **DERPART Reisevertrieb** GmbH (Gründung 1979) und **First** (Gründung 1976). Die West LB übernahm 1996 20,1 % der Anteile an First und brachte ihre deutsche Reisebürokette Thomas Cook Reisebüro GmbH als neuen Franchisepartner mit ein. Ende 1998 veräußerten die mittelständischen First-Gesellschafter die restlichen 79,9 % vollständig an die TUI. Darüber hinaus gründeten Anfang der 90er-Jahre die Lufthansa mit Lufthansa City Center und die TUI mit TUI Urlaubs Center zwei neue vertikal orientierte Franchisesysteme, die ebenso wie viele andere Neugründungen einen erheblichen Zulauf von mittelständischen, selbstständigen Betrieben verzeichneten. Auch renommierte Reisebüroketten, die vorerst keine Chance hatten, einen flächendeckenden Vertrieb in Deutschland zu erzielen, schlossen sich vorübergehend in Kooperationen oder Franchisesystemen an, wie z. B. die deutsche Kuoni-Tochtergesellschaft Travel Vision an First und die deutschen Carlson-Wagonlit-Büros an die QTA.

Waren 1990 nur 2.300 aller Reisebüros (Anteil 30 %) in Ketten oder Franchisesystemen organisiert (davon 1.520 bzw. 20 % Ketten und 770 bzw. 10 % Franchise), so waren 2002 bereits 32 % Ketten und Franchisenehmer (insgesamt 4.130) und zusätzlich 27 % (3.500) Kooperationen angeschlossen. Im Jahr 2010 gab es kaum noch ungebundene Reisebüros (insgesamt nur 10 % bzw. 915); während der Anteil der Ketten auf 17 % (1.647) leicht zurückging, stieg der Anteil der Franchisenehmer auf 19 % (1.791) und der Kooperationsbüros gar auf 55 % (5.216). Zwischen 2010 und 2015 hat sich an dieser Systemstruktur des Reisebüromarktes fast nichts verändert. Lediglich die Zahl der Reisebüros ist um 500 weiter zurückgegangen und der Anteil der ungebundenen Reisebüros ist um weitere 3 % zugunsten der Kooperationen gesunken, sodass es nur 620 freie Reisebüros gibt (Vgl. Abb. IV.20).

Die sechs großen Reisebüroketten erwirtschaften dabei ebenso wie die zehn Franchisesysteme einen Umsatzanteil von jeweils 30 % und die 13 Kooperationen, die in drei Systemen zusammengefasst sind von weiteren 35 %; die nichtorganisierten Reisebüros kommen auf einen Umsatzanteil von nur 5 %. Diese Konzentration in einem seit 2001 schrumpfenden Reisebüromarkt dokumentiert einerseits die Solidarisierung des Vertriebs in konzernneutralen Vertriebsorganisationen und andererseits die Bindungsbereitschaft von Reisebüros an die Konzernveranstalter (s. Abb. V.34). Es ist derzeit noch nicht auszumachen, welche der beiden strategischen Bewegungsrichtungen zukunftsweisend sein wird. Die Notwendigkeit zur Organisation in Kooperationen

	Zahl der Reisebüros 2015	Zahl der Reisebüros 2010	Zahl der Reisebüros 1990	Anteil in % 2015	Anteil in % 2010	Anteil in % 1990
Reisebüroketten	1.643	1.647	1.523	17,9%	17,2%	19,8%
Reisebüro-Franchise	1.768	1.791	774	19,4%	18,7%	10,1%
Reisebüro-Kooperation	5.059	5.216	–	55,7%	54,5%	–
Systemgebundener Vertrieb	8.470	8.654	2.297	93,2%	90,4%	29,8%
ungebundene Reisebüros	620	915	5.403	6,8%	9,6%	70,2%
Gesamtmarkt	**9.090**	**9.569**	**7.700**	**100%**	**100%**	**100%**

Abb. IV.20: Struktur des deutschen Reisebüromarktes 1990 bis 2015 (Quelle: DRV-Vertriebsdatenbank)

dokumentiert jedoch die Schwäche des Reisebürovertriebs seit dem Machtübergang auf die Veranstalter und Leistungsträger und deren Direkt- und Alternativvertriebsformen.

Durch den zunehmenden Online-Vertrieb seit dem Jahrtausendwechsel verlagern sich schleichend, aber kontinuierlich Umsatzanteile vom stationären Reisebüro zu Reisebüroportalen, Hotelportalen und in den Online-Direktvertrieb der Leistungsträger. Vor allem die Airlines und die Deutsche Bahn betreiben diese Verlagerung verstärkt seit 2005, in dem sie keine Provisionen mehr bezahlen, sodass die Reisebüros ähnlich wie im Geschäftsreiseverkehr Ticket- oder Servicegebühren von den Kunden erheben müssen. Aus diesem Grund haben in den vergangenen Jahren die verbliebenen nur noch rund 2.000 klassischen Vollreisebüros ihre Bahn- und IATA-Lizenzen vermehrt zurückgegeben und damit einen weiteren Teil ihrer einstmals hohen Kompetenz aufgegeben. Da die stationären Reisebüros bislang auch kaum im Vertriebskanal Internet Erfolge aufweisen können, sondern dieses Feld den Online-Portalen überlassen haben, scheint der weitere Weg in die Bedeutungslosigkeit kaum aufzuhalten zu sein. Das letzte Feld der Kompetenz, die fachliche, vertrauliche und persönliche Beratung dürfte das Internet allerdings nicht streitig machen, wenn die Reisebüros ihre Qualifikation weiter ausbauen, denn die fünf wichtigsten Gründe für die Nutzung eines Reisebüros sind durch das Internet kaum zu ersetzen (s. Abb. IV.21 und Abb. IV.22).

3.5 Spezialisierung in stationäre Reisebüros und Business-Travel-Dienstleister mit differenzierten Geschäftsmodellen

Die internationale Expansion des Reisevermittlergewerbes konzentriert sich seit der Jahrtausendwende fast ausschließlich auf den **Geschäftsreiseservice.** Bereits Ende der 90er-Jahre wurde deutlich, dass es einem klassischen Reisebüro kaum noch möglich war die Geschäftsreisenetats größerer nationaler Kunden mit bundesweiten

Niederlassungen und Beteiligungen, geschweige denn einen solchen internationaler Konzerne abzuwickeln. Da diese Kunden i. d. R. eigene Sonderraten mit Airlines, Hotels und Mietwagenfirmen haben, erwies sich das klassische Geschäftsmodell als Handelsvertreter auf Provisionsbasis als unpraktikabel. Die Großkunden kassierten die Provisionen – solange sie noch gezahlt wurden – zumeist direkt ein und honorierten die Geschäftsreisedienstleister auf Basis von Management-Fees oder Transaction-Fees als Kostenerstattung für vertraglich vereinbarte komplette Dienstleistungspakete oder Vorgänge. Die daraus resultierenden hohen Anforderungen an die Ausbildung des Personals, die internen Abwicklungsprozesse sowie spezialisierte Soft- und Hardware-Systeme waren mit dem üblichen, eher urlaubsorientierten, stationären Reisebürogeschäft nicht mehr vereinbar. Daher gliederten fast alle Reisebüroketten ihren Geschäftsreiseservice in separate Beteiligungen oder Geschäftseinheiten aus, die teilweise später an internationale Spezialisten wie American Express, Carlson Wagonlit, BCD Travel oder BTI verkauft wurden oder aber als Kooperations- und Franchisepartner vergleichbaren internationalen Verbünden beitraten.

Mit der stärkeren **Internationalisierung des Firmenreisegeschäfts** und der zunehmenden **Bündelung der Reiseaktivitäten** international operierender Großkonzerne gewann die Sicherstellung eines weltweit 24 Stunden arbeitenden Servicenetzes zunehmende Bedeutung. Allein für diesen Zweck ein internationales Vertriebsnetz aufzubauen, ist weder finanzierbar noch wirtschaftlich sinnvoll. Daher haben große Reisebüroketten weltumspannende Kooperationen gegründet, wobei jedes Land nur durch eine möglichst flächendeckend arbeitende Reisebürokette repräsentiert wird. Der jeweilige Partner genießt dabei nationale ggf. teilkontinentale Exklusivität innerhalb des Verbundes. Auf Gegenseitigkeitsbasis besorgen die einzelnen Unternehmen Reiseleistungen für Firmenkunden eines Kooperationspartners und betreuen deren Geschäftsreisende im Zielland. Der jeweilig entstandene Aufwand wird zwischen den Partnern verrechnet, sodass ein Firmenkunde oder Konzern nur mit seinem Heimat-Reisebüro abrechnet und kommuniziert. Die weltweite Online-Kommunikation wird vor allem mithilfe von internationalen Travel-Managementsystemen sichergestellt, deren Verfügbarkeit und einheitlicher Standard für alle Partnerunternehmen Grundvoraussetzung ist. Als Schwachpunkt der internationalen Verbünde erwies sich in den vergangenen Jahren, dass die jeweiligen nationalen Partnerunternehmen als wirtschaftlich selbstständige Unternehmen nahezu beliebig zwischen den verschiedenen Organisationen wechselten (zumeist von einer schwächeren zu einer stärkeren) oder ihr Unternehmen sogar an Wettbewerber mitsamt der Kundenetats verkauften.

Bereits 1994 fusionierten die beiden weltweiten Marktführer **American Express** (Nr. 1) und **Thomas Cook** (Nr. 3) ihre Geschäftsreiseaktivitäten ebenso wie die Nr. 2 und Nr. 4 **Carlson Travel** und **Wagonlit.** Diese beiden Konglomerate dominieren in fast allen wichtigen Industrieländern die Geschäftsreisemärkte. In Deutschland ist ihr Einfluss (vgl. Abb. V.31) allerdings relativ gering. Daneben machte sich lediglich die Schweizer **Kuoni AG** über ihre deutsche Tochtergesellschaft und die 1995 von Lufthansa und Karstadt erworbene Reisebürokette **Eurolloyd** als ausländische

Reisebüroorganisation und Gesellschafter der Geschäftsreisen-Kooperation BTI Business Travel International bemerkbar. Kuoni verkaufte 2005 seine BTI-Anteile einschl. seiner Geschäftsreisebüros in Deutschland und der Schweiz an den britischen BTI-Mitgesellschafter **Hogg Robinson,** der diese unter dem Namen **HRG** weiter betreibt. Die stationären deutschen Euro-Lloyd-Reisebüros veräußerte Kuoni 2007 an Reiseland.

Im Rahmen der umfangreichen Neuordnung ihrer integrierten Konzerngesellschaften gliederte die TUI 1999 die auf Geschäftsreisen spezialisierten Hapag Lloyd- und First-Filialen in eine separate Gesellschaft aus, die sich ausschließlich als Geschäftsreisedienstleister betätigte. Diese Gesellschaft beteiligte sich 2002 an dem nach Amex und CWT und vor BTI größten internationalen Business-Travel-Verbund TQ3 (Mitgesellschafter u. a. mit Navigant/USA, Maritz/USA, Protravel/Frankreich, The Travel Company/Großbritannien) und benannte sich entsprechend um. Auch TUI trennte sich wie Kuoni 2005 vollständig von der Geschäftsreisensparte und veräußerte diese an die niederländische **BCD Travel,** nachdem CWT die stärksten Partner Navigant und Protravel des **TQ3-Verbundes** erwarb und damit seinen Rückstand auf den weltweiten Marktführer Amex verringerte. Auch Maritz/USA und The Travel Company/Großbritannien wurden von BCD gekauft. Unabhängig von TQ3 blieb bis 2007 das Business-Travel-Geschäft der First-Franchisenehmer. Diese gliederten nun ebenfalls ihre Geschäftsreiseaktivitäten aus den stationären Reisebüros aus und traten als deutsche Franchiseorganisation American Express bei, wobei Amex die Großkunden und First die kleinen, mittelständischen Unternehmen (KMU) arbeitsteilig betreuen. Diese Zusammenarbeit wurde allerdings bereits nach 3 Jahren wieder beendet.

Das **DER** gliederte nach der Integration von abr und Rominger 1998 ebenfalls seine auf Geschäftskunden spezialisierten Reisebüros als eigene Geschäftssparte aus, die sich zunächst als deutscher Franchisenehmer dem internationalen Verbund GTM/Maritz anschloss. Als Maritz 2000 zu TQ3 wechselte und dabei weitere Partner wie u. a. Protravel/Frankreich mitnahm, trat DER Business Travel bis 2006 dem Synergi-Verbund bei. Seit 2007 ist DER mit regionaler Verantwortung für Zentral- und Osteuropa nunmehr Partner des in Australien beheimateten FCm-Verbundes, der wie BCD Travel in den größten Wirtschaftsnationen weltweit über ein eigenes Filialnetz verfügt. BCD und FCm sind damit weniger abhängig von regionalen Franchisenehmern, die immer wieder Lücken in das weltweite Netz reißen können, und damit gegenüber Amex und CWT als Global Player weitgehend wettbewerbsfähig. Auch die weiteren deutschen Business-Travel-Spezialisten haben sich in mehr oder weniger stabilen Verbünden organisiert wie die Franchiseorganisationen DERPART in Radius und LH City Center in Business Plus.

Der deutsche Geschäftsreisenmarkt ist hoch konzentriert. Die sechs Filialsysteme erwirtschaften 70 % des Umsatzvolumens, die beiden Franchisesysteme weitere 21 %; die restlichen 9 % verteilen sich auf mittelständische Einzelreisebüros, die organisatorisch zumeist nicht zwischen Privat- und Geschäftsreisen unterscheiden.

3.6 Entwicklung von Online-Vertriebskanälen im Wettbewerb mit dem stationären Reisebürovertrieb

Die Historie des touristischen Vertriebskanals Internet beginnt im Prinzip erst im Jahr 2000. Einige Unternehmen wurden zwar schon zwischen 1995 und 2000 gegründet, waren allerdings bis dahin noch nicht operativ im Reiseverkauf tätig. Auffällig ist, dass bis heute keiner der klassichen Veranstalter, Leistungsträger oder Reisevertriebsorganisationen im Online-Vertrieb eine nennenswerte Rolle spielt. Alle dort aktiven Unternehmen sind aus Start-ups hervorgegangen, oft als Ableger anderer Branchen und viele mit amerikanischen Wurzeln und/oder Muttergesellschaften. Insoweit weist die nachfolgende historische Dokumentation fast keine Verzahnungen zur Historie der bisher dargestellten klassischen touristischen Unternehmen auf.

Eines der bis heute größten weltweit agierenden touristischen Internet-Unternehmen ist **Expedia,** das 1995 in den USA von Microsoft gegründet wurde und 1999 die erste online buchbare Website in Deutschland präsentierte. Expedia wurde 2005 von Microsoft an der Börse platziert und expandiert seit 2010 bis heute durch fortlaufende Zukäufe namhafter anderer Online-Portale wie Tripadvisor, Trivago, Hotels.com, Travelocity, Orbitz, Egencia, Homeaway und Cheaptickets. Expedia ist heute als OTA (Online Travel Agency) omnipräsent und eine Mischung aus Online-Reisebüro wie als Hotel- und Flugportal sowohl für Privat- und Urlaubsreisende als auch als Geschäftsreiseanbieter (Egencia).

Anders als Expedia ist das zweite große Internet-Unternehmen, der US-Konzern **Priceline,** weltweit fast ausschließlich als Produktportal (Hotelportal) tätig. Priceline wurde 1997 gegründet und erwarb 2005 das bis dahin ausschließlich als Hotel-Metasearcher tätige niederländische Unternehmen **Booking** und expandierte bis 2015 rasant mit dem daraus entwickelten Hotelportal booking.com in 43 Quellmärkten, seit 2009 auch in Deutschland.

Ebenfalls US-Wurzeln hat das Sharing-Portal **airbnb.** Es wurde 2008 für private Zimmervermittlungen gegründet und ist seit 2012 in Deutschland tätig. Mit **Wimdu** wurde 2013 auch ein rein deutsches Sharing-Portal gegründet. Beide Portale sind in Deutschland inzwischen nicht mehr als reiner Zimmervermittler von privatem Wohnraum tätig, sondern in weiten Bereichen auch als gewerblicher Vermittler von Ferienwohnungen, Ferienappartements, Privat-Pensionen und Timesharing-Objekten.

Der größte deutsche Online-Reisevermittler war bis 2016 die **Unister-Gruppe** in Leipzig. Unister wurde 2002 als Tauschbörse für Studenten entwickelt. Der Gründer dieses Start-ups startete ab 2005 mit der Vermittlung von Veranstalterreisen und dynamischer Reisepaketierung. Er entwickelte besonderes Know-how in der Entschlüsselung und Nutzung von Suchmaschinenalgorithmen und schaffte es, sein Online-Reisebüro ab-in-den-urlaub.de sowie später mit dem Flugportal fluege.de kostensparend beim Gigasearcher Google zu platzieren. Unister kaufte weiter außerhalb der Reisebranche markante Portale wie geld.de, shopping.de, partnersuche.de auf und verzettelte sich zunehmend. Als Google 2011 Gegenmaßnahmen ergriff und das kostensparende Online-Marketing von Unister einschränkte, versuchte Unister mit seinen Portalen in juristischen Grauzonen Geschäfte zu machen und geriet in den Folgejahren häufig in das Fadenkreuz der Justiz. Trotz eines Vermittlungsumsatzes von rund 1,8 Mrd. Euro im Jahr 2015 geriet Unister zunehmend in finanzielle Schwierigkeiten. 2016 musste Unister schließlich Insolvenz anmelden. Lediglich ab-in-den-urlaub.de und fluege.de waren in der Konkursmasse werthaltig und wurden von dem erst 2013 gegründeten tschechischen Start-up Invia – finanziert durch dessen chinesische Muttergesellschaft Rockaway – übernommen, wobei beide Unister-Portale durch die Insolvenz etwa die Hälfte ihres Umsatzes einbüßten.

Das zweitgrößte Online-Reisebüro in Deutschland **Holidaycheck** wurde 2003 gegründet als Hotelbewertungsportal und hat bis heute seinen Sitz im schweizerischen Bottighofen, zwei Kilometer von der deutschen Grenze bei Konstanz entfernt. 2006 erwarb der Medienkonzern Burda das Unternehmen und baute es zum Online-Reisebüro für den Vertrieb von Veranstalterreisen aus.

Einen ähnlichen Weg beschritt 2013 der Münchener Medienkonzern ProSieben-Sat1, der durch seine Tochtergesellschaft **7Travel** verschiedene touristische Portale wie weg.de (gegründet 2005), wetter.de, mydays und Tropo erwarb.

Im Zuge der Insolvenz von Unister hat der bisherige reine Metasearcher **Check24** sein Reiseportal zum Online-Reisebüro umgebaut und wächst durch die Umverteilung der Unister-Umsätze im Markt sehr stark.

Das einzige große deutsche **Hotelportal hrs.de** wurde 1972 als reine Hotelreservierungszentrale gegründet mit starker Ausrichtung auf Städte- und Businesshotels. Nach Rückzug des Gründers und Geschäftsfortführung durch seinen Sohn wurde **HRS** zum ersten deutschen Hotelportal. Durch den Erwerb des bis dahin Branchenzweiten in Deutschland **hotel.de** und des österreichischen Marktführers **Tiscover** wurde der Umsatz um gut 50 % ausgeweitet. Bis heute hat die HRS aber ihren Geschäftsschwerpunkt bei Städte- und Geschäftsreisen behalten. **Booking.com** startete erst 2009 als Wettbewerber in Deutschland, erzielt aber inzwischen fast dreimal soviel Umsatz wie HRS, konzentriert sich aber überwiegend auf Urlaubsunterkünfte.

Auch im Internet bildet sich inzwischen eine Spezialisierung in der Reisevermittlung heraus, die unterschiedliche Wachstumsperspektiven hat und stark Technik- bzw. IT-getrieben ist. Klassische Reisebüroportale wie Expedia, ab-in-den-urlaub, Holidaycheck etc. konzentrieren sich hauptsächlich auf die Vermittlung von touristischen Reiseleistungen und Urlaubsreisen mit einer möglichst umfassenden Bandbreite. Hierbei sind sie wie die stationären Reisebüros auf den Content bzw. die Angebote der Reiseveranstalter und Leistungsträger angewiesen, die ihnen dieses Sortiment über die Traveltainment- und Peakwork-Technologie verfügbar machen. Dabei begeben sie sich als Handelsvertreter in die gleiche Abhängigkeit von den Reiseveranstaltern und Leistungsträgern wie die stationären Reisebüros. Vorteile haben sie lediglich im Hinblick auf Schnelligkeit und Volumengenerierung gegenüber den lokalen Wettbewerbern. Bei Preisen, Vergleichssystemen und Verfügbarkeiten gibt es zwischen beiden Buchungskanälen keine Unterschiede; bei der Beratung und Arbeitserleichterung durch einen persönlichen Ansprechpartner punktet allerdings der klassische Reisebürovertrieb.

Im Internet hat sich daneben mit den Produktportalen (vor allem Hotelportale) noch ein anderes Geschäftsmodell entwickelt, das sich weitgehend vom Urlaubsgeschäft und vom Content weniger großer Leistungsträger unabhängig macht und deutlich expansiver ist als die zuvor beschriebenen Reisebüroportale, da es auf alle erdenklichen Reiseanlässe einschl. Geschäftsreisen abzielt und den Kunden mit einem gigantischen Angebotsportfolio Transparenz und Mehrwerte vermittelt, die ein stationäres Reisebüro nur begrenzt bieten kann.

Wohin die Zukunft der Reisebüros geht, ist schwer zu prognostizieren. Wie dargestellt hat die Schrumpfung des Marktes bereits seit der Jahrtausendwende eingesetzt und wird sich weiter fortsetzen. Alternative Vertriebskanäle vor allem im Internet sowie von Branchenfremden werden in einem insgesamt stagnierenden Reisevermittlungsmarkt zu einer weiteren Umverteilung zwischen den verschiedenen Vertriebskanälen führen. Dieser Prozess wird jedoch endlich sein. Denn es wird auch zukünftig einen hohen Bedarf für individuelle Reiseberatung geben, auf den sich die stationären Reisebüros in Zukunft mit noch höherer fachlicher Kompetenz spezialisieren müssen.

Ein Grundproblem haben aber alle Reisevermittler gemeinsam. Große marktbeherrschende Leistungsträger bzw. Anbieter touristischer Leistungen (wie z. B. die Deutsche Bahn, Lufthansa oder Air Berlin), werden auf lange Sicht weder Reisebüroportale noch Produktportale oder stationäre Reisebüros als Vertriebskanal benötigen, weil sie aufgrund ihrer Marktpräsenz und Produktvielfalt ihren Verkauf im Eigenvertrieb direkt abwickeln können und das mit einem Angebotssortiment sowie zu Kosten und Preisen, die fremde Vertriebskanäle nicht bieten können.

Stationäre Reisebüros und Online-Reiseportale werden aber das Tummelfeld für alle mittleren und kleinen Leistungsträger und Reiseanbieter bleiben, die sich einen Eigen- und Direktvertrieb nicht leisten können und deren Angebotssortiment keine großen Abwicklungsvolumina ermöglicht. Diesen Perspektiven müssen sich alle stationären und Online-Reisevermittler stellen, um langfristig im Markt zu bestehen. Und die Chancen werden mit jedem ausscheidenden Wettbewerber größer, der vor den dargestellten Herausforderungen kapituliert.

4 Struktur und Funktionen der deutschen Reisebürobranche

4.1 Struktur, Funktionen und quantitative Entwicklung des Reisebüromarktes

4.1.1 Relevanter Markt – Funktionsweise und Geschäftsmodelle

In der in Abb. I.2 vorgestellten Wertschöpfungskette des Reisemarktes agieren Reisebüros als Reisemittler zwischen den Leistungsträgern, Reiseveranstaltern, Serviceagenturen und den Kunden. Juristisch sind sie Handelsvertreter und vertreiben die Angebote der Veranstalter und anderer Leistungsträger im Namen und für Rechnung ihrer Handelsherrn zu von diesen kalkulierten einheitlichen Preisen.

Die sechs größten deutschen Reiseunternehmen TUI, Thomas Cook, DER Touristik, alltours, FTI und Schauinsland verfügen allesamt sowohl über eigene Veranstalter wie Reisebüroorganisationen. In Deutschland vertreiben alle Veranstalter ihr gesamtes Sortiment über konzerneigene und konzernverbundene Reisebüros wie auch über fast alle qualifizierten konzernfremden Reisebüros, darunter auch alle Reisebüros ihrer Wettbewerber. Bis vor ca. 10 Jahren traten Reiseveranstalter mit ihren Marken nicht direkt gegenüber dem Endverbraucher auf. Erst im Zuge der Ausbreitung des Internets hat das Direktgeschäft der Veranstalter mit den Endverbrauchern unter Umgehung des Reisebürovertriebs zugenommen.

Aufgrund des Handelsvertreterstatus sind die Veranstalter verpflichtet, ihre Angebote in allen Vertriebskanälen zu gleichen Preisen und Konditionen anzubieten und Gleichbehandlung zu garantieren. Dies limitiert die Handlungsspielräume von Veranstaltermarken gegenüber dem Endverbraucher, weil Exklusivitäten bei Preisen, Angeboten und Sortimenten nicht zulässig sind, wenn sie in mehreren Vertriebskanälen angeboten werden.

Reisebüros erschließen und kanalisieren unterschiedliche Kundensegmente – vor allem Geschäfts- und Privatreisende – durch verschiedene Verkaufs- und Abwicklungssysteme. Reisevermittler können als stationäre Reisebüros für Privatkunden, als Business-Travel-Center für Firmenkunden oder als Internet-Portale auftreten. Sie vertreiben die Angebote ihrer konzerneigenen bzw. konzernverbundenen Veranstalter und können auch die Sortimente fremder Veranstalter und Leistungsträger vertreiben, darunter auch die der Wettbewerber der eigenen Konzernveranstalter, sofern sie mit diesen entsprechende Agenturverträge abschließen. Als Handelsvertreter arbeiten sie auf Rechnung ihrer Lieferanten und erhalten hierfür eine Provision. Da sie ausschließlich die Endverbraucher ansprechen, müssten sie eigentlich eine große Markendurchdringung haben. Aufgrund der geringen Margen und des daraus resultierenden minimalen Marketingbudgets sowie der Tatsache, dass fast alle Reisebürowettbewerber – auch die im Internet – über fast identische Angebotssortimente

https://doi.org/10.1515/9783110481457-032

zu gleichen Preisen verfügen, ist es bis heute nur wenigen gelungen, ein eigenes Markenprofil aufzubauen.

Die nahezu einzigen, **differenzierenden Wettbewerbsmerkmale** im stationären Vertrieb liegen in der Person und Kompetenz des Reiseberaters sowie teilweise im lokalen Standort. Bei den Internet-Portalen reduzieren sich die wettbewerbsdifferenzierenden Merkmale im Wesentlichen auf ein intelligentes Suchmaschinenmarketing sowie den bedienungsfreundlichen Aufbau und die attraktive Animation der ansonsten weitgehend identischen Internet-Booking-Engines. Denn auch in den Internet-Portalen findet der Kunde überwiegend dieselben Angebote der gleichen Anbieter zu identischen Preisen vor (s. Abb. IV.21).

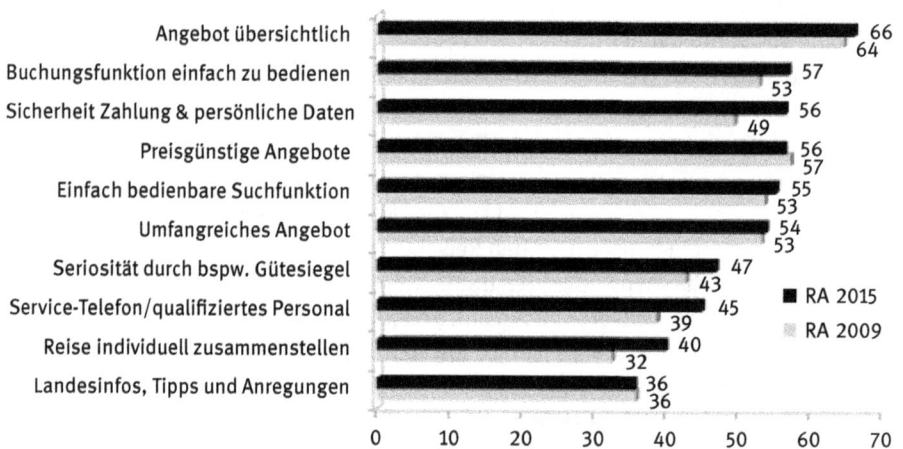

Abb. IV.21: Erwartungen an ein Online-Reisebüro; Angaben in % der Befragten, die Zugang zum Internet haben (Quelle: Reiseanalyse 2015 und Reiseanalyse 2009)

Die wesentlichen **Anforderungen der Kunden** an ein Reisebüro sind Neutralität und Objektivität der Beratung, Navigation durch die unübersichtliche Angebotsvielfalt, kompetente Reiseberatung, die Sicherheit durch einen persönlichen Ansprechpartner und die Zeit- und Arbeitsersparnis bei der Reiseabwicklung. Insoweit stoßen Reisevermittler, die Kunden gezielt auf eine Veranstalter- oder Leistungsträgermarke steuern möchten, bei den Nachfragern auf wenig Akzeptanz, weil diese inzwischen wissen, dass die meisten Massenprodukte austauschbar und fast überall erhältlich sind. Die Anforderungen der Kunden an eine Buchung in einem Internet-Portal sind hingegen deutlich von den Parametern Preis, Transparenz und Convenience in der technischen Bedienbarkeit geprägt, während die qualitativen, sicherheitsorientierten und beratungsrelevanten Faktoren in den Hintergrund treten. Zwischen den Kundenerwartungen und der Leistungsfähigkeit der Internet-Portale gibt es dabei noch erhebliche Differenzen (s. Abb. IV.22).

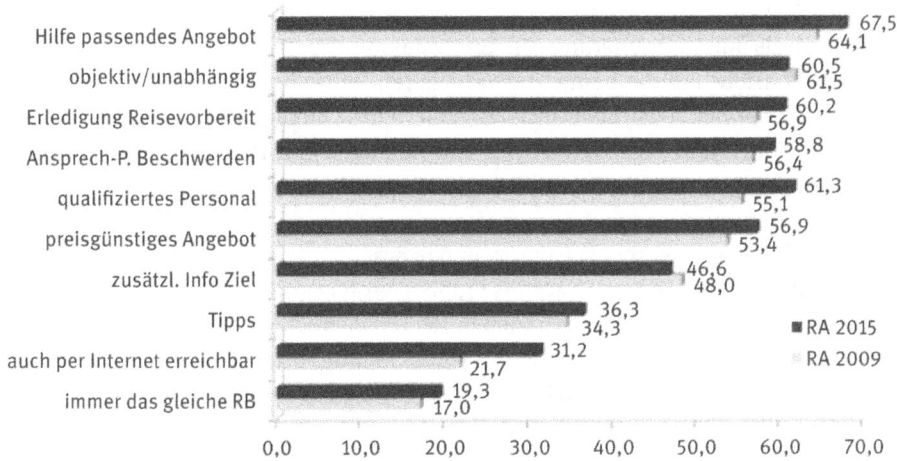

Abb. IV.22: Erwartungen an ein stationäres Reisebüro; Angaben in % der Befragten, die Zugang zum Internet haben (Quelle: REISEANALYSE 2015 und REISEANALYSE 2009)

Der Touristikmarkt hat sich in den letzten 10 Jahren drastisch verändert. Mit dem Beginn der kommerziellen Nutzung des Internets ab 1995, dem Auftritt des ersten Reisebuchungsportals Expedia 1999 in Deutschland und dem Platzen der ersten E-Commerce-Blase zur Jahrtausendwende wurden die Wettbewerbsverhältnisse im deutschen Reisemarkt grundlegend verändert. Es folgte unmittelbar der gravierende Umsatzeinbruch vom 11. September 2001, von dem sich die Nachfrage nach Reisen nur sehr langsam wieder erholte. Erst 2008 konnte das Niveau des Jahres 2001 wieder erreicht werden. Vor allem das Aufkommen der **Billig-Airlines/Low-Cost-Carriers** hat den Markt erheblich verändert. Zum einen haben diese mit dem Verkauf von Billigtickets in klassische Urlaubsdestinationen am Mittelmeer zu einer Erosion der Pauschalreisen beigetragen und den Trend zu Bausteinreiseangeboten gefördert, die täglich flexibel kombinierbar zu tagesaktuellen Preisen buchbar sind. Zum anderen haben sie den Linien- und Hub-Airlines mit ihrem Geschäftsmodell (Direktbuchung über Internet und Callcenter ohne Reisebüroprovision, Direktflüge zwischen kleinen preiswerten Airports im Umfeld der großen Metropolen) Marktanteile auch auf Städte- und Businessverbindungen abgenommen und dazu beigetragen, dass die Reisemittler beim Verkauf von Flügen vom Handelsvertreter zum Makler oder Händler werden, der auf die Ticketpreise Serviceentgelte aufschlagen muss. Da ab 2005 alle Airlines, wie auch die Deutsche Bahn und andere Leistungsträger (z. B. Mietwagenanbieter) auf dieses Geschäftsmodell umgestiegen sind, hat sich die Wertschöpfungskette vor allem zulasten der Reisemittler, aber auch der Pauschalreiseveranstalter verändert. Die Erfahrungen der letzten Jahre im stationären Vertrieb haben gezeigt, dass die **wichtigsten Kriterien für ein erfolgreiches Geschäft** der Standort des Geschäfts und die Qualität des Personals sind.

Die Markenkennung der einzelnen Vertriebsstelle ist eher unbedeutend und höchstens als Rückversicherung ein Erfolgsfaktor. Die Beratungsqualität des stationären Vertriebs auf die immer individuelleren Wünsche und Anforderungen der Kunden konnte bis heute noch nicht überall Schritt halten. Viele Expedienten haben den Schritt vom Prospektverteiler zum kompetenten Reiseberater noch nicht geschafft, der ihnen durch die veränderten Wertschöpfungs- und Geschäftsmodelle auferlegt wurde. Ihrer neuen Rolle als Makler bzw. Händler, der seine Beratungsleistung dem Kunden gegenüber berechnen und rechtfertigen muss, sind sich viele immer noch nicht bewusst. Ein kaum lösbares Problem besteht darin, dass Reisebüroberater über ein breites, aber nur in Ausnahmefällen tiefes Produkt- und Zielgebietswissen verfügen. Ein reiseerfahrener Kunde mit einem klar definierten Reisewunsch besitzt aber durch die ihm zugänglichen Informationen vor allem im Internet in vielen Fällen ein tieferes Wissen als der Expedient.

Das Internet hat nicht nur durch den Boom der Billig-Airlines in den letzten Jahren den etablierten Playern (vor allem den Reisebüros, aber teilweise auch den Reiseveranstaltern) Marktanteile abnehmen können, auch Hotel- und Mietwagenportale haben ebenso dazu beigetragen wie viele markenstarke Leistungsträger, die nunmehr für die Kunden direkt erreichbar sind. Internet-Portale (wie z. B. Expedia, lastminute.com, L'tur, Opodo) gewinnen massiv Marktanteile und verstärken die Trends. Vor allem die jüngere Generation, Schnäppchenjäger, hybride Kunden und Smart-Buyer buchen einfache, unkomplizierte und transparente Angebote stärker über die neuen Kanäle als stationär und bei den Veranstaltern. Die Airlines konnten sich in den letzten Jahren als Kundengewinnungsschnittstelle etablieren. Für Marktsegmente wie Städtereisen, bekannte und große Zielgebiete (Italien, Spanien, Mallorca etc.) oder etablierte Fernreiseziele, werden die Airlines zur zentralen und ersten Anlaufstelle der Kunden auf der Suche nach dem günstigsten Flugpreis. Damit haben die Airlines das Potenzial, auch das Folgegeschäft als Kundendrehscheibe zu realisieren (Hotel, Mietwagen, etc). Dies verstärkt den Trend zur **Baustein-Buchung** am Veranstalter und am stationären Vertrieb vorbei. Flug wird zu einem wesentlichen Treiber im Touristikgeschäft und zum „first step/first choice" im Entscheidungsprozess. Darüber hinaus versuchen auch andere Leistungsträger wie Hotels und Zielgebiete – durch Überkapazitäten im Markt getrieben – die Abhängigkeiten von den Veranstaltern zu reduzieren und die Kunden direkt über die Internet-Plattform zu erreichen.

4.1.2 Anzahl und Struktur der Reisevermittlungsstellen in langfristigen Entwicklungszyklen

Strukturelle Veränderungen des Reisebüromarktes vollziehen sich nicht in Jahresrhythmen, sondern in mittel- bis langfristigen Zyklen oder Epochen. Die wesentlichen Veränderungen des deutschen Reisemarktes werden erst in einer Langfristanalyse ausreichend transparent. Da die Zulassung zum Reisevermittler- und Reiseveranstaltergewerbe in Deutschland weder begrenzt noch genehmigungspflichtig ist, gibt es keine offizielle Statistik über die Zahl der Reiseveranstalter und Reisevermittlerstellen. Die nachfolgenden neueren Ausführungen beziehen sich auf die Erhebungen der DRV-Vertriebsdatenbank sowie auf die historischen Analysen und Hochrechnungen der DER Touristik.

Reisevermittlungsstellen klassifizieren sich grob in klassische Reisebüros, Touristik-Reisebüro, Business-Travel-Center sowie sonstige Buchungsstellen (s. a. Kap. IV.2.5). Unter **klassischen Reisebüros** versteht man Reisevertriebsstellen, die über mindestens zwei Agenturverträge mit Konzernveranstaltern und zusätzlich eine IATA- und/oder DB-Lizenz verfügen. **Touristik-Reisebüros** besitzen mindestens zwei Konzernveranstalter-Agenturverträge, aber keine Verkehrsträgerlizenz. **Business-Travel-Center** sowie von diesen betriebene **Implants** in den Räumen der großen Firmenkunden fallen in eine separate Kategorie und verfügen mindestens über eine IATA- und/oder DB-Lizenz, teilweise aber auch über Veranstalterlizenzen. **Sonstige Buchungsstellen** besitzen lediglich einen einzigen Agenturvertrag eines Konzernveranstalters und gründen ihre gewerbliche Existenz i. d. R. auf branchenfremde Geschäftstätigkeiten.

Von den insgesamt rund 75.000 Mitarbeitern, die in deutschen Reiseunternehmen gemäß Statistischem Bundsamt beschäftigt sind, dürften schätzungsweise 45.000 – d. h. die deutliche Mehrheit – auf Reisevermittlungsstellen entfallen.

Die **Gesamtzahl aller Reisevertriebsstellen** in Westdeutschland hat sich kontinuierlich von 3.120 im Jahr 1970 über 9.500 (1980) und 13.200 (1990) bis auf rund 19.600 (2000) erhöht. Seit dem Jahrtausendwechsel setzte jedoch im Zuge der zunehmenden Akzeptanz von Direktbuchungen über das Internet sowie infolge des Terroranschlags am 11. September 2001 eine fast schon dramatische Konsolidierung der Zahl der Reisevermittlungsstellen ein. Von 1970 bis 1980 hatte sich der touristische Vertrieb mehr als verdreifacht (+6.000), während die Zahl der klassischen Reisebüros angesichts der restriktiven Zulassungsbedingungen für DB- und IATA-Lizenzen unterproportional um lediglich 380 stieg. Für diese Mehr-Lizenz-Reisebüros waren dies „Goldgräberzeiten", weil sie bei stark expansiver touristischer Nachfrage ohne nennenswerte Marktanteilskämpfe und abgeschirmt durch Lizenz-Schutzräume erhebliche Umsatzzuwächse verzeichnen konnten (vgl. Abb. IV.23). Das änderte sich jedoch Anfang der 80er-Jahre. Nach der zweiten Ölkrise 1980/1981 konnte sich die Nachfrage nach Veranstalterreisen erst ab 1985 wieder erholen. Die Zahl der touristischen Vertriebsstellen blieb nahezu konstant (+480 bzw. +5,8 %). Lediglich der unvermindert wachsende Bahn- und Flugverkehr (Umsatzplus von 1980 bis 1985: 13,5 % bzw. 40,2 %) führte über zusätzliche DB- und IATA-Lizenzen zu einer Zunahme um 370 klassische Reisebüros.

Der Zeitraum von 1985 bis 1990 stand im Zeichen von Liberalisierungsbestrebungen in allen Bereichen. Angesichts der Öffnung des EU-Marktes wurde das starre IATA-Tarifgefüge aufgeweicht, die Zulassungsbedingungen für IATA-Agenturen erheblich vereinfacht und Flug-Consolidators im Markt etabliert. Insgesamt stieg die Zahl der

IATA-Agenturen in diesem Fünf-Jahres-Zeitraum um 914 von 1.283 auf 2.197, von 1985 bis 2000 sogar um 3.473. Als letzter Leistungsträger lockerte die damalige Deutsche Bundesbahn die Zulassungsbedingungen für die DB-Agenturen, die von 1985 bis 1990 um 522, von 1985 bis 2000 sogar um 3.015 zunahmen. Zusätzlich sorgte die juristische Auseinandersetzung der Reiseveranstalter um die Aufhebung der Vertriebsbindung von 1985 bis 1990 für eine inflationäre Ausweitung um insgesamt 3.050 Reisevermittlungsstellen bzw. +30 %, weil alle Beteiligten bemüht waren, ihre Ausgangsposition bis zur Freigabe durch die Kartellbehörden zu verbessern.

Die **Expansion** von 13.200 auf rund 19.600 Reisevermittlungsstellen von 1990 bis 2000 ist im Wesentlichen auf die Erschließung Ostdeutschlands nach der Wiedervereinigung zurückzuführen. Die Zahl der in diesem Zeitraum allein in den neuen Bundesländern (ohne West-Berlin) entstandenen Reisevermittlungsstellen belief sich anfangs auf rund 3.000 und hat sich bis 2007 auf rund 1.900 konsolidiert. In den alten Bundesländern nahm die Zahl der Vermittlungsstellen nochmals um 3.400 zu. Dabei ist bemerkenswert, dass sich die Zahl der klassischen Reisebüros mit Touristik- und Beförderungslizenzen in diesen 10 Jahren von 2.650 auf 6.200 mehr als verdoppelte – ein Ergebnis der vereinfachten Zulassungsbedingungen der DB und der IATA.

Unter den in den alten Bundesländern in dieser Dekade hinzugekommenen Reisevermittlungsstellen befanden sich viele zum Teil aus organisatorischen Gründen von Reisebüroketten und Franchisesystemen abgespaltene spezialisierte Betriebsstellen oder Implants für Business Travel, die in dieser Dekade von 266 auf 1.158 zunahmen. Hinzu kamen weitere von den stark expandierenden Reisebüroketten eröffnete Filialen zur Flächenerschließung sowie auch Vertriebsstellen, die oftmals von Branchenfremden zur Abrundung ihrer Produktpalette oder zur Erschließung neuer Vertriebswege geschaffen wurden. Dies schloss auch außergewöhnliche temporäre Experimente und alternative Vertriebsformen ein, wie die Vermittlung von Pauschalreisen über den Kaffeehandel, Tankstellen, Lebensmittelmärkte und Postschalter. Allerdings waren von den 19.600 Reisevermittlungsstellen nur 14.200 als Haupterwerbsreisebüros klassifiziert, während 5.400 Nebenerwerbsvertriebsstellen (Lotto-Toto-Annahmestellen, Tankstellen, Zeitschriftenläden, Bankschalter u. Ä.) waren, die über lediglich einen einzigen Agenturvertrag eines Reiseveranstalters verfügten. Diese Erkenntnisse wurden allerdings erst möglich mit der DRV-Vertriebsdatenbank, die seit 1999 jährlich die Agenturnetze der drei Konzernveranstalter, der IATA, der DB und der GDS-Systeme abgleicht.

Die seit 2000 zunehmende **Konsolidierung des Reisebüromarktes** betraf nahezu alle Betriebstypen. So nahm die Zahl der klassischen Reisebüros bis 2015 um 3.022 auf 3.174 ab. Dabei sank die Zahl der Business-Travel-Vertriebstellen nur um 368, wobei sich deren Anzahl eher an den Organisationsstrukturen sowie den Anforderungen der Geschäftsreisekunden orientiert und nur begrenzt nach geografischen Flächendeckungsmerkmalen. Die Zahl der klassischen stationären Reisebüros nahm hingegen um 2.656 auf nur noch 2.384 ab, da viele ihre IATA- und Bahnlizenzen zurückgaben, weil die Airlines seit 2005 keine Provisionen mehr bezahlen und die DB ihre Provisionen drastisch reduzierte, sodass die Reisebüros nunmehr gezwungen sind von ihren Kunden Ticket-, Service- und Beratungsgebühren zu erheben. Nach der Lizenzrückgabe fielen die Büros unter die Kategorie der Touristikreisebüros, die vorübergehend 2004/2005 noch leicht zunahmen, aber seit 2000 um insgesamt 1.309 auf 6.706 zurück-

Typ	2015	2014	2013	2010	2005	2000	1995	1990	1985	1980	1975	1970
Zahl der Agenturen												
Klassische Reisebüros	2.384	2.393	2.434	2.732	3.636	5.040	3.980	2.384	1.430	1.130	920	800
Touristische Reisebüros	6.706	6.634	6.515	6.837	8.023	8.015	7.900	5.050	3.700	3.620	2.230	1.720
Business Travel	790	802	780	801	980	1.158	820	266	20	50	0	0
Summe Reisebüros	*9.880*	*9.829*	*9.729*	*10.370*	*12.639*	*14.213*	*12.700*	*7.700*	*5.250*	*4.800*	*3.150*	*2.520*
Sonstige Buchungs- stellen[1]	1.659	1.786	1.963	1.814	2.905	5.405	5.300	5.500	4.900	4.700	4.200	600
Vertriebs- stellen insgesamt	*11.539*	*11.615*	*11.692*	*12.184*	*15.544*	*19.618*	*18.000*	*13.200*	*10.150*	*9.500*	*7.350*	*3.120*
davon: IATA-	2.531	2.579	2.604	2.791	3.870	4.756	4.201	2.197	1.283	990	757	650
DB-	2.280	2.267	2.252	2.573	3.246	3.980	3.327	1.487	965	837	737	631
Umsätze aller Reisevermittlungsstellen in Mrd. Euro												
Touristik	13,68	13,31	12,90	11,39	11,03	13,90	12,78	7,98	5,73	4,60	3,07	2,10
Flug	7,88	7,88	7,92	7,25	7,52	8,51	6,54	3,78	2,45	1,84	1,02	0,82
Bahn	0,60	0,63	0,69	0,83	0,98	1,18	1,07	0,61	0,51	0,46	0,36	0,26
Sonstige	1,32	1,30	1,24	1,02	1,15	1,48	1,28	1,38	1,02	0,51	0,26	0,15
Reisebüro- markt insgesamt	23,48	23,12	22,75	20,49	20,68	25,07	21,67	13,75	9,71	7,41	4,71	3,33
davon: stationäre Reisebüros	16,08	15,79	15,45	13,74	13,85	17,58	16,07	11,35	k.A.	k.A.	k.A.	k.A.
davon: Business Travel	7,40	7,33	7,30	6,75	6,83	7,49	5,60	2,40	k.A.	k.A.	k.A.	k.A.

1) Sonstige Buchungsstellen: Nur eine Veranstalterlizenz, keine Verträgerlizenz - überwiegend Nebenerwerbsvertriebsstellen

Abb. IV.23: Anzahl und Umsätze der deutschen Reisebüros 1970 bis 2010 (Quelle: DER-Marktforschung)

gingen. Auch die Zahl der sonstigen Buchungsstellen nahm in diesem Zeitraum von 5.405 auf 1.659 ab, weil die Konzernveranstalter ihre Vertriebsnetze erheblich strafften, indem sie die Mindestumsätze anhoben und die Zugangsbedingungen zu den Agenturverträgen verschärften. Damit befindet sich die Zahl aller deutschen Reisevermittlungsstellen mit 11.539 im Jahr 2015 sogar noch um 1.661 unter dem Niveau des Jahres 1990, von denen 9.090 dem stationären Vertrieb, 790 dem Business Travel und 1.659 den sonstigen Buchungsstellen zuzurechnen sind (vgl. Abb. IV.23).

4.1.3 Volumen und Struktur der Reisevermittlungsumsätze

Der Gesamtumsatz aller 11.539 Reisevermittlungsstellen in Deutschland betrug 2015 rund 23,5 Mrd. Euro. Er stieg seit 1990 um 9,7 Mrd. Euro bzw. um 71 %, d. h. um durchschnittlich 2,2 % pro Jahr. Betrachtet man allerdings nur den Zeitraum seit 2000, so zeigt sich eine völlig andere Entwicklung. In diesem Zeitraum litt der Reisebüromarkt neben dem beständigen Abfluss von Marktanteilen an den Online-Direktvertrieb zusätzlich unter der beschriebenen Geschäftssystemumstellung der Airlines und der Bahn, einem stagnierenden Veranstaltermarkt mit permanenten exogenen Störungen durch militärische Konflikte, Terroranschläge, Naturkatastrophen und Epidemien in wichtigen Zielgebieten sowie der Finanz- und Wirtschaftskrise. Seit 2000 nahm der Gesamt-Reisevermittlungsumsatz in Deutschland von 25,1 Mrd. Euro um 6,3 % bzw. 1,6 Mrd. Euro auf 23,5 Mrd. Euro ab. Während die Business-Travel-Umsätze bis 2015 mit 7,4 Mrd. Euro das Niveau von 2000 um 0,1 Mrd. Euro verfehlten, ging der Umsatz der stationären Reisebüros aus den genannten Gründen um 8,5 % von 1,5 Mrd. Euro auf 16,1 Mrd. Euro zurück. Die **größten Rückgänge** in diesem Zeitraum verzeichneten die Bahnumsätze mit –49,2 % auf 0,60 Mrd. Euro und die Flugumsätze mit –7,4 % auf 7,9 Mrd. Euro. Die im Angebotssortiment dominierenden touristischen Reisevermittlungsumsätze nahmen um 1,6 % auf 13,7 Mrd. Euro ab (vgl. Abb. IV.24).

Besonders bedeutsam für die Umsatzentwicklung in den stationären Reisebüros war die bereits kurz erwähnte **Umstellung der Geschäftssysteme** der Linienfluggesellschaften und der Deutschen Bahn, die sich erstmals 2005 voll auswirkte. Seit dem 1. September 2004 stellten die meisten deutschen IATA-Fluggesellschaften die Provisionszahlungen für den Verkauf von Flugtickets ein, sodass die Reisebüros ihre Vergütung nunmehr in Form eines Serviceentgeltes von ihren Kunden kassieren müssen. Dabei wurde allerdings der bisherige Flugpreis nicht um den Provisionsanteil verringert, sondern auf dem bisherigen Niveau beibehalten, sodass sich für alle Kunden eine deutliche Verteuerung der Flugtickets ergab. Die Airlines sagten zu, ähnlich wie die Reisebüros, ebenfalls auskömmliche Serviceentgelte in ihren Vertriebskanälen von den Kunden zu fordern. Die anfangs vereinnahmten marktkonformen Serviceentgelte wirkten durchaus ertragssteigernd. Parallel dazu boten aber viele Fluggesellschaften preisgünstige Tarife im Internet an, die in Reisebüros nicht erhältlich waren. Nachdem sich die Kunden neu orientiert hatten, brach nach einer kurzen Übergangsphase

	2015						2005			
Bundesland	Einwohner und Veränderung		Anzahl RSB und Veränderung		Anzahl RSB je 100.000 EW	Potenzial EW/RSB	Ein- wohner	Anzahl RSB	Anzahl RSB je 100.000 EW	Potenzial EW/RSB
Sachsen	4,06	−6,03%	611	−27,82%	15,1	6.637	4,30	781	18,2	5.501
Thüringen	2,16	−9,42%	323	−22,29%	15,0	6.677	2,36	395	16,8	5.963
Bremen	0,66	0,29%	89	−42,70%	13,4	7.437	0,66	127	19,1	5.222
Sachsen-Anhalt	2,24	−11,38%	273	−29,30%	12,2	8.189	2,49	353	14,2	7.066
Saarland	0,99	−7,18%	117	−8,55%	11,8	8.453	1,06	127	12	8.318
Berlin	3,47	2,30%	405	−58,02%	11,7	8.568	3,39	640	18,9	5.293
Brandenburg	2,46	−4,56%	283	−14,49%	11,5	8.685	2,57	324	12,6	7.925
Nordrhein-Westfalen	17,64	−2,51%	2.011	−35,16%	11,4	8.771	18,08	2718	15	6.650
Hessen	6,09	−0,10%	693	−24,96%	11,4	8.793	6,10	866	14,2	7.041
Deutschland	**81,20**	**−1,60%**	**9.090**	**−28,26%**	**11,2**	**8.933**	**82,50**	**11.659**	**14,1**	**7.076**
Bayern	12,69	1,98%	1.367	−18,00%	10,8	9.284	12,44	1.613	13	7.715
Hamburg	1,76	1,86%	188	−52,66%	10,7	9.377	1,73	287	16,5	6.045
Rheinland-Pfalz	4,01	−1,21%	420	−21,90%	10,5	9.551	4,06	512	12,6	7.932
Baden-Württemberg	10,72	−0,03%	1.100	−26,09%	10,3	9.742	10,72	1.387	12,9	7.727
Mecklenburg-Vorpommern	1,60	−7,56%	163	−24,54%	10,2	9.811	1,72	203	11,8	8.471
Niedersachsen	7,83	−2,21%	793	−26,36%	10,1	9.870	8,00	1.002	12,5	7.985
Schleswig-Holstein	2,83	0,03%	254	−27,56%	9,0	11.145	2,83	324	11,5	8.731

Abb. IV.24: Reisebürodichte stationäre Reisebüros nach Bundesländern (Quellen: DRV-Vertriebsdatenbank, verschiedene Jahrgänge; STATISTISCHES BUNDESAMT 2015; Datenstand Einwohner: 31.12.2013)

ab 2005 die Nachfrage nach Flugtickets in den Reisebüros ein. Das Bahngeschäft war ebenfalls aufgrund der neuen Vertriebspolitik abgeschmolzen, weil auch dort exklusive Internet-Tarife angeboten wurden. Vor allem die klassischen Vollsortimentreisebüros waren von dieser Entwicklung besonders betroffen und mussten Umsatzrückgänge hinnehmen, während die Mehrzahl der reinen Touristikreisebüros von diesen Entwicklungen kaum betroffen waren.

Das neue Geschäftsmodell der Airlines ohne Provisionszahlung und mit der Erhebung von **Serviceentgelten** und Honoraren war hingegen im Business Travel bei den großen Firmenkunden bereits seit den 90er-Jahren gängige Praxis, weil diese mit den Airlines Nettotarife ausgehandelt hatten und die Business-Travel-Agenturen aufwandsabhängig über Managementgelte, Servicegebühren oder Transaction-Fees entlohnten. Bei den vielen kleinen und mittelständischen **Geschäftsreisekunden** wirkte sich das neue Geschäftsmodell jedoch nachteilig aus, weil auch sie nunmehr die Reisebüros selbst (an Stelle der Airlines) honorieren mussten. Nach einer kurzen Neuorientierungsphase wandten sich viele, wie auch schon die Privatkunden, anderen Vertriebskanälen zu. Einige konnten im Wettbewerb nur durch das Zugeständnis geringerer Serviceentgelte gehalten werden. Das Interesse der großen Firmenkunden am Direktvertrieb mit den Leistungsträgern (Airlines, Hotels, Mietwagenunternehmen usw.) ist allerdings relativ gering aufgrund der hohen Serviceintensität bei kurzfristigen Reservierungen und einer Vielzahl von arbeitsintensiven, nicht umsatzrelevanten Umbuchungen und Backoffice-Dienstleistungen (wie u. a. Reporting, Reisekostenabrechnungen, Mehrwertsteuerabrechnungen). Der von den Business-Travel-Agenturen erbrachte Mehrwert bzw. Zusatznutzen erweist sich dabei als deutlicher Wettbewerbsvorteil. Daher konnten die Umsatzrückgänge durch den 11. September 2001 und die SARS-Epidemie in Asien sowie durch die Finanz- und Wirtschaftskrise bei Geschäftsreisen bis 2015 fast wieder kompensiert werden.

4.1.4 Regionale Struktur und Vertriebsformen von Reisevermittlungsstellen

Betrachtet man die regionale Verteilung der 9.090 stationären Reisebüros in Deutschland im Jahr 2015, so wird deutlich, dass sich Reisebüros und Bevölkerung und deren Kaufkraft annähernd proportional zueinander verhalten. Lediglich in **Süddeutschland** ist der Anteil der Bevölkerung und vor allem deren Kaufkraft deutlich höher als der Reisebüroanteil und damit die Reisebürodichte vergleichsweise gering. In **Ostdeutschland** liegt die Kaufkraft hingegen deutlich unter dem Bevölkerungs- und Reisebüroanteil. Die Reisebürodichte beträgt durchschnittlich 11,2 Reisebüros pro 100.000 Einwohner. Allerdings differiert sie regional sehr stark von 9,0 in Schleswig-Holstein bis 15,1 in Sachsen (vgl. Abb. IV.25).

Gravierende Unterschiede bestehen ebenfalls zwischen **Großstädten** mit durchschnittlich 12,6 Reisebüros pro 100.000 Einwohner und den **Kleinstädten** und **ländlichen Regionen** mit 10,6 (vgl. Abb. IV.26).Während Großstädte wie Düsseldorf (18), Leipzig (15), Dresden (16), Nürnberg (15), Köln (14) und Bremen (14) deutlich überbesetzt sind, weisen andere wie z. B. Dortmund (10), Hamburg (11), Stuttgart (12), Berlin (12) und München (12) angesichts ihrer Größe und ihres Einzugsgebietes überraschend niedrige Werte auf. Die **durchschnittliche Reisebürodichte** in Deutschland hat seit 2001 von 15,2 auf 11,2 Reisebüros pro 100.000 Einwohner um 26,3 % deutlich abgenommen, weil die Zahl der Reisebüros erheblich zurückging, während die Zahl der Einwohner stagnierte, in einigen Regionen sogar leicht rückläufig war. Die deutlichsten Rückgänge verzeichneten die Bundesländer Hessen, Baden-Württemberg, Bayern und Schleswig-Holstein und die drei Stadtstaaten sowie die Großstädte Frankfurt am Main, Düsseldorf, Stuttgart, Leipzig, Dresden und München. Die geringsten

Stadt	2015					2005			
	Einwohner und Veränderung		Anzahl RSB und Veränderung		Anzahl RSB je 100.000	Potenzial EW/RSB	Einwohner	Anzahl Rsb	Anzahl RSB je 100.000	Potenzial EW/RSB
Berlin	3,47	2,36%	405	−58,02%	11,7	8.568	3,39	640	18,9	5.293
Hamburg	1,76	1,59%	188	−52,66%	10,7	9.377	1,73	287	16,5	6.045
München	1,43	12,62%	174	−39,66%	12,2	8.216	1,25	243	19,5	5.141
Köln	1,05	7,35%	142	−40,14%	13,6	7.371	0,97	199	20,5	4.873
Frankfurt am Main	0,72	9,86%	96	−70,83%	13,4	7.475	0,65	164	25,4	3.944
Stuttgart	0,61	3,56%	71	−40,85%	11,6	8.626	0,59	100	16,9	5.907
Düsseldorf	0,60	5,27%	109	−63,30%	18	5.546	0,57	178	31,1	3.217
Dortmund	0,58	−1,41%	59	−50,85%	10,2	9.839	0,59	89	15,1	6.614
Essen	0,57	−2,49%	71	−43,66%	12,4	8.081	0,59	102	17,3	5.766
Bremen	0,55	1,06%	76	−47,37%	13,8	7.260	0,55	112	20,5	4.874
Leipzig	0,54	8,45%	80	−55,00%	14,7	6.806	0,50	124	24,9	4.020
Dresden	0,54	9,12%	85	−27,06%	15,8	6.310	0,49	108	22,2	4.513
Hannover	0,52	1,49%	58	−74,14%	11,1	9.028	0,52	101	19,6	5.107
Nürnberg	0,50	1,15%	74	−43,24%	14,8	6.771	0,50	106	21,4	4.673
Duisburg	0,49	−3,90%	50	−34,00%	10,3	9.709	0,50	67	13,3	7.528
Bochum	0,36	−39,39%	42	−59,52%	11,6	8.616	0,50	67	13,3	7.528
Wuppertal	0,35	−12,38%	35	−65,71%	10,1	9.869	0,39	58	14,9	6.693
Bielefeld	0,33	−9,49%	34	−52,94%	10,3	9.699	0,36	52	14,4	6.944
Bonn	0,31	−4,48%	41	−12,20%	13,1	7.658	0,33	46	14,0	7.131
Münster	0,30	10,64%	35	−14,29%	11,6	8.634	0,27	40	14,8	6.751
alle Städte über 100.000 Ew.**	25,37	1,02%	3.184	−44,97%	12,6	7.967	25,11	4.616	18,4	5.440
Sonstige Städte u. Gemeinden	55,83	−2,80%	5.906	−19,25%	10,6	9.453	57,39	7.043	12,3	8.149
Deutschland gesamt	81,20	−1,61%	9.090	−28,26%	11,2	8.933	82,50	11.659	14,1	7.076

Abb. IV.25: Reisebürodichte stationäre Reisebüros nach Top-20-Großstädten (Quelle: DRV-Vertriebsdatenbank)

Rückgänge verzeichneten die neuen Bundesländer sowie die Ruhrgebietsgroßstädte Dortmund, Duisburg, Bochum, Essen und Wuppertal.

Dreht man die Kennzahl Reisebüros pro 100.000 Einwohner um, so ergibt sich das **Einwohnerpotenzial pro Reisebüro.** Logischerweise ist das Potenzial dort am größten, wo die Reisebürodichte am geringsten ist, bzw. das Einwohnerpotenzial ist dort am stärksten gewachsen, wo die Reisebürodichte die größten Rückgänge ausweist. Insoweit lassen die vorgenannten Aussagen zur Reisebürodichte entsprechende Umkehrschlüsse auf das Kundenpotenzial zu. Bundesweit beläuft sich dieses 2015 auf 8.933 Einwohner je Reisebüro, was einem Zuwachs gegenüber 2001 von 2.366 Personen bzw. 36,0 % entspricht. Um vom Einwohnerpotenzial zum Kundenpotenzial oder gar dem Umsatzpotenzial pro Reisebüro zu gelangen, sind jedoch einige zusätzliche Informationen und Prämissen erforderlich. Von den 8.933 Einwohnern pro Reisebüro sind 79,7 % volljährig und leben in Privathaushalten. Von den 7.120 Erwachsenen verreisen nur 77,4 % (Reiseintensität). Diese 5.511 Urlaubsreisenden nutzen aber nur zu 35,6 % ein Reisebüro – ergibt ein Kundenpotenzial von 1.962 Personen – und buchen dabei durchschnittlich 1,3 Urlaubsreisen pro Jahr (Reisehäufigkeit) – entsprechend 2.550 Reisen. Der durchschnittliche Umsatz pro Person und Reise in einem Reisebüro liegt bei ca. 735 Euro. Daraus errechnet sich ein maximales Umsatzpotenzial pro Reisebüro in Deutschland von 1,9 Mio. Euro – kaum ausreichend für eine mittelständische Unternehmerselbstständigkeit, zumal dies nur ein Mittelwert ist, den zwar einige übertreffen, den aber auch viele verfehlen.

Von den 9.090 stationären Reisebüros im Jahr 2015 in Deutschland (2001: 13.800) entfielen 1.740 (2001: 4.006) auf **Sonderbetriebstypen** oder **Sonderstandorte:** 154 (362) auf Kaufhausreisebüros, 255 (485) auf SB-Warenhausreisebüros und 277 (479) auf Reisebüros in Einkaufszentren. Insgesamt befanden sich 253 (515) in den 16 deutschen Verkehrsflughäfen, 142 (262) an Bahnhöfen, 52 (112) in Banken, 162 (161) in Automobilclub-Geschäftsstellen, 274 (1.078) in Lotto-/Toto-Annahmestellen, 221 (238) in Busunternehmen und bei Spezialreiseveranstaltern und 4 (43) in Tourist-Informationen. Fast ein Fünftel aller stationären Reisebüros (2001: fast ein Drittel) entfallen somit auf Sonderbetriebsformen oder branchenfremde Betriebsstellen (vgl. Abb. IV.26).

Die Zahl stationärer Reisebüros in **normalen Innenstadtlagen** belief sich 2015 auf 7.350 (2001: 9.022). Der Drang branchenfremder Unternehmen in den Reisemarkt ist neben der Profilierung mit einem attraktiven Zusatzprodukt vor allem bedingt durch folgende Faktoren:
- Ergänzung der ohnehin reichhaltigen Produktpalette um einen zusätzlichen Frequenzbringer,
- Auslastung vorhandener Raum- und Personalkapazitäten, dadurch geringe Grenzkosten im Zuge der Mischkalkulation mit anderen Produkten,
- Möglichkeit zur Verbundwerbung mit anderen Produkten,
- hohe Werbekraft und Werbereichweiten bei hoher Kundenfrequenz an zumeist sehr attraktiven Standorten (die für Reisebüros fast unerschwinglich sind),
- rationelle Sortimentsgestaltung durch Beschränkung auf ein schmales, beratungsarmes Reiseangebot,
- straff organisierte Verwaltungsabläufe auf vorhandenen EDV-Systemen,
- relative Unabhängigkeit von der Erwirtschaftung eines eigenständigen existenzsichernden Deckungsbeitrages, der für Reisefachgeschäfte wegen fehlender Alternativgeschäftsfelder lebensnotwendig ist.

Betriebstypen und Sonderstandorte	2015 9.090	2010 9.569	2005 11.659	1996 13.800
davon				
Bahnhof	142	89	80	153
Bank	52	61	95	242
Flughafen	253	294	417	396
Einkaufzentrum	277	268	368	616
Kaufhaus	154	174	337	415
SB-Warenhaus	255	268	296	460
ADAC-Geschäftsstelle	162	162	144	229
Lotto/ Toto-Annahmestelle	274	337	487	823
Reisebüro eines Busbetriebes	64	77	80	127
Reisebüro eines Spezialveranstalter	157	173	102	181
Touist-Informationen	4	6	13	19
Sonderbetriebsstellen insgesamt	**1.740**	**1.853**	**2.418**	**3.661**

Abb. IV.26: Betriebstypen und Sonderstandorte von stationären Reisebüros (Quelle: DRV-Vertriebsdatenbank)

Nicht immer ist der Betrieb eines mittelständischen Reisebüros mit unternehmerischer Motivation belegt. So werden viele Betriebe als Ein-Personen-Unternehmen/Ich-AG mit Teilzeithilfskräften oder als reine Familienbeschäftigung geführt und erfüllen eher das Kriterium einer selbstständigen Tätigkeit denn eines Gewerbebetriebes. Oftmals dienen diese kleinen Reisebüros auch nur als familiäres Zweit- oder Dritteinkommen oder sind Bestandteil eines Kleinfirmenkonglomerats im Familienbesitz, in dem ein Familienmitglied ohne nennenswerte unternehmerische Dividenden-Ratio einer seinen Interessen gerecht werdenden Beschäftigung nachgeht. In anderen Fällen wird von der Reisevermittlungstätigkeit lediglich ein **Deckungsbeitrag** (vielleicht gar nur ein „fringe benefit") für eine verwandte Hauptgeschäftstätigkeit erwartet (wie z. B. bei Busunternehmen, Speditionen, Hotelbetrieben o. Ä.). Das Spektrum derartiger Motivationen ist groß. Wie viele von den 9.090 stationären Reisebüros und 1.659 sonstigen Buchungsstellen darunter fallen, ist leider nicht zu ermitteln. Neben diesen Reisevermittlungsstellen, die immerhin über mindestens einen Agenturvertrag eines Konzernveranstalters verfügen, haben sich in den letzten Jahren verstärkt **mobile Verkäufer** im Markt etabliert, die mit Laptop oder PC mittels Web-Client über einen Zugang zu den gängigen Reservierungssystemen verfügen und als Unteragenturen bestehender Reisebüros oder Reisebürozentralen tätig werden. Aber eines haben sie alle gemeinsam: Da sie auf eine Gewinnerzielung nicht existenznotwendig angewiesen sind und das Einkommen des Inhabers/Betreibers zumeist als Bestandteil des Überschusses angesehen wird, sind sie kaum konkursfähig und werden auch bei geringeren Margen- und Provisionsspielräumen nicht zwangsläufig vom Markt verschwinden.

Der Reisebürovertrieb ist nach der Anzahl der Reisebüros immer noch deutlich überbesetzt. Die Provisionen der Veranstalter wurden in den letzten Jahren offen und versteckt gekürzt. Permanent steigende Personalkosten und längere Ladenöffnungszeiten bereiten dem stationären Vertrieb zunehmend Probleme. Die Kostenschraube und Umsatzverluste an das Internet werden daher auch in den nächsten Jahren zu einer weiteren Bereinigung beitragen. Experten sehen etwa 6.000 bis 7.000 stationäre Reisebüros als verträglich für den deutschen Markt an. Sollte die von der EU beschlossene neue Pauschalreiserichtlinie (vgl. Kap. II.5.1.2) dazu führen, dass Reisebüros in Deutschland die Veranstalterhaftung übernehmen müssen, dann könnte die Marktbereinigung noch größer ausfallen.

4.2 Bindungsmodelle von Reisebüros

Ein wichtiges Merkmal bei der Typenbildung ist der Grad der Bindung eines Reisebüros, der die Unabhängigkeit der Reisebüros beschreibt (vgl. Abb. IV.20 und Kap. IV.3.4). Dabei lassen sich die folgenden drei Typen unterscheiden:

4.2.1 Filialvertrieb

Ein **Filialbüro** gehört zu einer zentral geführten Reisebürokette; auch die leitenden Mitarbeiter sind Angestellte und viele, insbesondere die sog. Backoffice-Funktionen, wie z. B. das Rechnungswesen und die IT, werden zentralisiert durch die Kettenzentrale wahrgenommen. Marketing, Personalmanagement, Schulung und zentrale Steuerung der Umsätze sind dabei elementare Bestandteile des Managements einer Reisebürokette, denn nur so kann das Erreichen des bestmöglichen Provisionsmixes gewährleistet werden. Gleichzeitig kann durch das Heben von Synergien und die Zentralisierung (und Standardisierung) von betriebswirtschaftlichen Funktionen der Anteil an Verwaltungskosten je Büro gesenkt werden, vorausgesetzt die Zentrale bleibt eine schlanke Organisation ohne Ausbildung eines bürokratischen Wasserkopfes. Zusätzlich sorgt die Bündelung der Umsätze der Filialbüros und die damit verbundene Fähigkeit zur Steuerung der Umsätze für eine deutliche Verbesserung der Verhandlungsposition gegenüber den Leistungsträgern und Veranstaltern, sodass sich dies in der Praxis meist in erhöhten Provisionssätzen im Vergleich zu Einzelreisebüros niederschlägt.

4.2.2 Franchisevertrieb

Ein **Franchisebüro** ist i. d. R. inhabergeführt; durch die Mitgliedschaft in einer Franchiseorganisation werden für das Reisebüro optional oder verpflichtend zentrale

Dienstleistungen erbracht z. B. in den Bereichen Marketing oder Abrechnung. Alle Vermittlungsbüros arbeiten dabei unter der einheitlichen Marke des Franchisegebers. Auch hier werden die Umsätze zentral gesteuert. Der Durchgriff auf die einzelnen Büros ist aber wegen der weniger festen indirekten Bindung schwieriger und somit ist auch die Verhandlungsposition einer Franchiseorganisation i. d. R. schwächer als die einer Filialkette. Die Franchisenehmer zahlen ein Marketing- oder Serviceentgelt für die Dienstleistungen der Franchisezentrale. Beim Franchisevertrieb lassen sich drei Untertypen unterscheiden:

4.2.2.1 Leistungsträgerfranchise

Bei dieser Form eines Franchisesystems befindet sich die Zentrale des Franchiseunternehmens in der Hand eines Leistungsträgers oder Veranstalters. Dadurch sichert sich der jeweilige Franchisegeber einen starken Einfluss auf das zugehörige Franchisesystem und es ist dem Leistungsträger möglich, sowohl seine Markenidentität verstärkt im Vertrieb durchzusetzen als auch gleichzeitig eine Absicherung seiner Veranstalterumsätze im Vertrieb zu erreichen, ohne dabei in die Notwendigkeit von Investitionen in eigene Büros und damit einer erhöhten Kapitalbindung zu geraten. Ein derartiges System bilden die **TUI Reisecenter.**

4.2.2.2 Reisebürobetriebsfranchise

Die Franchisezentrale befindet sich bei diesem Untertyp eines Franchisesystems im Besitz der an dem System beteiligten Reisebüros, also der einzelnen Franchisenehmer. Dieses System ähnelt daher dem im Einzelhandel noch häufiger vorhandenen Genossenschaftssystem (selbstständige Kaufleute von REWE oder von EDEKA), weil auch hier die Durchsetzungsmöglichkeiten für die Interessen der einzelnen Franchisenehmer gegenüber der Zentrale stärker ausgeprägt sind. Es besteht nämlich bei dieser Form – anders als beim Leistungsträger-Franchise – für die Zentrale keinerlei Interessenkonflikt zwischen den Interessen der Franchisenehmer und dem Franchisegeber. Beispiele für derartige Systeme sind **Lufthansa City Center** und **Reiseland.**

4.2.2.3 Mischformen

Bei diesen Mischformen werden die Anteile an der Zentrale des Franchisesystems sowohl von einem Leistungsträger/Veranstalter als auch von den beteiligten Reisebüros gehalten. Dadurch erhalten beide Seiten einerseits die Möglichkeit, Einfluss auf die Geschäftspolitik des Franchisesystems nehmen zu können und es kann ein Ausgleich zwischen den verschiedenen Interessen erfolgen. Andererseits birgt diese Eignerstruktur wie im Falle **DERPART** (hier halten sowohl die beteiligten Reisebüros als auch die DER-Gruppe jeweils 50 % der Anteile der Systemzentrale) aber auch die Gefahr eines Stillstands oder von Blockaden, weil keine Seite in der Lage ist, allein

Beschlüsse zu fassen, sodass oftmals langwierig um Kompromisse gerungen werden muss.

4.2.3 Kooperationsvertrieb

Auch hier handelt es sich im Normalfall um inhabergeführte Büros, die sich jedoch zur Stärkung ihrer Position gegenüber den Veranstaltern (z. B. in Bezug auf deren Vertriebskonditionen) und damit auch gegenüber den Wettbewerbern zu einer Kooperation zusammenschließen. Da die Voraussetzungen für den Beitritt zu einer Kooperation deutlich niedriger liegen als bei einem Franchisesystem, führt dies dazu, dass die Bindung der einzelnen **Kooperationspartner** zur Kooperationszentrale weitaus weniger eng ist als bei Franchisesystemen. Dies wiederum bewirkt, dass beispielsweise zentrales Marketing oder gar eine zentrale Umsatzsteuerung deutlich erschwert ist und führt letztendlich auch dazu, dass einige Veranstalter nicht mehr bereit sind, den Kooperationen verbesserte Provisionen einzuräumen oder zumindest der Umfang der gewährten Zusatzprovisionen deutlich abgesenkt wurde. Im Unterschied zu Ketten und Franchisesystemen besteht hier kein gemeinsamer einheitlicher Markenauftritt gegenüber den Kunden, sondern die Kooperationszugehörigkeit wird regelmäßig nur im B2B-Bereich, also den Geschäftsbeziehungen zu den Leistungsträgern, herausgestellt.

Eine der größten Reisebüroorganisationen, die nach diesem Prinzip arbeitet, ist die **TSS – Touristik Service System GmbH**, die das Ziel verfolgt, den angeschlossenen Reisebüros ganzheitliche und konkurrenzfähige Lösungsansätze zu bieten (vgl. www.meine-kooperation.de). Die zweite große Reisebürokooperation **RTK** bündelt neben Einzelreisebüros veranstalternahe Gruppierungen wie TUI Travel Star und Alpha-Neckermann-Partnerunternehmen sowie das Filial- und Franchisesystem Reiseland. Gleiches gilt für die dritte große Kooperation **DER Touristik Partner Service (DTPS)**, die als Dach Ketten wie Karstadt- und ADAC-Reisebüros, ein Franchisesystem DTPU und mehrere kleine Kooperationen bündelt (Protours, RCE, TourContact, AER).

4.2.4 Ungebundene Reisebüros

Diese Reisebüros arbeiten komplett unabhängig und somit ist der einzelne Inhaber frei in seinen unternehmerischen Entscheidungen und nicht an irgendwelche Weisungen/Vorgaben einer Zentrale gebunden. Diese Freiheit – und die damit verbundenen unternehmerischen Möglichkeiten (z. B. die Durchführung von Marketingaktionen, die ganz speziell auf den Kundenstamm eines jeden einzelnen Reisebüros ausgerichtet sind) – wird aber u. U. dadurch teuer erkauft, dass den freien Reisebüros i. d. R. bei den Veranstaltern schlechtere Konditionen eingeräumt werden, denn die Einkaufsmacht von Einzelreisebüros ist deutlich geringer als die einer Kette, die einen wesentlich größeren Beitrag zum gesamten Umsatz eines Leistungsträgers beisteuert. Abhilfe schafft hier in der Praxis häufig nur eine Konzentration auf bestimmte Leistungsträger, Veranstalter oder Marktsegmente, weil insbesondere vor dem Hintergrund des zunehmenden Internet-Vertriebs und der branchenweit zu erkennenden Bestrebungen, die Vertriebskosten (weiter) zu senken, eine weitere Spreizung der Provisionen in der Zukunft sehr wahrscheinlich erscheint. Insgesamt gab es 2015 nur noch 620 ungebundene Reisebüros (7 % aller stationären Vertriebsstellen).

Dabei sind die Grenzen sowohl zwischen den einzelnen Typen Franchisevertrieb, Kooperationsvertrieb und freie Reisebüros als auch innerhalb der Stufen Franchise- und Kooperationsvertrieb keineswegs undurchlässig, sondern es findet in der Praxis eine erhebliche Fluktuation zwischen den verschiedenen Typen Franchisesystemen, Kooperationen und dem freien Vertrieb als auch innerhalb der Typen statt. So verzeichnet die DRV-Vertriebsdatenbank allein im Jahr 2015 für insgesamt 413 Reisebüros eine Veränderung ihres Systemzugehörigkeitsstatus.

4.2.5 Stabilität der Bindungssysteme

Der Rückgang der Zahl der Reisebüros resultiert aus dem **Negativsaldo** zwischen Eröffnungen und Schließungen. Bezieht man diese Veränderung auf den Bestand an Reisebüros, so ergibt sich die Fluktuationsrate auf Basis der Bestandsveränderungen. Diese lag in den vergangenen 5 Jahren jeweils bei knapp 10 %, 2005 sogar bei einem Spitzenwert von 18,3 %. Von den 9.569 stationären Reisebüros im Jahr 2010 existierten 2015 noch 8.465 bzw. 88 %, d. h. 1.104 weniger. Per Saldo konnten im gesamten Zeitraum von 2010 bis 2015 insgesamt 1.710 Zugänge und 2.189 Abgänge registriert werden. Das bedeutet, dass 3.899 Reisebüros innerhalb dieser 5 Jahre eröffnet und wieder geschlossen wurden. Dies verdeutlicht die hohe Volatilität des Reisebürogewerbes in Deutschland, wo es keine Lizenzierung bzw. Qualifikationsprüfung durch Handelskammern und Gewerbeaufsichtsämter gibt (vgl. Abb. IV.27).

Neben der Fluktuation durch Bestandsveränderungen gibt es zusätzlich noch die Fluktuation durch Systemwechsel innerhalb des Bestandes zwischen den verschiedenen Bindungssystemen. Zwischen 5 und 8 % aller Reisebüros in Deutschland verändern jährlich ihren Systemstatus. Die Gesamtfluktuation durch Zu- und Abgänge sowie durch Statusänderungen im Bestand hat sich seit 2010 etwas verlangsamt, liegt aber immer noch zwischen 11 und 20 % jährlich. Zwischen 1990 und 2010 lag sie in einzelnen Jahren sogar bei 30–40 % p. a.

	2015	2014	2013	2010	2005
1 **Veränderungen durch Zu- und Abgänge**					
Reisebürobestand Vorjahr	9.027	8.949	9.195	9.868	12.709
Zugänge	363	433	242	421	636
Abgänge	−300	−355	−488	−720	−1.686
Saldo Zugänge und Abgänge	63	78	−246	−299	−1050
Reisebürobestand aktuelles Jahr	9.090	9.027	8.949	9.569	11.659
Fluktuation durch Zu- und Abgänge in %	**7,30%**	**8,80%**	**7,90%**	**11,60%**	**18,30%**
2 **Statusveränderungen im Bestand durch Wechsel...**					
... von einer Systemkategorien zu einer anderen Systemkategorie (z.B. von einer Reisebürokette zu einem Franchisesystem)	55	103	46	133	691
... innerhalb einer Systemkategorie (z.B. von einer Kette zu einer anderen Kette)	248	161	99	308	1.461
... zwischen systemgebundenen und nicht systemgebundenen Reisebüros	110	39	144	342	1.270
Summe Fluktuation durch Statusveränderungen im Bestand insgesamt	413	330	289	783	3.422
Fluktuation durch Statusveränderungen in %	**4,50%**	**3,70%**	**3,10%**	**7,90%**	**26,90%**
3 **Fluktuation insgesamt**	**1.076**	**1.091**	**1.019**	**1.924**	**5.744**
Anteil der Fluktuation durch Zu- und Abgänge sowie durch Statusveränderungen in % am Reisebürobestand im jeweiligen Jahr	**11,80%**	**12,20%**	**11,10%**	**19,40%**	**45,20%**

1 Zur Kategorie „Stationäre Reisebüros" werden Klassische Reisebüros und Touristische
2 Die Statusänderungen im Bestand umfassen sowohl Wechselaktivitäten einzelner Reisebüros wie auch solche Veränderungen, die durch strukturelle Änderungen
3 neue Reisebüros: Reisebüros, die bisher nicht in der DRV-Vertriebsdatenbank erfasst

Abb. IV.27: Fluktuation bei stationären Reisebüros (Quelle: DRV-Vertriebsdatenbank)

5 Struktur und Funktionen des Online-Vertriebs – Reisen im digitalen Zeitalter

Menschen aller Altersstufen nutzen inzwischen das Internet, um sich zu informieren, zu konsumieren und mit anderen zu kommunizieren. Allerorten verfügbare Breitbandzugänge und neue Formen der Kommunikation machen es inzwischen möglich, jederzeit und überall online zu sein. Die Allgegenwart der digitalen Welt lässt die „digitale Identität" zu einem Teil der realen Identität werden, sodass die Grenzen zwischen Privatem und Öffentlichem verschwimmen. Gleichzeitig wächst die Macht von digitalen Gruppen und Foren wie Facebook oder Twitter. Im Zuge dieser Entwicklung wandelt sich auch der Konsument. So verlieren einseitige Werbebotschaften an Wirkung, während Dialog und Auseinandersetzung mit dem gut informierten Verbraucher immer wichtiger werden. Als **„Prosumer"**, der z. B. aktiv an Neuentwicklungen mitwirkt, wird der Konsument sogar produktiver Teil der Wertschöpfungskette.

Die **Online-Portale der Reiseindustrie** stellen einen zunehmend wichtigen Vertriebsweg dar. Der darüber generierte Umsatz steigt sprunghaft. Als „echter" Online-Umsatz ist nur der Umsatz zu bezeichnen, der ohne manuellen Eingriff und unter direktem Zugriff auf Inventories oder virtuelle Kapazitäten zustande kommt. Abgesehen von den Online-Vertriebsplattformen der Leistungsträger wie z. B. bahn.de, lufthansa.com, sixt.de und accor.com haben die Plattformen der Intermediäre eine stark wachsende Bedeutung. Dazu zählen z. B. die Reisebüroportale ebookers.de, Expedia.de, lastminute.de, opodo.de und HolidayCheck.com. Hinzukommen Produktportale für Hotels und Flüge wie hrs.de, hotel.de, booking.com oder opodo.de und fluege.de (vgl. Kap. IV.3.6).

5.1 Entwicklung der Internet-Nutzung in Deutschland

Der Internet-Zugang in Deutschland wächst immer noch, wenngleich mit abnehmenden Zuwachsraten. Der private Zugang zum Internet begann ca. 1996/1997 in Deutschland. Bis zum Jahr 2000 waren bereits 22 % der deutschen Wohnbevölkerung ab 14 Jahre (Beginn der juristischen Geschäftsfähigkeit) an das weltweite Datennetz angeschlossen. Dies fast ausschließlich per PC, denn Smartphones und Tablets gab es damals noch nicht. 2010 betrug der Anteil bereits 68 %, wozu die zunehmende Verbreitung mobiler Endgeräte wesentlich beigetragen hatte. Seitdem ist die Internet-Nutzung nur noch unterproportional um 11 Prozentpunkte auf 79 % im Jahr 2015 gestiegen. Damit ist man nahe der realistischen Höchstgrenze. Ein Anstieg der Nutzung bei den über 14-Jährigen über 85–90 % hinaus ist unter den gegebenen Rahmenbedingungen dennoch kaum zu erwarten, weil es Bevölkerungsgruppen gibt, wie Hochbetagte und Pflegeheimbewohner, die aus cerebralen und gesundheitlichen

https://doi.org/10.1515/9783110481457-033

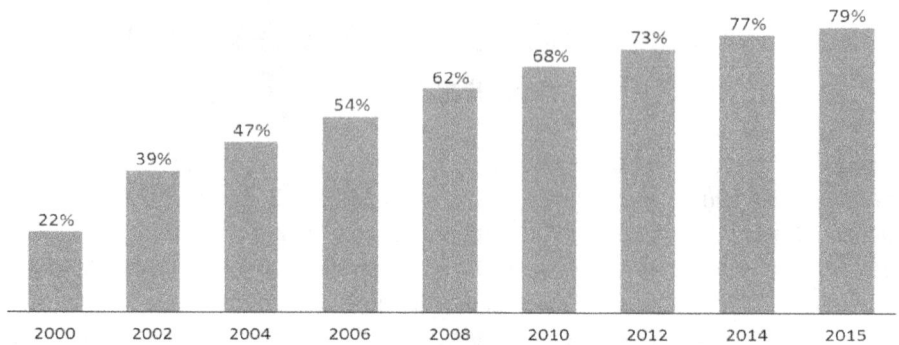

Abb. IV.28: Internet-Zugang der deutschen Wohnbevölkerung über 14 Jahre (ab 2010 inkl. Ausländer) (Quelle: Reiseanalyse 2000 bis 2016)

Gründen dazu nicht mehr in der Lage sind oder sich entsprechend kostenpflichtige Kommunikationsverträge nicht leisten können (Abb. IV.28).

Betrachtet man die Internet-Nutzung einerseits zur Urlaubsinformation („looking") und andererseits zur Urlaubsbuchung („booking"), ist fast die gleiche Entwicklungsdynamik der deutschen Wohnbevölkerung über 14 Jahre festzustellen. Auch bei den Urlaubsinfos aus dem Web gab es von 2000 bis 2010 zunächst einen sprunghaften Anstieg von 10 auf 51 %. Seitdem kamen bis 2015 10 Prozentpunkte auf 61 % dazu, von denen 49 % das Internet binnen der letzten 12 Monate nutzten, was auf eine verstärkte Nutzungsfrequenz schließen lässt (Abb. IV.29).

Die Internet-Nutzung zur direkten Reisebuchung stieg noch deutlicher. Wurden 2000 noch fast gar keine Reisen direkt im Internet gebucht (genauer: nur 2 %), weil es bis dahin auch keine Online-Buchungsmaschinen (IBEs – Internet-Booking-Engines)

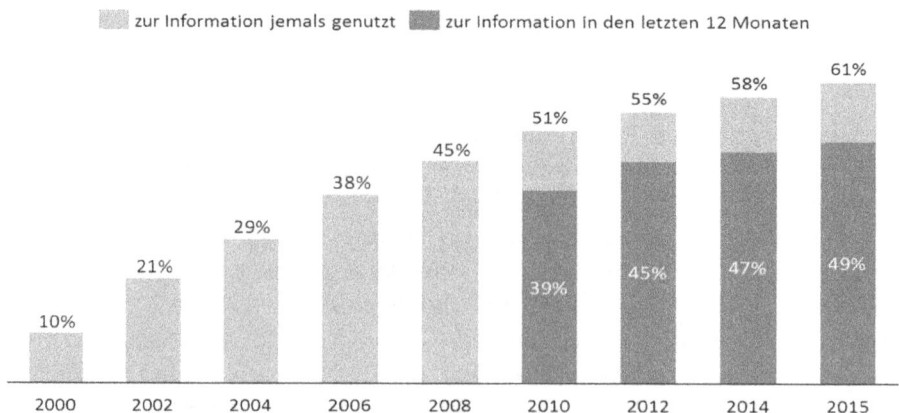

Abb. IV.29: Internet-Nutzung zur Urlaubsinformation für Urlaubsreisen (Quelle: Reiseanalyse 2000 bis 2016)

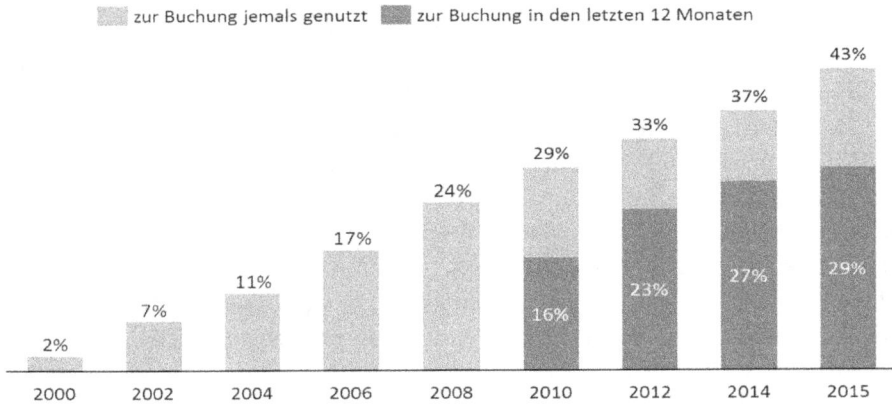

Abb. IV.30: Internet-Nutzung zur Urlaubsbuchung für Urlaubsreisen (Quelle: REISEANALYSE 2000 BIS 2016)

gab, so stieg dieser Anteil bis 2010 bereits auf 29 %. Bis 2015 folgte eine weitere starke Zunahme auf inzwischen 43 %. Dabei scheint die Nutzungs- bzw. Buchungsfrequenz mit nur 29 % in den letzten 12 Monaten noch gering (Abb. IV.30).

5.2 Funktionen und Wirkungsparameter digitaler Reisemarktsegmente

5.2.1 Online-Reisemarktstrukturen

Die grundlegende Struktur des Online-Reisemarktes und seiner Marktteilnehmer ist bereits in Kap. I.4.6 und Kap. I.4.9 beschrieben worden. Zwar wird seit der Jahrtausendwende der Entwicklung des Online-Reisegeschäfts ein permanent zweistelliges Wachstum zugesprochen. Doch nachweisbar ist dies bis dato allerdings nicht, weil anders als in den klassischen Reisemärkten weder die Unternehmen noch die Verbände, in denen sie organisiert sind, Umsatzdaten geschweige denn Ergebnisdaten veröffentlichen. Auch Marktforscher tun sich schwer mit der Ermittlung, weil bei der Erfassung viele Unklarheiten auftreten. So bieten alle Stufen der touristischen Wertschöpfungskette ihre Leistungen im Internet an und wie im klassischen Markt teilweise B2C direkt, teilweise B2C über Online-Vermittler- und/oder Reisebüroportale.

Zudem vertreiben Veranstalter ihre Leistungen gleichzeitig über eine eigene IBE (Online-Eigenvertrieb) wie auch via Traveltainment-IBE über konzernfremde Online-Portale (Online-Fremdvertrieb). Auch die Leistungsträger Airlines, Mietwagenanbieter, Bahn und Hotels verkaufen sowohl direkt B2C als auch über Produktportale wie opodo.de, fluege.de, hrs.de, hotel.de etc. Da aber niemand Daten veröffentlicht, werden bei Marktschätzungen oder Anbieterbefragungen die über Reisebüro- und Produktportale abgewickelten Umsätze oft mehrfach gezählt. Ferner wird rund die Hälfte aller Online-Buchungen von Reiseleistungen nicht online finalisiert und landet dazu in Callcentern. Es bestehen weite Interpretationsspielräume, ob diese nun zum Online- oder Offline-Vertriebskanal gezählt werden. Je nach Interessenlage des befragten Unternehmens wird dabei die Perspektive gewechselt und im Zweifel auch mal alles doppelt gezählt. Fakt ist jedoch, dass die Online-Portale von Leistungsträgern, insbesondere von Airlines und Bahnen, sowie die Monoproduktportale für Hotels und Flüge dabei die größte Wachstumsdynamik aufweisen. Dies zeigen u. a. die Daten des GfK-Mobilitätspanels auf, die seit 2012 vorliegen (vgl. Kap. I.3). Dort wird die Gesamtgröße des Online-Reisemarktes (20,7 Mrd. Euro) ebenso genau beschrieben, wie die der einzelnen Online-Marktsegmente.

Die Entwicklung der verschiedenen Online-Vertriebskanäle ging zwangsläufig zulasten des Marktanteils des stationären Reisebürovertriebs. Dies bestätigt auch die Nachfrageerhebung aus der Online-Reiseanalyse von F.U.R. (vgl. Abb. IV.31). Während 2005 noch 64 % aller Buchungen von langen Urlaubsreisen (ab 4 Tage) vor Reiseantritt im Reisebüro getätigt wurden, waren es 2010 noch 58 % und 2015 nur noch 51 %. Im gleichen Zeitraum nahm der Anteil der Buchungen von langen Urlaubsreisen auf Internet-Portalen von 10 % im Jahr 2005 über 19 % im Jahr 2010 auf 27 % zu, während Direktbuchungen bei Reiseveranstaltern (2015: 11 %), Unterkunftsanbietern (2015: 6 %) und Verkehrsunternehmen (2015: 9 %) leicht rückläufig waren.

Reisen mit Vorabbuchung	2015	2010	2005
In einem Reisebüro	51%	58%	64%
Direkt beim Reiseveranstalter	11%	12%	12%
Auf einem Internetportal	27%	19%	10%
Unterkunft direkt	6%	8%	9%
Verkehrsmittel direkt	9%	6%	10%

Abb. IV.31: Anteil der Buchungsmedien bei vorausgebuchten Reiseleistungen 2005 bis 2015 (Quelle: Reiseanalyse 2015)

Seit 2005 stieg die Buchung fast aller Reiseleistungen im Internet deutlich, ab 2010 gut doppelt so stark wie in den 5 Jahren zuvor (vgl. Abb. IV.32). Die höchste Akzeptanz und Wachstumsdynamik haben reine Unterkunftsbuchungen mit 42 %, was im Wesentlichen auf das extreme Wachstum der Hotelportale zurückzuführen ist, und mit 26–27 % die Buchungen von Flugtickets, Pauschalreisen sowie Eintrittskartenverkäufe, die weitgehend selbsterklärend sind. Der geringe Anteil von Bahnfahrkartenkäufen (19 %) und Mietwagenbuchungen (14 %) ist lediglich darauf zurückzuführen, dass in der den Zahlen zugrunde liegenden Reiseanalyse ausschließlich die Buchung von Urlaubsreiseleistungen untersucht wird und nicht die von Geschäfts- und sonstigen Privatreisen.

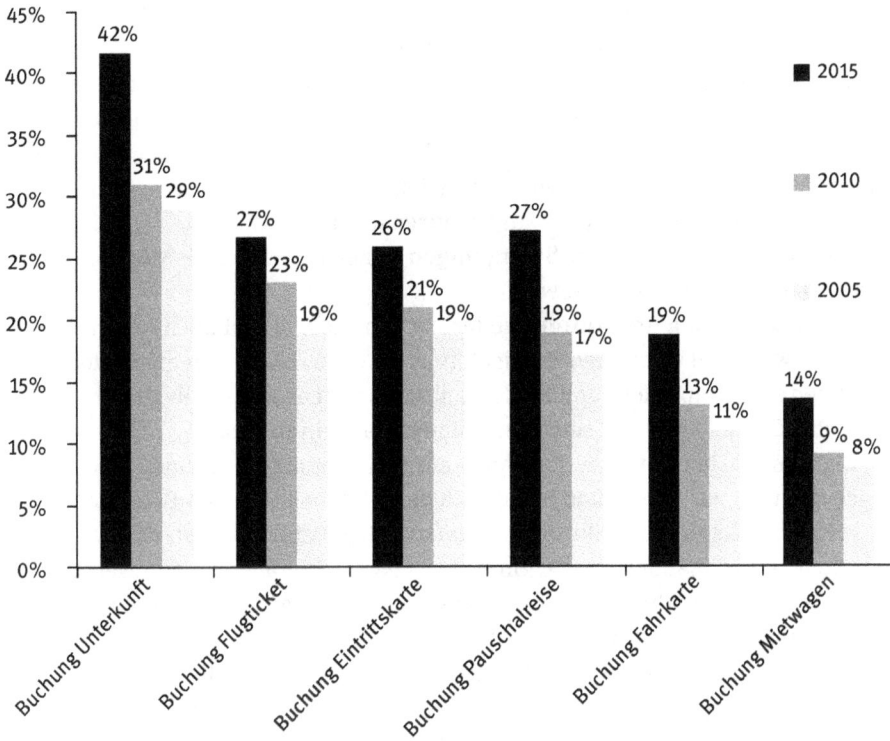

Abb. IV.32: Buchung von Reiseleistungen im Internet 2005 bis 2015 (Quelle: REISEANALYSE, Basis in % der Befragten, die das Internet schon einmal zur Infobeschaffung und/oder Buchung in Verbindung mit Urlaubsreisen genutzt haben)

5.2.2 Einfluss von Internet und Digitalisierung im Benchmark zwischen Touristik und anderen Branchen

Die Tourismusbranche ist in den vergangenen 30–40 Jahren nicht unbedingt durch eigene wegweisende strategische Innovationen aufgefallen. Viele Innovationen, vor allem im Internet kamen aus branchenfremden Bereichen und waren häufig durch Technik, Gesetzgebung und Politik beeinflusst. Die Touristik ist dabei nicht gerade als ein Innovationstreiber aufgefallen. Die meisten touristischen Internet-Innovationen betreffen aufgrund der Vereinfachung und Verkürzung der Vertriebswege und Wertschöpfungsketten den touristischen Vertrieb und weniger die touristischen Produkte. Im Benchmark mit anderen Branchen sind die strategischen technischen Innovationen in der Touristik überschaubar. Auch andere Dienstleistungsbranchen wie z. B. Versicherungen oder Banken profitieren eher von Innovationen anderer Wirtschaftsbereiche.

Die wesentlichsten Marktveränderungen resultieren aus den Nutzungsmöglichkeiten des Internets, das in Deutschland erstmals 1997 von Expedia für den Verkauf von Reiseleistungen eingesetzt wurde. Jedoch hat ein Online-Vertrieb nicht für alle Angebote, alle Zielgruppen und unter allen Rahmenbedingungen einen Sinn. Internet-Nutzung zielt generell auf Massenanwendung ab, baut auf Frequenz, Skaleneffekte, Big-Data- Generierung und entscheidend auf eine hohe Kundenakzeptanz und Nutzungsbereitschaft. Dies ist aber nicht bei allen Anwendungen, zu jedem Zeitpunkt, bei jedem Produkt und in allen Lebenssituationen gegeben. Das Internet kann seine Effizienz verlieren, wenn diese Voraussetzungen nicht gegeben sind.

Drei grundlegende **Rahmenbedingungen** sollten jedoch bei der Nutzung des Internets in der Touristik beachtet werden:

1. **Automatisierung** und **Autonomisierung** von Technik, Abläufen und Handlungen sowie damit verbundenes gleichförmiges Denken und Handeln im Internet eröffnen ein potenzielles Konfliktfeld, weil sie im Gegensatz zu Individualität, Kreativität, Spontaneität und selbstbestimmtem Handeln stehen.

2. **Big Data** basiert in weiten Bereichen auf Gleichförmigkeit, Frequenz und Berechenbarkeit zur Umsetzung in Algorithmen. Das mag in vielen Bereichen unseres Mobilitätsverhaltens hilfreich sein (vor allem bei frequenzstarken Verkehrsströmen, Destinationslogistik, Großevents etc.), nicht aber bei den wenigen Urlaubsreisen pro Jahr (2,4 Reisen insgesamt bzw. 0,8 Auslandsreisen pro Person und Jahr), für die ein Haushalt mit allen mitreisenden Personen maximal bis zu einem kompletten Monatsnettoeinkommen aufwendet und die von Jahr zu Jahr erheblich variieren können. Von den Faktoren Individualisierung und Emotionalisierung lebt aber weitgehend das Produkt Urlaubsreisen.

3. Anders sieht es bei den **Kommunikations-** und **Informationsmedien** aus, die einen Urlauber schon heute entlang seiner Customer Journey vom Moment der Reiseinspiration über die Angebotsauswahl, die Buchung, die genutzten Reisedienstleistungen und Urlaubsaktivitäten während der Reise bis zu seiner Rückkehr nach Hause begleiten. Hier besteht für die Branche noch deutlicher Nachholbedarf. Jede Innovation im digitalen Medien- und Kommunikationssektor kann daher jederzeit neue Entwicklungen und Impulse für die Tourismusbranche auslösen.

Viele, vor allem technische und virtuelle, Innovationen sind keine Utopie, sondern aktuell schon in den Entwicklungszentren, Laboren und auf den Testprüfständen der Unternehmen vorhanden und werden dort auf Marktfähigkeit getestet. Es zeigt sich aber dabei immer wieder, dass der Konsument maßgeblich die Marktfähigkeit mitbestimmt. Nicht alles, was möglich ist, ist auch für ihn sinnvoll und/oder finanzierbar. Denn der Nutzen der Innovation muss für Kunden erkennbar und in einem rationalen Verhältnis zu seinen Bedürfnissen stehen, d. h. zu seinem Einkommen, Konsumportfolio sowie seinen Lebens- und Nutzungsgewohnheiten. Dies gilt insbesondere natürlich auch für sein Urlaubsreiseverhalten. Es ist wichtig, dass sich die Tourismusbranche nicht nur mit sich selbst beschäftigt, sondern auch globale Entwicklungen in anderen Wirtschaftsbereichen im Auge behält.

5.2.3 Marktsegmente, Charakteristika und Geschäftsmodelle im Online-Reisevertrieb

Grundlegend gibt es vier wesentliche Funktionen, die das Internet im Reisevertrieb übernimmt:

- **Informationsvermittlung:** Dokumentation der Reiseleistungen
- **Kommunikation:** Bewertung von Reiseleistungen
- **Transparenz:** Preis-/Angebotsvergleich von homogenen Reiseleistungen
- **Abwicklung/Logistik** und zum Teil Zahlung: Verkauf von Reiseleistungen

Auf dieser Grundlage werden Reiseleistungen aller Art zunehmend online vertrieben, allerdings von vielen verschiedenen Anbietern mit unterschiedlichen Funktionen, Motivationen, Erfolgen und Geschäftsmodellen, die nachfolgend dargestellt werden. Kommerzielle Anbieter im Internet versuchen dabei überwiegend in den Funktionen tätig zu werden, die für sie den höchsten Ertrag versprechen oder funktional und strategisch zu anderen Geschäftsfeldern im Internet passen. Nachfolgend werden diese kommerziellen Online-Anbieter, die zum Teil völlig unterschiedliche Interessen verfolgen und Funktionen wahrnehmen, einzeln dargestellt.

5.2.3.1 Leistungsträger- bzw. Produzentenportale

Produzenten bzw. Leistungsträger bieten ihre originären Reiseleistungen wie Unterkunft, Flug, Bahn, Mietwagen, Event/Ticket etc. den Kunden im Direktvertrieb über die eigene Website/Homepage an (Beispiele: bahn.de, lufthansa.com, airberlin.com, condor.de, hilton.com, steigenberger.de, sixt.de etc.). Sie vertreiben dabei sowohl an Privatreisende (B2C) als auch an Geschäftsreisende bzw. Unternehmen (B2B). Je stärker die Marke und je höher der Marktanteil des jeweiligen Leistungsträgers im nationalen Markt, desto größer ist die Chance zur Direktvermarktung der Reiseleistungen.

Insbesondere die Websites großer bekannter Airlines oder der Deutschen Bahn werden von den Kunden leicht im Internet gefunden, zumal es häufig für die nachgefragten Reiseleistungen ohnehin nur einen bis maximal drei Anbieter oder Angebote gibt, sodass sich die Nutzung von Metasearchern und Preisvergleichsportalen erübrigt. Da die Leistungsträger bzw. Produzenten dies wissen, bieten sie den direkt bei ihnen buchenden Kunden häufig Services und Mehrwerte, die über Monoproduktportale (s. Kap. IV.5.2.3.3) nicht gebucht werden können. Diese markenstarken Airlines und die Bahn können es sich daher auch leisten, die bei ihnen im Direktvertrieb angebotenen Leistungen zu niedrigeren Preisen und Servicegebühren anzubieten als im stationären und Online-Fremdvertrieb oder sogar dem Fremdvertrieb nicht das vollständige Angebotssortiment zur Verfügung zu stellen

Je polypolistischer ein Markt strukturiert ist, z. B. bei vielen kleinen und mittelständische No-Name-Hotels ohne Markenbindung, in weniger frequentierten Destinationen sowie bei geringer Stammkundenbindung, und je weniger Transparenz und Vergleichbarkeit der Angebote für den Kunden gegeben ist, umso geringer ist der Anteil von Online-Direktbuchungen bei den Leistungsträgern. Der Kunde hat dann wenig Neigung zur direkten zeitaufwändigen Hotelsuche, selbst wenn er schon einige Unterkunftsmöglichkeiten in seiner Destination kennt, und benötigt Unterstützung durch strukturierte Angebotsübersichten und Preisvergleiche. In diesen Fällen ist der Vertrieb der Unterkunftsleistungen im Online-Fremdvertrieb über Vermarktungs- und/oder Vergleichs-Plattformen (Monoproduktportale, s. Kap. IV.5.2.3.3) effizienter, die den Kunden diesen Such- und Abwicklungskomfort bieten.

5.2.3.2 Reiseveranstalterportale

Reiseveranstalter versuchen, ihre Reiseangebote im Direktvertrieb über ihre eigene Website/Homepage aber ausschließlich an Privatkunden (B2C) zu verkaufen (Beispiele: tui.com, dertour.de, fti.de, alltours.de, studiosus.com etc.), und sparen in diesen Fällen die Provision für einen Reisevermittler. Dies gelingt umso besser, je stärker sie Angebote mit Alleinstellungsmerkmalen erbringen (eigene Hotels, eigene Kreuzfahrtschiffe etc.), die bei Wettbewerbern weder funktional noch qualitativ vergleichbar zu bekommen sind. Dazu sind aber nur wenige Veranstalter in der Lage wie z. B. TUI mit exklusiven Hotel- und Clubreisenangeboten, Kreuzfahrtenveranstalter mit der Individualität ihrer Schiffe bzw. der dort angebotenen Dienstleistungen sowie Studien-, Gruppen- Bus- und Rundreiseveranstalter mit individuellen Routen- und Leistungskombinationen.

Rund 80 % aller von Reiseveranstaltern angebotenen Reisen sind aber weitgehend austauschbar, in vielen Fällen sogar identisch. Dies wissen viele Kunden und suchen daher in der von ihnen gewünschten Destination Vergleichsangebote, die sie aber auf der Veranstalter-Website nicht finden. Diese Vergleichsfunktion übernehmen IT-Systeme wie Bistro in Kombination mit den Internet-Booking-Engines von Traveltainment, Traffics und Travel-IT, die von Online-Reisebüros (s. Kap. I.3) als Online-Fremdvertrieb der Reiseveranstalter betrieben werden.

5.2.3.3 Monoproduktportale: Hotel oder Flug

Monoproduktportale vermitteln fast ausschließlich als Consolidator nur **eine** Art von Reiseleistungen (z. B. nur Hotels, nur Mietwagen, nur Fähren-, Bus- oder Bahntickets oder nur Flüge) für die jeweiligen Produzenten bzw. Leistungsträger sowohl an Privatkunden (B2C) als auch an Geschäftsreisende (B2B). Sie listen und selektieren diese Angebote nach verschiedenen frei wählbaren Kriterien in Preis- bzw. Angebotsvergleichstabellen häufig in Verbindung mit Kundenbewertungstools (z. B. booking.com, hrs.de, priceline.com, fluege.de, opodo.de etc.). Sie führen aber i. d. R. kein Inkasso durch und haften als Vermittler auch nicht für die jeweiligen Reiseleistungen. Die Vermittlung erfolgt jeweils in der Destinationswährung, mit den jeweils nationalen AGB und auf Rechnung des jeweiligen Leistungsträgers. Das bedeutet, dass der Kunde sowohl das rechtliche Vertragsrisiko als auch das Währungsrisiko trägt und keinerlei Schutz gegen Insolvenz oder in Krisenfällen hat. Diese Nachteile muss er gegen die ihm gebotene Transparenz und den Buchungskomfort abwägen. Eine Garantie dafür, dass ihm das Portal dabei das günstigste Angebot macht, hat er nach der jüngsten Rechtsprechung gegen Bestpreis-Klauseln nicht.

Während die hohe Intransparenz des zersplitterten Hotelmarktes in den meisten Destinationen die Buchung über ein Hotelportal trotzdem noch attraktiv macht, sieht dies bei **Flugportalen** deutlich anders aus. Wie bereits bei den Leistungsträgerportalen ausgeführt (s. Kap. IV.5.2.3.1) bieten die Airlines als Lieferanten der Flugportale auf ihren Websites ein umfangreicheres Angebotssortiment, vielfältigere und günstigere Tarife, niedrigere oder gar keine Servicegebühren sowie zusätzliche Mehrwerte für die Kunden und machen so die Buchung über Flugportale unattraktiv. Seitdem beim Vertrieb von Flügen wie auch bei Bahnleistungen fast keine Provisionen mehr an die stationären und Online-Vermittler mehr gezahlt werden und damit der Handelsvertreterstatus faktisch abgeschafft ist, müssen die Flugportale ihre Erträge auf andere Art und Weise erzielen (z. B. durch Gebühren und Werbeerlöse). Angesichts der auf vielen Flugstrecken vorhandenen Angebotstransparenz – zumeist gibt es auf Kurz- und Mittelstrecken nur zwei oder drei verschiedenen Anbieter – bietet ein Flugportal, anders als ein Hotelportal, für einen erfahrenen Reisenden kaum noch Zusatznutzen, sodass die Zukunft von reinen Flugportalen unter diesen Rahmenbedingungen eher kritisch ist.

5.2.3.4 Online-Reisebüros

Online-Reisebüros vermitteln an Urlaubsreisende (B2C) einerseits fertig paketierte Veranstalterreisen, sind aber andererseits auch in der Lage, mithilfe der **Internet-Booking-Engines (IBEs)**, wie z. B. Traveltainment, Traffics, Travel-IT, Peakwork etc., Veranstalterreiseleistungen wie Hotels, Urlaubsflüge und Transferleistungen zu kombinieren, dynamisch zu paketieren und mit Warenkorbfunktionen zu bündeln. Sie listen vergleichbare oder identische Reiseleistungen verschiedener Veranstalter über Preis- und Angebotsvergleichsplattformen (wie Bistro) häufig in Verbindung mit Kundenbewertungstools (z. B. ab-in-den-urlaub.de, holidaycheck.de, weg.de, expedia.de, tripadvisor.com etc.) und versuchen, diese teilweise mit Mehrwerten (Gutscheine, Rabatte, Zusatzleistungen etc.) zu versehen.

Die Attraktivität dieses Vertriebskanals besteht vor allem in der Schnelligkeit der Buchbarkeit für die Kunden und die Simultanproduktion auch von Reisen, die sich aus Leistungen verschiedener Reiseveranstalter zusammensetzen (z. B. Hotel von Alltours, Restpatz-Condor-Flug aus dem Kontingent von TUI). Vor allem Veranstalter mit nur wenigen Alleinstellungsangeboten und von austauschbaren Pauschalflugreisen profitieren vom Geschäftsmodell der Online-Reisebüros, weil sie ihnen helfen, auf ungeplante Marktveränderungen schnell zu reagieren und Überkapazitäten durch dynamische Produktion abzubauen. Für die Kunden entstehen durch diese Produktionsform kurzfristig während der Buchungssaison zusätzliche attraktive Produkte. Durch die Funktionen der Online-Reisebüros hat sich das Volumen des früheren Last-Minute-Geschäfts deutlich reduziert.

Für Online-Reisebüros bestehen relativ geringe Markteintrittsbarrieren. Die **Internet-Booking-Engines (IBE)** sind vergleichsweise unkompliziert in jede eigene Website zu integrieren. Benötigt werden lediglich Agenturverträge mit den Reiseveranstaltern. Die Entlohnung erfolgt wie bei stationären Reisebüros über Provisionen. Allerdings sind Online-Reisebüros in hohem Maße abhängig vom Angebotscontent der Veranstalter und Bedarfsfluggesellschaften, der ihnen über die IBEs zugänglich gemacht wird. Je weniger Risiken die Reiseveranstalter bei Charterflügen in die Urlaubsländer eingehen, umso höher ist der Angebotscontent der Online-Reisebüros, weil die Flugplätze der Airlines frei verfügbar sind. In nachfragestarken Jahren und Saisonzeiten (Schulferien, Feiertagstermine etc.) ist dieser Angebotscontent hingegen gering. In nachfrageschwachen Jahren oder Krisendestinationen ist der Angebotscontent in die betroffenen Destinationen wiederum hoch, wird aber zumeist online von den Kunden genauso wenig nachgefragt wie in stationären Vertriebskanälen.

Preisvorteile für Online-Reisebüros sind aufgrund des in Deutschland geltenden Handelsvertreterstatus (Preisparität in allen Vertriebskanälen) für Reisevermittler nicht möglich. Aus diesem Grund sind Online-Reisebüros in weiten Bereich genauso von den Reiseveranstaltern abhängig wie der stationäre Vertrieb. Der stationäre Vertrieb hat aber den Vorteil, über das identische Pauschalreisensortiment der Online-Reisebüros noch viele andere Reisearten, Spezialangebote, Zusatzleistungen und Destinationen (u. a. Kreuzfahrten, Gruppenreisen, viele Fernreisedestinationen, Rundreisen, Aktivitäts- und Themenurlaube, Fähren, Eintrittskarten, Mietwagen, Bahntickets etc.) anbieten zu können, die nicht über die IBE-Systeme dargestellt werden können. Um mehr Eigenständigkeit zu entwickeln haben daher große Online-Reisebüros in der Vergangenheit versucht, eigene Reiseveranstalter zu gründen (z. B. Urlaubstours von Unister, Tropo von 7Travel) oder steigen zugleich auch in das Geschäft der Produktportale ein (z. B. Unister mit fluege.de oder expedia mit hotels.com). Bislang hielt sich der Erfolg dieser Diversifizierung in engen Grenzen, weil das Investment oder die Übernahme von Produktionsrisiken nicht profitabel zu betreiben war.

5.2.3.5 Geschäftsreiseportale

Business-Travel-Organisationen, die Reiseleistungen der Leistungsträger für Geschäftskunden **(B2B)** zusammenstellen und die Abwicklung für die internen Prozesse des jeweiligen Unternehmens mit seinen reisenden Mitarbeitern national und international bündeln und abrechnen, versuchen die zum Teil sehr arbeitsintensiven Buchungs- und Umbuchungsprozesse auf internen Websites (im Intranet der Kunden) für die Reisenden transparent und einfach zu gestalten (z. B. bcdtravel.com, fcm.travel, egencia.de etc.). Bei großen Konzernen werden in diesen internen Online-Plattformen auch die jeweiligen Reiserichtlinien hierarchie- und organisationskonform hinterlegt. Darüber hinaus unterhalten diese Travel-Management-Organisationen für kleine und mittelständische Unternehmen (KMU) öffentlich zugängliche Buchungsplattformen für Dienstreisen. Viele dieser KMU greifen aber auch bei einzelnen Reiseleistungen direkt auf die Websites der Leistungsträger oder auf die Angebote der Monoproduktportale zu.

5.2.3.6 Metasearcher für Reisen

Metasearcher vermitteln i. d. R. selbst keine Reiseleistungen, sondern betreiben branchenspezifische Suchmaschinen für Preis- und Angebotsvergleiche. Sie filtern die Produkte nach den Suchkriterien/Adwords der B2C- oder B2B-Kunden aus den im Internet verfügbaren Angeboten heraus und listen diese selektierbar in Vergleichsplattformen sowohl für Reiseleistungen (z. B. kayak.de, swoodoo.de, trivago.com etc.) als auch für viele andere Produkte und Dienstleistungen (u. a. check24.de, google.de etc.). Die dort dargestellten Reiseangebote können von jedem der zuvor unter Kap. IV.5.2.3.1 bis Kap. IV.5.2.3.4 genannten Online-Anbieter stammen. Diese müssen für die Werbe- und Vermarktungsleistung der Metasearcher verschiedene mengen- und zeitabhängige Gebühren für Darstellungsformen, Priorisierungen und Klicks bezahlen. Metasearcher erwirtschaften ihre Erträge i. d. R. nicht aus Provisionen oder Entgelten für den Reiseverkauf, erhalten aber unabhängig vom Buchungserfolg oder Umsatz mengen-, frequenz- und/oder zeitabhängige Erträge für ihre Werbedienstleistungen. Der größte nach diesem Geschäftsmodell arbeitende Metasearcher (weil übergreifend für jegliche Suchfunktionen für Informationen, Produkte und Dienstleistungen tätig) ist Google – häufig daher auch Gigasearcher genannt.

5.2.3.7 Werbe- und Vermarktungsportale für Reisen

Werbe- und Vermarktungsportale betreiben i. d. R. standardisierte Werbeflächen im Internet, die sie häufig auch für semiprofessionelle touristische Angebote wie private Ferienhäuser, Appartements, Privatzimmer/-wohnungen, Timesharing-Immobilien etc. gegen zeit-, umfang- und/oder frequenzabhängige Nutzungsgebühren zur Verfügung stellen (z. B. airbnb.com, scout24.de, wimdu.de etc.). Da die Reiseleistungen von den Anbietern weitgehend nach eigenen Kriterien platziert werden ist i. d. R. kein systematischer Preis-/Angebotsvergleich mit Suchalgorithmen möglich. Die meisten Betreiber derartiger Werbeplattformen sind häufig für verschiedene Branchen und Produkte tätig und zumeist nicht auf Reisen fixiert (z. B. ImmoScout, AutoScout etc.).

5.2.3.8 Mischformen von Reiseportalen

Verschiedene der vorgenannten Betreiber und Anbieter von Online-Plattformen versuchen auch, mehrere der dargestellten Funktionen gleichzeitig wahrzunehmen; sie müssen darauf achten, dass sie dabei nicht ihre Werbekunden oder Angebotslieferanten konkurrenzieren oder kannibalisieren und dadurch ihr Geschäftsmodell schädigen. Für einen Urlauber, der ein Reiseangebot sucht, sind die verschiedenen Funktionen und Geschäftsmodelle **kaum zu unterscheiden.** Für ihn ist es nicht durchschaubar, welche Verlinkungen und Wertschöpfungsprozesse bei der Suche nach Reiseangeboten im Internet genau ablaufen, wenn er bei einem Metasearcher beispielsweise einen Flug sucht. Dieser zeigt ihm im Preisvergleichsranking Flüge verschiedener Flugportale oder auch der Airlines direkt an. Zur Buchung wird er zum jeweiligen Flugportal weiterverlinkt, das den ausgewählten Flug dann häufig erneut per Link oder über ein GDS-System bei der ausgewählten Airline einbucht. Auf der gesamten Buchungsstrecke können dabei verschiedene Buchungs- und Servicegebühren anfallen, die den ursprünglich angezeigten Flugpreis erhöhen. Diesen Flug hätte der Kunde u. U. bei einer direkten Online-Buchung auf der Homepage der Airline am Ende sogar preiswerter bekommen können. Durch den beschriebenen Umweg wird der letztendlich gebuchte Flug bei bis zu drei Online-Vermarktern als erbrachte Leistung registriert und bläht damit die Online-Marktvolumina statistisch auf. Zuverlässige Marktdaten erhält man daher nicht über die Angebotsmarktforschung, sondern ausschließlich über die Befragung von Kunden wie u. a. durch das GfK-Haushaltspanel (s. a. Kap. I.4.2 bis Kap. I.4.8), womit die zuvor beschriebenen Marktsegmente quantitativ ziemlich genau erfasst werden können.

Bei Leistungsträger- und Veranstalterportalen ist zudem unter Wertschöpfungsperspektiven zwischen dem Online-Eigenvertrieb und dem Online-Fremdvertrieb zu unterscheiden. Als **Online-Eigenvertrieb** bezeichnet man den Vertrieb von Reiseleistungen über die eigene Website/Homepage. Zum **Online-Fremdvertrieb** zählt man den Vertrieb der eigenen Reiseleistungen über die Websites von sog. Affiliates, d. h. den Vertrieb dieser Angebote über Websites von externen Online-Vermittlern. Leistungsträger wie Airlines oder Hotels nutzen dafür produktspezifisch die Monoproduktportale wie booking.com, hrs.de oder fluege.de, Reiseveranstalter mit oder ohne dynamische Paketierung die Online-Reisebüros wie holidaycheck.de, weg.de oder ab-in-den-urlaub.de. Auch diese Mischform erzeugt i. d. R. eine Doppelzählung der online gebuchten Reiseleistungen, die zumeist nur durch die Befragung der Kunden präzisiert werden können.

In angelsächsischen Ländern wird häufig der Begriff **Online Travel Agency (OTA)** verwendet und meint damit undifferenziert sowohl die Vermittlungsfunktionen der Monoproduktportale als auch die der Online-Reisebüros. In Deutschland und in mitteleuropäischen Ländern werden diese Funktionen deutlich unterschieden, weil sie auf unterschiedlichen wirtschaftlichen Geschäftsmodellen basieren (s. Kap. IV.5.2.3.1 bis Kap. IV.5.2.3.4). Ursache hierfür ist, dass es in vielen, vor allem außereuropäischen, Ländern keine klassischen Reiseveranstalter mit Paketierungsfunktion gibt, die nach Handelsvertreterrecht ihre stationären und Online-Vermittler besonders betreuen und schützen. **OTA ist somit der Oberbegriff** der beiden ansonsten stark unterschiedlichen Geschäftsmodelle bei der Vermittlung von Veranstalter- und Leistungsträger-Angeboten.

5.2.4 Benchmark und Konfliktfelder zwischen Digital Natives und Tourismusbranche

Die meisten erfolgreichen Unternehmen aus der digitalen Welt beherrschen das Internet primär als Werbe-, Kommunikations- und Kontaktmedium sowie zur Vermarktung von Drittprodukten und Drittleistungen bzw. externem Content. Sie leben weitgehend von Werbe- und Mediaerlösen und nur teilweise von Kommissionen und Provisionen für die verkauften Produkte. Sie sind reine Dienstleister und Experten für Online-Werbung, Cross-Media-Marketing, Cross-Advertising und Big-Data-Nutzung, aber sie scheuen Lagerhaltung und Asset-intensive Produktionsverantwortung sowie die Übernahme von Vermarktungsrisiken, die sie gern den „fossilen" standortgebundenen traditionellen Anbietern oder Produzenten überlassen. Was sie dabei über ihre Online-Vermarktungsmaschinen laufen lassen, ist ihnen weitgehend egal – ob Handelsware wie Bekleidung, Bücher, Haushaltsgeräte, Möbel, Unterhaltungselektronik oder Dienstleistungen wie Versicherungen, Reisen und vieles mehr. Je höher die Kauffrequenz, desto besser für die Vermarktungserlöse und die Big-Data-Anreicherung zur Konsumentensteuerung.

Bei diesen Kriterien hat die Touristikbranche aufgrund der geringen Urlaubsreisefrequenz deutliche **Nachteile** und schwebt in der permanenten Gefahr, in die wirtschaftliche Abhängigkeit dieser globalen Online-Vermarkter zu geraten. Die touristischen Produzenten und Leistungsträger versuchen daher, der Vermarktungsmacht der Onliner durch verstärkten Eigenvertrieb und Produktalleinstellungsmerkmale aus dem Weg zu gehen. Jedoch schaffen dies nur wenige Anbieter mit hohen Marktanteilen und starken Marken. Dies sind vor allem Leistungsträger wie große Airlines und die Bahn, die über die komplette Produkt- und Preishoheit verfügen.

Zwischen den globalen Online-Portalen und den Leistungsträgern zerrieben werden zunehmend die **Intermediäre** wie einerseits Vermittler und Makler, die sich über Beratungsleistungen für die Kunden profilieren, sowie andererseits Zwischenhändler wie Veranstalter und **Consolidatoren**, deren Leistungen im Wesentlichen aus der Bündelung fest kontrahierter Produkte, der Übernahme von Auslastungsrisiken sowie Gewährleistungen und Sicherheitsgarantien bestehen – übrigens Funktionen, die ein Online-Unternehmen scheut wie der Teufel das Weihwasser.

Die Digitalisierung hat zu wechselseitigen Abhängigkeiten geführt: Online-Vermarkter bestimmen inzwischen zwar weitgehend die Rahmenbedingungen für die Produzenten, Zwischenhändler und Vermittler mit, aber sie benötigen dennoch dringend deren Content-Lieferungen und Angebote. Sie stellen aber dabei fest, dass der Urlaubsreisen-Content aus vielerlei Gründen viel komplizierter zu vermarkten ist als klassische Handelsware. Die **wichtigsten Gründe** sind:
- Die **starke Saisonalität** der Kundennachfrage bei Urlaubsreisenproduktion und Flugverfügbarkeiten führt zu ungleichgewichtigen Kosten- und Ertragsströmen.

- Für die Refinanzierung der hohen Internet-Investments (u. a. SEO- und SEM-Marketing, hohe Werbefrequenz in klassischen Massenmedien) **fehlen kontinuierliche Produktions- und Vermarktungszyklen.**
- Die **hohe Krisenanfälligkeit** führt zu mangelnder Planbarkeit von Zielgebieten und Angeboten.
- Die **geringe Buchungsfrequenz** von Reisen (durchschnittlich 2,4 Urlaubsreisen insgesamt und 0,8 Auslandsreisen pro Kopf und Jahr) passt nicht zum Massenwerbedruck des Mediums Internet.
- Die **Multi-Optionalität** und **Unstetigkeit** der Reisewünsche bei den Buchungen der Kunden ist für die Big-Data-Vermarktungsmaschinerie und die dazu notwendigen Algorithmen zu komplex und instabil.
- Die daraus resultierende zu **geringe Trefferquote** bzw. Conversion-Rate der touristischen Angebote schmälert die wirtschaftliche Effizienz des Reisevertriebs.
- Die **hohe Beratungsintensität** vieler Urlaubsreiseangebote, vor allem wenn ab Saisonmitte nicht mehr alle Kapazitäten verfügbar sind, erfordert die Vorhaltung von aufwändigen Servicefunktionen.
- Die dadurch erforderliche und zunehmende Callcenter-Nutzungsfrequenz ist sehr **kostenintensiv.**
- Die **Komplexität** von Zahlungs-, Storno- und Reklamationsabwicklung, insbesondere bei Leistungsstörungen, bedingt die Vorhaltung von umfassenden Backoffice-Funktionen.
- Der **Handelsvertreterstatus** in Deutschland, der zur Preisgleichheit in allen, auch konkurrierenden, Vertriebskanälen führt und daher keine Möglichkeit zur Preisdifferenzierungen gibt, die i. d. R. die Treiber von Internet-Angeboten sind, verhindert in weiten Bereichen den aggressiven Internet-typischen Preiswettbewerb.
- Die Notwendigkeit, einen Kunden davon zu überzeugen, rund ein komplettes Monatsgehalt für eine Urlaubsreise **anonym** einem Online-Vermarkter **zu überweisen**, und nicht nur 50, 100 oder 200 Euro wie für klassische Handelsware, die anders als eine immaterielle Reiseleistung leicht umtauschbar ist und oftmals auch noch eine langjährige Garantie verspricht.

Urlaubsreisen oder einzelne Reiseleistungen stehen aus den genannten Gründen anders als unkomplizierte Handelsware somit nicht unbedingt auf der obersten Prioritätsliste der globalen Online-Vermarkter, es sei denn sie werden unter Marketingaspekten als attraktiver Themeneinstieg, als Kombinationsangebot mit Handelsware oder gar als Giveaway für andere frequenzintensivere Produkte und Dienstleistungen benötigt.

Metasearcher gehen diesen Komplexitäten weitgehend aus dem Weg, indem sie sich von den touristischen Anbietern nicht als Handelvertreter mit Provisionen bezahlen lassen, sondern ihre Vergleichsplattformen ausschließlich über Werbe-, Media-,

Platzierungs- und Klick-Erlöse oder Service Fees finanzieren, die gleichförmige und permanente Erträge generieren. Dies gilt umso mehr für den Giga-Metasearcher Google.

Viele touristische Produzenten und Leistungsträger spüren inzwischen die **Vermarktungsmacht** der **globalen** Online-Portale und Metasearcher, die anders als sie selbst ja nicht nur über die Kundendaten und Vermarktungstools für die frequenzarmen Reiseprodukte, sondern oftmals über die Kundendaten eines deutlich breiteren und frequenzintensiveren Angebotsportfolios außerhalb der Tourismusbranche verfügen, das sie dann mit der Bewerbung von Urlaubsreisen verbinden können. Ein touristischer Anbieter, der sich ausschließlich auf den Verkauf von frequenzschwachen Urlaubsreisen oder gar nur auf die von ihm selbst produzierten Reiseleistungen konzentriert, ist gegenüber diesen globalen Online-Vermarktern daher deutlich im Nachteil.

Hinzu kommt, dass die Urlaubsreisen-Intermediäre infolge der durch die Digitalisierung verkürzten Vertriebswege nicht nur im Wettbewerb mit den Online-Vermarktern stehen, sondern inzwischen auch von ihren eigenen Lieferanten – den Leistungsträgern und Produzenten – zunehmend konkurrenziert und bei Preisen und Konditionen (z. B. CRS-Gebühr, Bestpreis-Vertragsklauseln, eingeschränkter Content) unterboten bzw. benachteiligt werden.

Ein weiterer Aspekt ist, dass globale Online-Vermarkter zumeist aus dem **englischen Sprachraum** kommen. Wesentliche Ursache dafür ist, dass die meisten Vermarktungsmodelle auf dem schnellen Erreichen einer hohen Kundenfrequenz aufbauen, damit die Vermarktungskosten pro Kundenkontakt niedrig bleiben. Dies ist mit Reiseleistungen allein nicht zu erzielen. Dafür nehmen die meisten Online-Start-ups in den ersten 3–5 Jahren auch hohe Vorlaufverluste in Kauf, um zunächst Kontaktfrequenz zu schaffen. Ein derartiges Geschäftsmodell lässt sich aber am besten in Sprachen umsetzen, die möglichst viele potenzielle Kunden verstehen. Englisch sprechen 1,9 Mrd. Menschen auf der Welt als Muttersprache, für weitere 2,5 Mrd. Menschen ist Englisch offizielle Amts- oder Zweitsprache. Daher haben fast alle erfolgreichen Online-Start-ups ihren Ursprung im englischen Sprachraum und expandieren später mit erprobten technischen Plattformen, Algorithmen und Vermarktungstools in andere Sprachräume. Rein deutsche Start-ups können aber nicht mehr als 92 Mio. deutschsprachige Menschen erreichen: dies limitiert den Erfolg deutscher Websites.

5.2.5 Perspektiven der Digitalisierung

All diese Entwicklungen der Digitalisierung stellen die bisherigen Wertschöpfungsstrukturen der Tourismusbranche zunehmend infrage. Aufgrund der mittel- bis langfristigen Lernkurven aller Beteiligten erweist sich, dass nicht alle Wege der Digitalisierung der Tourismusbranche zu nachhaltigem Wachstum und Erfolg führen und es nach wie vor klassische Resistenznester gibt, die den Online-Vermarktern bislang verschlossen geblieben sind und es vielleicht auch bleiben (z. B. Gruppenreisen). Die Auswirkungen durch die Digitalisierung werden die Struktur der Branche sicherlich verändern und von allen Beteiligten Flexibilität und Änderungsbereitschaft verlangen. Wie immer wird es dabei nicht nur Gewinner geben.

Der Kunde hingegen ist König, denn er bekommt von den Diadochenkämpfen zwischen den verschiedenen Wertschöpfungsstufen und Vertriebskanälen um sein jährliches Urlaubsreisebudget nichts mit. Er möchte wie vor 30 oder 40 Jahren nichts anderes als 1- bis zweimal jährlich ein seinen individuellen Bedürfnissen, Wünschen und Lebensverhältnissen entsprechendes emotionales Reiseerlebnis zu einem ausgewogenen Preis-Leistungs-Verhältnis. Dies müssen alle Beteiligten im Auge behalten.

5.3 Web 2.0 und Social Media

Das Internet hat sich auf der Grundlage technologischer Fortschritte auch zu einer sog. „Mitmach-Plattform" entwickelt, die den Usern die aktive Gestaltung von Webinhalten ermöglicht. Social Media ist für viele Menschen weltweit ein fester Bestandteil des alltäglichen Lebens geworden und hat die Art und Weise des miteinander Kommunizierens grundlegend verändert. Vor allem in die Reisewirtschaft halten die sozialen Medien zunehmend Einzug. Bei der Urlaubsplanung informieren sich immer mehr Reisende im Internet über touristische Angebote und nehmen dabei Anwendungen wie Blogs, soziale Netzwerke oder Bewertungsplattformen zu Hilfe. Im Web werden sowohl Reiseerlebnisse und -erfahrungen unter den Usern ausgetauscht als auch Bewertungen und Kommentare zu einzelnen Leistungen hinterlassen. Die Tourismusbranche entdeckt zunehmend die Vorteile von Social Media für sich. Dabei sind Hotels, Verkehrsträger, Reiseveranstalter, Reisemittler und ganze Destinationen inzwischen zahlreich auf diversen Plattformen vertreten.

Häufig wird der Begriff Web 2.0 als Synonym zu Social Media verwendet. **Web 2.0**, auch als „Mitmach-Web" bezeichnet, zielt eher auf den **technologischen Aspekt** ab. Es ermöglicht Usern das Erstellen eigener Inhalte, um diese über diverse Kanäle untereinander mitzuteilen. **Social Media** baut auf dem Web 2.0 auf und verleiht den Inhalten eine soziale Komponente, indem Menschen, die in Beziehung zueinander stehen, z. B. über **soziale Netzwerke** wie Facebook oder Twitter kommunizieren. Der Brite Tim Berners-Lee legte mit der Entwicklung des Word Wide Web (kurz: WWW) im Jahr 1989 den Grundstein für den Durchbruch des Internets als Massenmedium. Seit Ende der 90er-Jahre erfährt es eine rasante Entwicklung und ist für viele Privatanwender und Unternehmen heutzutage ein fester Bestandteil des alltäglichen Lebens.

Bevor das Internet Einzug in die Marketingstrategien von touristischen Unternehmen hielt, dienten Reisebüros als klassischer Vertriebskanal für Leistungen der Leistungsträger und Veranstalter. Mit dem Internet ergaben sich für diese neue Möglichkeiten, um der geografischen Begrenzung des Vertriebs über Reisebüros entgegenzuwirken und Vertriebsprozesse eigenständig zu gestalten. Vor allem die Entwicklung von Social-Media-Anwendungen verleiht Tourismusanbietern zunehmend mehr Eigenständigkeit. Um Produkte und Dienstleistungen verkaufen zu können, ist es für den Reiseanbieter zunächst erforderlich eine Beziehung zum Kunden aufzubauen, weil somit Kaufanreize effektiv geschaffen und gefördert werden können. Kommunikation bildet dementsprechend die Grundlage für den Verkauf. Ein Urlauber wird z. B. erst dann ein Hotelzimmer buchen, wenn er von der angebotenen Leistung überzeugt ist und er zum Reiseanbieter ein gewisses Vertrauen aufgebaut hat. Dieses Vertrauen wird im Rahmen von Social Media vor allem durch die interaktive Kommunikation geschaffen. Neben der zunehmenden Unabhängigkeit der Leistungträger und Veranstalter bei Vertriebsprozessen bildet die genaue Zielgruppenansprache einen weiteren Vorteil des Vertriebs über Social Media. Der Tourismusanbieter erfährt durch den direkten Kontakt mit dem Reisenden über Bewertungen und Kommentare etc. mehr über dessen Meinungen und Wünsche. Durch die Interaktivität ist es dem Reiseanbieter somit möglich, Produkte genau auf die Kundenwünsche anzupassen und das perfekte Reiseprodukt zu schaffen.

Des Weiteren ist ein bedeutender Vorteil des Vertriebs über Social Media, dem Kunden die Möglichkeit zu bieten, die Buchung im Internet direkt am Ort der Reiseentscheidung zu tätigen und somit die Absprungrate zu verringern. Bislang war es üblich, dass der Kunde im Anschluss an die Kaufentscheidung auf die unternehmenseigene Website wechseln musste oder z. B. in ein Reisebüro ging, um die Reise zu buchen. Dieser neuartige Buchungsdienst über Social Media wird im folgenden Kapitel anhand eines Beispiels erneut aufgegriffen.

5.3.1 Social-Media- und Web-2.0-Anwendungen

(1) Soziale Netzwerke
Soziale Netzwerke haben in den letzten Jahren zunehmend an Bedeutung gewonnen. Laut der TOUROM-Studie, deren Befragung sich auf Personen aus der Reisebranche spezialisierte, sind soziale Netzwerke derzeit die meistgenutzten Social-Media-Anwendungen (75 % der Befragten nutzen diese täglich). Soziale Netzwerke sind Kommunikationsplattformen, die hauptsächlich der Pflege und dem Aufbau persönlicher Kontakte dienen. User legen Profile an, die mit persönlichen Informationen, Videos, Fotos oder Inhalten anderer User oder Plattformen bestückt werden können. Diese werden mit anderen Nutzern, wie Freunden oder Kollegen etc. geteilt. Durch das Inkontakttreten bzw. das Vernetzen der User über ihre Profile entsteht ein Netzwerk. Während soziale Netzwerke ursprünglich auf die Vernetzung von natürlichen Personen abzielten, etablierten sich inzwischen auch Unternehmen und Marken, deren Profile mit diversen multimedialen und interaktiven Funktionen ausgestattet sind. Im Laufe der letzten Jahre haben sich immer wieder neue soziale Netzwerke entwickelt, deren Nutzergruppen erheblich variieren. Während Netzwerke wie Studi-VZ oder Facebook eher auf die jüngeren Generationen ausgerichtet sind, hat sich XING

hingegen als berufliches Netzwerk etabliert. Ferner existieren aber auch einige ohne besondere Zielgruppenausrichtung wie Facebook, Twitter oder Wer-kennt-wen. Die folgende Abbildung gibt einen Überblick über die aktuell am meisten genutzten sozialen Netzwerke.

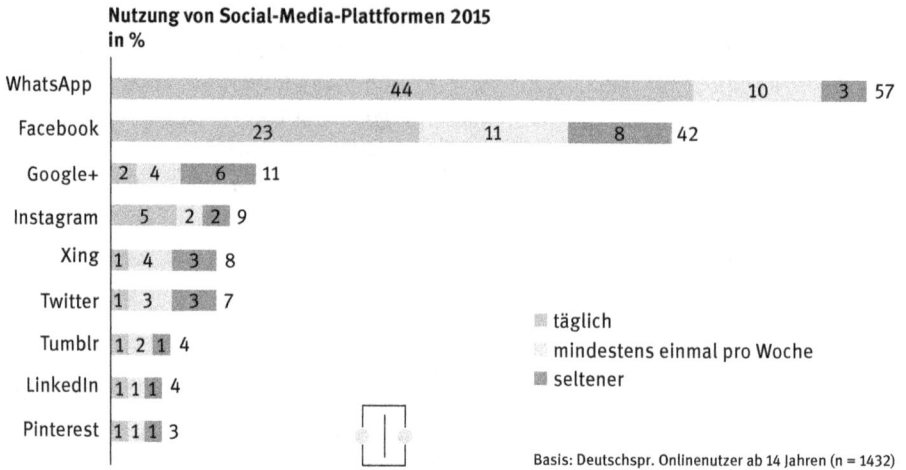

Nutzung von Social-Media-Plattformen 2015 in %

Plattform	täglich	mindestens einmal pro Woche	seltener	gesamt
WhatsApp	44	10	3	57
Facebook	23	11	8	42
Google+	2	4	6	11
Instagram	5	2	2	9
Xing	1	4	3	8
Twitter	1	3	3	7
Tumblr	1	2	1	4
LinkedIn	1	1	1	4
Pinterest	1	1	1	3

Basis: Deutschspr. Onlinenutzer ab 14 Jahren (n = 1432)

Abb. IV.33: Nutzung sozialer Netzwerke (Quelle: TOURISTIK CONSULTING 08/2011: 16)

In Abb. IV.33 ist zu sehen, dass in Deutschland WhatsApp das am meisten genutzte Online Medium ist (von 64 % der Befragten). Ursprünglich startete WhatsApp als Instant-Messaging-Dienst, bietet aber zunehmend Community-Eigenschaften. Es folgt Facebook (mit 33 % Nutzungen), das weltweit zu den führenden Sozialen Netzwerken gehört, mit 1,9 Mrd. aktiven Mitgliedern. Auf den Plätzen danach finden sich Instagram (9 %), Snapchat (6 %), Twitter (3 %) und Xing (2 %).

Google ist mit seiner aktuellsten Entwicklung Google Plus (Google+) nun auch auf dem Weg, sich als soziales Netzwerk im Web zu etablieren. Neben den herkömmlichen Funktionalitäten, die soziale Netzwerke aufweisen, bietet Google Plus seinen Nutzern noch weitere Funktionen, wie das Anlegen von sog. Circles („Kreisen"). Hier können User ihre Kontakte in Kategorien einordnen, z. B. in berufliche Kontakte, Familie, Freunde etc. und mit diesen dann Informationen teilen. Diese Funktion bietet Facebook zwar auch, jedoch hat Google sie noch benutzerfreundlicher gestaltet.

(2) Weblogs

Das Wort Weblog, verkürzt auch „Blog" genannt, setzt sich aus den Wörtern „Web" und „Log" (wie Logbuch) zusammen. Ein **Weblog** bezeichnet eine chronologisch strukturierte Website mit Beiträgen, die in Gestalt eines Tagebuchs oder Journals regelmäßig aktualisiert wird. Dem Verfasser der Blogbeiträge ist es selbst überlassen, ob Inhalte nur an ausgewählte Leser oder an die Öffentlichkeit gerichtet werden sollen. Bloginhalte weisen häufig eine eingegrenzte Thematik auf, was eine bestimmte Zielgruppe an sie bindet. Des Weiteren sind Inhalte nicht ausschließlich auf Texte beschränkt, sondern auch in Form von Fotos oder Videos anzutreffen. Aufgrund der leichten Bedienbarkeit der Blogsoftware, sind im World Wide Web heutzutage diverse Arten von Blogs vertreten, die sich sowohl nach Thema, Art des zur Veröffentlichung gewählten Mediums und potenzieller Zielgruppe unterscheiden lassen. Den Lesern steht die Möglichkeit zur Verfügung, Kommentare zu einzelnen Beiträgen zu hinterlassen, was häufig zu Diskussionen unter den Usern führt. Es ist zudem möglich, Blogeinträge oder Kommentare mit anderen Blogs oder Websites zu verlinken. Sonderform sind Micro-Blogs, bei denen Nachrichten auf 140 Zeichen beschränkt sind. Die bekannteste Form ist der Kurznachrichtendienst Twitter, das oftmals auch den Social Media Plattformen zugerechnet wird.

(3) Foto- und Videosharing-Portale
Usern von **Foto- und Videosharing-Portalen** ist es möglich, Fotos bzw. Videos im Web hochzuladen und sie anschließend für die Öffentlichkeit zugänglich zu machen. Somit können die unterschiedlichsten multimedialen Inhalte miteinander geteilt und Kommentare hinterlassen werden. Da diese Anwendungen größtenteils sowohl für die User als auch für Unternehmen kostenlos sind, ist heutzutage eine Vielfalt solcher Portale im Internet vorhanden. Zu den bekanntesten **Fotosharing-Portalen** gehören **Flickr und Instagram**. Neben der grundlegenden Funktion Fotos zu veröffentlichen, beinhalten sie zusätzlich integrierte Community-Funktionalitäten. Wie bei sozialen Netzwerken, ist es auch hier notwendig zur Nutzung ein Profil anzulegen. Dies kann durch natürliche Personen oder Unternehmen erfolgen. Es kann auch, wie z.B. bei Google Plus, ein virtueller Freundes- bzw. Kundenkreis aufgebaut werden, denen vereinzelt bestimmte Rechte, wie das Organisieren oder Kommentieren eigener Fotos, zugesprochen werden können. Analog zu Fotosharing-Portalen sind **Videosharing-Portale** auf die Veröffentlichung von Videos ausgerichtet. **YouTube** gehört zu den bekanntesten und größten Videosharing-Portalen mit Community-Funktionalität. Usern ist es möglich, Videoclips anzusehen, diese selbst hochzuladen oder sie in andere Websites zu integrieren. Zahlreiche Nutzer sozialer Netzwerke verbreiten YouTube-Links über ihre persönlichen Profile. Genau wie bei Fotosharing-Portalen gibt es auch bei Videosharing-Portalen die Möglichkeit, Kommentare zu hinterlassen, Videos zu bewerten sowie diese als Favorit zu kennzeichnen. Es besteht zudem die Option, die Startseite eines eigenen YouTube-Kanals individuell anzupassen. Dies ist besonders für Unternehmen geeignet, denn so kann das Corporate Design einer Marke mitberücksichtigt werden.

(4) Social Bookmarking

Social Bookmarking bezeichnet das gemeinschaftliche Verwalten von Web-Lesezeichen. Jeder User hat die Möglichkeit, eigene virtuelle Lesezeichen („Bookmarks") zu erstellen und sie online zu speichern, damit sie jederzeit auf einer persönlichen Seite abgerufen werden können. Bookmarks können somit auf den privaten Gebrauch beschränkt oder anderen Usern zur Verfügung gestellt werden, was die soziale Komponente ausmacht. Einige Social-Bookmarking-Dienste erlauben den Nutzern zusätzlich Lesezeichen an andere weiterzuempfehlen und mit bestimmten Schlagwörtern („Tags") zu markieren. Im Internet besteht eine Vielzahl solcher Dienste. Eines der bekanntesten kostenlosen Social-Bookmarking-Dienste ist delicious, auf dessen Homepage sowohl die aktuellsten als auch die populärsten Tags zu sehen sind. Es besteht außerdem die Möglichkeit zu sehen, wie viele der Benutzer eine bestimmte Webadresse zu ihren delicious-Bookmarks hinzugefügt haben. Eine Website wird umso bedeutender, je mehr User die dazugehörige URL (Uniform Resource Locator) zu ihren Bookmarks hinzufügen. Das im deutschsprachigen Raum bekannteste Social-Bookmarking-Portal ist Mister Wong und beinhaltet ähnliche Funktionalitäten wie delicious.

(5) Bewertungsplattformen

Bewertungsplattformen bieten Usern die Möglichkeit Produkte oder Dienstleistungen zu bewerten. Des Weiteren können Bewertungen und Erfahrungsberichte anderer User für ein gesuchtes Produkt oder eine gesuchte Dienstleistung gefunden werden. Im World Wide Web ist ein breites Spektrum an Bewertungsseiten vorhanden, die verschiedene Themengebiete abdecken. So sind Quipe und Yelp zwei der bekanntesten Portale, die sich auf allgemeine Themen wie Restaurants, Nachtleben, Shopping, Entertainment und Gesundheit etc. spezialisieren. Während generalisierte Bewertungsportale, wie die oben genannten, auch Bewertungen für Hotels oder andere touristische Betriebe beinhalten, gibt es solche, die sich ganzheitlich auf die Reiseindustrie spezialisiert haben. Zu den bekanntesten gehören **TripAdvisor** und **HolidayCheck**. Die Portale bieten zudem nicht nur Bewertungen und Erfahrungsberichte, die mit Bildern gestützt werden können, sondern auch Preisvergleiche zum Auffinden der günstigsten Anbieter. Urlaubsbewertungsplattformen haben zunehmend an Relevanz im Reiseinformations- und -kaufentscheidungsprozess gewonnen. Sie bieten den Nutzern eine Gelegenheit, sich über Hotels, Flüge, Reiseaktivitäten etc. zu informieren und gleichzeitig selbst über ihre Erfahrungen zu berichten und somit andere User durch Tipps und Bewertungen bei ihrer Reiseentscheidung zu unterstützen.

5.3.2 Möglichkeiten der Nutzung von Web-2.0- und Social-Media-Anwendungen für die Reisewirtschaft

Im Zusammenhang mit der Kommunikation über Web-2.0- und Social-Media-Angebote ist in der Literatur auch häufig der Begriff **„Word of mouth"** anzutreffen, was bedeutet, dass Informationen von den Konsumenten an andere Konsumenten weitergegeben werden. Bei Social Media liegt der „Word of mouth"-Effekt in verstärkter Form vor.

Jahrelang funktionierte die klassische Kommunikation nach dem Reiz-Reaktions-Prinzip, in der Literatur auch unter dem englischen Synonym Stimulus-Response-Prinzip anzutreffen. Im Rahmen dieser Kommunikationsweise liegt es in der Hand der Anbieter, welche Angebote sie in welchem Umfang ihren Kunden zur Verfügung stellen. Per Werbebotschaft werden Reize gesendet, z. B. in Form von Werbebannern oder Popups, in der Hoffnung auf positive Reaktionen seitens der Kunden. Die **soziale Komponente** wird im Zuge dessen nicht berücksichtigt, denn die Bedürfnisse des Kunden sind hierbei für den Anbieter von sekundärem Interesse. Das **Push-Prinzip** wird zwar nach wie vor von diversen Unternehmen praktiziert, doch besonders in der Tourismusbranche verliert es zunehmend an Bedeutung. Mit den Möglichkeiten von Social Media als Kommunikationsmedium verschiebt sich die Kundenansprache immer mehr in Richtung des **Pull-Prinzips**. Bei Social Media steht, wie bereits in den vorangegangenen Kapiteln erläutert wurde, der User im Mittelpunkt. Der Kunde nimmt aktiv an der Gestaltung der Inhalte von Websites teil und entscheidet zunehmend für sich selbst, welche Informationen für ihn relevant sind. Nach eigenständiger Recherche von Reiseangeboten im Internet z. B. über Blogs, Bewertungsplattformen, sozialen Netzwerken etc. geht er aus eigenem Interesse auf den Reiseanbieter zu. Aufgabe des Unternehmens ist es dementsprechend, über verschiedene Social-Media-Dienste, Informationen bereitzuhalten und dem Kunden die Möglichkeit zu einem Gespräch zu bieten. Das Unternehmen muss dann in der Lage sein, auf die Wünsche des Kunden zu reagieren und ihm entsprechende Angebote zu unterbreiten. Im Rahmen des Tourismus bedeutet dies, dass der Kunde sich von bereits fertig angebotenen Pauschalreisen abwendet und auf ausdifferenzierte Produkte ausweicht. Der Tourist bestimmt also selbst anhand seiner eigenen Wünsche, welche Informationen und touristischen Angebote er konsumiert.

Zunehmend mehr Tourismusanbieter entdecken die Vorteile sozialer Netzwerke für sich und machen von diesen Gebrauch. Häufig agieren sie dabei allerdings nicht nur in einem der zahlreichen Netzwerke, sondern sind in mehreren parallel vertreten. Eines der Tourismusunternehmen, welches erfolgreich in vielen Netzwerken wie Facebook, Twitter oder XING aktiv ist, ist die Deutsche Lufthansa AG. Mit ihrem Facebook-Unternehmensprofil sind aktuell (Stand 25.06.2017) über 3,24 Mio. Personen verbunden.

(1) Soziale Netzwerke im Tourismus

Über soziale Netzwerke können Unternehmen **direkten Kontakt** mit ihrer Zielgruppe aufnehmen. Die interaktive Kommunikation schafft eine Vertrauensbasis und stärkt die Kundenbindung. Das Unternehmen kann durch den intensiven Dialog Meinungen der Kunden einholen und gezielt mit diesen arbeiten. Wie an dem oberen Beispiel der Lufthansa zu sehen ist, kann die Mitgliederanzahl eines Unternehmensprofils sehr hoch sein. Inhalte können vom Anbieter somit über eine erhöhte Reichweite kommuniziert werden, denn jedes Mitglied dient als Multiplikator einer Information, indem z. B. Reiseerfahrungen oder Erfahrungen mit einem bestimmten Anbieter mit anderen Kontakten geteilt werden. Obwohl sich **Google Plus** noch in der Entwicklungsphase befindet und die Möglichkeit zur Erstellung von Unternehmensprofilen noch nicht ausgereift ist, bieten Funktionalitäten wie „Circles" zukünftiges Potenzial für eine noch genauere Zielgruppenansprache. Hoteliers z. B. können diese Funktion nutzen, um ihre Gäste in Gruppen, wie Familienurlauber, Geschäftsreisende etc., einzuteilen und Informationen nur an eine bestimmte Gruppe zu senden. Dies hat den Vorteil, dass User nicht von irrelevanten Informationen belästigt werden.

Touristische Unternehmen machen zunehmend von dem weltweit größten sozialen Netzwerk **Facebook** als Vertriebskanal Gebrauch. Ein erfolgreiches Beispiel ist das Facebook-Unternehmensprofil der Destination Montafon, auf der sich Facebook-Nutzer ihre Unterkunft direkt über eine Buchungsmaske, dem sog. **Buchungswidget**, buchen können. Der User gibt hierzu Informationen ein, wie die gewünschte Zielregion, den Unterkunftstyp, Reisezeitraum, die Personenanzahl etc., und wird anschließend auf ein entsprechendes Buchungssystem (z. B. Bytes@work oder Feratel) oder direkt auf die Website der Destination weitergeleitet. Dort werden die zur Verfügung stehenden Unterkünfte entsprechend der eingegebenen Daten aufgelistet. Nachdem vom Nutzer die gewünschte Unterkunft und persönlichen Daten eingegeben worden sind, kann die direkte Buchung erfolgen. Das Buchungswidget ist nicht nur auf vielen Facebook-Profilen touristischer Destinationen integriert, sondern auch auf jenen von Hotels. Funktional wird der Social-Media-Anbieter damit zu einem normalen Online-Reisebüro, das Reiseleistungen der klassischen Veranstalter und Leistungsträger vermittelt.

Des Weiteren bieten Tourismusunternehmen zunehmend **Ticketverkäufe** über Social-Media-Plattformen an. Als *Beispiel* ist hier die Deutsche Bahn AG mit ihrem „Chefticket"- Sonderangebot zu nennen. Das Unternehmen bot vom 25. Oktober 2010 bis zum 7. November 2010 deutschlandweit zuggebundene Bahntickets zu einem geringen Preis über ihr Facebook-Unternehmensprofil an. Der Verkauf wurde allerdings nur registrierten Facebook-Usern ermöglicht. Auch Fluggesellschaften machen von Facebook als Vertriebskanal Gebrauch. Die US-amerikanische Fluggesellschaft Delta Airlines bietet Nutzern die Möglichkeit auf ihrem Profil unter der Kategorie „Book a Trip" Flugtickets direkt zu kaufen. Noch einen Schritt weiter geht der deutsche Reiseanbieter TUIFly mit seiner Facebook-Applikation SkyFriends. TUIFly erweitert seine

Facebook-Buchungsmöglichkeiten durch weitere Funktionalitäten. Über die Funktion „Zusammen verreisen" können ausgewählten Facebook-Freunden ein persönlicher Reisevorschlag bzw. ein Wunschreiseziel gesendet werden. Die Funktion „Gegenseitig buchen" ermöglicht den Usern, Freunde in anderen Städten zu besuchen oder diesen eine Reise in die eigene Stadt zu empfehlen. Facebook ermittelt nach der Erlaubnis des Facebook-Nutzers mithilfe persönlicher Profildaten dessen Heimatort und zeigt daraufhin in Form einer Liste oder interaktiven Karte die günstigsten Flugverbindungen zu Freunden und umgekehrt an.

(2) Weblogs im Tourismus

Auch Blogs sind in der Tourismusbranche zahlreich vertreten. Reisebüros wie **STA Travel** kreieren zunehmend sog. Corporate Blogs (Firmenblogs). Blogbeiträge bei STA Travel werden vor allem von Mitarbeitern geschrieben. Dennoch besteht zusätzlich für User die Möglichkeit, eigene Blogbeiträge zu verfassen oder bereits veröffentlichte Beiträge zu kommentieren. Diese Partizipation lässt einen Blog zu einem gemeinschaftlichen Produkt werden, bei dem vor allem die Interaktivität und Kommunikation eine zentrale Rolle spielen. **Corporate Blog**s werden genutzt, um den Usern u. a. Einblicke in das Unternehmen zu gewähren. Des Weiteren fördern sie die direkte Kommunikation zwischen Kunden und Unternehmen. Mitarbeiter von Tourismusunternehmen berichten z. B. von aktuellen Reiseerlebnissen und geben interessante Urlaubsempfehlungen. Somit kann der Tourismusanbieter dessen Know-how nach außen kommunizieren und sowohl Kompetenz als auch Autorität in einem bestimmten Fachgebiet zeigen. Auch bei Blogs ist die erhöhte Reichweite ein großer Vorteil, weil Blogs von Nutzern über Empfehlungen oder Suchmaschinen leicht gefunden werden können.

(3) Foto- und Videosharing-Portale im Tourismus

Urlaub ist für viele ein sehr emotionales Thema und lässt sich ideal über Fotos und Videos darstellen. Diesen Vorteil hat auch der Reiseveranstalter **Ruf Jugendreisen** für sich erkannt und kommuniziert über Foto- und Videosharing-Portale wie Flickr, Instagram und YouTube. Zwar sind **Flickr** und **Instagram** nicht für kommerzielle Zwecke gedacht, dennoch können Fotos von Urlaubserlebnissen der Gäste oder vom Tourismusanbieter selbst veröffentlicht werden. Über **YouTube** können z. B., wie in der Darstellung gezeigt, Filme über die aktuellsten Angebote gezeigt werden. Um die Reichweite zu verstärken, können die User auch zusätzlich durch einen integrierten Link auf die eigene Website verweisen.

(4) Social Bookmarking

Auch Social-Bookmarking-Dienste sind für die Kommunikation touristischer Unternehmen interessant. Ein erfolgreiches Beispiel ist ein Hotelier, der mithilfe des bekannten Social-Bookmarking-Dienstes **delicious** für seine Gäste und Besucher der

Region eine Linkliste mit Freizeitempfehlungen erstellte. Durch den Verweis auf den entsprechenden delicious-Link bleibt ihm der Aufwand erspart, seinen interessierten Gästen einzeln Empfehlungen auszusprechen.

(5) Bewertungsplattformen

Die hohe Nachfrage nach Bewertungsplattformen unter Touristen weltweit ist für Tourismusanbieter, vor allem für die Hotellerie, von großer Bedeutung. Öffentliche Bewertungsplattformen wie **HolidayCheck** haben sich bei den Usern zunehmend als eine zuverlässige und authentische Informationsquelle entwickelt, die größtenteils ausschlaggebend für die Reiseentscheidung ist. Erfahrungsberichte der Reisenden werden als glaubwürdiger betrachtet, weil diesen keine finanziellen Eigeninteressen unterstellt werden. Reagiert der Tourismusanbieter auf die Bewertungen, so wird dem Urlauber gezeigt, dass ein großes Interesse an seiner Meinung besteht, was sich positiv auf die Reputation des Unternehmens auswirkt. Neben offiziellen Bewertungsplattformen existieren auch Tourismusanbieter, die Empfehlungs- und Bewertungsdienste auf der eigenen Website implementieren, um somit direktes Feedback seitens der Kunden zu erhalten. Im Umgang mit Bewertungsportalen ergeben sich für die Unternehmen jedoch nicht nur Möglichkeiten mit dem Kunden direkt zu kommunizieren, sondern auch Gefahren (vgl. Kap. III.5.3).

Nicht nur Facebook bietet Möglichkeiten zum Vertrieb, sondern auch öffentliche Bewertungsplattformen wie HolidayCheck, das ursprünglich als reine Urlaubsbewertungsplattform populär wurde. Die im Jahre 2003 gegründete HolidayCheck AG hat sich nicht nur als das größte deutschsprachige Urlaubsbewertungsportal, sondern auch als Online-Reisebüro etabliert und arbeitet heute mit vielen namhaften Reiseveranstaltern zusammen.

(6) Unternehmenseigene Website

Es sind nicht nur die öffentlichen Social-Media-Plattformen, die eine entscheidende Rolle für Tourismusunternehmen im Kommunikationsprozess spielen. Ein wichtiger Aspekt ist auch die Gestaltung der eigenen Website. Diese sollte Verlinkungen auf die Social-Media-Präsenzen integriert haben, wie z. B. ein Link zum Facebook-Unternehmensprofil oder zum eigenen Reiseblog, um die Kommunikation zu verstärken.

5.3.3 Herausforderungen und Gefahren des Einsatzes von Social-Media- und Web-2.0-Anwendungen

Immer mehr Reisende nutzen Social Media sowohl aktiv als auch passiv, in dem sie Empfehlungen oder Bewertungen zu Reiseangeboten oder Leistungsträgern veröffentlichen oder selbst zur Reiseentscheidung heranziehen. Die Gefahr für einen Reiseanbieter besteht hierbei in der schnellen Verbreitung von **negativer Kritik.** Während positive Kommentare einem Unternehmen viele Vorteile, wie die Neukundengewinnung oder Kundenbindung einbringen, so kann es passieren, dass zunehmend negative Bewertungen die Reputation des Unternehmens schädigen. Ein Gast, der unzufrieden mit der erbrachten Leistung des Hotels ist oder ein Passagier, dessen Flug sich erheblich verspätet, hat heutzutage mittels Social Media viele Möglichkeiten, seine Unzufriedenheit anderen Usern mitzuteilen. Die Kontrolle der Kommunikationsinhalte liegt zunehmend in den Händen der User. Wird negative Kritik von Tourismusanbietern nicht als Chance zur Verbesserung genutzt und wird nicht angemessen und schnell genug auf die Kritik reagiert, kann dies durchaus negative Folgen für das Unternehmensimage haben.

Eine weitere **Gefahr,** mit der Tourismusunternehmen rechnen müssen, liegt beim Vertrieb über Social Media. Für User sind die verschiedenen Plattformen primär ein Kommunikationsinstrument. Reiseanbieter oder -mittler dürfen ihren Fokus daher nicht auf den Verkauf von Leistungen legen, sondern vor allem auf den Austausch von Erfahrungen mit den Reisenden, damit Erlebnisangebote individuell auf sie zugeschnitten werden können (vgl. AMERSDORFFER [Hrsg.] 2010: 55). Denn sollte für den Kunden ersichtlich werden, dass für das Reiseunternehmen überwiegend die Umsetzung kommerzieller Interessen anstatt der direkten Kommunikation im Vordergrund steht, resultiert dies in einer Abwendung vom Anbieter seitens der Kunden. Die Frage stellt sich hierbei, wie groß diesbezüglich die Toleranz der Kunden beim Vertrieb über Social Media ist. Einige Social-Media-Dienste wie das Fotosharing-Portal Flickr verbieten sogar strikt die Durchführung kommerzieller Aktivitäten. Tourismusunternehmen, wie der Reiseveranstalter Ruf Jugendreisen, die mit ihren Kunden über solche Dienste kommunizieren, müssen sich dementsprechend an diese Richtlinien halten.

Eine weitere **Herausforderung,** die sich für Unternehmen der Reiseindustrie durch die Kommunikation über Social Media ergibt, ist das Bewahren der **Authentizität und Glaubwürdigkeit** ihrer eigenen Informationen. Als Beispiel dient hier der Reiseerlebnisblog eines Tourismusanbieters. Häufig sind Reiseerlebnisse anderer Personen ausschlaggebend für die Reiseentscheidung. Besonders Reiseblogs wie der des Reiseanbieters STA Travel, dessen Erfahrungsberichte hauptsächlich von Mitarbeitern des eigenen Unternehmens geschrieben werden, werden von Reisenden häufig mit Skepsis betrachtet. Daher muss das Tourismusunternehmen beim Verfassen des Blogs den richtigen Ton treffen und vor allem eine persönliche Ausdrucksweise beibehalten, um den Reisenden eine authentische Informationsquelle bieten zu können. Ansonsten besteht auch hier die Gefahr, dass dem Unternehmen seitens der Kunden kommerzielle Interessen unterstellt werden.

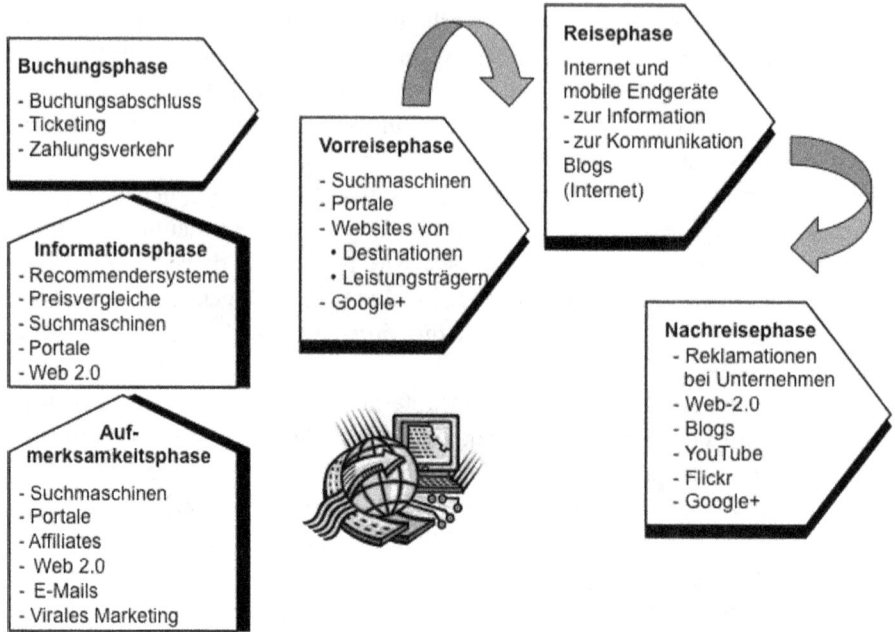

Buchungsphase
- Buchungsabschluss
- Ticketing
- Zahlungsverkehr

Reisephase
Internet und
mobile Endgeräte
- zur Information
- zur Kommunikation
Blogs
(Internet)

Vorreisephase
- Suchmaschinen
- Portale
- Websites von
  • Destinationen
  • Leistungsträgern
- Google+

Informationsphase
- Recommendersysteme
- Preisvergleiche
- Suchmaschinen
- Portale
- Web 2.0

Nachreisephase
- Reklamationen
  bei Unternehmen
- Web-2.0
- Blogs
- YouTube
- Flickr
- Google+

Auf-merksamkeitsphase
- Suchmaschinen
- Portale
- Affiliates
- Web 2.0
- E-Mails
- Virales Marketing

Abb. IV.34: Elektronischer Kreislauf im Tourismus (Quelle: nach FREYER 2011: 627, aktualisiert)

5.4 Der elektronische Kreislauf im Tourismus

Zusammenfassend sind in Abb. IV.34 die verschiedenen Möglichkeiten der Internet-Nutzung für Reisende und für Reiseanbieter dargestellt. Sie zeigt die Bedeutung der elektronischen Medien im Reiseverlauf, von der Aufmerksamkeits- bis zur Vorreise-phase („vorher"), über die Durchführungsphase („während" der Reise) bis zur Ergeb-nisphase („danach"), analog zur Customer Journey aus Kap. I.1.6 (vgl. FREYER 2011: 627 f.):

– **Aufmerksamkeitsphase:** Diverse Online-Instrumente erwecken die Aufmerk-samkeit der potenziellen Reisenden: Suchmaschinen, Portale, Affiliates, E-Mails, virales Marketing, Web 2.0 und soziale Medien (wie Blogs etc.).

– In der **Informationsphase** geht der potenzielle Reisende auf gezielte und sys-tematische Suche im Netz. Hierbei sind es vor allem folgende Online-/Internet-Instrumente, die zum Einsatz und zur Nutzung kommen: Reiseportale, Such-maschinen, Preisvergleiche, Recommander-Systeme, Web 2.0 (Facebook, Twitter etc.).

– **Buchungsphase:** Auch der Buchungsabschluss und diverse damit zusammen-hängende Transaktionen sind online möglich: Buchung, Reservierung, Bestäti-gung, Ticketing, Zahlungsverkehr usw.

– In der **Vorreisephase** informiert sich der Reisende mithilfe von Suchmaschinen, Portalen, Websites sowie über soziale Medien über die Destinationen und Leistungsträger.

– **Reisephase:** Auch während der Reise müssen (und wollen) Touristen nicht ohne elektronische Medien auskommen: Per Internet und Smartphone können sie sich über die Angebote vor Ort informieren. Oder sie kommunizieren mit den Daheimgebliebenen und teilen ihre Urlaubserlebnisse in den sozialen Medien (wie Facebook, Flickr usw.). Sie senden elektronische Grüße von unterwegs. Dabei helfen die mobilen Endgeräte (Smartphone oder Tablets).

– In der **Nachreisephase** stehen dem E-Touristen ebenfalls diverse Online-Instrumente zur Verfügung. Entweder kann er online bei den Veranstaltern oder Leistungsträgern reklamieren. Oder er kann sich vorab im Internet über die Möglichkeiten und Erfolgsaussichten einer evtl. Reklamation kundig machen. Auch im Positiven kann er sich online bei den verschiedenen Personen und Institutionen bedanken, die seine Reise angenehm gestaltet haben. Im privaten Bereich tauschen die Internet-Nutzer ihre Reiseerfahrungen (sowie Fotos und Filme) aus: mit Blogs, über YouTube, Facebook, Flickr usw.

All diese Möglichkeiten im Netz bieten Ansätze für Reiseveranstalter und andere touristische Leistungsträger zu Online-Werbung und zum digitalen und Online- bzw. Internet-Marketing.

Auf der Nachfrageseite wird der moderne Reisende mehr und mehr zum **E-Touristen,** dem künftig auch **virtuelle Reisemöglichkeiten** nicht fremd sein werden (vgl. zum Virtuellen Reisen FREYER 2007, zum E-Tourismus BUHALIS 2003, EGGER 2005, SCHULZ U. A. 2015).

Literaturhinweise zu Teil IV

Zu den Grundlagen des Marketing-Managements (IV.1) und Vertriebs (IV.2) im Tourismus
FREYER 2008 (Reisebüro-Management), 2011 (Tourismus-Marketing),
HAEDRICH U. A. 1998 (Tourismus-Management): 279 ff.,
ROTH 2000 (Marketing von Reiseveranstaltern),
ROTH/SCHERTLER-ROCK 2011 (Marketing der Reiseveranstalter),
ROTH/SCHRAND 1995 (Touristik-Marketing),
STEINHAUSER/THEINER 2016 (Hotelvertrieb)

Spezielle Literatur zu Reisemittlern
ASR 1997 (Das Reisebüro),
FREYER 2008 (Reisebüro-Management), 2015: 299 ff. (Reisemittler),
FREYER/POMPL 2008 (Reisebüro-Management),
ENTREPRENEUR PRESS/MINTZER 2012 (Travel Business),
SYRRAT 2007 (Travel Agent Manual)

Ferner finden sich Ausführungen zum Tourismusvertrieb und zu Reisemittlern in der in Teil I genannten **Literatur zu Reiseveranstaltern:**
KIRSTGES 2010,
MUNDT 2011,
Voigt 2012

Allgemeine Literatur zum Marketing-Management und Vertrieb
BECKER 2013 (Marketing-Konzeption),
ESCH 2001 (Moderne Markenführung),
MEFFERT 2000, 2008 (Marketing: Grundlagen),
MEFFERT/BRUHN 2009 (Dienstleistungs-Marketing),
WINKELMANN 2013 (Marketing und Vertrieb)

Zu Entwicklung (IV.3), Struktur und Funktionen (IV.4) der Reisebürobranche in Deutschland
DRV 2015 (Fakten Reisemarkt),
FREYER 2015 (Tourismus): 243 ff.,
FUR versch. Jg. (Reiseanalyse),
SÜLBERG 2008 (Entwicklungsgeschichte des Reisebürovertriebs)

Zu Struktur und Funktionen des Online-Vertriebs sowie Social Media (IV.5)
AMERSDORFFER U. A. 2010 (Social Web),
BRÖZEL 2008 (Online-Markt),
BUHALIS 2003 (eTourismus),
CONRADY 2010 (Web. 2.0),
EGGER 2005 (Grundlagen des eTourismus), 2007 (Cyberglobetrotter),
FREYER 2007 (Virtuelles Reisen),
HINTERHOLZER/JOUSSE 2013 (Social Media im Tourismus)
INITIATIVE D21/TNS INFRATEST 2011,
SCHULZ U. A. 2015 (eTourismus),
GRABS U. A. 2017 (Social Media Marketing)
STATISTA 2010,
TOURISTIK CONSULTING 2011,
V.I.R. 2016

Fragen zu Teil IV

1. *Welche Phasen sollte ein Reiseveranstalter im Marketing durchlaufen?*
2. *Was sind die Umfeldbedingungen für Reiseveranstalter?*
3. *Welche Instrumente stehen dem Reiseveranstalter zur Umsetzung seiner Marketing-Strategie zur Verfügung und wie können diese ausgestaltet werden?*
4. *Beschreiben Sie ein typisches Marketing-Mix-Muster für einen deutschen Reiseveranstalter.*
5. *Erläutern Sie die Schwierigkeiten bei der Etablierung von Marken im Tourismus.*
6. *Welche Vertriebswege stehen einem Reiseveranstalter zum Absatz seiner Angebote zur Verfügung?*

7. *Grenzen Sie Reisemittler und Reiseveranstalter voneinander ab.*
8. *Beschreiben Sie die Tätigkeiten eines Reisebüros anhand des dienstleistungsorientierten Phasenmodells.*
9. *Diskutieren Sie die Bedeutung der unterschiedlichen Vertriebskanäle in der Zukunft.*
10. *Welche Typen lassen sich bezüglich des Grades der Unabhängigkeit eines Reisebüros unterscheiden? Wie beurteilen Sie die Stabilität der einzelnen Bindungssysteme?*
11. *Welche Bedeutung nehmen Online-Portale in der Reisebranche ein?*
12. *Charakterisieren Sie den Multi-Channel-Vertrieb.*
13. *Welche Vor- und Nachteile hat eine Multi-Channel-Strategie?*
14. *Unterscheidet sich Web 2.0 von Social Media? Wenn ja, wie?*
15. *Welche Sozialen Medien („Social Media") stehen der Tourismuswirtschaft grundsätzlich zur Verfügung?*
16. *Wie werden Sozialen Medien zur Zeit von Reiseveranstaltern genutzt? Geben Sie fünf Beispiele (für unterschiedliche Social Medias).*

Teil V: **Marktstrukturen, Wettbewerber und Zielgruppen des Reiseveranstaltermarktes**

Übersicht Teil V

Teil V bietet in Ergänzung zu den Ausführungen in Teil IV eine detaillierte Erläuterung der Methoden und Instrumente der Marketingforschung (Kap. V.1), welche den Ausgangspunkt für die Bereitstellung von Daten über die Marktgrößen und -strukturen (Kap. V.2) des Reiseveranstaltermarktes bilden, die anschließend vorgestellt werden. Dabei wird differenziert auf die Angebots- und die Nachfragemarktforschung eingegangen, wobei diese mit aktuellen Daten und langen, umfangreichen Zeitreihen anschaulich aufbereitet werden. Die Angebotsseite des Reiseveranstaltermarktes wird dabei sowohl insgesamt als auch aus den unterschiedlichen Perspektiven einer Destinations- und Segmentbetrachtung analysiert. Des Weiteren werden in diesem Zusammenhang die Strukturen, Wettbewerbsverhältnisse und Charakteristika des Reiseveranstaltermarktes in Deutschland und Europa sowie des deutschen Reisevermittlungsmarktes dargestellt. Bei der Analyse der Nachfrageseite wird neben einer Betrachtung der aktuellen Grundstrukturen in Deutschland vor allem auf die zukünftige Situation basierend auf der demografischen Entwicklung eingegangen und es werden die Folgen dieser für die Reisebranche aufgezeigt. Ferner wird ein Auswertungsmodell zur Ermittlung von Zielgruppen (Kap. V.3) aus umfangreichen externen Kundenbefragungen und internen CRM-Datenbanken vorgestellt.

Ziele des Teils V

Teil V soll vor allem einen Überblick über die Marktstrukturen des Reisemarktes geben und somit zu einem tieferen Verständnis der Branche beitragen.
Im Einzelnen werden
- die Grundlagen der Markt- und Marketingforschung im Tourismus,
- die Marktgrößen und -strukturen ausgewählter touristischer Teilmärkte,
- ein Zielgruppensegmentierungsmodell und
- die Auswirkungen der demografischen Entwicklung auf die touristische Nachfrage
genauer behandelt.

---

1 Marketingforschung – Methoden, Instrumente, Anwendungen

Nachfolgend wird ein kurzer Überblick über die Grundlagen, Methoden und Instrumente der Marketingforschung gegeben. Ausführlich können diese nachgelesen werden u. a. bei Meffert 2008 oder Meffert/Bruhn 2009. Tourismusmarketing leitet sich aus den Besonderheiten des Dienstleistungsmarketings ab. Entsprechend unterliegt auch die Marketingforschung speziellen Adaptionen für den Tourismus, die detailliert in Freyer 2011 (Tourismus-Marketing): S. 117–308 dargestellt sind. Auf die für Reiseveranstalter wichtigen Anwendungen wird besonders hingewiesen. In Kap. V.2 folgen konkrete Anwendungsbeispiele, vgl. auch Kap. IV.3.2 (Informations-Marketing).

1.1 Grundlagen der Marketingforschung

Im allgemeinen Sprachgebrauch wird oft unreflektiert mal von Marketingforschung und mal von Marktforschung gesprochen. Beides unterscheidet sich aber grundlegend:

Marketingforschung ist die systematische Suche, Sammlung, Aufbereitung und Interpretation von Informationen, die sich auf alle Bereiche des Marketings und Absatzes von Gütern und Dienstleistungen beziehen, d. h. neben externen Informationen über die Märkte (Absatz-Marktforschung) auch unternehmensinterne Informationen z. B. aus dem Rechnungswesen oder dem Data Warehouse bezüglich der Ressourcen- oder Kapazitätsverfügbarkeit beinhaltet.

Marktforschung ist die systematisch betriebene Erforschung von Märkten aller Art, d. h. des Zusammenspiels von Angebot und Nachfrage und der Fähigkeit dieser Märkte, Umsätze, Produkte, Dienstleistungen und Ressourcen zu erwirtschaften.

Marketingforschung ist somit einerseits umfassender, andererseits enger als der Begriff der Marktforschung; Marketingforschung beinhaltet neben der Marktforschung über die relevanten Absatzmärkte alle für das Marketing notwendigen internen Informationen. Marktforschung beschäftigt sich hingegen ausschließlich mit den externen Marktinformationen, erhebt diese aber nicht nur für den Absatzmarkt, sondern u. a. auch für die vor- und nachgelagerten Beschaffungs-, Lieferanten-, Destinations-, Arbeits- und Kapitalmärkte.

Der **Marketing-Management-Prozess** setzt sich aus mehreren Phasen zusammen (vgl. Kap. IV.1.1). Am Anfang steht dabei das Sammeln von Informationen, d. h. die Marketingforschung. Auf dieser Grundlage werden in der Konzeptionsphase Marketingstrategien definiert. In der Gestaltungsphase werden die entsprechenden Maßnahmen im Rahmen des Marketingmixes entwickelt. Die Umsetzung dieser Maßnahmen erfolgt in der Realisierungs- bzw. Implementierungsphase des Marketings. Ihre

https://doi.org/10.1515/9783110481457-034

Wirksamkeit wird im Rahmen der Kontrollphase teilweise erneut mit den Methoden der Marketingforschung überprüft. Die Marketingforschung eines Reiseveranstalters ist somit i. d. R. begleitend und revolvierend an der gesamten Marketingprozesskette, von den Produktionsbenchmarks über Preis- und Konditionenvergleiche, Sortimentsstruktur- und Vertriebskanalanalysen bis hin zur Wirksamkeit der Kommunikationsmaßnahmen in Form von Markenbekanntheits- und Zufriedenheitsforschung, beteiligt.

Ferner wird zwischen der **Mikro-Marketingforschung**, die sich mit der einzelwirtschaftlichen Betrachtung einzelner Unternehmen in ihren relevanten Märkten beschäftigt, und der destinationsorientierten **Makro-Marketingforschung** unterschieden, die sich auf ganze Regionen, staatliche Organe oder Länder bezieht. Das Makromarketing ist eine der Besonderheiten des Tourismusmarketings, weil sich politische oder geografische Einheiten wie Staaten oder Zielgebiete als eigenständiges Produkt verstehen und dieses mit den klassischen Mitteln des Marketings selbst vermarkten. Die entsprechende Makromarketingforschung erstreckt sich dabei vor allem auf volkswirtschaftliche Parameter wie wirtschaftliche Rahmenbedingungen, lokale Verkehrs- und Lebensverhältnisse, Ökologie und Nachhaltigkeit, Sicherheits-, Sozial- und Gesundheitsstandards sowie geografische und klimatische Voraussetzungen.

1.2 Methoden der Marketingforschung

Hinsichtlich der Darstellung der Marktforschungsmethoden wird im Folgenden der Begriff Marktforschung auch als Synonym für die Marketingforschung verwendet, weil sich die Unterschiede primär auf den Anwendungsbereich und weniger auf die Methodik beziehen.

Marktforschung kann sich auf verschiedene Dimensionen fokussieren. Im Wesentlichen wird Marktforschung unterschieden nach

1. dem Untersuchungsobjekt (Produkte, Zielgruppen etc.);
2. dem Untersuchungszeitraum
   - statisch (zeitpunktbezogen),
   - dynamisch (zeitraumbezogen),
   - kontinuierlich oder fallweise,
   - diagnostisch, prognostisch oder retrospektiv;
3. der Untersuchungsregion (international, national, lokal, testmarktbezogen etc.);
4. der Branche (Markt, Marktsegment) und
5. der Unternehmensfunktion (Beschaffung, Vertrieb, Personal, Ressourcen, Finanzen etc.).

Bei den Marktforschungsverfahren unterscheidet man zwischen der Primär- und der Sekundärmarktforschung. Bei der **Primärforschung** werden eigene Untersuchungen konzipiert und durchgeführt, z. B. Kundenbefragungen oder Kundenzufriedenheitsanalysen. Dies kann exklusiv für den jeweiligen Auftraggeber oder – um die Kosten auf mehrere Schultern zu verteilen – gemeinsam mit anderen Unternehmen u. U. auch Wettbewerbern im gleichen Markt oder Segment im Rahmen einer Beteiligungsuntersuchung erfolgen. Auch dabei sind exklusive Analysen separater Sachverhalte möglich, wenn das durchführende Marktforschungsinstitut sicherstellt, dass die Ergebnisse nur dem jeweiligen Bezieher zur Verfügung gestellt werden, der diese natürlich auch allein bezahlt. Beispiele für derartige Untersuchungen sind die Reiseanalyse der Forschungsgemeinschaft Urlaub und Reisen FUR sowie das GfK-Haushalts- und Mobilitätspanel.

Bei der **Sekundärforschung** wird auf bestehende Marktdaten zurückgegriffen. Dabei unterscheidet man einerseits den entgeltlichen Erwerb fertiger Marktforschungsuntersuchungen und andererseits die Recherche zumeist unentgeltlicher Informationen und Daten in öffentlich und privat zugänglichen Statistiken, Archiven und Bibliotheken, in Fachpublikationen, im Internet oder in unternehmensinternen Datenquellen. Die beschriebenen Recherchetätigkeiten nennt man auch Desk Research. Aus Kostengründen sollte die Marktforschung für eine Untersuchungsproblematik immer mit der Sekundärforschung beginnen. Wenn dabei keine ausreichende Informationsgrundlage gefunden wird, stehen bei entsprechender Kosten-Nutzen-Abschätzung die genannten aufwändigeren Quellen – insbesondere der Primärforschung – immer noch zur Verfügung.

Die in der Primärforschung verwendeten Methoden sind Marktbeobachtungen (z. B. Testkäufe, Mystery Shopping), Experimente (z. B. Pretests für Befragungen, Fokusgruppen zu bestimmten Testthemen, abgegrenzte Testmärkte) und in den meisten Fällen strukturierte Befragungen bzw. Interviews.

Befragungen werden auf Grundlage einer Stichprobe durchgeführt. Diese Stichprobe muss als Auswahlverfahren repräsentativ für den jeweiligen Untersuchungsgegenstand sein, z. B. bevölkerungsrepräsentativ oder repräsentativ für die jeweilig definierte Zielgruppe. Die Durchführung der Befragung nach den vorgegebenen repräsentativen Kriterien im Untersuchungszeitraum nennt man Feldforschung. Die Interviews können persönlich, schriftlich, telefonisch oder online durchgeführt werden, wobei jeweils zu beachten ist, dass Untersuchungslücken entstehen können, z. B. bei persönlichen oder telefonischen Befragungen, weil die quotierte Befragungsperson im Haushalt (der oder die Jüngste/Älteste, männlich oder weiblich) nicht erreichbar ist, bei Telefonbefragungen, weil viele Telefonnummern nicht mehr veröffentlicht werden oder bei Online-Befragungen, weil nur zwei Drittel der deutschen Bevölkerung über das Internet erreichbar sind. Untersuchungslücken können in einigen Fällen über Quotierungen und Hochrechnungen aufgefüllt werden, können jedoch die Repräsentativität der Untersuchung einschränken. Bei der Konzipierung derartiger Auswahlverfahren ist auch auf eine ausreichende Stichprobengröße zu achten, weil repräsentative Datengrundlagen nur für Untersuchungsgruppen bestehen, die mindestens 5 % des Stichprobenumfangs betragen. Untersuchungsgruppen, die weniger als 5 % der Fallzahlen umfassen sind aufgrund der statistischen Standardabweichung nicht repräsentativ.

Üblicherweise wird bei den zuvor beschriebenen Befragungen für jede Untersuchung eine separate Stichprobe gezogen. Es gibt aber auch Befragungen, die auf bestehenden bevölkerungsrepräsentativen Stichproben aufbauen. Dazu zählen Mehrthemenbefragungen bzw. eine Busbefragung, bei denen ähnlich wie bei einer Beteiligungsuntersuchung mehrere zum Teil völlig unterschiedliche Themen verschiedener Auftraggeber bei den gleichen Befragungspersonen abgefragt werden. Dies ist i. d. R. nur bei kleinen Untersuchungen bis maximal 10 oder 15 Fragen möglich, weil die Länge der Fragebögen begrenzt ist. Zu umfangreiche Fragebögen beinhalten das Risiko des Abbruchs oder unkorrekter Antworten der Interviewten. Marktforschungsinstitute führen derartige Befragungsbusse i. d. R. mindestens einmal im Monat, in seltenen Fällen auch wöchentlich durch. Der Vorteil von Bussen besteht darin, dass kleinere Befragungen sehr schnell und kurzfristig möglich sind.

Ein Sonderfall von Auswahlverfahren ist das **Panel**, im Besonderen das Haushaltspanel. Dabei werden nach einem bevölkerungsrepräsentativen Design bundesweit Haushalte rekrutiert, die fortlaufend über ihre Haushaltsausgaben, ihr Kauf- oder Reiseverhalten, fallweise auch über die Medien- und Internet-Nutzung berichten. Dies geschieht teilweise schriftlich (Haushaltsbücher, Tagebücher, Fragebögen), online oder über technische Einrichtungen wie Decoder, die das Medien- und Internet-Nutzungsverhalten protokollieren. Vorteil eines Haushaltspanels ist, dass das Nutzungsverhalten verschiedenster Lebensbereiche miteinander vernetzt und korreliert werden kann und dabei viele multivariate Zielgruppen gebildet werden können. Ein weiterer Vorteil ist, dass das Nutzungsverhalten des identischen Haushaltes über mehrere Perioden (Monate oder Jahre) untersucht werden kann und damit auch repräsentative Regressionsanalysen und Trendextrapolationen möglich sind. Einziges Problem ist die Panelmortalität, weil aufgrund der aufwändigen Erfassungstätigkeiten jährlich ein größerer Prozentsatz der dafür geringfügig entlohnten Haushalte aus dem Panel aussteigt. Nach 5 Jahren ist i. d. R. weniger als die Hälfte der identischen Haushalte noch im Panel vertreten.

1.3 Untersuchungsbereiche und Datengrundlagen der Marketingforschung

Die Marketinganalyse umfasst drei wesentliche Untersuchungsbereiche (vgl. Kap. IV.1.2). Die **Umfeldanalyse** informiert über die marketingrelevanten Einflüsse im allgemeinen betrieblichen Umfeld. Die **Marktanalyse** informiert über das Marktvolumen, sowie die Wettbewerbs- und Nachfragesituation im relevanten Markt. Die **Betriebsanalyse** informiert über die marketingrelevanten Stärken und Schwächen des jeweiligen Unternehmens im Vergleich zu den relevanten Wettbewerbern. Zum

Abschluss der Informationsphase werden die gewonnen Ergebnisse aus Umfeld-, Markt- und Betriebsanalyse in der strategischen Marketingdiagnose verzahnt und verdichtet und bilden die Grundlage für die strategische Marketingplanung. Die marketingstrategische Bewertung der verschiedenen Analyseinstrumente erfolgt zumeist im Rahmen von Stärken-Schwächen-Analysen, Chancen-Risiko-Analysen oder Portfolioanalysen.

Nachfolgend wird komprimiert ein breites Spektrum von Analysemethoden, Datenerhebungen und Untersuchungsmöglichkeiten für die Marketing- und Marktforschung dargestellt, die für Reiseveranstalter von Bedeutung sind und je nach Größe des jeweiligen Unternehmens regelmäßig oder punktuell, exklusiv oder im Rahmen einer Beteiligungsuntersuchung angewendet werden können.

1.3.1 Umfeldanalysen

Bei der Umfeldanalyse werden Informationen über die Kriterien des **Makro-Marketing** eruiert. Dazu zählen wirtschaftliche, politische und rechtliche Rahmenbedingungen ebenso wie Qualitäts-, Ökologie-, Gesundheits-, Klima- und Dienstleistungsstandards, demografische Strukturen, lokale Lebensverhältnisse, touristische Infrastruktur und personelle Ressourcen sowie Sicherheit und Wechselkurse.

Neben systematischen statischen und dynamischen Verfahren wird in der Umfeldanalyse häufig auf kreative und intuitive Verfahren der Trend- und Zukunftsforschung sowie der Prognostik zurückgegriffen. Dazu zählen Expertenbefragungen allgemein oder nach der Delphi-Methode (mehrstufige revolvierende schriftliche Befragung von Experten), Fokusgruppendiskussionen, aber auch Kreativitäts- und Szenariotechniken (u. a. Brainstorming, Synektik, Morphologie).

1.3.2 Marktanalysen

Die Marktanalyse umfasst die Marktabgrenzung, die Bestimmung des Marktvolumens und der Marktstruktur, die Wettbewerbsanalyse und die Nachfrageanalyse. Für die Bestimmung des relevanten Marktes sind präzise Marktabgrenzungen und Marktsegmentierungen auf der Angebots- und Nachfrageseite unerlässlich. Bei der **Marktabgrenzung** werden Gemeinsamkeiten von Märkten gemäß bestimmter Kriterien gesucht. Die **Marktsegmentierung** bedeutet hingegen die Aufteilung bzw. Differenzierung eines heterogenen Marktes in homogene Teilmärkte nach verschiedenen Segmentierungskriterien. Angebotsbezogen sind die meisten Kriterien regional, temporär, produkt- oder zielgruppenbezogen ausgerichtet. Nachfragebezogen werden häufig demografische, verhaltensorientierte, psychografische und Lifestyle-orientierte Kriterien zugrunde gelegt.

Die Ermittlung des **Marktvolumens** und **Segmentvolumens** ist Grundlage zur Ermittlung der Marktstrukturen, der Marktanteile und der Marktkonzentration, aber auch des Marktpotenzials und der Marktsättigungsgrenzen. Ein Beispiel für eine derartige Markterhebung ist die DRV-Vertriebsdatenbank, die seit 1999 kontinuierlich und systematisch die Zahl und Strukturen des deutschen Reisebüromarktes dokumentiert (vgl. Kap. IV.4.1.2 bis Kap. IV.4.1.4).

Die **Wettbewerbsanalyse** dokumentiert die Marktteilnehmer bzw. Konkurrenten auf der Angebotsseite. Dabei können Wettbewerber auf der gleichen Wertschöpfungsstufe, aber auch auf vor- oder nachgelagerten Wertschöpfungsstufen identifiziert werden. Wettbewerber können aber auch aus substitutiven oder alternativen Märkten bzw. Branchen kommen. Im Rahmen einer quantitativen Wettbewerbsanalyse werden Marktanteile und Marktkonzentration ermittelt. Nach § 22 des Kartellgesetzes liegt eine Marktkonzentration dann vor, wenn ein Unternehmen einen Marktanteil von mehr als 33 %, drei Unternehmen von mehr als 50 % oder fünf Unternehmen mehr als 67 % haben. Zur Wettbewerbsanalyse zählen auch qualitative Benchmarks von ausgewählten Wettbewerbsparametern im Rahmen einer Stärken-Schwächen-Analyse (SWOT-Analyse) sowie Marken- bzw. Domain-Bekanntheitsuntersuchungen.

Die **Nachfrageanalyse** beschäftigt sich mit der Kaufverhaltensforschung bzw. der touristischen Reiseverhaltensforschung. Beispiele hierfür sind die jährliche Bevölkerungsbefragung der Reiseanalyse der Forschungsgemeinschaft Freizeit und Reisen FUR, sowie das Haushalts- und Mobilitätspanel der GfK (Gesellschaft für Konsumforschung). Demografische Bevölkerungsstrukturuntersuchungen und Zielgruppenanalysen zählen ebenso zu den Nachfrageanalysen wie Kundenzufriedenheitsuntersuchungen oder selbst initiierte Kundenbefragungen.

1.3.3 Marketingbezogene Betriebsanalysen

Marketingbezogene Betriebsanalysen greifen auf unternehmensinterne Daten und Kennziffern zurück, die Grundlage für Marketingentscheidungen sind. Beispiele dafür sind u. a. Portfolioanalysen, Sortimentsanalysen, Produktlebenszyklusanalysen und Vertriebskanalanalysen. Die Auswertungen erfolgen i. d. R. durch Business-Intelligence-Spezialisten aus dem internen Data Warehouse. Auch Mitarbeiterbefragungen sind ebenso ein Fundus für ausgiebige Betriebsanalysen wie die Einrichtung von Testmärkten und die Befragung von Fokusgruppen. Dazu zählen auch CRM-Analysen von Kundendaten.

Werden die unternehmensinternen Daten zu Umfeld- und Marktdaten in Bezug gestellt, sind Benchmarks möglich. Dazu zählen Branchenbetriebsvergleiche, ERFA-Gruppen, Zertifizierungen von Qualitätsstandards sowie Notariatsmodelle, über die Wettbewerber betriebliche Kennziffern anonymisiert austauschen. Auch Mystery Shopping und Testkäufe im Hinblick auf die Erfolgs- und Beratungsparameter von

Reisebüros zählen zu den Benchmarks, weil die individuelle Ausprägung mit dem Soll-Standard verglichen wird.

Für Reiseveranstalter spielen vor allem Preis- und Objektvergleiche sowie Überschneidungsanalysen eine wichtige Rolle. Dies kann einerseits stichprobenartig manuell erfolgen oder andererseits systemgestützt über IT-Tools wie Bistro oder die Traveltainment-Objektlistung. Vor allem für die Auslastungskalkulation von Charterflügen und Hotelkontingenten sind regelmäßige Aufzeichnungen von Erfahrungskurven für Buchungs- und Reisezeitpunkte sowie Saisonalitäten unerlässlich, um ein effizientes Yield-Management aufzubauen.

1.4 Ausgewählte Informationsquellen im Tourismus

Die nachfolgend aufgeführten touristischen Informationsquellen sind für jedermann teils kostenlos oder aber gegen Entgelt beziehbar. Exklusivuntersuchungen und Analysen geschlossener Benutzergruppen werden hier nicht aufgelistet.

1. **Amtliche Statistiken**
   – Eurostat – Statistisches Amt der Europäischen Union in Luxemburg
     (http://ec.europa.eu/eurostat/)
   – Statistisches Bundesamt in Wiesbaden – Schwerpunkte: Beherbergungsstatistik, Luftverkehrsstatistik, Mikrozensus
     (https://www.destatis.de)
   – Statistische Landesämter
     (https://statistik.hessen.de/)
   – Deutsche Bundesbank – Schwerpunkte: grenzüberschreitender Reiseverkehr, Deviseneinnahmen und Devisenausgaben
     (https://www.bundesbank.de/)
2. **Verbände**
   – Bundesverband der Tourismus Wirtschaft (BTW) – Schwerpunkte: Wirtschaftsfaktor Tourismus, volkswirtschaftlicher Wertschöpfungsbeitrag der Tourismusbranche zum Bruttoinlandsprodukt
     (http://www.btw.de/)
   – Deutscher Reiseverband (DRV) – Schwerpunkte: u. a. Fakten und Zahlen zum Tourismus, DRV-Vertriebsdatenbank (jährlich seit 1999), DRV-Kreuzfahrtenstudie
     (https://www.drv.de/)
   – Deutscher Hotel- und Gaststättenverband (DEHOGA)
     (https://www.dehoga-bundesverband.de/)
   – Deutscher Heilbäderverband (DHV)
     (http://www.deutscher-heilbaederverband.de/)
   – Deutscher Tourismusverband (DTV)
     (https://www.deutschertourismusverband.de/)

- Verband Deutscher Reisestellen (VDR) – Schwerpunkt: VDR-Geschäftsreise-analyse (jährlich seit 2004)
  (https://www.vdr-service.de/)
- Verband Internet Reisevertrieb (VIR)
  (https://v-i-r.de/)
- Cruise Lines International Association (CLIA)
  (https://www.cruising.org/)
- Bundesverband der Deutschen Fluggesellschaften (BDF)
  (http://www.bdf.aero/)
- Flughafenverband (ADV)
  (http://www.adv.aero/)
- Landes-Fremdenverkehrsverbände und lokale Fremdenverkehrsorganisationen
- Deutsche Zentrale für Tourismus (DZT) – Schwerpunkt: Incoming-Tourismus von Ausländern nach Deutschland
  (http://www.germany.travel/de/)
- Welt Tourismus Organisation der Vereinten Nationen (UNWTO) – Schwerpunkt: internationaler Reiseverkehr Incoming und Outgoing
  (http://www2.unwto.org/)

3. **Marktforschungsinstitute**
- Forschungsgemeinschaft Urlaub und Reisen FUR in Kiel (ehemals Studienkreis für Tourismus in Starnberg): Seit 1970 wird jährlich das Reiseverhalten der Deutschen über 14 Jahre im Rahmen der Reiseanalyse mit bevölkerungsrepräsentativ 8.000 Befragten untersucht; jedes Jahr werden turnusmäßig Schwerpunktthemenmodule untersucht, die optional zugebucht werden können, in begrenztem Umgang sind auch Exklusivfragen für einzelne Bezieher möglich; seit 2008 wird ergänzend zweimal jährlich die Online-Reiseanalyse mit einer Stichprobe von 2.000 Online-Nutzern durchgeführt.
  (http://www.fur.de/)
- Gesellschaft für Konsumforschung GfK in Nürnberg: Seit 2006 wird im Rahmen des Haushaltspanels (20.000 deutsche Haushalte mit 45.000 Haushaltsmitgliedern) auch das Themenmodul Reisen (alle Arten von Reisen zu Urlaubs-, Geschäfts- und sonstigen Zwecken) abgefragt, seit 2009 auch intensiviert das Thema Mobilität ab 50 km Entfernung vom Lebensmittelpunkt.
  (http://www.gfk.com/)
- Seit 2008 führt die GfK auch ein Reisebüropanel (GfK Travel Insights) durch, bei dem monatlich die Veranstalterbuchungsdaten einer Stichprobe von rund 1.500 Reisebüros nach Umsätzen, Teilnehmern, Veranstaltern, Ziel- und Quellmärkten sowie nach Buchungs- und Reisezeitpunkten als Benchmark ausgewertet werden.
  (http://www.gfk.com/de/branchen/tourismus-und-gastgewerbe/)

- Ein weiteres GfK-Instrument kommt aus dem Geo-Marketing, mit dem Buchungs- und Umsatzdaten nach geografischen Kriterien segmentiert werden können.
  (http://www.gfk.com/de/insights/)
- IPK International in München: Seit 1988 wird der Deutsche Reisemonitor und der European Travel Monitor sowie seit 1995 der World Travel Monitor durchgeführt; dabei werden in verschiedenen Ländern repräsentative Stichproben zur Ermittlung des gesamten Reiseverhaltens (Urlaubs-, Geschäfts- und sonstige Reisen) nach identischem Fragebogen und identischer Methodik gezogen und verdichtet, sodass Incoming- und Outgoing-Ströme zwischen verschiedenen Ländern dargestellt werden können; Hauptnutzer sind die nationalen und regionalen Fremdenverkehrsorganisationen.
  (http://www.ipkinternational.com/)
- Stiftung für Zukunftsfragen
  (http://www.stiftungfuerzukunftsfragen.de/)
- Deutsches Wirtschaftswissenschaftliches Institut für Fremdenverkehr an der Universität München (DWIF): Schwerpunkte der Tätigkeit sind Grundlagenuntersuchungen zur gesamtwirtschaftlichen Entwicklung im Tourismus, zu den Tourismusausgaben in Deutschland, zum touristischen Arbeitsmarkt und zu Tagesausflügen in Deutschland.
  (http://www.dwif.de/)
- FIPLAN in Bad Soden/Taunus: Erstellung der Instrumente Safir und Achat zur monatlichen Auswertung des deutschen Flugverkehrs nach Quell-, Ziel- und Umsteigerflughäfen.
  (http://www.fiplan.de/)
- Euromonitor ist eine Datenbank von Eckdaten der europäischen und größerer weltweiter Quell- und Zielmärkte, die verschiedene Reisesegmente und Vertriebskanäle nach Anzahl von Reisen und Umsätzen differenziert und die Marktanteile der wichtigsten Unternehmen in den wesentlichen nationalen Märkten darstellt. Euromonitor hat seinen Sitz in London und beschäftigt dort Analysten für die verschiedenen nationalen Märkte, die im Wesentlichen Desk Research betreiben.
  (http://www.euromonitor.com/germany)

4. **Sonstige Quellen**
   - Media-Analysen von Verlagen
   - Markenbekanntheitsuntersuchungen wie der NIKO-Index (von Forsa bzw. davor Emnid) oder der Marken-Vierklang von Gruner+Jahr
     (https://www.guj.de/)
   - Allgemeine Prognosen zur Wirtschaftsentwicklung und touristische Themenschwerpunkte von Wirtschaftsforschungsinstituten
   - Touristische Fachzeitschriften – insbesondere das FVW-Magazin mit den Sonderauswertungen zum Reiseveranstaltermarkt jährlich im Dezember und

zum Reisevermittlermarkt jährlich im Juni
(http://www.fvw.de/)
sowie Travel One mit den Einreisestatistiken in alle wichtigen Länder der Welt jährlich im März in der ITB-Messe-Ausgabe
(https://www.travel-one.net/)

– Online-Reisemarkt-Untersuchungen wie u. a. PhocusWright European Consumer Travel Report
  (http://www.phocuswright.com/)
  oder Eye for Travel
  (http://eyefortravel.com/)
  basieren weitgehend auf angebots- bzw. unternehmensbezogenen Einschätzungen von Marktanalysten über Desk Research.

2 Marktgrößen und Marktstrukturen

2.1 Die Angebotsseite des Marktes: Volumina, Strukturen, Marktanteile, Konzentration

Urlaubsreisen sind nur ein Segment des gesamten Reise- und Mobilitätsmarktes. Die am Marktgeschehen beteiligten Anbieter und Nachfrager sind aber zumeist nicht ausschließlich fixiert auf den Urlaubsmarkt. So bedienen Reisebüros teilweise als spezialisierte Dienstleister auch den Geschäftsreisemarkt. Reiseveranstalter, die zugleich als Consolidator für Flüge, Mietwagen oder Hotels tätig sind haben nicht nur Urlauber, sondern ebenso Geschäftsreisende und ethnische Reisende als Zielgruppe im Auge

2015 unternahmen die Deutschen insgesamt 257,7 Mio. Übernachtungsreisen (In- und Ausland)

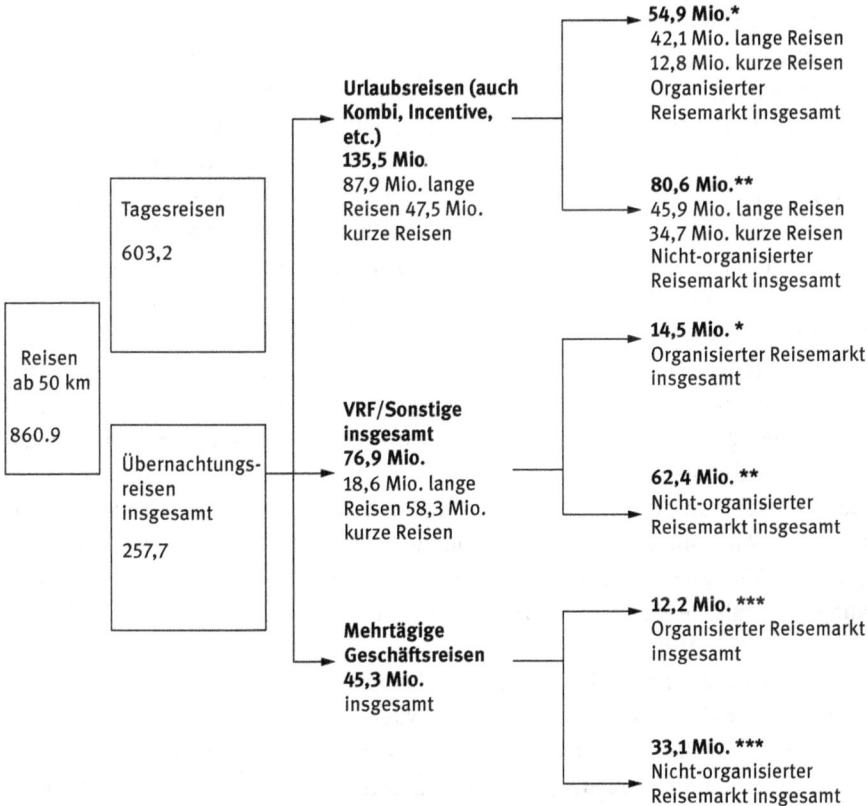

Reisen ab 50 km

860.9

Tagesreisen

603,2

Übernachtungsreisen insgesamt

257,7

Urlaubsreisen (auch Kombi, Incentive, etc.)
135,5 Mio.
87,9 Mio. lange Reisen 47,5 Mio. kurze Reisen

54,9 Mio.*
42,1 Mio. lange Reisen
12,8 Mio. kurze Reisen
Organisierter Reisemarkt insgesamt

80,6 Mio.**
45,9 Mio. lange Reisen
34,7 Mio. kurze Reisen
Nicht-organisierter Reisemarkt insgesamt

VRF/Sonstige insgesamt
76,9 Mio.
18,6 Mio. lange Reisen 58,3 Mio. kurze Reisen

14,5 Mio. *
Organisierter Reisemarkt insgesamt

62,4 Mio. **
Nicht-organisierter Reisemarkt insgesamt

Mehrtägige Geschäftsreisen
45,3 Mio.
insgesamt

12,2 Mio. ***
Organisierter Reisemarkt insgesamt

33,1 Mio. ***
Nicht-organisierter Reisemarkt insgesamt

*über Reiseveranstalter und/oder Reisebüro (online und offline)
**Nicht organisierte Reise (online und offline) ***Schätzung

Abb. V.1: Der deutsche Reisemarkt 2015 (Quelle: GFK MOBILITÄTSMONITOR)

https://doi.org/10.1515/9783110481457-035

und die Vermittler von Flug- und Bahntickets unterscheiden ebenfalls selten nach dem Reisezweck. Insoweit ist die Bedeutung des Urlaubsreisenmarktes im Rahmen des gesamten Mobilitätsgeschehens sowie die teilweise fließenden Grenzen und Grauzonen in deren Umfeld für eine Betrachtung der relevanten organisierten und individuellen Reisemärkte von großer Bedeutung.

Die deutschen Privathaushalte haben 2015 861 Mio. Reisen bzw. Mobilitätsbewegungen über mehr als 50 km getätigt (Quelle: GfK MOBILIÄTSPANEL). Davon entfielen 258 Mio. auf Übernachtungsreisen (mindestens eine Nacht) und 603 Mio. auf Tagesreisen (ohne Übernachtung). Von den 258 Mio. Übernachtungsreisen waren 136 Mio. (52 %) kurze und lange Urlaubsreisen, von denen nur 55 Mio. bzw. 41 % über Reiseveranstalter und/oder Reisebüros organisiert wurden. 45 Mio. waren Geschäftsreisen und 77 Mio. private Reisen aller Art, von denen 15 Mio. mit einer bezahlten Unterkunft und 62 Mio. mit einer kostenlosen Unterbringung bei Verwandten und Freunden oder dem Aufenthalt in eigenen Immobilien verbunden waren (vgl. Abb. V.1). Nur knapp jede fünfte der 258 Mio. Übernachtungsreisen wird unabhängig vom jeweiligen Reisezweck mithilfe von Reisebüros oder Veranstaltern/Consolidators organisiert.

Wenn also Reiseveranstalter oder Reisebüros ihre Kompetenz lediglich auf Urlaubs- und evtl. noch auf Geschäftsreisen reduzieren – und nicht wie früher das gesamte Reise- und Mobilitätsangebot abdecken –, schränken sie ihren relevanten Markt stark ein. Die Problematik verschärft sich noch dadurch, dass branchenfremde Anbieter ohne große Markteintrittsbarrieren in die Reisemärkte einsteigen und sich derartige Beschränkungen nicht auferlegen. Hinzu kommt, dass die deutsche Bevölkerung demografisch schrumpft und dadurch der bestehende Urlaubsmarkt seit Mitte der 90er-Jahre stagniert. Wachstum findet seit über 10 Jahren nur noch in einzelnen Marktsegmenten oder Zielen und dann zulasten anderer Segmente bzw. Ziele statt.

Noch restriktiver wird der relevante deutsche Reisemarkt, wenn man ihn über Flugreisen definiert. Denn Deutschland – logistisch ideal und geografisch unkompliziert in der Mitte Europas gelegen – ist anders als Großbritannien oder Skandinavien ein Dorado des erdgebundenen Individualverkehrs. Von 861 Mio. Reisen über mehr als 50 km Entfernung wurden nur rund 110 Mio. bzw. 13 % mit dem Flugzeug unternommen, 621 Mio. mit dem Pkw, 96 Mio. mit der Bahn und 34 Mio. mit dem Reisebus. Von den 110 Mio. Flügen wurden 39 Mio. bzw. 36 % zu Urlaubszielen unternommen, 33 Mio. (29 %) als Geschäftsreisen und 38 Mio. (35 %) zu anderen, meist ethnischen Zwecken (vgl. Abb. V.2).

Da die Bevölkerungszahl in Deutschland stagniert (vgl. Kap. V.3.3), wächst seit 2000 auch die reale Konsumnachfrage nur noch minimal um durchschnittlich 1,3 % p. a. (vgl. Abb. V.4). Die inländische Konsumnachfrage bzw. das Konsumportfolio der Privathaushalte ist die wesentlichste Determinante für die zur Verfügung stehenden Urlaubs- und Reiseausgaben. Ein stärkeres Wachstum der Urlaubsausgaben wäre somit nur zulasten anderer Ausgabepositionen möglich. Auch wenn die reale inländische Konsumnachfrage kaum wächst, so gibt es doch innerhalb des Konsumportfolios mittel- bis langfristig deutliche Nachfrageverschiebungen (vgl. Abb. V.5).

Insgesamt wurden 2013 110,4 Mio. Flüge von deutschen Flughäfen angetreten

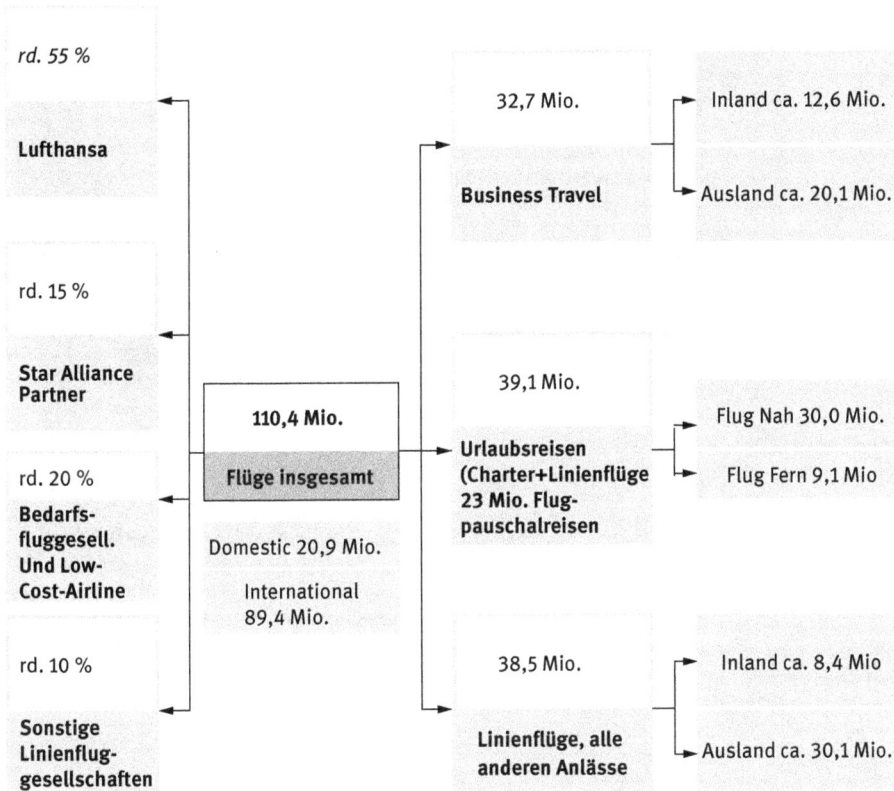

rd. 55 %

Lufthansa

rd. 15 %

Star Alliance Partner

110,4 Mio.

Flüge insgesamt

rd. 20 %

**Bedarfs-
fluggesell.
Und Low-
Cost-Airline**

Domestic 20,9 Mio.

International
89,4 Mio.

rd. 10 %

**Sonstige
Linienflug-
gesellschaften**

32,7 Mio.

Business Travel

Inland ca. 12,6 Mio.

Ausland ca. 20,1 Mio.

39,1 Mio.

**Urlaubsreisen
(Charter+Linienflüge
23 Mio. Flug-
pauschalreisen**

Flug Nah 30,0 Mio.

Flug Fern 9,1 Mio

38,5 Mio.

**Linienflüge, alle
anderen Anlässe**

Inland ca. 8,4 Mio

Ausland ca. 30,1 Mio.

Abb. V.2: Der deutsche Flugmarkt 2013 (Quelle: DESTATIS, SAFIR, ADV, Berechnungen DER Touristik Marktforschung)

Den größten Anteil des Portfolios nehmen die Grundbedürfnisse Wohnen und Ernährung mit knapp der Hälfte des Konsumportfolios ein, davon mit rund einem Drittel (34,5 %) die Mieten und Mietnebenkosten sowie die Ausgaben für Nahrungs- und Genussmittel mit 13,8 %. Während erstere stark zunahmen, wozu vor allem die Nebenkosten beitrugen, haben die Ausgaben für Lebensmittel seit der Jahrtausendwende stagniert – ein kombinierter Effekt aus demografisch bedingter geringerer Absatzmenge und in Deutschland sinkenden Lebensmittelpreisen. Auf alle anderen Nachfragepositionen der Haushalte entfallen nur rund 50 % des Portfolios. Davon entfallen 21,9 % der Ausgaben auf den zweitgrößten Posten – die Mobilität –, darunter etwa drei Viertel allein auf den Pkw mit Anschaffung und allen Nebenkosten. Der Portfolioanteil für Mobilitätsausgaben ist seit 2000 stabil. Der darin enthaltene Anteil für Urlaubsübernachtungen und sonstige Urlaubsausgaben (ohne Anreiseverkehrsmittel) hat da-

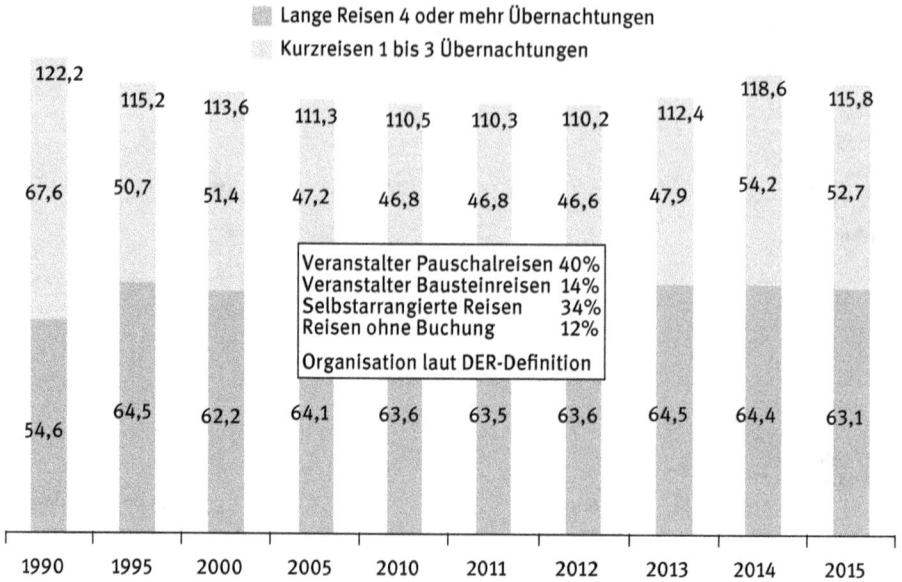

Abb. V.3: Marktentwicklung der Urlaubsreisen 1990 bis 2015 (Quelle: REISEANALYSE 1991–2016)

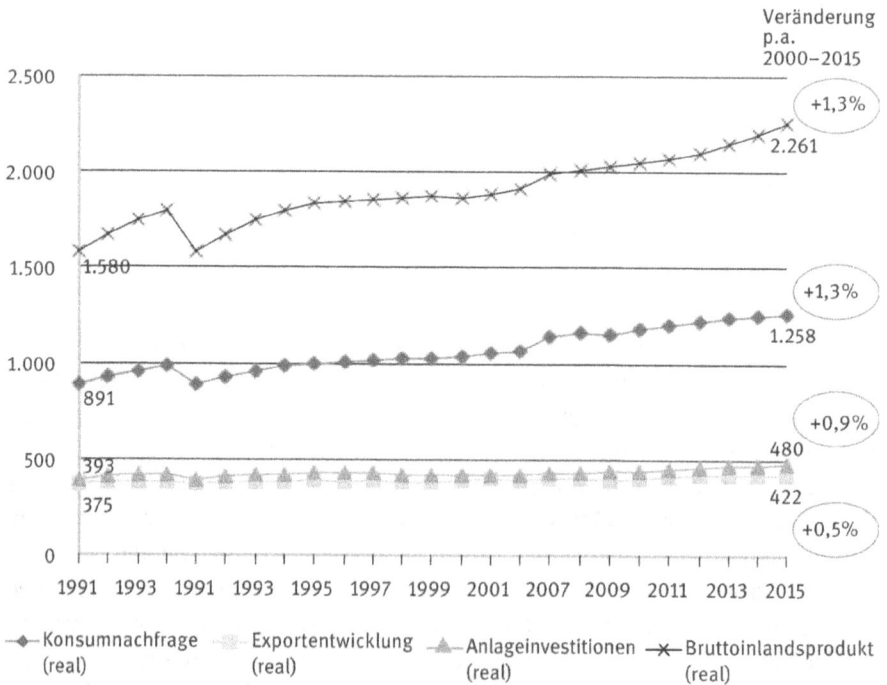

Abb. V.4: Konjunkturelle Rahmenbedingungen 1995 bis 2015 (Quelle: Statistisches Bundesamt 2016)

Konsumausgaben der deutschen Privathaushalte	Anteil in % 2013	Anteil in % 2008	Anteil in % 2003	Abweichung in %-Punkten 2003–2013
Mieten und Nebenkosten	34,5%	32,6%	32,0%	2,5%
Mobilität (KfZ, ÖPNV, Urlaubs- und Privatreisen)	21,9%	22,4%	21,4%	0,4%
Nahrungs-/Genussmittel	13,8%	14,3%	13,9%	−0,2%
Freizeit, Unterhaltung und Restauration	8,1%	8,6%	9,2%	−1,1%
Gesundheit, Körperpflege	6,5%	6,5%	6,2%	0,3%
Einrichtungen/Haushaltsgeräte	5,1%	5,0%	5,8%	−0,8%
Versicherungen, Finanzdienstleistungen	0,9%	0,9%	0,9%	0,0%
Bekleidung und Schuhe	4,9%	4,7%	5,1%	−0,3%
Telekommunikation, öffentliche Gebühren und sonst. Dienstleistungen	4,4%	4,9%	5,4%	−1,0%

Abb. V.5: Konsumausgaben der deutschen Privathaushalte 2013 im Vergleich zu 2003 und 2008 (Quelle: STATISTISCHES BUNDESAMT)

bei um 0,6 Prozentpunkte auf 2,0 % zugenommen, während die Ausgaben für den Pkw vor allem aufgrund geringerer Zunahme der Neuzulassungen, längerer Nutzungs- dauern und zunehmender Gebrauchtwagennachfrage in gleichem Maße abgenom- men haben. Auffällige Portfolioverschiebungen seit 2000 betreffen vor allem die ab- nehmenden Ausgaben für langlebige Gebrauchsgüter, Mobiliar sowie Bekleidung und Schuhe (−1,1 Prozentpunkte auf 10,0 %), Telekommunikations- und sonstige Dienst- leistungen (−1 Prozentpunkt auf 4,4 %) sowie Ausgaben für Freizeit, Unterhaltung und Gastronomie (−1,1 Prozentpunkte auf 8,1 %).

Es wird deutlich, dass das Wachstum des realen Bruttoinlandsproduktes als Wohlstandsindikator seit Jahren nahezu vollständig abhängig ist von der Exportnach- frage. In der Finanz- und Wirtschaftskrise 2008/2009 wirkte sich diese Abhängigkeit fatal aus, weil Deutschland aufgrund der hohen Exportabhängigkeit die Krise im- portierte. Die inländische Konsumnachfrage, die nicht einbrach, war dabei sogar ein Stabilisator. Die inländische Konsumnachfrage ist im Wesentlichen abhängig von der Entwicklung der Haushaltsnettoeinkommen, auf die ein Blick ebenfalls lohnt (vgl. Abb. V.6). Die Brutto- und Nettoeinkommen wachsen zwar kontinuierlich, aber nur mit einer durchschnittlichen Wachstumsrate pro Jahr von rund 2 % in den letzten 10 Jahren. Bei gleichzeitigen durchaus moderaten Inflationsraten von 1–2 %, reichen diese nominalen Einkommenssteigerungen aber nicht aus, um real die Höhe des Haushaltsnettoeinkommens zu sichern. Dieses nahm seit 2000 vielmehr um durch- schnittlich 0,4 % p. a. ab. Auch diese Entwicklung ist ein Indikator dafür, dass mittel- bis langfristig keine nennenswerten Steigerungen der Urlaubsausgaben wahrschein- lich sind.

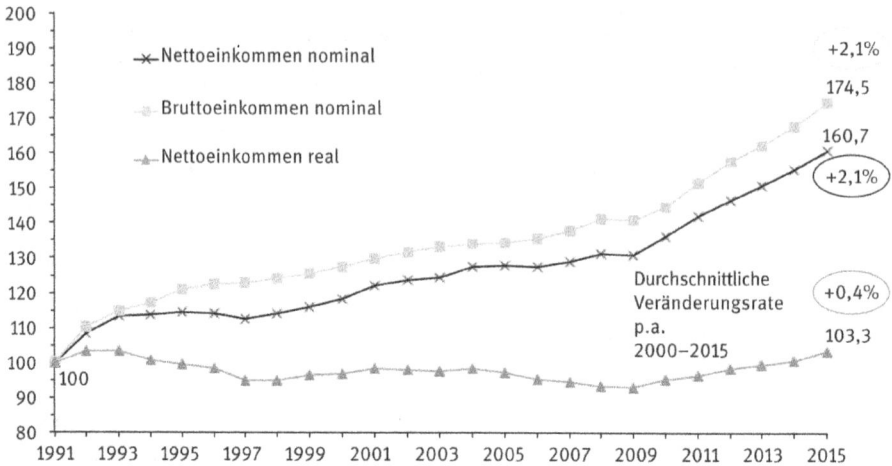

Abb. V.6: Entwicklung von Einkommen 1995 bis 2015 (Quelle: Statistisches Bundesamt 2016)

2.1.1 Reiseveranstaltermarkt Deutschland

2.1.1.1 Gesamtbetrachtung

Der deutsche Reiseveranstaltermarkt hat sich von 1990 bis 2000 nicht zuletzt durch die Integration Ostdeutschlands und den dortigen Nachholbedarf an Reisen sowohl nach Umsatz wie nach Zahl der Reisen mehr als verdoppelt, wobei sich die Wachstumsraten ab der zweiten Hälfte der 90er-Jahre deutlich abschwächten (vgl. Abb. V.7). Seit der Jahrtausendwende stagniert der Markt weitgehend bei starken krisenbedingten Schwankungen. Der deutlichste Einbruch um rund 12 % erfolgte von 2001 bis 2003, als im Nachgang der Wirtschaftskrise durch das Platzen der E-Commerce-Blase der Terroranschlag vom 11. September 2001, der zweite Irakkrieg 2002 und der Ausbruch der SARS-Seuche in Asien die Urlaubsmärkte weltweit massiv beeinträchtigten. Erst 2007 konnte das alte Niveau der Jahre 2001/2002 wieder erreicht werden, bevor die Finanz- und Wirtschaftskrise 2008 und 2009 einen erneuten Einbruch verursachte. In weiten Bereichen war das geringe im Laufe der Jahre erzielte Umsatzwachstum das Ergebnis ständig steigender Kraftstoff-, Kerosin- und Energiepreise sowie zunehmender Gebühren für Flugreisen und der gegenüber Deutschland teilweise deutlich höheren Inflationsraten in den Urlaubszielländern. 2015 verbuchten die deutschen Reiseveranstalter insgesamt einen Umsatz von 27,3 Mrd. Euro bei insgesamt 45,3 Mio. verkauften Veranstalterreisen.

Anders als in vielen anderen europäischen Ländern (s. Kap. V.2.1.2) besteht der deutsche Reiseveranstaltermarkt aus einer eher polypolistischen Struktur mit vielen mittelständischen Anbietern und Spezialisten, die zusammen 58 % des Marktes repräsentieren. Die drei Marktführer TUI, Touristik der REWE Group und Thomas Cook, kommen zusammen nur auf 42 % (vgl. Abb. V.8), ohne den in den ausgewiesenen Ver-

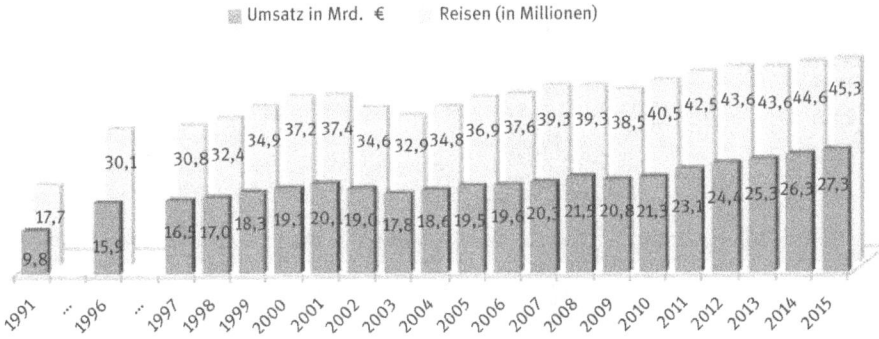

Abb. V.7: Marktentwicklung 1991 bis 2015 (Quelle: FVW)

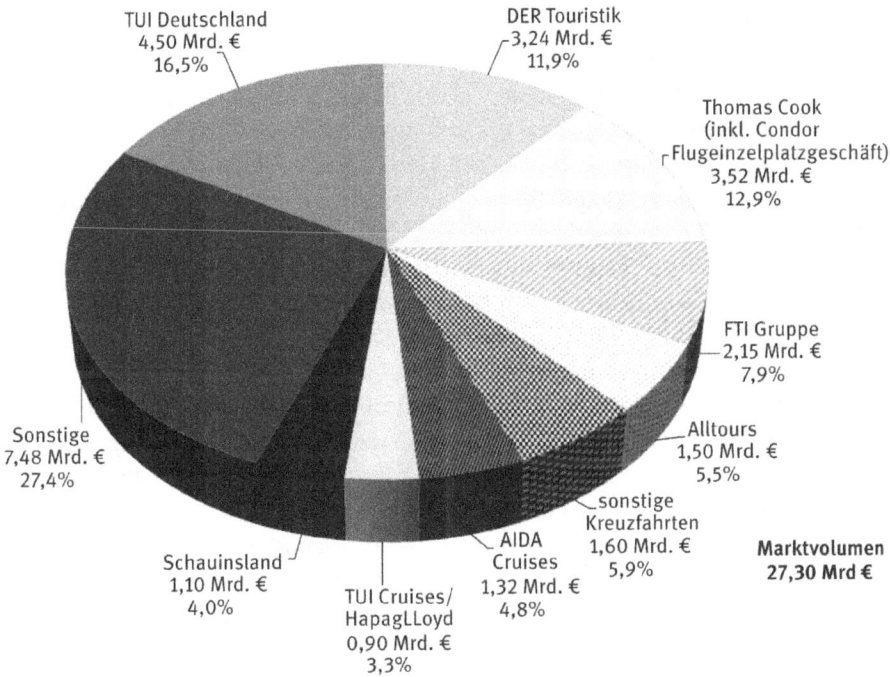

Abb. V.8: Marktanteile der Reiseveranstalter in Deutschland TGJ 2014/15 (Quelle: FVW)

anstalterumsätzen enthaltenen Flugeinzelplatzverkauf von TUIFly und Condor sogar nur auf rund 40 %.

Seit 2000, als die REWE-Veranstaltergruppe entstand, haben sich die Marktanteile im Veranstaltermarkt deutlich verschoben vor allem dann, wenn man die Flugeinzelplatzverkäufe der drei Marktführer, die in den veröffentlichten Marktzahlen dem Veranstaltergeschäft zugeschlagen werden, zwecks Vergleichbarkeit aus der Betrachtung eliminiert. Zur Erinnerung: TUI – zunächst Gründung von HLX, dann TUIFly,

TGJ	2014/15	2013/14	2012/13	2011/12	2010/11	2009/10	2004/05	2000/01
TUI Deutschland	16,5%	16,7%	17,7%	18,3%	18,2%	18,0%	23,1%	22,0%
DER Touristik	11,9%	12,2%	12,5%	13,0%	13,4%	14,0%	14,4%	13,1%
Thomas Cook	13,1%	13,1%	13,5%	12,9%	13,0%	13,1%	15,3%	17,6%
Alltours	5,5%	5,6%	5,7%	5,7%	5,7%	5,5%	5,7%	4,5%
FTI	7,9%	8,0%	7,3%	6,7%	6,4%	5,0%	2,8%	4,5%
Übrige	45,1%	44,4%	43,3%	43,4%	43,3%	44,4%	38,7%	38,3%

Abb. V.9: Entwicklung der Veranstaltermarktanteile inkl. veranstaltereigener Flugeinzelplatzverkäufe (Quelle: FVW)

dann Abgabe von Strecken und Flugzeugen an Air Berlin; REWE – Erwerb von 40 % an der LTU, Verkauf der LTU 2006 an Air Berlin; Thomas Cook – hälftige Beteiligung mit Lufthansa an Condor, dann Komplettübernahme der Condor und Ausbau der Überschusskapazitäten zum Flugeinzelplatzgeschäft. Auf vergleichbarer Basis hatten die Top 3 im Jahr 2001 noch einen Marktanteil von 53 %, der bis 2015 um 13 Prozentpunkte geschrumpft ist, während alle anderen Veranstalter zusammen ihren Marktanteil entsprechend von 47 % auf 58 % ausgebaut haben (vgl. Abb. V.9). Dieser Zuwachs ist aber überwiegend auf den rasanten Marktanteilszuwachs des Kreuzfahrtenmarktes von 5 % auf 15 % zurückzuführen, dem nachfolgend aus diesem Grund ein eigenes Kapitel V.2.1.1.4) gewidmet wird. Aber auch viele Mittelständler, Zielgebiets- und Themenspezialisten konnten durch neue Geschäftsmodelle und Vertriebskanäle ihre Marktposition zulasten der drei Marktführer weiter ausbauen. Auch zwischen den drei Marktführern gab es auf vergleichbarer Basis in Deutschland seit 2001 erhebliche Marktanteilsverschiebungen. Während der um die Airline-Umsätze bereinigte Marktanteil der TUI-Veranstalter um 5,5 Prozentpunkte auf 16,5 % und der von Thomas Cook um 4,5 Prozentpunkte auf 11,0 % abnahm, reduzierte sich der Marktanteil der DER-Touristik-Veranstalter im gleichen Zeitraum um 1,2 Prozentpunkte auf 11,9 .

Interessant ist auch der historische Blick 25 Jahre zurück bis 1990, als die REWE-Veranstalter noch separat als LTU-Gruppe, DER-Gruppe und ITS-Gruppe (inkl. Jet Reisen und Airconti im Eigentum der Metro) als Wettbewerber auf den Rängen drei bis fünf agierten, die heutige Thomas-Cook-Gruppe (damals NUR Touristik) nur aus dem Veranstalter Neckermann bestand und die später von der Fluggesellschaft Condor zugekauften und fusionierten Veranstalter Kreutzer, Fischer und Air Marin sogar noch zu den Top 10 des Marktes zählten (vgl. Abb. V.10).

Öger und FTI waren 1990 noch nicht unter den Top 20 zu finden und AIDA existierte noch gar nicht. Alltours erwirtschaftete weniger als ein Sechstel des heutigen Umsatzes, Ameropa war um 50 % größer als heute und der sechstgrößte deutsche Veranstalter Hetzel aus Stuttgart verschwand Mitte der 90er-Jahre durch Konkurs vom Markt. Die Konzentration auf die drei Marktführer fand bis zur Jahrtausendwende statt. Seitdem hat es in Deutschland kaum noch großes Wachstum durch Zukäufe gegeben. Dies fand fast ausschließlich im Rahmen der Börsengänge von TUI und Thomas

Veranstalter	Umsatz in Mio. € 2015	Marktanteil in %	Veranstalter	Umsatz in Mio. € 1990	Marktanteil in %
1. TUI	4.500	16,5%	1. TUI	1.629	17,5%
2. Thomas Cook	3.520	12,9%	2. NUR	880	9,5%
3. DER Touristik	3.237	11,9%	3. LTT	865	9,3%
4. FTI (inkl. Big Xtra)	2.150	7,9%	4. ITS	276	3,0%
5. Alltours	1.502	5,5%	5. DERTOUR	263	2,8%
TOP FIVE	**14.910**	**54,6%**	**TOP FIVE**	**3.914**	**42,1%**
6. AIDA Cruises	1.315	4,8%	6. Hetzel	182	2,0%
7. Schauinsland	1.100	4,0%	7. Kreutzer	156	1,7%
8. TUI Cruises	630	2,3%	8. Ameropa	151	1,6%
9. Phoenix Reisen	317	1,2%	9. Fischer	127	1,4%
10. Hapag Lloyd Kreuzfahrten	267	1,0%	10. Air Marin	94	1,0%
TOP TEN	**18.538**	**67,9%**	**TOP TEN**	**4.624**	**49,7%**
11. Studiosus/ Marco Polo	258	0,9%	11. Alltours	93	1,0%
12. Costa Kreuzfahrten	177	0,6%	12. Studiosus	90	1,0%
13. Vtours	176	0,6%	13. ADAC Reisen	88	1,0%
14. JT Touristik	175	0,6%	14. Jet Reisen	84	0,9%
15. LMX Touristik	136	0,5%	15. Airconti	77	0,8%
TOP FIFTEEN	**19.462**	**71,3%**	**TOP FIFTEEN**	**5.058**	**54,4%**
Sonstige	7.838	28,7%	Sonstige	4.248	45,6%
Gesamtmarkt	**27.300**	**100,0%**	**Gesamtmarkt**	**9.306**	**100,0%**

Abb. V.10: Veranstalter-Ranking nach Umsatz 2015 gegenüber 1990 (Quelle: FVW)

Cook sowie durch den Ausbau der DER Touristik und deren jeweilige Globalisierungsstrategien im Ausland statt.

2.1.1.2 Destinationsbetrachtung

Grundlegend ist zunächst die Struktur der Urlaubsdestinationen unabhängig vom Anreiseverkehrsmittel (vgl. Abb. V.11). Fast ein Drittel (31 %) aller Urlaubsreisen findet
im Inland statt – i. d. R. mit erdgebundenen Verkehrsmitteln, selten per Flugzeug –,
zwei Drittel im Ausland. 28 % aller Urlaubsreisen gehen mit erdgebundenen Verkehrsmitteln ins europäische Ausland. 30 % aller Urlaubsreisen führen in Mittelmeerziele, davon 22 % in europäische, 8 % in außereuropäische Ziele wie die Türkei und die
Maghreb-Staaten. Nur 9 % aller Urlaubreisen entfallen auf Fernreisen (Abgrenzungs-

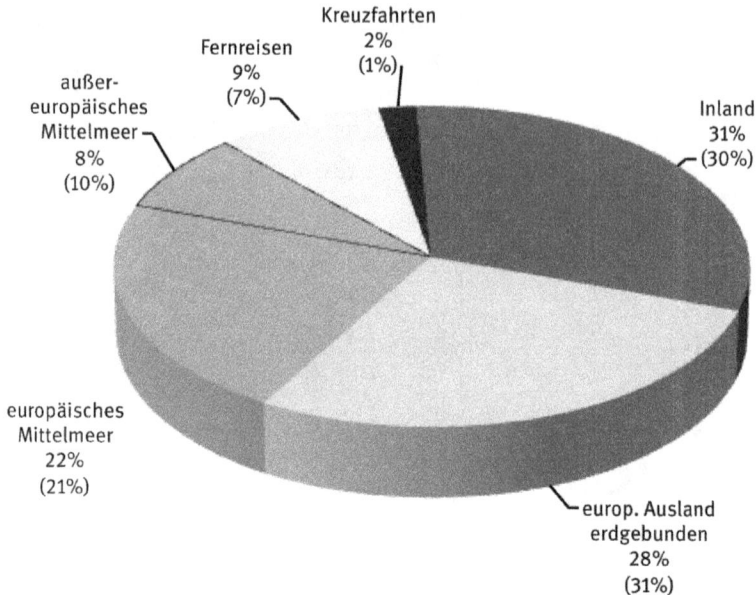

Abb. V.11: Anteil der Urlaubsreisen nach Destinationen und Anreiseverkehrsmitteln TGJ 2014/15 (TGJ 2004/05) , (Quelle: REISEANALYSE 2016)

merkmal mindestens 6 Stunden Flugzeit) und 2 % auf Kreuzfahrten. Insgesamt beträgt damit der Anteil von Flugreisen in Urlaubsdestinationen 39 %, davon drei Viertel in Mittelmeerziele und ein gutes Fünftel in Fernziele. Der Anteil von erdgebundenen Reisen per Pkw, Bus und Bahn beträgt 59 %, wovon rund 80 % auf den Pkw entfallen. An diesen Grundstrukturen hat sich in den vergangenen 10 Jahren relativ wenig geändert, lediglich Pkw-Reisen ins europäische Ausland nahmen leicht ab, Fernreisen leicht zu.

Mehr als die Hälfte aller erdgebundenen Urlaubsreisen (52 %) haben ihr Ziel im Inland. Bei den ausländischen Zielen dominieren Italien (10 %) und Österreich (9 %). Es folgen gleichauf Frankreich, Kroatien und die Niederlande mit jeweils 4 % (vgl. Abb. V.12). Die restlichen 17 % verteilen sich relativ gleichmäßig auf die anderen europäischen Länder.

Vor allem die Flugstatistiken des Statistischen Bundesamtes ermöglichen interessante Analysen der Flugurlaubszielgebiete der Deutschen sowohl hinsichtlich der Bedeutung und Struktur als auch im Hinblick auf mittel- bis langfristige Entwicklungen. Betrachtet man die Zahl der Flugreisen in Mittelmeerziele im touristischen Geschäftsjahr (TGJ) 2014/15, so fällt auf, dass rund 56 % aller Flüge in die beiden Länder Spanien (34 %) und die Türkei (22 %) gehen (vgl. Abb. V.13). 10 Jahre zuvor entfielen auf diese beiden Länder sogar über 60 % aller Flugreisen in den Mittelmeerraum. Es folgen als sog. Volumenziele Italien und Griechenland mit 14 % bzw. 10 %. Auf alle anderen Mittelmeerländer entfallen zusammen lediglich 20 % der Flugurlaubsreisen. Notwendige Verlagerungen von Urlaubsreisen infolge von Krisen, Katastrophen oder

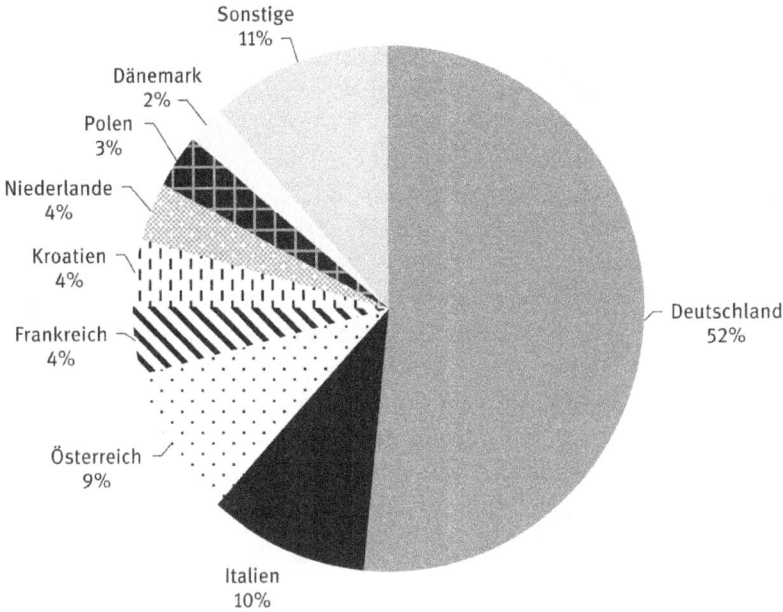

Abb. V.12: Erdgebundene Urlaubsreiseziele TGJ 2014/15 (Quelle: Reiseanalyse 2016)

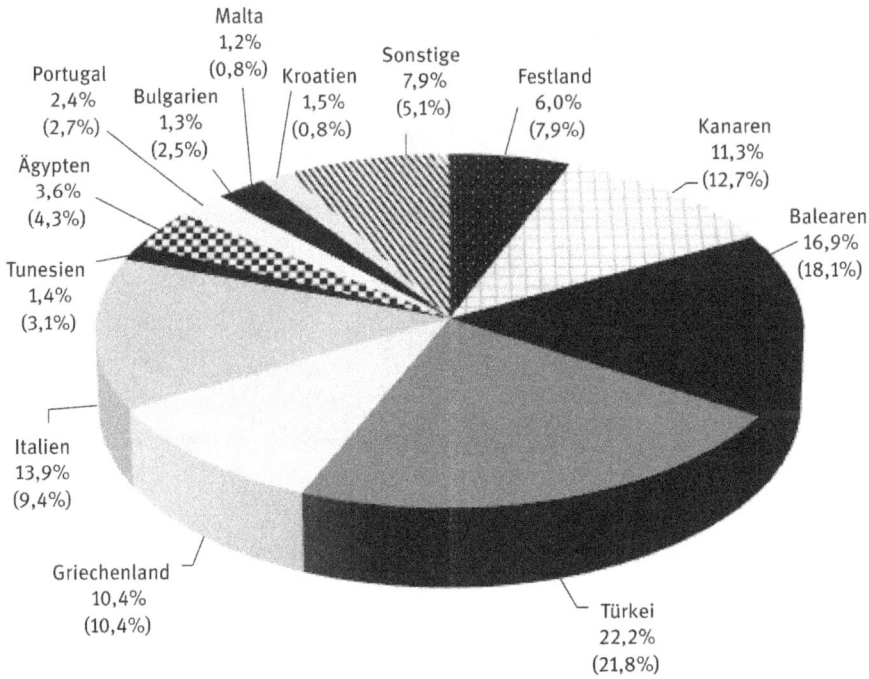

Abb. V.13: Deutsche Flugreisende in touristischen Zielgebieten TGJ 2014/15 (TGJ 2004/05) (Quelle: Safir/DeStatis)

Kriegen sind daher nur begrenzt möglich. Der Ausfall von Destinationen wie Ägypten und Tunesien nach den Revolutionen in Nordafrika im Frühjahr 2011 konnte zunächst durch die Türkei und Spanien aufgefangen werden. Es ist aber angesichts des riesigen Volumens unmöglich, Urlauberströme aus der Türkei wie in der aktuellen Krisensituation infolge von IS-Terroranschlägen und Flüchtlingproblematik in anderen Zielen unterzubringen. Die Kapazitäten in Spanien, Italien und Griechenland waren zuvor bereits stark ausgelastet, zumal auch die Urlauber aus anderen Quellmärkten diese Destinationen bevorzugen.

Auch bei Fernreisen zeigt sich ein starkes Ungleichgewicht bei der Wahl der Urlaubsdestinationen (vgl. Abb. V.14). Fast zwei Drittel aller Fernreisen entfallen auf Nordamerika (38 %) und Fernost-Asien (26 %), weitere 9 % auf den mittleren Osten (Asien). Alle anderen Fernziele zusammen kommen auf einen Anteil von 27 %. Interessant ist auch die seit 1990 anhaltende West-Ost-Verschiebung der Fernziele. Während noch 1990 fast die Hälfte aller Fernreisen (48 %) auf Nordamerika entfiel, beträgt dieser Anteil 25 Jahre später nur noch 38 %. Vor allem die USA konnten das Reisevolumen nach den Anschlägen von New York und den nachfolgend verschärften

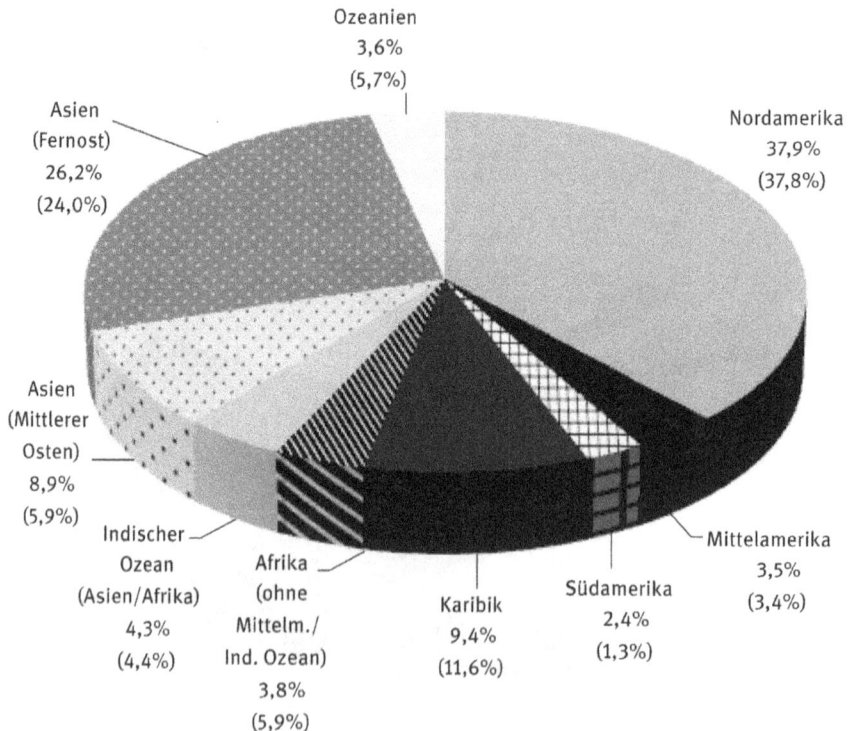

Abb. V.14: Deutsche Flugreisende in touristischen Zielgebieten – Fernstrecke TGJ 2014/15 (TGJ 2004/05) (Quelle: SAFIR/DeStatis)

Zielregion	TGJ 14/15 Reisende	TGJ 14/15 Marktanteil in %	TGJ 09/10 Reisende	TGJ 04/05 Reisende	TGJ 01/02 Reisende	TGJ 01/02 Marktanteil in %	Änd. 14/15 zu 01/02
Spanien	8.748.385	34,2%	8.030.787	7.960.422	6.494.065	38,6%	34,7%
Festland	1.533.866	6,0%	1.684.106	1.618.387	1.170.497	7,0%	31,0%
Kanaren	2.882.889	11,3%	2.524.227	2.608.449	2.491.080	14,8%	15,7%
Balearen	4.331.630	16,9%	3.822.454	3.733.586	2.832.488	16,8%	52,9%
Mallorca	3.940.055	15,4%	3.482.934	3.324.516	2.373.168	14,1%	66,0%
Sonst. Balearen	391.575	1,5%	339.520	409.070	459.320	2,7%	−14,7%
Türkei	5.688.808	22,2%	3.940.519	4.500.343	3.793.716	22,5%	50,0%
Griechenland	2.673.853	10,4%	2.134.658	2.137.747	2.136.210	12,7%	25,2%
Italien	3.556.628	13,9%	2.321.388	1.928.760	1.029.004	6,1%	245,6%
Tunesien	367.745	1,4%	583.605	642.004	650.996	3,9%	−43,5%
Ägypten	913.058	3,6%	986.684	893.598	619.234	3,7%	47,4%
Portugal	608.958	2,4%	1.051.383	562.861	605.868	3,6%	0,5%
Bulgarien	333.361	1,3%	373.381	513.580	439.955	2,6%	−24,2%
Zypern	168.973	0,7%	156.637	199.867	181.270	1,1%	−6,8%
Malta	313.768	1,2%	189.023	155.560	159.504	0,9%	96,7%
Kroatien	392.219	1,5%	204.405	169.476	136.910	0,8%	186,5%
Marokko	226.357	0,9%	130.102	76.221	85.426	0,5%	165,0%
Rumänien	550	0,0%	4.137	14.568	12.491	0,1%	−95,6%
Serbien-Monten.	5.872	0,0%	971	12.945	3.724	0,0%	57,7%
Sonstige	1.202	0,0%	-714.003	5.653	13.443	0,1%	−91,1%
Mittelmeer gesamt	**23.999.737**	**93,7%**	**19.393.677**	**19.859.121**	**16.361.816**	**97,3%**	**46,7%**
Sonst. Europa	**1.617.120**	**6,3%**	**1.021.135**	**745.325**	**462.169**	**2,7%**	**249,9%**
Europa insg.	**25.616.857**	**100,0%**	**20.401.704**	**20.604.446**	**16.823.985**	**100,0%**	**52,3%**

Abb. V.15: Deutsche Flugreisende in touristische Flugziele – Nah- und Mittelstrecke (Touristenanteil > 50 %) (Quelle: SAFIR/DESTATIS)

Einreisebestimmungen nicht annähernd wieder erreichen. Hingegen hat der Anteil asiatischer Ziele im gleichen Zeitraum von 22 % auf 35 % deutlich zugenommen. Dazu haben vor allem neue expansive Ziele beigetragen wie die Arabischen Emirate, Vietnam, Malaysia, Singapur, China/Hongkong, aber vor allem auch der starke Ausbau der Urlaubsinfrastruktur in Thailand. Alle anderen Destinationen haben ihren Marktanteil seit 2005 weitgehend stabil gehalten, wenngleich krisen-, katastrophen- und wechselkursbedingt viele Auf- und Abwärtsbewegungen im Zeitablauf festzustellen waren.

Die langfristigen Entwicklungen der wichtigsten Flugzielgebiete seit 2002 auf der Nah- und Mittelstrecke und in den Fernzielen verdeutlichen, dass es in den meisten Destinationen weder klare Trends nach oben noch nach unten gab. Die meisten Urlaubszielgebiete sind aufgrund vieler exogener Einflussfaktoren sehr volatil. Betrachtet man die wichtigsten, d. h. volumenstärksten Zielgebiete auf der Nah- und Mittelstrecke (vgl. Abb. V.15), so zeigt sich, dass die Zahl der Flugreisen in Mittelmeerziele seit 2002 um insgesamt 46,7 % gewachsen ist, was einer jährlichen Steigerung von nur 3,0 % entspricht. Das Wachstum der touristischen Flugreisen in andere europäische Destinationen (überwiegend Städtereisen, kaum Badeziele) fiel mit +250 %

(+7,7 % p. a.) zwar deutlich stärker aus, macht aber nur 6 % aller Flugreisen aus und kann den Gesamttrend somit kaum beeinflussen. Dabei nahm der Marktanteil der drei größten Destinationen im gleichen Zeitraum sogar ab: Spanien um 4,4 Prozentpunkte, wobei die Balearen stagnierten, während das Festland und die Kanaren verloren. Die Türkei stabilisierte ihren Marktanteil bei 22 %. Während Griechenland 2 Prozentpunkte auf 10,4 % verlor, steigerte Italien seinen Marktanteil an Flugreisen um 8 Prozentpunkte auf 14 %. Dabei verlief die Entwicklung in keiner dieser Destinationen gleichförmig. Die Türkei nahm zunächst rasant zu und brach durch Terroranschläge und den zweiten Irakkrieg völlig ein, bevor ab 2006 wieder ein Erholungsprozess einsetzte, der ab 2014 infolge der IS-Terroranschläge und der politischen Krise wieder abnahm. Griechenland erlitt die Verluste erst mit Beginn der Wirtschaftskrise 2008. Spanien profitierte vom Boom der Low-Cost-Carriers und dem Einbruch der Türkei und stagnierte seitdem. Italien profitierte bis 2006 von dem zusätzlichen Streckenangebot der Low-Cost-Carriers und partiell auch vom Boom der Kreuzfahrten, von denen viele ihren Ausgangspunkt in Genua oder Venedig haben, und nutzte die Schwäche anderer Destinationen.

Ähnlich lassen sich auch für alle anderen Urlaubsziele exogene Faktoren finden, die für regelrechte Achterbahnfahrten verantwortlich sind. Zum Beispiel Ägypten: Bis 2010 zählte das Land zu den Marktanteilsgewinnern im Mittelmeer. Terroranschläge auf Touristen und der zweite Irakkrieg führten 2003 zu einem deutlichen Rückgang, dem anschließend eine tolle Erfolgsstory folgte, bevor die Revolution im Frühjahr 2011 und die IS-Terroranschläge das Reisevolumen aus Deutschland auf die Hälfte reduzierten. Tunesien, das den gleichen exogenen Entwicklungen unterlag, hatte mangels Attraktivität und der massiven Schrumpfung der Familienzielgruppe (vgl. Kap. V.3.3) bereits seit 2006 Rückgänge zu verzeichnen, bevor das Volumen seit Frühjahr 2011 auf weniger als ein Drittel der Reisen von 2002 einbrach.

Ähnlich verhält es sich mit den Fernreisen (vgl. Abb. V.16). Hier dominiert als zusätzlicher Einflussfaktor der Wechselkurs des Ziellandes zum Euro. Mit einem Zuwachs von 156 % (+7,5 % p. a.) seit 2001/2002 ist der Anstieg des Reisevolumens mehr als dreimal so hoch wie bei Nah- und Mittelstreckendestinationen (+46,7 %). Da Fernreisen aber nur 26 % (+9 Prozentpunkte gegenüber 2002) aller Flugurlaubsreisen betreffen, ist der Effekt auf das gesamte touristische Flugreisevolumen eher gering. Auch hier sind viele exogen bedingte Auf- und Abbewegungen festzustellen.

So war Nordamerika bis 2000 mit fast 50 % Marktanteil unumstrittener Marktführer unter den Fernzielen. Seit 2005 haben die asiatischen Destinationen Nordamerika die Marktführerschaft bei Fernreisen abgenommen. Zu dieser West-Ost-Verschiebung trug auch das geringere Wachstum in den karibischen und mittelamerikanischen Destinationen bei, während Fernost, der Indische Ozean und Ozeanien in der östlichen Hemisphäre erheblich an Bedeutung gewannen. Aber auch das Wachstum in Asien und im Indischen Ozean erhielt im Betrachtungszeitraum Dämpfer, zum einen durch die Tsunami-Katastrophe in Thailand, Indonesien und auf den Malediven im Jahr 2007 und zum anderen durch die Geflügelpest SARS im Jahr 2003.

Zielregion	TGJ 14/15 Einsteiger	TGJ 14/15 Marktanteil in %	TGJ 04/05 Reisende	TGJ 01/02 Reisende	TGJ 01/02 Marktanteil in %	Änd. 14/15 zu 01/02
Mittelmeer insgesamt	23.999.737	69,2%	19.859.121	16.361.818	80,4%	46,7%
Sonst. Europa	1.617.120	4,7%	745.325	462.169	2,3%	249,9%
Europa insg.	25.616.857	73,9%	20.604.446	16.823.985	82,6%	52,3%
Nordamerika	3.435.299	9,9%	1.706.545	1.224.568	6,0%	180,5%
Mittelamerika	320.991	0,9%	155.675	143.096	0,7%	124,3%
Südamerika	220.087	0,6%	60.356	55.718	0,3%	295,0%
Karibik	854.489	2,5%	524.966	476.304	2,3%	79,4%
Afrika (ohne Mittelm./ Ind. Ozean)	340.590	1,0%	267.536	198.296	1,0%	71,8%
Indischer Ozean (Asien/Afrika)	388.321	1,1%	198.017	197.943	1,0%	96,2%
Asien (Mittlerer Osten)	804.905	2,3%	264.191	141.966	0,7%	467,0%
Asien (Fernost)	2.367.950	6,8%	1.081.707	910.654	4,5%	160,0%
Ozeanien	321.982	0,9%	256.695	187.129	0,9%	72,1%
Übersee	9.054.614	26,1%	4.515.688	3.535.674	17,4%	156,1%
weltweit	34.671.471	100,0%	25.120.134	20.359.659	100,0%	70,3%

Abb. V.16: Deutsche Flugreisende in touristische Flugziele – Fernstrecke (Quelle: SAFIR/DESTATIS)

Auf Motivationen und persönlichen Reisewünschen der Kunden basierende Zielge-bietstrends sucht man in fast allen Destinationen vergeblich. Im Mittelmeer und bei Fernreisen wird zumeist dorthin gereist, wo es sicher und preiswert ist und wo es ausreichende Flugkapazitäten und eine ausgebaute touristische Infrastruktur gibt. In Übersee achtet man zusätzlich wegen der Nebenkosten auf die Wechselkurse und auf die Höhe der Flugpreise inkl. aller Gebühren und sonstigen Zuschläge.

Die 15 wichtigsten Erfolgs- bzw. Einflussfaktoren von Urlaubsdestinationen stellen sich daher wie folgt dar:

Exogene Faktoren
1. Natürliche und geografische Voraussetzungen, Klimaverhältnisse, Attraktivität des Zielgebietes, Entfernung zu den Quellmärkten,
2. Risikoanfälligkeit für Naturkatastrophen,
3. Gesundheitliche Risiken (Epidemien, Ansteckungsgefahr, Präventionspflichten);

National beeinflussbare Faktoren

4. Politische Stabilität, interne und externe Konflikte (Unruhen, Kriege),
5. wirtschaftliche Stabilität und Planbarkeit (Steuern, Gebühren, Zölle, Kaufkraft),
6. Wechselkurs zu den Leitwährungen der Quellmärkte (Euro, US-Dollar etc.), Konvertibilität der nationalen Währung (Auf-/Abwertungen beeinflussen das Preis-Leistungs-Verhältnis im Zielgebietsbenchmark.),
7. Erreichbarkeit des Ziellandes (Anzahl der Airline-Verbindungen, erdgebundener Zugang mit öffentlichen und privaten Verkehrsmitteln),
8. Verkehrs- und Logistikinfrastruktur innerhalb des Zielgebietes,
9. Einreisebedingungen, Visa-Voraussetzungen, Ein-/Ausreisesteuern,
10. Ausbildungsstandard der Bevölkerung im Zielland (Bildungsniveau, Mehrsprachigkeit, Dienstleistungsmentalität),
11. ökologische Rahmenbedingungen, die Touristen sehr stark auf die unmittelbar spürbaren Faktoren Sauberkeit und Hygiene beziehen,
12. Investitionsvoraussetzungen und Eigentumsverhältnisse (Zuverlässigkeit, Sicherheit, Rechtsstaatlichkeit, keine Korruption etc.),
13. Shopping- und Unterhaltungsmöglichkeiten,
14. Auswahl und Qualität von Hotels, Gastronomie, Verpflegungsmöglichkeiten, Servicepersonal etc.,
15. Preis-Leistungs-Verhältnis der touristischen Leistungen, Bedürfnisse und Einkommensverhältnisse der relevanten Zielgruppen.

Die Auflistung zeigt die Vielfalt der Abhängigkeiten. Je weiter entfernt und je exotischer und kleiner eine Urlaubsdestination ist, umso leichter ist sie austauschbar sowohl im Angebotsportfolio der Reiseveranstalter wie auch im Relevant Set der Urlauber, die ja auch noch zu einem späteren Zeitpunkt in das jeweilige Land reisen können. Die exogenen Faktoren sind nicht beeinflussbar. Von den national beeinflussbaren Faktoren liegen die ersten sechs sogar fast ausschließlich in der administrativen und politischen Hoheit eines Zielgebietes.

Eine sehr starke Wirkung hat das Verhältnis der Zielgebietswährung zum Euro, da darüber die preisliche Wettbewerbsfähigkeit einer Destination maßgeblich beeinflusst wird. In vielen Ferndestinationen außerhalb Nordamerikas ist der US-Dollar die Leitwährung, sodass dessen Verhältnis zum Euro eine entscheidende Rolle auch in vielen Ländern Asiens, Lateinamerikas und Ozeaniens spielt. Der US-Dollar ist aber zumeist stärker abhängig von Entwicklungen in der Weltwirtschaft und Weltpolitik als von den wirtschaftlichen und politischen Parametern der jeweiligen Destination (vgl. Abb. V.17). Die Grafik zeigt beispielhaft, welche weltpolitischen Ereignisse der letzten 20 Jahre die Entwicklung des US-Dollars gegenüber dem Euro (bzw. vor 1999 der D-Mark) beeinflusst haben.

Man kann vor diesem historischen Hintergrund auch die Zahl der Einreisen deutscher Urlauber in eine Destination grafisch darstellen (vgl. Abb. V.18). Beispielhaft

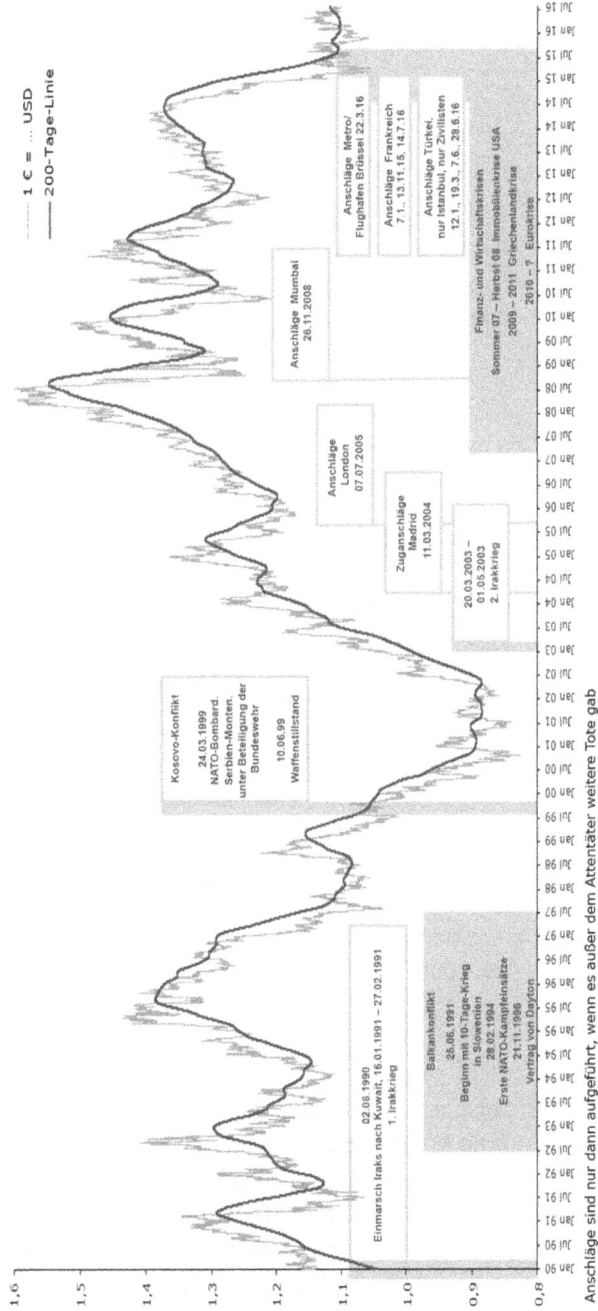

Abb. V.17: Entwicklung des Euro-Dollar-Kurses seit 1990 (Quelle: DER Touristik Marktforschung)

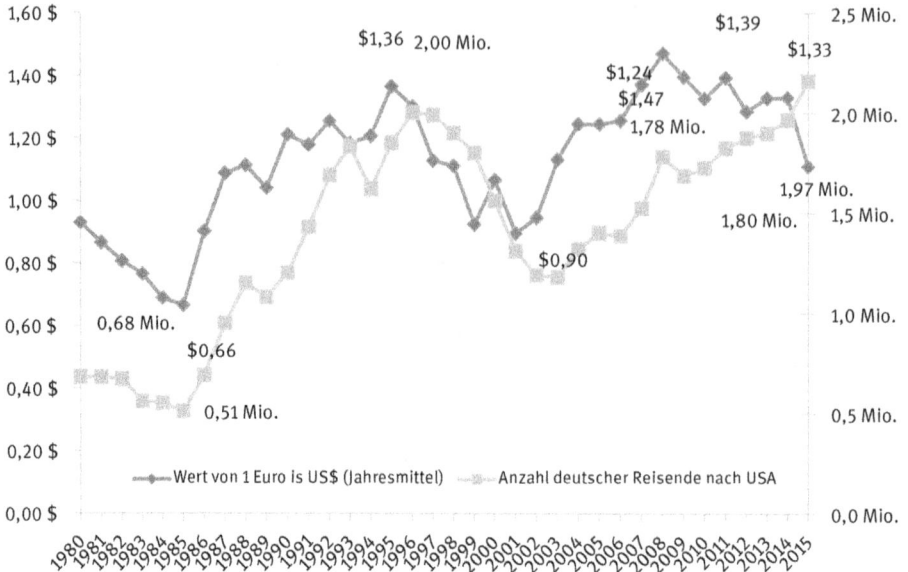

Abb. V.18: Wechselkursentwicklung (Quelle: DER Touristik Marktforschung)

wurde in einem langfristigen Trend seit 1990 die Zahl der deutschen Urlauber in die USA (helle Linie) mit der Entwicklung des Wertes des US-Dollars für einen Euro (bis 1999 D-Mark) in Bezug gesetzt (dunkle Linie). Mit jeder Wertsteigerung des Euros gegenüber dem US-Dollar steigt die Zahl der deutschen Reisenden in die USA und umgekehrt. Und noch eines wird deutlich: In den meisten Fällen folgt die Zahl der Urlauber dem Wechselkurs mit einem Jahr Verzögerung. Ursache hierfür sind die Devisensicherungsinstrumente der Reiseveranstalter, die die veränderten Wechselkurse erst mit dieser Zeitverzögerung von einer Saison oder einem Touristikjahr an die Kunden weitergeben können. Näheres dazu wird detailliert in Kap. II.5.4 dieses Buches erläutert.

2.1.1.3 Segmentbetrachtung

Der deutsche Markt für Veranstalterreisen setzt sich aus einer Vielzahl von Angebotssegmenten zusammen. Von insgesamt 27,3 Mrd. Euro Umsatz entfallen insgesamt 61,4 % bzw. 16,8 Mrd. Euro auf Flugreisen, davon mit 45,4 % das größte Segment auf Flugpauschalreisen in Destinationen rund ums Mittelmeer (12,4 Mrd. Euro), im Fachjargon Flug-Nah und Mittelstrecke (vgl. Abb. V.19).

13,3 % der Umsätze enfallen auf Fernreisen (3,6 Mrd. Euro), davon etwa 40 % als Pauschalreisen in Badedestinationen und 60 % als Bausteinreisen in zahlreiche Individual- und Rundreiseziele. Weitere 2,8 % sind lediglich Flugeinzelplatzverkäufe der Konzernveranstalter-Airlines TUIFly und Condor im Urlaubsverkehr. 23,5 % aller

Veranstalter - Marktsegement	TJ 2014/2015	
	Mrd €	Marktanteile
Flug insgesamt o. Air Berlin	16,77	61,4%
Flug insgesamt ohne Flugeinzelplatz	16,01	58,6%
Flug nah (Badeurlaub)	12,39	45,4%
Flug fern	3,62	13,3%
Flugeinzelplatz (Condor, TUIFly)	0,76	2,8%
Studienreisen	0,72	2,6%
Kreuzfahrten	3,67	13,4%
Busreisen (davon ca. 1/3 Städtereisen)	2,13	7,8%
Städtereisen (ohne Busreisen)	0,62	2,3%
Erdgeb. Reisen (Bahn, Fewo, Hotel)	3,39	12,4%
Gesamtmarkt	**27,30**	**100,0%**
Gesamtmarkt ohne FEP	**26,54**	**97,2%**

Abb. V.19: Veranstaltermarkt 2014/2015 (Quelle: DER Touristik Marktforschung)

Veranstalter - Marktsegment	TJ 2014/2015	
	Mrd €	Anteil in %
Flug nah insgesamt	13,00	47,6%
Flug fern insgesamt	4,49	16,4%
Flug total	**17,49**	**64,1%**
Erdgebunden total	**6,14**	**22,5%**
Kreuzfahrten	**3,67**	**13,4%**
Gesamtmarkt	**27,30**	**100%**
Pauschalreisen (Hochrechnung)	**20,76**	**76,0%**
Bausteinreisen (Hochrechnung)	**6,54**	**24,0%**
Gesamtmarkt	**27,30**	**100%**

Abb. V.20: Veranstaltermarkt 2014/2015 (Quelle: DER Touristik Marktforschung)

Veranstalterreisen (6,1 Mrd. Euro) entfallen auf alle Varianten erdgebundener Urlaubsreisen, davon fast 8 % auf Busreisen und der Rest auf Städtereisen, Ferienwohnungs- und Hotelaufenthalte mit Bahn und Pkw überwiegend in Deutschland und den Nachbarländern. Hinzu kommen Spezialsegmente wie die wachstumsstarken Kreuzfahrten mit 13,4 % (3,7 Mrd. Euro) und Studienreisen mit 2,6 % (0,7 Mrd. Euro).

Ordnet man den Markt für Veranstalterreisen grundlegend in Pauschalreisen und Bausteinreisen (vgl. Abb. V.20), dann entfallen auf erstere etwa drei Viertel (20,8 Mrd. Euro) und auf letztere ein Viertel des Umsatzes (6,5 Mrd. Euro). Zu den Pauschalreisen zählen alle Flug- und Bahnpauschalreisen, alle Busreisen, die Kreuzfahrten sowie alle Formen von Studien- und Gruppenreisen, bei denen sämtliche Reisekomponenten zu einem Gesamtpreis vor Reisebeginn bei einem Reiseveranstalter gebucht werden. Bausteinreisen sind alle Urlaubsreisen, die sich aus einzelnen Reisekomponenten zusammensetzen, die jeweils bei einem oder mehreren Veranstaltern vor Reisebeginn zu separaten Einzelpreisen gebucht werden. Dazu zählen auch einzelne Komponenten wie Flugeinzelplatzbuchungen oder Pkw-Reisen, bei denen nur eine einzelne Übernachtungsleistung (Hotel oder Ferienwohnung) gebucht wurden.

Die verschiedenen Segmente des Reisemarktes haben sich seit 1990 mit unterschiedlicher Dynamik entwickelt (vgl. Abb. V.21). Dabei weist das nach Anzahl der Reisen kleinste Segment, die Kreuzfahrten, die höchste Wachstumsdynamik auf. Dies geht vor allem zulasten der Flugpauschalreisen auf der Nah- und Mittelstrecke, die seit 2001 tendenziell rückläufig sind. Als sehr stabil, aber auch stagnierend erweist sich das große Segment der Pkw-Reisen sowie Bahn- und Busreisen. Hingegen sind die Fernreisen infolge ihrer hohen Krisenanfälligkeit und Abhängigkeit von der Währungsentwicklung zwischen Euro und US-Dollar einer permanenten Berg- und Talfahrt ausgesetzt; dabei konnte die Halbierung des Reiseverkehrs nach Nordamerika nach dem 11. November 2001 auch 15 Jahre später noch nicht wieder vollständig kompensiert werden. Dem Wachstumsphänomen der Kreuzfahrten wird im folgenden Kapitel besonders Rechnung getragen.

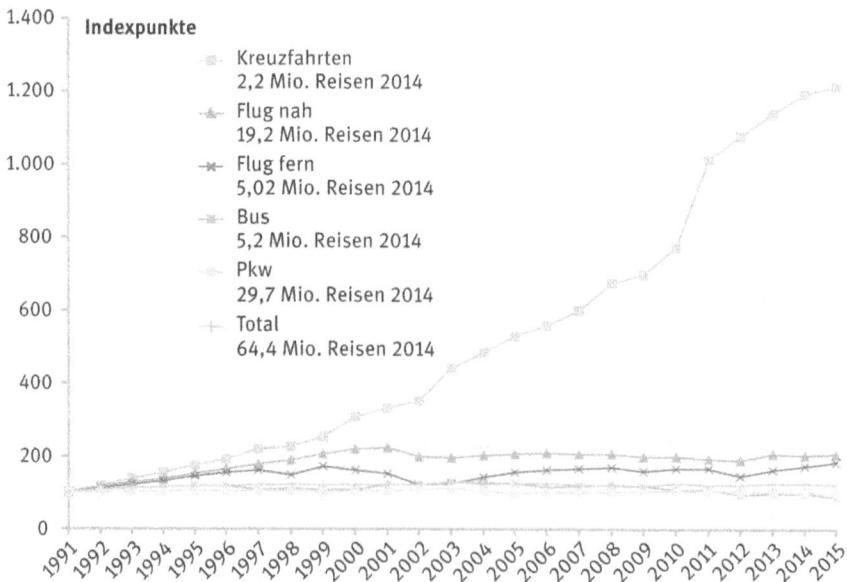

Abb. V.21: Nachfrageentwicklung indiziert nach Reisearten (Quelle: REISEANALYSE)

2.1.1.4 Hochsee- und Flusskreuzfahrtenmarkt

(1) Kreuzfahrtenanbieter

Weltweit gibt es über 130 Reedereien, die mit mehr als 350 Schiffen unterwegs sind. Neben vier großen internationalen Kreuzfahrtenkonzernen gibt es kleine, nur auf bestimmte Routen, Kreuzfahrtarten oder nur nationale Märkte spezialisierte Anbieter.

Carnival Corporation, Royal Caribbean Cruise Lines (RCCL), Norwegian Cruise Lines (NCL) und MSC (Mediterranean Shipping Company) repräsentieren 2015 einen weltweiten Marktanteil von 83 % (vgl. Abb. V.22). Davon entfallen rund 44 % Marktanteil und 111 Schiffe allein auf den US-Konzern Carnival, dem die Tochtergesellschaften Carnival Cruises (26 Schiffe), Princess Cruises (18), Holland-America-Line (15), Costa Crociere (16), P&O Cruises (11), AIDA Cruises (12), Seaborne Cruise Lines (6), Ibero Cruceros (4) und Cunard Line (3) gehören. Ein knappes Viertel (22%) der Marktanteile und 51 Schiffe entfallen auf RCCL, der die Beteiligungen Royal Caribbean International (24 Schiffe), Celebrity Cruises (12), Pullmantur (5), Azmara Cruises (3), das Joint Venture mit TUI Cruises (6) und Croisieres de France (1) besitzt. Auf NCL und MSC, den einzigen rein europäischen Anbietern, entfallen jeweils 8 % Marktanteil und 15 Schiffe. Alle anderen Kreuzfahrtenanbieter zusammen kommen lediglich auf einen Marktanteil von 18 % (Stand 2015).

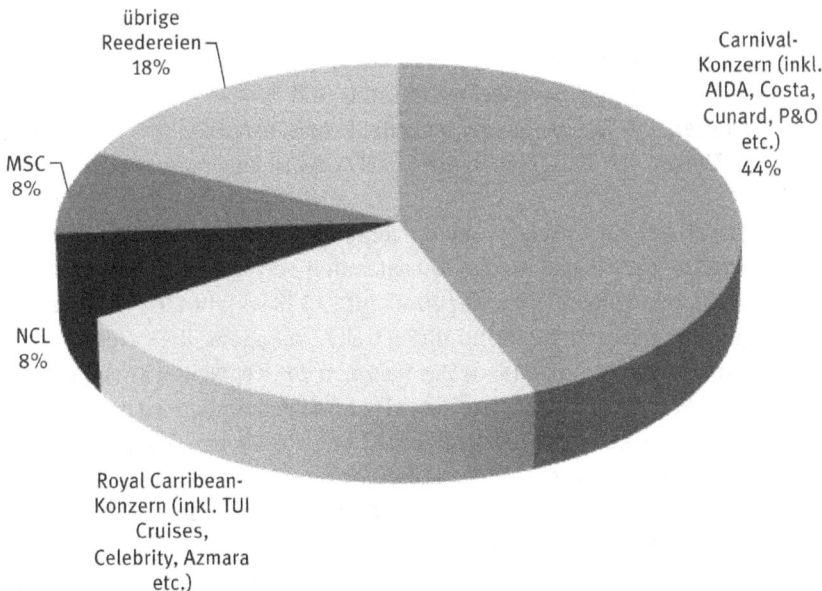

Abb. V.22: Rangordnung wichtiger Hochsee-Kreuzfahrtenreedereien nach Bettenkapazitäten 2014 (Quelle: CLIA Kreuzfahrtstudie 2015)

In Deutschland gehören die nationalen Anbieter Hapag Lloyd (100 % TUI, 4 Schiffe), TUI Cruises (50 % RCCL, 6 Schiffe), Phoenix (4), Seacloud Cruises (2), Plantours (1), Lord-Nelson-Seereisen (1), der internationale Anbieter AIDA Cruises (100 % Carnival, 12 Schiffe), sowie die italienischen Wettbewerber Costa und MSC zu den wichtigsten Hochseekreuzfahrtenveranstaltern. Phoenix Reisen ist auch im Flusskreuzfahrtensegment tätig, während Nicko Tours, Arosa und Viking reine Flussreisenspezialisten sind. Die Reedereien Deilmann sowie Transocean, Hansa/Delphin Hochseekreuzfahrten mussten 2010 Insolvenz anmelden. Während die Hochseekreuzfahrtenanbieter zumeist Reeder und Veranstalter zugleich sind und das Chartern ganzer Schiffe eher die Ausnahme ist, verhält es sich im Flusskreuzfahrtensegment genau umgekehrt.

(2) Entwicklung des Kreuzfahrtenmarktes

Seit 1993 veröffentlicht der Deutsche ReiseVerband jährlich eine Kreuzfahrtenstudie. Seit 2014 wird die Erstellung dieser jährlichen Studie vom internationalen Kreuzfahrt Verband CLIA (Cruise Line International Association) und der Interessengemeinschaft (IG) RiverCruise übernommen. Diese dokumentiert das Volumen nach Umsatz und Reisenden differenziert nach Hochsee- und Flusskreuzfahrten und die Einordnung in die internationalen Märkte. Weitere Parameter sind Kapazitätsentwicklung, Reisedauer, Durchschnittspreis, Tagesrate, Preissegment und Fahrtgebiete.

Seit 2000 hat sich der Umsatz des deutschen Kreuzfahrtenmarktes um 395 % bzw. 9,6 % p. a. auf 3,67 Mrd. Euro fast vervierfacht (vgl. Abb. V.23). Davon entfallen 3,23 Mrd. Euro bzw. 88 % auf Hochseekreuzfahrten und 0,44 Mrd. Euro bzw. 12 % auf Flusskreuzfahrten. Die Wachstumsdynamik der Hochseekreuzfahrten ist deutlich stärker, weil der Umsatz der Flusskreuzfahrten seit 2005 weitgehend stagnierte (vgl. Abb. V.24).

Aufgrund des im Vergleich zu flug- und erdgebundenen Reisen deutlich höheren Durchschnittsumsatzes pro Reise hat der Umsatzanteil von Kreuzfahrten am deutschen Veranstaltermarkt von 4,7 % im Jahr 2000 auf 13,5 % im Jahr 2015 deutlich zugenommen (vgl. Abb. V.25 und V.28) und unterstreicht die große Bedeutung dieser Urlaubsform im deutschen Urlaubsmarkt. Das Volumen des weltweiten Kreuzfahrtenmarktes wird 2015 auf 23,0 Mio. Passagiere geschätzt. Davon entfallen auf den größten Hochseekreuzfahrtenmarkt Nordamerika allein 12,1 Mio. Reisen bzw. knapp 53 %. Europa kommt insgesamt auf rund 6,6 Mio. Passagiere bzw. 29 %.

Führend in Europa ist seit 2014 Deutschland mit 1,81 Mio. Hochseekreuzfahrten (+284 % bzw. +11,1 % p. a. gegenüber 2005) knapp vor dem britischen Markt mit 1,78 Mio. (+167 % bzw. +5,3 % p. a. gegenüber 2005) mit der deutlich höheren Wachstumsdynamik (vgl. Abb. V.26). Aber auch der italienische und spanische sowie der kleine Schweizer und österreichische Markt für Hochseeurlaube weisen auf den weiteren Rängen ein starkes Wachstum auf.

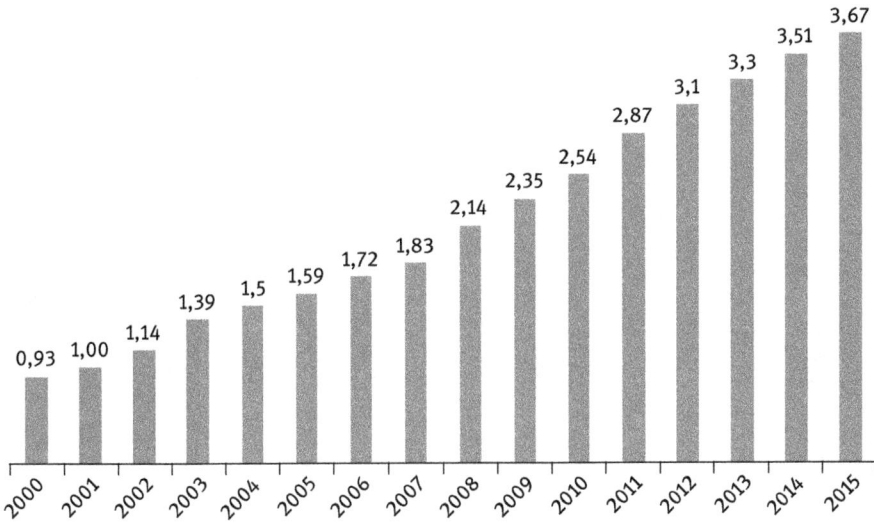

Abb. V.23: Umsatzentwicklung Hochsee- und Flusskreuzfahrten insgesamt 2000 bis 2015 in Mrd. Euro (Quelle: CLIA und IG RIVERCRUISE Kreuzfahrtstudie 2015)

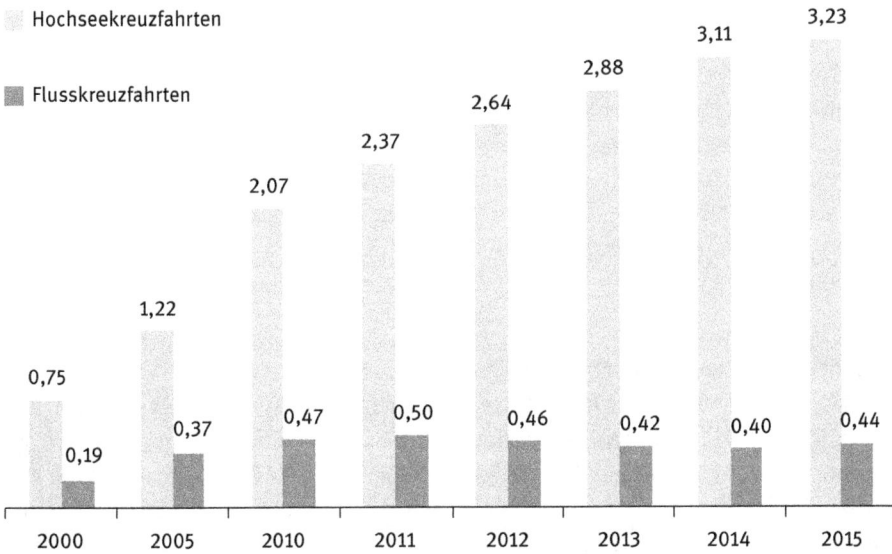

Abb. V.24: Umsatzentwicklung Hochsee- und Flusskreuzfahrten separat 2000 bis 2015 in Mrd. Euro (Quelle: CLIA und IG RIVERCRUISE Kreuzfahrtenstudie 2015)

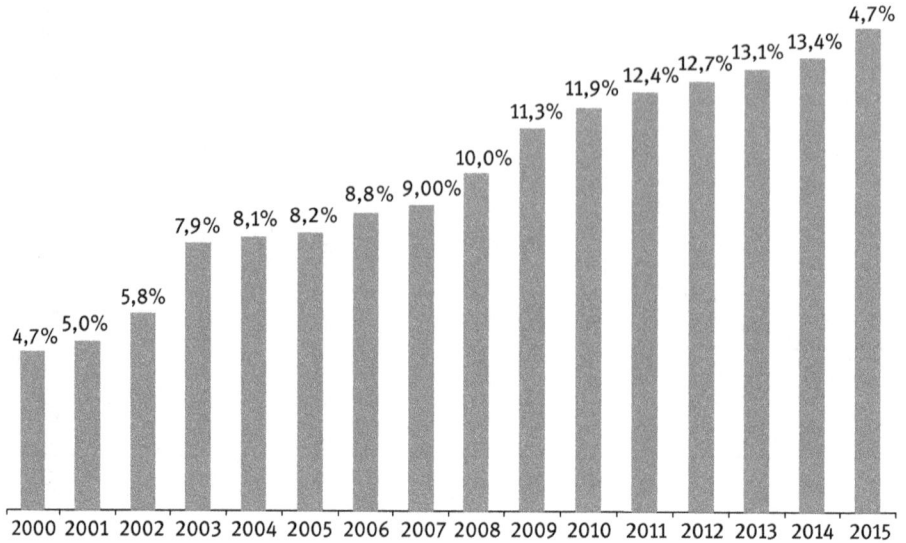

Abb. V.25: Umsatzanteile Hochsee- und Flusskreuzfahrten am Veranstaltermarkt 2000 bis 2015 (Quelle: Berechnung der DER Touristik Marktforschung auf Basis der CLIA und IG RiverCruise Kreuzfahrtstudie)

Im Zehn-Jahres-Vergleich für die Jahre 2005 bis 2015 ist die Nachfrage nach Kreuzfahrten weltweit um 62 % gestiegen (vgl. CLIA Deutschland 2016). Im stärksten Markt, Nordamerika, zeigt sich eine Steigerung von 33 % bei den Kreuzfahrtenpassagieren, in Europa 122,6 %, und – entscheidend für künftige Entwicklungen – in allen anderen Regionen der Welt 208,8 %. Damit wird deutlich, in welch enormen Umfang Kreuzfahrten zum globalen Wachstum des Tourismus in den vergangenen Jahren beigetragen haben und es in Zukunft weiterhin tun werden.

(3) Fahrtgebiete von Hochsee- und Flusskreuzfahrten

Kreuzfahrtschiffe sind in allen Fahrtregionen der Welt unterwegs. Bei Gästen aus Deutschland sind laut der aktuellen Hochseekreuzfahrtstudie 2016 insbesondere die nördlichen Fahrtgebiete und das Mittelmeer beliebt. Nord-West-Europa und die britischen Inseln einschl. Ostsee (hierzu zählen auch Umrundungen Europas, meist Positionierungsfahrten – d. h. Schiffe werden in ein anderes Fahrtgebiet umgesetzt) liegt mit 36,0 % vorn, gefolgt von der Mittelmeerregion mit 28,3 %. Weitere bedeutsame Fahrtgebiete sind mit einem Aufkommen von 11,9 % der Atlantik und die Kanarischen Inseln sowie Nordamerika (USA und Kanada)/Karibik mit 11,6 % (vgl. Abb. V.29) (Quelle: CLIA Deutschland 2016). Rund 60 % aller Hochseekreuzfahrten deutscher Urlauber wurden von den fünf wichtigsten nationalen Kreuzfahrthäfen Kiel, Hamburg, Rostock-Warnemünde, Bremerhaven und Lübeck-Travemünde aus angetreten.

	2015	2014	2013	2012	2011	2010	2005
Deutschland	1.813	1.771	1.687	1.544	1.388	1.220	639
UK	1.789	1.644	1.726	1.701	1.710	1.622	1.071
Italien	810	842	869	835	923	889	514
Frankreich	615	593	522	481	441	387	233
Spanien	466	454	475	576	703	645	379
Skandinavien und Finnland	351	305	289	324	306	168	42
Benelux	175	186	186	169	159	126	42
Schweiz	140	143	152	131	104	91	51
Österreich	113	122	126	108	121	93	39
Rest Europa	315	327	325	270	224	212	117
Europa insg.	**6.587**	**6.387**	**6.357**	**6.139**	**6.079**	**5.453**	**3.127**
Nordamerika	12.080	12.160	11.820	11.640	11.440	11.000	9.960
Rest der Welt	4.330	3.490	3.090	3.030	2.910	2.400	1.210
Total	**22.997**	**22.037**	**21.267**	**20.809**	**20.429**	**18.853**	**14.297**

Abb. V.26: Europa – Passagierentwicklung nach Quellmärkten 2005 bis 2015 (Quelle: CLIA Kreuzfahrtstudie 2015)

Kennziffern	Ausprägungen
Kreuzfahrten weltweit (2016)	
Passagierzahlen (Prognose)	24,2 Mio.
Quellmärkte	1. Nordamerika, 2. Europa, 3. Rest der Welt
Hochseekreuzfahrtmarkt Deutschland (2016)	
Passagierzahlen	2,02 Mio.
Beliebteste Fahrgebiete	1. Nord-West-Europa/ Britische Inseln/ einschließlich OstseeRhein (36%), 2. Mittelmeerregion (28,3%), 3. Atlantik und Kanarische Inseln (11,9%)
Ø Reisedauer	8,94 Nächte
Ø Reisepreis	1.675 Euro (Ø Tagesrate: 187 €/ Person)
Flusskreuzfahrtmarkt Deutschland (2016)	
Passagierzahlen	0,44 Mio.
Beliebteste Fahrgebiete	Rhein (35,5%), Donau (34,4%)
Ø Reisedauer	6,91 Nächte
Ø Reisepreis	1.030 Euro (Ø Tagesrate: 149 €/ Person)

Abb. V.27: Marktdaten zum Kreuzfahrttourismus weltweit und in Deutschland (Quelle: CLIA Deutschland/DRV, 2017 (CLIA Deutschland und IG RiverCruise 2016)

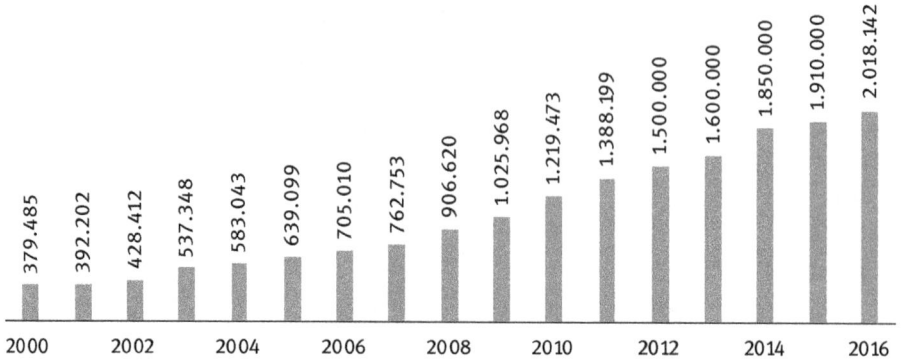

Abb. V.28: Entwicklung der Hochseekreuzfahrtenpassagierzahlen in Deutschland bis 2016 (Quelle: Angaben 2000 bis 2012: DRV, 2013; 2013 bis 2016: CLIA Deutschland/DRV, 2017)

Bei den Flusskreuzfahrten dominieren mit weitem Abstand die Donau und der Rhein mit ihren Nebenflüssen (Anteil jeweils 38 %), auf die insgesamt drei Viertel aller Flusskreuzfahrten entfallen (vgl. Abb. V.30). Es folgen die französischen Flüsse Rhone, Saone, Seine und Loire mit 8 % vor den ostdeutschen Fahrtgebieten Elbe, Havel und Oder mit 3 %. Alle anderen europäischen und außereuropäischen Fahrtgebiete u. a. in Russland/Ukraine und auf dem Nil sowie weltweit (Amazonas, Mississippi, Mekong etc.) kommen zusammen auf 13 % der Flussreisen.

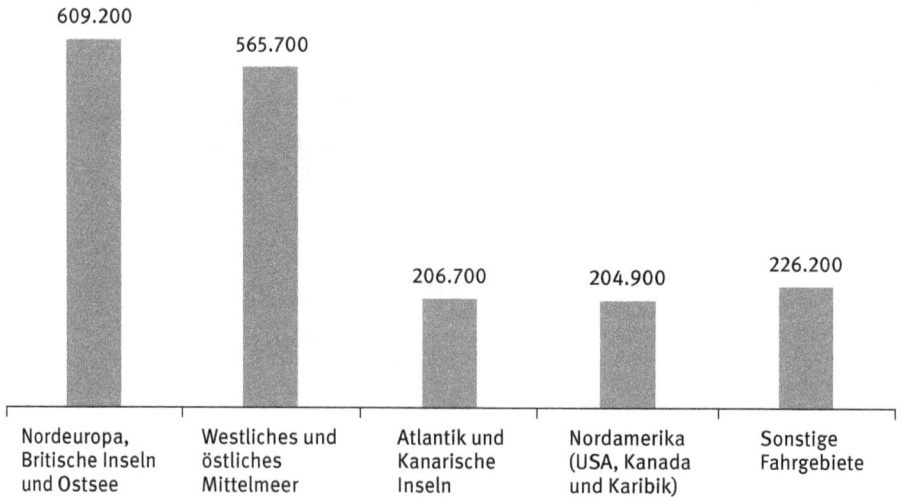

Abb. V.29: Passagierzahlen nach Destinationen – Hochseekreuzfahrten (Quelle: CLIA HochseeKreuzfahrtmarkt 2015)

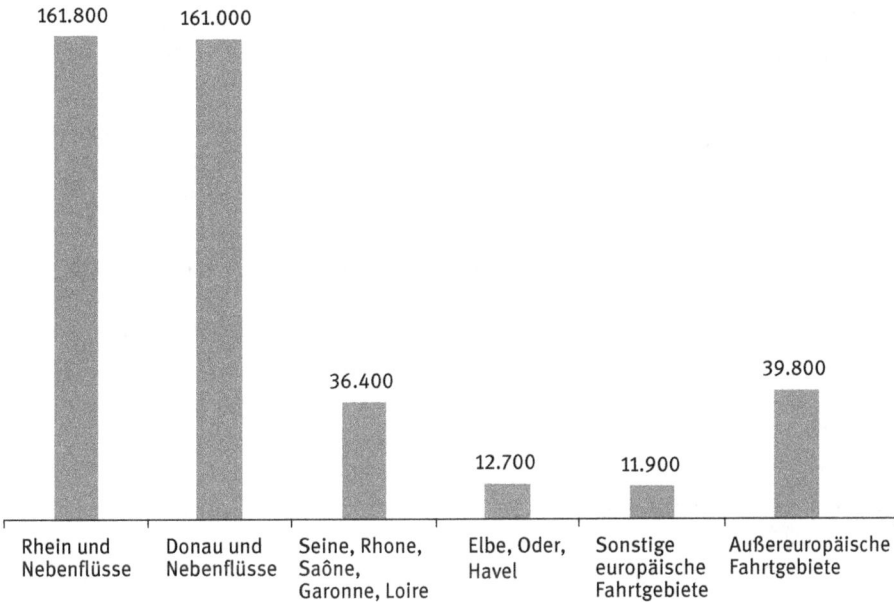

Abb. V.30: Passagierzahlen nach Destinationen – Flusskreuzfahrten (Quelle: IG RiverCruise Fluss-Kreuzfahrtmarkt 2015)

(4) Zielgruppen von Hochsee- und Flusskreuzfahrten

Die Analyse von Zielgruppen in Deutschland zeigt, dass sich der Hochseekreuzfahrtenmarkt zu jeweils einem Viertel auf das Budget-, Standard-, Premium- und Deluxesegment verteilt (siehe Abb. V.27). Das Durchschnittsalter über alle Segmente hat sich von rund 60 Jahren im Jahr 2000 weiter auf 50 Jahre verringert. Die durchschnittliche Reisedauer liegt relativ unverändert bei 9 Tagen. Allerdings hat sich der Durchschnittsumsatz pro Kreuzfahrt von 2000 bis 2015 um 10 % auf 1.580 Euro verringert. Bei Flussreisen liegt das Durchschnittsalter mit fast 64 Jahren 14 Jahre höher als bei Hochseekreuzfahrten. Die Reisedauer ist mit 7 Tagen 2 Tage kürzer. Der Durchschnittsumsatz pro Reise hat sich seit 2000 nur um 2 % erhöht. Bei Flusskreuzfahrten entfällt gut die Hälfte auf das Standard- und ein weiteres Drittel auf das Premium- und Deluxe- sowie ein Sechstel auf das Budgetsegment.

2.1.2 Reisevermittlungsmarkt Deutschland

Der Reisebüromarkt gliedert sich wie bereits in Kap. IV.3 und Kap. IV.4 dargestellt in die Segmente stationäre Reisebüros und Business Travel (BT) auf, die sich durch verschiedene Geschäftsmodelle wie den Handelsvertreterstatus im stationären und die Makler- bzw. Dienstleisterfunktion im Geschäftsreiseverkehr unterscheiden. Daten zum Online-Vertriebsmarkt sind ausführlich in Kap. IV.5 dargestellt und analysiert.

Es wird empfohlen, einleitend oder ergänzend Kapitel IV.3 und IV.4 zu lesen, weil an dieser Stelle lediglich aus Sicht der Angebotsseite die mittel- bis langfristige Entwicklung der Marktvolumina dargestellt und kommentiert werden.

Der deutsche Reisebüromarkt erreichte nach der Wiedervereinigung Deutschlands im Jahr 2000 mit einem Gesamtumsatz von 25,1 Mrd. Euro sein größtes Volumen (vgl. Abb. V.31). Vor allem in den Jahren danach folgte ein Einbruch um über 20 % auf nur noch 19,83 Mrd. Euro, zu dem maßgeblich das Platzen der E-Commerce-Blase im Jahr 2000, der Anschlag von New York 2001, der zweite Irakkrieg 2002 und die Geflügelpest SARS in Asien 2003 beitrugen, wobei gleichzeitig durch das 1997 erstmals in Deutschland kommerziell genutzte Internet permanent Marktanteile an diesen neuen Vertriebskanal abflossen. Dabei war das stationäre Reisebürogeschäft von diesen Entwicklungen deutlich stärker betroffen als das Business-Travel-Geschäft. Die leichte Aufwärtsentwicklung des Umsatzvolumens bis 2008 wurde durch die Finanz- und Wirtschaftskrise gebremst, konnte sich aber auch danach bis 2015 wieder leicht erholen. Im Business Travel hatte der Markt 2008 vor der Finanzkrise bereits wieder das Niveau von 2000 übertroffen, stagniert aber seitdem in dieser Größenordnung, im stationären Reisegeschäft lag er 2015 immer noch um fast 10 % darunter.

Bedingt durch diese Umsatzeinbrüche wurde auch die Zahl der stationären Reisebüros und BT-Center sukzessive bereinigt (vgl. Abb. V.32). So kam es nach uns nach zu

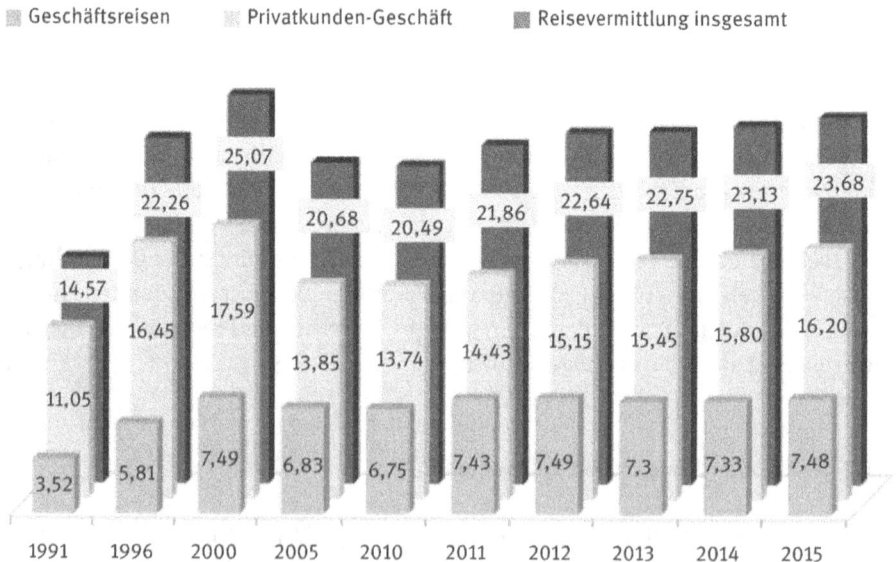

Abb. V.31: Marktentwicklung stationärer Reisebüros und BT 1991 bis 2015 nach Vertriebsumsatz in Mrd. Euro (Quelle: FVW)

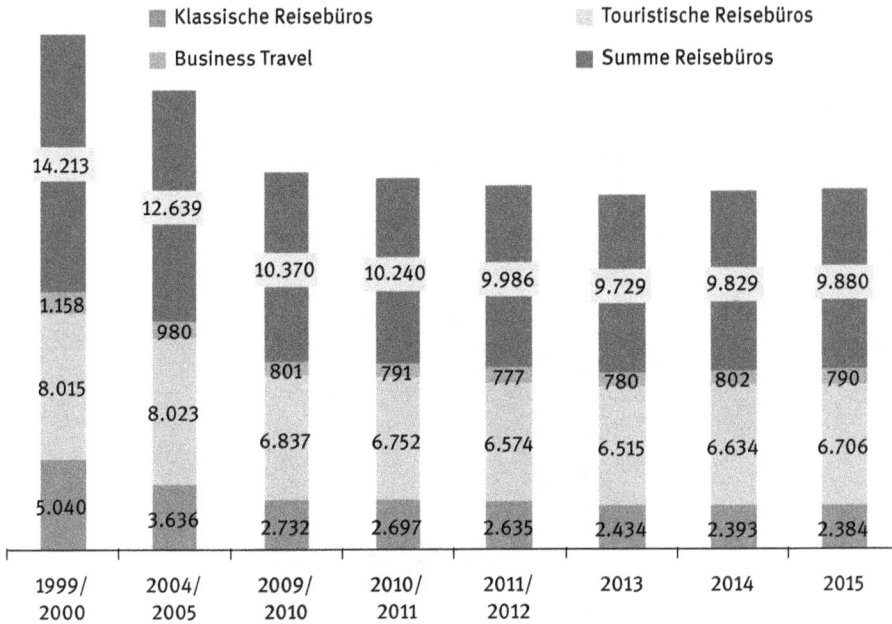

Abb. V.32: Entwicklung der Zahl der deutschen Reisebüros (Quelle: DRV-Vertriebsdatenbank)

einer Aufgabe vieler klassischer und touristischer Reisebürostandorte. Der Rückgang fiel in den Jahren 2005 und 2006 mit insgesamt −14 % bzw. fast 1.900 Standorten besonders stark aus, nachdem viele Betriebe 4 Jahre lang vergeblich versuchten, die beständig schrumpfenden Umsätze durch Kosteneinsparungen zu kompensieren. Wenn aber die durch die hohe Kostenremanenz von Personal- und Mietkosten bedingte Mindestbetriebsgröße dauerhaft unterschritten wird, bleibt kaum eine andere Alternative als die Schließung oder Konsolidierung. Auch im Business Travel wurden viele Standorte zusammengelegt oder in Großkundenzentren konzentriert. Diese Bereinigung des Marktes wirkt sich für die verbliebenen Reisebüros durch ein höheres Marktpotenzial pro Standort aus, das allerdings auch mit anderen Vertriebskanälen in Konkurrenz steht.

Die aktuellen Marktanteile der stationären Reisebüros und der BT-Organisationen sind bereits in Kap. IV.3 und Kap. IV.4 dargestellt. Interessant ist darüber hinaus eine Langfristbetrachtung. Der Marktanteil nach Umsätzen der fünf größten Reisebürofilialorganisationen DER, TUI, Thomas Cook, LH City Center und Reiseland ist von 2001 bis 2015 von 52,3 % auf 58,0 % gestiegen (vgl. Abb. V.33). Grundlage hierfür war eine Marktkonsolidierung, die bis 2006 stattfand. Danach haben die großen Organisationen sogar wieder leichte Verluste gegenüber dem selbstständigen Mittelstand und den kleineren Ketten hinnehmen müssen. Die größten Zuwächse erzielte dabei die DER Touristik als Marktführer.

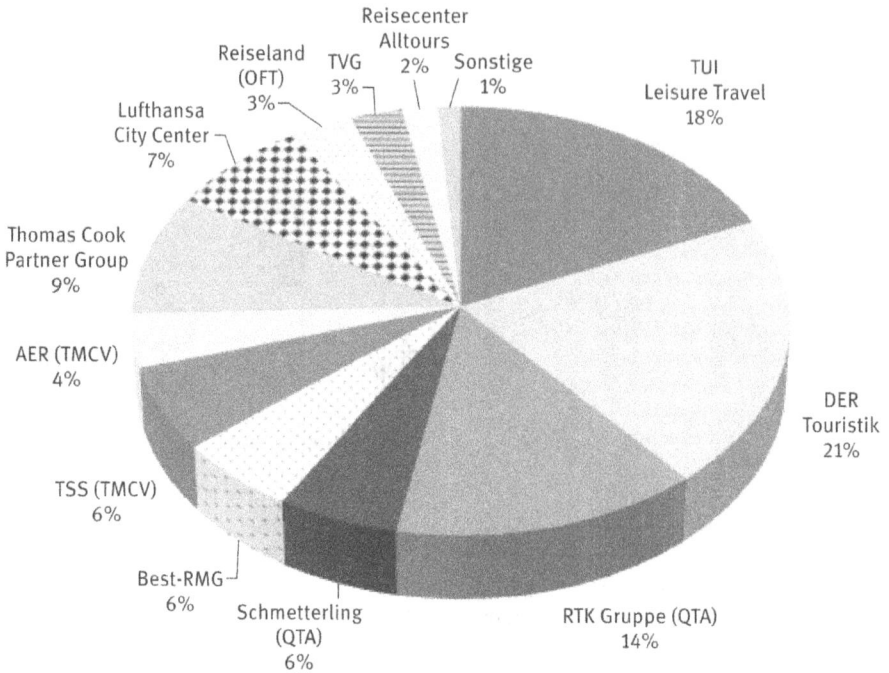

Abb. V.33: Marktanteile Reisevermittlung stationärer Reisebüros nach Umsatz 2015 (Quelle: FVW)

Im Geschäftsreisesegment nahm der Marktanteil der sieben global operierenden und spezialisierten Business-Travel-Organisationen insgesamt von 2001 bis 2015 von 82,7 % auf 89,0 % zu (vgl. Abb. V.34). Die größten Anteilszuwächse erzielte der Weltmarktführer Carlson Wagonlit Travel (in Deutschland nur Nr. 4). Dahinter folgen die auf eher kleine und mittelgroße nationale Firmenreiseetats spezialisierten Franchiseorganisationen von LH City Center und FIRST. Die größten Anteilsverluste mussten der deutsche Marktführer BCD Travel sowie HRG (Hogg Robinson Group) und die nichtorganisierten mittelständischen Reisebüros hinnehmen.

2.1.3 Europäische Reiseveranstaltermärkte

Viele Branchen suchen ihren Erfolg in den Chancen der weltweiten Globalisierung. Gerade die Internationalität der touristischen Dienstleistungen lässt erwarten, dass der Tourismus besonders geeignet ist für Globalisierungsstrategien. Anders als die Aktionäre bzw. Gesellschafter interessiert den Kunden die Globalisierung aber nicht, weil er ein auf seine nationalen, lokalen und mentalen Bedürfnisse zugeschnittenes Reisedienstleistungspaket erwartet, das von Quellmarkt zu Quellmarkt, ja von Zielgruppe zu Zielgruppe, sehr unterschiedlich ist. Bei allen quellmarktbezogenen Aktivitäten wie der Reiseveranstaltertätigkeit und der Reisevermittlung hat eine Globalisierung

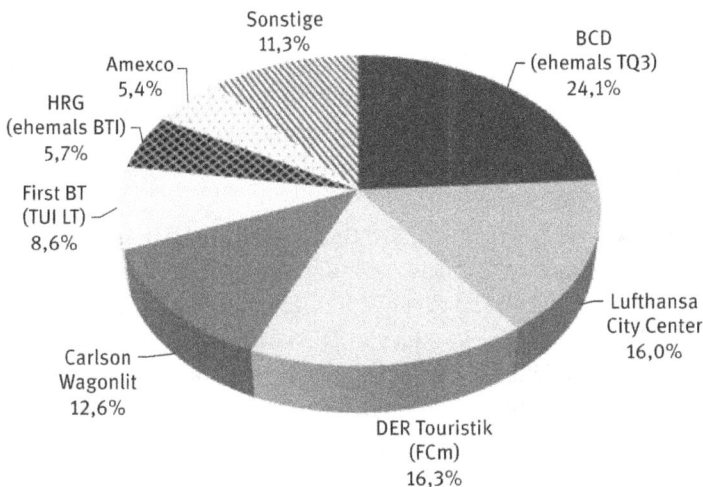

Abb. V.34: Marktanteile Reisevermittlung Geschäftsreisen nach Umsatz 2015 (Quelle: FVW)

wenig Sinn. Bei der Vermarktung von zielmarktbezogenen Reisedienstleistungen (wie vor allem bei Hotels und Zielgebietsagenturen) und vor allem international vernetzten Mobilitätsströmen (wie bei Fluggesellschaften) ist die Globalisierung hingegen Grundlage des Geschäftsmodells. Darüber hinaus sind die jeweiligen nationalen Marktzugangsbarrieren relevant, vor allem wenn es sich um reife, gesättigte Märkte mit einer hohen Marktkonzentration handelt. Viele internationale Reisekonzerne haben diese Zusammenhänge weitgehend ignoriert und suchen daher immer noch vergeblich die den Gesellschaftern versprochenen Renditen aus der internationalen Expansion. Dies gilt es bei den nachfolgenden Ausführungen über die europäischen Veranstaltermärkte zu berücksichtigen.

Von 1991 bis 2007 dokumentierte die touristische Fachzeitung FVW jedes Jahr ein Ranking der größten europäischen Reiseunternehmen. Darin waren zeitweilig bis zu 50 Unternehmen nach Umsatzgröße gelistet. Nach der Konsolidierungswelle zwischen 1996 und 2004 durch die beiden Marktführer TUI und Thomas Cook schrumpfte das Feld stark zusammen, weil die beiden börsennotierten Konzerne die Umsatzgrößen ihrer Tochtergesellschaften nicht mehr veröffentlichten und auch regionale Darstellungen nicht national nach Ländern, sondern nach selbst definierten Kontinentalregionen abgrenzten. Dabei umfassen bei TUI, Thomas Cook und, nach der Kuoni-Übernahme, auch der DER Touristik Westeuropa, Nordeuropa und Mitteleuropa jeweils unterschiedliche Länder und machen Vergleiche unmöglich. Hinzu kam, dass nicht mehr die gegenüber den Kunden fakturierten Umsätze nach Segmenten (Veranstalter, Vermittler, Hotels, Airlines etc.) berichtet wurden, sondern bilanzielle Umsätze, d. h. touristische und branchenfremde Umsatzerlöse nach unterschiedlichen, teilweise nationalen und teilweise internationalen Bilanzierungsmethoden dargestellt werden. Schon in den beiden letzten Auswertungen 2006 und 2007 waren daher viele ergänzende Informationen, Um- und Hochrechnungen auf Grundlage langjährigen Branchenwissens erforderlich, um diese Statistik noch aussagefähig zu gestalten. Die letzte nachbearbeitete Version ist in Abb. I.32 (Europäischer Veranstaltermarkt 2007 bis 2014) dargestellt. Für 2015 hat der Autor versucht, durch Recherchen und Hochrechnungen ein Gesamtbild des europäischen Veranstaltermarktes zu erstellen, das aber keinen Anspruch auf Vollständigkeit erhebt.

Dies dokumentiert, dass unabhängig von der Genauigkeit die TUI auf europäischer Ebene mit großem Abstand vor Thomas Cook und diese wiederum mit einem ähnlich großen Vorsprung vor DER Touristik die Marktführer sind. Aber auch hinter der DER Touristik tut sich eine große Lücke zum vierten Veranstalter Kuoni (ohne die an DER veräußerten Veranstalterbeteiligungen) auf, der 2015 große Teile seiner Veranstaltertätigkeit an die DER Touristik verkauft hat, sodass es hier mittelfristig kaum nennenswerte Verschiebungen geben dürfte. Auf den Rängen 5, 6 und 11 tauchen mit Alltours, FTI und Schauinsland bereits drei deutsche inhabergeführte, eher mittelständisch organisierte Unternehmen auf. Dies zeigt einerseits, welch starke Position der deutsche Veranstaltermarkt hat und wie stark er im Vergleich zu anderen Ländern zersplittert ist, und andererseits, dass das Potenzial für weitere Konsolidierungen und Konzentrationen auf europäischer Ebene sehr begrenzt ist. Damit DER Touristik zu Thomas Cook aufschließt, müsste sie theoretisch die nachfolgenden beiden Wettbewerber komplett übernehmen, zum Erreichen der TUI wären sogar die nächsten vier erforderlich. Aus der Erfahrung des Autors wird es zukünftig kaum möglich sein, diese Tabelle jährlich zu aktualisieren, jedenfalls nicht solange börsennotierte und ähnlich strukturierte Mischkonzerne den Touristikmarkt dominieren.

Es gibt viele qualitative und strukturelle Erkenntnisse über die Funktionsparameter verschiedener europäischer Ländermärkte, die dokumentieren, dass es nur wenige Gemeinsamkeiten und Synergien zwischen ihnen gibt – und zwar primär aus geografischen Gründen, die als wesentliche Determinante der Reisemärkte auf Angebots- und Nachfrageseite vielfach übersehen werden.

2.1.3.1 Marktvolumina und Marktpotenziale

Leider besteht in den anderen europäischen Reisemärkten fast keine Transparenz über die Größe, Marktanteile und Marktstrukturen. Ausgenommen hiervon sind partiell lediglich der britische, österreichische und Schweizer Veranstaltermarkt, für alle anderen gibt es nur qualitative Beschreibungen und Schätzungen, die nach bestem Wissen und komplexer Recherche zusammengetragen sind. Die 743 Mio. Einwohner Europas tätigen insgesamt Veranstalterreisen lediglich im Wert von rund 100 Mrd. Euro. Fast 54 % dieser Veranstalterreisen entfallen ausschließlich auf die beiden stärksten europäischen Quellmärkte Deutschland und Großbritannien. Nur die Schweiz, Österreich, Benelux und Skandinavien weisen annähernd ähnlich starke Veranstaltermärkte hinsichtlich der Bevölkerungsgröße auf.

Die dargestellten Volumina (vgl. Abb. V.35) erheben dabei keinen Anspruch auf absolute Korrektheit, weil die verfügbaren Daten zum Teil aus unterschiedlichen Quellen und Geschäftsjahren stammen und teilweise auf das Jahr 2015 als Referenzjahr hochgerechnet wurden. Wesentliche Quellen waren dabei Euromonitor International, eine Branchendatenbank u. a. für Touristikmärkte, die allerdings nicht immer plausible und konsistente Daten enthält, und Interviews mit in den genannten Ländern tätigen Geschäftsführern und Führungskräften. Dies gilt im Übrigen auch für die im folgenden Kap. V.2.1.3.2 dargestellten Veranstaltermarktstrukturen, für die Unternehmensangaben aus verschiedenen, nicht immer harmonierenden, Quellen zusammengetragen und teilweise plausibilisiert und hochgerechnet wurden. Angesichts der gewollten Intransparenz vieler Konzerne über Markt- und Unternehmensdaten mögen dem Autor etwaige einzelne Fehleinschätzungen bitte nachgesehen werden. Die dargestellten Daten dürften im Großen und Ganzen dennoch weitgehend stimmig sein. Abweichungen zu anderen Datenquellen ergeben sich vor allem dadurch, dass der organisierte Urlaubsreisemarkt anders definiert und abgegrenzt wird und oftmals auch andere Reisezwecke wie Geschäfts-, Privat- und ethnischen Reisen einschließen. Ferner wird auch nicht ausreichend zwischen selbst organisierten und über Veranstalter und/oder Reisebüros organisierte Reisen unterschieden.

Für die Beurteilung des Quellmarktpotenzials eines Landes für organisierte Urlaubsreisen bzw. Veranstalterreisen sind verschiedene Faktoren wichtig, die das Potenzial limitieren. Sie liegen leider nicht in abgesicherter quantitativer Form vor, sondern nur qualitativ und als Schätzungen.

(1) Reiseintensität

Das Marktpotenzial wird primär limitiert durch die Reiseintensität der Bevölkerung, das ist der Anteil der erwachsenen (bzw. geschäftsfähigen) Einwohner, die jährlich mindestens eine Urlaubsreise mit mindestens einer Übernachtung unternehmen. In Märkten wie Deutschland, Großbritannien, Irland, der Schweiz, Benelux und Skandinavien liegt dieser Anteil zwischen 65 und 75 %. Die Marke von rund 75 % dürfte eine Obergrenze darstellen, weil ein großer Teil der Bevölkerung altersbedingt, aus gesundheitlichen und finanziellen Gründen nicht reisen kann und ein weiterer Teil der Bevölkerung nicht jedes Jahr verreist (Intervallreisende). In Ländern, die selbst Zielländer von Urlaubsreisen sind wie Italien, Spanien, Österreich, Portugal, Griechenland, Ex-Jugoslawien, Ungarn oder Bulgarien liegt die Reiseintensität in einer Bandbreite von 25–40 %, weil das Bedürfnis andere Länder zu bereisen gering ist und die Reisemotivation nach Sonne und Meer im Heimatland erfüllt werden kann. Im Mittelfeld mit ca. 50 % Reiseintensität befindet sich lediglich Frankreich. Die meisten osteuropäischen Länder wie auch Russland weisen eine Reiseintensität von weniger als 25 % auf. Bei Russland ist dies auch eine Folge der Tatsache, dass Russen für alle bedeutenden Urlaubsreiseländer außer Türkei und Ägypten ein Visum benötigen, das bei Urlaubsreisen weitaus schwieriger zu bekommen ist als bei ethnischen

Umsatzvolumen Veranstaltermärkte in Europa 2015	Umsätze in Mrd. €	Zahl der Einwohner in Mio.
Deutschland	29,8	82,2
Großbritannien	22,5	65,3
Frankreich	7,4	66,7
Niederlande	3,2	17
Italien	5,3	60,7
Russland	3	146,3
Spanien	5,4	46,4
Belgien	2,1	11,3
Schweiz	3,4	8,3
Schweden	2,2	9,8
Dänemark	1,5	5,7
Norwegen	1	5,2
Österreich	1,8	8,7
Finnland	1,1	5,5
Polen	1,5	38
Griechenland	0,6	10,8
Portugal	0,6	10,3
Irland	0,9	4,7
Tschechien	0,7	10,6
Slowakei	0,4	5,4
Rumänien	0,5	19,8
Ungarn	0,5	9,8
Bulgarien	0,3	7,2
Serbien/Montenegro/Mazedonien/Bosien-H.	0,4	16,6
Kroatien	0,3	4,2
Slowenien	0,2	2,1
Estland	0,1	1,3
Lettland	0,1	2
Litauen	0,1	2,9
Luxemburg	0,1	0,6
Sonstiges Osteuropa	0,5	57,7
Summe Europa	**97,5**	**743,1**

Abb. V.35: Umsatzvolumen euopäischer Veranstaltermärkte (Quelle: EUROMONITOR International, STATISTA, Presseveröffentlichungen)

und Geschäftsreisen. In den anderen osteuropäischen Ländern ist die niedrige Reiseintensität Folge der geringen Kaufkraft und der wirtschaftlichen Verhältnisse der Bevölkerung. Grundsätzlich ist festzustellen: Je geringer die Mobilitätsbereitschaft und -motivation eines Landes ist, umso geringer ist die Reiseintensität.

Der Länder-Benchmark einiger Kennziffern aus dem Euromonitor dokumentiert das gleiche Phänomen. Eine hohe Inlandsreisehäufigkeit oder geringe Auslandsreisehäufigkeit pro Kopf der Bevölkerung eines Landes sprechen ebenso wie ein geringer Auslandsreiseanteil für ein geringes Urlaubsreisepotenzial für organisierte Reiseformen bzw. für Veranstalterreisen (s. Abb. V.36).

(2) Reiseorganisationsgrad

Eine weitere Limitierung des Veranstaltermarktpotenzials ergibt sich aus dem Anteil der selbst organisierten Reisen. Je mehr Inlandsreisen in einem Land getätigt werden, umso geringer ist der Organisationsgrad bzw. das Organisationsbedürfnis. Auch dabei gibt es klare Abhängigkeiten:

2015	in Mio EW	in '000 Reisen					Anteil Auslands- reisen
	Bevölkerung	Urlaubs- reisen	Inlands- reisen	Auslands- reisen	Reise- häufigk eit[1]	Auslands- reisehäu- figkeit[1]	in %
Deutschland*	81,2	212.410	145.197	67.213	2,6	0,8	32%
Österreich	8,6	21.659	10.282	11.377	2,5	1,3	53%
Schweiz	8,3	28.840	12.788	19.197	3,5	2,3	67%
UK	64,8	182.567	111.182	71.385	2,8	1,1	39%
Irland	4,63	14.087	7.174	6.912	3,0	1,5	49%
Niederlande	16,9	37.629	13.508	24.121	2,2	1,4	64%
Belgien	11,26	27.435	5.855	21.581	2,4	1,9	79%
Frankreich	66,4	231.764	189.696	42.068	3,5	0,6	18%
Skandinavien	26,1	150.044	114.554	35.490	5,8	1,4	24%
Schweden	*9,8*	*58.850*	*47.598*	*11.252*	*6,0*	*1,2*	*19%*
Norwegen	*5,2*	*20.762*	*11.902*	*8.860*	*4,0*	*1,7*	*43%*
Dänemark	*5,7*	*34.541*	*26.187*	*8.354*	*6,1*	*1,5*	*24%*
Finnland	*5,5*	*35.891*	*28.867*	*7.025*	*6,6*	*1,3*	*20%*
Tschechien	10,5	30.139	23.496	7.085	2,9	0,7	24%
Slowakei	5,4	8.203	3.750	4.453	1,5	0,8	54%
Polen	38,0	55.888	42.181	13.707	1,5	0,4	25%
Italien	60,8	66.317	46.339	19.978	1,1	0,3	30%
Spanien	46,44	145.617	125.497	20.120	3,1	0,4	14%

[1] Maßstab [Reisen pro Kopf]

* Bezugszeitraum Deutschland 2013 bis 2015

Abb. V.36: Übersicht Reisevolumen europäischer Veranstaltermärkte (Quelle: EUROMONITOR International)

- Eine Insellage wie in Großbritannien, Irland und Skandinavien bedingt aus infrastrukturellen Gründen einen hohen Organisationsgrad, weil ein Verlassen des Landes mit Individualverkehrsmitteln wie dem Pkw ebenfalls logistische Reservierungen bzw. Organisationsdienstleistungen (Fähre, Eurotunnel etc.) erfordert, deren Kapazitäten begrenzt sind; zudem sind die Entfernungen in die Urlaubsdestinationen auf dem Landweg zum Teil extrem.
- In einem Land, das selbst ein attraktives Urlaubsziel ist wie Italien, Spanien, Griechenland, Portugal, Österreich oder Ungarn, besteht nur eine geringe Nachfrage nach Auslandsreisen und wenn doch, dann sind diese oft ethnisch motiviert; außerdem verfügen viele Bewohner über im Familienbesitz befindliche inländische Immobilien am Meer oder in den Bergen, die sie für Ihren Urlaub nutzen; je höher der Anteil der Inlandsreisen, umso geringer der Organisationsgrad und damit das Marktpotenzial.
- Auch die Muttersprache spielt für den Organisationsgrad von Urlaubsreisen eine entscheidende Rolle: Je internationaler die Muttersprache und je verwandter/identischer die Sprache im Zielland ist, umso weniger wird ein Veranstalter und/oder Reisebüro benötigt. Briten und Iren können sich in 70–80 % ihrer Urlaubsziele in ihrer Muttersprache verständigen, die dort Landessprache oder zumindest offizielle Amtssprache ist. Diesen Vorteil hat ein Deutscher nur in ca. 10 % seiner Auslandsurlaubsziele; Franzosen und Spanier richten sogar ihren Destinationsmix bei Auslandsreisen nach ihrer Muttersprache aus, in dem sie Länder bevorzugen, die die gleiche Muttersprache oder eng verwandte Sprachen haben, sodass sie im Zielland dann weitgehend unter sich sind. Auch ehemalige Kolonien mit touristischer Infrastruktur und Attraktivität (wie u. a. Commonwealth-Staaten/GB, Départements-Outre-Mer/F, ABC-Inseln/NL) spielen dabei eine Rolle.

Vor diesem Hintergrund wird es verständlich, dass Großbritannien und Irland einen Anteil an den organisierten Reisen (online und offline) von über 60 % sowie Deutschland, Skandinavien, die Schweiz und die Niederlande zwischen 45 % und 55 % aufweisen, während die meisten europäischen Länder maximal Anteile von nur 20–30 % erreichen; lediglich Frankreich, Belgien, Spanien und Italien liegen noch irgendwo dazwischen. Ein weiteres Indiz für den Organisationsgrad ist der Online-Buchungsanteil sowie die Höhe des Shiftes von Offline- zu Online-Buchungen in den letzten 5 Jahren, der die Dynamik der Marktveränderung dokumentiert. Bezogen auf alle Urlaubsreisen, unabhängig davon ob professionell über Veranstalter oder individuell von den Kunden direkt mit den Leistungsträgern organisiert, ergibt sich dabei folgendes Bild (Abb. V.37):

In Skandinavien, Großbritannien, Irland und den Niederlanden beträgt der Online-Buchungsanteil deutlich über 50 %, teilweise bis zu über 70 %. In der Schweiz, in Österreich, Frankreich, Belgien und Spanien liegen die Online-Buchungen in einer Bandbreite von 40–50 %. Europäische Schlusslichter mit Anteilen von nur 20–40 %

2015	in mn. Euro Umsatz Total	in % Anteil Online	Anteil Offline	Änd. der Online-Anteile in %-Pkt. Online Shift seit 2009
Deutschland*	58.325	35%	65%	7%
Österreich	4.767	40%	60%	13%
Schweiz	10.074	40%	60%	10%
UK	35.757	53%	47%	6%
Irland	1.308	69%	31%	1%
Niederlande	5.537	74%	26%	7%
Belgien	4.641	46%	54%	12%
Frankreich	14.908	44%	56%	19%
Skandinavien	14.202	58%	42%	14%
Schweden	*6.096*	*55%*	*45%*	*16%*
Norwegen	*2.960*	*59%*	*41%*	*16%*
Dänemark	*2.850*	*65%*	*35%*	*9%*
Finnland	*2.296*	*71%*	*29%*	*12%*
Tschechien	834	25%	75%	8%
Slowakei	676	18%	82%	6%
Polen	2.424	23%	77%	10%
Italien	19.711	27%	73%	9%
Spanien	16.312	37%	63%	18%

* Bezugszeitraum Deutschland 2012 bis 2015; Quelle: GfK)

Abb. V.37: Übersicht Offline- und Online-Umsätze europäischer Veranstaltermärkte (Quelle: EURO-MONITOR International)

sind Deutschland, Italien und die osteuropäischen Länder. Der stärkste (zweistellige) Offline-Online-Shift hat in den vergangenen 5 Jahren in Frankreich, Spanien, Skandinavien, Belgien, Österreich und der Schweiz stattgefunden. Deutschland und osteuropäische Länder befinden sich auch diesbezüglich auf den hinteren Rängen.

(3) Marktreife

Die dritte gravierende Limitierung des Marktpotenzials liegt im Reifegrad eines Veranstaltermarktes, die im Wesentlichen über die Wettbewerbsstruktur erkennbar ist. Je höher die Konzentration, desto höher sind Sättigung und Marktreife. Hierzu liegen aus dem Euromonitor sowie den Archiven und Fachzeitschriften einzelne Erkenntnisse vor. Im nachfolgenden Kapitel wird versucht, Marktanteile und Umsatzstrukturen der wichtigsten europäischen Veranstaltermärkte zu dokumentieren und die Besonderheiten darzustellen. Auch dabei wurde angesichts des lückenhaften Datenmaterials mehr auf grundlegende Erkenntnisse als auf Präzision geachtet.

2.1.3.2 Marktstrukturen und Wettbewerb

Die Umsätze in den verschiedenen Märkten müssen stark relativiert werden. Vor allem in Ländern, die selbst wichtige Urlaubszielländer sind wie Italien, Österreich, die Schweiz, Spanien, Griechenland, Portugal, Frankreich, Ungarn, Bulgarien, Ex-Jugoslawien etc., betreiben die meisten Reiseveranstalter und Reisebüros in hohem Umfang Incoming-Geschäfte auch mit den ankommenden Urlaubern u. a. als Organisator von Ausflügen, Zimmervermittler für Individualtouristen, Tagungen, Kongressen und Seminarveranstaltungen, als Busunternehmen, Buspaketer oder Groundoperator. Oft sind sie zugleich Zielgebietsagenturen für ausländische Reiseveranstalter. In Spanien und Italien sind die Incoming-Agenturen häufig zugleich als Veranstalter bzw. Hotelvermittler für den Inlandstourismus (auf die Kanaren, Balearen, nach Sizilien und Süditalien) tätig. Damit wird der Markt stark überzeichnet. Das für unsere Marktbetrachtung wichtige Quellmarktreisegeschäft ist in diesen Ländern dabei oftmals nur ein Nebengeschäft oder Lückenfüller.

(1) Als Vergleichsmaßstab wird zunächst der **deutsche Veranstaltermarkt** in einer Gesamtübersicht dargestellt (Abb. V.38). Verglichen mit anderen europäischen Veranstaltermärkten ist die Marktkonzentration mit 39,6 % für die Top 3 bzw. 59,5 % für die Top 6 relativ gering. Ursache hierfür ist die Angebotsvielfalt vieler kleiner und mittelgroßer Spezialisten, das auf eine stattliche Größe angewachsene Kreuzfahrtensegment mit mehreren Anbietern sowie der hohe Anteil erdgebundener Reiseformen (Eigenanreise zu Ferienwohnungen und Ferienhotels, Bus- und Bahnreisen), die durch die zentrale Lage Deutschlands in der Mitte Europas begünstigt ist.

Deutschland	Umsatz in Mio. €	Marktanteile in %
TUI (ohne TUIFly Flugeinzelplatzverkauf und TUI Cruises)	4.500	15,1%
DER Touristik	3.250	10,9%
Thomas Cook (geschätzt - ohne Condor Individuell)	2.750	9,3%
TOP 3	**10.500**	**35,3%**
FTI	2.150	7,2%
Alltours	1.500	5,0%
Schauinsland	1.100	3,7%
TOP 6	**15.250**	**51,2%**
Kreuzfahrtveranstalter insg.	3.700	12,4%
Busreiseveranstalter insg.	2.500	8,4%
Studienreisen-Veranstalter insg.	700	2,3%
Veranstalter mit Medien- und Handelsdirektvertrieb	3.000	10,1%
Übrige Veranstalter (Spezialisten)	4.650	15,6%
Gesamtveranstaltermarkt (ohne Flugeinzelplatzverkauf)	**29.800**	**100,0%**

Abb. V.38: Umsatz und Marktanteile Deutschland (Stand 2015) (Quelle: Eigene Darstellung)

Knapp 2 Mrd. Euro der in Deutschland produzierten Reisen werden in den deutschsprachigen Nachbarländern Schweiz und Österreich sowie in den Niederlanden verkauft. Bei den Zielgebietspräferenzen der deutschen Reisenden dominieren mit einem knappen Drittel Inlandsreisen, gefolgt von weiteren 28 % Reisen ins benachbarte Ausland, die fast ausschließlich per Eigenanreise mit Pkw erfolgen. Der Anteil der für die großen Reiseveranstalter interessanten Urlaubsreisen beläuft sich auf rund 40 % des Marktes. Davon sind 8 Prozentpunkte Fernreisen, 2 Prozentpunkte Kreuzfahrten und 30 Prozentpunkte auf Flugreisen in Europa und rund um das Mittelmeer; davon entfallen 8 Prozentpunkte auf die Türkei und die nordafrikanischen Destinationen.

(2) Der **österreichische Veranstaltermarkt** weist hinsichtlich der Reiseformen und der Marktteilnehmer eine sehr hohe Affinität zum deutschen Reisemarkt auf (Abb. V.39). Der Anteil der mit den deutschen Marktführern identischen Top 3 beläuft sich allerdings auf 60 %. Einheimische Reiseveranstalter spielen in Österreich nur eine geringe Rolle. Außer dem ÖVB (Österreichisches Verkehrsbüro) sind die meisten eher als Busunternehmen tätig. Aufgrund der attraktiven Lage als Urlaubszielland ist in Österreich die Reiseintensität deutlich geringer als in Deutschland und der selbst organisierte Inlandstourismus mit knapp 50 % deutlich größer. Die restlichen Destinationen verteilen sich strukturell ähnlich wie in Deutschland. Flugreisen und Kreuzfahrten spielen allerdings eine geringere Rolle. Circa 300 Mio. bis 400 Mio. Euro Umsatz werden in den Nachbarländern Tschechien (Großraum Brünn), Slowakei (Großraum Bratislava/Westslowakei), Ungarn (Großraum Györ/Sopron/Plattensee) und Slowenien (Großraum Ljubljana) aufgrund der Nähe zu den Flughäfen Wien, Linz und Graz abgesetzt.

Österreich	Umsatz in Mio. €	Marktanteile in %
TUI (Gulet, Terra Reisen)	700	28,0%
ÖVB Österr. Verkehrsbüro (Eurotours/Ruefa/Jumbo)	500	20,0%
DER Touristik	300	12,0%
TOP 3	**1.500**	**60,0%**
FTI Austria	200	8,0%
Thomas Cook Austria	200	8,0%
Alltours Deutschland	100	4,0%
Kreuzfahrtveranstalter insgesamt	300	12,0%
Übrige Veranstalter (viele Busunternehmen	300	12,0%
Gesamtmarkt	**2.500**	**100,0%**

Abb. V.39: Umsatz und Marktanteile Österreich (Stand 2015) (Quelle: Eigene Darstellung)

(3) Auch in der **Schweiz** beherrschen die Top 3 nach dem Erwerb von Kuoni durch die DER Touristik (ab 2. Halbjahr 2015) knapp 60 % des Veranstaltermarktes (Abb. V.40). Das zweitgrößte Unternehmen Hotelplan (eine 100%ige Beteiligung des Migros-Handelskonzerns) ist dabei ein einheimisches Unternehmen. Aus dem benachbarten deutschen Markt konnte sich die TUI als Nr. 3 etablieren, allerdings auch nur durch Erwerb der beiden Schweizer Veranstalter Imholz Reisen und Vögele Reisen. Marktführer ist die deutsche DER Touristik durch den Erwerb der Reiseveranstalter des bislang Urschweizer Konzerns Kuoni. Die Top 3 verkaufen rund 70 % ihrer Reisen ausschließlich über ihr eigenes Filialnetz und den von ihnen kontrollierten Online- und Offline-Vertrieb. Da es nur noch ca. 600 unabhängige Reisebüros in der Schweiz gibt, besteht für weitere Veranstalter im stationären Fremdvertrieb eine sehr hohe Markteintrittsbarriere.

Der Veranstaltermarkt ist geprägt durch eine Vielzahl von Spezialistenmarken, von denen die meisten gebündelt sind bei Kuoni, Hotelplan/Travelhouse, Knecht und Globetrotter. Alle Spezialistenmarken zusammen erwirtschaften mehr als 50 % des Gesamtmarktvolumens; die Generalistenmassenangebote befinden sich in der Minderheit. Obwohl die Schweiz auch eine hohe Attraktivität für den Inlandstourismus hat, weisen die Schweizer aufgrund ihrer Kaufkraft eine hohe Auslandsreiseintensität auf. Auch der hohe Gesamtumsatz des mit nur knapp 6 Mio. Einwohnern relativ kleinen deutsch-schweizerischen Marktes fällt im Benchmark mit anderen Ländern auf. Die italienischen und französischen Bevölkerungsminderheiten werden zumeist von Veranstaltern aus den beiden Nachbarländern mitbedient. Da inzwischen viele deutsche Veranstalter Teile ihrer Veranstalterproduktion aus steuerlichen Gründen in die Schweiz verlegt haben und viele Schweizer aufgrund des starken Frankenkurses ihre Urlaubs-

Schweiz	Umsatz in Mio. €	Marktanteile in %
Kuoni (inkl. ITS COOP Reisen) – ab 2015 DER Touristik	550	20,3%
Hotelplan/Travelhouse (alle Marken in CH)	500	18,5%
TUI Suisse (Imholz Reisen, Vögele Reisen)	350	13,0%
TOP 3	**1.400**	**51,8%**
Globetrotter Reisen	250	9,2%
Knecht Reisen	200	7,4%
Schauinsland Deutschland	100	3,7%
FTI Schweiz	50	1,9%
Alltours Deutschland	50	1,9%
Kreuzfahrtveranstalter insgesamt	300	11,1%
Übrige Veranstalter	350	13,0%
Gesamtmarkt	**2.700**	**100,0%**

Abb. V.40: Umsatz und Marktanteile Schweiz (Stand 2015) (Quelle: Eigene Darstellung)

Niederlande	Umsatz in Mio. €	Marktanteile in %
TUI (Holland International, Arke Reizen)	1.650	51,6%
Thomas Cook (Neckermann, Vrij Uit, Thomas Cook)	1.000	31,3%
TOP 2	**2.650**	**82,9%**
Alltours Deutschland	100	3,1%
DER Touristik (Prijsvrij, Kuoni Specialists)	70	2,2%
Schauinsland Deutschland	50	1,6%
Übrige Veranstalter (viele Busunternehmen)	330	10,3%
Gesamtmarkt	**3.200**	**100,0%**

Abb. V.41: Umsatz und Marktanteile Niederlande (Stand 2015) (Quelle: Eigene Darstellung)

reisen bei deutschen Veranstaltern einbuchen, kann inzwischen nicht mehr klar unterschieden werden, welche Veranstalterumsätze in der Schweiz produziert und welche dort vertrieben werden.

(4) Der **niederländische Veranstaltermarkt** war in den letzten 3 Jahren durch erhebliche Umbrüche geprägt (Abb. V.41). Der drittgrößte und einzige große heimische Reiseveranstalter OAD Reizen musste 2014 Konkurs anmelden, im Jahr 2013 zogen sich die Tochtergesellschaft des Schweizer Konzerns Hotelplan aus dem Markt zurück und Thomas Cook veräußerte sein gesamtes Reisebürofilialnetz an die deutsche RTK-Gruppe. Nicht nur die europäische Priceline-Beteiligung booking.com mit Sitz in Amsterdam, sondern auch andere niederländische Online-Portale wuchsen seit 2010 überproportional stark. Der klassische Veranstaltermarkt schrumpfte in diesem Zeitraum von 4,2 Mrd. auf 3,2 Mrd. Euro Umsatz. Der niederländische Veranstaltermarkt wird dominiert von einem Duopol aus TUI und Thomas Cook, das zusammen fast 83 % Marktanteil hat und weist somit eine sehr hohe Konzentration auf mit einem Zielgebietsportfolio, das dem des deutschen Marktes ähnelt. Aus diesem Grund haben auch viele andere deutsche Reiseveranstalter wie Alltours, Schauinsland und DER ihren Vertrieb auf die Niederlande ausgeweitet. Die Niederländer verreisen zudem gern erdgebunden mit dem eigenen Pkw und häufig mit Campern und Wohnwagen. Auch Busreisen mit vielen mittelständischen Busreisenveranstaltern sind sehr beliebt

(5) **Belgien** weist mit ebenfalls knapp 83 % für die beiden Marktführer die gleiche Marktkonzentration wie in den Niederlanden auf (Abb. V.42). TUI und Thomas Cook bedienen mit jeweils eigenen Marken die jeweils etwa hälftige flämische und wallonische Bevölkerungsgruppe. Beide haben ihre Marktposition durch sukzessiven Erwerb von Wettbewerbern aufgebaut und stützen sich bei Reiseangebot und Reiseproduktion auf sprachliche und ethnische Synergien mit den Nachbarmärkten Niederlande und Frankreich, in denen sie ebenfalls Marktführer sind. Einheimische Veranstalter existieren lediglich als Spezialisten und mittelständi-

Belgien	Umsatz in Mio. €	Marktanteile in %
TUI (Jetair, Sunjet, Sun International)	1.050	50,0%
Thomas cook (Neckermann, Sunsnacks, Thomas Cook)	680	32,4%
TOP 2	**1.730**	**82,4%**
Club Med	100	4,8%
Übrige Veranstalter (viele Busunternehmen)	270	12,8%
Gesamtmarkt	**2.100**	**100,0%**

Abb. V.42: Umsatz und Marktanteile Belgien (Stand 2015) (Quelle: Eigene Darstellung)

sche Busunternehmen. Diese Konstellation macht einen Markteinstieg für Wettbewerber fast unmöglich.

(6) Der **französische Veranstaltermarkt** ist mit einem Marktanteil von 60 % für die Top 4 eher zersplittert (Abb. V.43). Die Marktführer sind dieselben wie in den benachbarten Benelux-Märkten. Die Nr. 3 ist mit Odigeo allerdings ein einheimischer spezialisierter Flug-Consolidator. Auch die Nr. 4 ist mit dem Clubreisen-Pionier Club Méditerranée ein einheimisches Unternehmen, das ca. 55 % seines Weltumsatzes im Mutterland erwirtschaftet und weitere 15 % in den angrenzenden französischsprachigen Ländern (Belgien und Schweiz). Die meisten französischen Veranstalter bedienen mit identischem Sortiment auch die wallonische Bevölkerung Belgiens und die romanische Bevölkerung der Schweiz. Auf den weiteren Plätzen folgen mit Look Voyage/Air Transat und Fram größere einheimische Reiseveranstalter.

Frankreich weist aufgrund seiner Attraktivität als Reiseziel einen hohen Anteil Inlandstourismus auf, der weitgehend individuell organisiert wird, zumeist mit

Frankreich	Umsatz in Mio. €	Marktanteile in %
TUI France (Nouvelles Frontieres, Jetair, Marmara)	1.550	20,9%
Thomas Cook Voyages	1.050	14,2%
Odigeo (Go Voyages, opodo, e-dreams)	950	12,8%
Club Med (Umsatz insg. 1,6 Mrd. €, davon 55% in F)	850	11,5%
TOP 4	**4.400**	**59,5%**
Look Voyage (Air Transat Gruppe Canada)	450	6,1%
Fram (inkl. Beteiligung Plein Vent)	750	10,1%
Kreuzfahrtveranstalter insg.	1.000	13,5%
Übrige Veranstalter	800	10,8%
Gesamtmarkt	**7.400**	**100,0%**

Abb. V.43: Umsatz und Marktanteile Frankreich (Stand 2015) (Quelle: Eigene Darstellung)

Italien	Umsatz in Mio. €	Marktanteile in %
Alpitour (inkl. Francorosso)	1.050	19,8%
Giramondo	900	17,0%
Viaggi del Ventaglio (Venta Clubreisenveranstalter)	650	12,3%
TOP 3	**2.600**	**49,1%**
Odigeo France (Go Voyage, opodo, e-dreams)	400	7,5%
	1.600	30,2%
Übrige Veranstalter (viele kleine Spezialisten)	700	13,2%
Gesamtmarkt	**5.300**	**100,0%**

Abb. V.44: Umsatz und Marktanteile Italien (Stand 2015) (Quelle: Eigene Darstellung)

Eigenanreise mit Pkw oder Camper. Auslandsreisen erfolgen mit Vorrang in französischsprachige Destinationen in Nord- und West-Afrika aber auch in die Karibik, die Départements-Outre-Mer (u. a. Guadeloupe, Martinique, Reunion, Tahiti, Guyana) sowie in die romanischsprachigen Nachbarländer Italien und Spanien, in denen man sich auch in der Muttersprache leidlich verständigen kann.

(7) Der **italienische Veranstaltermarkt** ist sehr zersplittert und aufgrund seiner speziellen Nachfragesituation für internationale Veranstalter ein unbefriedigendes Terrain (Abb. V.44). Die drei Marktführer sind mit Alpitour, Giramondo und Viaggi del Ventaglio einheimische Unternehmen. Hinzu kommen die großen einheimischen Kreuzfahrtenveranstalter Costa Crociere und MSC Cruises. Auffallend ist, dass der Veranstaltermarkt fast ausschließlich von einheimischen Unternehmen (einschl. der Kreuzfahrtanbieter) betrieben wird. Die Top 3 erwirtschaften 50 % des Gesamtmarktvolumens. TUI hat seine Beteiligung an Alpitour zur Jahrtausendwende wieder aufgegeben, auch die DER Touristik hat sich aus der Veranstalterbeteiligung Atitur wieder zurückgezogen, Thomas Cook hat den italienischen Markt nie betreten.

Ursache für diese Marktstruktur ist, dass die Italiener bevorzugt rein italienischsprachige Cluburlaubsreisen buchen (u. a. Venta Clubs, Club Valtur), die zu einem großen Teil nach Süditalien führen. Ferner sind sie sehr Kreuzfahrt-affin. Rund 30 % des Marktvolumens entfällt auf die einheimischen Reedereien MSC und Costa, zumal auch die im Mittelmeer meistfrequentierten Kreuzfahrthäfen Venedig, Genua, Civitavecchia (Rom) im Lande liegen. Hinzu kommt, dass die Auslandsreiseintensität aufgrund der Attraktivität von Italien als Urlaubszielland auch für die einheimische Bevölkerung gering ist, und viele Italiener über Verwandte oder eigene Immobilien an der Küste verfügen. All diese Faktoren machen den italienischen Veranstaltermarkt wenig attraktiv.

(8) Für **Spanien** gilt nahezu das Gleiche wie für Italien (Abb. V.45). Der Veranstaltermarkt wird nahezu komplett von einheimischen Unternehmen betrieben. Die

Spanien	Umsatz in Mio. €	Marktanteile in %
Viajes Halcon	1.150	21,3%
Travelplan	850	15,7%
Barcelo	450	8,4%
TOP 3	**2.450**	**45,4%**
Soltour	350	6,5%
Mundicolor	250	4,6%
Viva Tours	250	4,6%
Viajes Eroski	200	3,7%
Kreuzfahrtveranstalter insg. (u. a. Pullmantur/Carnival)	1300	24,1%
Übrige Veranstalter (viele Spezialisten und Inlandsveranstalter)	600	11,1%
Gesamtmarkt	**5.400**	**100,0%**

Abb. V.45: Umsatz und Marktanteile Spanien (Stand 2015) (Quelle: Eigene Darstellung)

Konzentration ist gering. Die Top 3 erzielen nur einen Marktanteil von rund 45 %, ein Viertel des Umsatzes entfällt auf Kreuzfahrtenanbieter. Durch die vielen attraktiven Inselziele (Balearen, Kanaren) und die attraktiven Küsten und Städte auf dem Festland ergibt sich ein sehr starker Inlandstourismus, für den keine Reiseveranstalter benötigt werden. Eventuelle Buchungsarrangements auf den Inseln werden entweder direkt bei den Hotels oder über die vorhandenen Zielgebietsagenturen gebucht. Die wenigen Auslandsreisen gehen fast ausschließlich in den romanischen Sprachraum (Italien, Frankreich, Portugal, Lateinamerika, Karibik), sind oft ethnisch motiviert und weisen nur wenige Synergien mit dem Zielgebietsportfolio anderer europäischer Länder auf.

(9) Der **britische Reisemarkt** weist mit fast 74 % für die beiden Marktführer eine sehr hohe Konzentration auf (Abb. V.46). Alle weiteren Veranstalter fallen dagegen deutlich ab. Aufgrund des vertikal integrierten Geschäftsmodells zählt ein hoher Anteil der britischen Reisebüros zum kontrollierten Vertrieb der beiden Marktführer. Die anderen Veranstalter sind somit auf den Vertrieb über die wenigen unabhängigen Reisebüros sowie auf den Internet-Vertrieb oder darauf angewiesen, dass die beiden Marktführer sie als Segmentspezialisten zur Ergänzung ihres Mainstream-Sortiments akzeptieren. Dies gilt auch für die seit langem in Großbritannien aktiven Spezialreiseveranstalter der DER Touristik (bis 2015 Beteiligungen der Schweizer Kuoni Group) und für Hotelplan (Marke Ingham's Travel). Hohe Marktanteile entfallen auf den weltweit nach den USA zweitgrößten Kreuzfahrtenmarkt sowie auf die zahlreichen Consolidators, Intermediates und Bettenbanken, über die die britischen Reisenden aufgrund der Insellage viele Bausteinreisebuchungen zumeist online tätigen. Der irische Reiseveranstaltermarkt ist lediglich ein Derivat des britischen und wird weitgehend von den britischen Marktführern

Großbritannien	Umsatz in Mio. €	Marktanteile in %
TUI UK (Thomson, First Choice, alle Marken ohne Airlines)	9.050	40,2%
Thomas Cook UK (My Travel, alle Marken ohne Airlines)	7.450	33,1%
TOP 2	**16.500**	**73,3%**
Virgin Group	850	3,8%
Kuoni UK (verschiedene Spezialisten)	450	2,0%
Inghams (Hotelplan UK)	200	0,9%
Kreuzfahrtveranstalter insg. (ohne TUI)	3.000	13,3%
Übrige Veranstalter (viele Spezialisten)	1.500	6,7%
Gesamtmarkt	**22.500**	**100,0%**

Abb. V.46: Umsatz und Marktanteile Großbritannien (Stand 2015) (Quelle: Eigene Darstellung)

TUI und Thomas Cook in Produktion und Vertrieb mitbedient, daneben gibt es eine Vielzahl kleiner Segmentspezialisten.

(10) Der **skandinavische Reisemarkt** orientiert sich nicht zuletzt wegen des identischen vertikal integrierten Geschäftsmodells und der Insellage stark am britischen Veranstaltermarkt, zumal auch hier dieselben beiden Marktführer dominieren (Abb. V.47–V.50). Durch Fusionen haben auch die vier skandinavischen Veranstaltermärkte eine starke Konzentration erfahren: Top 4 in Dänemark 73 % und in Finnland 76 %, Top 3 in Schweden 77 % und in Norwegen 80 %. Bis weit in die 90er-Jahre war der britische Airtours Konzern (später My Travel, heute Thomas Cook) Marktführer in Skandinavien und Polen über die Scandinavien Leisure Group und die Marken Ving Rejser und Aurinkomatkat. Thomas Cook brachte zusätzlich die Veranstalter Tjaereborg und Spies Rejser in die Fusion mit My Travel ein. Die TUI Nordic erbte über Thomson Travel die Veranstalter Star Tours, Scan Holidays und Finnmatkat, während First Choice zusätzlich den skandinavischen Veranstalter Frijtidresor in die Fusion mit TUI einbrachte. Der Schweizer Veranstalter Kuoni erwarb im Jahr 2000 die schwedische Veranstaltergruppe Apollo Rejser und baute diese in den Folgejahren auch in den skandinavischen Nachbarländern weiter aus, bevor Kuoni 2015 von der DER Touristik übernommen wurde.

Der größte Teil der verbleibenden Marktanteile entfällt auf die auch in Skandinavien populären Kreuzfahrten und einige Segmentspezialisten. Symptomatisch für alle vier skandinavischen Länder ist der hohe Anteil des Internet-Vertriebs und die sehr geringe Anzahl an stationären Reisebüros. TUI und Thomas Cook unterhalten in den größeren Städten ein bis zwei eigene stationäre Reisebüros, in denen ausschließlich ihre jeweils eigenen Veranstalterangebote verkauft werden. DER Touristik hat überhaupt keine eigenen stationären Filialen außer ihre Buchungszentralen. Es gibt nur sehr wenige unabhängige Reisebüros, die ausschließlich

Dänemark	Umsatz in Mio. €	Marktanteile in %
Thomas Cook (Spies, Tjaereborg Rejser)	420	28,0%
TUI Nordic (Star Tours, Fritidsresor)	330	22,0%
DER Touristik (Apollo Rejser, Lime, Falk Lauritsen)	200	13,3%
Primera Travel Group (Bravo Tours)	150	10,0%
TOP 4	1.100	73,3%
Übrige Veranstalter (inkl. Kreuzfahrten)	400	26,7%
Gesamtmarkt	1.500	100,0%

Abb. V.47: Umsatz und Marktanteile Dänemark (Stand 2015) (Quelle: Eigene Darstellung)

Schweden	Umsatz in Mio. €	Marktanteile in %
TUI Nordic (Fritidsresor, Star Tours)	720	32,7%
Thomas Cook (Ving)	620	28,2%
DER Touristik (Apollo Rejser)	360	16,4%
TOP 3	1.700	77,3%
Übrige Veranstalter (inkl. Kreuzfahrten)	500	22,7%
Gesamtmarkt	2.200	100,0%

Abb. V.48: Umsatz und Marktanteile Schweden (Stand 2015) (Quelle: Eigene Darstellung)

Norwegen	Umsatz in Mio. €	Marktanteile in %
Thomas Cook (Ving, Spies Rejser)	340	34,0%
TUI Nordic (Fritidsresor, Star Tours)	320	32,0%
DER Touristik (Apollo Rejser)	140	14,0%
TOP 3	800	80,0%
Übrige Veranstalter (inkl. Kreuzfahrten)	200	20,0%
Gesamtmarkt	1.000	100,0%

Abb. V.49: Umsatz und Marktanteile Norwegen (Stand 2015) (Quelle: Eigene Darstellung)

Bahn-, Bus- und Flugtickets sowie Kreuzfahrten vertreiben und Geschäftsreisen abwickeln.

(11) Über den **russischen Reisemarkt** liegen nur wenige Erkenntnisse vor (Abb. V.51). Die nachfolgende Marktübersicht entstammt einer Internet-Recherche und konnte durch keine weitere Quelle validiert werden. Von den großen europäischen

Finnland	Umsatz in Mio. €	Marktanteile in %
Thomas CooK (Aurinkomatkat)	410	37,3%
TUI Nordic (Finnmatkat)	310	28,2%
DER Touristik (Apollo Rejser)	60	5,5%
Primera Travel Group (Bravo Tours)	50	4,5%
TOP 4	830	75,5%
Übrige Veranstalter (inkl. Kreuzfahrten)	270	24,5%
Gesamtmarkt	1.100	100,0%

Abb. V.50: Umsatz und Marktanteile Finnland (Stand 2015) (Quelle: Eigene Darstellung)

Russland	Umsatz in Mio. €	Marktanteile in %
Inturist (viele Bus- und erdgebundenen Reisen)	600	20,0%
Capital Tour	450	15,0%
Natalie Tours	450	15,0%
OTI Group	420	14,0%
TUI Russia (Mostravel)	330	11,0%
TOP 5	2.250	75,0%
Übrige Veranstalter	750	25,0%
Gesamtmarkt	3.000	100,0%

Abb. V.51: Umsatz und Marktanteile Russland (Stand 2015) (Quelle: Eigene Darstellung)

Veranstaltern hat jeder bereits mindestens einen Versuch unternommen, im russischen Veranstaltermarkt tätig zu werden. Thomas Cook, Kuoni und DER Touristik haben sich inzwischen wieder zurückgezogen. Die TUI unternimmt aktuell den zweiten Versuch über den Veranstalter Mostravel, an dem ihr Großaktionär Mordaschow mitbeteiligt ist.

Das größte Problem ist, dass die Russen für fast alle gängigen Urlaubsziele ein Visum benötigen, das aufgrund fehlender Garantien schwieriger zu erhalten ist als ein Geschäftsreise- oder Verwandtenbesuchsvisum. Lediglich für die Türkei und für Ägypten wird ein solches Visum nicht benötigt. Diese Komplexität erzeugt erhebliche Dissynergien zu den schnellen dynamischen und tagesaktuellen Abverkaufsmechanismen und Geschäftsmodellen der meisten europäischen Veranstalter. Die nachfolgende Momentaufnahme des russischen Marktes datiert aus dem Jahr 2010 und könnte inzwischen überholt sein, weil die Boykottmaßnahmen gegen Russland seit dem Ukraine- und Syrienkonflikt auch die Urlaubsreisetätigkeit betroffen haben, wobei es im Veranstaltermarkt in den letzten Jahren neben einigen Neugründungen auch zu spektakulären Insolvenzen und Marktaustritten gekommen ist.

(12) Unter allen **osteuropäischen EU-Veranstaltermärkten** ist der tschechische neben dem polnischen der bislang professionellste. Marktführer in dieser Region ist der polnische Veranstalter Itaka mit rund 400 Mio. Euro Umsatz vor Exim Tours, einem Unternehmen, das 2015 insgesamt 290 Mio. Euro Umsatz erwirtschaftete und neben dem Kernmarkt **Tschechien** auch in der Slowakei, Ungarn und Polen aktiv ist, und seit 2014 mehrheitlich der DER Touristik gehört. Nr. 3 ist Vaclav Fischer, der Gründer des früheren Hamburger Veranstalters Fischer Reisen, der 1995 an die deutsche Fluggesellschaft Condor verkauft wurde. Vaclav Fischer hat nach dem Verkauf in Deutschland nach dem gleichen Modell einen Pauschalflugreiseveranstalter in Prag gegründet.

Tschechien	Umsatz in Mio. €	Marktanteile in %
Exim Tours (Gruppe insgesamt 290 Mio. €)	160	22,8%
CK Fischer	100	14,3%
Unimex	90	12,9%
TOP 3	**350**	**50,0%**
Firotour	60	8,6%
Cedok (inkl. Incoming, Reisebüro und BT 137 Mio. €)	50	7,1%
Deutsche und österreichische Veranstalter insgesamt	80	11,4%
Übrige Veranstalter (viele kleine Busunternehmen)	160	22,9%
Gesamtmarkt	**700**	**100,0%**

Abb. V.52: Umsatz und Marktanteile Tschechien (Stand 2015) (Quelle: Eigene Darstellung)

Neben dem ehemaligen Staatsbetrieb Cedok, der überwiegend erdgebundene Reisen anbietet und über das größte nationale Reisebüronetz verfügt, sowie Blue Style und Firotour bearbeiten außerdem TUI, Thomas Cook und die Veranstaltermarken der DER Touristik aus Österreich und Deutschland heraus den tschechischen und auch den slowakischen Veranstaltermarkt. Die Top-3-Veranstalter repräsentieren einen Marktanteil von 50 %.

(13) **Polen** ist das bevölkerungsstärkste osteuropäische EU-Land und wurde schon Anfang der 90er-Jahre über die skandinavischen Veranstaltermärkte durch die dortigen Marktführer TUI (einschl. Thomson Travel, Scanholidays) und Thomas Cook (einschl. My Travel, Ving) erschlossen (Abb. V.53). Im Zuge eines harten Preiswettbewerbs haben sich mit Itaka und Triada zwei nationale Anbieter an der Marktspitze etabliert. Hinzu kommt der in allen osteuropäischen Ländern aktive tschechische Veranstalter Exim Tours, der mehrheitlich der DER Touristik gehört. Der ehemalige Staatsbetrieb Orbis profitiert zudem immer noch von

Polen	Umsatz in Mio. €	Marktanteile in %
Itaka	400	26,7%
TUI Polska (Frijtidresor, Scanholidays)	250	16,7%
Triada	230	15,3%
TOP 3	**880**	**58,7%**
Neckermann Polska (Ving)	150	10,0%
Exim Tours (Tschechien)	90	6.0%
Orbis Travel (Bus- und Pkw-Reisen)	40	2,7%
Übrige Veranstalter (viele kleine Busunternehmen)	340	22,6%
Gesamtmarkt	**1.500**	**100,0%**

Abb. V.53: Umsatz und Marktanteile Polen (Stand 2015) (Quelle: Eigene Darstellung)

seinem umfangreichen Reisebürovertriebsnetz sowie seiner Spezialisierung auf Incoming-Geschäfte und Busreisen. Die Top 3 verfügen zusammen über einen Marktanteil von 59 % und damit bereits über eine hohe Konzentration. Bei geringem Umsatzvolumen ist der übrige Markt hinter den Top 6 sehr zersplittert auf viele kleine Busreisenveranstalter.

(14) Der **slowakische Markt** wird in hohem Maße von den drei Marktführern aus dem benachbarten Österreich und Tschechien bearbeitet, die zusammen rund 50 % Marktanteil im mit nur rund 400 Mio. Euro großen slowakischen Veranstaltermarkt aufweisen (Abb. V.54). Dabei gibt es keinen klaren Marktführer. Dahinter folgen drei kleinere einheimische Veranstalter (Satur Travel, Koala Tours und TIP Travel) mit zusammen 20 % Marktanteil. Die meisten Flugreisen dieser Veranstalter werden über Wien und Prag angetreten. Der Rest des Marktes entfällt auf viele kleine Veranstalter von Bus- und Pkw-Reisen.

Slowakei	Umsatz in Mio. €	Marktanteile in %
TUI Austria (Buchung über Österreich)	k. A.	
Neckermann Austria (Buchung über Österreich)	k. A.	
Kartago Tours (Exim Tours Tschechien/DER Touristik)	k. A.	
TOP 3	**200 Mio. €**	**50,0%**
Satur Travel	k. A.	
Koala Tours	k. A.	
TIP Travel	k. A.	
TOP 6	**80 Mio. €**	**20,0%**
Übrige Veranstalter (viele kleine Busunternehmen)	100 Mio. €	30,0%
Gesamtmarkt	**400 Mio. €**	**100,0%**

Abb. V.54: Umsatz und Marktanteile Slowakei (Stand 2015) (Quelle: Eigene Darstellung)

Ungarn	Umsatz in Mio. €	Marktanteile in %
Neckermann Ungarn	k. A.	
TUI Magyarorszag	k. A.	
Best Reisen	k. A.	
Karthago Tours (Exim Tours Tschechien/DER Touristik)	k. A.	
Green Travel	k. A.	
Ibusz (Bus- Und Pkw-Reisen)	k. A.	
TOP 6 zusammen	**250 Mio. €**	**50,0%**
Übrige Veranstalter (viele kleine Busunternehmen)	250 Mio. €	50,0%
Gesamtmarkt	**500 Mio. €**	**100,0%**

Abb. V.55: Umsatz und Marktanteile Ungarn (Stand 2015) (Quelle: Eigene Darstellung)

(15) Der relativ kleine **ungarische Markt** hängt immer noch stark von den drei österreichischen und deutschen Marktführern Neckermann, TUI und DER Touristik/Karthago Tours ab (Abb. V.55). Mit Best Reisen und Green Tours haben sich inzwischen aber auch zwei einheimische Wettbewerber im Markt etabliert. Wie in Polen (Orbis) profitiert auch in Ungarn der ehemalige Staatskonzern Ibusz unverändert von seinem umfassenden Reisebürovertriebsnetz mit Busreisen, Incoming- und Business-Travel-Funktionen. Die vorgenannten Unternehmen erwirtschaften zusammen einen Marktanteil von ca. 50 % im rund 500 Mio. Euro großen ungarischen Veranstaltermarkt. Ansonsten ist der ungarische Markt sehr zersplittert und verfügt überwiegend über kleine Busreisenveranstalter zumeist mit zusätzlichen Incoming-Funktionen.

(16) Der **rumänische Veranstaltermarkt** ist mit Ausnahme der DER Touristik (Generalagenturvertrieb für DERTOUR, Meier's Weltreisen) bislang noch nicht in den Fokus der westeuropäischen Veranstalter gelangt(Abb. V.56). Happytour wurde von einer spanischen Venture-Capital-Firma übernommen. Viele einheimische Unternehmen sind zugleich in verschiedenen anderen touristischen Geschäftsfeldern (u. a. Business Travel, Incoming) tätig. Professionelle Veranstaltermarktstrukturen fehlen bislang. Das Marktvolumen ist mit 500 Mio. Euro Umsatz gemessen an der Einwohnerzahl des Landes sehr gering. Die Top 6 erwirtschaften zusammen einen Marktanteil von rund 50 %. Der Rest des Veranstaltermarktes ist sehr zersplittert und besteht aus vielen kleinen Busunternehmen zum Teil mit zusätzlichen Incoming-Funktionen.

In den beschriebenen osteuropäischen EU-Ländern ist die Reiseintensität noch sehr niedrig. Darüber hinaus werden eher erdgebundene preiswerte Reisen per Pkw und Bus unternommen, die weitgehend selbst organisiert werden. Viele Reisen bleiben im Inland oder gehen ins benachbarte Ausland. Für einen klassischen Pauschalflugreisetourismus sind zumeist die notwendigen Voraussetzungen nicht vorhan-

Rumänien	Umsatz in Mio. €	Marktanteile in %
Happytour	k. A.	
Paralela 45	k. A.	
Aerotravel	k. A.	
Perfect Tour	k. A.	
Jinfo Tour	k. A.	
DER Touristik Deutschland	k. A.	
TOP 6	**250 Mio. €**	**50,0%**
Übrige Veranstalter (viele kleine Busunternehmen)	250 Mio. €	50,0%
Gesamtmarkt	**500 Mio. €**	**100,0%**

Abb. V.56: Umsatz und Marktanteile Rumänien (Stand 2015) (Quelle: Eigene Darstellung)

den(Volumen, Flugkapazität, Vertriebskanäle und Reservierungs-/Vertriebssysteme). Am ehesten können noch die zu Deutschland und Österreich grenznahen Länder professionell erschlossen werden. Wie in fast allen osteuropäischen Reisemärkten dominieren bei den Reisezielen angesichts der eingeschränkten Kaufkraft der Bevölkerung die Destinationen im östlichen und südlichen Mittelmeer sowie auf dem Balkan (Türkei, Tunesien, Ägypten, Marokko, Bulgarien, Griechenland, Kroatien, Montenegro).

Für weitere osteuropäische Länder wie Bulgarien, Serbien, Kroatien, Slowenien und andere Länder Ex-Jugoslawiens, das Baltikum, die Ukraine und Weißrussland liegen keine Marktinformationen vor. Auch für den Veranstaltertourismus aus Griechenland und Portugal konnten keine Datenquellen gefunden werden.

2.1.3.3 Wettbewerbsverhältnisse, Marktstrukturen und Marktzugangsbedingungen in den europäischen Veranstaltermärkten

Die Analyse der Wettbewerbsintensität in den einzelnen Ländermärkten lässt Rückschlüsse auf die Reife des jeweiligen Marktes zu. Je höher die Konzentration, desto höher sind Sättigung und Marktreife. In vielen Ländern mit einer hohen Marktkonzentration wird durch das vertikal integrierte Geschäftsmodell der Marktzugang für andere Anbieter aus dem In- und Ausland erschwert, weil die den marktführenden Veranstaltern gehörenden kontrollierten Reisevertriebskanäle on- und offline zu 70– 100 % ausschließlich die Reisen der Konzernveranstalter anbieten. Aufgefüllt wird das Sortiment durch nichtkonkurrierende Spezialreiseveranstalter, zu denen in den meisten Märkten auch die wachstumsstarken Kreuzfahrtenreedereien gehören, sowie landesspezifische Basisprodukte wie z. B. Flug- und Fährtickets in West-, Nord- und Südeuropa oder Bahnfahrkarten und Busreisen in Zentral- und Osteuropa.

In den hoch konzentrierten Märkten mit vertikaler Vertriebsbindung wie Großbritannien, Irland, Skandinavien, Benelux und der Schweiz steht somit einem Markteinsteiger kein ausreichend großes ungebundenes Reisebürovertriebsnetz zur Verfügung, sodass diese Märkte weitgehend gegen Wettbewerb abgeschottet sind und Newcomern lediglich das Internet/Metasearcher oder alternative Vertriebswege zur Verfügung stehen. In diesen Märkten müssen ungebundene Reisebüros als Händler oder Makler mit eigenem Insolvenzschutz und entsprechender Veranstalterhaftung operieren, einen Handelsvertreterstatus gibt es dort für sie nicht. Genau aus diesen wettbewerbsbeschränkenden Gründen hatte in Deutschland das Bundeskartellamt 1994 die Vertriebsbindung untersagt (vgl. Kap. IV.3.2), sodass dort alle Reisebüros als Handelsvertreter zu vergleichbaren Bedingungen im Prinzip jeden Reiseveranstalter vermitteln können. Dennoch gelten 6.200 der 9.000 stationären Reisebüros als kontrollierter Vertrieb der drei deutschen Marktführer. Innerhalb des Sortiments wird zwar die Steuerung der Umsätze auf die jeweiligen Konzernveranstalter besonders honoriert, ausgelistet bzw. offen boykottiert wird jedoch kein Wettbewerber, was auch das in Deutschland geltende Handelsvertreterrecht nicht zulassen würde. Ähnliche Marktverhältnisse bestehen in Österreich, Spanien sowie allen süd- und osteuropäischen Märkten, wo es bislang durchweg kein vertikal integriertes Geschäftsmodell gibt.

In den meisten Ländern Europas gibt es eine **Lizenzierung** von Reiseveranstaltern und Reisebüros, wobei behördliche Auflagen und arbeitsrechtliche Voraussetzungen wie auch der Nachweis der Versicherungen für Insolvenzschutz und Veranstalterhaftung durch Handels-/Wirtschaftskammern und/oder Gewerbeaufsichtsämter geprüft werden. Deutschland ist eines der wenigen Länder, in dem eine solche Lizenzierung nicht erfolgt. Fragt man die Zulassungsbehörden und auch die Fachverbände nach der Zahl der Veranstalter und Reisebüros, so erhält man in vielen Ländern dennoch keine befriedigenden Auskünfte. So ist vor allem in Ländern, die selbst attraktive touristische Zielgebiete sind, eine erhebliche Vermischung von Reisevermittlungsfunktionen gegeben, weil neben der Vermittlung von Outgoing-Veranstalterreisen auch in erheblichem Umfang Incoming-Leistungen eingeschlossen sind wie Ausflugsverkauf, Vermittlung eigener Busreisen, lokale Zimmervermittlung, Wechselstubengeschäfte, Verkauf von Tickets aller Art für lokale Verkehrsmittel, Busse, Bahnen, Bergbahnen, Skipässe, Ausflugsschiffe, Fähren, Fahrradverleihe etc., die in den meisten dieser Länder zur Reisevermittlung zählen. Auch eine Spezialisierung und Separierung der Business-Travel-Dienstleister ist zumeist nicht vorhanden. In vielen dieser Länder ist die Zahl der zugelassenen Reisevermittler überzeichnet und daher mehr als doppelt so hoch wie die tatsächlich im Outgoing-Tourismus tätigen Reisebüros.

2.1.3.4 Divergierende Marktcharakteristika ausgewählter europäischer Länder

In vielen Ländern bestimmen vor allem geografische und natürliche Faktoren die Logistik, Motivation und Art der Reisen, sodass eine Gleichbehandlung verschiedener Märkte durch Synergien und Marketingmaßnahmen aufgrund der Heterogenität nahezu unmöglich ist. Nur wenige Urlaubsreisemärkte weisen Ähnlichkeiten auf. Vor allem profitgetriebene, globale bzw. internationale Reisekonzerne unterschätzen oft, dass ihr Markterfolg primär von diesen individuellen natürlichen Ressourcen und Rahmenbedingungen abhängt und weniger von betriebswirtschaftlichem Know-how und Steuerungsmechanismen. Nationale und regionale Wettbewerber mit Ausrichtung auf die Individualität und Homogenität einzelner Märkte können sich oft besser auf die jeweiligen Besonderheiten einstellen und die geringen Margen in der Touristik effizienter ausschöpfen. Nachfolgend sind einige besonders divergierende internationale Marktbedingungen dargestellt.

In **Großbritannien und Irland – aber auch in Schweden, Norwegen und Finnland –** findet die Veranstalterreise aufgrund der **Insellage** fast ausschließlich mit dem Flugzeug statt (überwiegend Charterverkehre aufgrund der extremen Ballung in den Hauptsaisonzeiten auf einige wenige Zielflughäfen). Auch der Kreuzfahrtenmarkt profitiert aufgrund der geografischen Insellage überproportional. In Großbritannien und Irland sind die durchschnittlichen Reisepreise pro Person sowohl für die Pauschalreise als auch für die Bausteinreise wegen des Fluganteils gegenüber anderen Ländern überproportional hoch. Gleichzeitig profitierten vor allem die Briten lange von einem extrem starken Pfund-Wechselkurs, der nunmehr insbesondere durch den beschlossenen EU-Austritt gerade ins Gegenteil umschlägt. Pkw-Tourismus spielt für die Briten wegen des Linksverkehrs nur im Inland eine Rolle; nur rund 4 % aller Briten verlassen ihre Insel bei Urlaubsreisen mit dem Auto, sodass dem Flugtourismus bei Auslandsreisen mit rund 90 % eine wesentlich höhere Bedeutung zukommt als in Mitteleuropa.

In den **skandinavischen Ländern** wird aufgrund der klimatischen Verhältnisse (Kälte und Dunkelheit im Winter, Sonnenschein/Wärme und fast 24 Stunden Tageslicht im Sommer) zu 70–80 % nur im Winter gereist. Dabei werden zumeist Sonnenziele gewählt, die im Winter fast ausschließlich auf den Kanarischen Inseln sowie in Ferndestinationen (vor allem Thailand und Nachbarländer) zu finden sind. In Dänemark, Frankreich und Benelux ist der Pkw-/Camping- und Ferienwohnungs-/ -häusertourismus sehr stark. Auch der Anteil des Bustourismus ist dort überproportional hoch.

In fast allen **osteuropäischen Staaten** liegt das Urlaubsreisegeschäft fest in der Hand von reinen Busreiseveranstaltern sowie beim Pkw-Tourismus (Eigenanreise), wobei zumeist nur ein Hotel oder eine Ferienwohnung gebucht wird (mit zunehmender Tendenz direkt im Internet). In den südeuropäischen Ländern wie Spanien, Italien, Frankreich, Griechenland oder Portugal reisen viele Touristen in eigene oder der Familie gehörende Immobilien an die einheimischen Küsten und fallen als Umsatzbringer für den Outgoing-Tourismus aus.

Südeuropäer reisen deutlich weniger als die Bewohner des restlichen Europas, weil sie zum einen Sun&Beach-Urlaub zuhause, zumindest aber im Heimatland, machen können und zum anderen sehr häufig Urlaub in eigenen oder Verwandten und Freunden gehörenden Immobilien verbringen. Darüber hinaus sind sie sehr Kreuzfahrt-affin, weil sich in den Mittelmeerländern die größten Kreuzfahrthäfen mit dem umfangreichsten Angebot quasi vor der Haustür befinden. Eventuell erforderliche Buchungen bei den Inlandsreisen werden zumeist über die bestehenden Zielgebietsagenturen in den Urlaubsgebieten getätigt, die oftmals zugleich für die internationalen Reiseveranstalter tätig sind. Wenn Südeuropäer dennoch Auslandsreisen unternehmen, dann bevorzugt in Länder, die zur gleichen, zumeist romanischen, Sprachfamilie gehören. Aufgrund des gesättigten Sun&Beach-Bedarfs orientieren sich die Reisemotive dann eher an Sightseeing-, Kultur- und Shoppingmotiven. Auffällig ist dabei, dass die internationalen Veranstaltermarktführer sich in keinem dieser Länder etablieren konnten und auch die einheimischen Veranstalter keine marktbeherrschenden Positionen erreichen.

Auch in **außereuropäischen Quellmärkten** gibt es viele Besonderheiten wie Visa- und Devisen-Problematiken. Darüber hinaus mögen Asiaten grundsätzlich keinen Sun&Beach-Urlaub, den sie ähnlich wie Afrikaner und Lateinamerikaner aufgrund ihrer Hautfarbe weder benötigen noch vertragen. Sie reisen primär zum Shopping oder partiell aus Sightseeing-Gründen, was das Zielgebietsportfolio maßgeblich beeinflusst (eher Städteziele, keine Sonnen-, Wellness- und Aktivitätsziele). Ähnlich verhält es sich mit den nordamerikanischen Quellmärkten. Das Interesse an Sehenswürdigkeiten und Events differiert aufgrund religiöser, mentaler, sozialer und historischer Interessenlagen ebenfalls sehr stark, vor allem in außereuropäischen Quellmärkten. Auch ethnische Motive zum Verwandtenbesuch dominieren oftmals schon allein aus Visa-Gründen.

Auffallend ist auch, dass weltweit nie mehr als 10 % der Urlauber eines Landes die jeweilige Hemisphäre verlassen. Das gilt auch für starke Reiseländer wie Deutschland (8 %) und Großbritannien (10 %), aber auch für die USA, Kanada und Japan, wo nur jeweils maximal 10 % der Bevölkerung einen Reisepass besitzen, mit dem sie die Welt bereisen könnten.

2.1.3.5 Abweichendes Destinationsportfolio in anderen europäischen Märkten

Zu den zuvor aufgeführten Besonderheiten kommt hinzu, dass die Zielgebietsprioritäten von Land zu Land sehr unterschiedlich sind und sich die lokalen Wettbewerber entsprechend darauf eingestellt haben. Österreicher bleiben gern auf dem Balkan (Griechenland, Türkei und ehemaliges Jugoslawien) und in Italien, weniger gefragt ist das westliche Mittelmeer (Spanien, Portugal).

Briten, Iren, Franzosen, Spanier, Portugiesen und Niederländer reisen gern in ihre ehemaligen Kolonien in Übersee, nicht zuletzt aus sprachlichen, ethnischen und mentalen Gründen. Briten präferieren in Europa stark Spanien (vor allem die Kanaren) und sind zum Teil auch aufgrund der großen Entfernungen seltener in der Türkei, Griechenland und Nordafrika anzutreffen. Somit war der britische Markt auch weniger von den Golf- und Jugoslawienkriegen betroffen als die mitteleuropäischen Märkte. Die Skandinavier bevorzugen aus den oben dargestellten Gründen im Winter Fernreisen vor allem nach Asien.

Von den insgesamt 71 Mio. britischen Urlaubsreisen ins Ausland gehen allein 16,2 Mio. nach Spanien inkl. aller Inseln, 12,1 Mio. nach Frankreich, 5,2 Mio. in die USA bzw. nach Kanada, 4,1 Mio. nach Italien, aber nur jeweils 2,6 Mio. gehen nach Griechenland und Portugal. Die Türkei mit 2,4 Mio. Reisen und die nordafrikanischen Destinationen mit zusammen 1,8 Mio. Reisen spielen anders als in den mitteleuropäischen Quellmärkten eine vergleichsweise untergeordnete Rolle. Die restlichen 24 Mio. Reisen verteilen sich zu rund 60 % auf ehemalige Kolonien oder Commonwealth-Länder (wie Kanada, Australien, Neuseeland, Südafrika, Indien, Zypern, Indochina etc.), die in anderen europäischen Ländern eine eher untergeordnete Rolle spielen. Unter den restlichen Destinationen befinden sich auch die deutschsprachigen Länder, wobei Österreich und die Schweiz aufgrund des sehr starken Wintertourismus zusammen genauso viele britische Urlauber empfangen wie Deutschland. Auffallend ist, dass französischsprachige Destinationen, nordafrikanische Mittelmeerländer, Südamerika und auch osteuropäische Ziele bislang nur ein sehr geringes Interesse bei britischen Auslandsurlaubern aufweisen. Hinzu kommt, dass die Briten mit rund 1,8 Mio. Reisen gemeinsam mit Deutschland den zweitgrößten Kreuzfahrtenmarkt nach den USA stellen.

Ein ähnliches Destinationsportfolio und Reiseverhalten wie die Deutschen weisen derzeit nur die Österreicher und Schweizer sowie mit Abstrichen die Bewohner der Benelux-Staaten und einige nahe gelegene osteuropäische Länder (Tschechien, Slowakei, Ungarn und Polen) auf. Alle west-, nord- und mitteleuropäischen Quellmärkte verzeichnen – anders als die Südeuropäer – überwiegend aus klimatischen Gründen eine relativ hohe Nachfrage nach Auslandsreisen in Warmwasserziele, weil rund zwei Drittel der Reisenden als Hauptmotiv der Urlaubsreise Sonne, Strand und Erholung angeben. Mit Ausnahme der osteuropäischen Quellmärkte ist Spanien überall in Europa mit zum Teil weitem Abstand die wichtigste Flugreisedestination. Rang 2 und 3 belegen i. d. R. Italien und Portugal. Die Türkei und die nordafrikanischen Länder sind nur in Deutschland, Österreich, Russland und anderen osteuropäischen Ländern eine dominante Größe als Flugreiseziele.

Insoweit ist je nach Land ein sehr unterschiedliches Marketing- und Destinationsportfolio erforderlich, um den spezifischen nationalen und ethischen Reisegewohnheiten gerecht zu werden. Gravierende Unterschiede gibt es ferner bei Verpflegung, Betten-/Zimmerkonfiguration, Verkehrsmittelwahl je nach Nähe zu den bevorzugten Zielen, Reiseleitung, Sprache/Fremdsprachenkenntnis, Gruppen-, Familien- und Individualreisen, Saisonalitäten entsprechend den Schulferien/Feiertagen, die in vielen Länder völlig anders liegen als in Deutschland. Für eine internationale Vertriebsstrategie lassen sich allenfalls Ländergruppen bilden, die gewisse Ähnlichkeiten bei

Kundenbedürfnissen und Reiseverhalten aufweisen. Allerdings betrifft dies lediglich reine Hotel- und Beherbergungsangebote und zu einem kleinen Anteil Fernreisen mit Linienfluggesellschaften, die über internationale Hubs fliegen. Bei der Pauschalreise gibt es aufgrund der Flugplanung nur lokale und regionale Quellmärkte, die global ohne Bedeutung sind.

Bei Flugreisen aus den kleineren Quellmärkten in Volumendestinationen wird zusätzlich eine ausreichende Charterflugkapazität benötigt, die in den meisten Ländern weder von den National-Carriers noch von unabhängigen Airlines bereitgestellt werden kann, sodass ein Reiseveranstalter diese selbst zur Verfügung stellen muss und damit ein stark risikobehaftetes vertikal integriertes Geschäftsmodell akzeptieren muss. Bei Pauschalreisen differieren zwischen den Ländern zudem Geschäftsmodelle, Preis-, Produkt- und Qualitätsstrategien das verfügbare Flugangebot, die geografische Lage, die Vertriebskanäle und die wirtschaftliche Reife der Märkte. Aufgrund unterschiedlicher internationaler Flugrechte sind nur selten Synergien und Auslastungsoptimierungen über die Umläufe der im deutschen Quellmarkt tätigen Bedarfsfluggesellschaften möglich. Jedes Land ist daher für sich separat zu betrachten. Gemeinsamkeiten sind die große Ausnahme. Beispielsweise haben Österreich und die Schweiz ähnliche Geschäftsmodelle, allerdings unterschiedliche Produkt- und Preisstrategien sowie einen anderen Zielgebietsmix. Deutschland und die Niederlande weisen hingegen unterschiedliche Geschäftsmodelle auf, aber sowohl die Produkt- und Preisstrategie als auch der Zielgebietsmix sind sehr ähnlich. In Osteuropa dominieren das Busreisengeschäft und der Pkw-Tourismus, weil es kaum Bedarfsfluggesellschaften gibt, die ein entsprechendes Flugangebot in die klassischen Urlaubszielgebiete ermöglichen. Dazu würde es auch eines Basisnachfragevolumens bedürfen, das es erlaubt, täglich eine Auslastung von drei, vier oder fünf Flugzeugen mit einem attraktiven Destinationssortiment profitabel zu beschäftigen. Angesichts der geringen Kaufkraft und der geringen Größe vieler osteuropäischer Länder sind diese Voraussetzungen bislang nicht gegeben.

Nicht nur die Tatsache, dass Großbritannien eine Insel ist, fast keinen Pkw-Tourismus ins Ausland aufweist (Linksverkehr!) und eine starke Kreuzfahrernation ist, auch der Urlaubsdestinationsmix unterscheidet sich erheblich von den mitteleuropäischen Festlandsmärkten. Von unschätzbarem Vorteil ist dabei, dass sich britische Urlauber sehr individuell und flexibel im Ausland bewegen können, weil sie sich in 70–80 % ihrer Ziele in ihrer Muttersprache verständigen können, die dort Landes- oder offizielle Zweitsprache ist (z. B. Nordamerika, Indien, ehemaliger Commonwealth) oder auch in fernen Kulturen von breiten Bevölkerungsschichten als erste Fremdsprache von vielen verstanden wird (z. B. China, Japan, Russland). Dies könnte u. a. auch ein Grund sein, warum das Internet im angelsächsischen Sprachraum eine deutlich höhere Verbreitung hat; schließlich werden über die gemeinsame englische Sprache weit mehr Internet-Nutzer erreicht als in anderen Sprachen. Auch Franzosen (Afrika, Karibik, Südsee) und Spanier (Mittel-/Südamerika, Karibik) nutzen ihren Sprachvorteil bei Urlaubsreisen, deutsche Urlauber sind hingegen stark benachteiligt, weil sie sich ausschließlich in der Heimat sowie in den kleinen Nachbarländern Österreich, Schweiz und Südtirol in ihrer Landessprache verständigen können; in 90 % ihrer Auslandsziele benötigen sie Fremdsprachenkenntnisse. Deutsch zählt hingegen nicht zu den zehn weltweit am meisten gesprochenen Sprachen.

2.2 Die Nachfrageseite des Marktes: Volumina, Strukturen, Zielgruppen

Die Nachfrage nach Urlaubsreisen wird durch Kunden- oder Haushaltsbefragungen ermittelt. Im Kap. V.1.4 sind die gängigen Untersuchungen für den deutschen Reisemarkt dargestellt. Die meisten sind öffentlich nicht zugänglich. Lediglich die Reiseanalyse von FUR gibt jedes Jahr zur ITB sowie auszugsweise in der öffentlich zugänglichen Literatur ausgewählte Ergebnisse frei. Nachfolgend werden einige Ergebnisse aus der Reiseanalyse dargestellt, aus denen auch ersichtlich wird, welche Auswertungsmöglichkeiten mit diesem Marktforschungsinstrument möglich sind. Der Schwerpunkt der Analysen liegt auf der Untersuchung des Reiseverhaltens bei langen Urlaubsreisen mit mindestens vier Übernachtungen. Kurzreisen bis maximal drei Übernachtungen werden in groben Strukturen dargestellt, weil im Rahmen einer nur einmal jährlichen, persönlichen Face-to-Face-Befragung viele Details dieser Reisen nicht mehr in Erinnerung sind. Ergänzend wird seit 2008 eine Online-Reiseanalyse durchgeführt, die speziell das Reiseverhalten von Online-Nutzern untersucht.

2.2.1 Grundstrukturen der deutschen Reisenachfrage

Hauptindikator für das Reiseverhalten in Deutschland ist die **Reiseintensität**, d. h. der Anteil der Bevölkerung über 14 Jahre, die mindestens eine lange Urlaubsreise (ab vier Übernachtungen) gemacht haben. Die Reiseintensität stagniert seit 2000 bei rund 76–77 % mit einer engen Schwankungsbreite (vgl. Abb. V.57). Bis 1985 lag diese Kennziffer noch unter 60 % und stieg nach der Wiedervereinigung Deutschlands ab 1990 über die 70-%-Marke bis auf den bisherigen Höchstwert von 77,8 % im Jahr 1995. Auch der aktuelle Wert 2015 lag in dieser Bandbreite. Eine Reiseintensität von rund 75 % bedeutet zugleich, dass 25 % der über 14-jährigen Bevölkerung keine langen Urlaubsreisen unternimmt. Das heißt aber nicht, dass diese Menschen nie reisen. Viele von ihnen sind sog. Intervallreisende, die unregelmäßig alle 2, 3 oder 4 Jahre einmal eine Urlaubsreise unternehmen; einige machen zwar keine lange Urlaubsreise, darüber hinaus aber durchaus Kurzreisen.

Kategorisiert man die Urlauber nach den **Reisefrequenzen**, dann waren 2015 65 % regelmäßige Urlaubsreisende, 23 % waren Intervallreisende, von denen 12 % im Jahr 2015 tatsächlich gereist sind, und 12 % nicht, wohl aber in einem der Vorjahre

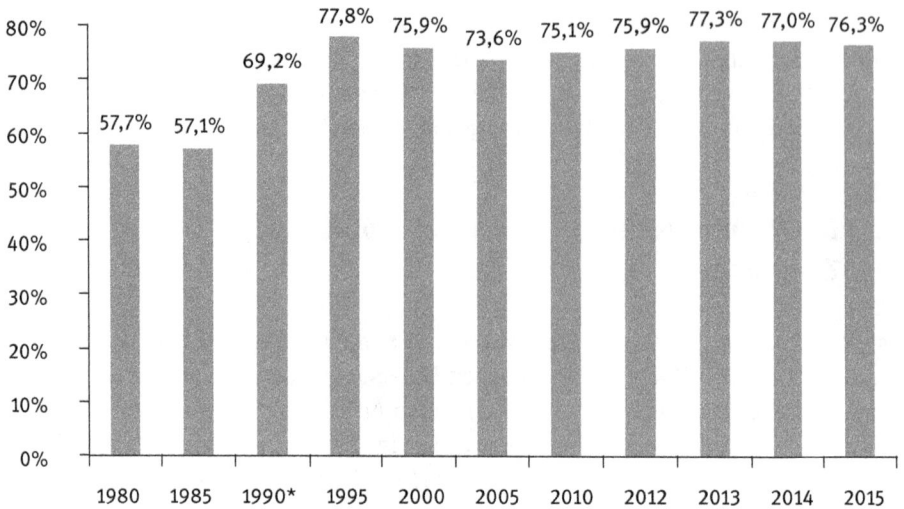

*Inkl. Neue Bundesländer

Abb. V.57: Entwicklung der Urlaubsreiseintensität (Quelle: REISEANALYSE 2016)

verreist waren (vgl. Abb. V.58). 12 % der Befragten sind Selten- oder Nie-Reisende, weil sie zumindest in den letzten 3 Jahren keine Urlaubsreise machten.

Viele Menschen unternehmen aber auch mehrere lange Urlaubsreisen pro Jahr. Seit ca. 15 Jahren liegt die Zahl der Haupturlaubsreisen bei rund 49 Mio. (vgl. Abb. V.59). Hinzu kommen ebenfalls stabil rund 15–16 Mio. Zweit, Dritt- bzw. Mehrfachreisen, die überwiegend von Besserverdienenden unternommen werden.

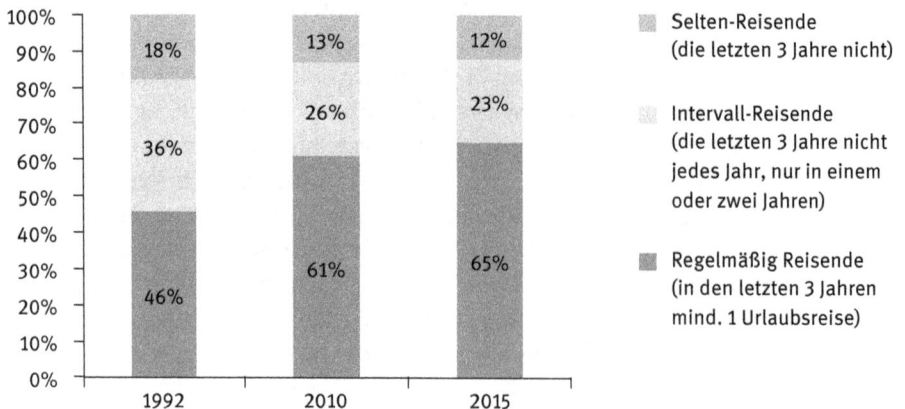

Abb. V.58: Entwicklung der Reiseregelmäßigkeit (Quelle: REISEANALYSE 2015 und 2011)

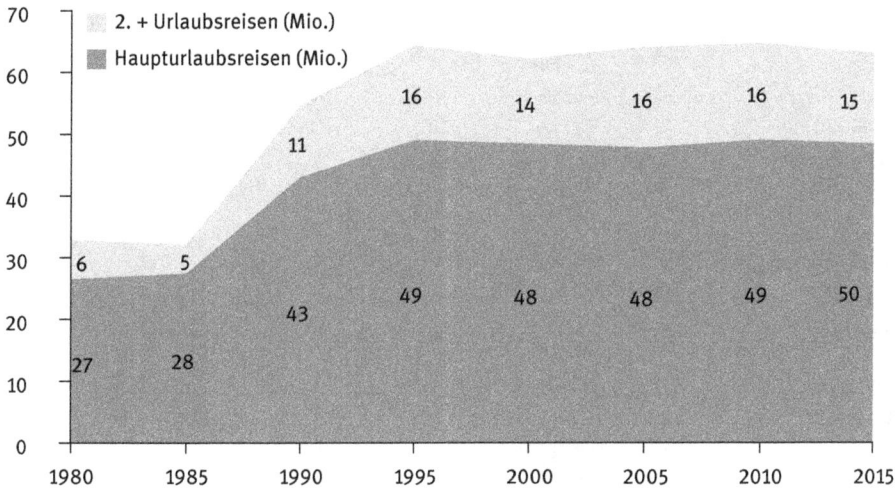

Abb. V.59: Entwicklung der Haupturlaubsreisen und der zusätzlichen Reisen in Mio. – Basis: Urlaubsreisen der Deutschen (Quelle: REISEANALYSE 2016)

Die Gründe für die Nichtreisenden sind vielfältig. Häufig kommen gleichzeitig mehrere Ursachen zusammen. 49 % bleiben aus finanziellen Gründen sowie wegen Arbeitslosigkeit oder beruflicher Unsicherheit zuhause. Mit 34 % folgen gesundheitliche Gründe und Altersgründe auf Platz 2 vor familiären Gründen und Betreuungspflichten mit 21 % sowie beruflichen Gründen mit 16 %. Weitere wesentliche Hindernisse für Urlaubsreisen sind die Präferenz von Kurzreisen/Tagesausflügen mit 11 % und andere Ausgabeprioritäten mit 10 %.

2.2.2 Ausgewählte Einzelergebnisse

Eines der wichtigsten Reisemerkmale ist das **Reiseziel**. Die Ziele können länderbezogen noch tiefer gegliedert nach Zielregionen (z. B. Balearen, Kanaren, spanisches Festland) betrachten werden, doch an dieser Stelle werden nur globale Eckwerte dargestellt (vgl. Abb. V.60). Der **Inlandstourismus** hat seit 2000 an Bedeutung zugenommen. Fast ein Drittel aller Urlauber blieb 2015 in Deutschland, 1 Prozentpunkt mehr als 10 Jahre zuvor. Auch der Anteil der Flugreisen in Mittelmeerziele haben ebenso wie die **Fernreisen** im Betrachtungszeitraum um jeweils 2 Prozentpunkte von 37 % auf 39 % bzw. 7 % auf 9 % zugenommen. Verloren haben somit fast alle erdgebundenen europäischen Ziele mit –6 Prozentpunkten auf nur noch 21 %.

Die Daten der Reiseanalyse erlauben es auch die Reiseziele nach **Altersgruppen** aufzugliedern. Dabei wird ersichtlich, dass der Trend zum Inlandstourismus vor allem von den Best Agern (ab 50 Jahre) und Senioren (ab 65 Jahre) getrieben ist, die demografisch am stärksten zunehmen. Fernreisen sind hingegen eher eine Domäne

Alter	< 30 Jahre	30–49 Jahre	50–64 Jahre	65–74 Jahre	< 75 Jahre	2015 Gesamt	2000 Gesamt
in Mio	13,3	18,6	16,9	9,1	5,1	63,1	62,2
Deutschland	21%	28%	30%	41%	51%	31%	29%
Mitteleuropa	6%	6%	7%	7%	7%	7%	8%
Westeuropa	10%	7%	6%	6%	6%	7%	9%
Nordeuropa	4%	3%	4%	3%	1%	3%	4%
Mittelmeer insgesamt	45%	43%	41%	30%	23%	39%	37%
Osteuropa	3%	3%	3%	6%	8%	4%	6%
Fernziele	12%	10%	10%	7%	4%	9%	7%

Abb. V.60: Entwicklung der Reisezielgebiete nach Altersgruppen – Basis: alle langen Urlaubsreisen (Quelle: REISEANALYSE 2016)

Inland	Marktanteil an allen Urlaubsreisen nach Deutschland		Ausland	Marktanteil an allen Urlaubs reisen ins Ausland	
	19,48 Mio. Reisen			43,64 Mio. Reisen	
	in %	in Mio.		in %	in Mio.
Bayern	18,5%	3,59	Spanien	19,8%	8,64
Mecklenburg-Vorpommern	18,1%	3,53	Italien	10,8%	4,73
Niedersachsen	14,6%	2,84	Türkei	9,2%	4,04
Schleswig-Holstein	13,3%	2,59	Österreich	8,1%	3,53
Baden-Württemberg	8,7%	1,70	Kroatien	4,5%	1,95
Nordrhein-Westfalen	5,5%	1,07	Frankreich	4,3%	1,89
Sachsen	4,2%	0,82	Griechenland/ Rhodos/ Kreta	4,2%	1,83
Berlin	3,2%	0,63	Niederlande	3,2%	1,39
Rheinland-Pfalz	2,9%	0,57	Polen	2,9%	1,26
Brandenburg	2,6%	0,50	USA	2,9%	1,26
Sonstige	11,0%	2,14	Sonstige	33,0%	14,38

Abb. V.61: Urlaubsreiseziele Top 10 Inland und Ausland – Basis: Urlaubsreisen von Deutschen 2015 (Quelle: REISEANALYSE 2016)

der Existenzgründer (unter 30 Jahre) und Best Ager. Der Mittelmeertourismus wird schwerpunktmäßig von den jungen und mittleren Altersgruppen (20–50 Jahre) sowie den Familien dominiert, spielt mit zunehmendem Alter aber eine immer geringere Rolle. Ost- und Mitteleuropa wird vor allem von den alten Zielgruppen (ab 65 Jahre) präferiert. Alle anderen Ziele sind eher indifferent.

Die Inlands- und Auslandsreisen 2015 können weiter nach den wichtigsten Zielgebieten differenziert werden (vgl. Abb. V.61). Bayern, Mecklenburg-Vorpommern, Schleswig-Holstein und Niedersachsen – also die Alpen sowie die Nord- und Ostsee –

Erdgebundene Reisen	Marktanteil an allen erdgebundenen Urlaubsreisen		Flugreisen	Marktanteil an allen Flug-Urlaubsreisen	
36,52 Mio. Reisen			*24,26 Mio. Reisen*		
	in %	in Mio.		in %	in Mio.
Deutschland	51,6%	18,8	Spanien	31,3%	7,8
Italien	10,1%	3,7	Türkei	15,5%	3,8
Österreich	9,3%	3,4	Griechenland/ Rhodos/ Kreta	6,9%	1,7
Frankreich	4,2%	1,5	USA	4,9%	1,2
Kroatien	4,1%	1,5	Südostasien (Thailand, Indonesien,Phillipinen, Neuguinea etc.)	4,0%	1,0
Niederlande	3,6%	1,3	Italien	3,7%	0,9
Polen	3,3%	1,2	Ägypten	3,4%	0,8
Dänemark	2,4%	0,9	Portugal/ Madeira/ Azoren	2,9%	0,7
Spanien	2,0%	0,7	Karibik	2,7%	0,7
Schweiz/ Schweizer Alpen	1,6%	0,6	Bulgarien	1,9%	0,5
Sonstige	7,8%	2,8	Sonstige	21,1%	5,1

Abb. V.62: Urlaubsreiseziele mit erdgebundenen Verkehrsmitteln und Flügen – Basis: lange Urlaubsreisen von Deutschen 2015 (Quelle: Reiseanalyse 2016)

sind das Ziel von fast zwei Dritteln (65 %) aller Inlandsurlauber, alle anderen Bundesländer spielen kaum eine Rolle. Betrachtet man alle Reiseformen, dann entfallen fast die Hälfte (48 %) aller Auslandsurlaube auf die Länder Spanien, Italien, Österreich und Türkei.

Differenziert man die Zielgebietsbetrachtung statt nach Inland und Ausland nach erdgebundenen Reisen und Flugreisen, so ergibt sich ein anderes Zielgebietsportfolio (vgl. Abb. V.62). 52 % aller erdgebundenen Reisen per Pkw, Bus oder Bahn führen in Inlandsziele, weitere 28 % in Nachbarländer wie Österreich, Frankreich, die Niederlande und nach Italien. Auf alle anderen Länder entfallen nur rund 20 % aller erdgebundenen Reisen. Fast jede dritte Flugreise deutscher Urlauber (31 %) führt nach Spanien, weitere 16 % der Flugreisen betreffen die Türkei. Griechenland und die USA auf Rang 3 und 4 sind mit 7 % bzw. 5 % schon weit abgeschlagen. Alle anderen Flugziele am Mittelmeer und in Europa kommen auf insgesamt 36 %, alle anderen Fernflugreisenziele zusammen auf 5 %.

Die Urlaubsreisensegmente können auch nach den **Anreiseverkehrsmitteln** aufgegliedert werden (vgl. Abb. V.63). Große Veränderungen waren dabei in den letzten 15 Jahren nicht festzustellen. Der Anteil der Urlaubsreisen per Pkw (einschl. Wohnmobil/Wohnwagen) stieg um 3 Prozentpunkte auf 42 %. Auch Bahn- und Busreisen nahmen um jeweils 1 Prozentpunkt auf 5 % bzw. 8 % ab. Entsprechende Zuwächse weisen Flugreisen auf 39 % und Kreuzfahrten auf 2 % aus.

Verkehrsmittel	in Mio	Gesamt 2015 63,1	Gesamt 2010 63,6	Gesamt 2000 62,2
PKW		42%	44%	45%
PKW mit Wohnwagen		1%	1%	1%
Wohnmobil		2%	2%	2%
Bahn		5%	5%	6%
Bus		8%	8%	9%
Flugzeug		39%	36%	35%
Schiff		2%	2%	1%
Sonstiges		1%	1%	1%

Abb. V.63: Verkehrsmittel für Urlaubsreisen – Basis: alle langen Urlaubsreisen (Quelle: REISEANALYSE 2016)

Ein Blick auf die durchschnittlichen **Reiseausgaben** für lange Urlaubreisen zeigt, dass die Preise nur geringfügig schwanken – trotz aller Einflüsse von Wechselkursen, von Preissteigerungen für Energie und Treibstoffe sowie von Inflationsraten in den Zielländern (vgl. Abb. V.64). Deutsche Urlauber reisen eher budgetorientiert, d. h. sie prüfen ständig, was sie für das verfügbare und im Haushaltsportfolio eingeplante Ausgabevolumen bekommen können. Bei hohen Preisen werden häufig Qualitätseinbußen oder preiswerte Zielländer in Kauf genommen. Bei preisgünstigen Angeboten und günstigen Wechselkursen darf es auch mal eine Fernreise oder ein besseres Hotel sein. Die durchschnittlichen Reiseausgaben pro Person sind seit 2005 um insgesamt

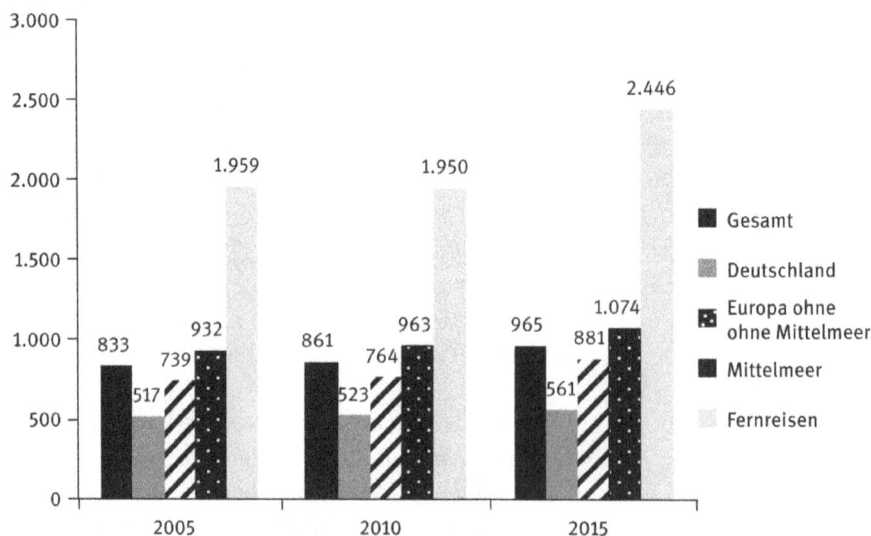

Abb. V.64: Entwicklung der Reiseausgaben pro Person (Quelle: REISEANALYSE)

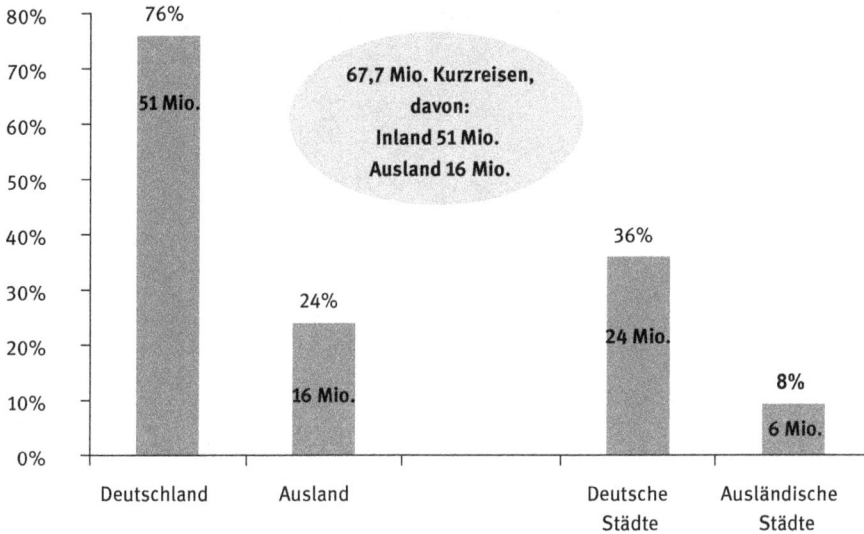

Abb. V.65: Reiseziele von Kurzreisen – deutschsprachige Wohnbevölkerung von 14–70 Jahren (Quelle: REISEANALYSE ONLINE 2016)

15,8 % (+1,5 % p. a.) auf 960 Euro gestiegen. Das gleiche Phänomen ergibt sich für andere Reisearten unabhängig davon, ob es sich um Fern-, Mittelmeer-, Europa- oder Inlandsreisen handelt. Die Ausgaben für Inlandsreisen bewegen sich am unteren Ende der Preisskala bei rund 561 Euro pro Person, Fernreisen am oberen Ende bei rund 2.446 Euro. Reisen in Mittelmeerziele liegen mit rund 1.074 Euro leicht über und Reisen in andere europäischen Länder mit 881 Euro leicht unter dem Gesamtdurchschnitt. Die Reiseausgaben umfassen dabei neben den Ausgaben für die Reiseleistungen auch alle vor Ort getätigten Nebenausgaben.

Während bei langen Urlaubsreisen zwei Drittel ins Ausland führen, beläuft sich dieser Anteil bei Kurzreisen auf nur ein Viertel. Drei Viertel der Kurzreisen finden im Inland statt (vgl. Abb. V.65). 44 % aller Kurzreisen sind Städtereisen, davon 36 % in deutsche und 8 % in ausländische Städte.

Die **Hauptmotive** von Kurzreisen sind mit 38 % Städtereisen, mit 24 % Verwandten-/Bekanntenbesuche und Ausruhurlaube mit 21 % (vgl. Abb. V.66). Dieses Ranking gilt im Wesentlichen auch für alle inländischen Kurzreisen. Bei Auslandsreisen dominiert die Städtereise vor der Kulturreise, dem Verwandten-/Bekanntenbesuch und dem stark gewachsenen Aktivurlaub. Überproportional stark sind auch die Motive Shopping und Aktivitäten bei Auslandskurzreisen.

Die fünf nachfragestärksten **Städtereiseziele** im **Inland** sind Berlin (22 %) vor Hamburg (19 %), München (9 %), Dresden (7 %) und Köln (6 %) (vgl. Abb. V.67). Im **Ausland** liegen London (17 %), Paris (14 %) und Prag (13 %) vor Wien und Amsterdam (jeweils 11 %).

Reiseart in Mio.	Gesamt 67,7	Inland 51,4	Ausland 16,2
Städtereise	38%	35%	48%
Verwandten-/Bekanntenbesuch	24%	27%	14%
Ausruhurlaub	15%	16%	11%
Kulturreise	13%	12%	18%
Aktivurlaub (z.B. Wandern, Radfahren, Skifahren etc.)	10%	9%	13%
Eventreise (z.B. Sport, Volksfest etc.)	7%	7%	7%
Shoppingtrip/Einkaufsreise	7%	7%	8%
Gesundheit-/Fitness-/Wellnessreise	7%	8%	4%
Natururlaub	6%	7%	5%
Sonstiges	6%	6%	3%
Strand-/Bade-/Sonnen-Urlaub	3%	3%	4%
Kurzkreuzfahrt	0%	0%	1%

Abb. V.66: Reisearten von Kurzreisen (Quelle: REISEANALYSE ONLINE 2016)

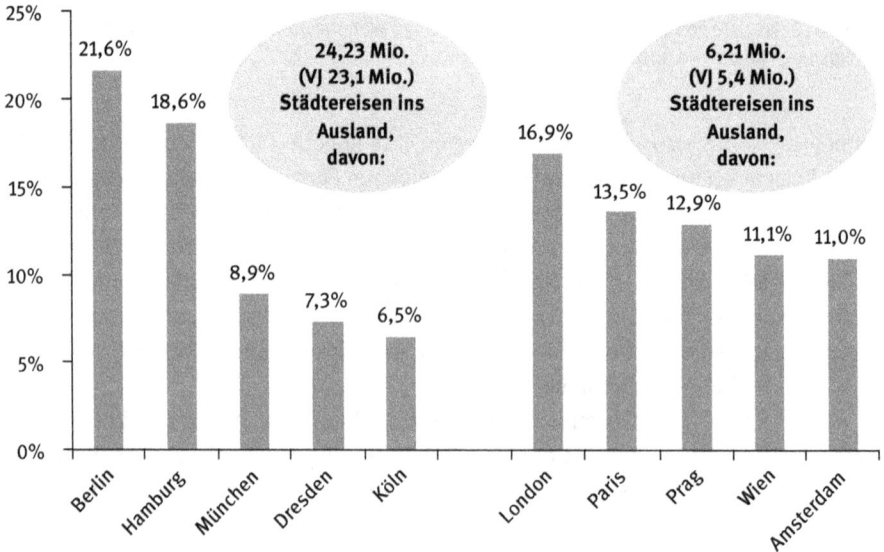

Abb. V.67: Top-Städte-Kurzreiseziele im In- und Ausland (Quelle: REISEANALYSE ONLINE 2016)

3 Zielgruppenmodelle

3.1 Definition, Ermittlung und Anwendung

In der touristischen Praxis werden häufig Daten über Zielgruppen benötigt. Dabei werden die Marktforschungsdaten häufig nicht systematisch abgefragt bzw. ausgewertet, weil singuläre Zielgruppen mit unterschiedlichen Dimensionskorrelationen betrachtet werden. Dessen sind sich viele Produkt- und Vertriebsmanager oft nicht bewusst. Eine systematische Analyse verlangt eine klare Definition der zu korrelierenden Dimensionen bzw. Kriterien, wobei bei mehr als drei Dimensionen, die grafisch, optisch und tabellarisch noch darstellbar sind, schnell der Überblick verloren geht. Das nachfolgende neue Segmentierungsmodell wählt mit dem Zielgruppenwürfel einen praktikablen Ansatz, der eine noch größere Mehrdimensionalität ermöglicht, dies aber schrittweise in überschaubaren maximal dreidimensionalen Auswertungen dokumentiert. Dies funktioniert so lange, wie sich ausreichend große Teilzielgruppen bzw. Fallzahlen aus der Grundgesamtheit einer Befragung ergeben. In der Literatur sind zahlreiche weitere Zielgruppenmodelle zu finden (u. a. FREYER 2011 [Marketing]: S. 186), auf die hier aber nicht weiter eingegangen wird.

Fast alle Nachfrageanalysen zielen auf die Beschreibung von Zielgruppen ab. Diese können einerseits definiert werden durch **soziodemografische Merkmale** wie u. a. Alter, Geschlecht, Familienstatus, Haushaltsgröße, Einkommen, Bildung, Herkunft, Berufstätigkeit. Andererseits ist aber auch eine Identifizierung durch Merkmale des **Reiseverhaltens** möglich wie Flugreisende, Pkw-Reisende, Campingurlauber, All-inclusive-Reisende, Italien-, Deutschland- und Fernreisende, Reisebüronutzer, Reiseveranstalterkunden, verschiedene Reisearten etc. Darüber hinaus ist auch die Beschreibung über **psychografische** und Lifestyle-Merkmale möglich, die über multivariate Verfahren erhoben werden.

Demografische Daten sind dabei in dynamischer Betrachtung am zuverlässigsten und praktikabelsten, weil über diese auch Verknüpfungen mit anderen Themenbereichen und Marktanalysen möglich sind. Verhaltenskriterien sind weitaus instabiler und im Mehrjahresvergleich oft schwer vergleichbar.

Demografische Merkmale können auf Grundlage von Erfahrungswerten auch als Hilfsvariablen für Verhaltensmuster verwendet werden. Dies geschieht in dem Anwendungsbeispiel in Kap. V.3.3, in dem die Auswirkungen der demografischen Überalterung der deutschen Bevölkerung auf die touristischen Märkte dargestellt werden. Dabei wird das Lebensalter als Hilfsvariable für Lebensabschnitte genommen (Golden Ager, Senioren, Hochbetagte). So ändert sich das Reiseverhalten von Menschen grundlegend beim altersbedingten Ausscheiden aus dem Berufsleben. Als praktikable Altersgrenze wird zu Dokumentationszwecken das Alter von 65 Jahren angenommen, wohl wissend, dass durch Berufsunfähigkeit und Vorruhestandsmodelle die Zäsur auch schon mit 55 Jahren stattfinden kann, in Zukunft durch gesetzliche oder frei-

https://doi.org/10.1515/9783110481457-036

willige Weiterbeschäftigung aber auch erst mit 67 oder 70 Jahren erfolgen wird. Wie die Analyse zeigt funktioniert aber die Hilfsvariable Alter sehr gut, weil eine Verknüpfung mit der sehr realistischen Bevölkerungsprognose des Statistischen Bundesamtes möglich ist, und damit Zielgruppenverschiebungen bis 2050 auch dynamisch identifiziert werden können.

3.2 Exkurs: Zielgruppenwürfel als Segmentierungsmodell

Die Ermittlung von Zielgruppen erfolgt üblicherweise auf der Grundlage umfassender Kundenbefragungen, die es ermöglichen, aufgrund einer hohen Anzahl von Interviews bzw. Fragebögen auch für kleinere Auswertungsgruppen ausreichende Fallzahlen zu generieren, damit Repräsentativität und Signifikanzniveau statistisch gewährleistet sind. Die beiden größten touristischen Kundenbefragungen, das GfK-Mobilitätspanel und die FUR-Reiseanalyse (s. a. Kap. V.1.4), ermöglichen derartige Zielgruppensegmentierungen ebenso wie umfassende CRM-Kundendatenbanken von Unternehmen.

Um Zielgruppen zu segmentieren, müssen mehrere Dimensionen bzw. Auswertungskriterien miteinander korreliert werden. Jedes Auswertungskriterium fungiert dabei mathematisch als Variable. Jede Variable muss ferner skaliert werden, d. h. mit einem Zahlenraster versehen werden. Für eine Variable Alter oder Einkommen müssen entsprechend die gewünschten Altersgruppen oder Einkommensgruppen vorgegeben werden. Auch bei qualitativen Dimensionen wie Zielgebiet oder Reiseverkehrsmittel müssen zusammenfassende Cluster definiert werden, damit diese auswertbar werden. Die Auswahl gängiger soziodemografischer Dimensionen ermöglicht es auch, einen Benchmark zwischen den eigenen Kundenzielgruppen und den bevölkerungsrepräsentativen Zielgruppenpotenzialen herzustellen.

Bei der Datenauswertung muss man sich darüber klar werden, dass sich die gleichzeitige Kombination von mehreren Variablen und Skalierungen zur mathematischen Potenzierung der Auswertungszellen führt. Jede Auswertungszelle ist dabei eine potenzielle Zielgruppe. Die Korrelation von nur 2 Variablen, von denen eine eine 2er- und die andere eine 3er-Skala aufweist, ergibt 2 × 3 = 6 Auswertungszellen, eine Korrelation von 2 Variablen mit je einer 5er-Skala hat entsprechend 5 ×5 = 25 Auswertungszellen, die als potenzielle Zielgruppen nur schwer anwendbar sind. Hinzu kommt, dass die Korrelation von nur 2 Variablen nur wenig sinnvolle bzw. sehr grobmaschige Segmentierungen ermöglicht. Die Kombination mit einer 3. und 4. Variable, die jeweils weitere Skalierungen enthalten, führt dann schnell zu einer kaum noch beherrschbaren Anzahl von Auswertungszellen. Bei 4 Variablen mit jeweils 5 Skalierungen ergeben sich z. B. 5 × 5 × 5 × 5 = 625 Zellen bzw. potenzielle Zielgruppen.

Die weitaus meisten dieser Zielgruppen sind hinsichtlich der Fallzahlen viel zu klein und damit statistisch auch bei großen Stichproben nicht mehr signifikant und repräsentativ. Bei der FUR-Reiseanalyse (Stichprobe 8.000 Personen) würden im Durchschnitt auf eine der 625 Zellen nur 13 Befragte entfallen. Repräsentativität ist aber erst gegeben ab ca. 100 Befragten pro Zelle, sodass mehr als drei Viertel aller Zellen kein verwendbares Ergebnis aufweisen würden. Auch beim GfK-Mobilitätsmonitor (Stichprobe 45.000 Personen) würden pro Zelle durchschnittlich nur 64 Befragte selektiert, d. h. weit mehr als die Hälfte aller Zellen sind nicht zur Zielgruppenbestimmung verwendbar. Hinzu kommt, dass die wenigen repräsentativen Zellen für den Auswertenden kaum noch überschaubar und systematisierbar sind und damit eine hohe Fehlerquote erzeugen.

Es empfiehlt sich daher zur Auswertung von Zielgruppen zunächst ein einfacheres Raster von Variablen und Skalierungen zu nehmen, das dann je nach Füllstand der ermittelten Auswertungszellen weiter differenziert werden kann. Diese Vorgehensweise wird mit dem Zielgruppenwürfel-modell erreicht, das im Folgenden anhand eines Fallbeispiels dargestellt wird.

Der dreidimensionale Zielgruppenwürfel besteht zunächst aus drei Variablen mit je drei gro-ben Skalierungen. Zwei dieser Variablen sollten quantitativ sein und möglichst den kompletten Markt bzw. die Gesamtbevölkerung abdecken. Diese Bedingung erfüllen fast alle soziodemografi-schen Kriterien, die Kundenbefragungen und CRM-Datenbanken üblicherweise enthalten. Im Fall-beispiel wurden dafür das Alter und das Haushaltsnettoeinkommen der Befragten angenommen, aber auch der durchschnittliche Reisepreis, das Bildungsniveau oder regionale Gliederungen wie das Wohnort-Bundesland wären als quantitative Variablen denkbar. Die beiden quantitativen Va-riablen werden in je drei sinnvolle Grob-Skalierungen unterteilt. Als dritte Variable sollte eine qua-litative Variable ausgewählt werden, die nicht zwingend den kompletten Markt abdeckt, aber das gewünschte Untersuchungsobjekt einschließt. Im Fallbeispiel werden drei geclusterte Reisearten ausgewählt: Bade- und Erholungsreisen, Rund- und Kulturreisen sowie Sport- und Aktivitätsreisen. Jeder dieser drei Cluster enthält ähnliche Reiseformen, die ggf. in weiteren Schritten differenziert werden können (Abb. V.68).

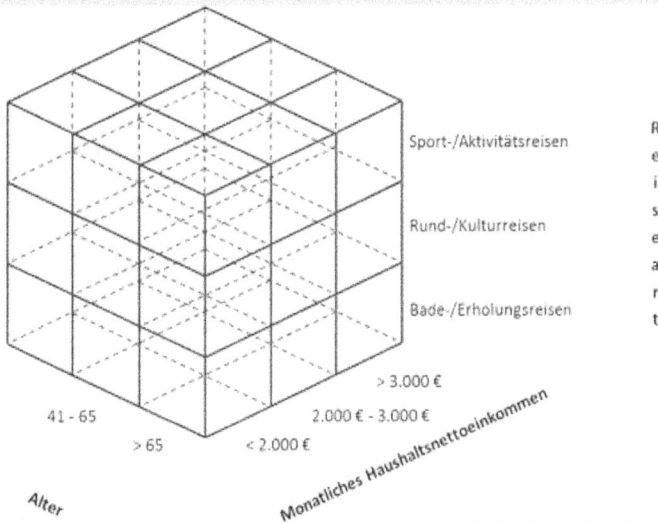

Abb. V.68: Modelldarstellung Zielgruppensegmentierung (Quel-le: Eigene Darstellung)

Dieser Würfel besteht aus drei Dimensionen mit je drei Skalen, d. h. somit 27 Zellen bzw. potenzi-ellen Grob-Zielgruppen. Bei der Auswertung füllen sich die Zellen mit unterschiedlich großen Fall-zahlen. Diese 27 Füllstände werden nun in eine Relation zueinander gebracht – in einen geringen, mittleren und hohen Füllstand. Dabei wird die Grundgesamtheit des gesamten Würfels durch 27 dividiert und damit der durchschnittliche Füllstand ermittelt. Die Bandbreite von ± 20 % um diesen Mittelwert wird als numerische Grenze zwischen einem hohen, mittleren und niedrigen Füllstand bzw. Potenzial festgelegt und grafisch entsprechend farblich markiert.

Zellen mit niedrigem Füllstand dokumentieren sehr kleine Zielgruppen und scheiden aus der weiteren Betrachtung mangels Repräsentativität aus. Zellen mit einem hohen Füllstand können nach ein oder zwei weiteren Dimensionen, Zellen mit mittlerem Füllstand maximal mit einer weite-ren Dimension differenziert werden. Insoweit kann eine Zelle mit mittlerem oder hohem Füllstand als ein neuer Würfel mit weiteren Skalierungsmöglichkeiten fungieren (Abb. V.69).

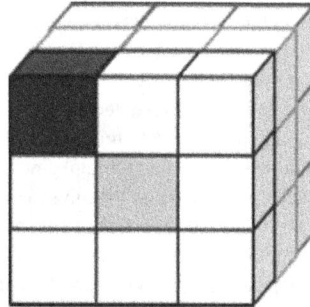

Jedes dreidimensionale Kästchen des Würfels ist eine potentielle Zielgruppe.
Farben kennzeichnen den Füllstand.

Abb. V.69: Dreidimensionale Zielgruppensegmentierung
(Quelle: Eigene Darstellung)

Je höher der Füllstand, umso umfassender sind die weiteren Auswertungsmöglichkeiten. Aber auch dabei sollte die Dimensionierung maximal als weiterer dreidimensionaler Würfel betrachtet werden, bei mittleren Füllständen ggf. auch nur als zweidimensionale Fläche.

Im Fallbeispiel aus dem GfK-Mobilitätsmonitor werden die drei definierten Reisearten-Cluster zunächst nach den beiden quantitativen Einkommens- und Altersskalen untersucht (Abb. V.70). Die auf die einzelnen Zellen oder Würfelkästchen entfallenden Fallzahlen werden auf die Zahl der Reisen (der Bevölkerung ab 20 Jahre) hochgerechnet. Die in den Kästchen eingetragenen Zahlen stehen für Mio. Reisen. Die höchste Nachfrage besteht somit für Bade- und Erholungsreisen mit 32,6 Mio. im TGJ 2015/16, es folgen die Rund-/Kultur- und Städtereisen mit 26,5 Mio. vor den 10,5 Mio. Sport- und Aktivitätsreisen. Die Clusterung der Füllstände ergibt sich wie folgt:

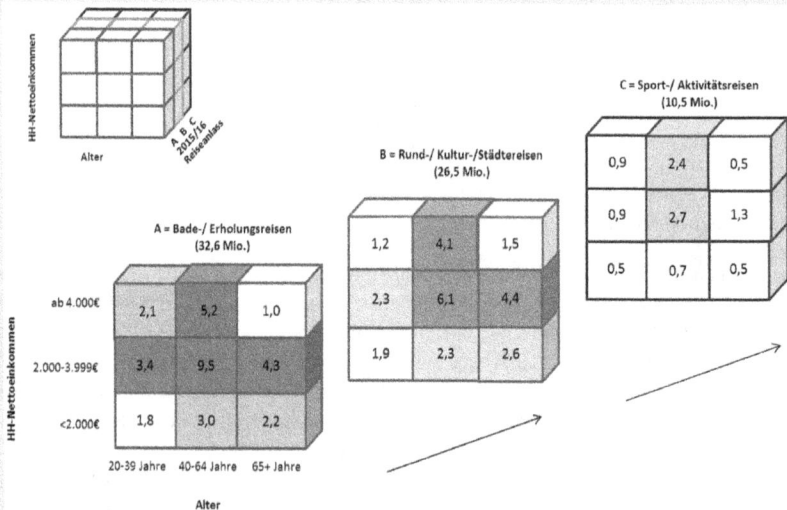

Abb. V.70: Fallbeispiel: Zielgruppensegmentierung nach Reisearten
(Urlaubsreisen in Mio. TGJ 2015/16) (Quelle: Eigene Darstellung)

Auf die drei untersuchten Reisearten entfallen insgesamt 69,6 Mio. Urlaubsreisen. Auf eine der 27 Auswertungszellen entfallen somit durchschnittlich 69,6 / 27 = 2,6 Mio. Reisen. Mit einer Bandbreite von +20 % bis –20 % um diesen Mittelwert ergeben sich somit bei weniger als 2,1 Mio. Reisen ein niedriger Füllstand, bei 2,1 Mio. bis 3,1 Mio. Reisen ein mittlerer Füllstand und bei mehr als 3,1 Mio. Reisen ein hoher Füllstand.

Die entsprechende farbliche Markierung dokumentiert das Ergebnis der groben Zielgruppensegmentierung: Die größten Zielgruppen für Bade- und Erholungsreisen befinden sich in allen Altersklassen der Reisenden mit einem mittleren Haushaltsnettoeinkommen zwischen 2.000 Euro und 4.000 Euro sowie in der mittleren Altersgruppe mit Haushaltsnettoeinkommen ab 4.000 Euro. Als Zielgruppe fallen lediglich unter 40-Jährige mit niedrigen Einkommen und sehr hohen Einkommen sowie Senioren mit sehr hohen Einkommen aus dem Segment der Bade- und Erholungsreisen heraus.

Die größten Zielgruppen bei Rund- und Kulturreisen sind die mittleren Altersjahrgänge mit mittleren und hohen Einkommen sowie Senioren mit mittlerem Einkommen – die zukünftig bis 2030 durch die Babyboomer am stärksten wachsende Zielgruppe (s. a. Kap. V.3.3). Tendenziell das geringste Interesse an Rund- und Kulturreisen haben die jüngeren Altersjahrgänge. Bei Sport- und Aktivitätsreisen ergibt sich bei einem insgesamt relativ kleinen Volumen keine einzige Zielgruppe mit hohem Potenzial. Mittleres Zielgruppenpotenzial weisen nur die mittleren Altersjahrgänge mit mittlerem und hohem Einkommen auf, eine weitere Segmentierung ist dabei fast nicht möglich.

Die vorgenannten Erkenntnisse sind noch sehr grob und wenig zielführend. Daher sind bei den großen Zielgruppen mit hohem Füllstand im zweiten Schritt weitere Segmentierungen sinnvoll. Im Fallbeispiel werden die Bade- und Erholungsreisen nun weiter untersucht. Die beiden größten Zielgruppen der mittleren Altersjahrgänge mit mittlerem und hohem Einkommen – immerhin zusammen 14,7 Mio. bzw. 45 % der gesamten Zielgruppe – können z. B. weiter nach den präferierten Zielländern differenziert werden (Abb. V.71). Fast 40 % dieser zusammengefassten Zielgruppenreisen bleiben in Deutschland, etwa die gleiche Zahl führen in Destinationen rund ums Mittelmeer, während gut 25 % erdgebundene Destinationen in Mittel- und Nordeuropa betreffen. Repräsentativ sind dabei allerdings nur noch die Zahlen der drei bis fünf größten Einzeldestinationen.

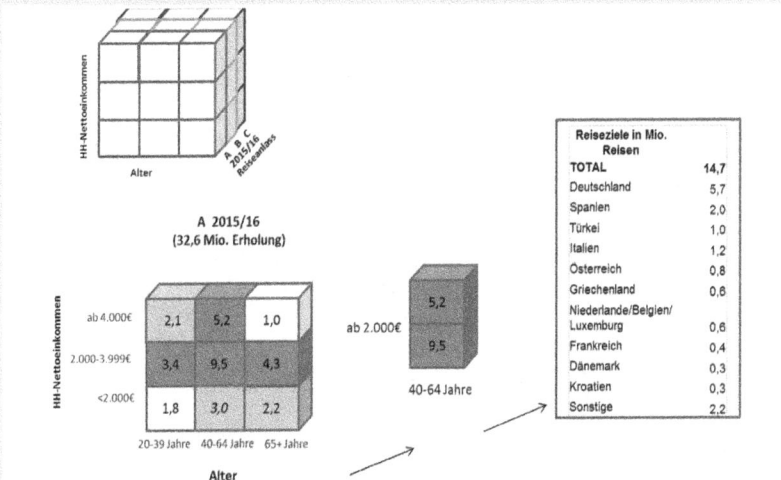

Abb. V.71: Fallbeispiel: weitere Zielgruppensegmentierung Erholungsurlaub (Urlaubsreisen in Mio. TGJ 2015/16) (Quelle: Eigene Darstellung)

Eine weitere Analysemöglichkeit besteht in der dynamischen Betrachtung für mehrere Touristikjahre (im Beispiel TGJ 2012/13 bis TGJ 2015/16), wodurch die Entwicklung der Zielgruppen im Zeitablauf deutlich wird. Dabei ist zu beachten, dass die Grundgesamtheiten des jeweiligen Jahreswürfels unterschiedlich sind, sodass für jedes Jahr die Grenzwerte zwischen niedrigem, mittlerem und hohem Potenzial separat ermittelt werden müssen. Dadurch können sich auch die farblichen Zellmarkierungen von Jahr zu Jahr verschieben. Im Fallbeispiel ergeben sich diese Grenzwerte wie folgt:

- 2015/16 Gesamtwürfel 69,6 Mio. / 27 = 2,6 Mio.; Potenzial gering < 2,1 Mio., mittel 2,1 Mio. bis 3,1 Mio., groß > 3,1 Mio.
- 2014/15 Gesamtwürfel 67,2 Mio. / 27 = 2,5 Mio.; Potenzial gering < 2,0 Mio., mittel 2,0 Mio. bis 3,0 Mio., groß > 3,0 Mio.
- 2013/14 Gesamtwürfel 63,2 Mio. / 27 = 2,3 Mio.; Potenzial gering < 1,8 Mio., mittel 1,8 Mio. bis 2,8 Mio., groß > 2,8 Mio.
- 2012/13 Gesamtwürfel 60,6 Mio. / 27 = 2,2 Mio.; Potenzial gering < 1,8 Mio., mittel 1,8 Mio. bis 2,7 Mio., groß > 2,7 Mio.

Die Bade- und Erholungsreisen weisen insgesamt ein Wachstum von 13,9 % auf. Bei den beiden größten Zielgruppen wachsen die Reisen der mittleren Altersjahrgänge (Best Ager) mit hohem Einkommen mit +30 % überproportional stark, während diejenige mit mittlerem Einkommen mit 8,0 % nur unterproportional zunimmt (Abb. V.72). Außerdem sind die Senioren mit mittlerem Einkommen (Babyboomer) mit +39 % die am stärksten wachsende Zielgruppe (diese hatte bis zum TGJ 2012/13 sogar nur ein mittleres Potenzial). Hingegen weisen alle anderen Zielgruppen im Betrachtungszeitraum kein Wachstum bzw. sogar Rückgänge auf.

Angesichts der Größe des Segments Bade- und Erholungsreisen ist es auch möglich nach Badereisen (am Meer und am See), auf die zwei Drittel der Reisen entfallen, und nach Nicht-Badereisen (Land und Berge), auf die ein Drittel der Reisen entfallen, zu differenzieren. Auffällig ist dabei, dass das Wachstum der Badereisen fast ausschließlich aus den mittleren Altersjahrgängen mit mittlerem und hohem Einkommen resultiert, während der Zuwachs der Nicht-Badereisen von den Best Agern und Senioren mit mittlerem Einkommen kommt.

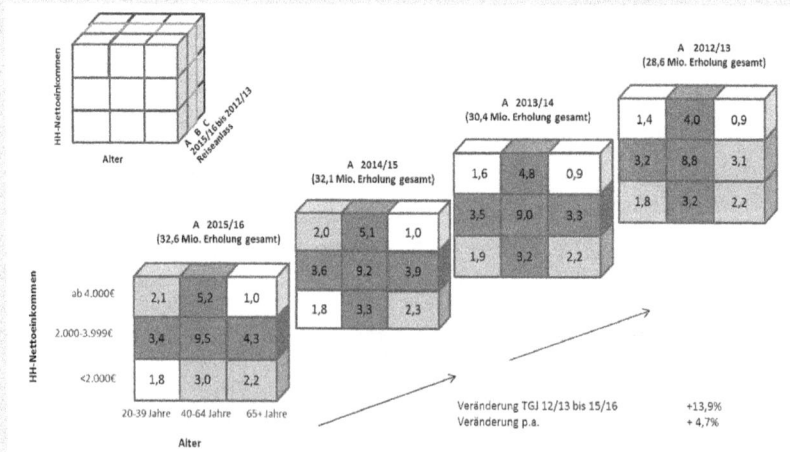

Abb. V.72: Fallbeispiel: dynamische Entwicklung Zielgruppe Erholungsurlaub (Urlaubsreisen in Mio. TGJ 2012/13 bis TGJ 2015/16) (Quelle: Eigene Darstellung)

Gleiche Analysen kann man entsprechend auch mit den anderen Reisearten durchführen. Rund- und Kulturreisen wachsen seit dem TGJ 2012/13 mit 22 % deutlich stärker als Bade- und Erholungsreisen mit 14 %. Die stärkste Zielgruppe seit dem TGJ 2012/13 mit allerdings nur geringem Wachstum sind die mittleren Altersjahrgänge mit mittlerem Einkommen (Abb. V.73). Vor allem die Senioren mit mittlerem Einkommen weisen als starke Zielgruppe mit +33 % die höchste Wachstumsdynamik auf. Dahinter folgen die mittleren Altersjahrgänge mit hohem Einkommen mit +24 % Zuwachs sowie die neu in den Fokus gerückte Zielgruppe der jüngeren Jahrgänge mit mittlerem Einkommen mit +28 %, die sich inzwischen zu einem wahrnehmbaren mittelgroßen Potenzial entwickelt hat. Differenziert man die Reiseart weiter in Kurz-/Event- und Städtereisen, so entstehen in diesem Zeitraum neue Potenziale vor allem bei jüngeren Jahrgängen und Senioren mit mittleren Einkommen. Bei Rund- und Studienreisen (einschl. Busreisen) sowie Kreuzfahrten entstehen neue Potenziale bei Senioren und mittleren Altersjahrgängen sogar in fast allen Einkommensgruppen, die allerdings noch unterhalb der Schwellenwerte bleiben. Auch wenn diese noch unzureichenden Potenziale nicht weiter auswertbar sind (= weiße Auswertungszellen), hat eine dynamische Betrachtung Sinn. Man kann bereits auf der Zeitachse die positive Entwicklung zukünftiger neuer Zielgruppenpotenziale erkennen.

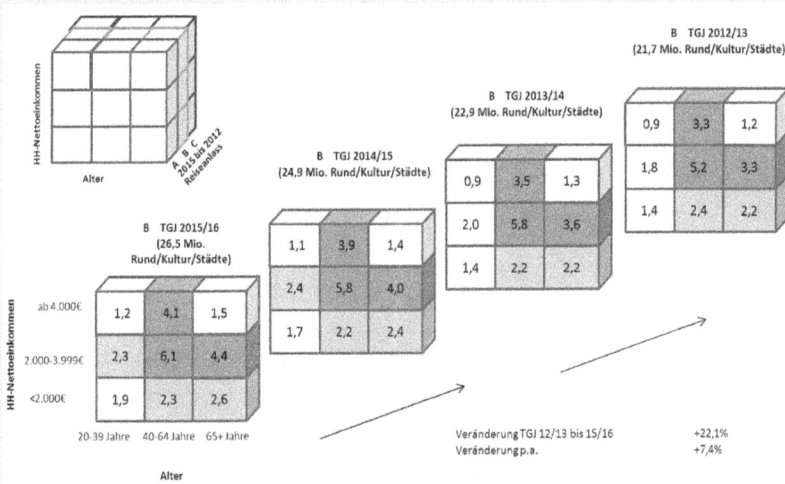

Abb. V.73: Fallbeispiel: dynamische Entwicklung Zielgruppe Rund-/Kultur-/Städtereisen (Urlaubsreisen in Mio. TGJ 2012/13 bis TGJ 2015/16) (Quelle: Eigene Darstellung)

Wenn man den Zielgruppenwürfel dreht, ändern sich zwar die Ergebnisse nicht, aber die Sichtweise und Darstellungsform. Im Fallbeispiel werden dazu die Senioren betrachtet und nach Reisearten und Haushaltsnettoeinkommen differenziert (Abb. V.74). Insgesamt wächst die Senioren-Zielgruppe seit dem TGJ 2012/13 um 22 %. Die größten Zielgruppen für die drei Reisearten verfügen über mittlere Einkommen und machen sowohl Bade- und Erholungsreisen (davon 60 % Nichtbadereisen) als auch Rund- und Kulturreisen (davon 75 % Rundreisen, Studienreisen, Busreisen, Kreuzfahrten). Darüber hinaus gibt es ein mittleres Potenzial für beide Reiseformen bei den unteren Einkommensschichten der Senioren.

Die Anwendung des Zielgruppenwürfelmodells erlaubt somit die schrittweise Annäherung an mittlere und große Zielgruppenpotenziale, sowie die Abgrenzung kleiner nicht auswertbarer Zielgruppen und hilft, bei komplexen Auswertungen von Kundenbefragungen und Kundendatenbanken den Überblick zu behalten. Gleichzeitig bleibt die vollständige Flexibilität zur Auswertung aller Antwortkriterien bzw. Dimensionen erhalten. Wenn das Modell einfach gehalten wird und auf die Kongruenz der Kriterien und Skalierungen geachtet wird, dann sind auch Benchmarks zwischen den Kundenbefragungen aus dem CRM-Datenpool und bevölkerungsrepräsentativen Marktuntersuchungen möglich und somit ein Abgleich zwischen Ist- und Soll-Kundenpotenzialen.

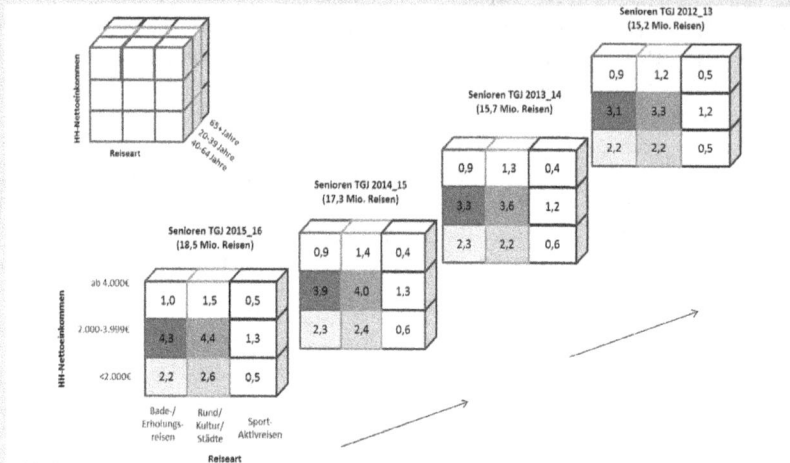

Abb. V.74: Fallbeispiel: dynamische Entwicklung Zielgruppe Senioren und Reisearten (Urlaubsreisen in Mio. TGJ 2012/13 bis TGJ 2015/16) (Quelle: Eigene Darstellung)

3.3 Beispiel einer Zielgruppenstudie: Auswirkungen der demografischen Entwicklung auf die touristische Nachfrage

Die einfachsten Zielgruppenbildungen erfolgen – wie bereits im Kap. V.3.2 dargestellt – über die soziodemografischen Strukturdaten, die als Grundlage in nahezu allen bevölkerungsrepräsentativen Befragungen enthalten sind. Das Statistische Bundesamt verfügt hierzu über ein sehr umfangreiches öffentlich zugängliches Datenmaterial. Alle 3 Jahre erfolgt auf dieser Grundlage die Fortschreibung der Bevölkerungsentwicklung für die nächsten 50 Jahre. Die Demografie ist eine sehr exakte Wissenschaft und ermöglicht daher sowohl historisch wie auch prognostisch eine sehr präzise Zielgruppenbildung. Der Autor hat sich seit fast 15 Jahren in der Praxis ausführlich mit den Auswirkungen der Demografie auf die touristischen Märkte befasst, die nachfolgend zusammengefasst mit vielen überraschenden positiven wie negativen Erkenntnissen dargestellt werden.

3.3.1 Demografische Strukturen und Entwicklungen im gesamtwirtschaftlichen Umfeld bis 2050

Die Konjunkturlage in Deutschland hat nunmehr bereits seit 1996 zu einer weitgehenden Stagnation des Wirtschaftswachstums bei anhaltender Arbeitslosigkeit bzw. Mini-Erwerbstätigkeit geführt und damit verfügbare Realeinkommen und Ausgabebereitschaft weiter Bevölkerungskreise erheblich beeinträchtigt. Die inländische Konsumnachfrage – immerhin über 60 % des Bruttoinlandsproduktes – ist seit Mitte der 90er-Jahr nur noch um 1,3 % pro Jahr und seit 2000 fast überhaupt nicht mehr gewachsen. Die weitgehende Stagnation der touristischen Märkte, die nach zahlreichen Krisen erst 2008 wieder das Niveau des Jahres 2000 erreicht hatte, um im Zuge der Finanz- und Wirtschaftskrise erneut einen Dämpfer zu erhalten. Gründe für das stagnierende Urlaubsreisegeschäft lassen sich wahrlich genug finden (vgl. Abb. V.4 und Abb. V.6).

Bislang ist jedoch ein ganz wesentliches Phänomen ignoriert worden, das neben dem Tourismus auch viele andere Bereiche der inländischen Konsumnachfrage betrifft und vor dem Bevölkerungswissenschaftler schon seit fast 40 Jahren warnen: Die Auswirkungen des gesellschaftlichen Strukturwandels, der sich massiv in einer zunehmend verzerrten demografischen Entwicklung der deutschen Bevölkerung äußert. Die Bevölkerung (West- und Ostdeutschland) ist seit 1949 von insgesamt 68 Mio. über 80,1 Mio. bei der Wiedervereinigung 1990 auf 82,5 Mio. im Jahr 2003 gestiegen und bis 2015 um rund 150.000 Personen p. a. rückläufig (2015: 80,2 Mio.). Der Zuwachs bis 2003 resultierte im Wesentlichen aus Zuwanderungsgewinnen durch Flüchtlinge, Aussiedler und Gastarbeiter nach der Grenzöffnung in Osteuropa sowie dem Babyboom in den 60er-Jahren (Altersjahrgänge 1955 bis 1970). Während die Zuwanderung weitgehend demografieneutral über fast alle Altersgruppen erfolgte und teilweise sogar die bestehenden Kohortenlücken aus dem Zweiten Weltkrieg füllen konnte, brachte der Babyboom die Demografie durch die Ballung auf wenige Jahrgänge aus dem Gleichgewicht. Was sich zunächst in überfüllten Kindergärten, Schulen und später Universitäten äußerte und erhebliche Infrastruktur-Investitionen erforderte, konnte durch das starke Wirtschaftswachstum mit zunehmendem Wohlstand in den 70er- und 80er-Jahren weitgehend kompensiert werden. Seit Beginn der 90er-Jahre sorgten die rund 4 Mio. zusätzlichen Babyboomer – 2015 nunmehr 45–60 Jahre alt – für einen Angebotsüberhang am Arbeitsmarkt und verschärften die durch Wiedervereinigung und Globalisierung ohnehin hohe Arbeitslosigkeit. So kann man heute schon dokumentieren, dass sie mit einem Zuwachs der über 50-Jährigen (Fifty-Ups) um mehr als 20 % zu einer starken Überalterung der Bevölkerung bis 2050 beitragen werden, wenn die letzten Babyboomer aussterben. Denn die Demografie kann sehr exakte Voraussagen treffen, weil sie nach den Regeln der Biologie und Mathematik funktioniert. Die negativen Auswirkungen dieser Entwicklung kann man leider nicht mehr beeinflussen, sondern nur noch gestalten (vgl. Abb. V.75 und Abb. V.76).

Die nachfolgenden Grafiken zur Bevölkerungsentwicklung weisen allesamt 2011 einen deutlichen Knick auf, weil bei dem in diesem Jahr durchgeführten Mikrozensus festgestellt wurde, dass die Einwohnerzahl Deutschlands um 1,6 Mio. Personen geringer ist, als in den Statistiken der Einwohnermeldeämter ausgewiesen war. Eine Entscheidung des Statistischen Bundesamtes zur rückwirkenden Bereinigung der Bevölkerungszahlen steht auch 2015 noch aus. Alle Prognosen mit Bezug zur Vergangenheit haben daher keine schlüssige Trendlogik mehr.

In dynamischer Betrachtung haben die Babyboomer allerdings das Problem der Überalterung noch verschärft, weil sie nur unzureichend für die eigene Zukunft gesorgt haben. Denn sie haben die Geburtenrate in Deutschland auf nur noch 1,47 Kinder pro Frau absinken lassen, während 2,1 Kinder zur Regeneration bzw. Bestandserhaltung der Bevölkerung erforderlich gewesen wären. Da die stark besetzten Frauenjahrgänge der Babyboomer nun im Alter von rund 50 Jahren nicht mehr gebärfähig sind, und die nachfolgenden Jahrgänge wesentlich weniger Frauen aufweisen, lässt sich an dieser Entwicklung nichts mehr ändern. Somit ist unausweichlich, dass die deutsche Bevölkerung unter 50 Jahren bis 2050 um fast 30 % abnehmen wird. Die Zahl der Deutschen wird daher zwischen 2010 und 2050 von 81,5 Mio. auf nur noch 72–75 Mio. schrumpfen. Dieser Schrumpfungsprozess fällt umso stärker aus, wenn die durchschnittliche Lebenserwartung (2015: Männer 76,8 Jahre, Frauen 80,8 Jahre) nur noch wenig steigt, der prognostizierte durchschnittliche Zuwanderungssaldo von 200.000 Personen p. a. dauerhaft abnimmt und die Geburtenrate wie in anderen europäischen Ländern noch weiter sinkt. Denn: Weniger Kinder bedeuten weniger zukünftige potenzielle Eltern – der Bevölkerungsrückgang wird sich mit einem Multiplikatoreffekt beschleunigen (vgl. Abb. V.77).

Bis zur 12. koordinierten Bevölkerungsvorausberechnung 2011 hat das Statistische Bundesamt auch noch Entwicklungsszenarien dargestellt, die die aktuell schlechteren Werte als Worst-Case-Szenario fortgeschrieben haben. Dadurch gab es Schrumpfungsszenarien für die deutsche Bevölkerung bis auf 67 Mio. Menschen. Die aktuelle 13. koordinierte Bevölkerungsvorausberechnung zeigt nur noch Szenarien mit günstigen Rahmendaten wie stark steigende Lebenserwartung, zunehmende Geburtenrate und höhere Zuwanderung, wodurch die Bevölkerungzahl weniger dramatisch abnimmt.

Tatsächlich ist der bisherige Zuwanderungssaldo 2008 sogar temporär negativ geworden, d. h. es wandern mehr Menschen aus Deutschland aus als nach Deutschland einwandern. Bis zum Beginn der Flüchtlingswelle 2015 lag der Zuwanderungssaldo im langfristigen Durchschnitt seit der Wiedervereinigung bei 200.000 Personen jährlich. Ob die Flüchtlingswelle diesen nachhaltig anheben wird, hängt davon ab, wie viele ein Bleiberecht erhalten, dauerhaft hier sesshaft werden und ihren Lebensunterhalt durch selbst erwirtschaftetes Einkommen finanzieren. Nur vorübergehend bleibende Personen und dauerhaft Unterstützung Empfangende helfen demografisch nicht weiter. Auch die erhoffte starke Steigerung der Lebenserwartung bestätigt sich bislang

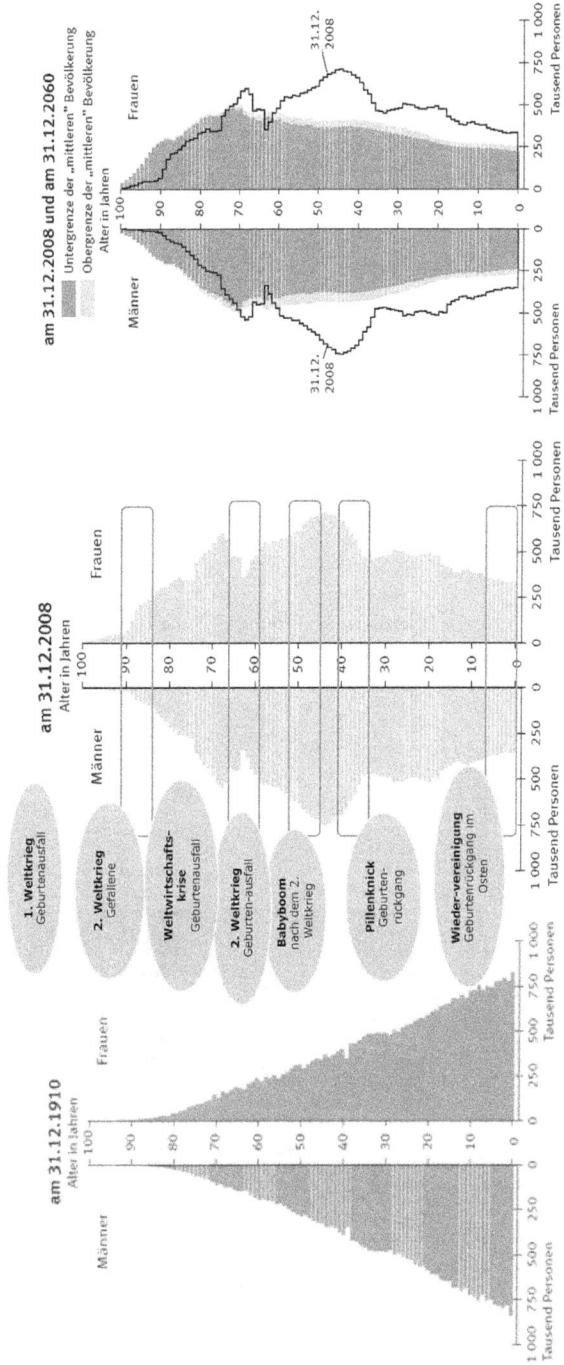

Abb. V.75: Bevölkerungsentwicklung in Deutschland 1910 bis 2060 (Quelle: Statistisches Bundes-amt 2015, 13. koordinierte Bevölkerungsvorausberechnung)

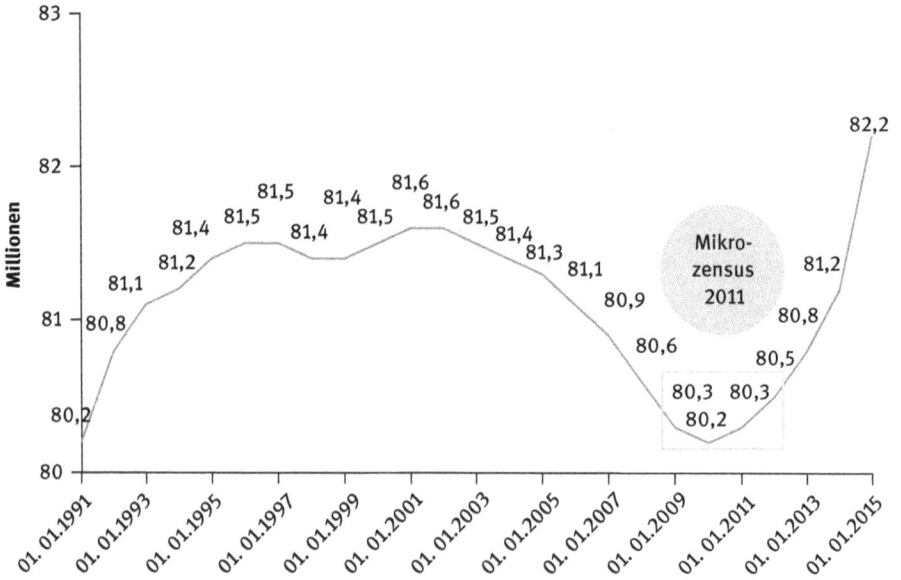

Abb. V.76: Bevölkerungsentwicklung 1991 bis 2015 (Quelle: STATISTISCHES BUNDESAMT 2015)

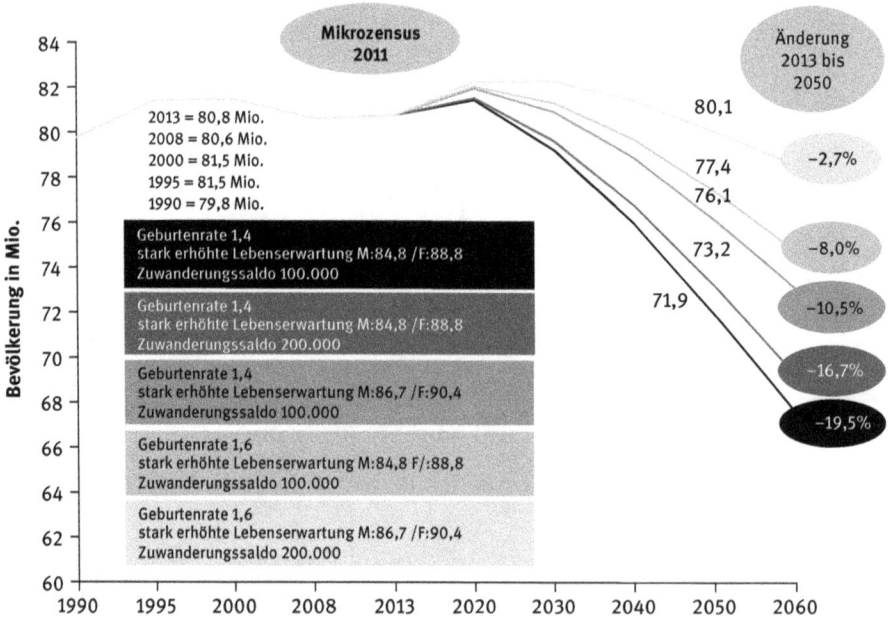

Abb. V.77: Bevölkerungsentwicklung in Deutschland 1990 bis 2060 (Quelle: STATISTISCHES BUNDES-AMT 2015, 13. koordinierte Bevölkerungsvorausberechnung)

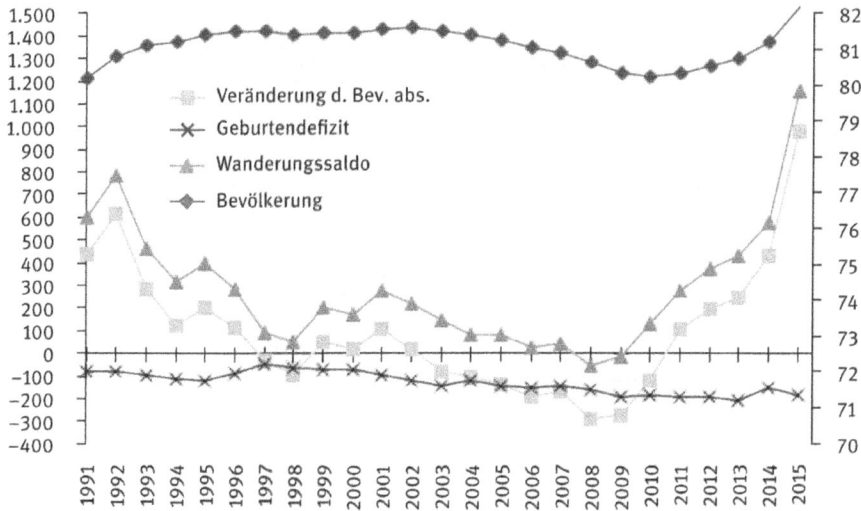

Abb. V.78: Bevölkerungsentwicklung in Deutschland 1991 bis 2015 (Quelle: STATISTISCHES BUNDES-AMT)

nicht, ist doch aufgrund leerer Krankenversicherungskassen zukünftig keine wesentliche Verbesserung der Gesundheitsversorgung zu erwarten (vgl. Abb. V.78).

Immerhin ist die Geburtenrate nicht weiter abgesunken; aber auch dabei ist zu bedenken, dass die Erhöhung des Bildungsstandes in Deutschland dafür kontraproduktiv ist, wenn die politischen und infrastrukturellen Rahmenbedingungen für die Berufstätigkeit von Frauen in Deutschland nicht verändert werden. So weisen Akademikerinnen eine besonders niedrige Geburtenrate von nur 0,7 Kindern pro Frau auf (vgl. Abb. V.79).

Wenn aber die Zahl der inländischen Nachfrager dauerhaft rückläufig sein wird und die verfügbaren Einkommen nicht steigen, sind die Rahmenbedingungen für die Konsumnachfrage mittel- bis langfristig düster. Die Konsequenzen – nicht nur für den Tourismus – sind vielschichtig. Viele Bereiche der Konsumnachfrage haben im Verlauf des Lebens eines Menschen oder einer Lebensgemeinschaft eine unterschiedlich große Bedeutung innerhalb des Konsumportfolios, sodass sich Verschiebungen zwischen den Alterssegmenten entsprechend auswirken: Heute sind 40 % der Bevölkerung über 50 Jahre alt, 2050 werden es 52 % sein. Diese Fifty-Ups machen heute 48 % aller Veranstalterreisen, erwerben 47 % aller Pkw-Neufahrzeuge, wohnen zu 55 % in der eigenen Immobilie, verursachen 65 % aller Ausgaben für Gesundheits- und Pflegeleistungen, tätigen nur rund 25 % aller Ausgaben für Nahrungsmittel, Haushaltsartikel, Bekleidung sowie rund 35 % aller Ausgaben für Wohnungseinrichtungen und Unterhaltungselektronik. Behalten sie diese Konsumportfolios und -präferenzen wie in der Vergangenheit längerfristig bei, dann können viele Branchen heute schon recht

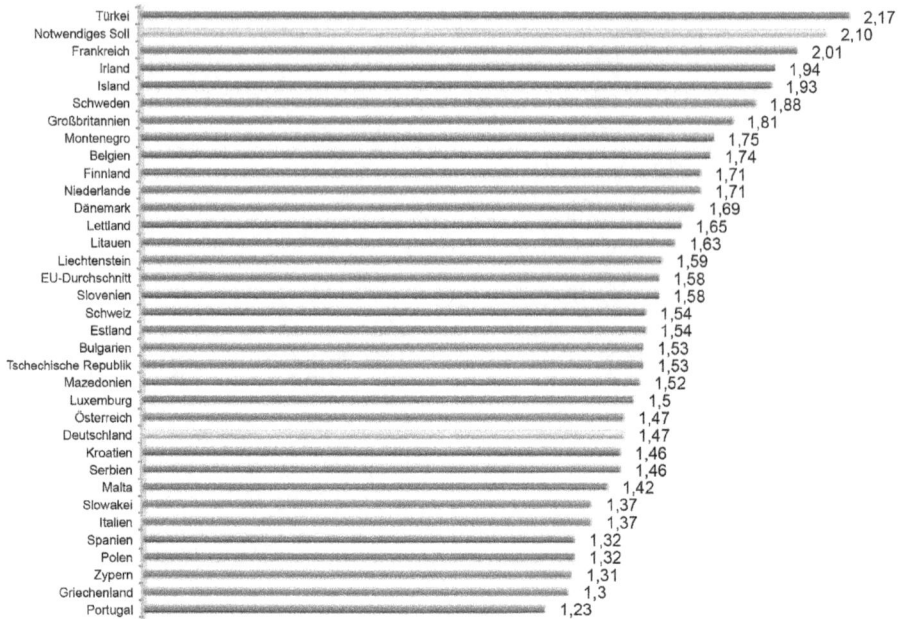

Türkei	2,17
Notwendiges Soll	2,10
Frankreich	2,01
Irland	1,94
Island	1,93
Schweden	1,88
Großbritannien	1,81
Montenegro	1,75
Belgien	1,74
Finnland	1,71
Niederlande	1,71
Dänemark	1,69
Lettland	1,65
Litauen	1,63
Liechtenstein	1,59
EU-Durchschnitt	1,58
Slovenien	1,58
Schweiz	1,54
Estland	1,54
Bulgarien	1,53
Tschechische Republik	1,53
Mazedonien	1,52
Luxemburg	1,5
Österreich	1,47
Deutschland	1,47
Kroatien	1,46
Serbien	1,46
Malta	1,42
Slowakei	1,37
Italien	1,37
Spanien	1,32
Polen	1,32
Zypern	1,31
Griechenland	1,3
Portugal	1,23

Abb. V.79: Geburtenrate international 2014 (Quelle: EUROSTAT/STATISTISCHES BUNDESAMT 2016)

präzise erkennen, ob die unvermeidliche Überalterung der Gesellschaft für sie eher Chancen eröffnet oder Risiken birgt.

Weitere maßgebliche Veränderungen unserer Bevölkerungsstruktur sind zu erwarten. 2050 wird es nur noch rund 26 Mio. Erwerbstätige geben, von denen knapp die Hälfte älter als 50 Jahre alt sein wird; im Jahr 2009 gab es in Deutschland noch 38 Mio. Erwerbstätige, von denen ein knappes Drittel älter als 50 Jahre war. Und das Alter wird weiblich: Aufgrund der deutlich längeren Lebenserwartung von Frauen steigt der Anteil alleinlebender Frauen von 62 % ab dem Alter von 65 Jahren auf über 80 % ab dem Alter von 75 Jahren. Auch regional wirkt sich die Alterung unterschiedlich aus. Die Bevölkerung im Norden und Osten Deutschlands sowie in ländlichen Gebieten wird älter als die im Westen und Süden sowie in den Städten sein.

Entsprechend der demografischen Entwicklung können folgende Zielgruppen sogar mit Zeiträumen als zukünftige Wachstumssegmente beschrieben werden (vgl. Abb. V.80):

- 50- bis 65-Jährige (Golden Ager) bis 2020,
- 65- bis 75-Jährige (Senioren) von 2020 bis 2030,
- über 75-Jährige kontinuierlich bis 2050,
- Ehepaare und nichteheliche Lebensgemeinschaften ohne Kinder (DINKs = Double Income No Kids),
- Alleinerziehende und Patchwork-Familien,
- Singles (überproportional Frauen über 65 Jahre).

Alter	1991	2010		2020		2030		2040		2050	Veränderung 2015 bis 2050
						jeweils zum 01.01. des Jahres					
unter 20	17.294	15.017	−13,2%	14.315		13.841		12.572		11.429	−20,2%
20–30	13.176	9.883	−25,0%	9.034		7.747		7.686		7.283	−19,4%
30–50	22.290	23.489	−5,4%	20.626		19.972		17.362		16.048	−22,2%
20–50 zusammen	35.466	33.372	−5,9%	29.660		27.719		25.048		23.331	−21,3%
50–65	15.482	16.356	+5,6%	19.114	+16,9%	15.874	−17,0%	15.166		14.405	−24,6%
65–75	6.522	9.304		8.946	−3,8%	11.482	+28,3%	10.034	−12,6%	9.043	1,1%
über 75	5.480	7.488		9.398		10.312	+9,7%	13.145	+27,5%	13.694	45,7%
Fifty-ups ges.	27.514	33.158	+20,5%	37.458		37.668		38.345		37.142	−3,1%	−0,8%
Insgesamt	80.274	81.542	−1,6%	81.433		79.228		75.965		71.902	−11,7%

Annahme: Zuwanderungssaldo von 100.000

Geburtenrate 1,4

Basisannahme Lebenserwartung M: 84,8 / F: 88,8

Abb. V.80: Bevölkerung in Deutschland nach Altersgruppen (Quelle: STATISTISCHES BUNDESAMT 2015, 13. koordinierte Bevölkerungsvorausberechnung)

Gleichzeitig gibt es einige sehr große Zielgruppen, die bis 2050 schrumpfen werden und damit den Bevölkerungsrückgang beschleunigen:
- Kinder und Jugendliche,
- Familien mit Kindern (Rückgang seit 1990 und aktuell um 200.000 pro Jahr),
- alle 20- bis 50-Jährigen,
- Erwerbstätige aller Altersklassen.

3.3.2 Folgen der demografischen Entwicklung für die Tourismusbranche

Eine Analyse zeigt für die Tourismusbranche dabei ein eher optimistisches Bild, wenngleich auch hier stark zwischen verschiedenen Zielgruppen und für verschiedene Zeiträume differenziert werden muss. Schon heute sind fast die Hälfte aller Veranstalterreisenden zwischen 50 und 75 Jahre alt und diese Zielgruppe der Golden Ager und Senioren wird durch die Babyboomer bis 2030 um über 4 Mio. Personen wachsen. Damit bestehen gute bis sehr gute Wachstumschancen für Angebotssortimente, für die diese beiden Zielgruppen affin sind wie z. B. Städte- und Kulturreisen, Fernreisen, Kreuzfahrten, Busreisen, Wellnessurlaub, generell anspruchsvolle und qualitativ hochwertige Urlaubsreisen. Mit zunehmendem Alter ab etwa dem 60. und bei entsprechender Gesundheit bis zum 80. Lebensjahr wächst dabei auch die Nachfrage nach Busreisen, wobei über 70-Jährige jede vierte Urlaubsreise mit diesem Verkehrsmittel unternehmen. Ursachen hierfür sind vor allem das Kommunikations- und Sicherheitsbedürfnis der hohen Zahl älterer Singles in einer homogenen, geschlossenen Gruppe mit Betreuung durch Reiseleiter bzw. Busfahrer sowie die Bequemlichkeit beim Gepäcktransport. Dabei steigt ab 65 Jahren der Anteil alleinstehender Frauen aufgrund ihrer um 7 Jahre längeren Lebenserwartung rapide an. Mit zunehmendem Alter wird die Mobilität immer engräumiger, sodass fast 70 % aller Senioren aus Sicherheits- und Gesundheitsgründen den deutschsprachigen Raum nicht mehr verlassen. Allerdings ist bereits jetzt bekannt, dass die durch die Babyboomer erzeugte Zusatznachfrage spätestens 2030 wieder entfällt, weil die Jahrgänge der Folgegeneration um fast 5 Mio. Personen schwächer besetzt sind.

Betrachtet man die anderen Wachstumssegmente unter den Zielgruppen, dann sind Ehepaare und Lebensgemeinschaften ohne Kinder, vor allem wenn diese aus Doppelverdienern bestehen, sowie Singles unter 65 Jahren für die Tourismusbranche bedeutend. Sie verfügen über eine hohe Kaufkraft, haben beim Reisen zunehmende Komfort- und Qualitätsansprüche, verfügen über eine starke Aktivitäts- und Erlebnisorientierung mit breitem Zielgebietsspektrum, sind aber auch sehr flexibel und hybrid in ihrem Kauf-/Buchungsverhalten. So gut wie keine Bedeutung für den Tourismus haben die ebenfalls wachsenden Segmente der Alleinerziehenden sowie der über 75-Jährigen, die auch in der Vergangenheit aus finanziellen bzw. gesundheitlichen und organisatorischen Gründen nicht in der Lage waren in größerem Umfang Urlaubsreisen zu tätigen.

Die **Babyboomer-Generation** durchläuft bis 2040 drei wesentliche Zielgruppenphasen, deren heutige Reisepräferenzen sehr unterschiedlich sind. Derzeit befinden sie sich im Stadium der sog. Best Ager, zwischen 2020 und 2030 werden sie aus dem Berufsprozess ausscheiden und damit zu Senioren, ab 2030 werden sie mit dem Erreichen der durchschnittlichen Lebenserwartung und zunehmenden Altersgebrechen zu Hochbetagten. Nachfolgend sind die wesentlichen Reisepräferenzen und Merkmale dieser drei Zielgruppen aus heutiger Sicht dargestellt.

1. Reisepräferenzen der Best Ager (ca. 50–65 Jahre in der Endphase der Berufstätigkeit)
– Sie sind klassisches Establishment mit zumeist überdurchschnittlichen Einkommen und hoher Kaufkraft; zwar ist jede/-r Zwölfte arbeitslos, darunter auch viele derzeit finanziell noch gut versorgte Vorruheständler;
– Erbengeneration (Durchschnittsalter von Erben 58 Jahre!);
– Kinder (falls vorhanden) sind oft bereits wirtschaftlich selbstständig, Immobilien zumeist abbezahlt;
– Reisemotive: Erholung, Entspannung, Verwöhnen lassen, Aktivitäts- und Erlebnisorientierung;
– Hohe zeitliche Flexibilität und Mobilität mit breitem Interessen- und Zielgebietsspektrum;
– Sie sind gesellig, treffen sich mit Freunden oder in Vereinen, nutzen kulturelle Angebote und treiben Sport;
– Sie haben hohe Komfort- und Qualitätsansprüche (u. a. überproportionaler Anteil an Fernreisen, Städte-/Kulturreisen, Kreuzfahrten und Wellnessurlaub stark zunehmend);
– Sie wissen, was im Trend ist und probieren gern mal etwas Neues;
– Ausgeprägte Hybridität: mal Schnäppchenjäger, mal Luxusshopper.

2. Reisepräferenzen der aktiven Senioren (ca. 65–75 Jahre vom Eintritt in den Ruhestand bis zum Erreichen der durchschnittlichen Lebenserwartung bzw. Eintritt umfassender Altersgebrechen)
– Ein Drittel aller Urlauber ist älter als 60 Jahre, während ihr Anteil in der Bevölkerung nur 24 % beträgt.
– Sie sind aktive Ruheständler mit aktuell noch ausreichend hohen Renten, Pensionen, Zusatzversorgungen und Zusatzeinkünften.
– Zunehmende Heimorientierung mit Aktivitäten wie Heimwerkern, Gärtnern, Sammeln, Lesen, Fernsehen, Nutzung lokaler Kulturangebote, Sport reduziert sich auf Wandern und Radfahren.
– Für Senioren bzw. nicht mehr aktiv im Beruf stehende Menschen spielen Ruhe, Entspannung und Erholung als Urlaubsmotiv keine entscheidende Rolle mehr.

- Bei Senioren dominieren die Motive Geselligkeit, Gemütlichkeit, Behaglichkeit, Kommunikation und Unterhaltung (jeder Dritte dieser Zielgruppe lebt allein und sucht in einer homogenen Gruppe Abwechselung gegen Einsamkeit).
- Sie haben ein starkes Bedürfnis nach Bequemlichkeit, Sicherheit und Hilfe beim Gepäcktransport, weil jeder Vierte über 60 Jahre mindestens eine gesundheitliche Behinderung hat und jeder Sechste schwerbehindert ist.
- Einschränkung der Reisegewohnheiten von Senioren erfolgt erst bei gesundheitlichen Problemen und zunehmendem Sicherheits- oder Betreuungsbedürfnis.
- Beginnende Altersgebrechen schränken die Reisepräferenzen ein, weil die sensorische, motorische, kognitive und organische Leistungsfähigkeit ab dem 40.–50. Lebensjahr langsam aber kontinuierlich abnimmt und in dieser Altersphase zunehmend Probleme bereitet, besonders häufig: grauer Star, vermindertes Seh- und Hörvermögen, Altersdiabetes, Herz-Kreislauf-Insuffizienz, Durchblutungsstörungen, Prostatabeschwerden, Inkontinenz, physischer Kraftverlust, Knochen-/Gelenkerkrankungen, Osteoporose, Stoffwechselstörungen, Allergien etc.
- Senioren präferieren in ihrem Urlaub Ziele, die ihnen die Beibehaltung häuslicher Gewohnheiten und Rituale ermöglichen, Natur, Kultur, Events sowie alters- und gesundheitsaffine Aktivitäten bieten, über ein gemäßigtes Klima verfügen und eine unkomplizierte Anreise garantieren.

3. Reisepräferenzen von Hochbetagten (ca. ab 75 Jahre mit Erreichen der durchschnittlichen Lebenserwartung bzw. Eintritt von umfassenden Altersgebrechen)
- Über 80 % sind alleinstehende Frauen, mit steigender Tendenz.
- Jede/-r Dritte ist schwerbehindert, fast jede/-r Fünfte ein Pflegefall, Pflegefallrisiko steigt gegenüber den Senioren um das Achtfache.
- Interessen konzentrieren sich auf die vertraute Umgebung, die eigenen vier Wände (Lesen, Fernsehen, Sammeln, Spazierengehen), im Mittelpunkt steht das gesundheitliche Wohlbefinden.
- Mobilität und Reisemöglichkeiten dieser Zielgruppe werden durch weiter zunehmende Altersgebrechen sehr stark eingeschränkt.
- Mit zunehmender Vereinsamung, Betreuungs- und Pflegebedürftigkeit nimmt der selbstbestimmte Konsum stark ab und der fremdbestimmte Konsum (u. a. für Hilfs- und Pflegemittel, Versorgungsdienstleistungen, Medikamente etc.) entsprechend zu.
- Die steigende Lebenserwartung und extreme Zunahme dieser Altersgruppe bis 2050 bleibt daher weitgehend ohne positive Effekte für den Tourismus und viele andere Branchen.

Leider wird der Tourismus aber zugleich besonders hart getroffen durch die Schrumpfung der bisher wichtigsten Zielgruppe – der Familie mit Kindern. Von 23,9 Mio. deutschen Mehrpersonenhaushalten entfallen nur noch 22 % auf Ehepaare mit Kindern, 7 % auf Alleinerziehende und Halbfamilien, wobei inzwischen jedes fünfte von 13,3 Mio. Kindern bei nur einem Elternteil lebt, während 29 % auf kinderlose Ehepaare und nicht eheliche Lebensgemeinschaften ohne Kinder entfallen. Der Entwicklungstrend seit 1991: Ehepaare mit Kindern –11 Prozentpunkte, Alleinerziehende +4 Prozentpunkte und kinderlose Ehepaare +3 Prozentpunkte. Neben dem anhaltenden Geburtenrückgang trägt hierzu vor allem bei, dass inzwischen jede dritte Ehe geschieden wird und aus jedem zweiten Scheidungsfall mindestens ein Partner – zumeist mit Kind – als Sozialfall hervorgeht. Eine Trendumkehr zu höheren Geburtenraten erscheint in diesem gesellschaftlichen Umfeld schwer vorstellbar. Der Anteil der Single-Haushalte ist im gleichen Zeitraum um 4 Prozentpunkte gestiegen. Einen relativ hohen Anteil der Single-Haushalte stellt die Gruppe der über 60-Jährigen infolge der stark unterschiedlichen Lebenserwartung von Frauen und Männern dar. Durch die Babyboomer wird sich diese Entwicklung ab 2025 noch verstärken (vgl. Abb. V.81).

Aufgrund der dargestellten immer differenzierteren Lebensmodelle wird es immer schwieriger, die Bedürfnisse von Familien bzw. Mehrpersonenhaushalten in der Altersgruppe der 30- bis 50-Jährigen mit dem klassischen homogenen Urlaubsangebot im Rhythmus der Schulferien zu erreichen. Hinzu kommt, dass Familien mit Kindern inzwischen ein um 10–20 % niedrigeres Pro-Kopf-Einkommen haben als Durchschnittsverdiener und in dieser Ziel- und Altersgruppe eine hohe Arbeitslosenquote (jeder Zehnte) besteht, sodass das für Reisen zur Verfügung stehende Budget sehr beschränkt ist. Viele touristische Zielgebiete im Mittelmeerraum (vor allem Spanien, Italien, Österreich, Tunesien) und ihre Infrastruktur sind mit den Babyboomern groß geworden, als diese selbst in den 70er- und 80er-Jahren Kinder waren und mit ihren Eltern dorthin reisten. Diese Urlaubsregionen müssen sich zukünftig vermehrt neuen, überwiegend alten Zielgruppen und deren völlig andersartigen Bedürfnissen zuwenden, wenn sie ihre Marktposition behalten wollen.

Haushalte	2015 Anteil	1991 Anteil	Veränderung in %-Pkt.
Single	42%	38%	+4%
– über 60 Jahre	17%	18%	–1%
– unter 60 Jahre	25%	20%	+5%
Paare ohne Kinder	29%	26%	+3%
Paare mit Kindern	22%	33%	–11%
Alleinerziehende (mit Kindern)	7%	3%	+4%
Haushalte insgesamt	40,8	35,3 Mio	+5,5 Mio
Zahl der Kinder	13,3	15,3 Mio	–2,0 Mio

Abb. V.81: Haushaltsstrukturen und Lebensmodelle (Quelle: Statistisches Bundesamt 2016)

Diese Marktveränderungen dokumentiert auch eine etwas ältere Auswertung der FUR-Reiseanalyse 2010 aus Kiel. Die Zahl der Kinder unter 18 Jahren schrumpft von 17,3 Mio. im Jahr 1991 über 15,0 Mio. (2010) auf rund 10 Mio. (2050). 2009 wurden von insgesamt 64,7 Mio. Haupturlaubsreisen 53,5 Mio. ohne Kinder unternommen. Nur 11,2 Mio. Reisen werden in Begleitung von Kindern getätigt. Davon entfallen drei Viertel auf Pkw-Reisen und ein Viertel auf Flugreisen, von denen wiederum über 90 % klassische Flugpauschalreisen sind. Auf den Reiseveranstaltermarkt bezogen bedeutet dies, dass nur 2,5 Mio. von damals insgesamt 19 Mio. Veranstalterflugreisen mit Kindern stattfinden bei demografisch weiter abnehmender Tendenz. Dabei reisen überproportional viele Familien mit nichtschulpflichtigen Kindern, die gegenüber Familien mit schulpflichtigen Kindern zum Teil erhebliche preisliche Nebensaisonvorteile haben. Die Familienzielgruppe ist daher sehr inhomogen im Hinblick auf die Ferien- bzw. Hauptsaisonabhängigkeit und vor allem hinsichtlich der Einkommenssituation.

Flugreisende mit Kindern verfügen über ein rund 15 % höheres Haushaltsnettoeinkommen als der Bevölkerungsdurchschnitt, Pkw-Reisende mit Kindern liegen sogar noch um rund 10 % unter dem Durchschnitt. Flugreisende mit Kindern geben für durchschnittlich 3,5 Personen etwa 3.000 Euro für den Haupturlaub aus, Pkw-Reisende mit Kindern hingegen für durchschnittlich 3,9 Personen – also einem voll besetzten Auto – hingegen nur rund 1.600 Euro. Die Polarisierung der Familienzielgruppe zwischen Existenzminimum und Wohlstand ist nicht zuletzt aufgrund der anhaltenden Zunahme der Alleinerziehenden- und Patchworkhaushalte weit fortgeschritten. Die attraktive Familienzielgruppe mit überdurchschnittlichem Haushaltseinkommen ist aber nicht beliebig vergrößerbar und lediglich unter den Top 10–15 % der deutschen Einkommenspyramide zu finden.

Bedenklich ist auch der anhaltende Rückgang der 20- bis 30-Jährigen letztlich infolge der geringen Geburtenrate, die als berufliche Einsteiger und Existenzgründer mit viel Zeit, hoher Flexibilität, starker Aktivitäts- und Erlebnisorientierung und breitem Zielgebietspektrum immer eine besonders attraktive Zielgruppe für die Tourismusbranche sind.

Oft wird bezweifelt, dass die Prognosen zum Konsum- und Reiseverhalten zutreffen, weil viele Forscher davon ausgehen, dass die meisten Menschen auch im hohen Alter ihr im Laufe des Lebens praktiziertes Konsumverhalten beibehalten – die sog. **Kohortentheorie**. Dem widersprechen die Anhänger der **Lebenszyklustheorie**, die eher davon ausgehen, dass Menschen sich primär an ihren veränderten physischen und finanziellen Möglichkeiten im hohen Alter orientieren und sich eher verhalten wie die Vorgenerationen. Vieles spricht eher für die Lebenszyklustheorie, weil sich zwei wesentliche den Alltag bestimmende Faktoren im Alter immer ändern und das selten zum Positiven: das Einkommen und die Physis bzw. Gesundheit. Aber ein Phänomen der Kohortentheorie erscheint nicht unwahrscheinlich – aufgrund besserer Gesundheit und höherer Lebenserwartung könnte sich der Lebenszyklus um 3–5 Jahre nach hinten verschieben und damit die Reiseaktivitäten der Senioren bis zum 8. Lebensjahrzehnt verlängern.

Per Saldo sind also die demografischen Rahmenbedingungen für den Tourismus zumindest bis 2030 recht positiv, wenn es gelingt, die immer vielfältigeren und anspruchsvolleren Bedürfnisse von immer differenzierter werdenden Teilzielgruppen zu erfüllen. Vor allem das Marketing muss sich grundlegend verändern, weil es kaum noch große, homogene Zielgruppen gibt, die den Einsatz von breit angelegten Kampagnen und Massenwerbung rechtfertigen. Die demografischen Strukturen liegen biologisch für die nächste Generation (30–40 Jahre) unveränderbar fest. Trendveränderungen sind erst ab 2040 möglich, aber nur, wenn ab sofort durch eine grundlegende Verhaltensänderung die Geburtenrate zunähme. Um dies zu erreichen helfen keine Marketingkampagnen, können gesetzliche Steuerungsmaßnahmen nur wenig bewirken und muss sich mental und ethisch in den Köpfen der Bevölkerung einiges gravierend ändern – und das umgehend. Denn die Folgen des bislang weitgehend ignorierten demografischen Wandels treffen alle Branchen, die primär von der inländischen Konsumnachfrage abhängig sind – und dazu zählt auch die Touristik.

3.3.3 Perspektiven demografischer Zielgruppen

1. Der deutsche Reisemarkt wächst mittel- bis langfristig nicht mehr
–   Die mittel- bis langfristigen Wachstumsperspektiven für den deutschen Touristikmarkt sind eher gering, weil die Konsumnachfrage aufgrund kaum noch steigender realer Nettoeinkommen und einer gleichzeitig sinkenden Bevölkerungszahl tendenziell abnehmen wird.
–   Individuelles Wachstum wird unter diesen Bedingungen zukünftig primär durch Verdrängungswettbewerb und Marktbereinigungen oder durch Verlagerungen zwischen Marktsegmenten erzielt.
–   Noch wachsende Marktsegmente werden verstärkt Wettbewerb anziehen.

2. Die Zeit der Massenmärkte ist vorbei
–   Austauschbare Massenprodukte ohne Zielgruppendifferenzierung können zukünftig nur noch über den Preis verkauft werden.
–   Nur maßgeschneiderte zielgruppenorientierte Reisen sowie Angebote mit erkennbarem Zusatznutzen oder Mehrwert können zu höheren Preisen verkauft werden.

3. Die Reisenachfrage zerfällt in immer kleinere und inhomogenere Zielgruppen
–   Die Kundenstruktur wird sich im Hinblick auf die zumindest für die nächsten 30 Jahre unabänderlichen erheblichen demografischen Verschiebungen deutlich verändern.
–   Zielgruppenansprache und Angebote müssen entsprechend modifiziert werden.
–   Die zukünftigen Fifty-Ups (Babyboomer) sind mit einer gravierenden Verschiebung gesellschaftlicher, sozialer und ethischer Werte groß geworden, bilden äu-

ßerst heterogene Zielgruppen und zerfallen in eine Vielzahl von Nischensegmenten mit sehr differenzierten Bedürfnissen.
- Ein unverträglicher Zielgruppenmix – vor allem bei den vielfältigen Lebensmodellen von Familien, Best Agern und Senioren – kann hochwertige Angebote und Serviceleistungen stark abwerten.

4. Die kaufkräftigen Best Ager und aktiven Senioren prägen den Reisemarkt der nächsten 30 Jahre
- Die Ansprache der zukünftigen Fifty-Up-Generation muss über ihre spezifischen Bedürfnisse erfolgen ohne auf Altersthemen einzugehen; die positiven Werte des Altseins, wie Erfahrung, Reife, Anspruch, eignen sich zur Ansprache besser als eine übertrieben jugendliche oder unnatürlich schöne Darstellung des Alters.
- Senioren sind sich ihrer Einschränkungen und Gebrechen durchaus bewusst und verhalten sich entsprechend, aber sie reden nicht gern darüber und man sieht sie ihnen aufgrund medizinischer Fortschritte zumeist auch nicht an.
- Ein serviceorientiertes Reiseunternehmen muss sich aber auch ohne konkrete Kenntnis auf alterstypische Gewohnheiten, Befindlichkeiten und Verhaltensmuster bei Service und Infrastruktur einstellen.

5. Begeisterung, Bequemlichkeit, Zufriedenheit und Vertrauen als Erfolgsbasis des künftigen Best-Ager- und Seniorenmarketings
- Zielgebiete bzw. Reisen müssen Zielgruppen-affiner ausgewählt werden, weil Menschen mit zunehmendem Alter klimaempfindlicher werden und gesundheitsabhängig engräumiger reisen.
- Die Reisemotive Entspannung, Ruhe und Erholung werden zunehmend durch Geselligkeit, Gemütlichkeit und Kommunikation abgelöst.
- Bequemlichkeit bei An- und Abreise wird immer wichtiger.
- Emotion und Erlebnis bzw. Themen werden bei anspruchsvollen Reisen wichtiger als Destination und Produkt.

6. Der Reisemarkt polarisiert sich zunehmend zwischen Schäppchenjägern und Luxusshoppern
- Die Polarisierung zwischen Discount und Luxus prägt zunehmend den Reisemarkt, der primär an den Peripherien wächst.
- Der hybride Kunde der Zukunft gibt einerseits wenig Geld für ein Massenprodukt aus und gönnt sich andererseits gern auch einmal ein maßgeschneidertes hochwertiges Angebot.

Literaturhinweise zu Teil V

Zu Methoden, Instrumenten und Anwendungen der Marketingforschung (V. 1)
FREYER 2015 (Tourismus-Marketing),
FREYER/GROSS 2006 (Gästebefragungen),
MEFFERT 2000 (Marketing),
MEFFERT/BRUHN 2009 (Dienstleistungs-Marketing)

Zu Marktgrößen und Marktstrukturen (V. 2)
ADV versch. Jg. (Flugverkehr),
DERTOUR versch. Jg. (Marktforschung),
DRV versch. Jg. (Vertriebsdatenbank),
DESTATIS (STATISTISCHES BUNDESAMT) versch. Jg. (u. a. Verkehrsstatistiken),
FUR versch. Jg. (Reiseanalyse),
FVW 2015 (Reiseveranstalter, Reisevertrieb),
GfK versch. Jg. (Haushaltspanel),
SAFIR WIRTSCHAFTSINFORMATIONSDIENST versch. Jg. (Wirtschafts- und Tourismusdaten),
STATISTISCHES BUNDESAMT (s. DESTATIS), versch. Jg.

Zu **Informationsquellen** für Marktdaten und Statistiken vgl. Kapitel V.1.4

Fragen zu Teil V

1. *Auf welche Dimensionen kann die Marktforschung eines Reiseveranstalters fokussieren?*
2. *Welche Verfahren der Marktforschung können für Reiseveranstalter angewendet werden?*
3. *Im Rahmen der Sekundäranalyse stehen dem Reiseveranstalter verschiedene Quellen zur Verfügung. Geben Sie einen Überblick über die wichtigsten touristischen Informationsquellen.*
4. *Beschreiben Sie wirtschaftliche Rahmenbedingungen, die den Quellmarkt von Reiseveranstaltern beeinflussen.*
5. *Welche Reiseveranstalter nehmen auf dem deutschen Markt die Top-5-Positionen nach Umsatz ein?*
6. *Beurteilen Sie die Perspektiven des Kreuzfahrtenmarktes.*
7. *Anhand welcher Kriterien kann das Potenzial eines Quellmarktes für einen Reiseveranstalter bestimmt werden?*
8. *Wodurch differenzieren sich die wesentlichen europäischen Reisequellmärkte?*
9. *Welche Chancen und Risiken der Globalisierung ergeben sich in Reisequellmärkten und Reisezielmärkten?*
10. *Welches sind die Top-3-Urlaubsreiseziele der Deutschen jeweils im Inland und im Ausland?*

11. *Was ist der Sinn des Zielgruppenwürfelmodells? Welche Transparenz schafft es?*
12. *Welche Auswirkungen hat die demografische Entwicklung auf die Reisebranche? Wie können Reiseveranstalter mit den sich dadurch ändernden Marktbedingungen erfolgreich umgehen?*

Literaturverzeichnis

ADAC (Hrsg.) versch. Jg.: Reisemonitor, München.

ADLER T.; IGL A. 2005: Notfallmanagement für Reise- und Tourismusunternehmen – Ein Kompendium von Fachvorträgen und Praxisworkshops des 2. Tourismusforums in München, Frankfurt.

ADV (Arbeitsgemeinschaft Deutscher Verkehrsflughäfen e. V.) (Hrsg.) versch. Jg.: ADV-Verkehrsstatistik.

AMADEUS 2011: The always-connected traveller: How mobile will transform the future of fair travel, Online: www.amadeus.com/airlineit/the-always-connected-traveller/.

AMERSDORFFER, D.; BAUHUBER, F.; EGGER, R.; OELLRICH, J. (Hrsg.) 2010: Social Web im Tourismus – Strategien, Konzepte, Einsatzfelder, Berlin, Heidelberg (zitiert als Amersdorffer u. a. 2010).

ASR (Hrsg.) 1997: Bundesverband mittelständischer Reiseunternehmen: Das Reisebüro – erfolgreich gründen und führen, Neuwied usw.

AXTHELM, A. 2009: Geschäftsmodellanalyse Autovermietung – Prozessanalyse klassische Autovermietung und Mietwagenbroker im Vergleich, Wernigerode

BAMBACH, M.; KUHN-FLEUCHHAUS, C. 2008: Diversity Management, Stuttgart.

BASTIAN, H.; BORN, K. 2004: Der integrierte Touristikkonzern, München/Wien.

BAT-STIFTUNG FÜR ZUKUNFTSFRAGEN (Hrsg.) 2016: Tourismusanalyse 2016, Hamburg.

BAUERFEIND, R. 2005: Corporate Social Responsibility- und Nachhaltigkeitsberichterstattung – Grundlagen und Bewertungsverfahren, Saarbrücken.

BECKER, J. 1994: Typen von Markenstrategien, in: BRUHN 1994: 463–498.

BECKER, J. 2013: Marketing-Konzeption – Grundlagen des zielstrategischen und operativen Marketing-Managements, 10. Aufl., München.

BECKER, M. 2015: Systematisches Diversity Management, Stuttgart.

BERCHTENBREITER, R. 2010: IT-gestütztes Kundenbeziehungsmanagement, in: SCHULZ; WEITHÖNER; GOECKE 2010: 197–219.

BEREKOVEN, L.; ECKERT, W.; ELLENRIEDER, P. 2009: Marktforschung. Methodische Grundlagen und praktische Anwendung, 12. Aufl., Wiesbaden.

BIBB – BUNDESINSTITUT FÜR BERUFSBILDUNG (HRSG.), versch. Jg.: Berufsdatenblätter, Berlin

BIEGER, T.; BERITELLI, P. 2013: Management von Destinationen, München.

BIERMANN, B. 2002: Die Mathematik von Zinsinstrumenten, 2. Aufl., München usw.

BOHLI, E. 1980: Marketing-Planung der Schweizer Reiseveranstalter, Zürich.

BORN, K. 2004: Strategische Vorgaben zur Konzernsteuerung, in: BASTIAN; BORN 2004: 81–99.

BORN, K. 2008: Dynamic Packaging, in: FUCHS; MUNDT; ZOLLONDZ 2008: 205–206.

BÖTTCHER, V. 2004: Die Preis- und Mengenpolitik im integrierten Touristikkonzern im Spannungsfeld drohender Überkapazitäten und vorzeitigem Ausverkauf, in: BASTIAN; BORN 2004: 127–137.

BORG, I. 2015: Employee Surveys in Management: Theories, Tools, and Practical Applications, Cambridge.

BRAUN, S. 2007: Nachhaltigkeitsberichterstattung – Empfehlungen für eine gute Unternehmenspraxis, Berlin.

BRINKEN, CH. VAN DEN 1998: Marktforschung im Tourismus: Der Single-Source-Ansatz als innovatives Instrument zur Messung von Marktdaten im Tourismus, in: HAEDRICH et al. 1998: 169–185.

BRÖZEL, C. 2008: Der Online Markt, in: FREYER; POMPL 2008: 81–102.

BRÖZEL, C.; WAGNER, A. 2010: Tourismus und Internet: Reisen und Reisevorbereitung in der neuen Informationswelt, Berlin.

BRUHN, M. (Hrsg.) 1994: Handbuch Markenartikel, Stuttgart.

https://doi.org/10.1515/9783110481457-037

BMWᵢ 2017 (Bundesministerium für Wirtschaft und Energie): Wirtschaftsfaktor Tourismus in Deutschland, Berlin.

BUHALIS, D. 2003: eTourismus – Information technology for strategic tourism management, London usw.: Pearson Education.

CHAFFEY, D.; ELLIS-CHADWICK, F.; MAYER, R.; JOHNSTON, K. 2006: Internet Marketing, 3. Aufl., Harlow.

CLIA, CRUISE LINES INTERNATIONAL ASSOCIATION. 2015: The Global Economic Contribution of Cruise Tourism 2014 Washington, D.C.

CLIA Kreuzfahrtstudie: Der Hochsee-Kreuzfahrtmarkt Deutschland, versch. Jg. (im Auftrag CLIA Deutschland und DRV) [zitiert als Clia Kreuzfahrtstudie]

CONRADY, R. 2010: Web 2.0 und soziale Netzwerke im Tourismus, in: Schulz; Weithöner; Goecke 2010: 371–385.

CONRADY, R.; BAKEN, S. 2008: Climate Change and Impact on the Tourism Industry, in: Trends and Issues in Global Tourism, Berlin.

CONRADY, R.; FICHERT, F.; STERZENBACH, R. 2013: Luftverkehr: Betriebswirtschaftliches Lehr- und Handbuch, 5. Aufl., München/Wien.

CORSTEN, H.; GÖSSINGER, R. 2015: Dienstleistungsmanagement, 6. Aufl., München/Wien.

CROSS, R. 1997: Revenue Management: Das richtige Produkt für den richtigen Kunden zum richtigen Zeitpunkt zum richtigen Preis; weg vom Downsizing hin zu Real Growth, Wien.

DAUDEL, S.; VIALLE, G. 1992: Yield Management – Erträge optimieren durch nachfrageorientierte Angebotssteuerung, Frankfurt am Main, New York.

DEHMER, S. 1996: Die Kur als Markenartikel: Angebotsprofilierung und Markenbildung im Kurwesen, Dresden.

DER 2015: Marktforschung 2015.

DER o.J.: Versicherungs-Handbuch (unternehmensinterne Quelle).

DESTATIS, siehe Statitisches Bundesamt

DICHTL, E.; EGGERS, W. (Hrsg.) 1992: Marke und Markenartikel als Instrumente des Wettbewerbs, München.

DICKINSON, B.; VLADIMIR, A. 2008: Selling the Sea. An Inside Look at the Cruise Industry, 2nd ed., Hoboken (New Jersey): Wiley & Sons.

DLR, DEUTSCHES ZENTRUM FÜR LUFT- UND RAUMFAHRT 2017: Low Cost Monitor 1/2017.

DÖRNBERG, A. VON 2004: Reiseversicherungen im Spannungsfeld zwischen Ertrag für die Reiseindustrie und notwendiger Schutzfunktion für den Reisenden, in: FREYER; GROSS 2004: 155–169.

DÖRNBERG, A. VON o.J.: Stichwort Reiseversicherung, in: Gabler's Wirtschaftslexikon.

DÖRR, G. 1994: Das Reisegeschäft – Wie gründe und führe ich ein Reisebüro, 5. Aufl., Bonn.

DOWLING, R.; WEEDEN, C. 2017: Cruise Ship Tourism, 2. Aufl., Oxfordshire: CABI.

DREYER, A. 2001: Krisenmanagement im Tourismus: Grundlagen, Vorbeugung und kommunikative Bewältigung, München.

DRV, versch. Jg.: Fakten und Zahlen zum deutschen Reisemarkt, (jährlich ab 2005; ab 2015 unter dem Titel „Der deutsche Reisemarkt – Zahlen und Fakten"), online unter: https://www.drv.de/fachthemen/statistik-und-marktforschung/fakten-und-zahlen-zum-reisemarkt.html

DRV, versch. Jg.: Reisebürobarometer (jährlich ab 2013), online unter: https://www.drv.de/fachthemen/statistik-und-marktforschung/drv-reisebuerobarometer.html

DRV versch. Jg.: Vertriebsdatenbank, Berlin.

DRV Deutscher Reiseverband (2016 und früher): Kreuzfahrtenmarktstudie, Berlin.

EDER, G. 1990: Haftung des Busreiseveranstalters, Schriftenreihe: Aktuelles Reiserecht, Band 3, Wiesbaden (Hrsg. FÜHRICH).

EGGER, R. 2005: Grundlagen des eTourismus, Aachen.

EGGER, R. 2007: Cyberglobetrotter – Touristen im Informationszeitalter, in: EGGER; HERDIN. 2007: 433–451.

EGGER, R.; HERDIN, T. (Hrsg.) 2007: Tourismus: Herausforderung: Zukunft, Wien.

ENTREPRENEUR PRESS MINTZER, R. 2012: Start Your Own Travel Business: Cruises, Adventure Travel, Tours, Senior Travel, Senior Travel, 2. Aufl., Toronto: Entrepreneur Press.

ESCH, F.-R. (Hrsg.) 2001: Moderne Markenführung: Grundlagen – innovative Ansätze – praktische Umsetzung, 3. Aufl., Wiesbaden.

EUROMONITOR versch. Jg: Marktforschungs-Daten, London (http://www.euromonitor.com/germany).

EUROSTAT – STATISTISCHES AMT DER EUROPÄISCHEN UNION IN LUXEMBURG, online unter: http://ec.europa.eu/eurostat/

EU-RICHTLINIE 90/314/EWG vom 13.06.1990 über Pauschalreisen.

EU-VERORDNUNG Nr. 261/2004 vom 11.02.2004 über eine gemeinsame Regelung für Ausgleichs- und Unterstützungsleistungen für Fluggäste im Fall der Nichtbeförderung und bei Annullierung oder großer Verspätung von Flügen und zur Aufhebung der Verordnung (EWG) Nr. 295/91.

EUROPÄISCHE KOMMISSION (Hrsg.) 1997: Yield Management in kleinen und mittelständischen Unternehmen der Tourismuswirtschaft – Zusammenfassung, Luxemburg.

EUROPÄISCHE KOMMISSION (Hrsg.) 2007: Arbeitspapier der Kommission zur Richtlinie über Pauschalreisen, verfügbar unter: www.ec.europa.eu/consumers/cons_int/safe_shop/pack_trav/index_de.htm.

EUROPÄISCHE KOMMISSION (Hrsg.) 2009: Eurostat.

FINGER, K. 1997: Qualitätsmanagement in der Animation, in: POMPL; LIEB 1997: 323–334.

FINGER, K.; GAYLER, B. 2003: Animation im Urlaub – Studie für Planer und Praktiker, München/Wien.

FISCHER, P. 1990: Haftung des Reiseveranstalters bei Flugbeförderung. Schriftenreihe Aktuelles Reiserecht, Band 2, Wiesbaden (Hrsg. FÜHRICH).

FORUM ANDERS REISEN E. V. (Hrsg.) 2015: www.forumandersreisen.de.

FRANCK, CH. 1988: Kurssicherung mit Gewinnchance, in: touristik management, Heft 1: 79–80.

FREITAG, RD. 2008: World Travel Monitor (WTM), in: FUCHS; MUNDT; ZOLLONDZ 2010: 774–775.

FREYER, W. 1986: Beratung: der goldene Mittelweg. Anmerkungen zu den steigenden Anforderungen an Reisebüromitarbeiter, in: touristik aktuell, Nr.8: 22.

FREYER, W. 1997: Qualität durch Markenpolitik, in: POMPL; LIEB 1997: 155–183.

FREYER, W. 1999: Reisebüro-Management – allgemeine Grundlagen, in: FREYER; POMPL 1999: 99–140.

FREYER, W. 2002: Globalisierung und Tourismus, 2. Aufl., Dresden.

FREYER, W. 2007: Virtuelles Reisen – wie real sind künstliche Reisen in Zukunft? In: EGGER; HERDIN 2007: 515–531.

FREYER, W. 2008: Reisebüro-Management – allgemeine Grundlagen, in: FREYER; POMPL 2008: 137–182.

FREYER, W. 2011: Tourismus-Marketing: Marktorientiertes Management im Mikro- und Makrobereich der Tourismuswirtschaft, 7. Aufl., München.

FREYER, W. 2015: Tourismus: Einführung in die Fremdenverkehrsökonomie, 11. Aufl., München/ Berlin.

FREYER, W.; GROSS, S. (Hrsg.) 2004: Sicherheit in Tourismus und Verkehr – Schutz vor Risiken und Krisen, Dresden.

FREYER, W.; GROSS, S. (Hrsg.) 2006: Gästebefragungen in der touristischen Marktforschung, Dresden.

FREYER, W.; JANS, B. 2015: Kreuzfahrt-Management, Studienbriefe, Dresden (Forschungsbericht TU Dresden, unveröff.).

FREYER, W.; JANS, B. 2016: Kreuzfahrt-Tourismus, in: Geographische Rundschau, Jg. 68, Heft 5 (2016): 28–33.

FREYER, W.; MOLINA, M. 2008: Multichannel-Vertrieb: Innovatives Distributionsmanagement für Destinationen, in: FREYER; POMPL 2008: 123–133.

FREYER, W.; POMPL, W. (Hrsg.) 1999: Reisebüro-Management, München/Wien

FREYER, W.; POMPL, W. (Hrsg.) 2008: Reisebüro-Management – Gestaltung der Vertriebsstrukturen im Tourismus, 2. Aufl., München

FREYER, W.; SCHRÖDER, A. 2005: Sicheres Reisen angesichts von Risiken und Krisen – Anforderungen an Tourismuswirtschaft und (internationale) Tourismuspolitik, Gutachten für den Deutschen Bundestag, Dresden/Berlin.

FUCHS, W.; MUNDT, J. W.; ZOLLONDZ, H.-D. (Hrsg.) 2008: Lexikon Tourismus. Destinationen, Gastronomie, Hotellerie, Reisemittler, Reiseveranstalter, Verkehrsträger, München, Wien.

FÜHRICH, E. 1988: Die Rechtsprechung des Bundesgerichtshofs zum neuen Reisevertragsrecht, in: Der Betrieb (DB): 2137 ff.

FÜHRICH, E. 1990: Die Verkehrssicherungspflicht des Reiseveranstalters, in: Der Betrieb (DB): 1501.

FÜHRICH, E. 1991: Die Risikoverteilung bei höherer Gewalt im Reisevertragsrecht, in: Betriebs-Berater (BB): 493 ff.

FÜHRICH, E. 1993: Zur Umsetzung der EG-Pauschalreise-Richtlinie in deutsches Reisevertragsrecht, in: EuZW: 347.

FÜHRICH, E. 1993: Gemeinschaftsrechtliche Staatshaftung wegen verspäteter Umsetzung der EG-Pauschalreiserichtlinie, in: Europ. Entw.: 725.

FÜHRICH, E. 1994: Das neue Reiserecht nach der Umsetzung der EG-Pauschalreise-Richtlinie, in: NJW: 2446.

FÜHRICH, E. 1995: Der neue Insolvenzschutz des Pauschalreisenden, in: VersR: 1138–2003; BGH: Preiserhöhungsklausel beim Reisevertrag unwirksam, in: Reiserechtaktuell (Rra), 11 (1): 4–7.

FÜHRICH, E. 2010: Handbuch Reiserecht. Reisevertrags-, Reiseversicherungs- und Individualreiserecht, Rechtsstand, 6. Aufl., München.

FÜHRICH, E. 2011: Basiswissen Reiserecht. Grundriss des Reisevertrags- und Individualreiserechts, 3. Aufl., München.

FUR – FORSCHUNGSGEMEINSCHAFT URLAUB UND REISEN (Hrsg.): Reiseanalyse (RA und RA Online), Kiel, versch. Jg. 1991 bis 2015 (ab 1994 Nachfolgeuntersuchung zu Reiseanalyse des Studienkreises für Tourismus, Starnberg).

FUR 2014: Customer Journey: Wer postet wie über den Urlaub? Newsletter 07/2014 (zugleich Sondermodul der RA 2014).

FVW FREMDENVERKEHRSWIRTSCHAFT 2014: Dossier Ferienhotellerie vom 31.07. 2014, Magazin für Touristik und Business Travel, Hamburg.

FVW FREMDENVERKEHRSWIRTSCHAFT 2015: Das Klick-Imperium, Heft 7/2015 vom 27.3.2015, Magazin für Touristik und Business Travel, Hamburg.

FVW FREMDENVERKEHRSWIRTSCHAFT: Dossier Reisevertrieb, verschiedene Jahrgänge 2000 bis 2016, Magazin für Touristik und Business Travel, Hamburg.

FVW FREMDENVERKEHRSWIRTSCHAFT: Dossier Deutsche Veranstalter, verschiedene Jahrgänge 2000 bis 2016, Magazin für Touristik und Business Travel, Hamburg.

GARDINI, M. 2014: Grundlagen der Hotellerie und des Hotelmanagements, 2. Aufl., München.

GARDINI, M.; BRYSCH, A. (Hrsg.) 2014: Personalmanagement im Tourismus, Berlin: ESV.

GAUF, D.; HUGHES, H. 1998: Diversification and German Tour Operators. The Case of TUI and Coach Tourism, in: Tourism Economics, 4(4): 325–337.

GfK (Hrsg.) versch. Jg.: GfK Haushaltspanel.

GfK (Hrsg.) versch. Jg.: GfK TravelScope: Consumer Insights aus der Tourismusforschung.

GFK (Hrsg.) versch. Jg.: GfK Mobilitätsmonitor.

GIBSON, P. 2012: Cruise Operations Management, 2. Aufl. Oxford: Routledge.

GIRALDO, A. u. a. 2006: Corporate Social Responsibility (CSR) – Leitfaden CSR-Reporting im Tourismus, Stuttgart.

GLAESSER, D. 2001: Krisenmanagement im Tourismus, Frankfurt.

GLAESSER, D. 2005: Handbuch Krisenmanagement im Tourismus – Erfolgreiches Entscheiden in schwierigen Situationen, Berlin.

GOECKE, R. 2010: Yield-Management-Systeme, in: SCHULZ; WEITHÖNER; GOECKE 2010: 146–166.

GOOGLE; IPROSPECT; SEMPORA MANAGEMENT CONSULTANTS; GFK 2010: ROPO Research Online-Purchase Offline.

GRABS, A.; VOGL, E.; BANNOUR, K.-P. 2017: Follow me! Erfolgreiches Social Media Marketing mit Facebook, Twitter und Co., 2. Aufl. Bonn (zitiert als GRABS u. a. 2017).

GROSS, S. 2011: Tourismus und Verkehr, München.

GROSS, S.; STENGEL, N. 2010: Mietfahrzeuge im Tourismus, München.

GÜNTER, W. (Hrsg.) 2003: Handbuch für Studienreiseleiter. Pädagogischer, psychologischer und organisatorischer Leitfaden für Exkursionen und Studienreisen, 3. Aufl., München.

GUNKEL, K.; BROCKS, S. 2003: Der Omnibusverkehr in der Europäischen Union (Hrsg.: Vereinigung Europäischer Verkehrsunternehmen e. V.), Bielefeld.

GURTNER, R. 2006: Nachhaltigkeit im Tourismus – Eine Analyse der touristischen Big Players, Saarbrücken.

GUTENBERG, E. 1958: Einführung in die Betriebswirtschaftslehre, Wiesbaden.

HAEDRICH, G. et al. (Hrsg.) 1998: Tourismus-Management, 3. Aufl., Berlin/New York.

HÄNSSLER, K.H. (Hrsg.) 2016: Management in der Hotellerie und Gastronomie: Betriebswirtschaftliche Grundlagen, 9. Aufl., München/Wien.

HÄSSEL, G.; RUMMEL, J. 2008: Besteuerung, Buchführung und Vertragsrecht der Reisebüros. Hinweise – Empfehlungen – Erfahrungen, 4. Aufl., München.

HEBESTREIT, D. 1992: Touristik Marketing, 3. Aufl., Berlin (1. Aufl. 1977). Helbing, J. 2001: Revenue Management im Tourismus, in: Tourismus Jahrbuch, 5(1): 5–44.

HELLER, M.; DAVID, H. 2008: Prozessmanagement im Reisebüro: die qualitäts- und produktivitätsorientierte Gestaltung der Leistungserstellung, in: FREYER; POMPL 2008: 203–215.

HINTERHOLZER, T.; JOOSS, M. 2013: Social Media Marketing und Management im Tourismus, Berlin/Heidelberg.

HOLLOWAY, J. C.; HUMPHREYS, C. 2012: The Business of Tourism, 9. Aufl., London.

HOLTMEIER, T. 2010: Praxisbeispiel: Webbasierte Kundenbindung am Beispiel des Thomas Cook Travelguides, in: SCHULZ; WEITHÖNER; GOECKE 2010: 220– 227.

HORNER, S. 2017: Talent Management in Hospitality and Tourism, Oxford.

HORSTER 2013: Reputation und Reiseentscheidung im Internet, Wiesbaden.

IG RIVERCRUISE: Der Fluss-Kreuzfahrtmarkt, versch. Jg. (erstellt von SeaConsult) [zitiert als IG River Cruise Kreuzfahrtstudie]

INITIATIVE D21 E. V.; TNS INFRATEST (Hrsg.) 2011: (N)Onliner Atlas 2011, verfügbar unter: http://www.initiatived21.de/wp-content/uploads/2011/07/NOnliner2011.pdf.

ISERMANN, E. 1991: Reisevertragsrecht, 2. Aufl., München.

JAESCHKE, A.M.; FUCHS, W. 2016: Zusammenarbeit in der Hotellerie – Funktionelle Entkoppelung, Betreiberformen und Kooperationen, in: HÄNSSLER 2016: 71–86.

JOCKWER, A. 2010: Kundenbewertungen im Tourismusmarketing, in: SCHULZ; WEITHÖNER; GOECKE 2010: 440–450.

Jones, P.; Hamilton, D. 1992: Yield Management: Putting People in the Big Picture, in: Cornell Hotel & Restaurant Administration Quarterly, Vol. 1: 89–95.

Jossé, G. 2004: Strategische Frühaufklärung in der Touristik – Aufbau eines zielorientierten Frühaufklärungssystems für Reiseveranstalter, Wiesbaden.

Kagermeier, A. 2016: Tourismusgeographie, Konstanz/München.

Kapferer, J.-N. 1992: Die Marke – Kapital des Unternehmens, Landsberg.

Kaplan, R.S.; Norton, D.P. 1997: Balanced Scorecard, deutsche Übersetzung, Stuttgart.

Kern, A. 2007: Das Profil von Destinationen als Determinanten der Reiseentscheidung – deutsche Urlaubsregionen als Beispiel, in: Becker, C.; Hopfinger, H.; Steinecke, A. (Hrsg.) 2007: Geographie der Freizeit und des Tourismus, 3. Aufl., München: 741–753.

Kirstges, T. 2000: Management von Tourismusunternehmen, 2. Aufl., München.

Kirstges, T. 2005: Expansionsstrategien im Tourismus, 3. Aufl. Wilhelmshaven.

Kirstges, T. 2008: Personalmanagement in Reisebüros, in: Freyer; Pompl 2008: 271–295.

Kirstges, T. 2010: Grundlagen des Reisemittler- und Reiseveranstaltermanagements, München.

Kirstges, T.; Seidl, D. 1989: Basisstrategien im Internationalen Marketing von Reiseveranstaltern, Mannheim.

Klatt, H.; Wahl, F. (Hrsg.) 2004: Recht der Touristik: Praxishandbuch für die gesamte Reise- und Fremdenverkehrsbranche, Band 1, Loseblattsammlung, Neuwied.

Klemm, C.; Schöpp, U. 2008: Aus- und Weiterbildung für Reisebüros, in: Freyer; Pompl 2008: 391–414.

Knebel, H.J. 1960: Soziologische Strukturwandlungen im modernen Tourismus, Stuttgart.

Kotler, P.; Bliemel, F. 2001: Marketing-Management: Analyse, Planung, Umsetzung und Steuerung, 10. Aufl., Stuttgart.

Kranawetter, S. o. J.: DRV-Krisenleitfaden für Reiseveranstalter, Berlin.

Kranawetter, S.; Müller, I. 2007: Erfolgreiches Krisenmanagement für Reiseveranstalter – Ein Krisenhandbuch für plötzlich auftretende Krisen im Tourismus, Schriftreihe der School of International Business, Band 2, Stuttgart.

Kreilkamp 1998: Produkt- und Preispolitik, in: Haedrich et al. 1998: 283–305.

Kriegler, W. 2012: Praxishandbuch Employer Branding, München.

Lee-Roso, D.; Pryce, J. 2010: Human Resources and Tourism: Skills, Culture and Industry, Bristol: Channel View Publications.

Lohmann, M.; Schmücker, D.; Sonntag, U. 2016: Urlaubsreisetrends 2025 – Entwicklung der touristischen Nachfrage im Quellmarkt Deutschland, Kiel: FUR.

Maleri, R.; Frietzsche, U. 2008: Grundlagen der Dienstleistungsproduktion, 5. Aufl., Heidelberg.

MDT Makler der Touristik GmbH (Hrsg.) 2011: www.mdt24.de.

Meffert, H. 2000: Marketing: Grundlagen der Absatzpolitik, 9. Aufl., Wiesbaden.

Meffert, H. 2008: Marketing: Grundlagen marktorientierter Unternehmensführung, 10. Aufl., Wiesbaden (Verfasser: Meffert, H.; Burkann, C.; Kirchgeorg, M.), zitiert als Meffert 2008.

Meffert, H.; Bruhn, M. 1995: Dienstleistungsmarketing, 3. Aufl.,Wiesbaden.

Meffert, H.; Bruhn, M. 2009: Dienstleistungsmarketing, 6. Aufl., München.

Middleton, V.T.C.; Fyall, A.; Morgen, M.; Ranchhod, A. 2009: Marketing in Travel and Tourism, 4. Aufl., Amsterdam, Heidelberg usw. (zitiert als Middleton u. a. 2009).

Moutinho, L. (Ed.) (2011): Strategic Management in Tourism, 2. Aufl., Oxfordshire: Cabi.

Mundt, J.W. 2011 (Hrsg.): Reiseveranstaltung, 7. Aufl., München.

Nies, I. 2008: Versicherungen für das Reisebüro: Betrieblicher Nutzen und persönliche Vorsorge, in: Freyer; Pompl 2008: 369–389.

Nies, I. 2011: Reisebüro-Rechts- und Versicherungsfragen, 3. Aufl., München.

Page, S. 2009: Transport and Tourism, 3rd. ed., Harlow.

Palandt 2010: BGB-Kommentar, 69. Aufl., Beck Juristischer Verlag, München.

Papathanassis, A. (Hrsg.) 2009: Cruise Sector Growth. Managing Emerging Markets, Human Resources, Processes and Systems, Wiesbaden.

Pichler, S. 2004: Geleitwort, in: Bastian; Born 2004: XI.

Pichler, St.; Kloubert, Th. 2004: Expansion und Integration – Erfolgsrezepte eines internationalen Touristik-Konzerns, in: Bastian; Born 2004: 69–80.

Pompl, W. 1992: Aspekte des modernen Tourismus, 2. Aufl., Frankfurt.

Pompl, W. 1996: Touristikmanagement 2, Qualitäts-, Produkt-, Preismanagement, Berlin.

Pompl, W. 1997: Touristikmanagement 1, Beschaffungsmanagement, 2. Aufl., Berlin.

Pompl, W. 2007: Luftverkehr. Eine ökonomische und politische Einführung, 5. Aufl., Berlin.

Pompl, W. 2011: Das Produkt Pauschalreise – Konzept und Element, in: Mundt 2011: 63–114.

Pompl, W.; Lieb, M. (Hrsg.) 1997: Qualitätsmanagement im Tourismus, München/Wien.

Pompl, W.; Lieb, M. (Hrsg.) 2002: Internationales Tourismus-Management. Herausforderungen, Strategien, Instrumente, München.

Porter, M.E. 1980: Competitive Strategy, Glencoe (zit. nach dt. Ausgabe: Wettbewerbsstrategie. Frankfurt am Main 1992).

Porter, M. 1992: Wettbewerbsvorteile: Spitzenleistungen erreichen und behaupten, Frankfurt am Main/New York.

Pümpin, C. 1986: Management strategischer Erfolgspositionen, 3. Aufl., Bern/Stuttgart.

Romeiss-Stracke, F. 1995: Service-Qualität im Tourismus, München.

Reiseanalyse, versch. Jg.: Deutschlandweite Erhebung der touristischen Nachfrage für Urlaubsreisen und Kurzurlaubsreisen, Kiel (durchgeführt von Forschungsgemeinschaft Urlaub und Reisen (FUR), siehe auch FUR)

Roth, P. 1995: Grundlagen des Touristik-Marketing, in: Roth; Schrand 1995: 31–147.

Roth, P.; Schrand, A. (Hrsg.) 1995: Touristik-Marketing. Das Marketing der Tourismus-Organisationen, Verkehrsträger, Reiseveranstalter und Reisebüros, 2. Aufl., München.

Roth, P.; Schertler-Rock, M. 2011: Das Marketing der Reiseveranstalter, in: Mundt 2011: 461–530.

Roth, S. 2000: Marketing von Reiseveranstaltern: die Stimmung als Erfolgsfaktor, Wiesbaden.

Safir Wirtschaftsinformationsdienst GmbH, versch. Jg.

Scheer, C.; Deelmann, T.; Loos, P. (Hrsg.) 2003: Geschäftsmodelle und internetbasierte Geschäftsmodelle – Begriffsbestimmung und Teilnehmermodell, Johannes Gutenberg-University Mainz, ISYM – Information Systems & Management, Lehrstuhl für Wirtschaftsinformatik und BWL, Mainz.

Schmid, R. 1997: Rechtsprechung zum Charterflug, Neuwied.

Schneider, O. 2000: Die Ferien-Macher. Eine gründliche und grundsätzliche Betrachtung über das Jahrhundert des Tourismus, Hamburg (2. Aufl. als Sülberg; Schneider 2013).

Schrand, A. 2008: Operatives Marketing: der Einsatz und die Gestaltung der Marketinginstrumente im Reisebüro, in: Freyer; Pompl 2008: 247–268.

Schüller, A. 2013: Touchpoints – Auf Tuchfühlung mit dem Kunden von heute, 3. Aufl., Offenbach.

Schüssler, O. 2005: Passagier-Schifffahrt, 2. Aufl., Frankfurt am Main.

Schulz, A. 2008: Informationsmanagement im Reisebüro, in: Freyer; Pompl 2008: 183–202.

Schulz, A.; Auer, J. 2010: Kreuzfahrten und Schiffsverkehr im Tourismus, München/Wien.

SCHULZ, A.; WEITHÖNER, U.; GOECKE, R. (Hrsg.) 2010: Informationsmanagement im Tourismus. E-Tourismus: Prozesse und Systeme, München (2. Aufl. als SCHULZ, A.; WEITHÖNER, U.; EGGER, R.; GOECKE, R. (Hrsg.) 2015: eTourismus: Prozesse und Systeme, Berlin, zitiert als SCHULZ u. a. 2015.

SCHWALD, R. 2008: Unterlagen zum internen Seminar Devisenmanagement für Mitarbeiter des Reiseveranstalters DERTOUR.

SEA CONSULT HAM GmbH 2015: Der Flusskreuzfahrtenmarkt 2014, Berlin.

SEGHEZZI, H.D.; HANSEN, J.R. (Hrsg.) 1993: Qualitätsstrategien – Anforderungen an das Management der Zukunft, Stuttgart.

SEITZ, E.; MEYER, W. 2006: Tourismusmarktforschung. Ein praxisorientierter Leitfaden für Touristik und Fremdenverkehr, 2. Aufl., München.

STATISTA (Hrsg.): verschiedene Jahrgänge 2010 bis 2015 (http://de.statista.com/statistik/daten/studie/152316/umfrage/reisebuchungen-im-internet-seit-2000/)

STATISTISCHES BUNDESAMT (Destatis) o.J.: verschiedene Zahlen und Fakten, Wiesbaden.

STATISTISCHES BUNDESAMT 2009: 13. Bevölkerungsprognose 2015: Daten 2015.

STÄHLER, P. 2001: Geschäftsmodelle in der digitalen Ökonomie; Merkmale, Strategien und Auswirkungen, Band 7 der Reihe: Electronic Commerce, 2. Aufl., Lohmar.

STAUSS, B. (1995): „Augenblicke der Wahrheit" in der Dienstleistungserstellung – Ihre Relevanz und ihre Messung mit Hilfe der Kontaktpunkt-Analyse, in: Bruhn, M.; Stauss, B. (Hrsg.) 1995: Dienstleistungsqualität, 2. Aufl., Wiesbaden: 379–400.

STEINECKE, A. 2013: Destinationsmanagement, Stuttgart.

STEINHAUSER, C.; THEINER, B. 2016: Hotelvertrieb 3.0, Stuttgart, Matthaes.

SÜLBERG, W. 2008: Entwicklungsgeschichte und Marktstrukturen des Reisebürovertriebs in Deutschland, in: Freyer; Pompl 2008: 35–80.

SÜLBERG, W.; SCHNEIDER, O. 2013: Die Ferien-Macher: Eine Branche macht Urlaub, Frankfurt am Main.

SYRAT, G. 2007: Manual of Travel Agency Practice, 3. Aufl., Amsterdam: Butterworth-Heinemann.

TAS TOURISTIK ASSEKURANZMAKLER UND SERVICE GMBH (Hrsg.) 2011: www.tas-ass.de.

TOURISTIK CONSULTING (Hrsg.) 08/2011: Grundauswertung TOUROM-Studie 2011: Social Media in der Reisebranche, verfügbar unter: http://www.touristikconsulting.de/download/TOUROM_Studie_2011_Highlights.pdf

TRAVEL ONE 2017: Länderbilanz (online: www.travel-one.net)

TRIBE, J. 2016: Strategy for Tourism, 2. Aufl. Oxford: Goodfellows Publishers.

TROST, A. 2009: Employer Branding, Köln.

UN & UNWTO 2008 (United Nations and World Tourism Organization): International Recommendations for Tourism Statistics, Madrid/New York.

UNWTO WELTTOURISMUSORGANISATION DER UNITED NATIONS (UN) 2010: Cruise Tourism – Current Situation and Trends, Madrid.

UNWTO WELTTOURISMUSORGANISATION DER UNITED NATIONS (UN) versch. Jg.: World Tourism Barometer, Madrid.

VALUENET GMBH (Hrsg.) 2011: Lexikon Recht, verfügbar unter: www.rechtslexikon-online.de.

V-I-R (VERBAND INTERNET-REISEVERTRIEB) 2015: Daten & Fakten zum Online-Reisemarkt, 5. Ausgabe, verfügbar unter http://www.v-i-r.de.

VOIGT, P. 2008: Finanzmanagement im Reisebüro, in: FREYER; POMPL 2008: 297–317.

VOIGT, P. 2012: Internationales Reiseveranstaltungsmanagement, München.

VORLAUFER, K. 1993: Transnationale Reisekonzerne und die Globalisierung der Fremdenverkehrs-wirtschaft: Konzentration, Struktur und Raummuster, in: Erdkunde, Band 47: 267–281.

WARD, D. 2014: River cruising in Europe, London.

WEITHÖNER, U. 2018: Informationsmanagement und Informationssysteme der Reisemittler, in: FREY-ER; POMPL 2008: 321–346.

WEITHÖNER, U.; GOECKE, R. 2010: Informationsmanagement bei Reiseveranstaltern, in: SCHULZ; WEITHÖNER; GOECKE 2010: 118–141.

WENSVEEN, J. 2016: Air Transportation: a management perspective, 8. Aufl. Abringdon: Routledge.

WIRTZ, B.W. 2010: Business Model Management: Design – Instrumente – Erfolgsfaktoren von Ge-schäftsmodellen, Wiesbaden.

WOLF, C. 2010: Umsatzsteuer in der Touristik, Berlin.

WOLF, G. 2014: Employer Branding, Hamburg.

WOLF, J.; SEITZ, E. (Hrsg.) 1991: Tourismus-Management und -marketing, Landsberg am Lech.

WTTC – WORLD TRAVEL & TOURISM COUNCIL 2015 (Hrsg.): Global Talent Trends and Issues for the Travel & Tourism Sector, London.

YALE, P. 1995: The Business of Tour Operations, Harlow.

ZEITHAML, V.; PARASURAMAN, A.; BERRY, L. 1992: Qualitätsservice: Was Ihre Kunden erwarten – was Sie leisten müssen, Frankfurt am Main/New York: Campus Verlag.

Internetquellen

Allgemeines
www.a3mobile.com/systeme/a3m-global-monitoring.html
www.auswaertiges-amt.de
www.crm.de
www.global-monitoring.com

Hotel
www.dehoga.de
www.gastronomie-hotellerie.com/
www.hotellerie.de
www.hsma.de
www.tophotel.de

Kreuzfahrt
www.cliadeutschland.de
www.cruising.org
www.kreuzfahrt-initiative.de

Luftverkehr
www.adv.aero
www.aea.be
www.airliners.de
www.barig.aero
www.bdl.aero
www.bmvi.de/SharedDocs/DE/Artikel/LR/initiative-luftverkehr-fuer-deutschland.html
www.destatis.de/DE/Publikationen/Thematisch/TransportVerkehr/Luftverkehr/Luftverkehr.html
www.dlr.de/fw/
www.iata.org
www.presseportal.de/st/Luftverkehr

Marktforschung
www.gfk-mobilitaetsmonitor.com
www.gfkrt.com/travelinsights
www.reiseanalyse.de
www.stiftungfuerzukunftsfragen.de
www.web-tourismus.de

Schienenverkehr
www.bahn.de
www.interrailers.net
www.bmvi.de/DE/Themen/Mobilitaet/Schiene/Schienenverkehr/schienenverkehr.html
www.zukunft-mobilitaet.net/kategorie/schienenverkehr/

https://doi.org/10.1515/9783110481457-038

Tourismusverbände

www.asr-berlin.de
www.bdo-online.de
www.btw.de
www.deutschertourismusverband.de
www.dgfr.de
www.drv.de
www.drv-service.de
www.forumandersreisen.de
www.gcb.de
www.rda.de
www.studienkreis.org
www.vdr-service.de
www.v-i-r.de
www.vpr.de
www.wellnessverband.de
www.willyscharnowstiftung.de
www.unwto.org
www.wttc.org

Stichwortverzeichnis

Die Autoren

Arbeitssitzung im Rahmen der DRV-Jahrestagung 2015 in Lissabon (Portugal)

Professor Dr. Adrian Freiherr von Dörnberg lehrt an der Hochschule Heilbronn Reiseveranstaltermanagement und Luftverkehr. Er gehört dem Kuratorium der Willy-Scharnow Stiftung an, ist Mitglied im erweiterten Präsidium des Travel Industry Club und Gründer und Managing Partner von „The Travel Consulting Group GmbH". Umfangreiche praktische Erfahrungen sammelte er u. a. als Berater bei McKinsey & Company, als Konzernvorstand der Deutschen Lufthansa AG, als Vorstand der Europäischen Reiseversicherung AG, als CEO der Deutschen Seereederei/AIDA Cruises. (Bild: links)

Univ.-Prof. Dr. Walter Freyer, Inhaber des Lehrstuhls für Tourismuswirtschaft an der TU Dresden und Gründungspräsident der Deutschen Gesellschaft für Tourismuswissenschaft (DGT). Er ist Verfasser zahlreicher touristischer Fachpublikationen, u. a. Standardwerke „Tourismus" (11. Aufl.) und „Tourismus-Marketing" (7. Aufl.). Praktische Erfahrungen in der Touristik erwarb er u. a. als Inhaber und Geschäftsführer eines mittelständischen Reisebüros und -veranstalters in Berlin und Hamburg. (Bild: Mitte)

Werner Sülberg, Diplom-Volkswirt ist als Bereichsleiter Unternehmensentwicklung und Marktforschung für die DER Touristik, eine 100-%-Beteiligung der REWE Group, tätig. Darüber hinaus ist er Vorsitzender des Ausschusses für Marktforschung, Statistik und Betriebswirtschaft im Deutschen Reisebüro- und Reiseveranstalter-Verband und Mitglied der Deutschen Gesellschaft für Tourismuswissenschaften. Er lehrt an verschiedenen Universitäten und Fachhochschulen und veröffentlichte zahlreiche Beiträge in wissenschaftlichen Fachpublikationen. (Bild: rechts)

Lehr- und Handbücher zu Tourismus, Verkehr und Freizeit

Zuletzt in dieser Reihe erschienen:

Markus Schreyer
Innovationsmanagement in der Hotellerie. Innovationsforschung von touristischen
Dienstleistungen in Vertrieb und Marketing, 2017
ISBN 978-3-11-044880-1, e-ISBN (PDF) 978-3-11-045143-6,
e-ISBN (EPUB) 978-3-11-044892-4

Walter Freyer
Tourismus. Einführung in die Fremdenverkehrsökonomie, 11. Auflage 2015
ISBN 978-3-486-74194-0, e-ISBN (PDF) 978-3-486-85754-2,
e-ISBN (EPUB) 978-3-11-039899-1

Axel Schulz/Uwe Weithöner/Roman Egger/Robert Goecke (Hrsg.)
eTourismus: Prozesse und Systeme. Informationsmanagement im Tourismus,
2. Auflage 2014
ISBN 978-3-486-75428-5, e-ISBN (PDF) 978-3-486-85840-2,
e-ISBN (EPUB) 978-3-11-039901-1

Roland Conrady/Frank Fichert/Rüdiger Sterzenbach
Luftverkehr. Betriebswirtschaftliches Lehr- und Handbuch, 5. Auflage 2012
ISBN 978-3-486-71256-8, e-ISBN (PDF) 978-3-486-71763-1

Walter Freyer
Tourismus-Marketing, 7. Auflage
ISBN 978-3-486-70577-5, e-ISBN (PDF) 978-3-486-71170-7

Walter Freyer/Wilhelm Pompl
Reisebüro-Management, 2. Auflage
ISBN 978-3-486-58618-3, e-ISBN (PDF) 978-3-486-71115-8

www.degruyter.com

www.ingramcontent.com/pod-product-compliance
Lightning Source LLC
Chambersburg PA
CBHW081521190326
41458CB00015B/5427